History of
Chinese Broadcast

中国

赵玉明 ◎ 主编

广播电视通史

国家社科基金资助项目
第四届中国高校人文社会科学优秀成果二等奖
第五届吴玉章人文社会科学一等奖

（新一版）

中国广播影视出版社

前　言

　　广播电视史是一门正在发展中的新兴学科。从宏观上来说，一方面它属于历史科学的范围，与政治史、经济史、文化史、科技史，特别是新闻史有密切的联系；另一方面，它又是广播电视学的一个分支学科，与广播电视理论、广播电视实务等一起构成广播电视学的整体。广播电视史学的任务是研究和探讨广播电视事业产生、发展的历史进程，并从中寻求其发展规律和总结历史经验，为办好广播电视服务。

　　广播电视史乃至广播电视学是否可以成为一门相对独立的学科？多年来颇有争论。直至1992年11月原国家技术监督局颁布国家标准《学科分类与代码》以后，争论始告一段落。上述国家标准中明确将"广播与电视"列为"新闻学与传播学"所属二级学科之一，同时又将"广播电视史"与"广播电视理论"、"广播电视业务"、"广播电视播音"等一起列为"广播与电视"所属的三级学科。至此，广播电视史作为一门新兴学科已成为不争的事实。现在，摆在广播电视史教学研究人员面前的关键问题是，如何在马克思列宁主义、毛泽东思想和邓小平理论的指导下，从中国广播电视事业发展的具体过程入手去研究、探讨，把广播电视史这门新兴的学科建设好，使其在人文社会科学之林中占有一席之地。这里首先回顾一下中国广播电视史研究的进展历程，也许从中可以得到某些有益的启示。

　　自1923年中国境内出现第一座广播电台以来，迄今中国广播电视事业已有近八十年的历史。追本溯源，从20世纪20年代中期广播史研究的萌芽算起，中国广播电视史的研究也已走过了七十多年的历程。其间，约略可以分作三个阶段：

缓慢起步的第一阶段

中国广播史的研究始于对一个地区广播事业发展的描述。上海是中国广播事业的发源地。目前找到的最早的一篇广播史的专文是曹仲渊写的《三年来上海无线电话之情形》。[①] 文中的"无线电话"、"播送站",即今天的"无线电广播"、"广播电台"。作者称该文是"上海播送站之沿革史"。至 20 年代后期,广播事业尚未形成一种独立的事业,因此,早期广播史的研究成果无专著,只是分别写入新闻史或交通史著作中。我国著名新闻史学者戈公振最先把广播事业视为新闻事业之一种,并写入他的代表作《中国报学史》一书。20 年代中期成书的《交通史·电政编》及其他一些交通史著作,对上海、北京、天津等地的广播事业的兴办情况作了记载。1929 年底,国民党中央台编印了我国第一本广播年鉴《中国国民党中央执行委员会广播无线电台年刊》,收入了该台及中国广播发轫时期的重要史料。

从 20 年代末期到 1937 年抗日战争全面爆发的十年间,随着中国广播事业的较大发展,对中国广播史的研究也有了初步进展,除散见于综合性年鉴(如《中国国民党年鉴》、《申报年鉴》等)和广播专业期刊(如《广播周报》等)外,具有代表性的专文有胡道静于 1936 年先后发表的《上海与广播事业》和《上海广播无线电台的发展》。两文内容基本相同,对上海抗战前广播事业的发展作了比较系统的记载,具有较大的参考价值。另一篇是吴保丰 1937 年 6 月发表的《十年来的中国广播事业》。吴当时任国民党中央广播事业指导委员会副主任委员兼中央广播事业管理处处长,他的文章对1928—1937 年间中国广播事业(东北地区未包括在内)的论述,也具有较大的参考价值。

抗日战争和解放战争期间,国民党统治区的广播史研究工作基本处于停顿状态。除一本《中国广播无线电事业概况》外,在赵君豪的《中国近代之报业》、任白涛的《综合新闻学》等书中尚有一些有关广播事业发展的记载。1947 年 11 月间,国民党政府新闻局编印了一本题为《广播事业》的小册子,介绍抗日战争期间和战后两年间国统区的广播事业概况。

综上所述,全国解放以前,关于旧中国广播史的研究基本上可以分为两种类型:一种是少数新闻史、交通史方面的专家学者所做的研究工作,但由于主要精力未用于对广播事业的研究,因此成绩并不显著,也未引起学术界的注意;另一种是国民党广播事业机构根据对当时广播事业状况调查编撰的专文、专刊,其中许多基本事实材料虽然可供我们今天参考、了解当年广播

---

① 载《东方杂志》第 21 卷第 18 期,1924 年 8 月。

事业情况，但由于编写者的政治立场的局限，在使用时必须注意分析、批判。

20 世纪 40 年代初期，中国共产党领导的人民广播事业创办之后，由于长期处于战争年代，不可能有专人从事广播史的研究工作。抗战胜利之际，延安新华广播电台恢复播音后，为了向国统区听众介绍解放区的广播事业，延安（陕北）台先后播出的《介绍 XNCR》、《大家都来说话——XNCR 周年纪念广播》、《陕北台二周年告听众》等以及《XNCR 陕北阶段工作的简单总结》等文章，这些可以看作是对解放区广播史研究的萌芽，其特点是把对广播历史的研究同介绍解放区广播事业和总结工作经验紧密地联系在一起。此后，新华总社、中央广播事业管理处等单位还编印过《解放区广播电台介绍》、《邯郸新华广播电台介绍》等小册子，为我们今天研究解放区广播史保存了一批重要史料。

曲折发展的第二阶段

中华人民共和国成立之后，人民广播事业的发展进入了新的历史时期。广播史的研究虽然逐步引起广播事业领导部门的重视，但由于 50 年代后期受"左"的指导思想的影响，特别是十年"文革"的破坏，广播史的研究时兴时衰，成果不大。

从 1952 年底至 1966 年春，中央广播事业局曾先后召开过九次全国广播工作会议。在历届会议上，有关负责人所作的工作报告以及发表的关于中国广播事业状况的文章，实际上就是对一定时期人民广播发展情况的叙述和基本经验的总结，从某种意义上来说，也可以看作是人民广播史研究的成果。

1958 年，中央广播事业局成立研究室，编印了《广播工作文献集（一）》（油印本），康荫等人开始对中国广播史的某些方面作了初步调查，并陆续在报刊上发表有关文章。1959 年秋天，北京广播学院创办，当时的新闻系设有广播史教研组，为学生开设了中国广播史课程，由康荫、张纪明主持并吸收两三个大学毕业生参加教学与研究工作。在短短几年中，中国广播史的研究工作获得初步成果，当时新闻系先后编印了《中国人民广播事业大事记》、《中国人民广播十年》、《中国人民广播史资料》（上册）、《广播稿选》（第一集）等。此外，还约请地方广播电台的几位同志合作编写了一部《中国广播史稿》。同时，康荫也编写了一部中国广播史稿，但遗憾的是，这两部书稿都由于觉得不够成熟未能付印，原稿在十年内乱中散失。此外，50 年代中期以来，《广播爱好者》、《广播业务》等刊物曾陆续发表过温济泽、孟启予、韦君宜、齐越等人撰写的有关解放区广播回忆录。1965 年 9 月，中央广播事业局曾举办过一次广播历史展览。

"文化大革命"前夕，在教学改革中，随着机构的调整，广播学院新闻系的广播史教研组解体，广播史课停开，中国广播史的研究工作基本陷于停顿。"文化大革命"期间，在林彪、江青一伙的破坏和"左"倾思想的影响下，人民广播史被歪曲成"路线斗争史"，正常的广播史研究和其他史学研究一样都被迫停止，一大批广播历史教材、书稿和资料遗失殆尽。唯一有意义的一件事情是，70年代初期，在邓颖超倡议下，为筹备在延安清凉山开办革命新闻事业纪念展览，中央广播事业局曾经组织由杨兆麟主持的专门小组对延安广播历史作过一次相当详尽的调查，许多身处逆境的老同志，如王诤、向仲华、梅益、温济泽、李伍等在力所能及的范围内，为人民广播历史提供了一批宝贵的资料（包括回忆材料）。但由于历史条件的限制，调查研究工作未能深入开展。为征求意见而陈列的人民广播历史展览在内部开放不久，就因受到干扰而匆匆收场，计划中撰写的解放区广播史也随之夭折。

初结硕果的第三阶段

1978年底，中国共产党召开了十一届三中全会。此后，广播电视系统经过拨乱反正，重新恢复了党的正确路线的指导，出现了蓬勃发展、欣欣向荣的景象，1980年举行的第十次全国广播工作会议总结了新中国成立以来广播电视工作的基本经验。1983年举行的第十一次全国广播电视工作会议提出了立志改革、开创广播电视工作新局面的历史任务。

为了适应总结历史经验和开创广播电视工作新局面的需要，中国广播电视史志研究工作迅速地开展起来。1980年秋天，北京广播学院组织的以齐越教授为首的延安（陕北）新华广播电台历史调查组进行了为期一个月、行程三千公里的颇具规模的调查研究活动，揭开了80年代以来广播电视史志研究工作蓬勃开展的序幕。据不完全统计，二十年来编印出版的各类中国广播电视史志书刊大约在四百种以上，无论在数量上还是在质量上，均大大超过此前的半个世纪。

检阅二十多年来中国广播电视史志研究工作的成果，大致可以分作以下几个方面：

1. 解放区广播史的研究起步较早，成绩较大

对中国解放区广播史的研究起步于20世纪60年代初，70年代初曾对延安台的早期历史作过一次比较集中的调查研究，但都因受"文革"的影响而中断。1980年底，在中央广播事业局主持召开的纪念人民广播创建40周年座谈会上，李强、温济泽等老同志大声疾呼抢救广播史料，并建议征集人民广播回忆录，编写解放区广播史。

北京广播学院新闻系受中央广播事业局的委托，经过十多年不懈的努力，已编选、出版《中国人民广播回忆录》四集，收入二百多篇反映以延安（陕

北）台为代表的解放区广播艰苦创业、战斗成长历程的回忆文章。同时，还编选、出版了《解放区广播历史资料选编》、《延安（陕北）新华广播电台广播稿选》，使久藏于档案中的珍贵史料得以与广大读者和听众见面。这两本资料书与前几本回忆录互相印证，相得益彰。苏力编的《延安之声——延安（陕北）新华广播电台纪闻》一书以大事记的形式按年逐月记录了延安（陕北）台 1940—1949 年创建和成长的历程。周新武主编的《华东人民之声》收入华东新华广播电台和华东人民广播电台的回忆录、历史文件及大事记，所反映的时代从 1948 年 5 月至 1954 年 12 月，是一部跨新中国成立前后历史时期的广播史书。此外，辽宁、河北等省还编印了一批反映本地解放区广播事业的回忆录和资料汇编的书刊。所有这些，无疑都为后来深入研究解放区广播史提供了丰富的第一手材料。

杨兆麟、赵玉明著的《人民大众的号角——延安（陕北）广播史话》、吴少琦主编的《东北人民广播史（1945—1949）》、赵玉明主编的《中国解放区广播史》相继问世，标志着解放区广播史的研究已由收集、分析史料逐步走向著书立说的阶段。这三本书，一为延安（陕北）新华广播电台的史话，一为解放区广播电台最多的地区台史，一为解放区广播事业的综合史，从所写的范围来讲各具特色，但却都贯穿着解放区广播事业在革命战争的洗礼中艰苦创业、战斗成长的红线，寓革命传统于历史事实的叙述之中。这三本书的相继出版，可以看作是十余年来对解放区广播史研究成果的概括和总结。

为了普及解放区广播历史知识，还采用录像、展览等形象化手段，先后摄制了反映延安（陕北）台战斗历程的录像片《人民广播风云录》，布置了延安清凉山新闻出版革命纪念馆中解放区广播的陈列展览，使更多的群众特别是广播专业人员了解解放区广播的创业史和成长史。

2. 现代广播史的研究初获成果

中国现代广播史是指从 1923 年中国出现第一座广播电台到 1949 年 10 月新中国成立前夕的二十余年间，包括官办、民营、外国人办的以及解放区办的各类广播电台建立、发展、盛衰、变迁的历史。

1987 年出版的赵玉明著《中国现代广播简史》是我国第一部比较系统、全面地概述 1923—1949 年中国广播事业发展历程的专著。尽管此书在探讨广播事业发展规律、总结广播历史经验等方面还有不足之处，但它的问世毕竟填补了中国广播史研究的空白，也有助于丰富中国新闻史的内容。1988 年出版的汪学起、是翰生编著的《第四战线——国民党中央广播电台掇实》一书，则是以史话的形式勾画出国民党中央台二十年兴衰变迁的过程，是一部既有历史价值，读来又饶有兴味的广播文史著作。它的出版对于海峡两岸广播史书的交流颇有意义。此外，1985 年，内部编印的尔泰、丛林的《哈尔滨（广播）电台史话》，从中国人办的第一座广播电台写起，记录了二十多年间哈尔滨广播事业的曲折发展的进程。

中国现代广播史料的搜集、汇编工作，由于时间跨度较大，且资料又散见于各类档案报章杂志中，二十年来进展缓慢，不尽如人意。除解放区广播史料有专书问世外，目前仅出版了《旧中国的上海广播事业》一书。上海是我国无线电广播事业的发源地，也是旧中国广播电台的最大集中地。该书选辑 1923—1949 年间中外文档案、报刊史料 500 余件，计 50 余万字，具有较大的史料价值。此外，北京、湖北、湖南、福建等省市编印的当地广播史料汇编中也都收入了全国解放前当地的部分广播史料。

3. 当代广播电视史的研究成绩显著

中国当代广播电视史是指中华人民共和国成立以来广播电视事业发展的历史。在中央和地方广播电视领导部门的重视和统筹安排下，分别集中了一批研究与编写人员，有声有色地陆续进行了五个方面的工作：

（1）左漠野主编的《当代中国的广播电视》，1987 年 3 月出版，全书上下两卷，84 万余字。该书系统、完整、全面地介绍了 1949—1984 年中国大陆广播电视事业成长历程的概貌，总结了社会主义初级阶段广播电视事业发展的基本经验。此后，该书编辑部还从各地提供的几百万字的资料性文稿中筛选汇编出版了一套《中国广播电视史料选编》八种（《中国广播电视大事记》、《中国的广播电台》、《中国的广播节目》、《中国的有线广播》、《中国的电视台》、《中国的广播电视技术》、《中国唱片出版事业》和《中国广播电视在改革中前进》）。《当代中国的广播电视》一书的编写和出版，推动了各省、自治区、直辖市广播电视史调查研究工作的开展，编印了一批本地广播电视事业资料性文稿，呈现了一派盛世修史的景象。此外，1994 年还出版了《当代中国广播电视回忆录》1—3 集，1997 年出版了《当代中国广播电影电视大事记（1984—1995）》。

改革开放以来，广播电视文件法规的辑印也逐渐形成有序出版的格局，1988 年起也陆续出版了 1978—1983 年、1984—1992 年两本《文件汇编》和 1949—1987 年、1988—1993 年两本《法规规章汇编》。

（2）从 1985 年开始编纂《中国广播电视年鉴》，迄今已出版 1986—1999 年版共 13 卷，累计千万字以上，主要记录 1986—1998 年间中国广播电视改革历程和新经验。该《年鉴》具有综合性、学术性、文献性、资料性和知识性的特点，是广播电视史学研究必备的工具书。

除全国性年鉴外，中央电视台于 1994 年开始编印本台年鉴。江西、湖南两省以 1986 年版为首卷，最早开始编印本省的广播电视年鉴。90 年代以来，山东、河北、重庆、陕西等省市也开始编印本地区的广播电视年鉴。

（3）艾知生、刘习良主编的《中国改革开放辉煌成就十四年·广播电影电视卷》，1993 年 3 月出版，110 万字。该书系统、全面地总结了 1979—1992 年间广播电视事业改革的成就和经验，是一部反映广播电影电视事业改革开放进程的"精炼缩影"之作。第一编为概述；第二编为中央广播电视事业；第三编为广播、电影、电视事业的管理以及音像出版、广播电视图书出版、艺术团体等；第四编为地方广播电视事业；第五编为电影事业。

（4）关于当代广播电视史的专著，已出版的代表性著作有中央人民广播电台编写的《中央人民广播电台简史》、郭镇之著《中国电视史》、中央电视台于广华主编的《中央电视台简史》和杨伟光主编的《中央电视台发展史》四本。第一本概述了 1949—1984 年中央台的发展历程，并以纵横结合的手法分别介绍了该台各类节目的开办和沿革，最后以总结基本经验和提出 20 世纪末的奋斗目标而结尾。第二本记录了中国电视 1958—1988 年的历史进程，作者在叙述历史情况时，阐述了自己的观点，对 30 年来中国电视工作的得失成败提出了自己的观点，不失为一家之言。作为中国的第一本电视史专著，自有它的价值和地位。第三、第四本书是中央电视台有关人员集体编著先后出版的比较系统、全面、翔实记录该台 35 年、40 年来走过的历程的史书。与它相配合的还有《中央电视台大事记》、《荧屏岁月记》、《往事如歌》（以上两本均为中央电视台回忆录）和《荧屏金杯录——历届电视节目获奖目录》（1）（2）等五本书。此外，中国国际广播电台《史志系列丛书》已先后出版了《中国国际广播大事记》、《中国国际广播回忆录》（两集）和《中国对外广播史上的新篇章——改革开放中的中国国际广播电台》等四本。

（5）为纪念中国人民广播事业创建 50 周年、中央三台台庆以及地方台的台庆而编印出版的以大型画册《半世纪的历程》为代表的一批纪念性书刊画册。以台庆为契机编印带有经验总结性的丛书，是 90 年代以来广电系统的新兴之事，如中央电视台的《电视丛书》、《跨世纪电视丛书》、中国国际广播电台的《国际广播丛书》等。这类书刊从不同角度记录和反映了新中国成立以来广播电视事业发展的历程和取得的成绩，具有较大的历史价值。

4. 地方广播电视志各具特色

编纂具有中国特色的地方广播电视志是 80 年代新兴的专业史学活动。全国各省、自治区、直辖市广播电视厅（局）根据上级政府的部署，已将编写广播电视志列入规划，经过近几年的努力，已内部编印二百多种，公开出版的省级广播电视志已达 19 种，大致可分为两种模式：第一种模式为广播电视单独成志，作为省、市志丛书之一，如《陕西省志·广播电视志》、《云南省志·广播电视志》、《四川省志·广播电视志》、《上海广播电视志》等；第二种模式为广播电视与报纸合为新闻（事业）志，作为省、市志丛书之一，如《吉林省志·新闻事业志·广播电视》、《湖北省志·新闻出版》等。已出版省级广播电视志的框架体例基本相同，但写作水平互有参差，篇幅字数上多寡不一，多者达150万字，少者只有五六万字。此外，还公开出版了一批地市级广播电视志。上述各级广播电视志多数上限为20世纪50年代，下限为80年代中期，也有少数志书的上限追溯至30年代甚至20年代本地无线电广播初创阶段。大批广播电视志的编印出版，既充实了综合性地方志的内容，又为深入研究中国广播电视史提供了丰富的第一手材料。

除广播电视志外，部分地方厅、局、台还编印了一批本地的广播电视史书，其中公开出版的有《只不过是起步》（上海人民广播电台建台40周年）、《内蒙古广播四十年》、《黑龙江省广播电视大事纪年》、《当代河南的广播电视》、《广东省广播影视辉煌成就二十年》等；内部编印的有《天津人民广播四十周年纪念文集》、《高原之声》（西藏人民广播电台40周年）、《上海广播电视70年》、《五十年风采》（武汉人民广播电台）、《岁月留声激情永在》（广东人民广播电台50年老照片）、《新疆人民广播电台建台50周年纪念文集》、《福建广播电视史料汇编》等。在香港回归祖国前夕，1997年张振东、李春武主编的《香港广播电视发展史》问世。此前，还出版过陈飞宝、张敦财的《台湾电视发展史》。

5. 广播电视系统的专门史、部门史的编写工作也开始起步

已经完成的有《中国电视艺术发展史》、《中国电视剧发展史纲》、《中国广播电视报简史》、《中国广播电视企业史》、《北京广播学院40年》以及国家广电总局外事司编写的《传诵友谊》中收入的《中国广播电视的对外交流》及大事记等。

6. 广播电视界一些著名人物的个人文集、回忆录和传记

有曾任广播电视系统负责人的文集，如《梅益谈广播电视》、艾知生《广播影视工作谈》、刘习良《追求集》以及杨正泉《我与广播》、洪民生《我与电视》和康荫《往事五十年断忆》，还有温济泽自述《第一个平反的"右派"》等。在这类书中涉及著名播音员齐越的较多，其中有齐越本人所著《献给祖国的声音》、刘淮《齐越和他的播音生涯》、杨沙林《用生命播音的人——忆齐越》；多人回忆文集，如《永不消逝的声音》和画册《把声音献给祖国》等。此外，近几年来还出版了一些著名广播电视节目主持人撰写的个人经历的著作，如赵忠祥的《岁月随想》、宋世雄的《宋世雄自述》等。

其中不乏具有广播电视史学价值的著作陆续问世，这预示着多年来广播电视史学研究中的薄弱环节，即缺乏对广电人物研究的现象将会逐步有所改变。

《中国广播电视年鉴》的《史志资料》栏目以及《广播电视简明辞典》、《广播电视辞典》、《中外广播电视百科全书》中的有关广播电视史实条目也都为普及广播电视史的知识和积累广播电视史料起到了积极的作用。

二十年来还发表了数以百计的广播电视史方面的论文、文章和调查报告等。广播电视史学论文专集已先后有多种问世，公开出版的有湖南编印的多人广播电视史论专集《声屏史志文集》，赵玉明著的《中国广播电视史文集》（两集），内部编印的有黑龙江尔泰的《广播史论辑存》。贵州省厅、天津市局曾分别编印的《贵州广播电视史志通讯》和《天津广播电视史料》，是仅有的两种专业内部刊物。

与此同时，我们注意到海峡彼岸的台湾地区在广播电视史方面的研究工作也取得了相当的进展，发表和出版了包括《（中国）广播电视事业》（曾虚白主编的《中国新闻史》中的有关章节）、《中国广播电视发展史》（温世光著）、《广播电视发展史话》（蒋丽莲著）以及广播电视年鉴等有关书刊和专文。我们盼望海峡两岸的中国广播电视史的教学和研究工作者能有机会交流各自的成果，共同促进中国广播电视史学术研究的繁荣兴旺。

中国广播电视史是一门发展中的新兴的学科，研究工作刚刚起步，二十年来虽然取得了如上所述的显著成绩，但同我国广播电视的发展规模和需要相比，同其他专业史学研究的丰硕成果相比，还存在相当大的差距。广播电视史学研究工作任重道远，方兴未艾，还有待于众多广播电视史志工作者的努力探索。

二十多年来中国广播电视史志研究取得的上述成果，已逐步引起各级广播电视领导机构和社会上有关研究部门的重视，产生了良好的社会效益。例如，通过对解放区广播史的深入研究，为重新确定中国人民广播事业创建纪念日提供了确切的史料依据，1980 年至 1990 年间先后举办过三次纪念活动，特别是 1990 年中国人民广播事业创建 50 周年的纪念活动，对于继承和发扬解放区广播的优良传统，努力办好社会主义建设新时期的广播电视事业起到了积极的推动作用。从中央到地方各级广播电视领导机关和广播电台、电视台通过上述纪念活动和本台台庆活动，及时撰写文章、召开研讨会、编印纪念性书刊画册，从多方面回顾艰苦创业历程，总结历史经验特别是改革开放以来的新鲜经验，使广播电视史学研究进一步密切了与当前做好广播电视实际工作的联系，有助于提高广播电视队伍的素质和广播电视节目的质量。又如，一大批广播电视史志书刊的出版，不仅填补了广播电视专业史的空白，同时还为相关的专业史，如新闻史、邮电史、电子工业史、通讯社史等的深入研究提供了可资利用借鉴的历史资料。广播电视史的研究与上述相关专业史的研究，互为补充、共同促进，为繁荣和发展专业史学作出了贡献。随着我国改革开放的日益发展，广播电视史志书刊的出版也为海峡两岸和中外文化交流提供了新的渠道。《当代中国的广播电视》、《中国广播电视年鉴》等书刊已成为海内外同行了解中国大陆广播电视的必备之书。

中国广播电视史志研究工作二十年来之所以能取得如上所述的较大进展和社会效益，我们认为主要有以下几点经验值得重视：一是各级广播电视领导部门认真落实中共中央和国务院的有关指示和决定，积极组织力量编写《当代中国的广播电视》和地方广播电视志。以这两项大工程为契机，一个时期内，全国广播电视系统几乎有上千人参与上述工程，动员人数之多、调查研究之广泛、编印的文稿之多，在历史上都是空前的。二是建立广播电视史志研究机构，做好广播电视史志研究的规划、组织、交流工作。1987年成立的中国广播电视学会史学研究委员会即承担了此项任务，先后召开了四次全国性的广播电视史志研讨会，制定了"七五"、"八五"、"九五"规划要点。目前已有十多个省、自治区、直辖市建立起广播电视史学研究组织，初步形成了广播电视史志研究网络。同时，还在北京广播学院设立了中国广播电视史志资料中心，广泛收集、悉心整理广播电视史料，并为研究工作提供咨询和服务。三是通过二十多年史志研究工作的开展，已逐步建立起一支老中青相结合、专职和兼职相结合的以具有高中级职称人员为主的广播电视史志研究和编写队伍。在中国广播电视学会已举办的历届全国广播电视学术论著（文）评选中，已有一批具有较高水平的广播电视史学著作和论文获奖。四是重视中国广播电视史的教学工作，北京广播学院除在新闻学类有关专业中开设中国广播电视史课程外，还从1979年起开始招收新闻学专业的中国广播电视史研究方向的硕士生，迄今已有十人通过答辩获得硕士学位，其中一人后来在中国人民大学获得博士学位。他们撰写的学位论文涉及中国广播电视史的诸多有价值的课题，如旧上海的民营广播事业、伪满广播事业、民国时期的广播报刊、广播电视法的沿革、广播电视广告史、唱片史、广播电视志论和改革开放以来国际广播宣传、电视新闻节目的研究以及中国电视史的研究等等。其中有的成果已引起国内外热心广播电视史的学者和同行的注意。1999年，北京广播学院又开始招收新闻学专业广播电视史学方向的博士研究生。

从上述七十多年来中国广播电视史研究的回顾中可以看到，中国广播电视史的研究基本上还处于初级阶段。有的学者曾把史学研究划分成三个层次：

第一个层次是描述式，即对历史发展的真实面貌给予客观的描述，使人们得知其来龙去脉；第二个层次是反思式，即从历史发展的回顾中总结出某些带有规律性的东西，使人们从中获得经验教训；第三个层次是展望式，即从已知的历史发展的事实和获取的历史经验出发，展望未来发展的趋势和走向。如果按照上述观点来看，本人认为已经问世的绝大多数中国广播电视史志著述（包括本书在内）基本上还处于历史事实的描述阶段，对广播电视事业发展规律只有初步的探讨和分析，但缺乏深度；少数著作涉及的研究领域也偏重于事业建设和宣传概况，对广播电视发展的综合研究不够，地方广播电视史的研究发展不平衡，广播电视系统部门史的研究几乎还是空白。

即将出版的这部《中国广播电视通史》酝酿于 80 年代末 90 年代初。1990 年春天，由本人作为课题负责人就此课题申请国家社会科学基金项目，当年年底获准立项。这是全国广播电视系统首次获得立项的国家社科基金项目。1991 年春天，在南京举行的第二次中国广播电视史志研讨会期间，《中国广播电视通史》编委会成立。编委会成员由北京广播学院教师、中央三台和部分地方厅台的有关同志及当时广电部有关部门的同志等 19 人组成。与会编委对《通史》的编写提纲进行了讨论，并初步确定了编写组成员名单。此后即分头开始收集资料和撰写初稿，其间曾先后举行了多次小型撰稿研讨会。1994 年冬，在福州举行的第三次中国广播电视史志研讨会期间，与会部分编委和有关同志就《通史》下卷即中华人民共和国时期的广播电视史的打印稿交换了意见。次年起，全书进入了补充、修改和审阅阶段。杨兆麟审阅了全书的初稿，中央三台有关负责同志分别审阅了涉及本台的部分章节，并分别提出了修改意见。全书由主编、副主编负责最后定稿。

赵玉明
2000 年 3 月于北京

目录 ‖Contents

上 卷

下　卷

附 录

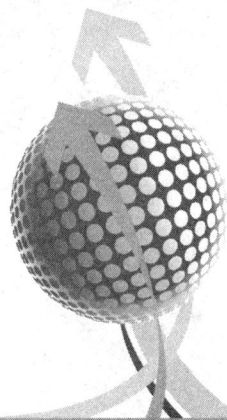

上　卷

第  章

中国早期的广播事业

广播是一种现代化的传播工具。从传播手段划分，可分为有线广播和无线广播两种。有线广播先于无线广播问世。19世纪末期，欧洲有些国家办过有线广播。20世纪初期，利用无线电传送语言和音乐的试验取得初步成功。第一次世界大战之后，美国、英国和十月革命后的俄国等先后创办无线广播。据现有材料，30年代中国虽然在一些中小城市出现过有线广播，但却没有形成全国性的规模。但在此之前，在20年代初，中国却已有了外国人建立的无线广播电台。所以，中国的广播事业历史是从无线广播开始的。

第一节
无线电的发明和传入中国

作为无线广播物质基础的无线电技术，是在距今一百多年前经过长期的科学技术上的探索和试验才最终发明的。科学家对无线电波存在的探索，最早可以追溯到19世纪中叶。1862年，英国物理学家麦克斯韦提出电磁理论，并且预言了电磁波的存在。他的理论被德国物理学家赫兹于1888年通过实验所证实，从而为无线电通信的发明奠定了坚实的理论基础。1895年，俄国科学家波波夫和意大利科学家马可尼在继承前人研究成果的基础上，分别经过独立的研究，初步制成了最初的无线电接收机。马可尼由于得到英国当局的大力支持，在短短的几年中，取得了一系列重大

的成就。1899 年，自欧洲大陆飞越英吉利海峡的无线电报试验成功。1901 年，无线电报横跨大西洋从欧洲传到了美洲。无线电通信技术的优越性很快显示出来，它被迅速、广泛地利用在军事联络、商业信息的传递和新闻发布等方面。当时，正是自由资本主义向垄断资本主义的过渡阶段。因此，无线电技术也不可避免地成为帝国主义对外侵略扩张的通信联络工具。在这样的历史背景下，无线电通信技术也传入了中国。

据有关史料记载，我国使用无线电报始于清朝末年。1905 年（光绪三十一年）秋，北洋大臣袁世凯在天津开办无线电训练班，聘请意大利海军军官葛拉斯任教，培养无线电报务人员。[①] 同时购置无线电收发报机，分别安装在北京、天津、保定和北洋海军的舰艇上，用于沟通军事情报。次年，清政府设邮传部，内有电政司掌管电报电话事宜。1908 年（光绪三十四年），上海与崇明岛之间的海底电缆毁损，江苏省用公款购买无线电收发报机代替之，这是我国民用无线电报的开始。同年，上海英商汇中旅馆私设无线电报机，开外国人在我国私设无线电台之先河。[②] 此后，西方国家的使馆、商人、殖民者为了通信联络上的便利，竞相在中国境内私自安装无线电收发报机。清政府邮传部虽曾多方交涉拟予取缔，但收效不大。

中华民国成立以后，政府设交通部，内置电政司掌管包括有线电报和无线电报在内的电政事宜。1915 年 4 月，北洋政府公布《电信条例》，这是中国历史上第一个涉及无线电的法令。按照当时中国政府的有关规定，无线电器材属军用品，非经陆军部特别许可不得自由输入我国。同时，未经中国政府有关当局批准，也不允许外国在中国境内私自设立无线电台，擅自收发无线电报。但是，帝国主义列强根本无视中国主权，私自输入无线电器材和私建无线电台之事有增无减。当时，"在华外人，深觉中国人之易欺，乃各自装设电台，……或以军用为名，或借报告气象为辞，擅收电报，扰乱空间秩序，无所忌惮。其间迭经交涉，或则顽抗，或则狡赖，卒无结果。"[③] 更有甚者，封建军阀的不同派系为了争权夺利，扩大自身的势力，在无线电事业方面也多方觅求帝国主义作为靠山。他们彼此勾结，互相利用，又互相争夺。这样一来，帝国主义列强对中国无线电事业的掠夺愈演愈烈，尤其是在第一次世界大战之后，其中以日、英、美三国的活动最有代表性。

1918 年 2 月，北洋政府海军部和日本三井洋行签订借款合同，在北京东郊双桥建立大型无线电台，借款总额为 800 万日元，年息 8 厘，订期 30 年。合同规定，电

---

① 关于无线电引进中国的问题的考证，参见吕世勤《无线电何时引进中国》一文，载《中国科技史料》1983 年第 1 期。吕文据北京中国第一历史档案馆藏直隶总督（北洋大臣）袁世凯于 1906 年就"北洋创设无线电报"的"筹备情形"向慈禧和光绪奏折所述，认为我国无线电技术之引进，始自北洋而非南洋或其他，时间为 1905 年，即光绪三十一年秋。

② 金家凤：《中国交通之发展及其趋势》，正中书局 1937 年 7 月版，第 91 页。

③ 王崇植、恽震：《无线电与中国》，文瑞图书馆 1931 年 9 月版，第 91 页。

台建成后，三井洋行可行使管理权 30 年。在此期间，中国及其他外国均不得在中国建立无线电台。

同年 8 月，陆军部和英国马可尼无线电公司签订军用无线电借款合同，金额为 60 万英镑，用来购买无线电收发报机。合同规定，在借款未还清以前，中国只能向英国购买无线电器材，同时不得借助他国来修理或制造无线电收发报机。

1921 年 1 月，交通部与美国费德里公司和加利福尼亚州合众电信公司签订中美无线电报合同，利用美国借款在北京、上海、哈尔滨等地建立无线电台。其用意本在打破日、英对中国无线电事业的垄断，但由于主事人腐败无能，美方条件也甚为苛刻，合同规定借款期限为 10 年，到期不能还清，所建电台由中美合营。

日、英、美诸国在中国无线电领域内的掠夺活动，既互相勾结，又你争我夺。它们忽而欲各自独霸中国的无线电利益，忽而又企图"国际共管"中国的无线电事业，闹得不可开交。帝国主义列强的这种侵略行径引起中国社会舆论和爱国人士的强烈谴责。

中国舆论揭露日本的上述行为是妄图"把持中国国际通讯，使我国之国际喉舌永远受外国钳制，其用心之毒，概可想见"，[①] 抨击北洋政府借款购买英国无线电机是"以重价拾人之唾遗"。[②] 北洋政府有关当局自知与美国签订合同是丧权辱国，迟迟不敢公布。直到 1924 年 6 月，美国单方面公布后，才为国人所知。著名爱国报人、中国共产党秘密党员邵飘萍办的《京报》于第二年 2 月连续译载有关材料，揭露美国利用无线电对中国进行侵略的用心所在。文章指出："关于国防一层，吾人断难认为无线电合同为有利。盖美国欲侵略东北，非有敏达消息之利器，乌能将渺茫之太平洋联络一气，指挥如意。将来檀香山、旧金山、哈尔滨、上海、斐列滨（即菲律宾）电柱林立，高入云际，与夫太平洋海面美国军舰所装之无线电台相呼应，东发西接，彼动此知，军事之灵敏，已大不利于吾国，何况商业上之得失。反观吾国，要隘之处，多被他人监视，容间谍而庇暗探，一旦国家有事，则军机枢要，已风布于海外，岂不殆哉。"[③]

中国共产党人和进步的社会舆论、爱国人士站在一起，为反对帝国主义列强对中国无线电事业的掠夺和企图"国际共管"中国无线电事业的阴谋作了坚决的斗争。1924 年，以周恩来为首的中国共产党旅欧组织领导广大旅法华人，开展了一场反"共管"保主权的爱国活动。周恩来在《赤光》杂志上先后发表《列强共管的步骤》、《无线电台果将实现共管了》两篇文章，揭露了美、日、英企图"共管"我国

---

① 王崇植、恽震：《无线电与中国》，文瑞图书馆 1931 年 9 月版，第 87 页。
② 同上，第 85 页。
③ 张太冲：《中美无线电问题》，载《京报》1925 年 2 月 5 日。

无线电台的阴谋。① 中国共产党的创始人之一李大钊在中共机关刊物《向导》上发表《新闻的侵略》一文指出："最近如日、美争在中国建无线电台，亦是利用传播敏捷消息的便利，在平时图操纵中国的金融、商业，战时亦利用以供军事通讯，帮助中国一派军阀得到胜利。"②

我国政府代表在有关国际会议上曾多次要求帝国主义各国撤销在中国私设的无线电台，但均未奏效。1919 年 1 月，在巴黎和会上，我国代表提出取消列强在华特权希望条件七条，其中之一即撤销外国邮政电报机关，但未获解决。1920 年，我国加入国际无线电报公会。1922 年 2 月结束的华盛顿会议通过了《九国公约》，名义上表示"尊重中国之主权与独立，及领土与行政之完整"，与会各国代表在会上也表示同意我国代表提出的"议决废除"在我国境内私自设立的无线电台 22 处（其中日本 11 处、美国 5 处、法国 4 处、英国 2 处）。③ 但是，会后帝国主义列强漠然视之。到 1925 年，交通部再次调查中国境内的私设电台时，反而增加至 58 处，其中以美国（18 处）、日本（15 处）、英国（15 处）为最多。④ 也正是在第一次世界大战以后，帝国主义加紧对中国进行政治、经济和文化侵略活动之际（其中也包括对无线电领域的侵略），中国境内出现了外国人办的第一批广播电台。

第二节
北洋政府时期的广播事业

一、外商在华广播电台的建立

在无线电技术广泛地用于通信联络的同时，欧美的科学家又开始了利用无线电传送语言和音乐的试验。1906 年 12 月，这项试验在美国取得初步成功。第一次世界大战期间，由于军事通信保密的需要，无线电话的研制工作暂时中断，战后迅速恢复并取得了新的进展。随着收听工具的出现，美国办起了一批试验性的广播电台。1920 年 11 月 2 日，美国匹兹堡的 KDKA 广播电台开始播音。这座第一个向美国政府登记而开办的广播电台，被认为是世界上最早的广播电台。不久，美国人便把初办见效的无线广播技术输入到中国。

当美国的无线广播还在试验阶段的时候，1920 年 8 月在上海出版的《东方杂

---

① 两文均收入《周恩来青少年时代诗文书信集》（下卷），四川人民出版社 1980 年 8 月版。
② 见《向导》第 71 期，1924 年 6 月 18 日，署名 T. C. 。
③ 王崇植、恽震：《无线电与中国》，文瑞图书馆 1931 年 9 月版，第 92 页。
④ 交通部、铁道部交通史编纂委员会：《交通史·电政编》第 4 章，1936 年 11 月版，第 37—42 页。

志》便以《用无线电传达音乐及新闻》为题，首次把正在孕育中的现代化的宣传工具介绍给中国读者。报道预言了无线广播在传播新闻和音乐方面的优点："晨间由中央无线电局（即广播电台）将是日所得新闻，发出报告。则家家仅须开动受音机（即收音机），即可亲聆新闻，且可于早餐时且食且听之。较诸披阅报章，便利多矣。""晚间八时半，为人民音乐跳舞之时间。此后可由中央无线电局于此时自无线电传出音乐。则跳舞之家，但将受音器开动，音乐立时大作。跳舞者可以应声而舞，不必更雇音乐班矣。"①（见图1－1）

旧中国是一个半殖民地半封建的国家，1911年的辛亥革命虽然推翻了清

图1－1　《东方杂志》最早关于无线电广播的报道

王朝，但中国社会的性质并没有发生根本性的改变。20年代初期，中国境内出现的第一批广播电台同早期的近代报刊、通讯社一样，都是由外国人最先创办的。

1922年12月，美国人 E. G. 奥斯邦（E. G. Osborn）把一套无线电广播发送设备由美国运到上海，并宣称将要在上海开办广播电台。奥斯邦在上海创办中国无线电公司（Radio Corporation of China），并与英文大陆报馆（The China Press）合作，租用外滩广东路三号大来洋行的屋顶，开办起"大陆报—中国无线电公司广播电台"，呼号 XRO，波长 200 米，发射功率 50 瓦。该台于 1923 年 1 月 23 日晚首次播

---

① 《东方杂志》第 17 卷第 15 号，1920 年 8 月 10 日。

音，① 当时上海报纸均有报道（见图 1-2、图1-3），这是中国境内开设的第一座广播电台。该台每晚播出1小时，内容有《大陆报》提供的国内和上海的新闻，大量的则是娱乐节目，星期日设有《布道》、《祈祷》等宗教性节目。为了推销收音机，扩大广播的影响，该台还举办无线电基本常识讲座。1月26日，该台播出了孙中山当日在上海发表的《和平统一宣言》。次日，孙中山特向《大陆报》发表谈话表示称赞。他说："余之宣言，亦被宣传。余尤欣慰。余切望中国人人能读或听余之宣言。今得广为传布，被置有无线电话接受器之数百人所听闻，且远达天津及香港。诚可惊可喜之事。吾人以统一中国为职志者，极欢迎如无线电话之大进步。此物不但可于言语上使全中国与全世界密切联络，并能联络国内之各省、各镇，使益加团结也。"② （见图1-4）

奥斯邦开办的广播电台出现后，在上海租界的中外听众中引起一阵"无线电热"，并得到上海的业余无线电研究团体和无线电器材商店的支持，收音机很快由五百多架增加到一千多架。但是，奥斯邦未经中国有关当局批准，私自运进无线电设备并建立广播电台一事，触犯了当时北洋政府的有关法令。3月14日，交通部通过外交部饬知江苏特派交涉员，严行取缔

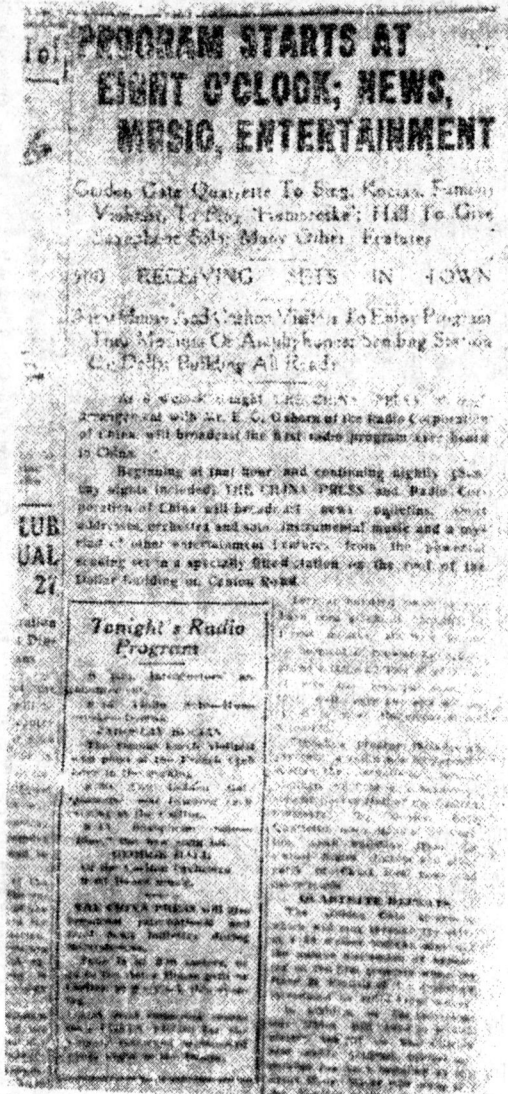

图1-2 上海英文《大陆报》1923年1月23日关于奥斯邦所办广播电台开播的预告（据尔泰《广播史论辑存》翻印）上题为"八点开始有新闻、音乐、娱乐节目"。左下为"今晚无线电节目"预告

---

① 据上海英文《大陆报》1923年1月21—24日的连续报道。1月24日，该报以《首次无线电节目昨晚大获成功》为题，详细报道播出情况。

② 据上海《民国日报》1923年1月28日报道。该报1月26日载《和平统一宣言》，现收入《孙中山选集》，人民出版社1981年版，第519—522页。

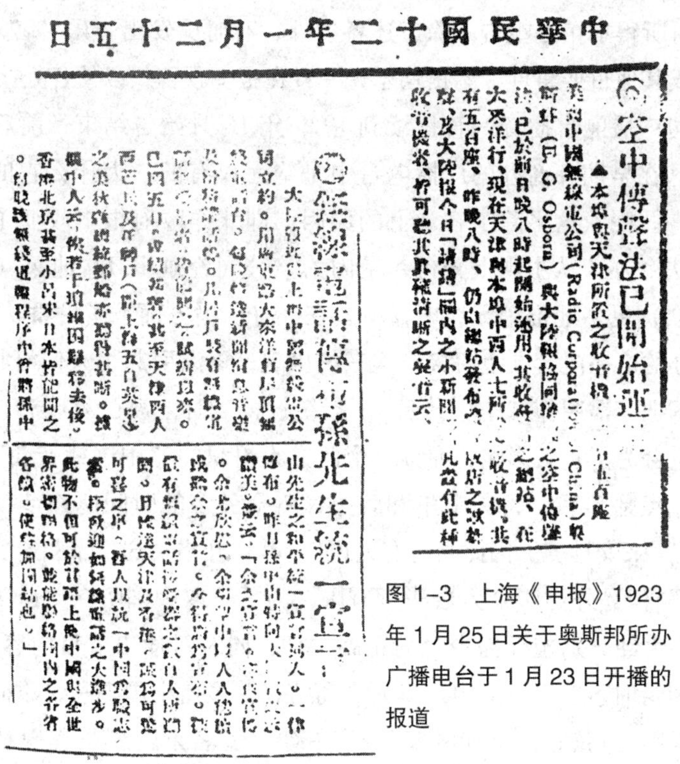
中華民國十二年一月二十五日

空中傳聲法已開始運用

無綫電話傳布孫先生統一宣言

图 1-3 上海《申报》1923 年 1 月 25 日关于奥斯邦所办广播电台于 1 月 23 日开播的报道

图 1-4 上海《民国日报》1923 年 1 月 28 日刊登的《无线电话传布孙先生统一宣言》的报道

奥斯邦开办的广播电台。其间几经交涉，大约在 4 月间，奥斯邦所办的广播电台停止了播音。① 其后，奥斯邦又拟在永安公司楼上开办另一座广播电台，预定于 5 月 31 日开始播音，但因受到交通部的多次干预而未能实现。② 此时，经营电器设备的美商新孚洋行（Electric Equipment Co.）主人戴维斯（Davis）于 5 月底办起一座广播电台，发射功率 50 瓦，主要用于试验和推销收音机。1924 年 8 月，因经费拮据而停办。

早期外商在上海开办的广播电台中时间较长、影响较大的是 1924 年 4 月开始播音的美商开洛电话材料公司（Kellogg Switchboard Supply Co.）所办的广播电台，台址在法租界福开森路。开洛公司的广播电台先后在大晚报馆、申报馆、大陆报馆等处设立分站，在报馆安装发音室以利报告新闻。该台每天上午和晚间各播音一次，共 2 小时。《申报》5 月 14 日刊登报道称："上午为汇兑市价、钱庄兑现价格、小菜

① 据交通部电政司 1923 年 2—10 月关于严行取缔私设电台等记事档案材料，原件存南京中国第二历史档案馆。参见《旧中国的上海广播事业》，档案出版社、中国广播电视出版社 1985 年 12 月版，第 40—41 页。

② 据上海《民国日报》1923 年 7—10 月间的有关报道。参见《旧中国的上海广播事业》，第 24—44 页。

上市等等；晚间为重要新闻及百代公司留声机新片。凡本外埠各处安装有无线电收声机者，均可听得本馆之报告。除上述各项外，有时更发出音乐、名人演说等。如有特别音乐或其他重要事件，本馆均于先一日在报上预告，以便各处接听。"

开洛公司广播电台播音一直持续到 1929 年 10 月始告结束，前后共存在五年多的时间，这在早期外商办的广播电台中是绝无仅有的。为什么它的命运比前述三座都要好一些呢？这里除了客观上的原因，即北洋政府根本改变了严厉取缔无线电广播的法令外，从主观上分析，是因为该公司经理 R. E. 迪莱（R. E. Delay）为了吸引听众，更多地推销无线电器材，在办好广播方面下了一番功夫。

外国人办的广播电台在上海接二连三的出现，逐渐引起了人们对收听广播的兴趣。当时人们把广播叫作"空中传音"。据统计，当时上海已有收音机上千架。开洛公司广播电台为了扩大影响，允许一个西方人组织的"中国播音会"（CBA）的听众组织出钱点播节目。每天上午和晚上，听众最多的时间所播节目几乎都是由"中国播音会"来安排的。因此当时有人说："其初开洛播送之节目，大多数为西乐及外国唱片。"但是外国听众人数毕竟有限，为了争取中国听众，迪莱又聘用中国人曹仲渊、徐大经分别担任播音台的正副主任，同时对播出节目内容也作了改进，增加"报告商情时事，以灵通内地华人之商情，并多播中国唱片，添播弹词节目"，"凡京剧、苏滩、三弦等，应有尽有"。有一年，著名京剧演员程砚秋到上海演出时，也应邀到该台播唱京剧。当时，有一些中国听众为了与"中国播音会"争夺黄金播音时间（指听众最多的播音时间，一般是指中午和晚间），还组织起"中国播音协会"（BAC），在曹仲渊等人的支持下，每天也出钱点播开洛公司广播电台的节目。但终因资金不足，势单力薄，难与"中国播音会"抗衡。[①] 两个听众组织彼此竞相点播节目，在客观上扩大了开洛公司广播电台在社会上的影响。

除上海外，在天津经营无线电器材的日商义昌洋行于 1925 年 1 月在天津开办了一座广播电台，该台于 1927 年 5 月结束。

奥斯邦、新孚洋行、开洛公司等置中国政府禁止私设无线电台的法令于不顾，先后在上海等地开办广播电台，这无疑是对中国无线电主权的侵犯。但是，我们也应看到，它们经营广播电台是为了推销无线电器材，与那种赤裸裸的军事侵略和经济掠夺毕竟有所区别。同时，它们把无线电广播这一 20 世纪之初的重大科学技术成果引进中国，开阔了中国人的视野，进一步传播了无线电知识，揭开了中国广播事业发展史的第一页。从历史的观点来分析，它的进步意义是值得肯定的。

二、无线电广播法令的演变

自从清朝末年无线电传入我国以来，清朝政府对待无线电的政策是，原则上非

---

① 参见金康侯：《中国播音协会之兴替》，原载上海《无线电问答汇刊》第 19 期，1932 年 10 月。

经中国政府批准，任何外国或外国人不得在中国设立无线电台，不得私自收发无线电报。1915 年，北洋政府制定《电信条例》，仍然沿袭上述原则。1923—1924 年间，当外国人在上海开办广播电台时，北洋政府有关当局对这一新的科学技术几乎一无所知。他们把广播电台与用于通信联络的无线电台等同看待，不准私自设立；同时又分不清收听广播的收音机与无线电收发报机的区别，因而同样不准任意出售。前已叙述，奥斯邦在上海办的第一座广播电台刚刚问世，北洋政府交通部即下令严行取缔。1924 年 5 月，交通部从《申报》上获知开洛公司广播电台开始播音后，立即致函上海有关当局设法禁止。函中称："据上海《申报》14 日新闻栏内登载该报馆联同开洛公司经营广播无线电话，并销售无线电接收机，风闻沪地人民装设颇广。此项事情，显系违反《电信条例》之规定，损害主权，妨碍电政，关系殊为重大。际兹国内秩序未宁，倘有一二宵小容于其间煽惑扰乱，为害实非浅鲜。该商民人等对于《电信条例》之规定，容有未知，致违禁例。应请转饬所属广为晓喻，迅予禁止，以维电政，以保主权，以消隐患。"同时，交通部也从屡次查禁广播电台之事中逐步认识到播送新闻和音乐的广播电台毕竟不同于一般的无线电台，收音机也不等同于无线电收发报机。故在上函中又宣称："本部为谋中外人民幸福起见，对于广播无线电话正在积极筹备，厘订规则，不日公布。该商民人等，尽可静候政府办法，何得先事嚣张，致干禁例，上述一节并希广为晓喻。"①

据现存不完整的当年交通部电政司的有关档案材料，当时在制定有关无线电广播的法令的讨论中，主要集中在以下几个问题上：

第一，广播电台究竟是官办，还是商办？起初倾向于商办，后来又主张官办。难于决策之处在于"顾官办则经费支绌，难保无亏累之虞；商办则取缔困难，难免生意外之弊"。

第二，收音机是自由出售，还是委托专卖？斟酌之处在于："顾自由售卖，则取缔之手续纷繁；委托专卖，则恐招中外诘责。二者各有利弊。"

第三，是征收广播（收听）费，还是征收各种执照费？当时交通部筹划在北京、上海各办一座广播电台，据估计一年需费用 4 万元，原拟主要靠征收广播费来解决。但几经讨论，认为收取广播费"颇有弊病"，如手续纷繁，殊费周折，又担心外国人借口节目不良，抗不交费。于是，又提出取消征收广播费的建议，改用增加收音机执照费和私人建立广播电台的执照费的办法来解决筹建广播电台的经费问题。②

---

① 引自《交通部致沪护军使咨稿》，原件存南京中国第二历史档案馆。转引自《旧中国的上海广播事业》，第 45 页。

② 原件均存南京中国第二历史档案馆。书中引文见《交通部电政司关于讨论无线电台规则内容的签呈》、《交通部电政司总务科关于广播电台及接收机征费的签呈》两文，转引自《旧中国的上海广播事业》，第 46、52、53 页。

当时拟议中的有关无线电广播的章程有四五种，但目前已见到正式公布的只有一种，即1924年8月交通部公布的《装用广播无线电接收机暂行规则》。[①] 这是中国历史上第一个关于无线电广播的法令。

《暂行规则》是依照《电信条例》制定的，共23条。对于安装广播无线电接收机（即收音机，以下简称接收机）的手续、费用、注意事项及违反规定的处罚方法等都作了初步规定，其要点如下：

（1）装用接收机者，须先呈请交通部核准，发给执照。

（2）接收机只限装设在通都大邑及繁盛市镇，不得装设在军事边防、海防及政府示禁之区域。

（3）凡中国人安装接收机者，应由其同乡委任以上职官一人或六等以上殷实商号一家出具证书。凡外国人安装接收机者，应由其本国公使或领事或同国籍之殷实商号两家为之证明。

（4）接收机只准供接收音乐、新闻与气象、时刻、汇兑之报告以及演说、试验之用，不得借以牟利，并不得将所收任何电信私自泄漏。

（5）安装真空管接收机每副每年缴纳执照费6元，安装不用真空管接收机（即矿石收音机）每副每年缴纳执照费4元。

（6）对于违背《暂行规则》有关规定者，处以5元以上200元以下之罚金或没收其接收机。

上述规定，今天看来是相当繁琐、苛刻的。但是，我们可以从中看到，北洋政府的无线电法令已经改弦易辙，即由无条件地取缔改变为有条件地限制。从此，建立广播电台和出售、安装收音机再也不是违法之事了。该《暂行规则》明文规定允许外国人安装收音机，对外商设立广播电台则采取了默许的态度。我国有识之士鉴于广播事业对国家的重要性，建议北洋政府收购上海开洛公司广播电台。[②] 但并未引起重视，致使外台继续存在，并又有发展。

三、我国自办广播电台的开端

北洋政府交通部在拟定关于无线电广播法令的同时，开始酝酿筹建官办广播电台。

当时，北洋政府大权掌握在以贿选而任大总统的直系军阀首领曹锟手中。1924年秋天，冯玉祥发动北京政变，直系军阀势力被驱逐出北京。不久，皖系军阀联合奉系军阀，掌握了北洋政府的大权。1925年2月，交通部派人在北京、天津筹建广播电台。在北京，利用电话局的无线电话试验传播新闻和音乐，并在中央公园（今

---

① 全文见《交通史·电政编》第4章，第13、14页。
② 吴梯青：《有关北洋时期电信事业几件事》，载《文史资料选辑》第66辑，中华书局1979年10月版。

中山公园）今雨轩收听，初见成效。本拟着手建立广播电台，但因政局动荡，遂致停顿。

1926 年 4 月，皖系军阀首领段祺瑞在全国人民反对声中被迫下野。此后一年多的时间里，北方各省处于奉、直两派军阀争斗割据之中，直至 1927 年 6 月，因直系军阀瓦解，奉系军阀首领张作霖组织安国军政府，自封"大元帅"，成为北洋军阀的末代统治者。在此期间，1927 年 10 月，北洋政府派员出席在华盛顿召开的国际无线电信会议。会上，我国代表提出将我国无线电台呼号原定数额按照我国幅员和人口比例扩充数百倍，获得通过。我国代表还声明，不承认外国人在我国私设的无线电台，并要求不得列入国际电台名册。会后，出席会议的我国人员访问欧美、日本诸国，看到无线电广播在各国蓬勃兴起。回国以后，他们再次向政府当局呼吁筹建广播电台。在奉系当局的支持下，并经交通部部长叶恭绰倡议，交通部组织了一个"无线电广播公司"，以推进建台事宜。[①] 北京、天津建台之事踌躇不前，中国自办的第一座广播电台却在哈尔滨应运而生了。

1922 年 5 月，在第一次直奉战争中，奉系军阀战败，退居关外。为图东山再起，奉系军阀决心整顿兵力，准备重进北京。出于军事通信联络的需要，奉系军阀大力发展无线电事业。1922 年 9 月，奉系收回了在哈尔滨的暂由俄国控制的一座无线电台，改名为东三省无线电台，作为军事通信之用。不久，又建立了奉天（即沈阳）、长春、齐齐哈尔分台。1923 年 5 月，奉系当局将奉天无线电台改为东三省无线电台总台，原哈尔滨的东三省无线电台改为东三省无线电台哈尔滨分台。这一年，奉系当局在东北各地一共建起无线电台 14 座。东北无线电通信事业的发展为广播电台的开办，创造了必要的条件。

设在哈尔滨的东三省无线电台副台长（后为哈尔滨分台代台长）刘瀚[②]是我国早期的无线电专家，曾在无线电学校任教，具有比较丰富的无线电工程理论和实践经验。1923 年春，他在奉系军阀的支持下，曾在哈尔滨进行过临时广播的试验，呼号 XOH，发射功率 50 瓦，用汉语和俄语播音。当时，日本殖民主义者极力在东北扩张势力，侵犯我国主权的事件不断发生。1926 年 1 月，哈尔滨的日本商业通信社竟然私架天线，安置收发报机，擅自收发新闻电报和商务电报，公然侵犯我国电信主权。当时，刘瀚即将上述情况报告东北无线电长途电话监督处（以下简称东北无

---

① 见吴梯青《有关北洋时期电信事业几件事》一文。当时广播电台屡有出现，但名称尚未确定，或称"无线电话"、"传声"或用日语"放送"等词，吴梯青按英语"broadcasting"意译，建议定名为"无线电广播"，经呈报交通部核准，逐渐在全国通用。

② 刘瀚（1891—1941），字东樵，河北通县（今北京）人。1912 年在上海、北京从事无线电报业务。1921 年到东三省无线电专门学校任教，后任东三省无线电台哈尔滨分台代台长。1926 年 10 月主持建立中国人自办的第一座广播电台，并曾与共产党人合作创办哈尔滨通讯社。1931 年九·一八事变前，回到北平。北平沦陷后辗转流亡各地，1941 年 8 月病逝于陕西凤县。

线电监督处)。当我方派人前往交涉时,日本驻哈总领事却为日商百般辩解,诡称架设天线并非收电报,而是用来收听新闻、戏曲广播的,并以轻蔑口气表示,一旦中国方面办起广播电台,并有条例可循,日方即可遵照办理。

在奉系当局的积极支持下,刘瀚一方面着手进一步调查日本通信社私设无线电的确切证据,另一方面着手改装发射机,正式筹建广播电台。经过多次试验后,经呈报东三省特区长官公署批准,1926 年 10 月 1 日,哈尔滨广播无线电台开始正式播音,(见图 1-5)呼号 XOH,发射功率 100 瓦,每天播音 2 小时,内容有新闻、音乐、演讲及物价报告等,这是我国自办的第一座广播电台。在电台开始广播的同时,哈尔滨广播电台事务所也开始办公,并且颁发了东北无线电监督处制定的有关无线电广播的条例和规则。据此,我方再次与日本驻哈总领事交涉,要求日商遵章办理,拆除私设的无线电机。日方无奈,只得照办。一场维护我国电信主权的斗争,终于取得了胜利。[1] 在这以后,刘瀚又多方筹措资金,购置新的广播设备,建设新台址。1928 年 1 月 1 日,新建的哈尔滨广播电台正式启用,发射功率扩大为 1 千瓦,更改呼号为 COHB,当时办有汉语、俄语和日语三种广播节目。当时,哈市有收音机 1200 多台。1929 年该台取消日语节目,改播英语节目。次年,刘瀚迫于日

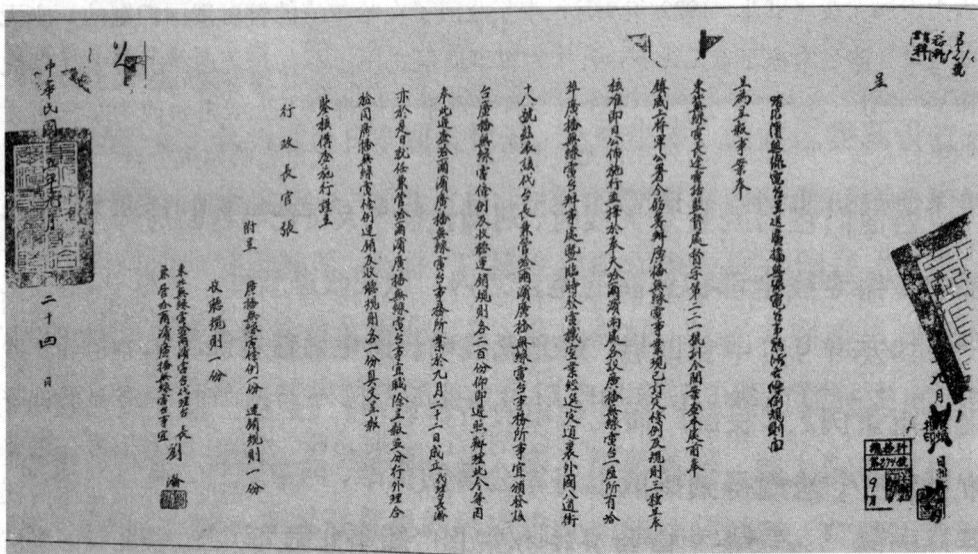

图 1-5 哈尔滨广播无线电台 1926 年 9 月 24 日向东省特区
长官公署的呈文(据尔泰《广播史论辑存》翻印)

---

[1] 关于刘瀚筹建中国人办的第一座广播电台事,20 世纪 80 年代以前出版的广播史书均无记载,一般均认为 1927 年 5 月开办的天津广播电台为中国人办的第一座广播电台。黑龙江省广播电视厅陈尔泰、丛林两人经多年辛勤调查、考证,撰文介绍后始为人们所知。详见陈尔泰《中国的第一座广播电台》一文,载《新闻研究资料》第 30 辑,1985 年 4 月版。

本人的无理指责，离开哈尔滨广播电台。1928年1月1日，沈阳广播电台也开始正式播音，发射功率2千瓦，呼号COMK。两台均由东北无线电监督处管理。

东北无线电监督处建立于1923年，设在奉天（沈阳），是我国早期的广播管理机构。它除筹建了上述两台外，还筹建了天津、北京最早的广播电台。此外，它还于1926年10月经奉系军阀镇威上将军（即张作霖）公署批准，颁发了《无线电广播条例》（以下简称《广播条例》）、《装设广播无线电收听器（即收音机）规则》（以下简称《装设规则》）和《运销广播无线电收听器规则》（以下简称《运销规则》）。这三个无线电广播法规比两年前交通部公布的《装用广播无线电接收机暂行规则》的规定趋于完备、全面，更重要的是，都在一定范围内付诸实施了，它们对于促进我国早期广播事业的发展起了一定的作用。

《广播条例》、《装设规则》和《运销规则》总计43条，其要点如下：

（1）东北无线电监督处为普及文化、传布商情，办理广播无线电事业，在东三省境内建立广播无线电台。

（2）广播电台应于每日规定时间内用无线电传播新闻、商情、音乐、歌曲、演讲等项，以供公众收听。

（3）凡居住在东三省境内者，均得装设收听器收听之，唯须绝对遵守《装设规则》。

（4）凡东三省境内所需之收听器暨附属品以及零件等项，中外商行均得运输销售，但须绝对遵守《运销规则》。

（5）任何人或任何机关不得在东三省境内私运、私售或私设任何无线电机器并经营广播无线电事业。

（6）凡私人或团体因事借东北广播无线电台向公众宣告或讲演者，须将底稿商得该台许可，并缴纳相当之费用。

（7）销售收听器之商行、装设收听器之用户均须按章缴纳执照费，凡违反有关规定者，除没收其全部机件外，并处以一定数量的罚金。

1927年3月，东北无线电监督处在北京、天津设立广播无线电办事处，开始在京津两地筹建广播电台。同年5月15日，天津广播无线电台开始播音，发射功率500瓦，呼号COTN。9月1日，北京广播无线电台开始播音，发射功率初为20瓦，后增至100瓦，呼号COPK。两台均办有新闻、商情、音乐、讲座及戏曲节目。当时京津两地盛行京剧，天津台经常通过长途电话线转播当日北京上演的京剧，甚受听众欢迎。

京津两地当时均按照东北无线电监督处制定的上述《装设规则》和《运销规则》的规定来管理广播事业。据1928年6月底统计，北京市装设收音机的有1900多户，销售收音机的商店45家。广播电台每月按规定收缴执照费作为日常开支之用，自给有余。①

早期中国自办的广播电台除上述四座官办广播电台外，在 20 年代后期又出现了民办广播电台。1927 年 3 月 18 日，② 上海新新公司为了推销自己制造的矿石收音机，开办了一座相当简陋的广播电台，起初自定呼号 XGX，后改为 XLHA，发射功率只有 50 瓦，主要播送唱片并转播游艺场的南方戏曲。据现有材料，这是我国自办的第一座民营广播电台。③ 同年底，北京也出现了一座商办的燕声广播电台。

在半殖民地半封建的旧中国，广播电台也同近代报刊、通讯社一样，最早都是由外国人创办起来的。在 1928 年 8 月国民党的中央广播电台出现以前，北洋军阀统治时期的广播事业只是初具雏形，先后有外商、中国人办的广播电台十来座，发射功率一般较小，收听范围也限于广播电台所在城市及其周围地区。当时还没有一个全国性的中央台。据有关材料估计，这个时期，全国约有收音机一万架。④

---

① 据《北京志·北京新闻出版与广播》小组编写的《北京广播事业概况》，1960 年 2 月油印本。

② 见 1927 年 3 月 19 日《申报》，该报道标题为《新新公司无线电话今日播音》，但文内称"……由夏历二月十五日起，按时播传新闻、音乐、歌曲等"。经查 1927 年夏历二月十五日系公历 1927 年 3 月 18 日。曾有广播史书认为该台始办于 1927 年 10 月或夏天，均不确实。

③ 此前，1926 年 4 月，浙江余姚绅商曾"拟出资在该县购装无线电话播音台，播放无线电话，通达商情"。北洋政府交通部以"与《电信条例》第三条之规定不符，在广播无线电信尚未准予私设以前，碍难照准"驳回。参见任白涛：《综合新闻学》第 2 册，商务印书馆 1941 年 7 月版，第 668—669 页。

④ 1929 年 12 月出版的《中央广播无线电台年刊》附录中国广播电台调查表所载南京、杭州、沈阳、哈尔滨、天津、北平、广州七大城市附近收音机约数分别为 300、100、1000、3000、3000、1000、100 台，据此推算估计 1927 年全国收音机约为一万架。

第 **2** 章

抗战前的广播事业

　　1927 年春天，蒋介石、汪精卫相继在上海、武汉发动了
"四·一二"、"七·一五"反革命政变，彻底背叛了孙中山先生
的新三民主义，国共合作的统一战线最后破裂。从此，内战代替
了团结，独裁代替了民主，轰轰烈烈的工农大革命遭到惨重的失
败。经过一年多的军阀混战，蒋介石在帝国主义的支持下，打败
了其他新军阀，国民党的反革命政权获得形式上的"统一"，在
全国建立起白色恐怖统治。

　　国民党新军阀出于巩固反动政权的需要，一方面扩大充实反
革命武装队伍，接二连三地对中国共产党领导下的农村革命根据
地进行军事"围剿"，企图消灭工农革命武装力量。另一方面，
建立和强化反动宣传机构，连篇累牍进行封建法西斯宣传，麻痹
和毒害人民群众，并对革命和进步文化展开另一种形式的"围
剿"。国民党的广播事业就是在这样的背景下建立和逐步发展起
来的。同时，国民党当局还极力控制民营广播电台，妄图把民营
台的广播节目纳入其反动宣传的轨道。

第一节
国民党广播的建立和发展

一、国民党中央广播电台的建立

1928 年 8 月 1 日，国民党的中央广播电台在南京开始播音。这是国民党当局继

中央通讯社（1924 年 4 月创办于广州，1928 年迁南京）、《中央日报》（1928 年 2 月创办于上海，次年 2 月在南京出版）之后，创办的第三个全国性的中央宣传机构。

国民党人开始使用无线电设备，可以追溯到 20 世纪 20 年代中期。1924 年 1 月，中国国民党在广州召开第一次全国代表大会。这次大会正式确立了联俄、联共、扶助农工的三大政策，标志着第一次国共合作的正式开始。会后，孙中山在苏联友人和中国共产党人的帮助下，在广州开办黄埔军校，培养革命军事人才。当时，该校曾招收和训练无线电人才，购置无线电收发报机。1925 年 7 月，国民政府在广州宣告成立。次年 7 月，国民军在广州誓师北伐。北伐军中已开始使用无线电作为军事通信联络工具。国民党筹办广播电台即始于此时，首创者为国民党中央监察委员、组织部代部长陈果夫。他当时征得国民党中央常务委员会主席张静江的同意，筹款购置无线电设备，拟在广州建立广播电台，后因经费不足而未成功。

1928 年 2 月，陈果夫在南京旧事重提，他同戴季陶、叶楚伧等提议筹设广播电台，并由中央宣传部委托徐恩曾为电台主任（徐调离后由吴道一①代理），负责筹办事宜。同年 7 月，国民党中央常务会议通过宣传部提出的《设立中央广播无线电台计划书》。② 建成后的中央台设在南京国民党中央党部的后院，选定国民党二届五中全会开幕之日开始播音。当天，蒋介石、陈果夫、戴季陶等均前往致辞。该台全称为"中国国民党中央执行委员会广播无线电台"，简称"中央广播电台"（以下行文简称"中央台"），暂定呼号 XKM，③ 发射功率 500 瓦。每天下午、晚间各播音一次，共计 3 小时，内容有演讲节目和新闻节目，所有新闻稿件均由中央通讯社提供。当时《中央日报》刊登的该台第一号《通告》（见图 2 - 1）宣称："嗣后所有中央一切重要决议、宣传大纲以及通令通告等，统由本电台传播。"④

中央台开播之初，为扩大该台影响，国民党

图 2 - 1　南京《中央日报》1928 年 8 月 1 日刊登的中央广播电台开播通告

---

①　吴道一（1893—2003），江苏嘉定人。上海交通大学电机系毕业，自 1928 年参加筹建国民党中央台后，历任主任、台长，1936 年起任国民党中央广播事业管理处副处长、处长，1948 年冬离南京去台湾，1949 年 11 月起任台湾"中国广播公司"副总经理，1974 年退休，2003 年在台湾去世。

②　全文收入《中央广播无线电台年刊》。

③　按 1927 年国际无线电公约规定，中国无线电台呼号应在 XGA - XUZ 范围之内，简言之，第一个英文字母为 X，KM 系国民党一词英文缩写字头。同年 11 月，呼号改为 XGZ。

④　南京《中央日报》1928 年 8 月 1 日。

当局一方面拨给全国各省、各特别市党部一台收音机，同时还要求各地需要收音机的政军机关备价领用；另一方面于 1929 年 3 月开办广播收音员训练班，首批于三个月后结业。除少数留中央台工作外，其余分别携带收音机分赴各地担任广播及收音工作，负责抄收中央台的广播，然后选送各报刊登。此后，还曾多次举办类似的收音机员训练班。据 1934 年底统计，各地刊载中央台广播消息的报纸有 140 多家。

国民党的这座中央台由于发射功率较小，且用中波广播，因此收听效果欠佳，许多地方很难听到。1928 年冬天，陈果夫与戴季陶、叶楚伧等又提出扩充发射功率计划，并向德国订购全套广播设备。新台址定于南京江东门外，于 1932 年 5 月完工，同年 11 月 12 日正式使用，发射功率扩大为 75 千瓦，呼号更改为 XGOA。[①] 这是当时亚洲发射功率最强的广播电台。

中央台设立之初，属于国民党中央宣传部。1931 年 11 月，国民党举行第四次全国代表大会的前夕，第三届中央执行委员会特地召开临时全体会议，通过了《改进宣传方略案》和《改进中央党部组织案》两项决议，规定广播电台"由宣传部划出，成为独立机构，直属常务委员会"，同时要求"务于最短期内完成中央广播电台，并充分利用之"。[②] 1932 年夏天，正式成立中央广播无线电台管理处，直属于国民党中央执行委员会。1936 年 1 月，该处又改称中央广播事业管理处（以下简称中广处）。该处除直接负责中央台外，还管辖一部分地方台。处长吴保丰，[③] 副处长由中央台主任吴道一担任。中广处也曾举办过多次收音员训练班，培训的收音员携带收音机分赴各地，负责抄收中央台的广播节目，以扩大宣传的影响。

二、地方广播电台的发展

抗日战争爆发以前，国民党除在南京建立中央台外，还在全国一些主要城市建立起一批地方性广播电台。这些地方台当时分别属中广处、交通部以及各省市地方政府和国民党地方党部管辖。

中广处管辖的地方台有：福州台、河北台、西安台、南昌台、汉口台和南京台等。其中南京台系当时国内唯一的短波广播电台，于 1936 年 1 月 23 日开始广播，呼号 XGOX，发射功率 500 瓦，除转播中央台节目外，还办有广州话、厦门话和英

① 这一呼号一直使用到 1948 年年底。1948 年 10 月，在美国召开的国际无线电会议决定，自 1949 年 1 月 1 日起，中国无线电台呼号的第一个字母由 X 改为 B，国民党政府交通部后曾规定，广播电台以 BE 两字为首。但由于时局变化，实际并未执行。
② 转引自方汉奇主编：《中国新闻事业通史》第 2 卷，中国人民大学出版社 1996 年 5 月版，第 364 页。
③ 吴保丰（1899—1963），江苏昆山人。1921 年毕业于上海交通大学电机系，后赴美深造，获硕士学位。在美期间加入中国国民党，回国后当选为中央执行委员，任中央组织部总干事，并在邮电部任职，1936 年起任中央广播事业管理处处长、中央广播事业指导委员会副主任委员。1943 年辞去上述职务，改任重庆交通大学校长。抗战胜利后，历任上海交通大学校长、天津开滦矿务局顾问等职。1949 年 5 月上海解放后，由津返沪，不久加入中国国民党革命委员会，并先后任华东人民广播电台顾问、华东新闻出版事业局广播事业顾问等，曾担任上海市政协第一、二、三届委员。

语、马来语节目，以供东南亚一带华侨收听。

福州广播电台系中广处接管暂归福建省政府当局保管的原十九路军所建广播电台设备改建而成，于 1934 年 7 月 1 日开播，呼号 XGOL，使用国语、福州话、厦门话广播。

河北广播电台当时设在北平，① 系利用原天坛长波电台设备改建而成，1934 年 10 月 23 日起试播，12 月 1 日正式广播，呼号 XGOT，发射功率 500 瓦。1935 年夏天，其广播设备被拆卸运往西安，筹建西安广播电台。

西安广播电台系利用河北台迁来的设备建成，1936 年 8 月 1 日开始播音，发射功率 500 瓦，呼号为 XGOB。该台为西北地区第一座广播电台。

南昌广播电台是 1933 年 10 月利用中广处原供国民党政府驻洛阳办事处使用的广播设备建成。该台后移交江西省政府接办，呼号 XGOC。

汉口市广播电台由汉口市政府主持修建，1934 年 10 月竣工，1935 年 2 月开始播音，呼号 XGOW，发射功率为 5 千瓦，仅次于中央台。该台办有《XGOW 广播日刊》，每天发行，预告次日节目。

交通部所属的广播电台有：北平台、上海台和成都台三座。

原北京广播电台为北洋政府时期所办。1928 年 10 月，国民党政府交通部派员会同北平电话局予以接收，并加以改组，更名为"北平广播无线电台"。1930 年 3 月，因当时阎锡山军队盘踞北平，该台一度划归太原无线电信管理处管辖。同年 10 月，张学良军队由东北入关进驻平津，该台又由东北边防司令长官公署派员接收，在组织系统上，将该台与北平短波电台、长波电台（两台均为通信台）合并，改称为"北平无线电台广播台"，暂由平津卫戍司令部管辖。1932 年 1 月，复由交通部派员收回，并与短波、长波各台分开，同受交通部上海国际电信局管辖，呼号改为 XGOP，发射功率 100 瓦，后增至 300 瓦。

上海广播电台由上海国际电信局筹备，广播设备系收购外商美灵登电台经改进后使用。1935 年 3 月 9 日开始播音，呼号 XQHC，发射功率 500 瓦（后扩充为 2 千瓦），为上海第一座官办广播电台。

成都广播电台于 1936 年 9 月 16 日建成播音，呼号 XGOG，发射功率 10 千瓦，系由交通部派人筹建。该台除办有一般新闻、评论节目外，还办有藏语和英语等节目。

各省市地方政府和国民党地方党部办的广播电台中，建台最早的是 1928 年 10 月开始播音的浙江省广播电台，也是国民党当局开办的第一座地方台，呼号 XGY（后改为 XGOD），发射功率 250 瓦，后增至 2 千瓦。此外，30 年代初陆续建立起来

---

① 1928 年 6 月 28 日，南京国民党政府将"北京"改为"北平"。

的还有山西、云南、四川、山东、广西、福建、河南、江苏等省政府广播电台以及广州、上海等市政府广播电台。另外还有江苏武进、浙江嘉兴县党部办的广播电台。

山西省政府于1931年建立太原广播电台，呼号XGOT，发射功率50瓦。

云南省政府于1932年在昆明建立广播电台，台名为云南无线电局广播台，呼号XGOY，发射功率250瓦。

四川善后督办公署于1932年12月建立重庆广播电台，呼号XGOS，曾一度中断，1934年恢复，发射功率增至1千瓦。1936年12月，督办公署撤销后，归四川省政府管辖。1937年，中央台迁到重庆后，该台被撤销。

山东省政府所建山东省会广播电台于1933年5月在济南开始播音，呼号XOST，发射功率500瓦。

广西省政府于1933年建立南宁广播电台，呼号XGOZ，除使用国语外，还播出广州话节目。

福建省政府于1933年在福州筹建广播电台，并于10月16日开始试播，后一度由十九路军组建的反蒋抗日的"中华共和国人民革命政府"使用。十九路军被迫撤离后，由国民党中央广播事业管理处接管，定名为福州广播电台，于1934年7月1日起正式播音，呼号XGOL，发射功率250瓦。除对省内广播外，还注意对华侨的宣传。

湖南省政府于1934年5月在长沙建立湖南省广播无线电台，呼号XGOH，发射功率100瓦。

河南省政府于1934年10月在开封建立河南广播电台，呼号XGOX，发射功率200瓦。

江苏省政府于1935年春在省会镇江筹建广播电台，同年6月3日试播，7月1日正式播音，隶属省政府秘书处，呼号XGOZ，发射功率100瓦（后扩大为1千瓦）。该台自1935年7月起编印《江苏广播双周刊》（1936年8月起改为《江苏广播周刊》），刊登节目表及广播稿件等。

远在西北边陲的新疆于1935年建起迪化（今乌鲁木齐）有线广播电台，隶属新疆边防督办公署交通处管辖。该台一直播音至1949年5月，新疆广播无线电台开播时始停播，为各省中绝无仅有者。[1]

广州市政府广播电台于1929年5月6日开始播音，台名广州市播音台，呼号初为CMB，后改为XGOK，发射功率1千瓦。节目内容以粤曲和广东方言为主，也办有国语、英语新闻节目。

上海市政府广播电台于1936年3月8日开始播音，呼号XGOI，发射功率500瓦。

---

[1] 参见《新疆通志·广播电视志》，新疆人民出版社1995年1月版。

此外，抗日战争爆发前，国民党地方军队也曾办有广播电台，如设在济南的第三路军军部广播电台，呼号为 XOAD，发射功率 50 瓦，由该军无线电管理处主办。

三、十年内战中的广播宣传

国民党广播事业的建立和发展是与国民党加紧实行法西斯统治相适应的。国民党反动派自窃夺大革命胜利果实，建立起一党专政的独裁政权后，即实行封建买办的反动文化建设和宣传政策，而中央台及其他官办台恰好充当了国民党反动宣传的喉舌。其中有些广播电台建立的经过，说明国民党发展广播的用心在于直接配合对革命根据地的军事"围剿"。蒋介石在接连四次对江西中央革命根据地的军事"围剿"失败以后，越发感到单凭军事进攻难于达到消灭工农武装力量的反动目的，于是施展反革命的两手，制定《"剿共"临时施政纲要》，强调贯彻"三分军事七分政治"的反动方针，于 1933 年 9 月开始了对中央革命根据地的第五次军事"围剿"。蒋介石把他的指挥部设在南昌，"应军政交通司之请，将原送洛阳应用之 250 瓦特播送机一座移至军事委员会委员长（指蒋介石）南昌行营，专为剿匪宣传之用"。[1] 一年以后，中央红军由于"左"倾机会主义路线的错误指挥导致第五次反"围剿"的失利，被迫北上转移，开始了二万五千里长征。此时，中广处即把南昌台移交江西省政府接办。1935 年秋天，中央红军克服了长征途中的千难万险，胜利到达陕北根据地。当时西北地区尚无广播电台。国民党当局为了加强在西北地区的宣传，即于1935 年 8 月，下令将设在北平的河北广播电台设备拆卸西迁，筹建西安广播电台。该台于 1936 年 8 月 1 日开始播音，呼号 XGOB，发射功率 500 瓦，该台所办《剿匪消息》节目，为各地方台独有之特别节目。

在国民党官办的二十多座广播电台中，设在南京的中央台为其反动广播的中心。1928 年 8 月，中央台开办之初，播音时间短，节目单调。据当年 9 月制定的节目时间表，平日每天播音 8 次，总计不足 5 小时，其中新闻 80 分钟，通令、通告、宣传大纲、报告决议案等 120 分钟，气象报告 15 分钟，唱片 25 分钟。另有特别节目如"中央纪念周"、名人演讲、科学演讲、特别音乐等，每天 1～2 小时不等。[2] 其中新闻稿件来自当天《中央日报》及中央通讯社，通令、通告来自国民党政府及中央党部，宣传大纲由中央宣传部制定，报告决议案则由国民党及其政府有关会议提供。所谓"中央纪念周"，不过是借纪念孙中山为名，推行国民党反动政策的一种手段而已。名人演讲大都为党国要人出面，科学演讲则请科学文化界人士担任。从上述安排看，政治性节目比重较大，约占三分之二以上。1932 年扩大发射功率以后，国民党中央台的播音时间渐有增加，广播节目的编排也逐步改进。抗战前，该台的广

---

① 曾虚白主编：《中国新闻史》，台湾三民书局 1966 年 4 月版，第 611 页。
② 据《中央广播无线电台年刊》。

播节目按其性质可分为五类，即宣传、演讲、教育、新闻和娱乐。宣传类节目主要为蒋介石篡改的三民主义的宣传（包括播讲蒋介石的文稿）、"新生活运动"的宣传等。演讲类节目分为一般演讲（名人演讲、学术演讲、英语演讲）和教育演讲两种。教育类节目则包罗万象，从一般教育到英文教学，从科学教育到体育知识，还有青年、妇女、儿童教育节目等等。新闻类节目中有一般新闻、体育新闻、科学新闻、经济新闻和时象新闻（报时与气象预告）等，除使用国语外，还用广州话、藏语和英语报告新闻和一周大事述评等。娱乐类节目包括乐曲和戏剧两种。据统计，娱乐类节目有 50% 用唱片播出，30% 由中央台音乐、话剧组演播，其余 20% 则邀请社会上的文艺团体演播。为"宣传中央意志，齐一民众观念"，国民党政府行政院于 1936 年 4 月 13 日通令饬各地公私广播电台从 4 月 20 日起，每日晚 8 点至 9 点 5 分（星期日除外）一律转播中央广播电台的新闻、时事述评、名人演讲等节目，"如无转播设备者应于此节时间，暂行停播以免分歧⋯⋯"。[①]（见图 2 - 2）30 年代初期，该台为改进播音，先后在南京、北平等地公开招聘男女播音员。

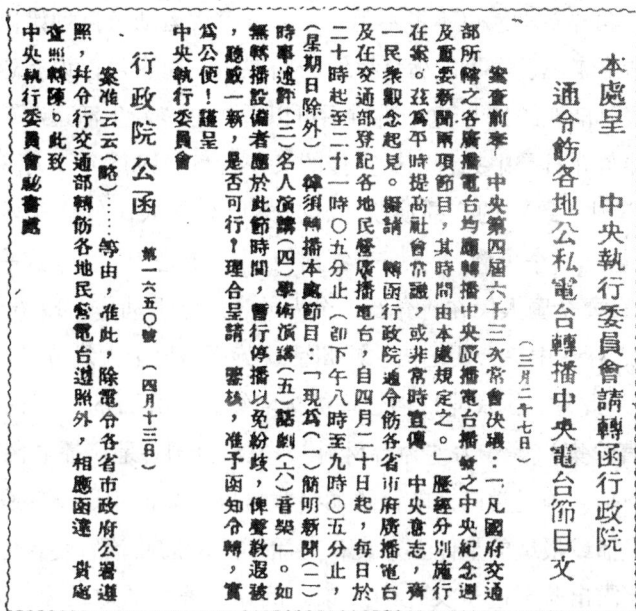

图 2 - 2　国民党政府行政院通令各地官办民营广播电台转播中央电台节目文

在十年土地革命战争期间，国民党的广播秉承蒋介石的旨意，对内恶毒污蔑中国共产党领导下的人民革命斗争，诋毁共产主义学说和进步思想，鼓吹建立国民党一党专政的法西斯统治；对外取媚于美帝国主义，屈膝于日本帝国主义，宣扬"攘外必先安内"的卖国论调。30 年代初，配合国民党军队对江西中央革命根据地的军

---

① 见《广播周报》第 68 期，1936 年 1 月 1 日。

事"围剿",中央台的"剿共"、"剿匪"之声甚嚣尘上。在反共宣传中,后来堕落为汉奸的汪精卫是最卖力气的一个,他的每次广播演说的内容都离不开所谓"剿除共匪"的题目。1934年2月,蒋介石坐镇南昌,指挥反动军队屠杀工农革命军民,同时,又假惺惺地提出在全国推行所谓"新生活运动",并自任"新生活运动促进会"会长,亲自操纵一切。他还跑到中央台发表广播演说,叫嚣"新生活运动"是什么"国民自救与救国的要道"。一时间,四大家族(指蒋介石、宋子文、孔祥熙和陈立夫、陈果夫)的头面人物、国民党的军政大员、御用文人进进出出中央台的大门,所谓"礼义廉耻"的喧叫声充斥电波之中。国民党上海市党部出面组织的"播音材料设计委员会"提出,要以"新生活运动"为主旨,规定广播电台每天早晨播送国民党党歌,喊军训口号,播出蒋介石的演说。同时,国民党反动派又在全国掀起了一股"尊孔读经"的复古浪潮。蒋介石反动派妄图用这一套货色来对人民进行蒙蔽和欺骗,防止广大青年倾向革命。蒋介石之流推行的"新生活运动",遭到了广大人民群众的无情唾弃,成为历史上的笑柄。1936年初,在推行"新生活运动"两年之后,蒋介石本人也不得不承认:"新生活运动,自创始以来……就一般的成效和实际情形来说,实不能满足我们的期望……简直可以说有退无进……这是很可痛心的,很可惭愧的!"[①] 这一番讲话可以看作是"新生活运动"广播宣传破产的自供状。吹捧蒋介石是中央台广播宣传的又一特色。1935年1月8日,国民党中委邓家彦在《举国一致》的广播演说中,公然要全国人民效法法西斯德国,鼓吹"我们的口号也是'一个民族'!'一个领袖'!'一个是'!""在这一人意志之下动作",也就是说,要全国人民在蒋介石一个人的意志之下动作。1936年10月末,蒋介石50岁生日之际,中央台用国语、广州话、英语播出了大量节目,对蒋的吹捧达到了空前规模。[②] 此外,国民党广播管理机构陆续把蒋介石的《安内讲演集》、《最近讲演集》、《言论集》等作为"播音材料",发给全国各地广播电台供播出之用。

需要指出的是,国民党广播电台的某些节目也正如旧中国某些官办报纸的副刊一样,尽管从广播或报纸的整体上来说,充斥了反动的政治宣传,但在某些节目或副刊来说,却流露出若干进步文化的迹象。例如,著名的政治家、教育家、学者、艺术家蔡元培、马寅初、叶圣陶、竺可桢、苏步青等都曾应邀在中央台作过广播讲演,语言学家赵元任还主持播讲《国语广播训练大纲》。(见图2-3)他们都对宣传进步思想、传播科学文化知识方面起了一定的作用,这是当时国民党统治区进步文化和反动文化斗争的结果。

---

① 转引自李新等主编:《中国新民主主义革命时期通史》第2卷,人民出版社1962年7月版,第241页。

② 参见汪学起、是翰生编:《第四战线》,中国文史出版社1988年7月版,第48—55页。

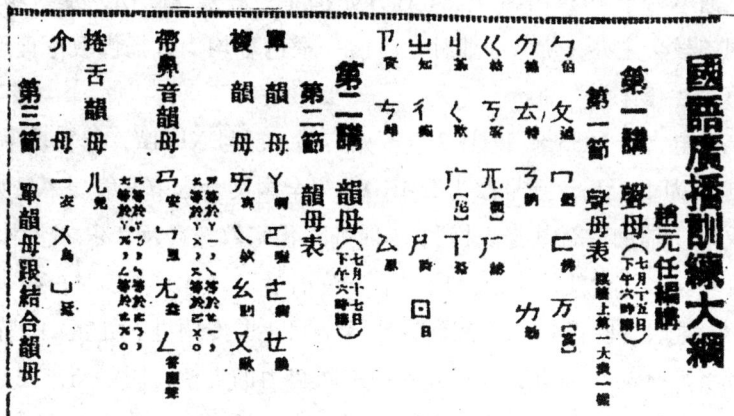

图 2-3　赵元任在中央台播讲的《国语广播训练大纲》
《广播周报》第 96 期，1936 年 7 月 25 日

第二节
民营广播电台和外商广播电台

一、不同类型的民营台

国民党政府于 1928 年 12 月公布《中华民国广播无线电台条例》，规定："广播电台得由中华民国政府机关、公众或私人团体或私人设立，但事前须经国民政府建设委员会无线电管理处之特许，违者由当地负责机关制止其设立。"此后，交通部公布的有关法令也均允许公私团体和个人经营广播电台。20 年代末 30 年代初期，我国出现了一批民营广播电台，其中半数以上集中在上海一地。

综观形形色色的民营台，大致可分作三种类型：

1. **教育性广播电台**

由一些地方民众教育馆和大中学校开办，播音内容大都限于文化教育方面，发射功率不大，收听范围也仅限于当地。如无锡的江苏教育学院广播电台、徐州民众教育馆等办的徐州广播电台、南昌的江西省立民众教育馆广播电台、北平育英中学育英广播电台、济南的齐鲁大学广播电台、青岛市立民众教育馆广播电台和厦门的同文中学广播电台等。

2. **宗教性广播电台**

具有代表性的是设于上海的佛音广播电台和福音广播电台。

佛音广播电台于 1934 年 1 月 24 日开始播音，呼号 XMHB，发射功率 500 瓦。该台由中国佛教会主办，佛教净业社承办。广播内容均为宣扬佛教伦理道德，劝谕人们"不修今生修来世"。

福音广播电台于 1933 年 12 月 2 日开始广播，呼号 XHHA，起初功率为 150 瓦，1936 年初扩大为 1 千瓦，呼号改为 XMHD，为全国民营台中发射功率最大者。该台标榜其宗旨为"辅助造就基督人格"，"促进文化宗教教育及音乐之空中宣传"。为了宣扬基督教义，该台使用国语及广州话、英语播音，每天 8 小时，办有《晨祷》、《布道》、《礼拜》、《晚祷》、《圣经研究》等节目，并专门办有儿童妇女节目。这座电台由"福音广播社"主办，并得到外国宗教势力的支持，同时与国民党当局的关系也很密切。在该社出版的《福音广播季刊》中，该台主持人公开宣称："本电台素以提倡基督教之信仰与实行为职志，与蒋委员长（即蒋介石）的主张如出一辙。"[1] 1936 年 12 月西安事变发生后，该台宣传蒋介石在西安"各物皆舍弃，唯独保留《圣经》，每天读经祈祷，得主保佑，化险为夷"。同时还声称要针对唯物论、自然科学来讲《圣经》。

3. 商业性广播电台

这类电台数量多，分布也较广，除半数以上集中在上海外，天津、北平、杭州、无锡、苏州、芜湖、宁波、绍兴、嘉兴等工商业发达的大中城市均有。发射功率一般为 50 瓦 ~ 500 瓦，也有小至 7.5 瓦的。据 1937 年 6 月统计，全国共有商业性广播电台 45 座。[2]

在上海，除前述新新公司广播电台外，在抗战爆发前陆续开办的商业性广播电台有亚美、大中华、天灵、东方、国华、鹤鸣、中西、华东、华美、明远、元昌、华泰、建华、亚东、友联、华兴、东陆、富星、利利、华侨、麟记、大陆和航业等广播电台。

亚美广播电台（初办时称上海广播电台）呼号 XGAH，为亚美公司所办，于 1929 年 12 月 23 日开始播音。其时正值开洛公司广播电台停办，新新公司广播电台暂时中断，所以该台起了承前启后的作用。亚美台发射功率起初为 50 瓦，后增至 100 瓦。该台的特点是注重无线电常识的普及宣传，借以扩大影响，促进公司无线电器材的经营。1930 年，该台与浙江广播电台合作，及时传播在杭州举行的全国运动会比赛消息。1932 年，该台还将广播中的《无线电问答》节目广播稿汇集成册，发行《无线电问答汇刊》（半月刊）。

大中华广播电台为大中华电器公司所办，1931 年 1 月正式播音，呼号 XHHU，

---

① 引自《福音广播季刊》第 1 卷第 3 期，1937 年 3 月。

② 据吴保丰《十年来的中国广播事业》有关材料计算，载《十年来的中国》一书，商务印书馆 1937 年 6 月版。

发射功率 100 瓦。

华美广播电台是港粤沪华美电器行附设电台，1932 年 6 月建立，呼号 XHHI，发射功率 100 瓦。

元昌广播电台由元昌广告公司建立，1932 年 11 月开播，呼号 XLHM，发射功率 50 瓦。该台负责人张元贤主编《咪咪集》，内容为各类娱乐广播稿汇编。

大陆广播电台为中法药房所设，1935 年 12 月 21 日正式播音，呼号 XHHK，发射功率 100 瓦。

麟记广播电台是麟记蓄电池厂为提倡国产蓄电池，以引起听众对无线电研究的兴趣而设立。1936 年 1 月 4 日开办，呼号 HQHG。

华侨（大美）广播电台的创办人为加拿大华侨，1934 年 1 月开始播音，1940 年 1 月创办人回加拿大，该台售与美商大美晚报馆后，改称大美广播电台。

除亚美台等少数商业台的节目偏重科学知识的传播外，大多数商业台依靠广告收入维持。所播出的戏曲、音乐、弹词等娱乐节目多低级庸俗，适合小市民阶层的欣赏，与 20 年代末 30 年代初泛滥一时的黄色音乐沆瀣一气，社会影响很坏。茅盾主编的《中国的一日》书末附录 1936 年 5 月 21 日上午民营台播出的歌曲、戏曲节目，颇能揭露当时娱乐广播的一般情形。该书记载这一天播出的歌曲节目有：《爱往何处寻》、《爱如花月》、《粉红色的梦》、《双料情人》、《爱情是什么》、《小野猫》、《定情歌》等；戏曲节目有：《火烧红莲寺》、《劈三棺》、《济公传》、《英雄难过美人关》等。商业台对社会生活所起的恶劣作用，当时就受到社会进步舆论的抨击。例如有的报纸指出："广播电台的使用，在于用迅速的方法，来传递重要的新闻。可是中国的广播电台已商业化了。它以宣扬货物为主要任务，而把原来的使命——传递重要新闻——成为附属品了，各电台为了替各商号做广告，不得不利用娱乐节目来吸引听众。所以他们所广播的节目，都是迎合小市民的低级趣味的污秽俚俗的滩黄、滑稽、宣卷之类的节目。这种靡靡之音，对于市民的思想行动，都有妨碍。"[1]

随着各种类型民营台的大量出现，1934 年 11 月，上海成立了上海市民营无线电播音业同业公会。凡是中国人经营的民办广播电台并经交通部发给执照或登记注册过者，均为该会会员。该会成立后，在维护会员台的正当权益、救灾筹赈、救亡宣传以及配合国民党当局有关部门整顿民营台、审查播音稿本等方面做了一些工作。1937 年 11 月，日军占领上海后不久被迫停止活动。

对于 30 年代中期上海民营台广播中的形形色色节目的腐朽没落的本质，文学家鲁迅在他的杂文《偶感》、《知了世界》、《儒术》、《奇怪》（均发表于 1934 年）等文中有过入木三分的批判。在《知了世界》一文中，鲁迅通过在炎热的夏季，富人

---

[1] 《时事新报》1936 年 8 月 14 日，转引自任白涛：《综合新闻学》第 2 册，商务印书馆 1941 年 7 月版，第 677—678 页。

收听广播消闲享乐，穷人则挣扎在死亡线上的强烈对比，揭示出旧中国广播为剥削阶级服务的本质。鲁迅写道："天气热得要命，窗门都打开了，装着无线电播音机的人家，便把音波放到街头'与民同乐'。咿咿唉唉，唱呀唱呀。外国我不知道，中国的播音，竟是从早到夜，都有戏唱的。它一会儿尖，一会儿沙，只要你愿意，简直能够使你耳根没有一刻清静。同时开了风扇，吃着冰淇淋，不但和'水位大涨'、'旱象已成'之处毫不相干，就是和窗外流着油汗，整天在挣扎过活的人们的地方，也完全是两个世界。"① 在《奇怪》中，鲁迅指出，早晨广播中有和尚念经。这种事不看记载是天才也想不到的。② 鲁迅联想到在旧中国出现的种种光怪陆离的现象（诸如用火药制爆竹、用罗盘看风水、用鸦片当饭吃……），③ 在《偶感》一文中，他又联想到"马将桌边，电灯代替了蜡烛，法会坛上，镁光照出了喇嘛，无线电播音所日日传播的不往往是《狸猫换太子》、《玉堂春》、《谢谢毛毛雨》吗？"写到这里，鲁迅一针见血地指出："每一新制度，新学术，新名词，传入中国，便如落在黑色染缸，立刻乌黑一团，化为济私助焰之具，科学，亦不过其一而已。"他的结论是："此弊不去，中国是无药可救的。"④ 无线电广播作为一种新的科学技术传入了半殖民地半封建的旧中国，正是"落在黑色染缸"，变成了剥削阶级手中的"济私助焰之具"，用来消闲享乐，宣扬封建迷信，传播肉麻文学，⑤ 维护反动腐朽的社会制度。由此可以得出结论：不彻底推翻旧的社会制度，中国是没有出路的，广播自然也不例外。只有在劳动人民当家做主的新社会，广播才会成为高尚的文化教育工具。

二、"禁办"声中的外商台

关于外商在华设立广播电台问题，北洋政府在后期实际上采取了允许的做法。30年代初期，国民党政府对业已存在的外商所办的广播电台，一方面在法令规定上采取了内外有别的做法，从严审批外台，如1932年11月，交通部公布《民营广播无线电台暂行取缔规则》中规定："凡中华民国之公民，完全华商之公司，经在国民政府立案之学校团体或其他合法之组织，得在中国境内设立广播电台，但须呈由交通部领得许可证后始得装置；而非完全华商之公司及非完全华人国籍之团体，须

① 《鲁迅全集》第5卷，人民文学出版社1981年版，第512页。
② 同上，第542页。
③ 鲁迅在《电的利弊》一文结尾中说："外国用火药制造子弹御敌，中国却用它做爆竹敬神；外国用罗盘针航海，中国却用它看风水；外国用鸦片医病，中国却拿来当饭吃。同是一种东西，而中外用法之不同有如此，盖不但电气而已。"《鲁迅全集》第5卷，第15页。
④ 《鲁迅全集》第5卷，人民文学出版社1981年版，第480页。
⑤ 上海《中华日报·动向》1934年5月8日曾发表署名"阿二"的杂文《"夜来香"》。有的学者认为此文乃鲁迅佚文，但现已出版的《鲁迅全集》中均未收入。此文最后指出："在鸦片当饭，指南针看风水，锪水浇衣服的国度里，单能想播音不宣传肉麻文学吗？"有关争鸣文章见《中国现代文艺资料丛刊》第4辑、第6辑，上海文艺出版社1979年11月、1981年4月版。

经在国民政府注册领有注册证书者始得请领许可证，在中国境内设立广播电台。"
另一方面，对现存外商所办广播电台又采取逐步取缔的做法。当时外国人所办广播
电台主要集中在上海，据 1932 年 10 月统计共六座，其中一座在北平。1935 年 3 月，
设在上海的交通部国际电信局收购了路透社和美灵登广告公司合办的美灵登广播电
台（1933 年春开办），利用其设备建立交通部上海广播电台。这是上海市第一座官
办广播电台。在北平，1935 年 4 月，交通部将英商增茂广播电台"收归部办"，建
立交通部北平广播无线电分台。

　　30 年代中期以后，随着日本帝国主义对中国侵略的加深，列强各国对在华利益
愈加关注。在此背景下，国民党政府对于外商办台引发的政治性问题，也不得不予
以考虑。1936 年 9 月，中央广播事业管理处在报告中指出："据报上海大东电台，
业已售于日人。查近日我国境内，如沪津汉等埠外人在租界内擅自设立广播电台，
在平时固仅以牟利，非常时期则阴为间谍，不仅妨碍我国播音领空之主权而已，若
不从速由本处先行收回或撤销国境内外人所设之电台，恐将接踵设台，以巨大电力
扰乱我中央电台与公营民营电台之播音，并以之作不利我之宣传，势将无法制止或
干涉。"[1] 报告最后说，现有外人广播电台大都规模简陋，收回自办尚非难事，可由
本处拟具计划及预算，由交通部办理。根据上述报告，中央广播事业指导委员会于
9 月 3 日召开的第四次会议上通过了收回或撤销外人在中国境内所设广播电台以杜
隐患的决议案。1937 年春，国民党中央常务委员会第三十九次会议通过的《广播教
育实施办法》明文规定："绝对禁止外国人在中国境内设立广播电台。"[2] 但此时已
是七七事变前夕，国难日深，加以外商广播电台都办在租界地区，它们倚仗帝国主
义的势力，对国民党当局的规定置若罔闻，所以实际上国民党政府收回广播主权的
进展并无多大成效。到抗日战争爆发前夕，据 1937 年 6 月统计，上海仍有美商华
美、其美（XQHE），英商奇开（HQHB，又名劳勃生电台）和法人等四座外商办的
广播电台。其中有经交通部登记注册者，也有未经登记注册者。[3]

　　美商华美广播电台，又名西华美广播电台，1933 年 6 月 21 日在交通部上海国
际电信局登记，呼号 XMHA，发射功率 500 瓦。

　　法商法人广播电台，1932 年 8 月 19 日开始播音，呼号 FFZ，发射功率 250 瓦。
该台初为法租界当局为驻沪法军娱乐而设，后为法国侨商接办。

　　在英国占领下的香港，1923 年曾出现过一个市民自发组织的香港无线广播社，
作不定期广播。1928 年 6 月 30 日在港英当局资助下办起一座广播电台，播出英语
节目，呼号 GOW。这一天后来定为香港电台诞生日。1929 年 2 月 1 日，香港成立广

---

① 据中央广播事业指导委员会第四次会议档案材料，原件存国家广播电影电视总局档案室。
② 《广播周报》第 134 期，1937 年 4 月 24 日。
③ 据吴保丰：《十年来的中国广播事业》，载《十年来的中国》，商务印书馆 1937 年 6 月版，第 710 页。

播委员会，正式宣布该台为政府所办。1934 年开办中文台，呼号 ZEK，起初英文台、中文台共用一套广播设备，1938 年 1 月建成第二个发射台后，两台可同时播音。①

葡萄牙占领下的澳门于 1933 年 8 月出现了由业余无线电爱好者开办的广播电台，呼号为 CONMACAU，1937 年停办，1938 年又恢复播音。

第三节
抗日救亡广播和国民党对广播控制的加紧

一、从"九一八"到"一二·九"时期的救亡广播

30 年代初期，日本帝国主义为了独霸中国，利用国民党反动派对江西中央革命根据地多次发动"围剿"的时机，在 1931 年发动了九一八事变。由于蒋介石奉行不抵抗政策，东北国土在百余日内全部沦为日本的殖民地。1932 年初，日本帝国主义又把侵略的矛头指向中国最大的城市——上海，制造了"一·二八"事变，妄图夺取上海。国民党政府竟然破坏上海军民的浴血抗战，签订了屈辱投降的淞沪停战协定，承认日本可在上海驻军，并允许取缔抗日活动。随后，日本又加紧了对华北的扩张活动，国民党政府步步退让，日本实际上已控制了河北、察哈尔两省。1935 年，日本侵略者又制造华北事变，成立所谓"冀察政务委员会"，推行所谓"自治运动"。总之，日本对中国的侵略步骤日趋加紧，国民党政府的卖国投降活动层出不穷。在中华民族生死存亡的关键时刻，代表广大中国人民利益的中国共产党多次发表声明和宣言，呼吁停止内战，一致对外，号召全民奋起抗日，打败日本侵略者。1931 年 9 月下旬，中共中央发表宣言反对日本侵略中国，提出组织游击战争，打击日本侵略活动。1933 年 1 月，再次发表宣言，提出团结合作共同抗日的主张。1935 年，在红军长征途中，中国共产党发表著名的《八一宣言》，提出了建立抗日民族统一战线的政策，建议组织国防政府和抗日联军。在中国共产党的多次号召下，全国不断掀起抗日救亡的高潮。在全民奋起抗日的怒吼声中，不少广播电台冲破了国民党的某些禁令，积极开展抗日救亡宣传活动，发挥了激发全国军民爱国精神的积极作用。

1931 年九一八事变后的第二天，北平广播电台即"停止放送娱乐节目以报告暴日出兵消息"，并且暂停播出戏曲节目，改为宣讲节目，呼吁警惕日本的侵略行径。

① 据张振东、李春武主编：《香港广播电视发展史》，中国广播电视出版社 1997 年 3 月版，第 2 页。

一个多月以后，该台才逐步恢复了戏曲节目。有些广播电台由于国民党当局实行新闻垄断，无法报道九一八事变真相，慑于压力又不能直接宣传抗日救国，于是，着重选播了一批表现历史上的爱国题材的话剧和广播剧，如《卧薪尝胆》、《岳飞》、《木兰从军》和《文天祥》等。

1932年，日本侵略上海，制造"一·二八"事变，当时驻上海的十九路军将士激于民族义愤，在爱国将领蒋光鼐、蔡廷锴等的率领下，不顾南京政府的撤退命令，毅然奋起战斗，给日本侵略军多次沉重打击。十九路军的淞沪抗战振奋了上海各界人民的抗日斗志，纷纷组织义勇军、敢死队、救护队奔赴前线。上海各广播电台及时播送前线抗战消息，亚美电台还与南京中央台和杭州、上海等地的官办和民营台联合组织"国难声中的临时播音节目"，及时播报淞沪御侮状况及各项消息，以告慰内地同胞。此外，亚美广播电台的创办人苏祖圭、苏祖国兄弟利用广播积极组织募捐衣物、医药、款项和交通工具。上海及周围的广大爱国听众积极响应，踊跃捐赠。大批慰问品及时送到前线，激励了将士们的抗日斗志。为此，坚持指挥淞沪抗战的蒋光鼐等人曾致函该台表示感谢。[1]（见图2-4）1933年元旦，该台邀请著名爱国人士马相伯、梅兰芳、杜重远发表广播讲演，宣传使用国货，呼吁抵制日货。随后，为纪念"一·二八"一周年，亚美电台于1月26日至31日编排播出了专门的节目，其中包括"一·二八"纪念播音开场白及事变始末介绍、"一·二八"战事每日大事记、《哭周年》，同时还播出了苏祖圭编写的广播剧《恐怖的回忆》，借以使市民不忘国耻，保持警惕。

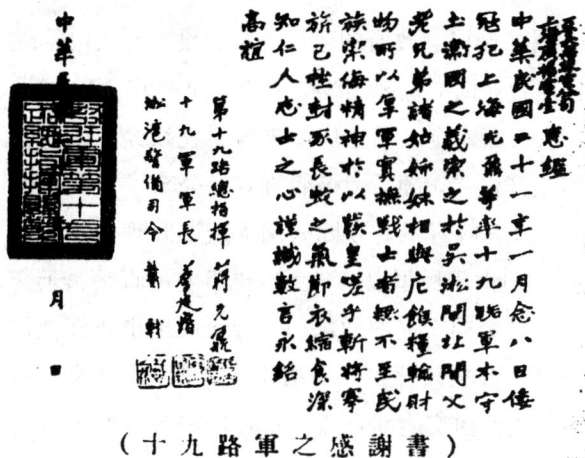

（十九路軍之感謝書）

图2-4 十九路军致函上海广播电台之感谢书

国民党政府破坏淞沪抗战后，将十九路军调往福建"剿共"。蔡廷锴、蒋光鼐、陈铭枢等十九路军爱国将领不满蒋介石的反共政策，与李济深等人于1933年11月在福建宣布成立"中华共和国人民革命政府"，公开宣布反蒋抗日，并秘密与中国共产党取得联系。革命政府接管了已在试播中的福州广播电台，并于17日开始播音，[2]该台发射功率250瓦，每天上午播送人民政府的施政报

---

① 原载上海《无线电问答汇刊》第19期，1932年10月10日。
② 福建《民国日报》1933年11月16日报道。

告，下午播送国内外新闻、商情、广告等。蔡廷锴曾多次到福州台发表广播讲演，报告人民政府的主张，谴责蒋介石的独裁卖国政策，号召同胞奋起抗日救国。[①] 不久，十九路军的爱国活动遭到国民党反动派的镇压而失败。该台被国民党当局接管。

1935 年"一二·九"爱国运动爆发前后，著名音乐家聂耳、冼星海、吕骥和任光等分别和诗人田汉、塞克、安娥等合作创作了《义勇军进行曲》（1935 年）、《毕业歌》（1934 年）、《救国军歌》（1936 年）、《热血》（1936 年）、《打回老家去》（1936 年）等一批振奋民族精神的抗日救亡歌曲。许多广播电台反复播出这批歌曲的唱片，从此，"起来！不愿做奴隶的人们！把我们的血肉，筑成我们新的长城……"的歌声通过无线电波，响遍中华大地，鼓舞着广大爱国同胞起来同日本帝国主义作英勇的战斗。抗日救亡歌曲的大量播出，沉重地打击了过去广播中一度泛滥的黄色音乐。

在日军紧逼、国难日深之际，国民党内的一些富有爱国精神的有识之士也站出来慷慨陈词，大声疾呼停止内战，联合起来，团结抗日，其中最有代表性的是冯玉祥将军，1936 年春天起，他多次到国民党中央台发表了题为《国难期中国民应有的生活》、《如何建立我们的自信与互信》、《节约运动的一点见解》、《大家起来，保护国土》、《我们应如何抗战救国》等广播讲演，[②] 充满自信地反复宣讲："只要我们彻底抗战，失败者必定是日本，最后胜利者必定是我们。"

二、国民党对广播事业的管理和控制

国民党政权建立之初，1928 年 7 月，国民党政府的建设委员会设立无线电管理处，管辖中国国内及国际间包括广播电台在内的全部无线电事业。同年 12 月，建设委员会公布《广播无线电台条例》，该条例规定，设立广播电台事先须经无线电管理处之特许，违者由当地负责机关制止其设立。随后，该管理处又公布了《无线电收音机登记暂行规则》，规定中国境内设置收音机者须随时向无线电管理处指定的地点按照《暂行规则》登记领取执照。但由于民国以来，无线电事业一直是属于交通部的管辖范围，于是，形成了建设委员会同交通部两部门争夺无线电事业管理权的局面。它们之间各自倚仗自己的后台，互相攻讦，各不相让，闹得不可开交。后由国民党三届二次会议议决，无线电事业归由交通部管理，并从 1929 年 8 月 1 日起移交。8 月 5 日，国民党政府公布的《电信条例》明文规定，凡装设电信事业（包括有线电、无线电通信在内）皆须经交通部或其委托的机关核准。至此，一场争夺无线电管理权的闹剧始告一段落。

---

① 福州《人民日报》1933 年 12 月 1 日、3 日及厦门《江声报》1934 年 1 月 6 日报道。
② 见《广播周报》1936 年 4 月—1937 年 8 月第 80、87、106、116、150 各期。

30 年代初期开始，交通部依据《电信条例》的有关规定，开始颁布有关广播的法令，以期加强对广播的控制和管理。1930 年 7 月，交通部公布《装设广播无线电收音机登记暂行办法》。在此期间，交通部曾在登记和取缔民营台、收回外商设立的广播电台、统计收音机和审查广播节目等方面初步做了一些整顿工作。但由于缺乏具体措施，收效不大。

1936 年 2 月，国民党为进一步加强对广播事业的管理和控制，成立了国民党中央执行委员会广播事业指导委员会（简称中央广播事业指导委员会）。该会由中广处、宣传部、交通部、教育部、内政部等国民党党政有关部门组成，主要任务"为谋广播事业之统一运用，整齐其步伐，健全其组织"。[1] 由陈果夫任主任委员，吴保丰任副主任委员。

陈果夫为国民党四大家族之一，CC 系的头子。CC 系是蒋介石最大的秘密特务组织之一，1929 年 11 月由蒋介石授意陈立夫、陈果夫组织，后来它又控制了臭名昭著的中统（全称为"中国国民党中央执行委员会调查统计局"，1938 年 8 月正式成立）。CC 系和中统一贯以国民党党政机关和文教部门为其活动重点，陈果夫始终把广播事业牢牢掌握在自己手中，把 CC 系的一些代表人物安插在广播系统担任要职。中广处在公开招考技术、播音人员时，规定必须是国民党党员始得报名应试。[2]

中央广播事业指导委员会为国民党管理全国广播事业的决策机构，指导监督全国所有官办、民营广播电台。按照该会《组织大纲》规定，其职责范围为：（1）广播网之计划与编制事项；（2）广播电台之筹设与取缔事项；（3）广播事业法规之制定事项；（4）广播电台波长之分配与呼号之规定事项；（5）广播电台机械测验与程式之规定事项；（6）广播电台播音节目之审核与支配事项；（7）收音机之调查与登记事项；（8）国内外广播电台播音节目之侦察与交换转播事项；（9）广播机件材料之自给计划事项；（10）国际广播会议之参加事项。

抗战爆发前，中央广播事业指导委员会共召开过五次会议，主要议题有收回或撤销外人在华广播电台、规划全国广播电台系统及设置办法、征收全国收音机执照费方案、审查广播节目播出等，并开始筹划全国广播网建设事项。1936 年 7 月，以"中央广播电台"名义参加了设在瑞士的国际广播公会，初步开展了国际交流活动。

1937 年 3 月 13 日，中央广播事业指导委员会第五次会议通过的《全国广播电台系统及分配办法》，将全国广播电台分为中央台、区台、省市台、地方台四种。中央台设于南京，发射功率最少应为 300 千瓦；区台指设于最繁盛都市之电台，供全区听众收听，发射功率为 10 千瓦 ~ 50 千瓦。当时拟将全国分为九区，即苏浙皖沪（上海）、鲁冀察热东北（北平或天津）、晋陕绥蒙（太原）、湘鄂赣豫（汉口）、

---

① 吴保丰：《十年来的中国广播事业》，载《十年来的中国》，第 696 页。
② 《中央广播事业管理处招考技术、播音补充人员简则》，载《广播周报》第 91 期，1936 年 6 月 20 日。

甘宁青（兰州）、粤桂闽（广州）、川滇黔（成都）、新疆（迪化）、康藏（拉萨）；省市台指设于各区之省会、特别市的广播电台，发射功率为 500 瓦～5 千瓦。每区可设省市台 2～6 座；地方台指设于各省会及一等县的广播电台，发射功率为 50～250 瓦，每区可设地方台 10～15 座。在《征收全国收音机执照费及其分配比例》中规定，矿石机暂不征收，电子管收音机每台每季 2 元，所收经费按下列比例分配：40% 用来扩充广播电台设备及增设广播电台，20% 补助优良广播电台，10% 设置公共收音机，10% 扩充研究设备，20% 作为征收手续费。但国民党当局着力推行的则是审查广播节目的播出事项。

1936 年 10 月，交通部公布了中央广播事业指导委员会第四次会议通过的《指导全国广播电台播送节目办法》，随后，该会函告各广播电台，自 12 月 15 日起"各电台播音节目改由本会接管审查"。这个《办法》的制定和实施，标志着国民党开始以法律形式着重从广播节目的内容上控制广播电台。国民党当局之所以采取这一措施，是与 30 年代初期以来国内政治斗争的形势以及国民党在新闻出版方面的反动措施密切相联系的。

国民党反动政权为了钳制公众舆论，镇压进步的、革命的新闻出版活动，在 1930—1934 年间先后公布了《出版法》、《危害民国紧急治罪法》、《宣传品审查标准》和《图书杂志审查办法》等反动法令，实施严苛的新闻出版检查，凡宣传共产主义和进步思想，便被认为是"反动"；凡批评国民党当局向日本屈膝投降，要求积极抗日，便被认为是"危害中华民国"。九一八事变以后，国民党当局进一步推行不抵抗政策，针对全国人民日益高涨的抗日救亡活动，1935 年 6 月，国民党政府竟然发出一个所谓《邦交敦睦令》，公然规定："凡以文字、图画或讲演为抗日宣传者，均处以妨害邦交罪。"由于这一系列的苛法严令，当时被封闭、停刊、处分的报刊不计其数，捣毁报馆，残杀和迫害进步报人、记者的活动屡见不鲜。国民党反动派并不以此为满足，更进一步把《出版法》等一整套反动审查制度变换形式加以引申，用于对付广播节目。

1937 年 4 月，继上述《办法》之后，交通部又公布了《民营广播电台违背〈指导播送节目办法〉之处分简则》和《播音节目内容审查标准》，这三个法令主要规定了如下几项：

第一，各广播电台须事先预编节目时间表，写明播音节目种类及播音时间，送该会审查核准后才能施行。嗣后如有更改，亦应报准实行。

第二，各广播电台要逐日预先编妥节目内容预报表，其中包括节目标题和担任人员的姓名，送该会审阅。如有更改，随时通知改正。

第三，各广播电台必须按交通部的规定转播中央台的播音。无转播设备者，届时停播。在此之前，从 1936 年 4 月 20 日起，除星期日外，已规定各地广播电台每天必须转播中央台晚上20点至21点零5分的六种节目：简明新闻、时事述评、名人演讲、学术演讲、话剧、音乐等。

第四，各广播电台不得播送有关禁例或偏激之言论、诲淫诲盗、迷信荒诞之故事及歌曲唱词。《播音节目内容审查标准》又规定了十条禁令，凡违反国民党的三民主义，违背国民党政府法令的广播内容，皆须"修正"或"全部禁止"。

第五，民营广播电台凡违背《指导播送节目办法》有关规定者，将分别给予警告、停播或取消执照的处分。

同时，国民党当局还在南京、上海等地设置机构，侦测收听各台的广播节目，发现有违反规定者，报告交通部查处。

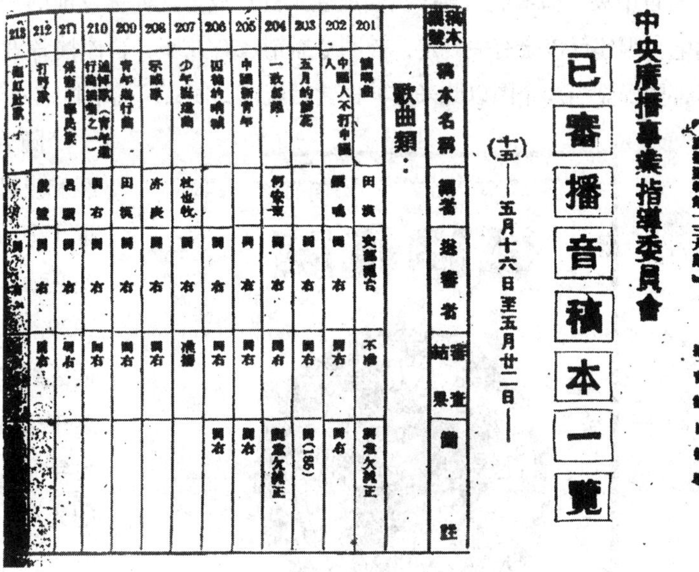

各广播电台的节目主要可分为新闻和娱乐两大类。关于新闻类的节目，中央广播事业指导委员会制定的《教育节目材料标准》中明文规定："国内外重要新闻均根据中央社稿或采用当地报纸上的'中央社电'或收录中央电台之广播新闻。"① 这也就无需审查

图2-5　国民党中央广播事业指导委员会不准播出
《五月的鲜花》等进步歌曲的批文

了。从现已查到的该会《已审播音稿本一览》② 中可以看出，审查节目的重点是放在娱乐类节目上。从业已审查的近千篇稿件可以看出大量充满低级趣味、浅薄无聊的娱乐稿件，诸如《四大美人》、《一身都是爱》、《月下幽情》、《我陶醉了》等一一准予播出，与过去并无二致。与此形成鲜明对照的则是，把不少表现中国人民坚决反对打内战、一致要求奋起抗日的进步歌曲，如《五月的鲜花》（光未然词、闫述诗曲）、《救亡进行曲》（周钢鸣词、孙慎曲）、《中国人不打中国人》（王闻隽词、徐锐林曲）等，判为"词意欠纯正"而禁止播出。（见图2-5）国民党当局的审查

---

① 见《广播周报》第136期，1937年5月8日。
② 《广播周报》第122—147期连载，1937年1—7月。

人员还把一些外国著名歌曲和表现反法西斯斗争的歌曲，如《祖国进行曲》（苏联歌曲，椿芳译）、《保卫马德里》（麦新词、吕骥曲）等加上"不合国情"的罪名，打入另册。于伶 1937 年 1 月创作的剧本《在关内过年》（描写东北人民被迫流亡关内过年的剧本）被说成是"露骨有伤国际感情"；田汉创作的《1932 年的月光曲》、《战友》均被污蔑为"剧旨不妥"；讽刺日本侵略者的节目杂曲《日本倭奴哭七七》又被污蔑为"词意曲调均不佳"，统统"不宜播出"。从一个侧面暴露了国民党当局积极反共、消极抗日的丑恶面貌。同时，可能是慑于全国人民日益高涨的抗日怒潮，在准予播出的歌曲中也有极少数反映救亡运动的，如《义勇军进行曲》、《毕业歌》等。

自中央广播事业指导委员会成立至抗日战争全面爆发前的一年多的时间里，民营广播电台因违反该会有关规定，被明令撤销者有九座，暂停播音者四座，受警告处分者三座，国民党当局企图以此来迫使民营台就范，使其广播节目纳入国民党宣传的轨道。

随着广播事业的发展，记载和反映广播事业的专业书刊也于 20 世纪 20 年代末 30 年代初应运而生。据目前所见，1929 年 12 月，国民党中央广播无线电台编印的《中国国民党中央执行委员会广播无线电台年刊》开我国广播专业书刊的先河。该《年刊》约四十余万字，主要收录了 1928 年 2 月起，国民党筹办中央台一年多来的建设、宣传、服务、规划等专文及资料，并附有全国、东亚及世界各国广播电台统计资料。1934 年 2 月、9 月，中央台管理处先后创办《无线电》（双月刊）及《广播周报》两刊物。（见图 2 - 6）前者以无线电工程技术知识为主，兼及广播节目介绍，后者以刊登中央台和地方大台每周节目预告为主，同时刊登部分广播稿件，发行全国，每期销售最高达 1.8 万册以上，截至 1937 年 9 月，共出 150 期，是抗日战争爆发前全国发行量最大的广播专业刊物。此外，上海的民营广播电台也陆续出版了《无线电问答汇刊》（半月刊）、《咪咪集》（月刊）、《播音界》（半月刊）、《福音广

图 2 - 6 　《广播周报》1934 年 9 月 17 日创刊号封面

播季刊》等广播刊物。

三、西安事变时的"广播战"

在中国共产党的抗日民族统一战线政策和全国抗日高潮的影响下，1936 年 12 月，国民党驻西北的爱国将领张学良、杨虎城两将军为了逼蒋抗日，毅然发动震惊中外的西安事变，扣留了蒋介石。同时，宣布取消"西北剿匪总部"，成立抗日联军临时西北军事委员会，由张、杨分任正副委员长，并通电全国，提出八项主张：（1）改组南京政府，容纳各党各派，共同负责救国；（2）停止一切内战；（3）立即释放上海被捕的爱国领袖；（4）释放全国一切政治犯；（5）开放民众爱国运动；（6）保障人民集会结社一切之政治自由；（7）确实遵行孙总理遗嘱；（8）立即召开救国会议。同时，张、杨两将军下令接管了当时西安的报社和广播电台，创办西安《解放日报》，并利用广播电台来反复宣传西安事变真相和八项抗日救亡的爱国主张。

前已提到，西安广播电台是利用拆迁原河北广播电台的设备建立起来的，1936 年 8 月 1 日开始广播。开播当天，张学良将军特派总部办公厅副主任代表他发表了讲话。接管该台后，12 月 14 日、15 日两天，张学良、杨虎城先后到广播电台发表讲演，报告了西安事变的原委，阐明了抗日救国的主张，并且揭露了国民党亲日派造谣污蔑的可耻伎俩。张学良在广播讲演中特别指出："现在南京方面把我们的电讯隔断，并且给我们造了好多谣言。他们不愿意国人知道我们在这里做些什么，真是一件不幸的事。我们希望国人明了真相。我们不愿意任何人利用机会造内乱，给侵略我们的帝国主义造机会，我们只求有利于国家民族，至于个人的毁誉生死，早置之度外。"①（见图 2－7）16 日，张学良又指派秘书长吴家象代表他发表广播演说，再次向全国民众报告西安事变真相。②

图 2－7　西安《解放日报》1936 年 12 月 15 日刊登的张学良广播讲话

---

① 原载西安《解放日报》1936 年 12 月 15 日。
② 原载西安《解放日报》1936 年 12 月 17 日。

17 日，应张、杨两将军的电邀，中共代表周恩来等到达西安。周恩来在与各方紧张协商解决西安事变的繁忙工作中，十分注意做好宣传工作。当时由东北军、十七路军和红军三方组成的联合办公厅下设的宣传委员会中，成员大都是中共党员和进步人士，他们当中有张兆麟、王昭、江隆基、宋绮云、李子健、丛德滋和张国华等。周恩来亲自审阅每周宣传纲要，并指示中共地下党员王炳南等协助办好广播宣传。① 当时西安台除办有国语节目外，还用英、俄、德、法、日语报告新闻，并举办《抗日救亡言论》专题讲座，邀请各界知名人士讲述抗日救亡的理论和方法，邀请解放剧社演播抗日独幕剧《刀伤药》。周恩来还邀请著名美国进步记者史沫特莱主持英语节目。② 史沫特莱与英国记者、新西兰人贝特兰、③ 德国人王安娜④等先后参加外语广播，为中国人民的抗日救国事业作出了可贵的贡献。

对于西安的广播宣传，南京国民党当局采取了种种对策，如临时变动南京、河南、山东三台的频率，延长中央台的播音时间，甚至将南京台的设备运往洛阳，用来专司干扰西安方面的广播，以便混淆视听，传播谣言，欺骗国人。对此，西安《解放日报》曾在 15 日的评论中揭露："南京政府方面正在连日利用中央广播电台的强力电波，播送种种背弃政治意义、任意污蔑个人的言论，向留在西北各将领施行分化、挑拨的伎俩；向一般民众乞求延缓在没落时期政治命运的死亡；向广大的爱国群众使用最后的镇压。"美国著名记者斯诺在《西行漫记》中写道："西安整天广播，一再声明不向政府军进攻，解释他们的行动，呼吁各方要有理智和要求和平；但是南京强有力的广播电台进行震耳的干扰，淹没了他们说的每一句话。"⑤

西安和南京之间的这场"广播战"，一直持续到 1937 年 1 月底才告终止。⑥ 2 月 9 日，国民党军队进驻西安后，西安广播电台停止广播。中广处通知西安台除一名工友留守外，其余人员全部调回南京"整肃"。

从 1928 年国民党建立中央台起，到 1937 年"七七"抗战全面爆发的近十年间，

---

① 见罗瑞卿、吕正操、王炳南：《西安事变与周恩来同志》，人民出版社 1979 年版，第 50 页。

② 据麦金农夫妇《史沫特莱传》记载，周恩来到达西安后即和史沫特莱作过交谈。过了几天，她便开始了每天 40 分钟的英语广播。史沫特莱对西安每天的大事和对张、杨采访的报道，成为外地关于西安消息的唯一来源，作者称"西安广播使史沫特莱成为国际性人物"。见该书第 239 页，辽宁人民出版社 1991 年 5 月版。

③ 据《史沫特莱传》记载，从 1937 年元旦起，史沫特莱与贝特兰同时在西安广播电台播报英语新闻，见该书第 243—244 页。

④ 据王安娜《中国——我的第二故乡》记载，贝特兰受到英国领事馆的警告后，被迫离开广播电台。随后，王安娜开始到电台广播。见该书第 98—99 页，三联书店 1980 年 5 月版。

⑤ 埃德加·斯诺：《西行漫记》，三联书店 1979 年 12 月版，第 368 页。

⑥ 据西安《解放日报》报道，张学良将军陪介石回到南京后，针对南京中央广播电台屡造谣言事，1937 年 1 月，临时西北军事委员会宣委会负责人曾多次发表广播谈话，予以驳斥，如 1 月 22 日广播谈话中称："日来中央通讯社与广播电台加紧造谣工作，企图诬蔑抗日联军，蒙蔽群众，造成自相残杀，陷国家民族于万劫不复的地步之内战，言之令人发指。"

中国的广播事业有了较大的发展。据 1937 年 6 月统计，国民党地区共有官办、民营广播电台 78 座，总发射功率近 123 千瓦。从数量上看，民营台虽然有 55 座，占半数以上，但发射功率有限，仅占总发射功率的 5.4%。由此可见，官办广播事业占据着中国广播事业的统治地位，是国民党推行专制独裁统治的重要舆论工具。按地区分布看，江苏省（包括南京、上海在内）有广播电台 43 座，占全国总发射功率的 68.47%；其次为浙江省 8 座，河北省（包括北平、天津在内）7 座，山东省 3 座；有 2 座的省份为安徽、江西、四川、福建和广东；一座的有湖北、湖南、河南、陕西、山西、广西、云南等。[1] 全国收音机总数，据有关材料估计，包括东北沦陷区在内，大约有 20 万架左右。[2]

---

① 据吴保丰《十年来的中国广播事业》一文，载《十年来的中国》，第 716—719 页。
② 1934 年 9 月，《广播周报》根据听众填报的调查表统计，当时江苏、安徽、山东、河北、浙江、湖南、河南、湖北、江西、福建、广东等 11 个省约有收音机 86768 架，见《广播周报》第 9 期，1934 年 11 月 10 日。另据 1938 年东北沦陷区（包括热河）统计资料记载约有广播收听户 13 万户。两项合计约为 20 万架以上。

第 **3** 章

抗日战争时期的广播事业

　　1937 年 7 月 7 日，日本帝国主义把侵略战火扩大到华北地区，悍然发动了卢沟桥事变，企图用武力霸占全中国。中国军队的爱国将士在忍无可忍的情况下，奋起反击日军的挑衅，揭开了伟大的抗日民族解放战争的序幕。

　　抗日战争初期，在中国共产党正确主张和政策的推动下，国民党当局慑于全国日益高涨的抗日救亡运动的压力，同时也是为了维护其自身的政治、经济利益，被迫同意联共抗日。国共两党再度合作，抗日民族统一战线正式形成。全国亿万军民浴血奋战八年，付出了巨大的民族牺牲，终于打败了日本帝国主义，取得了近百年来第一次反对外来侵略的全面胜利。

　　抗战初期，国民党当局实行片面抗战路线。国民党战场上的大溃退，使广大国土沦丧敌手，国民党政权偏居西南。中国共产党领导下的人民武装力量积极开展敌后游击战争，建立和发展了敌后根据地。国民党、共产党和日本侵略者三种不同政治势力互相较量的结果，在中国广大领土上形成了三种不同性质的政权，即国民党统治下的大后方、共产党领导下的抗日根据地和日伪占领下的沦陷区。

　　在广播事业方面，基于上述原因，在三种不同性质的政权下存在着五种类型的广播事业，即大后方的国民党广播事业、沦陷区的日伪法西斯广播事业、沦陷区的民营广播事业、抗日根据地的人民广播事业以及苏联广播电台和美军广播电台。

在八年抗战中，中国的广播事业在日本帝国主义的严重摧残下，虽然遭受很大的损失，但是它并没有被摧毁。中国广播电台发出的抗日救亡的怒吼声，振奋了中国亿万军民的爱国热忱，压倒了日伪广播的靡靡之音，为抗日民族解放战争的伟大胜利作出了应有的贡献。

第一节
国民党统治区的广播事业

一、抗战初期的广播宣传

从 1937 年七七事变爆发至 1938 年 10 月广州、武汉失守的一年多时间里，国民党广播电台和民营广播电台在全民奋起一致抗日的高潮中，由于共产党人、爱国人士和国民党内抗日派的积极参与，展开了多种多样的广播宣传活动，对于鼓舞和动员亿万军民投身伟大的民族解放战争发挥了积极的作用。

1937 年全面抗战开始后，国民党的中央台一方面减少了一般文艺节目，增加了战争新闻的报道，另一方面，增建防空工程，保护广播设备，以防敌机轰炸。在日军飞机连续轰炸中，中央台虽略有损失，但并未中断播音。11 月初，日军进逼南京，中央广播事业管理处人员开始疏散。20 日，国民党政府宣布迁都重庆。三天后，中央台在播出了"告别广播"后停止了在南京的播音，随后将部分广播设备拆卸运往重庆。12 月 13 日，南京守卫战失败，日军占领南京。

在上海，日军于 8 月 13 日大举军事进攻，淞沪抗战爆发。上海是旧中国广播电台的最大集中地，二三十座广播电台以极大的热情投入抗日救亡运动的广播宣传活动，与上海广大群众的救亡运动汇成一股洪流。在"八·一三"前后，上海市各界代表组成的抗敌后援会积极组织上海市民援助前线抗日将士，并邀请各界爱国人士到广播电台发表抗日救亡的广播演说。

抗敌后援会下设宣传委员会所属的国内宣传部设有广播组，由苏祖国、邢琬、童慕葛、鄢克定等人参与广播工作。广播组负责协调对内、对外宣传中需要由电台安排播出的演讲、歌咏、戏剧等，同时又指定五座广播电台为监察电台，随时收听播出情况，及时纠正凌乱现象。播音组还指定专人从事干扰敌台广播，并对平津两地少数受敌方利用的广播电台发出严重警告。为了充分发挥广播激励抗日救亡的作用，广播组多方向民众宣传积极利用收音机，把收听到的抗战消息或记录下来编印成壁报张贴，或在亲朋好友中广泛传播。① 根据抗敌后援会制定的《战时广播电台统一宣传办法》，上海的民营台均以时事报告、劝募款物、战时常识、抗战文艺为主要内容。8 月 10 至 29 日，抗敌后援会组织上海各界名人吴蕴斋、王芸生、王云五、曾虚白、梅龚彬、洪深等 80 人轮流在上海、华美、大中华和中西四家广播电台举行筹募救国捐广播演讲。9 月，抗敌后援会又与中国特种教育联合会举办无线电名人抗日救亡广播演讲，每日两次，每次由两人分别在两家电台同时演讲，其他电台转播。同时，还聘请专人分别以英语、法语、俄语、德语、日语、朝鲜语进行对外广播，揭露日本侵华的反动本质，表明中国人民的抗战决心，争取国际上的同情和支持。10 月 20 日，当时在上海的宋庆龄女士亲自到美商 RCA 广播电台发表了题为《中国走向民主的途中》的英语广播演讲。她在演讲中大义凛然地宣称："不管日本军阀是怎样的疯狂，必定在我们的领土上遭遇灭亡，中国人都准备以最后牺牲，来保卫祖国。"

上海文化界救亡协会从 9 月起，一方面请文化界人士在交通部上海广播电台作救亡播讲，前后共五十多次，其中有郭沫若的《抗战与觉悟》、钱俊瑞的《抗战胜利的基础》、胡愈之的《抗战中的国际形势》、郑振铎的《如何保持抗战的胜利》、萨空了的《抗战中的宣传工作》、刘思慕的《上海抗战后的日本国内社会经济》、恽逸群的《抗战中的农民运动》、沙千里的《抗战中的职业青年》、许广平的《鲁迅与抗日战争》等；另一方面又多次组织音乐、戏曲、文学节目到电台播出，为保卫大上海呐喊，为抗日民族解放战争服务。

上海的曲艺、戏剧、电影、音乐各界救亡组织和爱国人士纷纷利用广播电台进行募捐宣传，取得了明显的效果。8 月中旬，上海曲艺界救亡协会分别在中西、华东、富星等电台举行募捐播音三天。9 月 24 日，梅兰芳、周信芳等为募集救国公债及慰劳前方将士举行平（京）剧大会串播音。此后一段时间内，抗日救亡歌曲《出征歌》、《救亡之歌》、《伤兵慰劳歌》等，爱国戏剧《大家一条心》、《最后一课》、《放下你的鞭子》、《第七个"九一八"》等在几个电台连续不断地反复播出。著名剧作家洪深、夏衍、孙瑜、于伶等创作的揭露汉奸卖国，配合抗日斗争的广播剧《开船锣》、《"七·二八"那一天》、《最后一课》、《以身许国》和田汉等人发表的一批短剧本，都曾由救亡演剧队第十二队（队长于伶、石凌鹤）、十三队（队长陈铿然）等在电台广播过，取得了很好的宣传效果。② 从 8 月到 11 月上海沦陷这一阶段，上海军民的战斗精神可歌可泣，上海电台的广播宣传有声有色。对此，茅盾曾给予相当高的评价，他在《救亡日报》上撰文说："无线电播音在抗战宣传上确实

---

① 据上海档案馆编《上海市各界抗敌后援会》所载材料，档案出版社 1990 年 3 月版。
② 于伶：《广播剧运动的"前哨战"》，载《文汇报》1981 年 1 月 11 日。

起了很大的作用,这方面的工作人员也确实尽了最大的努力。"①

从上海、南京失守到1938年10月武汉沦陷的大约一年间,国民党军政机关大都迁移到武汉,中共代表团也驻在这里。这时候的武汉成为了中国抗战的领导中心。国民政府军事委员会政治部也于此时成立,国共两党和各界人士都有代表参加,部长陈诚(国民党),副部长周恩来(共产党)、黄琪翔(第三党),下设总务厅及第一、二、三厅,其中第三厅厅长为郭沫若,副厅长范寿康、范扬,主任秘书阳翰笙。第三厅负责抗日宣传工作,实际上由中共长江局和周恩来直接领导。中央台在迁移重庆的过程中,汉口广播电台(1934年开办,发射功率5千瓦,当时仅次于中央台)、汉口短波广播电台(1937年底建成,功率250瓦)和长沙广播电台(1937年5月开始播音,功率10千瓦),联合接替了中央台的播音,成为抗日呐喊的重要喉舌,在抗战初期的抗日高潮中,特别是在"保卫大武汉"的宣传活动中做了大量的工作。

1938年春夏,"保卫大武汉"的活动风起云涌,蓬勃开展。蒋介石、冯玉祥、周恩来、彭德怀、郭沫若、邵力子、黄琪翔、张厉生等各方面代表人物纷纷到电台发表广播演说,激励民众的抗日斗志。4月7日至13日,武汉举行抗战扩大宣传周活动。8日,周恩来在《新华日报》上就如何进行抗战宣传发表专论,强调指出,宣传周要扩大到前线,首先利用每天的广播演讲鼓舞前线浴血奋战的将士。他还指出:"这次武汉抗战宣传周应当成为全国抗战宣传的开始。武汉宣传动员的成绩,将成为全国宣传动员的模范。"② 11日,周恩来应邀到汉口台发表了题为《争取更大的新的胜利》的广播讲演。③(见图3-1)他在讲演中肯定了鲁南台儿庄胜利的意义,分析了日军侵略的新动向,并且提出了争取更大胜利的几项条件,号召巩固全民族的团结,不断夺取前线斗争的新胜利,最后打败日本帝国主义强盗。周恩来在撤离汉口辗转赴重庆途中,11月7日,还曾在长沙广播电台向全省发表过一次广播讲话。④ 郭沫若领导下的军委会政治部第三厅下设三个处,第五处管一般宣传,处长胡愈之;第六处管艺术宣传,处长田汉;第七处管对日宣传和国际宣传,处长范寿康(兼)。第七处的对外广播宣传以日语为主,兼用英、法、俄语。在汉口期间,第三厅团结大批文化界的爱国人士,利用广播进行了新闻、讲演、戏剧、音乐

---

① 见《救亡日报》1937年8月28日所载《对于时事播音的一点意见》一文。文章认为,"八·一三"以来,上海播音界的确进入了"战时状态",救亡歌曲代替了从前的靡靡之音,战事新闻、防空常识代替了化妆品宣传,尤其是时事播音更为广大听众所关心。但也同时指出,时事播音只是死板地宣读报纸,缺乏感人的魅力,并探讨了抗战文艺深入民间和文艺的通俗化、大众化问题。茅盾1939年创作的小说《第一阶段的故事》,以艺术形式再现上海"八·一三"抗战情景时,多处描写了上海民众收听广播募捐钱物的情节。该小说收入《茅盾文集》第4卷。

② 引自《怎样进行二期抗战宣传周工作》,汉口《新华日报》1938年4月8日。

③ 全文载汉口《新华日报》1938年4月17日。

④ 据中共中央文献研究室编:《周恩来年谱》,人民出版社1989年9月版,第425页。

图3-1　汉口《新华日报》1938年4月17日刊登的周恩来广播词

等多方面的抗日宣传活动，在广大群众中产生了重大影响。郭沫若在武汉期间，先后发表了题为《把有限的个体生命融化进无限的民族生命里去》、《追悼牺牲的王铭章师长》、《抗战以来日寇损失概观》、《节约与抗战》、《纪念"八·一三"，保卫大武汉》的广播讲演，揭露日本军国主义的侵略本质，呼吁全体人民团结起来，奋起抗日，争取民族解放斗争的最后胜利。1938年5月，他在《第三厅工作报告》中多次提到利用广播播出新闻、歌曲、戏剧、讲演进行抗日宣传活动。著名的日本友人绿川英子、① 鹿地亘②等人站在反侵略战争的正义立场上，积极参加了反对日本侵略的广播宣传活动，表现了崇高的国际主义精神。此外，三厅还有专人负责每天监听日本电台的广播，然后整理成情报资料，送给八路军办事处和国民党军事委员会各部门。③ 武汉声势浩大的抗日宣传活动，一直持续到1938年10月武汉失守，始告一段落。

---

① 绿川英子（1912—1947），原名长谷川照子，日本世界语工作者。1936年与中国留学生刘仁结婚，后到上海投身中国的抗日救亡活动。1938年经郭沫若推荐，由香港辗转来到汉口，参加了国民党中宣部国际宣传处对日宣传科的工作，在汉口广播电台担任日语播音员。她的播音在侵华日军中引起强烈反响，日本报纸污蔑她为"娇声卖国贼"。朝鲜友人称赞她的播音是"温柔的嗓音发出电闪雷鸣"。抗战后，她病逝于我国东北城市佳木斯。参见赵玉明：《国际主义广播女战士——绿川英子》一文，载《中国广播电视史文集》，中国广播电视出版社1993年10月版，第189—195页。

② 鹿地亘，日本作家。曾多次在汉口电台发表对日本国民的广播演说，号召日本国民站在兄弟友好的立场，与中国人民一道打倒日本军阀。

③ 见阳翰笙：《第三厅——国统区抗日民族统一战线的堡垒》（三），载《新文学史料》1981年第2期。

抗战初期轰轰烈烈的救亡宣传活动写下了中国广播史上悲壮的一页。

二、逐步恢复的国民党广播事业

抗日战争全面爆发后，在国民党战场上，虽然广大爱国将士奋勇抗敌，取得了某些局部的胜利，但由于国民党当局的片面抗战路线，终于招致了一系列的大溃败。从七七事变到 1938 年 10 月的一年多的时间里，敌人在华北战场上攻占了河北、山西、察哈尔、绥远、山东各省，在江南则占领了京、沪、杭以及广州、武汉等广大地区。国民党战场接连惨败，使得国民党的广播事业遭受到严重的挫折。

国民党的中央台西迁，于 1938 年 3 月 10 日始在重庆恢复播音，但发射功率由原来的 75 千瓦锐减为 10 千瓦。国民党的中央广播事业指导委员会及中央广播事业管理处也都迁移到重庆办公。上海、广州等地国民党广播电台的设备先后为日军攫取，改建为日伪广播电台。另外一部分地方广播电台则由城市迁往偏僻地区播音，如福州台迁往永安，改名为福建广播电台；西安台迁往南郑，改名为陕西广播电台；长沙台迁往沅陵，改名为湖南广播电台；江西广播电台由南昌迁往吉安，浙江广播电台由杭州迁往丽水。在坚持播音、拆迁转移中，中央台工程师蒋德彰、江西台工程师侯恩铭、福建台台长钟震之先后以身殉职。据 1938 年底统计，国民党广播电台仅余六七座，总发射功率不到 11 千瓦，和抗战爆发前夕的规模相比，国民党广播事业的损失相当严重。

从 1938 年 9 月至 1945 年 12 月，中央广播事业指导委员会在重庆期间曾先后召集第 6—28 次会议，主要讨论和决定的事项有：

1. 修订组织大纲和办事通则，健全机构，逐步开展工作

该会设有指导组、考核组、侦察组和事务组，各组按照组织大纲的规定各司其职，归纳整理有关问题提交会议讨论。如 1941 年 16、17 两次会议，讨论通过了《中央广播事业管理处广播技术员、播音员服务细则》。按照《细则》规定，国民党的广播业务人员"为适合广播事业特殊需要起见"，首先要"依照党务人员服务规程"办理；其次将广播业务工作人员分为两类：一类为技术员，包括工程师、助理工程师、工务员、助理工务员，分为四等一类为播音员，包括编审稿件、创作曲谱、指挥导演、奏唱歌剧人员，也分为四等。《细则》对每类每等工作人员的资格、薪金、奖励等均作了规定。

2. 积极筹划发展广播事业，以加强战时广播宣传实力，抗御日本侵略者的广播宣传

如先后通过《迅筹款项添建广播电台，并增加原有广播电台电力，以抗御播音侵略案》、《添设流动电台案》、《增设后方县市收音机案》、《增加沦陷区广播节目以利宣传案》、《改进广播事业，注重对敌宣传以应需要案》、《切实推进收音事业方案》等议案，并曾根据蒋介石的指令，筹划设立国际广播宣传计划委员会。同时，

多次听取中央台及地方台的情况汇报，并做出有关决定。从事后情况看，上述决定多数均已付诸实施。

3. 侦测收听各方广播情况，谋求采取相应对策

国民党当局在重庆歇台子设有收音站，该会侦察组布置专人昼夜侦测收听各方广播情况。例如，1941年12月日本发动太平洋战争之后，该会侦听到"上海外人经营之电台，如英情报部之民主电台XCKN及徐家汇天文台FFZ均告停播，仅有上海德国电台XGRS播音"。此前，还侦听到"上海近成立一民主电台，其呼号XCDN（短波）11843千周波，其言论赞助英美，责斥轴心国家"。1945年春天，侦察到美军在桂林设立的军用广播电台播音，后经查实，"系据《联合国在华设立临时军用无线电台办法》而设"，但"该办法未规定应向中指会备案之手续"，故事前未知。需要指出的是，该会也注意侦测中国共产党广播电台的情况。1941年春曾侦测到延安设立的新华广播电台播音，并布置河南广播电台干扰。1945年日本投降后，又曾先后侦测到张家口新华广播电台开始播音，延安新华广播电台"自九月十日起开始向各地广播，呼号仍为XNCR……"

抗日战争进入战略相持阶段之后，由于得到英美在广播设备方面的多次援助，国民党的广播事业逐步恢复并有了新的发展，主要表现在以下几个方面：

第一，正式开办对国外广播。1939年2月6日，国民党当局利用英国提供的广播设备在重庆建立的中央短波广播电台开始播音，发射功率为35千瓦，呼号为XGOX、XGOY。1940年1月，该台定名为国际广播电台（英文名称"Voice of China"简称VOC，意为"中国之声"），呼号依旧。当时由国民党中央宣传部国际宣传处管理，台长为王慎铭，半年后移交中广处管辖，由冯简任台长。该台办有对欧洲、对北美、对苏联东部及我国东北部、对日本、对华南和东南亚以及对苏联六套广播节目，分别使用英语、德语、法语、荷兰语、西班牙语、俄语、日语、越南语、马来语、泰语、缅甸语、朝鲜语、印地语以及国语和厦门话、广州话等语种播音，最多时达二十多个语种（包括汉语方言），每天播音十多个小时。国际台的节目内容以新闻和时事述评为主，几乎全部采用中央社电讯稿和《中央日报》刊登的新闻、评论，以及中宣部国际宣传处和美国新闻处提供的稿件。英美广播公司的记者通过中宣部国际宣传处的介绍，即可到国际台直接播出自编的节目，并通过本国的广播电台届时转播。国际台每晚还办有对美国广播的英语记录节目1～2小时，由旧金山专门机构收录转播。

除国际台办有对国外广播外，昆明广播电台、贵阳广播电台也分别使用英语、日语、马来语、法语、越南语、缅甸语对外广播。

第二，为防御敌机轰炸，中央、国际两台都建筑了地下防空设施，1941年又迁入新建的广播大楼内继续播音。1939—1941年间，日本军用飞机曾多次对重庆狂轰

滥炸，广播电台为其重要目标之一。由于事先有所准备，播音一直没有中断，日本对此甚为惊讶。当时重庆还拟筹建有线广播，以传递空袭情报应付日军轰炸，但未成功。①

此外，国民党当局还在重庆建立了电波研究所和收音站。收音站抄收国内外广播，以供参考。

第三，注重发展西南、西北地区的广播事业。战前，在辽阔的西部大地仅有寥寥五座广播电台，总发射功率不过十多千瓦。为了适应战时广播宣传需要，国民党当局在贵阳、西昌、兰州等地筹办起新的广播电台，其中以昆明广播电台发射功率为最大，有50千瓦，1940年8月开始播音。

第四，配合前线作战宣传的需要，国民党当局在1940年创办战地流动广播电台，1943年起又筹办军中播音总队，并在各战区建立分队。流动电台和军中播音总队均担负对前线部队和对敌广播的任务。

经过多年的恢复和重建，据1943年上半年统计，国民党所办的广播电台已达到16座，发射功率为142千瓦，②略超过战前的规模。

此外，《广播周报》也于1939年1月在重庆复刊，但因战局关系经常延期出版，一度不定期出版，延至1941年4月再次停刊，总计出版第151—196期，其间，曾编印《广播通讯》10期。

三、国民党广播宣传的双重性

自1938年广州、武汉相继沦陷，中国的抗战进入了相持阶段之后，日本侵略者改变方针，对国民党战场由军事进攻为主改为政治诱降为主，企图在强大的军事力量的压迫下，通过政治外交，诱使国民党政府投降，以实现其迅速解决"中国事变"的战略目标。国民党当局当时虽然与共产党继续合作共同抗日，但其内部的顽固派在日本诱降攻势之下，变本加厉地推行消极抗日、积极反共的方针。1938—1943年间，国民党顽固派曾经发动了三次反共高潮，以大汉奸汪精卫为代表的一批亲日派甚至公开叛变投敌。在这样错综复杂的政治、军事斗争的背景下，重庆时期的国民党广播宣传既有主张团结抗日、共御外侮的积极内容，同时也有鼓吹"曲线救国"、反共反人民的消极内容。这两方面宣传内容的比重，则随着国内外政治、军事斗争形势的发展各有所侧重。

从积极方面来说，重庆的中央、国际两台举办过不少广播讲演节目，邀请共产党的代表、抗日将领、国民党内的抗战派、爱国人士和国际友人，如周恩来、冯玉

---

① 邹高竞《抗战时期重庆防空黑幕》一文记述，中央大学、交通部电讯局于1940年提出创办有线广播，后因经费掌握在重庆防空司令部手中，有关部门为争经费互相牵制，直至抗战胜利也未建成。见《文史资料选辑》第40辑，中华书局1963年4月版，第232—233页。

② 据中央广播事业管理处《广播通讯》第10期统计材料，1944年4月30日。

祥、李济深、郭沫若、沈钧儒、黄炎培、爱德华（印度援华医疗队队长）等向国内外发表广播讲演，号召国内广大同胞团结起来共同抗日，呼吁国内外反法西斯力量团结起来，打败德、意、日侵略者，争取世界和平。1939 年 5 月 31 日，周恩来应邀在中央台发表了题为《二期抗战的重心》的广播讲演。① 他告诫人们要提高警惕，努力发展生产，深入敌后，建立抗日根据地，广泛开展游击战争，争取最后胜利的到来。在汪精卫公开投敌之后，中央、国际两台举办了讨伐汪逆的广播节目，并由各地方台同时转播，先后应邀到电台发表广播讲演的有林森、曾虚白、郭沫若、吴铁城、陈立夫、戴传贤、居正、于右任、孙科、张伯苓、翁文灏、何应钦、邵力子、李德全等人。在国际宣传方面，驻重庆的英美广播公司的记者自行编排节目，利用国际台向本国播出，从而扩大了中国抗日斗争在国际上的影响。宋霭龄、宋庆龄、宋美龄三姐妹的对美广播讲话，对于促进美国朝野了解中国，援助中国的抗日斗争，起了一定的作用。1944 年 3 月 12 日，孙中山先生逝世 19 周年之际，美国举行了纪念日活动。宋庆龄再次应邀到国际台发表了对美广播演说，题为《孙中山与中国的民主》。重庆《新华日报》发表社论，高度评价她的广播演说，社论说，这次对美广播演说，把孙中山遗嘱的真谛和精神说得清清楚楚，也把中国人民对政治局势的意见传播到了海外。这不仅帮助了美国人民对孙中山遗嘱的认识，也增进了中美人民间的友谊和团结。毫无疑义，全国人民将为孙中山民主主义的实现而加紧奋斗，这个奋斗将决定抗战和建国的胜利。② 经过中苏文化协会的安排，中央台与莫斯科广播电台互相举办专题音乐节目，1939 年冬，莫斯科电台曾先后五次对华播送苏联名曲及民间音乐节目。1940 年 3 月 18 日，中央台首次对苏播出音乐节目，内容有抗战歌曲、民族乐曲等，此后还多次举办对苏音乐广播，音乐的交流促进了中苏两国人民之间的友好关系。③ 日本反战同盟的有关人士也曾在重庆广播电台发表讲演，劝告日本人民勿受军阀欺骗，呼吁他们一致反抗侵略战争。此外，针对日本广播对中国的造谣污蔑，重庆的广播电台给予了一定程度的驳斥和揭露。以中央台为代表的国民党电台进行的爱国抗日广播，在大后方和沦陷区的广大爱国同胞中有着相当的影响。

从消极方面来说，国民党当局在抗日战争时期并没有根本改变过去压制和摧残抗日进步舆论的做法。国民党电台的抗日广播宣传有着很大的片面性，人们无法从他们的广播中了解到中国共产党领导下的八路军、新四军等人民武装部队英勇杀敌的真实情况，特别是自 1940 年 4 月以后，国民党中央台在它的节目表中取消了《抗战教育》、《抗战讲座》、《抗战歌曲》等节目，停止播出原来作为开始曲的《义勇

① 《群众》周刊第 3 卷第 9 期，1939 年 6 月。
② 重庆《新华日报》1944 年 3 月 13 日。
③ 见重庆《新华日报》1939—1940 年有关报道。

军进行曲》。① 1941 年 1 月，国民党中宣部致函中央广播事业管理处，"以后不得再以《新华日报》之言论消息作广播材料用"，② 同年春，还对中国共产党办的延安新华广播电台实施干扰。同时，广播中的反共反人民，颠倒是非，混淆黑白，颂扬国民党法西斯统治的消息、讲演和文章等却越来越多。国民党当局还借口抗日战争是"非常时期"，禁止开设民营广播电台，国民党广播垄断了大后方的广大地区。

四、抗战后期的美军广播电台

抗日战争后期，美国军队进入中国境内，参加对日作战。根据《联合国在华设立临时军用无线电台办法》，经中国有关当局批准，美军于 1944 年 10 月在广西、云南、四川等地设立军用广播电台，其中驻昆明美军广播电台为最大，呼号 XNAW，发射功率 1 千瓦，除两次新闻节目外，大部分时间播送专为美军制作的唱片节目，如《名诗朗诵》、《士兵节目》、《爵士音乐》、《跳舞音乐》、《古典名曲》等。桂林、云南驿、③ 白市驿三地的军用广播电台，呼号依次为 CB1、CB2、CB3，发射功率均为 50 瓦，专为美军播送娱乐节目。1945 年 3 月，又在成都、陆良、羊街、沾益、泸县增设五座军用广播电台。除昆明外的其余八座军用电台，据国民党政府交通部、军令部报告称："该项电台电力极小，广播范围亦限于军纪、军中娱乐，纯属美军军中事务，与含有政治性之宣传广播，使用强力机者不同，亦非传递军事性质以外之电报可比。"④ 抗战胜利后，上述广播电台均随美军撤离而陆续停播。

此外，抗日战争时期，英国在阴谋策划分裂西藏的活动中，曾在西藏培训过无线电广播技术人员，并企图利用美、英提供的无线电设备在西藏建立广播电台。⑤

第二节
沦陷区的广播事业

抗日战争时期，半壁中华河山沦为日本帝国主义的殖民地，亿万同胞遭受着法西斯的蹂躏。日本侵略者在实施武力征讨的同时，又对被奴役的中国人民实施殖民

---

① 转引自万宪、李忠禄：《抗战时期的 XGOA 和 XGOY》，载《抗日战争时期的新闻界》，重庆出版社 1987 年 7 月版，第 204 页。

② 《中央广播事业管理处关于从未广播〈新华日报〉消息呈》（1941 年 1 月 8 日），载《白色恐怖下的新华日报》，重庆出版社 1987 年 10 月版，第 135 页。

③ 云南驿，今祥云县，属大理白族自治州，距昆明市 335 公里。抗日战争时期当地有飞机场。

④ 据中央广播事业指导委员会会议档案材料，原件存国家广播电影电视总局档案室。

⑤ 见董志勇：《抗日战争时期英国对西藏的侵略》，载《新华文摘》1994 年第 7 期。

思想文化统治，在沦陷区各地建立的大小几十座日伪广播电台，就是套在中国人民头上的一个个反动的精神枷锁。

现依次对东北、华北、上海、南京等地的日伪广播事业的建立及其反动本质揭露如下：

一、东北伪满广播事业

在东北，日本对我国广播领域的侵略活动可以追溯到 20 年代中期建立的大连广播电台。位于辽东半岛南端的大连本是中国领土，中日甲午战争之后，沙皇俄国以"租借地"名义霸占了辽东半岛。1905 年，日俄战争以俄国战败告终后，日本强迫清政府把辽东半岛的租借权转让与日本，同时又强迫清政府开放长春、吉林、哈尔滨、满洲里等十几个城市，作为日本人通商、居住之地，日本帝国主义的势力逐步渗入东北地区。当时，日本把辽东半岛作为日本的一个州，称为"关东州"，设立殖民统治机构——关东都督府，作为进一步侵吞东北，进而灭亡中国的跳板。1925年 8 月 9 日，由"关东州递信局"管辖的大连广播电台开始播音。该台呼号为JQAK（第一个英文字母 J，按当时国际有关条例规定，为日本无线电台呼号的标志），发射功率 500 瓦。这是日本帝国主义在我国东北境内的第一座广播电台。当时日本本土也只有东京、名古屋等两三座广播电台。大连台不同于美国商人洋行在上海办的广播电台，它是日本帝国主义的官办电台，是殖民地性质的广播电台。该台设立之初只有日语节目，完全仿照日本的广播电台来办，为日本侵略者服务。后来为了麻痹和毒害中国听众，才办起了汉语节目。

九一八事变后，日本先后攫取了我国东北仅有的两座广播电台，即沈阳广播电台和哈尔滨广播电台。1931 年 10 月 26 日，日军控制下的沈阳广播电台开始播音；1932 年 7 月，哈尔滨广播电台也在日军抢占停播六个月后恢复了播音。

1932 年 3 月 9 日，日本帝国主义扶持的傀儡——伪"满洲国"在"新京"，（即长春）宣告成立。同年 10 月，日本关东军司令部由沈阳迁至长春，主管通信、广播事务的关东军特殊通信部也迁至长春，同时在"新京电话局"内设立演播室，以"奉天放送局新京演奏所"的名义开始播音。第二年 4 月，在演奏所的基础上，成立了伪"新京放送局"，呼号 MTAY，发射功率 1 千瓦。该台完全由关东军司令部控制，后又移交伪"满洲国"交通部管辖。

日本帝国主义把控制通信、广播作为侵略中国的一个重要步骤，在其内部机密材料中认为，"把握满洲国的通信权在推行我国的国策上是绝对必要的"。① 关东军司令部直接炮制的《满洲电信及广播事业统制方案》，规定了包括广播事业在内的

---

① 满铁经调会：《满洲通信事业方案》（极秘），第 1 页。转引自姜念东等《伪满洲国史》，吉林人民出版社 1980 年版，第 258 页。

伪满通信事业的原则和办法。根据上述反动文件，1933年9月，日伪在东北建立起"满洲电信电话株式会社"（简称"电电"）。伪"电电"的成立就是要"使日本人，特别是帝国将校参与满洲国电信电话公司的创设与经营，以贯彻（日本）帝国的政策和军事上的要求"，"并加以指导，使公司的实权把握在日本方面的手中"。由此可见，伪"电电"名为日满合办，实则是日本帝国主义一手包办的垄断东北地区的电报、电话、广播三大事业的殖民奴化宣传工具。

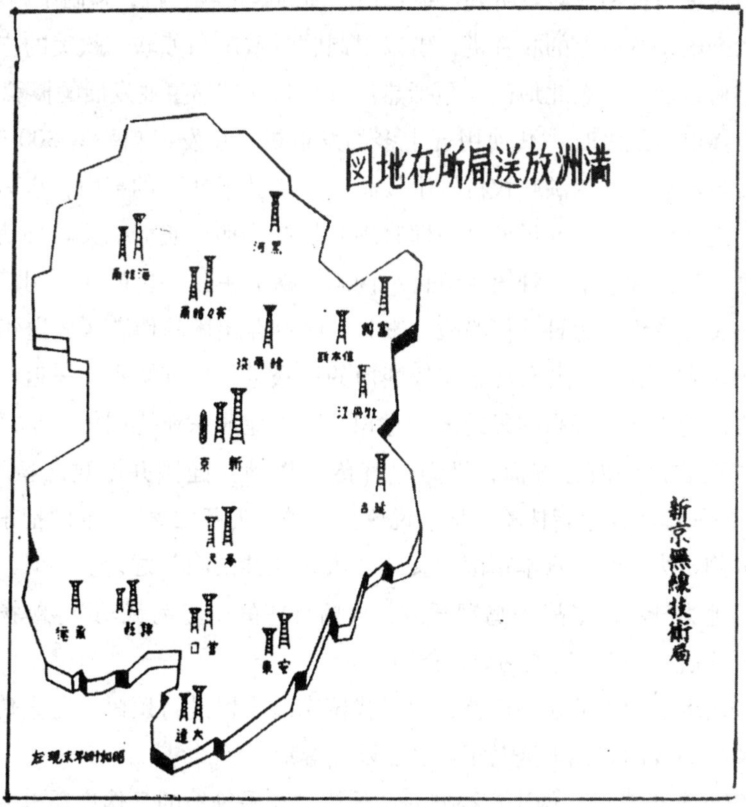

图3-2　伪满《放送年鉴》（1939年版）刊登的伪满广播电台分布图

年份	广播电台数	听众户数
1932年	4座	约8000多户
1936年	4座	4万多户
1938年	12座	13万户
1941年	18座	45万户
1944年	25座	58万户

伪"电电"成立以后，迅速接管了设在长春、沈阳、哈尔滨和大连的四座广播

电台。在这之后，日本帝国主义随着对中国侵略的加紧和对东北统治的强化，不断发展广播事业。1934年11月，伪"新京放送局"启用100千瓦的大功率发射机广播，可覆盖东北大部分地区。七七事变之后，日本开始执行扩充广播事业的五年计划，把上述四座电台升格为"中央放送局"，并开始在延吉、通化、黑河、佳木斯、海拉尔、营口、安东等地建立小型广播电台。（见图3-2）太平洋战争爆发后，1943年4月，日本又把伪"新京中央放送局"进一步升格为"新京放送总局"。同时，伪满当局极力推销只能收听到当地日伪广播的廉价收音机，强制中国居民购买，严厉取缔六个电子管以上的收音机，借以限制收听重庆和苏联、欧美的广播。从以下统计数字可以看出，东北地区（包括热河省）日伪广播事业发展的概貌。[①]

日伪广播电台最多时一共使用五十多部发射机，总发射功率有300千瓦左右。为了控制宣传内容，在伪满政权机构中设有一个"弘报处"的部门，作为日伪殖民地文化思想统治的中枢，其任务之一即管理和控制广播、通信机关。日伪电台一般都办有日语、汉语和俄语三种语言节目。伪满广播的头目一再鼓吹利用广播来摧残中国人民的民族意识，为日本侵略战争服务。1939年出版的伪满《放送年鉴》中声称："对建国时间不长，国家观念比较淡薄的民众进行民族协和、王道精神、日满一德一心方面的指导，提高国民的国家意识，努力建成东亚协同体，是汉语广播的根本方针。"[②] 在广播内容方面，极力"宣传（伪满）建国并施政之精神"，为伪"满洲国"的傀儡政权涂脂抹粉，把它说成是"独立的新国家"，妄图把东北地区从整个中国分割出去，纳入日本军国主义的"大东亚共荣圈"之内。同时，日伪广播还声嘶力竭地为日本侵华战争鸣锣开道，宣扬日寇的"赫赫武功"，颂扬法西斯统治是"王道乐土"，极尽造谣污蔑之能事。

日本侵略者控制下的伪满广播，除对我国东北人民进行殖民奴化宣传外，还把宣传的矛头指向我国其他地区乃至苏联、欧美等地。

1937年七七事变后，伪满广播开始和天津、北平等地的日伪广播电台交换所谓建立"东北新秩序"的广播讲演节目。1940年南京汪伪政权成立后，伪满广播又开始与南京伪中央台交换节目，大讲"日满华之间善邻友好、共同防共和经济合作"等等。1944年1月还演出了日本首相、伪满洲国总理和汪精卫互相交换广播讲话的丑剧。

太平洋战争爆发前夕，1939年7月起，伪满电台开办了对欧洲、北美西部和苏联远东一带的短波定向广播，使用的语种有汉语、英语、日语、俄语、蒙古语、法语和德语等七种语言。这种对外广播的目的在于向世界表明伪满"防共反共"的立

---

① 见东北物资调节委员会研究组编：《东北经济小丛书·电信》，1948年2月版。

② 转引自哈艳秋：《伪满十四年广播历史概述》，载《新闻研究资料》总第47辑，中国社会科学出版社1989年9月版。

场，宣扬其所谓"门户开放、民族协和、王道乐土的建国精神"，借以欺骗世界舆论。日本帝国主义还利用伪满广播与德国、意大利电台交换节目，以加强与德国、意大利的"国际友好关系"，巩固德、意、日法西斯军事同盟。

日本帝国主义妄图通过"电电"将伪满广播事业垄断起来，使伪满广播之声弥漫东北上空，借以毒害和麻痹中国听众。对于来自苏联的广播，日伪极力加以干扰，发现有收听外台者，予以镇压。据有关材料记载，1940年曾以收听外台为由，一次逮捕19名外国人士。

在东北大地抗日烽火的影响下，在日伪电台工作的富有民族意识的中国人员，曾以怠工等方式，作了一定程度的反抗。在敌人严密控制下的哈尔滨广播电台，曾先后播出过反映九一八事变中人们的爱国恋乡之情的口琴曲《沈阳月》以及用影射的手法揭露日伪统治下的"新天地"黑暗、残暴现象的广播剧《新天地》。在当时的条件下，这不失为同敌人巧妙地进行隐蔽斗争的一种方式。

二、华北日伪广播事业

在华北地区，七七事变之后，北平、天津、太原、青岛等地广播电台相继沦入日军之手。1938年1月，在日本广播协会插手之下，北平、天津等地的广播电台恢复播音。1937年12月，日寇在北平拉拢一伙汉奸拼凑成立了所谓"中华民国临时政府"，不久，又将"北平"改称"北京"（对此，中国政府和人民始终未予承认），电台名称也随之改为"北京中央广播电台"，并于1938年1月1日，即伪"临时政府"举行所谓"就职典礼"之日开始用日语、汉语广播。1940年3月，南京汪精卫伪"中央政府"成立，北平伪"临时政府"改称"华北政务委员会"。同年7月，伪"华北政务委员会"控制下的"华北广播协会"成立。日本广播协会名义上把华北地区的广播电台交"华北广播协会""专营统制"，但真正掌握实权的仍是日本人。当时，在该会管辖下的电台分布在北平、天津、济南、青岛、烟台、太原、石家庄、保定、唐山和徐州等地，总发射功率为一百多千瓦，其中以北平伪台

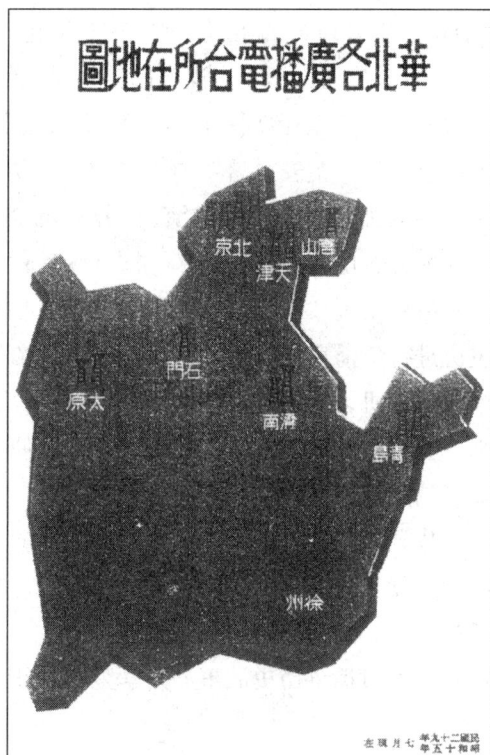

图3-3 日伪"华北广播协会"出版物刊登的华北各地1940年日伪广播电台分布图

作为日伪华北广播的中心。（见图 3 - 3）

在天津，七七事变前，日本领事馆就在日租界办有日本公会堂广播电台。天津沦陷后，伪天津广播电台于 1938 年 1 月开始播音，公会堂广播电台与之合并。1941年 2 月，该台又办起"特殊广播"，播出日语、英语、俄语新闻节目。

在山东，日伪济南广播电台于 1938 年 6 月开始播音，呼号 XGOP，发射功率后增至 1 千瓦，为当时华北地区第二大广播电台。

在河北，日伪曾一度在唐山开办"冀东防共自治政府"广播电台，后改为伪唐山广播电台。

1938 年，日本侵略者将绥远省和察哈尔省（今河北省和山西省的北部及内蒙古中部地区）称为所谓"蒙疆"地区，并建立了所谓"蒙疆自治政府"，以张家口为其"首府"。随后又成立了控制这个地区广播事业的伪"蒙疆广播协会"，并先后在张家口、大同、厚和（即归绥，现呼和浩特）、包头等城市办起广播电台。其中，张家口广播电台于 1937 年 9 月 10 日开始播音，呼号 XGCA，1943 年起分设两台播出，第一台以汉语为主，兼有蒙语节目，发射功率 500 瓦，第二台为日语广播，发射功率 10 千瓦，一度为华北地区功率最大的广播电台。

华北地区的日伪广播电台是日本侵略者镇压中国人民的抗日活动，推行所谓"治安强化运动"的工具。自 1941 年起，日寇在华北地区五次开展"治安强化运动"。日本华北方面军参谋部制定的《"治安强化运动"实施计划》中强调，要利用广播来"宣传东亚新秩序的观念"，汉奸头面人物如伪"华北政务委员会"委员长王揖唐、伪"治安总署"督办齐燮元、伪"教育总署"督办周作人等先后出面作关于"治安强化"的广播讲演，[①]并规定"华北广播协会向管内及敌地区进行广播，并由地方各电台作为本地新闻进行广播"。为了所谓"治安肃正"有关广播宣传，日军特别支援"华北广播协会"广播发射设备和对重庆广播的定向天线，用来"对重庆进行广播宣传攻势"。[②]日本侵略军在华北地区也同在东北地区一样，强制推销廉价收音机，据统计，仅北平一地就销售了四万多台。他们还下令登记收音机用户，强令剪去可以收听短波广播的设备，迫使听众只能收听当地的日伪广播，发现收听非日伪广播者则以"国事犯"论处。

华北沦陷区的中国人民对日伪广播的反动宣传多方加以抵制。1941 年春天，中共地下党员打入伪北平电台，利用编写广播稿件和办节目的合法身份，团结爱国反日的职员，采取隐蔽和公开相结合的斗争方式，尽量减少和冲淡敌伪广播中的反动内容，通过播讲历史故事、科学卫生知识、演唱儿童歌曲等，曲折、隐晦地宣传爱

---

① 周作人于 1941 年 7 月 17 日发表广播讲演，题为《强化治安与教育之关系》。
② 据日军"华北方面军情况报告"，转引自日本防卫厅战史室编《华北治安战》（上、下册）有关部分，天津人民出版社 1982 年 9 月版。

国主义思想。[①] 平津等地具有爱国思想的艺人，有的拒绝演唱为敌人歌功颂德的曲目，有的利用相声形式讽刺日伪统治者对人民的剥削和压迫。[②] 日伪广播当局对类似事例十分注意。1944 年，伪"华北政务委员会"发现"广播稿件过去多有未经检阅（审查之意——作者注）而自行广播者，且有时所广播之稿件，虽在禁止之列，亦未及禁止之"。在 8 月 24 日召开的"华北夏季宣传会议"上，"为推行检阅工作顺利一元化起见"，决定"派员一人至三人在（华北）广播协会办事，成立考查室，随时与检阅室联络，以免除检阅上的障碍"。沦陷区的许多爱国居民还深夜偷听南京、重庆的国民党广播，抵制日伪政权推销的廉价收音机。[③]

三、华东汪伪广播事业和其他地区的日伪广播事业

1937 年 11 月，日本侵略军在占领上海之后，立即"接管"了原国民党的两座广播电台，并利用其设备建起日伪"大上海广播电台"，作为日本占领军的喉舌。此外，1941 年 11 月太平洋战争爆发后，日本侵略者先接管了原福音、华美和《大美晚报》三家美商广播电台，分别办起了大东、东亚、黄埔三座日伪广播电台，三台统归汪伪"中国广播事业建设协会"管辖。1938 年 3 月，日伪"上海市广播无线电台监督处"成立，强令上海各电台进行登记，声称各台均须"重加认可，方准营业"。上海的民营广播电台在日寇的重重压力下，日益趋于分化，其中有少数电台沦为汉奸广播电台。1937 年 12 月，日军攻占南京。1938 年 9 月 10 日，日本在南京设立伪"南京广播电台"，用来宣扬日本侵略军的"战绩"，对江苏及其附近的中国居民进行"中日亲善"、建立"东亚新秩序"的欺骗性宣传。大汉奸汪精卫叛国投敌来到南京之后，伪"南京台"又成为他鼓吹所谓"和平运动"的工具。

1940 年 3 月，在日本侵略者的策划下，在南京成立汪记"国民政府"，形式上把华北伪"临时政府"、华中伪"维新政府"以及伪"蒙疆自治政府"和汪精卫集团等南北傀儡熔于一炉，由汪自任代理主席，装模作样地上演了"还都"南京的丑剧，发表了所谓"还都宣言"，并与日本首相作了"交换广播"。第二年 2 月，汪伪政权建立伪"中国广播事业建设协会"，声称将要"负责接收各地日军电台"。这种所谓"接收"，实际上就是利用汉奸来办广播，这比日军直接出面办广播，对中国人民来说具有更大的欺骗性。这个伪组织制定的《广播无线电台计划》提出，要"统一管理"沦陷区的广播电台。3 月 26 日，在南京上演了一出日本军方将广播事业"交还"汪伪政权的丑剧。伪协会在"接收"之后，为了混淆视听、蒙蔽舆论，将伪"南京广播电台"改称"中央广播电台"，呼号也定为 XGOA，与重庆国民党

---

① 参见刘新：《战斗在敌伪广播电台》，载《日伪统治下的北平》，北京出版社 1987 年 7 月版。

② 参见张寿臣：《相声的起源》，载《文化史料》第 6 辑，文史资料出版社 1983 年 6 月版。

③ 老舍的长篇小说《四世同堂》（百花文艺出版社 1979 年 10 月版），艺术地再现了沦陷后爱国的北平市民抵制日伪统治的真实情景，其中包括偷听南京、重庆广播，拒绝购买廉价收音机等。

中央台的台名和呼号完全一样。对此，重庆国民党中央广播事业指导委员会于同年4月发出代电，揭露汪伪"冀图鱼目混珠，淆乱听闻"，提醒"全国听众勿为所弄"。

汪伪"中国广播事业建设协会"受汪伪政权宣传部的指导监督，它控制下的广播电台，根据1941年统计，除汪伪"中央台"外，尚有上海、汉口、杭州、苏州和蚌埠等地的广播电台。除日伪电台外，汪伪政权规定，在其统治范围内，"民间不得再有广播电台"。伪协会在《组织章程》中宣称："本会以集中全国官民力量以及联合友邦热心人士倡导社会协助政府发展广播事业，加强广播宣传，以促进国家建设、东亚复兴为宗旨。"①汪伪政权为推行"反共睦邻"的投敌卖国政策，竟然把日本侵略者称为"友邦"，并鼓吹聘请日本"技术顾问"、"技术专员"来发展广播事业。从南京伪"中央台"到伪地方台，都表示"欢迎"日本团体和专家在技术上、经营上参加合作。伪协会由汪伪政权的宣传部长林伯生兼任理事长，但实际权力仍把握在日本人手中。为了充当日本殖民宣传的喉舌，还设立了所谓"中日广播节目联络委员会"，协调广播内容。汪伪宣传部内设"特种宣传司"、"全国广播无线电台管理处"、"广播事业设计委员会"等机构，从广播电台的登记、广播法令的编制、广播设备的稽查、广播宣传的设计等各个方面控制沦陷区的广播电台。在宣传上，汪伪广播秉承日本帝国主义的旨意，完全为汪伪政府的亲日反共政策效劳。汪伪电台的新闻节目稿件大都由汪伪"中央社"提供，也有的由日本派遣军报道部和日本驻南京"大使馆"情报部提供。日方提供的新闻都是日文，伪"中央台"收到后译成中文，然后编辑播出。每逢发生重大事件，伪"中央台"都安排所谓"临时讲演"节目，如太平洋战争爆发后，汪精卫即到伪"中央台"作广播讲话，鼓吹要协助日本进行"大东亚战争"。伪"中央台"还代表汪伪与日本、伪"满洲国"进行所谓"交换广播"，庆祝"中日满合作"。40年代初期，汪伪政权为了巩固其反动统治，频繁地开展所谓"清乡运动"、"新国民运动"，一方面从军事上"围剿"华中地区人民抗日武装力量，一方面从政治上、精神上麻痹、毒害中国人民。汪精卫等汉奸头面人物纷纷到广播电台发表广播讲演，鼓吹"中日亲善"，"完成大东亚圣战"等反动卖国谬论。日伪广播电台还举办"清乡讲座"、"清乡宣传周"之类的节目。1943年6月，汪伪政府炮制的《战时文化宣传政策基本纲要》中更进一步提出，要"强化中国广播事业建设协会，严厉取缔敌性广播，并谋对外宣传之积极与强化"。同时，要求由有关机关派出检查人员，实施广播节目的"严格审查"，声称要"采取积极指导方针，不仅在消极方面删除违反国策之文字，尤应在积极方面指导符合国策之思想"。②1942年起，汪伪政权唯恐其统治区的居民收听来自重庆

---

① 转引自汤震龙：《中国广播无线电事业概况》，1941年4月油印本，北京国家图书馆藏。
② 转引自余子道等编：《汪精卫国民政府"清乡运动"》，上海人民出版社1985年5月版，第392页。

和英美方面的广播，又先后制定和颁布《装设无线电收音机登记暂行办法》、《无线电收音机取缔暂行条例》及其《实施细则》、《收听规约》等反动法令，强令持有收音机者登记。据 1942 年 11 月统计，不包括租界范围，上海市已登记收音机 9972 户。同时，把短波收音机列为"违禁收音机"而严加取缔，勒令持有者限期到指定地点改装，违者将"处以一年以下徒刑、拘役或 3000 元以下罚金"。即使如此，在京沪一带偷听重庆及英美广播者仍大有人在。在汪伪中央台工作的有爱国心的无线电人员就曾利用工作之便，经常暗中收听重庆及英美广播。1945 年 8 月 10 日晚，还把重庆电台播出的日本政府通过瑞士发出照会请求投降的消息，通过汪伪中央台播送出去，使南京的市民兴奋不已。[①]

台湾自 1895 年《马关条约》后，被腐败卖国的清朝政府"割让"与日本，沦为殖民地。1925 年 6 月，日伪"总督府"曾在台北建立播音室，进行试验性广播，不久即终止。1928 年 11 月，伪"台北广播电台"在台北开始使用日语播音，呼号 JFAK。在日寇占领下，30 年代以来，台湾又先后在台南、台中、嘉义、花莲等地建立了广播电台。这些电台均由 1931 年成立的伪"台湾广播协会"管辖。1938 年，该协会还在厦门建立了一座日伪广播电台。

1938 年 6 月，日本侵占河南省会开封后，建立日伪开封广播电台。同年 10 月，日本先后侵占广州、汉口后，相继开办了伪"广东放送局"和伪"汉口放送局"。

据现有材料，抗日战争时期，日本帝国主义在中国境内先后建立起来的广播电台大约有六十多座。这些广播电台都是在侵华的日本军事当局控制之下，对沦陷区的中国居民进行欺骗宣传，为日本帝国主义灭亡中国的反动目的服务的。日伪广播的主要内容有：第一，配合日寇的军事、政治攻势，宣扬所谓"东亚圣战"，鼓吹"建立东亚新秩序"；第二，极力贩卖封建法西斯文化思想，对中国听众进行亡国灭种的文化教育，以所谓"大和精神"毒害听众；第三，大量播出诸如《支那之夜》、《满洲姑娘》、《蔷薇处处开》之类的靡靡之音，腐蚀人们的精神，粉饰日本军国主义的血腥统治。

此外在上海，还有德国、意大利、法国的广播电台。德国广播电台又名欧洲广播电台，1940 年 6 月 14 日开始播音，呼号 XGRS，由德国驻沪领事馆主办，为德国政府在上海的宣传机关。1945 年 5 月德国投降后，由日军接管，改为伪大上海广播电台国际台。意大利商人办的中羲广播电台，1938 年 8 月开始播音。1943 年意大利投降后，为日军接管。法商法人广播电台，1932 年 8 月开始播音，原为法租界当局为法兵娱乐而设，后为法国侨商接办。1939 年，该台扩充设备，增设短波，收听范围可达远东各地。上述电台与日伪广播狼狈为奸，沆瀣一气，为法西斯宣

---

① 谭宝林：《偷播日本投降的新闻》，载《华夏壮歌》，中国文史出版社 1986 年 4 月版，第 288—290 页。

传摇旗呐喊。

四、上海"孤岛"的民营广播电台

日本帝国主义对其占领地区的国民党广播电台采取"接管"方式，加以霸占，对于民营广播电台则多方加以迫害，直至使其停止播音，借以达到垄断广播事业的目的。

上海是中国民营广播电台的大本营，上海民营台在抗日战争时期的处境和遭遇，具有代表性。上海民营台的状况以 1941 年 12 月日本偷袭珍珠港、太平洋战争爆发为界，前后经历了两个不同的阶段。在前一阶段，日本侵略军占领了上海租界地区以外的全部地方，对于租界地区，由于尚未与英、美、法等国交战，故暂时未实行军事占领。这样，租界地区便形成了一座"孤岛"，这种状态一直维持了四年多的时间。

上海的租界地区始于清朝末年，是帝国主义者按照不平等条约强迫清政府从上海划出的、作为外侨居留和通商的特定区域，但实际上是帝国主义对我国进行侵略活动的据点。抗日战争爆发时，上海的租界分为法租界和公共租界，后者是美、英等几个帝国主义国家共管的租界。日寇占领上海非租界地区以后，中国共产党人和爱国人士凭借租界的特殊地位，利用英、美、法帝国主义者与日本帝国主义者的矛盾，展开了一场特殊形式的斗争，这便是闻名遐迩的"孤岛抗战"。当时，日寇在租界内建立了新闻检查所，勒令中国人办的报纸一律要接受检查。在敌人的法西斯新闻法令钳制下，一批抗日报刊被迫停刊，其他报刊虽然可以出版，但却无法报道抗日的消息和发表抗日的言论。这时，中国共产党人和坚持抗日的爱国进步的文化界人士便利用日寇对英美商人办的报纸不作检查的机会，以外商的名义先后办起了一批抗日爱国的报刊，如《译报》、《每日译报》和《文汇报》等。在"孤岛抗战"精神的影响下，上海的部分民营台曾与日本占领当局进行了一场有气无力的抗争。

1937 年 11 月，上海沦陷之际，尚存三十多座民营台。当时除亚美、华美等几座广播电台抱定"宁为玉碎、毋作瓦全"的态度，自动拆机停播，以示无声的抗议外，其余大多数民营台仍在继续播音，维持营业。第二年 3 月，日伪"上海市广播无线电台监督处"成立，并先后发布多项指令，宣布从 4 月 1 日起，"对于国民政府交通部以及中央广播事业指导委员会从来所实施之监督电台、取缔及指导播音等有关之一切事务由本监督处予以接收"，[①] 勒令民营台限期向该处登记，经"重加认可方准营业"，[②] 否则不准继续播音。各民营台经商讨后，一面表示不愿接受日伪当局管理；一面联名致函租界当局要求保护，企图利用"孤岛"的特殊状况与日本占

---

①② 《广监指令》第一号、第二号，转引自《旧中国的上海广播事业》，第 344 页。

领当局周旋，同时决定在限期
截止的 4 月 28 日起暂时停播。
（见图 3-4）"但是日本当局认
为暂时停播并不等于关闭电台，
因此将严厉对待那种仍然拒绝
登记的电台。日本当局也将给
外国电台以警告，如不服从，
日本当局就有必要采取有效和
适当的措施。"① 李树德堂等三
家民营台屈服于日本帝国主义
的压力仍在照常播音（这三家
电台后来均向日伪监督处登记
而继续营业）。

图 3-4　上海《新闻报》1938 年 5 月 3 日关于
民营台拒绝向日伪当局登记的报道

　　上海租界的英美当局经与
日本占领当局几度交涉，双方达成一定程度的谅解：一方面日本同意民营台向租界
当局登记；但另一方面却需要严格遵守日方要求，不得有反日宣传及其他政治内容
的广播。当时向租界警务处登记而继续播音的民营台共有 31 家，其中大多数电台苟
且图存，仍然与抗战前一样大量播出醉生梦死、灯红酒绿的庸俗低级的娱乐节目。
有些电台甚至堕落为汉奸电台，为虎作伥，成为民族的罪人。只有极少数电台间接
地作了一些抗日的广播宣传，播送过一些爱国进步的歌曲，有的电台还募捐衣物救
济难胞婴孩、支援前线，做了些有益于抗日斗争的事情。例如 1939 年，中共地下党
员茅丽瑛就曾以上海职业妇女会主席的身份在大陆广播电台主持平剧（京剧）大汇
唱，募捐物品并推销义卖代价券，支援前线抗日将士。不少听众纷纷认购，几天之
内，就推销了 4000 元的代价券。后来，她们还在电台举行过一次粤剧大汇唱，也收
到了较好的效果。不久，她竟因此遭到日寇的杀害，英勇牺牲。② 但总的来说，由
于缺乏正确有力的指导，又没有得到广大群众的支持，再加上民营台自身软弱妥协
的本性，因此，民营广播电台没有也不可能为抗日斗争作出更大的成绩来。后来，
日寇又进而对租界当局施加压力，并采取干扰、抢劫、破坏甚至投掷炸弹等种种卑
劣手段，威胁向租界当局登记的民营台。民营台的处境越来越险恶了。

　　1941 年 12 月 8 日，太平洋战争爆发。当天，日军占领上海租界地区，尚存的
原已向日本无线电台监督处登记的民营广播电台工会所属 28 座民营台一律封闭，同

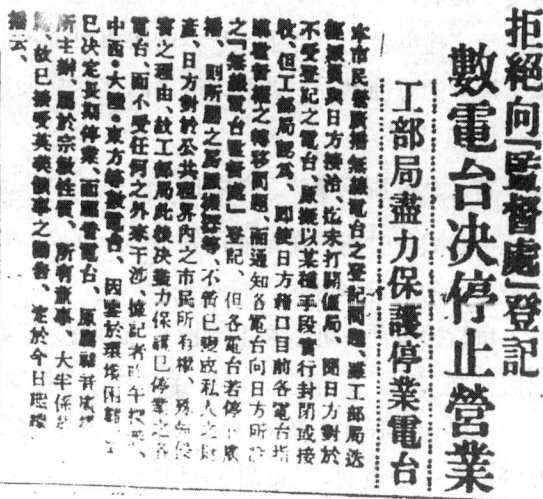

---

① 据《上海每日新闻》1938 年 4 月 29 日，转引自《旧中国的上海广播事业》，第 344 页。
② 参见张义渔等《碧血红心映孤岛》一文，载《红旗飘飘》第 23 集，中国青年出版社 1981 年 6 月版，
第 164—171 页。

时又"接收"了美国人办的广播电台。至此，上海同其他沦陷地区一样，再也听不到民营广播电台的声音了。日本的法西斯统治把昔日"十里洋场"的大上海变成了步步荆棘的恐怖世界，"不少市民因此深居简出，待在家里听听短波广播，盼望早些'天亮'"。①

五、"苏联呼声"广播电台

抗日战争时期，在日寇占领下的上海有一座独具特色的反法西斯广播电台，这就是著名的"苏联呼声"广播电台。

抗战爆发前，苏联在上海设有领事馆，塔斯社在上海设有分社，社长为罗果夫，出版俄文《时代》杂志。1941 年 6 月，希特勒悍然下令进攻苏联。苏德战争爆发以后，苏联为加强在上海的宣传工作，以苏商名义创办了中文版《时代》周刊和"苏联呼声"广播电台。（见图 3-5）

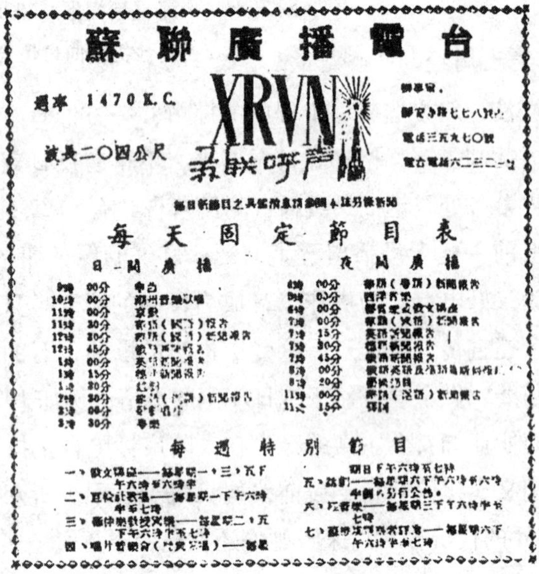

图 3-5 上海《时代》周刊刊登的"苏联呼声"广播电台节目表
（见该刊第三年第 3 期〈总第 59 期〉1943 年 1 月 16 日版）

"苏联呼声"广播电台，呼号 XRVN，1941 年 9 月 27 日开始正式播音，使用华语（包括上海话和广州话）以及俄、英、德语播送新闻节目。② 该台由塔斯社上海分社领导，台长伐林、中文部主任克利明柯、音乐部主任普利裴特哥娃，均为苏联人。华语男女播音员为岳起（乐嘉树）、桂碧清。李德伦和黎频兄妹参与

---

① 引自陶菊隐：《孤岛见闻——抗战时期的上海》，上海人民出版社 1979 年 11 月版，第 124 页。
作者原注："天亮"是当时家喻户晓的代用语，指抗战最后的胜利。
② 据上海《时代》周刊第 7 期，1941 年 10 月 1 日。

音乐和文艺节目的播出，卫仲乐教授主持中国音乐节目。该台主要内容有报道苏联人民反法西斯斗争的消息和评论，苏德战争公报，苏维埃国家建设和人民生活情况等，该台每天上、下午各播音一次，其间每天傍晚为特别节目。除新闻节目外，还有《京剧》、《申曲》、《越剧》、《弹词》、《广东音乐》、《西洋音乐》以及《艺术节目》、《话剧》和《俄文讲座》等。"苏联呼声"电台数量众多的文艺节目，不但与敌伪统治下的广播电台迥然不同，就是与大后方和延安的广播电台相比也是另具特色。该台大量介绍了苏联革命文艺作品，如高尔基、马雅柯夫斯基等人的作品，苏联革命歌曲，西方古典音乐以及中国的京剧、越剧、广东音乐等等。1943年6月在高尔基逝世七周年之际，该台播出了纪念周特别节目，内容有高尔基的话剧《华莎》、小说《母亲》片段和《二十六个和一个》、诗歌《海燕》，同时，还播出了曹靖华的讲演词《高尔基的生平和创作》、郭沫若写的挽诗等。对于我国"五四"以来的进步和革命文艺作品的介绍，该台也给予了重视，播出数量之多，内容之丰富，是当年众多广播电台中绝无仅有的。据不完全统计，该台陆续播出过鲁迅、郭沫若、茅盾、巴金、老舍、张天翼、曹禺、鲁彦、熊佛西、萧乾、周文等人的文艺作品。1943年10月，该台还专门举办了为期两周的《鲁迅逝世七周年纪念节目》，内容有鲁迅生平介绍，鲁迅的小说《阿Q正传》、《故乡》、《风波》，根据鲁迅原作《长明灯》改编的独幕剧，杂文《现在的屠杀者》、《聪明人和傻子和奴才》、《娜拉走后怎样》等；还有冯雪峰的《鲁迅与中国民族及文学上的鲁迅主义》，罗果夫的《鲁迅与苏联文学》。[①]在毒雾弥漫的上海广播中，"苏联呼声"的宣传内容使生活在水深火热中的上海市民耳目一新。重庆《新华日报》1944年1月载文指出："从苏联电台传送出来的胜利消息和雄壮的国际歌声永远在人们心中共鸣着。这告诉我们，侵略者的寿命已近黄昏日落的时候了。"[②]

"苏联呼声"电台之所以能在日本侵略者的统治下长期存在，这与当时苏日之间存在着的特殊关系是分不开的。1941年4月，日本与苏联签订了《日苏中立条约》。双方承认，尊重领土完整及不可侵犯；当其一方与第三国交战时，另一方应保持中立。太平洋战争爆发以后，日苏之间并未宣战，故日本对"苏联呼声"电台的存在也就未加干涉，"苏联呼声"电台则在播出内容上绝不涉及抗日战争、亚洲问题及太平洋战争等。直到1945年8月8日，苏联对日宣战，出兵中国东北之际，"苏联呼声"电台才遭到日军的查封。但过了几天，日本帝国主义宣布无条件投降，该台随即恢复了播音。

---

① 据上海《时代》周刊1943年第41、42期。
② 高文：《敌寇蹂躏下的上海》，载重庆《新华日报》1944年1月21日。

第三节
抗日根据地的广播事业

一、人民无线电事业的创办和发展

　　无线电广播是利用无线电通信技术发展起来的现代化传播工具，人民的广播电台就是在人民无线电事业发展的基础上建立起来的。

　　现代化的无线电通信技术早在清朝末年就传入我国。在半殖民地半封建的旧中国，无线电通信大权一直掌握在帝国主义列强和历代反动统治者（清朝政府、北洋军阀和国民党反动派）手中。20年代末30年代初，在中国共产党的领导下，人民的无线电事业开始筹建。周恩来和毛泽东、朱德分别领导创办了中国共产党在白区和革命根据地的无线电通信事业。

　　1927年的春天，蒋介石发动"四·一二"反革命政变以后，轰轰烈烈的大革命遭到失败，全国处于白色恐怖之中，中国共产党的活动被迫转入地下，革命运动进入低潮时期。这时候，中共中央领导机关已从武汉迁至上海，由于全国的无线电通信机关完全控制在国民党当局手中，所以中共中央同几个大城市中党的秘密机关以及一些革命根据地之间的通信联络工作，几乎都要依靠地下交通员往来奔波跋涉。这样的通信方式既延误时间，又相当危险，不少地下交通员为了严守党的机密甚至付出了宝贵的生命。1927年8月，在南昌起义中，人民军队开始使用有线电通信，周恩来、贺龙、朱德等人曾一度利用有线电话指挥作战。为了迅速打破这种不利于革命形势发展的落后通信状态，迫切需要建立起党和人民的无线电通信网。

　　1928年11月，中共六大以后，当时担任党中央政治局常务委员、组织部长和负责军事部工作的周恩来开始着手筹划在上海建立秘密电台。这项秘密任务是由中央特科四科负责的，四科科长是李强。[①] 李强受命学习安装无线电收发报机，上海

---

　　① 李强（1905—1996），原名曾培洪，江苏常熟人。学生时代即投身反帝反封建革命活动。1925年加入共青团，同年转为中共正式党员。1927年5月任中央军委特科四科科长，1929年自制成中共第一部无线电收发报机。1931年被派往苏联，先后在共产国际交通部和苏联邮电人民委员会工作。抗日战争爆发后，1938年初到延安，先后任中央军委军工局副局长、局长，兼任延安自然科学院院长、军委三局副局长、工矿委员会副主任等职。1945年8月至1947年10月受中央军委派，巡视并帮助各解放区兵工生产。1947年12月，任军委通讯总局副局长，领导了设在河北省井陉县天户村的陕北新华广播电台的大功率发射机和定向天线的建设。1949年6月兼任中央广播事业管理处副处长，接收了北平、南京、上海等地的广播电台。新中国成立后任邮电部无线总局和电信总局局长，同时担任新闻总署首任广播事业局局长。1950年任国际电信联盟理事。1955年任对外贸易部副部长兼驻苏联大使馆商务参赞。1955年，因在无线电理论与实践方面的成就，当选为中国科学院首批学部委员（后称院士）。1973年任对外贸易部部长，1981年任国务院顾问，1983年退居二线。中共第九届至十一届中央委员、中共中央顾问委员会委员、中共第八至十二大代表，第十三、十四大特邀代表，第三届至第五届全国人大代表。

法租界地方党支部书记张沈川①化名报考国民党办的无线电学校，学习无线电报收发技术。李强以业余无线电爱好者的身份，在上海无线电商店中广泛交友，陆续设法收集、购置了一批无线电技术书刊、图纸和器材，并在绍敦电机公司的经理、地下党员蔡叔厚（原名蔡绍敦）掩护下，设立"地下工厂"，和有关人员秘密制作无线电零部件，练习组装无线电收发报机。在此期间，张沈川在上海无线电学校学习期满毕业，留在国民党的军用电台当实习生。他一面继续钻研业务，一面利用电台的设备秘密为党工作。同时，他俩还采用上门传授的方法，给分散在不同地方的几个年轻党员讲解收发报知识，培训急需的报务人员。

经过几个月的辛勤劳动，1929年秋天，李强和张沈川成功安装了一部50瓦的无线电收发报机。他们利用这部电台，使用业余无线电台呼号，练习与其他业余电台互相通报，同时还抄收美国旧金山（英文）、苏联伯力（俄文）等地的新闻电码，以供领导部门参考。党的第一部秘密电台终于在敌人严密封锁下的上海建立起来了。电台通报使用的密码是周恩来编制出来的，第一本密码称为"豪密"。② 1930年1月，上海党中央建立了与设在香港的南方局之间的无线电通信。6月，党又在上海挂出"上海福利电器公司工厂"的牌子作掩护，办起了一个地下无线电训练班。参加学习的有16个人，他们是分别由上海、广东、湖南、江苏等省市党组织选派来的。训练班由李强主持并兼机务教员，张沈川负责报务教学，从苏联学习无线电技术归来的毛齐华、方仲如、涂作潮等人也参加了教学工作。③ 这个地下训练班不幸于同年12月遭到敌人破坏，张沈川等人被捕。此后，上海党中央的秘密电台仍在继续坚持工作。1931年秋建立起国际电台，负责同共产国际的无线电通信。1933年初，中共中央由上海迁往江西中央根据地后，上海仍保留有电台，负责与共产国际联络，直到1934年10月，留在上海的中共上海局负责人被捕，同时电台被国民党当局破坏，与共产国际的联络才被迫中断。

1930年至1931年间，革命呈现新的高涨形势。为适应红军作战指挥和形势发展的需要，根据各根据地的要求，从1931年1月起，中共中央开始向各根据地派遣的报务人员先后在洪湖、江西、鄂豫皖等革命根据地建立起无线电通信联络。3月间，当伍云甫、曾三等人受命从上海出发，取道香港、汕头，经过闽西，奔赴江西

---

① 张沈川（1899—1991），湖南慈利人，苗族。早年参加爱国反帝运动，1926年加入中国共产党，是中共最早的无线电报务员，长期从事情报工作。新中国成立后，历任最高人民检察院厅长、第五届全国政协委员、国家安全部特约咨询委员等职，1981年离休。

② 豪即伍豪，周恩来青年时代在天津从事革命活动时的代号，后来一直沿用为化名。"豪密"，意为周恩来编制的密码。这套密码后由任弼时于1931年3月带到中央革命根据地。

③ 毛齐华等六人，是1928年6月从莫斯科中国劳动者中山大学留学生中选派到共产国际主办的无线电训练班学习收发报技术的。涂作潮等是在列宁格勒伏龙芝军事通讯联络学校学习无线电技术的。他们在结业后于1930年陆续回到上海。1928年夏天，周恩来在莫斯科参加中共"六大"期间，看望过毛齐华等人，并对毛说：你们要抓紧学习，国内急需无线电通讯。

中央革命根据地之际，中央根据地已利用缴获的无线电设备建立起中央红军中最早的无线电台，但尚未与上海的党中央沟通无线电联系。

江西中央革命根据地始建于 1928 年春天。当时，毛泽东领导的工农武装与朱德、陈毅率领的南昌起义后保存下的队伍在井冈山胜利会师，建立起中国工农红军第四军，朱德任军长，毛泽东任党代表。1929 年 12 月，红四军召开了第九次代表大会，即著名的古田会议。毛泽东为会议起草的决议案中指出：无线电是一种进步的通信方法。① 他注意到了红军缺乏无线电通信工具这件事。1930 年 8 月，在红军攻打文家市（在湘赣边境）的作战命令中，毛泽东专门写了注意事项，要求保护好缴获的无线电台。但由于当时部队中的游击主义习气作怪，在清查战果时才发现，电台已被破坏。文家市战斗后，8 月 23 日，成立了中国工农红军第一方面军，即中央红军，朱德任总司令，毛泽东任总政治委员。这时候，赣南、闽西的根据地已连成一片，共有 21 个县城，250 万人口，形成了中央革命根据地（以下简称中央根据地）。②

1930 年底 1931 年初，中央红军取得了第一次反"围剿"斗争的胜利。在战斗中间，王净、刘寅等报务人员脱离白军参加了红军，成为工农红军中最早的无线电人员。鉴于文家市战斗中无线电台被毁的教训，1930 年 10 月 3 日，红军在总攻吉安的命令中指出："进城后，对于城中留下的无线电机、电话……等交通工具，一律不准毁掉。"③ 12 月 29 日，在部署第一次反"围剿"战斗的命令中特地加了附注："各部需注意收集西药，无线电亦不准破坏。"④ 1930 年 12 月 30 日龙冈战役中，缴获了敌人的半部电台（即收报部分，发报部分被毁）。为此，毛泽东再次发出指示：今后各部队打扫战场时，必须十分重视新的装备和器材。对于不懂的物品，不得自行拆毁，必须妥交总部。红军总部也发出通知：今后凡是缴获的一切战利品，一律保护好，尽快上交；被红军解放出来的电务人员等专业人才，也要清查出来，予以优待，量才录用。1931 年 1 月，红军总部在攻打谭道源军队的命令中，更进一步要求："胜利后须注意收缴敌之军旗及无线电机，无线电机不准破坏，并须收集整部机器及无线电机务员、报务员。"⑤ 这几次指示得到很好地贯彻执行。1931 年 1 月 3 日，红军在东韶战役歼灭谭道源军队的战斗中，终于完整地缴获一部 15 瓦的无线电台，同时，又有几名国民党军中的电务人员参加了红军。这样，一部半无线电

---

① 见《中国共产党红军第四军第九次代表大会决议案》，载《毛泽东选集》，东北书店 1948 年版，第 555 页。

② 1930 年 9 月召开的中共六届三中全会决定在农村根据地建立中央局，当时，毛泽东、朱德领导下的赣南、闽西根据地是全国各革命根据地中力量最强的。中央决定将苏区中央局和中央苏维埃政府设在赣南、闽西根据地，因此，通称赣南、闽西根据地为中央根据地或中央苏区。据中共中央党史研究室：《中国共产党历史》上卷，人民出版社 1991 年 7 月版，第 301 页注。

③④⑤ 引自通信兵史编审委员会：《红军无线电通信的创建、发展及其历史作用》，载《中共党史资料》第 30 辑，中共党史资料出版社 1989 年 6 月版。

台（包括两部收报机、一部发报机）和两套电源设备就成了红军无线电事业的物质基础。

1931 年 1 月 6 日，中央红军无线电队在江西宁都的小布正式成立，王诤任队长，冯文彬任政委。由于设备有限，当时只能利用仅有的电台抄收国民党中央社的新闻电讯，截抄国民党军队的内部通报和军事情报，供领导机关参阅。1 月 28 日，朱德、毛泽东签发的《调学生学无线电的命令》中指出："无线电的工作，比任何局部的技术工作都更重要些。"要求各部队"选调可造就的青年到总部无线电队来学习"。① 2 月初，红军中的第一个无线电训练班开学，共有学员 15 人，学习期限四个月。毛泽东、朱德亲临训练班讲政治课，鼓励学员们克服困难，掌握无线电技术，努力建立红军的无线电事业。从第三期起，训练班改称"军委无线电学校"，第五期起又改称"中国工农红军通信学校"，为红军培养了早期的无线电技术人员。

1931 年 5 月，粉碎国民党军队的第二次"围剿"首战告捷，中央红军缴获了公秉藩师的一部 100 瓦的无线电台。6 月初，无线电队扩充为无线电总队，王诤任总队长，伍云甫任政委，下属五个无线电分队。在组建分队工作中，注意选派红军中的优秀政工干部到各分队担任政委，同时，把训练班结业的报务员分配到各分队参加工作。无线电总队注意吸取敌方无线电通信保密极差的教训，开始制定电台呼号、通信密码等一系列有关措施，建立起红军中特有的无线电通信制度，以确保无线电联络的保密和畅通。9 月下旬，中央根据地利用缴获的 100 瓦无线电台终于建立了和上海党中央的无线电联络。当时在上海方面担任译报的是周恩来和邓颖超，在江西担任译报的是任弼时。1932 年春，中央根据地陆续与鄂西、鄂豫皖根据地建立了无线电通信。从此，中共中央的重要指示、决定可以及时地传到各根据地，从上海收集到的国民党军事活动的情报，通过无线电报迅速地供给前方，对配合粉碎敌人的军事"围剿"起了很大的作用。毛泽东对无线电通信网的作用给予了高度评价，他说："由于无线电的存在，纵使我们在农村环境中，但我们在政治上却不是孤立的，我们和全国全世界的政治活动的关系是很密切的，同时，纵使革命在各个农村是被分割的，而经过无线电，也就能形成集中的指导了。"②

中央根据地的无线电台除了担负通信、侦听任务外，1931 年 11 月，办起中国共产党的第一个播发文字广播的通讯社——红色中华通讯社（简称红中社，即新华通讯社的前身）。11 月 7 日，红中社首次对外广播，呼号 CSR（英文 Chinese Soyiet Radio 的缩写，意即中华苏维埃电台），内容是报道当天中华苏维埃第一次全国代表

---

① 转引自通信兵史编审委员会：《红军无线电通信的创建、发展及其历史作用》，载《中共党史资料》第 30 辑，中共党史资料出版社 1989 年 6 月版。

② 转引自总参谋部通信部编著：《中国人民解放军通信兵史·第一编 革命战争时期》，北京军事译文出版社 1992 年 7 月版，第 21—22 页。

大会在江西瑞金开幕。此后，陆续播发了有关大会的动态、报告、决议案以及中华苏维埃共和国成立，毛泽东当选为临时中央政府主席等重要消息。当时，湘鄂赣、鄂豫皖、湘鄂西、川陕等革命根据地和上海、天津等地的共产党的领导机关都曾抄收过红中社的电讯。中共中央在上海秘密出版的《斗争》和其他革命根据地的一些报刊上还刊载过红中社播发的电讯稿，上海地下党还把红中社的电讯转发国外。据统计，到1931年底，红军已有无线电台16部，电务人员80多人。为了适应无线电器材逐步增加的情况，又建立了通信材料厂，利用缴获的小引擎、车床和无线电器材以及从敌占区秘密采购来的真空管、收发报机零部件，因陋就简，克服困难，维修无线电设备，基本上保证了中央根据地和红军通信工作的需要。

中央根据地的无线电通信事业在毛泽东、朱德以及1931年冬到达中央根据地的周恩来等人共同重视和关怀下，随着反"围剿"斗争的胜利，从无到有、由小到大逐步地发展起来，形成了以江西中央根据地为中心，联系其他根据地的一个初具规模的无线电通信网。1933年1月，中共中央领导机关由上海迁到中央根据地后，中共中央同共产国际的无线电通信仍然是通过上海中央局电台转发的，直到长征前夕，中央与上海局才中断无线电联系。为了加强对通信工作的领导，在长征以前，中央军委设立了三局（通信联络局），由王诤任局长，伍云甫任政委。当时，中央军委在有关文件中指出，无线电已经成为红军的主要通信工具了。

1934年10月开始的二万五千里长征中，红军通信战士为确保联络畅通，不辞劳苦，不怕牺牲，为长征的最后胜利作出了重要的贡献。在长征期间，红中社停止了对外播发新闻，但仍继续抄收国内外新闻电讯。由于长途转战，环境艰苦，据统计，红军的无线电器材和设备大约损失了三分之一。中央红军到达陕北后，1935年12月，中共中央在陕北瓦窑堡召开的政治局会议上，为了反对日本帝国主义对中国的侵略，决定"把国内战争同民族战争结合起来"，"准备直接对日作战的力量"和"扩大红军"，同时决定建立广泛的抗日民族统一战线。为了适应这一重大战略转变的需要，中央军委三局开始在陕北着手恢复和重建人民的无线电事业。

陕北革命根据地的无线电通信事业始于1935年春。第一部无线电台是在攻克延川的战斗中缴获的。此后，陕北红军开办起无线电训练班。1935年9月，红二十五军长征到达陕北后，与陕甘红军组合成第十五军团。当时，红二十五军中也有一个无线电训练班。两个训练班共培训无线电报务人员十余名，无线电通信业务在陕北有了初步的开展。同年10月，中央红军胜利到达陕北后，将原红军通信学校与陕北的无线电训练班合并，正式成立军委通信学校，担负起全军报务人员的培训任务，由吴泽光任校长，曾三任政委，至1937年7月抗战爆发，共办了八期，培训无线电报务人员八十多人。在此期间，恢复和建立在国民党统治区、国民党友军和与共产国际的无线电联络等各项业务工作也取得进展。

1936 年 4 月，中共中央派冯雪峰到上海，后又派潘汉年到上海，他们先后在宋庆龄、鲁迅等人士的帮助下，恢复了陕北同上海的无线电联络。西安事变前，周恩来与张学良在延安秘密会谈后，三局就先后派人在张学良、杨虎城的部队中建立起秘密电台，张学良曾多次提供无线电器材。西安事变后，三局同南京国民党政府以及广西、山东等地的电台建立起直接或间接的无线电联络，为建立广泛的抗日民族统一战线，做好通信保障工作。恢复与共产国际的无线电联络工作，在瓦窑堡会议后也开始紧张地进行，经过努力，终于在 1935 年底，收到了共产国际的来电，1936 年 6 月起恢复了向共产国际发出电报的业务，第一次发电的内容是向中共驻共产国际代表团系统介绍了长征以来的党内和国内的主要情况。[①] 红中社在长征途中一度中断的播发新闻的业务，也得到恢复。1936 年冬西安事变后，红中社在西安设立了第一个分社。1937 年 1 月，红中社改名为新华通讯社，通讯业务有了新的发展。1937 年 1 月，中共中央由保安进驻延安。抗日战争爆发前夕，据统计，红军中已有报务人员近二百名，无线电台 34 部，超过了长征前的数字。第一个访问陕北的外国记者埃德加·斯诺在《西行漫记》中写道，当时陕北的红军同中国所有重要城市，包括上海、汉口、南京和天津，都有无线电联系。尽管红军在国民党统治区的电台常遭破坏，但是国民党却无法长期切断红军同这些城市的无线电联系。[②]

1937 年 7 月，抗日战争全面爆发。在此前后，随着抗日民族统一战线的逐步发展，促成了国共合作共同抗日局面的出现，新的形势对人民无线电事业的发展提供了有利的条件。当时，新成立的中共中央革命军事委员会所属总参谋部下辖四个局，第三局仍为通信联络局，局长王诤，副局长朱道松（后为李强）。三局设有三个科、一座军委通信学校及四个无线电分队。在抗日战争初期，为了扩大和充实无线电队伍和设备，三局着手进行以下几方面的工作：

第一，加速培养无线电通信人员，主要办法是增加招生名额并缩短学制。军委通信学校 1937 年毕业学员为 45 人，1938 年即迅速增至 168 人。1939 年虽然没有招收新学员，但却从已毕业的学员中抽调 62 人组成高级班，从无线电原理和政治理论方面再加以培训。1940 年恢复招生，这一年入学人数为 154 人，通信学校校址几经迁移，并新设实验室，教员人数也逐步有所增加。历年毕业的学员除留延安外，还分派到华北、华中等前线、国民党地区的八路军、新四军办事处及敌占区，开辟新的无线电通信点。

第二，抓紧时机，多方采购无线电通信器材。1937 年秋天，三局在武汉通过当

[①] 转引自总参谋部通信部编著：《中国人民解放军通信兵史·第一编 革命战争时期》，北京军事译文出版社 1992 年 7 月版，第 64、65 页。

[②] ［美］埃德加·斯诺：《西行漫记》，三联书店 1979 年 12 月版，第 42 页。

地抗日民主人士采购了一批无线电元器件和生产所需要的铜料、铝板、矽钢片、胶木板等原材料。八路军、新四军驻各地的办事处也经常为三局采购、运送无线电材料。1938年2月至1949年底，经军委副主席周恩来批准，三局曾经三次派申光到香港采购无线电器材，并几经周折，陆续运到延安。所购置的各种材料可以装配一百多部无线电台、几十部手摇发电机，另外还采购了大功率的电子管和蓄电池等多种器材。此外，缴获敌军的无线电器材也日渐增多，彭德怀在纪念"七七"三周年的文章《三年抗战与八路军》中提及，1937年至1940年间，八路军缴获的日军无线电机有81架，收音机56台。①

第三，组建通信材料厂，自力更生制造无线电器材。三局原来的材料科设有机务室，担负日常的装配、维修无线电设备的任务，但人手少，设备也不足。为扩大生产，自制通信器材，于1938年6月组建起三局通信材料厂，最初的设备是由武汉、香港等地陆续运来的。

第四，及时调整无线电通信队伍，完善管理条例。1938年军委三局直属五个无线电分台分队，分别联络八路军驻各地办事处、地下党秘密电台、共产国际电台、留守兵团及新四军、八路军前总、三个师及各旅、国民党军政部门等。1940年5月，上述五个分队已不能适应形势的需要，又新增设了五部无线电台，共设立了十个分队，各分队的任务也作了新的调整。此外，原新华社领导的新闻收报台也改由三局领导。在对无线电技术人员的管理方面，1939年3月，第十八集团军总司令部颁发了《无线电技术人员须知》，规定了报务员、报务主任、分队长的职责以及无线电技术人员的工作纪律和奖惩办法。为了加强对无线电技术人员的业务和政治思想教育，三局先后设立教育科（后改教育处）和政治处，并于1940年1月创办了机关刊物《通信战士》。毛泽东为该刊题词"你们是科学的千里眼顺风耳"，揭示了通信兵战士在革命战争中的重大作用。在此之前，1938年5月，毛泽东在《抗日游击战争的战略问题》一文中称："无线电通信之普遍地设置于一切较大的游击部队和游击兵团，实有完全的必要。"1939年4月，毛泽东在延安接见了通信学校的全体干部、学员，他在讲话中说：通信工作是机要工作，是党和军队的重要工作，是耳目。没有通信联络工作，中央、司令部和作战部队缺乏准确及时的无线电联络，军队就打不了胜仗。毛泽东勉励大家要当无名英雄，埋头苦干，钻研和精通业务，作出更大的成绩。

在恢复和重建人民无线电事业的日子里，中国共产党人日益注意到广播宣传的重要性。如前所述，周恩来等人曾多次利用国民党广播电台发表抗日演讲。此外，在延安及其他抗日根据地、中共代表团驻地、八路军驻国统区的办事处大都配备收

---

① 载延安《解放》周刊第118期，1940年11月。

音机，收听各方面广播，以及时了解国内外动态，供制定有关方针政策参考。1939年1月，周恩来在《新华日报》上专门刊登启事，针对日寇广播中的谣言予以痛斥。① 同年3月，他到皖南视察新四军军部，在向军部干部的讲话中特别指出："我们政治部以后应该听敌人的广播，好来研究对策。"②

30年代末期，中国共产党领导下的人民无线电事业的建设和发展，为在延安筹建人民广播事业准备了必要的物质基础和技术干部。

二、筹建人民广播电台任务的提出

据现有的调查材料，中共中央最早提出创办人民广播电台的任务是在抗日战争爆发前夕，此后，还曾多次提出要在延安建立人民的广播电台。在抗日战争爆发前后，中共中央为什么屡次提出创建人民广播电台的任务呢？这与当时政治形势的发展和新闻工作的需要是分不开的。

1936年12月，在中国共产党的抗日民族统一战线政策和全国抗日救亡运动高涨的影响下，张学良、杨虎城两将军发动了震惊中外的西安事变。在中国共产党对张、杨两将军的积极支持下，蒋介石被迫答应停止"剿共"、联共抗日。西安事变的和平解决促进了第二次国共合作的实现和抗日民族统一战线的初步形成。第二年7月7日，卢沟桥事变发生，日本帝国主义加紧了对中国内地的全面侵略，中华民族处于生死存亡的紧急关头。第二天，中共中央发出了号召全国抗战的宣言，大声疾呼："平津危急！华北危急！中华民族危急！只有全民族实行抗战，才是我们的出路！"宣言庄严地号召全国同胞团结起来，"驱逐日寇出中国！""为保卫国土流最后一滴血！"同时，红军立即集中，准备奔赴抗日民族解放战争的战场。8月13日，日本对上海发动大举进攻，驻守平津和上海的中国军队相继奋起反击日军的侵略，揭开了伟大的抗日战争的序幕。

在此期间，7月15日，中国共产党向国民党送出《中共中央为公布国共合作宣言》，提出了国共合作的基本政治纲领。国共两党代表在庐山进行了谈判。在谈判中，国民党方面表示承认陕甘宁边区政府。在上海、华北战事已非常紧急的时候，经过中共的多次敦促，国民党才于9月22日由它的中央通讯社正式发表了《中共中央为公布国共合作宣言》。23日，蒋介石发表谈话承认中国共产党的合法地位和两党合作，这标志着国共两党抗日民族统一战线的正式形成。在国内政治形势急剧变化的重要时刻，如何把党的争取实现国内和平、促进国共合作共同抗日以及建立广泛的抗日民族统一战线的政策和主张，及时地传达给广大人民群众，特别是国民党统治区和沦陷区的亿万同胞，成为党的新闻工作面临的一项重大而迫切的任务。

---

① 重庆《新华日报》1939年1月30日第1版刊登《周恩来启事》，内称："抗战以还，日寇广播时造鄙人谣言，不日对当局有何建议，即日对外如何谈话，此为敌人挑拨伎俩。……"

② 见《目前形势和新四军的任务》，载《周恩来选集》上册，人民出版社1980年12月版，第108页。

抗日战争初期，中国共产党掌握的新闻工具主要是报刊和通讯社。红军长征到达陕北不久，中华苏维埃临时中央政府机关报《红色中华》于1935年11月恢复出版。1937年1月，该报改名为《新中华报》继续出版，至1938年12月停刊。1939年2月，《新中华报》（刷新版）作为中共中央机关报在延安创刊。此外，在延安还出版了《解放》周刊（1937年4月创刊）、《八路军军政杂志》（1939年1月创刊）和《共产党人》（1939年10月创刊）等一批党政军的报刊。同时，中共中央直接领导下的通讯社——红色中华通讯社，从1937年1月起，开始用"新华社"的名义向全国播发文字广播。在其他抗日根据地也陆续创办了一批新的报刊，其中著名的有晋察冀边区1937年12月创办的《抗敌报》（1940年11月改名为《晋察冀日报》）、苏鲁皖豫边区1939年1月创办的《大众日报》（后改为中共山东分局机关报）和晋绥边区1940年9月创办的《抗战日报》等。

上述党的报刊和通讯社的宣传，对于促进抗日民族统一战线的发展和巩固，推动全国军民的抗日救亡斗争发挥了很大的作用。但是，由于报刊和通讯社本身的局限性，再加上日本帝国主义和国民党顽固派的破坏和干扰，使党的政策和主张以及抗战局势发展的报道工作受到相当程度的影响。例如，在延安和其他抗日根据地出版的报刊，受到敌人的层层封锁，很难传送到国统区和沦陷区去，偶尔有少量的党报流传过去，也只能是在极少数人的范围内秘密阅读。新华社的文字广播，虽然可以通过无线电波传送出去，但又必须有收报设备才能抄收，再经过译电才能阅读，除了党的秘密机关和少数新闻单位外，一般部门和群众是难以置办的。

在国共合作共同抗日的局面形成后，中国共产党报刊发展的另一个特点是，根据国共双方达成的协议，国民党同意在国统区出版共产党的报刊。1937年12月，中国共产党在汉口创办了《群众》周刊；1938年1月11日又在汉口创办了《新华日报》。党的报刊得以在国民党统治区公开出版，这是具有重大意义的事件。《新华日报》每天出版对开一大张，发行量一万多份，超过了当时国民党《中央日报》。在武汉时期，《新华日报》共出版了258期，1938年10月25日起，迁到重庆继续出版。武汉时期的《新华日报》和《群众》周刊高举团结抗日的大旗，积极宣传了中国共产党在抗战问题上的方针、政策，报道了中国军民奋起抗敌的可歌可泣的动人事迹，揭露了日本侵略者的种种暴行和投降派的罪恶活动，在国内外广大读者中产生了广泛的影响。面对《新华日报》日益增长的影响，国民党当局深感恐惧和不安，多方采取限制、监视乃至迫害的手段对付《新华日报》，但慑于当时全国抗日斗争高涨的压力，尚不敢对共产党的报刊采取过于严苛的做法。1938年秋，武汉失守后，国民党的统治中心西迁重庆，抗日战争进入了战略相持阶段。

在抗日战争初期，国民党当局虽然同意实行第二次国共合作，在一定程度上准许出版发行抗日救亡报刊，但是，国民党的一些主要当权者并没有放弃反共反人民的方针，国民党一党专政的封建法西斯统治也没有发生根本变化。从 1938 年下半年起，国民党除了运用自己主办和控制的报刊、通讯社和广播电台进行反动宣传外，开始对进步报刊实行严格的审查、压迫和摧残，并且借口抗战是"非常"时期，禁止开办民营广播电台。7 月，国民党政府公布了《修正抗战期间图书杂志审查标准》，不准书刊报纸批评国民党及其政府，不准批评蒋介石，甚至规定不得"违反"国民党"历来的宣言、政纲、政策"及"一切现行设施"。总而言之，对国民党只能歌功颂德，对蒋介石要唯命是从，否则就要加以"取缔"。国民党的统治中心从武汉迁到重庆以后，上述专横残暴的新闻出版统制政策越发变本加厉，直至赤裸裸地对进步抗日报刊和报人进行法西斯迫害。在这种情况下，《新华日报》的处境日益困难。国民党当局为了扼杀《新华日报》，采取了各种卑劣的法西斯手段。它们首先要求《新华日报》刊登的稿件"全部送检"，对新闻宣传的内容进行严格的新闻审查，任意删节或禁载稿件。1939 年 1 月，蒋介石亲自下令禁止《新华日报》宣传八路军的战绩。此后，国民党中宣部下令不准在报上出现"八路军"、"新四军"、"边区"等字样，凡送审稿中的"解放"、"国共合作"、"抗日民族统一战线"等字样，见报时必须相应改为"复兴"、"全国精诚团结"、"集中抗战力量"等字样，否则就要给予"严重警告"。10 月 19 日，《新华日报》刊出《中国共产党领袖毛泽东同志与中央社等记者谈话》后，竟被"勒令停刊一日"，甚至命令重庆市警察局撕毁市区张贴的该报，并不准报贩叫卖当天报纸。① 其次是从发行上加以限制。1940 年 6 月，国民党当局制定的《共党问题处置办法》中明确规定："要禁止《新中华报》、《解放》、《新华日报》、《群众》发行。"1941 年 2 月，重庆市特种会报（即会议）制定了对付《新华日报》的办法，即只准印，不准卖，使《新华日报》发行不出去；再次是从纸张上实行统制，少供应或不供应，妄图使报纸无法出版。针对国民党的上述反动措施，《新华日报》的工作人员在周恩来的直接领导下，采取合法与非法相结合的斗争方式，与之展开了"有理、有利、有节"的斗争，使《新华日报》能够在极其困难、复杂的情况下得以生存和发展。尽管如此，《新华日报》仍然经常被迫"开天窗"，如 1940 年 1 月 6 日，《新华日报》头版上半部社论位置以将近半个版的篇幅只刊登了"抗战第一！胜利第一！"八个大字，并在左侧声明："本日两次社论（一）论冬季出击的胜利（代论）、（二）起来，扑灭汉奸。均奉令免登，来不及写第三次稿，故本日无社论。尚希读者见谅是幸！"表示了对国民党当局新闻检查的愤怒抗议，"开"了《新华日报》出版以来最大的"天窗"。但尽管如此，许多重要的评论、消息和文章毕竟无法刊登出去。

上述种种事实说明，在抗日战争全面爆发的形势下，党的报刊和通讯社的宣传

---

① 均见《白色恐怖下的新华日报》所载有关材料，重庆出版社 1987 年 10 月版。

已不能完全适应形势的需要。因此，把人民的广播电台建立起来，使大后方和沦陷区拥有收音机的听众能够直接听到中国共产党的声音，了解抗日战争形势的发展，对于激励和鼓舞亿万军民的抗日爱国热忱，无疑是一件十分有意义的事情。

三、延安新华广播电台的建立和暂停广播

为了尽快在延安建立人民的广播电台，1940 年春天，中共中央决定成立广播委员会，领导筹建广播电台的工作。周恩来担任主任，成员有中央军委三局局长王诤、新华社社长向仲华等。周恩来赴重庆工作以后，由朱德主持筹建工作，王诤直接领导，承担具体筹建任务的是三局九分队。九分队队长傅英豪，政委周浣白，成员有汤翰璋（丁戈）、毛动之、苟在尚、唐旦、徐路等三十多人，大部分是八路军战士和知识青年，只有少数无线电技术人员。

广播电台的台址，经过三局多次勘察，确定设在延安西北 19 公里处的王皮湾村。这里地势偏僻，人烟稀少，便于隐蔽，也可防备敌机轰炸，是个比较理想的建台之处。在王皮湾老乡的积极配合下，三局派出阙明等人组织一批石匠、瓦工，经过两个多月的日夜奋战，在延河支流西川南岸的半山腰中开凿出两孔石窑洞，准备做广播电台的机房和动力间。两孔石窑洞各有 3 米多高，一孔约 27 平米，一孔约 16 平米，后部有一条甬道相通，用来敷设电线，连接发电设备和广播发射机。甬道中间还开凿了一孔大约 5 平米的小窑洞，准备放置器材、零件之用。（见图 3－6）另外，又在西川北岸沟口打了两孔土窑洞作为播音室和备稿室。[①] 在播音

图 3－6　延安王皮湾村中国人民广播诞生地纪念碑

---

① 1985 年夏天，为纪念中国人民广播事业诞生 45 周年，在两孔石窑洞之间的石壁上刻碑留念，碑文为："中国人民广播诞生地　一九四零年十二月三十日，延安新华广播电台在此开始播音。这两孔石窑洞是动力间和机房，播音室设在河对岸的一孔土窑洞里。"碑文为杨兆麟题写。

室的一张白木楂桌上放着一个旧话筒，用羊毛毡做门帘兼作隔音用。为了防止敌人破坏，在王皮湾村驻守着三十多名武装战士。

当时，中国人民的抗日战争正处在极端困难的阶段，陕甘宁边区的无线电事业虽然有一定的基础，但也仅能基本满足无线电通信和新华社文字广播的需要，要创建一座现代化的广播电台，还必须克服许多困难。首先是缺少广播电台的心脏——广播发射机。30年代末期，党的地下工作人员曾经在香港购买到一架广播发射机，但在秘密运往延安途中，不幸被敌人发现而扣留。这次在王皮湾建台使用的广播发射机是共产国际援助的苏联制品。1939年秋，周恩来因右臂受伤去苏联医治。在莫斯科，他和任弼时作为中国共产党驻共产国际的代表，同共产国际领导人季米特洛夫会谈，当研究在延安建立广播电台问题的时候，季米特洛夫将延安缺乏广播器材一事向斯大林作了汇报，决定以共产国际的名义援助一台苏制广播发射机。

图3-7 延安新华广播电台的
第一部广播发射机
（现藏中国革命博物馆）

1940年2月，周恩来等离开莫斯科回国时，将发射机拆卸装箱空运到新疆，然后用汽车经兰州、西安等地运到延安。① 九分队的技术人员对这台发射机进行了多次改装，经过反复调试，终于使它能够适合语言广播使用。（见图3-7）建台需要的其他零部件，有的是从大后方和敌占区采购来的，有的是缴获的日伪器材，更多的则是由通信材料厂和九分队的人员土法上马，自己制造出来的。其次是供电问题。40年代初期的延安没有发电厂。党政机关的无线电报和新华社的文字广播需要的电力较小，使用蓄电池和手摇马达发电，就可以满足需要。语言广播需要的电力至少是几百瓦，手摇马达发电根本不解决问题。九分队和通信材料厂的技术人员经过反复研究，决定利用汽车引擎来带动发电机转动。延安的汽油、柴油奇缺，大家又想出制作木炭炉，利用烧木炭产生煤气的办法来代替汽油做燃料。为了烧出合格的煤气，几位通信战士一天到晚围着木炭炉观察火候，弄得满身油污，一脸炭灰。几十天的辛勤劳动带来了成功的喜悦，烧出的煤气终于可以使汽车引擎转动了，偏僻的王皮湾村，从此夜晚灯火闪闪，马达轰鸣。使用煤气做燃料，引擎的转速不够，广播发射机的功率只达到300瓦左右。第三，在解决架设发射天线这个难题上，九分队的

---

① 师哲：《周恩来带回了第一台广播发射机》，载《中国人民广播回忆录》第4集，中国广播电视出版社1995年10月版。这台发射机后经多次改装使用，现由中国革命博物馆收藏。

人员克服了钢材缺乏的困难，因陋就简，把几根大木杆子连接起来竖立在山头上，用"木塔"代替铁塔架设天线，使无线电波能够传送出去。

从春到夏，自秋至冬，九分队的人员经过将近一年时间的艰苦奋斗，初步完成了建台任务，并且开始了试验播音。广播稿是由新华社广播科编写的。广播科科长是李伍，编辑有陈笑雨、王唯真等人。女播音员是由延安女子大学选派的，40 年代初期的女播音员，先后有徐瑞璋（麦风）、姚雯、萧岩和孙茜等。新华社在延安城东的清凉山上（曾一度在杨家岭），① 与王皮湾相距 20 公里左右，每天由通信员骑马将广播稿送到王皮湾，供播出使用。

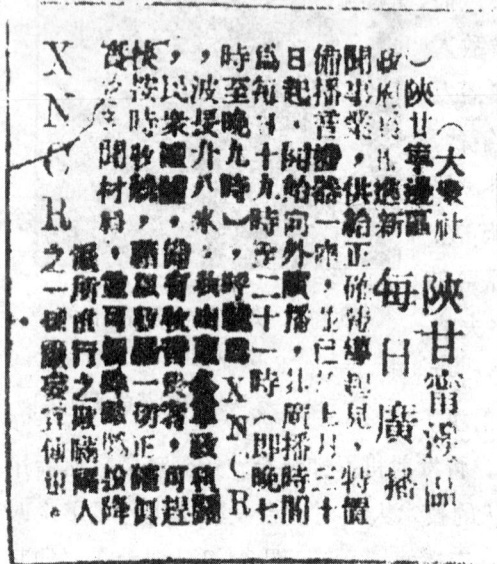

图 3-8　山东《大众日报》1941 年 1 月 16 日
刊登的延安新华广播电台开播消息

1940 年 12 月 30 日，中国共产党领导下的第一座广播电台——延安新华广播电台开始播音，② 呼号 XN-CR（当时按照国际有关规定，我国无线电台呼号的第一个字母为 X，NCR 系英文 New Chinese Radio 的字头，意即新中华广播）。中共山东地区出版的党报《大众日报》于 1941 年 1 月 16 日报道了该台开始播音的消息，并要求"山东各军政机关，民众团体，备有收音机者，可赶快按时收听，借以收罗一切正确真实之新闻材料，并可粉碎敌伪投降派所进行之欺瞒国人之一切虚妄宣传"。（见图 3-8）随后，中共中央机关报《新中华报》、《新华日报》（华北版）等都先后报道了延安台的波长、播音时间和主要广播节目。当时，延安台的播音次数和时间屡有更改，刚开始时每天一次 2 小时，后增至两次 3 小时和三次 4 小时。先后使用的波长有 28 米、30.5 米、61 米等，播音内容有：中共中央重要文件、《新中华报》、《解放》周刊及《解放日报》的重要社论和文章、国际国内的时事新闻、名人讲演、科学常识、革命故事等等。此外，还有音乐戏曲节目，主要内容是演播

---

① 清凉山是抗日战争和解放战争初期（1937—1947）中共中央领导的新闻出版机构所在地。1986 年在该处建成延安清凉山新闻出版革命纪念馆，陈列有《新中华报》、新华社、《解放日报》、延安新华广播电台等艰苦创业的事迹展览，供参观。

② 1980 年 12 月，经中共中央宣传部批准，将 1940 年 12 月 30 日定为中国人民广播事业创建纪念日。有关情况请参阅赵玉明：《中国人民广播事业创建纪念日的由来及其意义》，载《中国广播电视年鉴》1991 年版，第 32—36 页。

抗日歌曲。

延安台开播初期还办起了日语广播，它是根据日共领导人野坂参三的意见办起来的。野坂是 1940 年春随周恩来一起由莫斯科来到延安的。在延安，他参与研究敌情动态，除广泛收集有关报纸外，还经常收听日本、英国的广播。② 中共中央根据他的建议，决定由八路军总政治部主任王稼祥领导筹办日语广播的工作，具体实施由总政敌工部负责。野坂负责审定日文广播稿，中国方面参加编译工作的先后有刘愚、王文庶、张纪明等。日本人参加编播工作的有森健、高山（山田好长），播音员是原清志（袁青子，女）。据中央军委三局第一处《1941 年工作总结》记载，日语广播是 1941 年 12 月 3 日开始广播的，每天半小时，大约在 1943 年春停播，前后继断续续播出了一年多的时间，日语广播的对象主要是侵华日军。据当时了解，日军中可以听到延安台的日语广播，当时已值太平洋战争爆发以后，日本军队士气低落，集体投降的人不少，有的日本士兵就是因为听了延安广播向八路军投降的。

中共中央对于延安台开始广播一事非常重视，多次在有关文件中要求各地党组织按时收听延安台的广播。1941 年 5 月 15 日，中共中央书记处在关于出版《解放日报》和改进新华社工作的通知中要求"各地应注意接收延安的广播"。③ 5 月 25日，中共中央在关于统一各根据地对内对外宣传的指示中又强调："各地应经常接收延安新华社的广播，没有收音机的应不惜代价设立之。"④ 6 月 20 日，中央宣传部《关于党的宣传鼓动工作提纲》提出："必须善于使用一切宣传鼓动工具，熟知它们的一切的性能。"《提纲》特别指出："在现代无线电业发展的情形下，以及在中国交通工具困难的情形下，发展通讯社的事业、无线电广播事业，是非常重要的。应当在党的统一的宣传政策之下，改进现有通讯社及广播事业的工作。"⑤ 同年夏天，毛泽东听说延安台有唱机，却缺少唱片，就把自己保存的二十多张唱片送给延安台使用，并且当面嘱咐延安台的工作人员要认真把广播办好。

延安台的编播、技术人员没有辜负中共中央的期望和信任，他们以高度的政治热情，在物质条件异常困难的情况下，刻苦钻研业务，不断改进设备，努力提高宣传质量。延安台不断把全国军民抗战的消息，八路军、新四军英勇杀敌的事迹，世

① 关于延安台早期日语广播情况，是中国国际广播电台胡耀亭同志在 1993—1995 年经多方调查核实清楚的。1995 年 3 月 15 日，经广播电影电视部党组批准，将 1941 年 12 月 3 日延安台日语开播的时间定为中国人民对外广播开播纪念日。有关材料参见胡耀亭：《关于中国人民对外广播开播时间的调查报告》，载《中国广播电视年鉴》1997 年版，第 678—679 页。

② 野坂参三在延安时，延安有关部门曾为他装配了一台短波收音机，参见他写的《我所听到的天皇的广播——回忆当时的延安》，原载《野坂参三选集》（战后篇），人民出版社 1963 年版，现收入《中国人民广播回忆录》第 4 集，中国广播电视出版社 1995 年版，第 357—361 页。

③ 《毛泽东新闻工作文选》，新华出版社 1983 年 12 月版，第 54 页。

④ 《中国共产党新闻工作文件汇编》上册，新华出版社 1980 年 12 月版，第 99 页。

⑤ 同上，第 110—111 页。

界人民反法西斯战争的情况传送到各地。许多听众从延安的广播中了解到国际国内形势的真实动向,从中受到鼓舞和教育,积极投身到抗日民族解放战争中去。据现有材料,延安台在1941年间广播宣传的主要内容有:

1. 揭露皖南事变真相,反击第二次反共高潮

1941年1月,国民党亲日派制造了严重破坏国共合作共同抗日的皖南事变,第三战区司令长官根据蒋介石的命令,派兵八万余人包围袭击了奉令北移的皖南新四军军部及直属部队九千余人,无理扣押叶挺军长,发动了第二次反共高潮。事变发生后,他们一方面控制新闻发布大权,严密封锁事实真相;另一方面又百般刁难重庆《新华日报》,不准揭露事变的经过,妄图掩饰他们积极反共、消极抗战的罪行,以蒙蔽天下人的耳目。在争夺新闻发言权的关键时刻,延安台于1月下旬向全国人民反复播出了毛泽东起草的中共中央军委为皖南事变发表的命令和谈话。中共中央军委发言人在对新华社记者的谈话中揭露了国民党亲日派配合日寇侵华制造皖南事变的阴谋后,坚决表示:"我们中国共产党和中国人民,不但有责任,而且自问有能力,挺身出来收拾时局,决不让日寇和亲日派横行到底。"谈话最后严正警告国民党亲日派:"我们的让步是有限的,我们让步的阶段已经完结了……如若他们怙恶不悛,继续胡闹,那时,全国人民忍无可忍,把他们抛到茅厕里去,那就悔之无及了。"[①]4月30日,延安台在广播中报道了新四军军长叶挺被俘后严词拒绝反动分子诱胁的消息,他说:"新四军是人民抗日军队,共产党是人民抗日党派。我是新四军军长,我始终负责到底!今日要打、要杀,皆由你们;要我屈服,是不能的!"[②]

2. 宣传党的抗日民族统一战线政策,推动抗日根据地的政权建设

1941年5月1日,陕甘宁边区中央局发布了经中央政治局批准的《陕甘宁边区施政纲领》21条。这是

图3-9 《新华日报》(华北版)1941年
刊登的延安台部分广播稿

---

① 引文见《毛泽东选集》第2卷,人民出版社1991年6月版,第774—776页。
② 《新华日报》(华北版)1941年5月5日第2版据"新华广播电台(四月)三十日广播"。

在边区贯彻执行抗日民族统一战线的重要文件。延安台立即予以反复广播，供其他解放区抄收，在山西沁县出版的《新华日报》（华北版）于5月7日据延安台的广播全文刊登了这一重要文件。① （见图3-9）文件规定，在边区的民意机关（参议会）中，共产党员只占三分之一，党员必须与党外人士实行民主合作，不得把持包办，独断独行。按照"三三制"的原则，陕甘宁边区开始了第二届参议会参议员的选举工作。延安台专门广播了介绍陕甘宁边区选举经验的文章《选举运动中的宣传工作》，② 以供其他根据地参考。

和抗日根据地民主建政形成鲜明对照的是，在国民党统治地区的人民仍然生活在黑暗暴政之下。延安台播出了《政治经济双重压迫下，大后方学生悲惨生活》、《大后方工人生活》③ 等文章。

此外，1941年4月13日，苏联、日本签订《苏日中立条约》。20日，延安台广播了中国共产党发表的意见。④ 5月2日，延安台播出了《苏日条约签订后的援华问题》⑤ 一文，针对国内亲日派把《苏日中立条约》的签订解释为苏联将改变援华政策的看法，文中指出："我国要继续取得苏联援助，政府当局必须改变各种对内反动的错误政策，而坚持团结、进步、抗战的方针。"

3. 纪念五一国际劳动节和中国共产党成立20周年，播出了一批重要文章

1941年五一国际劳动节之际，延安台先后播出了《中国工人阶级的当前任务》、⑥《伟大的国际劳动节》、《为加强中国工人阶级统一而斗争》等文章。⑦ 文章指出，今年的五一国际劳动节，正逢帝国主义战争空前激烈和扩大。因此，五一应当成为全世界工人阶级和劳动人民坚决反对战争，力争世界和平的大动员的日子。中国工人阶级和全国人民要动员一切力量，坚持抗战、坚持团结、坚持进步，以求得中华民族的解放。

在中国共产党成立20周年前夕，延安台播出了题为《在毛泽东的旗帜下前进》的重要文章，⑧ 比较系统地总结了毛泽东根据马克思列宁主义理论对于中国社会和革命诸问题所作的深刻论述，强调指出："马克思主义在中国问题上的发展，最主要、最明显的代表，是我们党的领袖毛泽东同志。"同年11月7日，纪念十月社会

① 该报编委会在文末声明："按陕甘宁边区施政纲领，系收自新华广播电台，播音偶有中断，致纲领有中缺之处。为使这一重要文献，早日提供华北各界，故尽先发表，待收齐后再行补正。"
② 刊登于《新华日报》（华北版）1941年5月5日，注明延安台"广播"、"播放"或"播音"字样。
③ 刊登于《新华日报》（华北版）1941年5月11日，注明延安台"广播"、"播放"或"播音"字样。
④⑥ 据国民党中央广播事业管理处1941年4月20日"侦察纪录"，原件存国家广播电影电视总局档案室。
⑤ 刊登于《新华日报》（华北版）1941年5月7日，注明延安台"广播"、"播放"或"播音"字样。
⑦ 均刊于《新华日报》（华北版）1941年5月9日，并注明"新华广播电台播送（播音）"。
⑧ 刊载《新华日报》（华北版）1941年6月11日，题下注明："延安新华社广播"，文末注明"按本文系改自口语广播，遗误之处，一定难免，特此郑重声明——编者"。

主义革命24周年日子里，毛泽东发表了广播讲演，号召全国人民加强团结，驱逐日本强盗出中国；呼吁全世界人民团结起来，把世界反法西斯的斗争推向更高的阶段。[①] 延安台播出了毛泽东的广播讲演稿。

延安台初创时期，文艺节目中经常播出梅兰芳、马连良等的京剧唱片，更多的则是播音员吹奏口琴、演播抗日歌曲，如《五月的鲜花》、《游击队歌》、《黄水谣》、《大刀进行曲》等。[②]

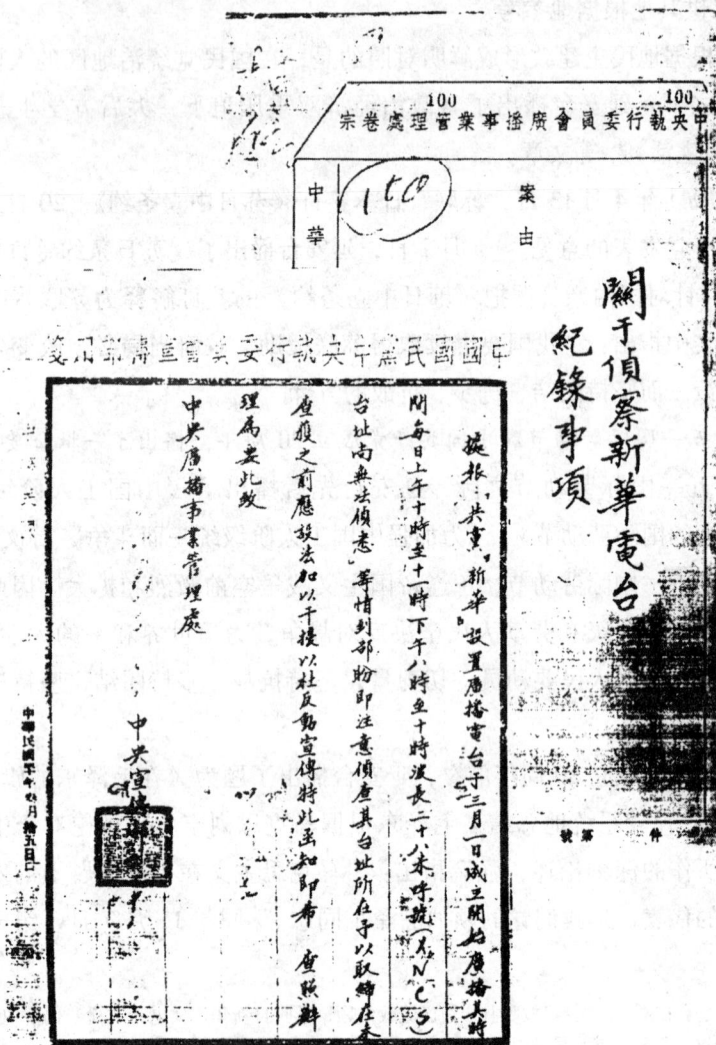

图3-10 1941年重庆国民党当局侦察延安广播的档案材料

[①] 刊载延安《解放日报》1941年11月7日。

[②] 据1941年5月初"侦察纪录"记载，延安台曾播出一首题为《肃清亲日派》的歌曲，歌词大意是："亲日派何应钦，勾结敌人背叛老百姓，挑拨离间使毒计，一举扫灭新四军。我们要大家想一想，要想抗战胜利，想要太平，只有打倒何应钦，把一切亲日分子都肃清。"

延安台开始播音，宣告了中国人民广播事业的诞生，同时也打破了国民党当局对大后方广播事业的垄断。延安台的发射功率虽然不大，传播范围也有限，但却引起了重庆国民党当局的惊恐和不安。在 1941 年春夏，国民党当局动用了它的军事委员会、组织部、宣传部、军统局、中央广播事业管理处、陕西电信局、河南广播电台等机构对延安台进行监听、侦测、干扰。从保存下来的国民党广播机构侦测延安台广播的历史档案中可以看到，在国共合作共同抗日的形势下，国民党有关部门在其内部往来函电中，竟然污蔑中国共产党为"延安奸党"，称延安台为"伪台"，把延安广播视为"反动宣传"，并妄图侦察台址"予以取缔"。（见图 3 - 10）当时，国民党中宣部密令中央广播事业管理处"每日指定专员收听，逐日具报"广播内容。他们"密电"布置河南广播电台"就近干扰"延安广播。国民党军事委员会命令交通部，通过重庆新华日报社转告延安台必须"依法报核，以完法律手续，在未核准之前不准试播"，妄图"依法取缔"延安台。甚至策划利用中统、军统特务侦察台址，阴谋破坏。① 这从一个侧面暴露了国民党顽固派假抗日、真反共的面目。

但是，国民党当局的阴谋并未得逞，延安的红色电波冲破了"新闻封锁"继续传向四方。一些有收音机的抗日根据地的党政军机关经常收听延安的广播，并且通过各种途径，把收听效果转告给延安台，帮助他们改进节目。在晋东南出版的《新华日报》（华北版）根据抄录延安台的广播，刊登了延安发布的不少重要文件、社论和文章。延安的广播在大后方和沦陷区也有一定的影响，有的听众在写给延安台的信中说，听了延安的广播，增强了抗战必胜的信心。昆明学联在信中说，昆明的进步青年常常秘密收听延安的广播，许多人通过收听广播，加深了对中国共产党、对革命的了解，向往着奔向延安参加革命队伍。当年有的青年就是从延安广播中受到教育，提高了觉悟，千里迢迢，越过敌人的封锁线，毅然走向抗日斗争的征途。

延安台环境艰苦，工作紧张，编播、技术人员以革命乐观主义的精神，战胜重重困难，坚持工作。他们在一首为延安台创作的歌曲中，满怀激情地歌颂了人民广播的宗旨，同时也表现出了广播战士艰苦奋斗的情景，歌词中唱道："我们是新中华的战士，是共产党的喉舌。我们工作学习，赤胆忠心，团结一致，不怕困难，用坚强的双手，雄健的呼喊，向全国的人民，向世界的工农，传播党的主张，指导神圣的抗战，粉碎亲日派的阴谋，推动时代向前，驱逐日寇出境，重建祖国河山。我们是新中华的战士，我们的岗位在最前线。我们是共产党的喉舌，我们的岗位在最前线。"②

---

① 据国民党中央广播事业管理处《关于侦察新华电台记录事项》（1941 年 3—8 月）档案材料，另据国民党中央广播事业指导委员会 1941 年 5 月 19 日第 17 次会议、7 月 22 日第 18 次会议材料，内称："指导河南广播电台干扰（继续干扰）共党新华电台"，"共党新华台近受河南电台干扰……已侦听不清"。原件均存国家广播电影电视总局档案室。

② 延安《通信战士》第 2 卷第 1 期，1941 年 10 月。

延安台的播音，由于设备简陋，机器经常发生故障，有时甚至不得不暂时停止播音。延安台时断时续一直坚持播音至 1943 年的春天，① 终因斗争环境越发艰苦，无线电器材来源不能保证，电子管损坏，播出的音质差，收听效果不好，而宣告暂时停止播音。直到 1945 年 8 月，在抗日战争胜利声中才恢复广播。

延安台断断续续两年多的播音，尽管时间不长，但却揭开了人民广播史的第一页。它的历史意义在于：担负起抗日战争的部分宣传任务，对于推动抗日战争的胜利起了一定的作用；从实践中培训了人民广播的第一批编播、技术人员；奠定了人民广播事业的最初基础，为以后延安台恢复广播准备了必要的人力和物质条件。

抗日战争时期的中国广播事业走过了艰难曲折的道路，有以下几个特点：

第一，中国的广播事业虽然受到日本帝国主义的严重摧残，但并没有也不可能被摧垮，国民党的广播事业经历挫折后有了一定的发展。在抗日战争烽火中诞生的人民广播事业虽然弱小，却具有强大的生命力，揭开了中国广播历史的新篇章。

第二，第二次国共合作的实现和抗日民族统一战线的建立，使得国民党广播宣传中的抗日爱国的进步内容有所增长，对于动员和激励全国军民的抗日斗志和加强世界进步力量的反法西斯斗争起了积极的作用，尤其是抗战初期可歌可泣的救亡宣传，写下了中国广播史上的悲壮篇章，值得人们永远怀念，这是国民党广播历史上颇有光彩的一页。令人遗憾的是，由于国民党一些主要当权者没有放弃反共方针，致使反共反人民的广播宣传屡屡发生，某些时候甚至还相当嚣张，这就在很大程度上削弱了前述积极作用的发挥。

第三，抗日战争的伟大胜利彻底打垮了日本帝国主义对中国的侵略战争，从而也就永远结束了日本帝国主义对中国广播主权的侵犯和日伪广播的殖民奴化宣传。自 20 世纪 20 年代中期以来，帝国主义列强在中国办广播的活动至此已趋于尾声。这在中国广播史上是一件具有转折点意义的事件。

---

① 1943 年 1 月，新华社社长博古在谈到新华社工作概要时说，询问各地，总社口头广播多不收，有时听不清、记不下，因此决定暂时停止口头广播。另据荀在尚回忆，1943 年 3 月 8 日延安台停止了广播。见《中国人民广播回忆录》，第 28 页。

第 4 章

解放战争时期的广播事业

　　1945 年 8 月，中国的抗日战争取得了全面胜利。战后，中国共产党提出了和平、民主、团结的主张，联合一切爱国民主力量，力争把中国建设成一个独立、民主、富强的新中国；国民党集团则力图使中国恢复到战前的社会状态，继续维持其在半殖民地半封建国家中的统治地位。在两种前途、两个命运的决战中，中国共产党领导全国人民经过复杂而激烈的斗争，终于推翻了美帝国主义支持的国民党集团的统治，取得了解放战争的伟大胜利，建立起了工人阶级领导的、工农联盟为基础的人民共和国。

　　在解放战争时期，以延安（陕北）新华广播电台为代表的解放区广播事业经历了恢复重建——曲折发展——成长壮大的过程，并配合解放战争的进程开展了多种形式的广播宣传活动，为解放战争的胜利作出了应有的贡献。国民党统治区的官办民营广播事业在战后曾经一度有所发展，但以中央广播电台为代表的国民党广播事业却沦为了鼓吹内战、独裁、卖国的反动喉舌，最终走上了崩溃的道路。在国民党统治下挣扎的民营广播事业也难以再现战前的繁荣，呈现出一派日趋衰落的景象。

第一节
国民党统治区的广播事业

一、国民党广播事业的再发展

1945 年 8 月 10 日，日本政府通过中立国瑞士向中、英、美、苏要求无条件投降。当天，国民党中央台播出了这一重大新闻。但此时战事仍未停止。8 月 15 日，东京广播电台播出了日本天皇宣读《终战诏书》的录音，这标志着日本军国主义终于放下武器，无条件投降了。这时，国民党中央、国际两台立即播出了国民党当局给侵华日军总司令官冈村宁次的命令，要他给所属部队下令，按照指定地点向国民党军队投降。同时，在播出另一道给冈村宁次的命令中，却把八路军、新四军诬蔑为"非法武装组织"，竟然要日本侵略者向八路军、新四军"收复失地"。8 月 15 日，蒋介石在向全国发表的广播演说中，公然要求中国人民要"爱敌人"，并说"如果以暴力答复敌人往前的暴行，以奴辱来答复他们从前错误的优越感，则冤冤相报，永无终止，决不是我们仁义之师的目的"。① 这表明，国民党反动派将企图利用日本侵略军的力量，抢夺抗战胜利的果实，进行反共反人民的活动。

国民党的中央台在广播中要求日伪广播电台人员保管好机件器材，听候派员"接收"。同时，应中国战区美国空军总部的要求，国民党中央台通过广播通知南京、上海、汉口、杭州、北平、广州等地广播电台，不断报告广播频率，为美军空运国民党军队到东部"接收区"导航。国民党中央广播事业管理处拟定了《广播复员紧急措施办法》，妄图一手独占日伪广播事业，排斥八路军、新四军和其他人民武装接收日伪广播电台。9 月，国民党政府行政院公布《管理收复区报纸通讯社杂志电影广播事业暂行办法》的"训令"，规定："敌伪机关或私人经营之报纸、通讯社、杂志及电影制片厂、广播事业一律查封，其财产由宣传部（指国民党的'中央宣传部'）会同当地政府接收管理。但其中原属未附逆之私人及非敌国人民财产而由敌伪占用者，经查明确实，并经中央核准后得予归还。"② 随后，行政院之"收复区全国性事业接收委员会"又拟定了"广播事业接收三原则"：（1）凡广播电台原系国营或敌伪设立者，由中央广播事业管理处接管运用；（2）凡广播电台原系省

---

① 原文载《中央日报》1945 年 8 月 16 日，转引自李新等主编：《中国新民主主义革命时期通史》第 3 卷，人民出版社 1961 年 10 月版，第 366 页。
② 原件存南京中国第二历史档案馆，转引自《中国电影发展史》第 2 卷，中国电影出版社 1963 年 2 月版，第 146 页。

（市）经营者，由各该省（市）政府接管运用；（3）凡广播电台原系民营者，暂由中央广播事业管理处会同原主接收。[1] 从 8 月下旬开始，中央广播事业管理处派人分赴各地开始"接收"日伪广播电台。在华东地区，先后"接收"了南京、上海、苏州、杭州、厦门和台湾等地的一批日伪广播电台。其中除上海的黄浦台、东亚台原系美商所办，转交原主处理外，其余大都改建为国民党的官办广播电台。

在华北地区，"接收"了原属日伪华北广播协会所辖之北平、天津、济南、青岛、石家庄、太原、唐山、保定、开封、运城和北戴河等地的广播电台以及日伪"蒙疆广播协会"所属之大同、绥远和包头广播电台。华北地区的广播电台除张家口、烟台两处的广播电台为八路军接收外，其余都被国民党当局所攫取。

在华中地区，先后"接收"了广州、汉口两处的日伪广播电台。

在东北地区，伪"满洲国"在覆灭前夕，已有伪广播电台 26 座。苏联百万红军于 8 月 9 日出兵我国东北，在中国共产党领导的我抗日联军的配合下，迅速解放了东北广大地区，同时接管了一批尚未被日方毁坏的日伪广播电台，使得国民党当局抢夺胜利果实的企图未能完全得逞。1946 年春天，苏军部队陆续撤出东北以后，国民党当局始先后抢占了锦州、沈阳、鞍山、长春、吉林等地的部分广播设备。

据统计，从 1945 年 8 月到 1946 年 5 月的十个月里，国民党当局一共"接收"日伪广播电台 21 座，大小广播发射机 41 部，总发射功率为 274 千瓦，包括了日伪在南京、上海、北平、台湾和华中地区的全部广播电台以及在东北、华北的大部分广播电台。在"接收"广播电台的过程中，由于政出多门，各行其是，所以也同国民党当局"接收"其他敌伪机构一样，各派系和各官僚机构之间，演出了分赃不均的"劫收"闹剧。国民党的中央广播事业管理处在有关报告中不得不承认："每有各地军政当局及有关机关各以立场及观点不同，分竞接管，且有于本处接收后犹请移拨者，函电交驰、案牍盈尺……殊费周折。"[2]

1946 年 2 月，国民党政府交通部公布《广播无线电台设置规则》（以后对少数条文曾作过五次修正），规定交通部所办广播电台称为国营广播电台；其他政府机关所办者称为公营广播电台；允许中国公民及完全华人组织的公司、厂商、学校和团体设立广播电台，称为民营广播电台；不准外籍机关、人民及非完全华人组织的公司、厂商、学校和团体在中国境内设立广播电台。

1946 年 5 月 5 日，国民党政府"还都"南京。同一天，国民党中央台由重庆迁回南京继续播音，除面向全国外，又办起对国外广播，规模较战前有所扩充。中央广播事业指导委员会迁回南京后，于 6 月、9 月间先后召开第二十九、三十次会议

---

① ② 引自档案材料，原件存国家广播电影电视总局档案室。

后，即行结束工作，有关广播事项移交交通部办理。中央广播事业管理处为进一步扩充广播事业，根据蒋介石在《中国之命运》中提出的要求，制订了一个"建立庞大而周密的全国广播网"计划，目标是在十年内建立55座大中型广播电台，总发射功率达到2257千瓦以上，收音机达到200万架，同时，国民党当局还成立了"中央广播电台扩充工程处"。经过一年半的时间，据1947年12月底统计，中央广播事业管理处所属电台增加到42座，总发射功率达到423千瓦，全国估计有收音机大约100万架左右，比抗战前有了相当大的增长。

抗战胜利后，国民党利用一党执政的地位，继续以种种手段垄断中国的新闻事业。中央通讯社依靠国民党政府允许其自由架设无线电台的特权，依然控制着新闻采访和发布的大权。形形色色的国民党的党报、团报、军报多如牛毛，而民办报刊的创办或复刊却比"骆驼穿针孔"还难。国民党的广播机构又利用"接收"之机，控制了全国绝大多数的广播设备。针对上述情况，1946年1月，在重庆召开的政治协商会议上，周恩来、董必武等代表中国共产党提出的《和平建国纲领草案》中，要求"改组国家宣传机关，使一切国营之报纸、通讯社、广播及戏剧电影事业，为全国人民服务，不为少数人垄断统制"。[①] 后来，政治协商会议通过的《和平建国纲领》中，虽然有类似条文，规定了废止战时实施的新闻出版检查制度，并在附记中明确规定要修正《出版法》，废除压制新闻出版自由的条例。但时隔不久，即被国民党反动派所撕毁。

国民党反动派挑起全面内战前后，更加紧了对新闻事业的控制。一方面，强化国民党官办的新闻事业，中央日报社在南京、上海、武汉等大城市开办了12个分社，《和平日报》（原名《扫荡报》）则有八个分社同时出版八种版本。国民党的中宣部还统辖了八个城市的九种中外文报刊。这些报刊采取了联合经营的方式，形成了国统区庞大的报业系统。中央通讯社在全国的分支机构达到52个，同时在国外开办了25个分社。1946年5月，国民党中宣部致函中央广播事业管理处，再次强调"今后广播重要新闻应以中央社电讯为准"。从国民党的"谣言制造厂"——中央社炮制出来的反共反人民，鼓吹内战、独裁、卖国的新闻报道，充斥了广播新闻节目。另一方面，国民党反动派对民办报刊的迫害日益加剧。据1946年1月至8月统计，遭到国民党当局查禁和迫害的言论机关达263家之多。更为严重的是，国民党特务捣毁报馆，逮捕和杀害进步报人、记者的事件也屡屡发生。中国共产党战后在国民党统治区出版的报刊，一再受到国民党当局的迫害。它们不允许《新华日报》增加上海、南京版；封闭北平解放报社和新华社北平分社；强迫重庆《新华日报》和上海《群众》周刊停刊，等等。

---

① 见延安《解放日报》1946年1月24日。

1946 年 6 月，国民党反动派大举进攻中原解放区，从而挑起全面内战。国民党广播电台充当了鼓吹内战的反动喉舌，多次狂妄地宣称要在一年内、半年内，甚至三个月内就要摧毁解放区和消灭人民解放军。但是，事与愿违，国民党军队的猖狂挑衅，在解放区军民的英勇反击下，很快就遭到了惨败。在广播宣传方面，8 月 23 日，国民党宣传部在发给中央台的材料中称："兹拟由本部编造中共祸国殃民的新闻交贵处电台发表，其方式如下：（一）每日十数条；（二）不必特设一栏，可分插于贵台之新闻广播节目中；（三）措词完全客观，不取谩骂……"[1] 正是在国民党宣传部的导演下，国民党广播中充斥了反共反人民的叫嚣声，但是，这类的反动宣传并没有什么市场，同样遭到了进步舆论和广大群众的鄙弃。国民党的中央台于 1946 年 9 月做过一次听众调查，一共发出调查信一万件，到年底统计，收回的复信不过一百多件。[2] 国民党官办广播在广大听众心目中影响之小，由此可见一斑。军事围攻和政治欺骗是蒋介石进行反动统治惯用的两种主要手段，但是人们看到这些手段都迅速破产了。

二、在挣扎中复苏的民营广播事业

中国的民营广播电台，除极少数汉奸电台以外，在抗日战争时期备受日寇的摧残和蹂躏，加之国民党当局借口抗日战争为"非常"时期，也不准开设民营广播电台，致使中国的民营广播事业陷于山穷水尽的境地。

战后，民营广播电台满怀希望重整旧业，但在国民党的反动统治之下，民族资产阶级的这种愿望很快成为泡影。以民营电台的大本营上海为例，日本投降后，民营电台陆续恢复，1946 年初即增加到 43 座，而且还有继续发展之势。2 月，《广播无线电台设置规则》公布，虽然同战前的有关法令一样，允许民间办广播电台，但是却从电台的设置、分布、数量、发射功率以及广播内容等多方面加以种种限制。凡违反有关规定者，将分别给予警告、停止播音或吊销执照处分。3 月份起，交通部上海电信局奉命开始"整顿"上海民营台。5 月底，蒋介石火上浇油，在电令中指责上海的广播电台"任意造谣生事，流弊极大"，"应由中央广播事业管理处会同交通部拟具管制办法，以杜流弊"。[3] 6 月 28 日，中央广播事业指导委员会召开第二十九次会议，研讨上海广播电台的问题。据上海电信局统计，当时申请登记的中外公私广播电台为 106 座（其中多有虚报，许多台实际上并无设备），另未登记者一座，登记过期者一座。会议通过的《管制办法》规定："由交通部限制上海民营广

---

① 转引自《第四战线》，第 188 页。

② 见《广播周报》复刊第 17 期，1946 年 12 月 22 日。一百多件复信中，男 169 人，女 8 人，按界别分为学界 72 人、商界 42 人、政界 25 人、军界 15 人、党务 6 人、持家 5 人、农界 4 人、工界 3 人（原统计如此）。

③ 引自蒋介石辰陷（5 月 30 日）代电，原件存国家广播电影电视总局档案室。

播电台数目，绝对不得超过20座，余由淞沪警备司令部执行封闭"，"由交通部指定十个周率（在700千周以上）分配以上20台轮流使用"。① 在执行过程中，上海电信局根据申报者广播设备的优劣程度，将它们分为A、B、B⁻、C、D五级。同年夏天，电信局先后批准22家民营台营业。其中亚美、元昌、福音等九家系战前的老民营台，它们在上海沦陷时期，有的不甘附逆，自动停播；有的被日寇没收了设备。战后，它们多次申请恢复播音，但上海电信当局迟迟不予批复。一年之后，虽然准予它们恢复营业，但九家电台却只准使用五个频率播音，除福音台独占一个频率外，其余亚美、元昌等八家只能轮流使用四个频率播音。9月8日，这九家民营台宣布开张营业。过了两天，上海电信局又奉命通知，上述八家电台只准使用两个频率。同时，上海电信局还宣布"封闭"54家民营台，② 被"封闭"的民营台作了些有气无力的反抗后，只得另谋出路。经过这次沉重的打击之后，中国的民营广播事业一蹶不振，再加上电台本身经营不善，播音内容日趋低级无聊，在挣扎中复苏的民营广播事业走上了每况愈下的道路。

据1947年9月统计，全国民营台（包括所谓公营台在内）有90座，在数量上超过国民党的"党营"广播电台，但发射功率相比，前者总计80多千瓦，后者为320多千瓦，民营台的发射功率占国民党统治区总发射功率不足2%。战前，全国民营台数目为55座，发射功率不足7千瓦，占总发射功率的5.4%。在频率的使用方面，战后的民营台受到更加严格的限制。以上海为例，国民党官办电台一个台可使用三个频率，而民营台二十多家却只能使用15个频率，只能轮换播音。和战前相比，民营台的命运更加不济。另外从民营台的经营来看，由于国民党统治区连年的经济危机，工商业破产，民生凋敝，殃及民营台的广告收入也大不景气。至于民营台的主要广播节目仍然和战前一样，几乎都是低级庸俗乃至黄色下流的娱乐节目，早已为社会舆论和进步听众所不齿。③ 中国民营台的衰落已呈不可避免的趋势。

三、中共地下党办的广播电台

在被上海国民党当局"封闭"的民营台中，需要指出的是，其中的中联广播电台是中国共产党的地下组织秘密创办的，这是中国共产党抗战后在国民党统治区创办的唯一的一座广播电台。

抗战胜利后，上海的民营台纷纷申请复业或开办。当时中共上海地下党组织决定趁此时机开设一座广播电台，台址设在一位地下党员的家里，台名叫中联广播电

---

① 见《旧中国的上海广播事业》，第585页。

② 延安《解放日报》1946年8月25日据新华社报道。

③ 例如1947年北平出版的《进步》杂志，连续发表题为《骇人听闻之上海广播事业一团糟，五十家电台昼夜吵闹，南腔北调鸡犬不安宁》、《乌烟瘴气广播事业，北平能不独居例外，十余家电台昼夜送俚曲，广告收入惨，节目不忍卒听》等报道，见该刊革新号第1卷第1期（1947年3月8版）、第2期（3月15日版）。

台，寓意为联合中国的一切进步力量，呼号 XGCA，发射功率 500 瓦。这座电台是以"上海市文化运动促进会"的名义开办的，台长是只管拿钱的挂名人物，实际上宣传和技术业务都掌握在地下党组织手里。负责人钟沛璋任广播部主任，广告部主任沈正光，工务部主任钟信耀（陈古海），工程师赵铮、缪德培，播音员张明华、陈文琴等，均为中共地下党员。1946 年 3 月 10 日，中联台开始播音，当天聘请著名演员梅兰芳主持揭幕，并组织播出特别节目，同时在报纸上大做广告，以引起社会上的注意。中联台所办节目，除了戏剧、评弹、歌曲等与其他民营台类似的节目外，还特别组织了少年儿童、文学、学术等节目。这些节目都是由党的外围组织——小学教师联合会、学生团体联合会派人来演播或者请进步的文化人士来播讲的。新闻节目则采取灵活办法，随时插播，每次三五分钟，至多十分钟，把根据党内外进步报刊提供的材料加以改编播出。这样，国民党上海当局很难抓住把柄。中联台前后共播五个多月，8 月间被国民党上海当局借口"整顿"，与其他一些民营台一起被查封。[①]

四、被"查封"的"苏联呼声"广播电台

抗战胜利后，中国境内仍有多座外国人所设立的广播电台，据 1946 年统计，除美国军用广播电台外，在上海尚有东方（美籍）、大美（美籍）、国泰（法籍）和"苏联呼声"四座。根据前述《广播无线电台设置规则》，国民党政府国防部于 1946 年 9 月召集有关部门开会，研讨外国人在华广播电台问题，并通过《取缔外人在华设立广播电台决议案》，明文规定："凡外人在沪设立之广播电台，根据《广播无线电台设置规则》第四条之规定，同时一律取缔（美国军用广播电台不在此限）。"[②] 从国民党当局实际执行情况来看，主要矛头是指向苏联广播电台的。

"苏联呼声"台创建于抗日战争中期，对鼓舞我国人民的反法西斯斗争贡献甚大。战后，该台继续播音。1946 年 2 月，国民党反动派在国内掀起了反苏反共的逆流，恣意诋毁苏联，污蔑中国共产党，为挑起全国内战制造舆论准备。"苏联呼声"广播电台的存在，便成了国民党反动派的眼中钉。它的主要内容为报道苏联战后的社会政治生活、恢复工农业生产的情况，宣传社会主义制度的优越性；通过正确介绍国际动态和评论，抨击美国的战争和侵略政策；介绍中外优秀文艺作品，宣传革命和进步思想。该台大量介绍了鲁迅、郭沫若、茅盾、巴金、丁玲、臧克家和许广平等人的作品，在国民党统治下的上海市民中起了振聋发聩的作用，这在当时是十分难能可贵的，受到广大进步听众的欢迎。该台还举办过《鲁迅逝世十周年》、《列宁逝世二十二周年》、《高尔基逝世十周年》、《十月革命二十九周年》等专题节目。

---

① 陈古海：《地下党办广播电台》，载上海《新闻记者》1984 年第 7 期。
② 引自《旧中国的上海广播事业》，档案出版社、中国广播电视出版社 1985 年 12 月版，第 642 页。

所有这一切都是国民党反动派难以容忍的。他们布置上海军政当局和广播机构侦测收听"苏联呼声"的广播内容，逐日上报。12 月 21 日，交通部上海电信局要求"苏联呼声"广播电台于 12 月 31 日停播和拆机。当时，苏联塔斯社远东分社社长罗果夫致函上海电信局表示，该台"系苏联国家财产"，"没有莫斯科的命令，我们不能承担停止电台工作的责任"。[①] 1947 年 1 月 6 日，国民党当局终于下令把该台"封闭"。而当时美国人办的广播电台仍在继续播音。国民党反动派的这一行径引起了上海进步舆论和中外听众的震惊和愤慨，上海《文汇报》在专访中称赞该台"沦陷时期深得上海市民爱戴，为日人所痛恨"。[②]《联合晚报》在报道中也称："本市沦陷期间，该台为同盟国家及本市市民报道正确消息。光复后，即为一纯粹之文化电台，从不涉及中国政治。"[③] 苏联莫斯科广播电台发表评论指出，封闭"苏联呼声"广播电台是对中苏友好的打击。[④]

在这之后，直至 1947 年 12 月底统计，在南京、天津和青岛等地仍有美国军用广播电台在继续播音。

五、国民党"戡乱"广播宣传的破产

国民党反动派在丧失了全面进攻解放区的能力后，为了挽回败局，在美帝国主义的支持下，从 1947 年春天起，又改变方针，对解放区开始重点进攻，兵分两路，一路进攻陕甘宁边区，一路进犯山东解放区。7 月初，配合对解放区的军事进攻，国民党反动政府变本加厉，实行法西斯统治，炮制了所谓《国家总动员案》，随即下达了"戡乱动员令"，对国民党统治区的工人、农民、学生和进步人士进行了新的血腥迫害和镇压。7 月 6 日，蒋介石到中央台发表广播讲演，以纪念"七七"抗战十周年为名，诬蔑中国共产党"公开叛变"，要求全国人民"举国一致"，"戡平叛乱"，甚至叫嚷要"以抗日精神'剿共'"。7 月 18 日，国民党政府又公布《动员"戡乱"完成宪政实施纲要》18 条，其主要内容是：（1）尽力征发国民党统治区一切人力物力财力，为其血腥的内战服务；（2）对国民党统治区的工矿、金融和商业贸易，尽行加以垄断和管制；（3）对人民的一切基本权利，如罢工、停业、游行、请愿，均严加限制，使一切逮捕、监禁和屠杀的暴行，得以借"戡乱"之名而"合法"。显然，这种"戡乱动员令"下的法西斯暴政，是国民党反动派垂死挣扎的表现。

为了配合"戡乱动员令"，国民党宣传部拟定了《"剿匪"总动员宣传计划纲要》，规定要以蒋介石的广播讲演和所谓《国家总动员案》为依据，"编制统一材

---

① 《旧中国的上海广播事业》，档案出版社、中国广播电视出版社 1985 年 12 月版，第 554 页。
② 上海《文汇报》1947 年 1 月 7 日。
③ 上海《联合晚报》1947 年 1 月 8 日。
④ 延安《解放日报》1947 年 1 月 25 日。

料",供电台广播使用;同时要求电台每日邀人讲演,"解释"所谓"总动员法令";布置电台编写鼓吹"剿共"的话剧,强迫艺人演播所谓"戡乱文艺节目"。同时,加紧对广播节目的审查。7 月 21 日,上海电信局致电中央广播事业指导委员会,要求严格审查广播节目,电称:"兹以沪上人士对于广播节目每有批评及指摘,故审查节目内容实有加紧之必要。除饬本局稽查台随时注意收听广播节目内容,及于必要时采取录音方法以便取缔外,拟恳请中央广播事业指导委员会对于沪上各予以严格审查,以免物议。"① 一时之间,"戡乱"之声弥漫太空。但是,国民党的广播言者絮絮,听者寥寥。在人民解放军强大反攻胜利声中,"戡乱"宣传很快就烟消云散了。

和国民党反动宣传影响日益缩减形成鲜明对照的是,解放区的广播在国民党统治区的影响日益扩大。代表中国共产党和中国人民发出和平、民主声音的延安(陕北)新华广播电台以及解放区的其他广播电台,冲破国民党反动派的"新闻封锁",把解放战争的胜利消息、国民党统治区人民运动的真实情况,迅速、及时地传达给国统区的广大群众,对于促进第二条战线的斗争起了积极的作用。

解放区的广播在国民党统治区拥有广泛的听众,生活在水深火热中的国统区的进步听众,把延安(陕北)台的广播看作是"茫茫黑夜中的灯塔"。在重庆、北平、南京、上海等地的中国共产党地下组织和进步群众,通过收听延安(陕北)台的广播了解党的方针政策、国内外时局动向和解放战争的进展情况,从中汲取力量,以便更有效地投入争取民主、自由、团结,反对独裁、卖国、内战的伟大斗争。北平、重庆的地下党分别利用收听解放区广播获得的消息,办起了秘密报刊《新闻资料》和《挺进报》。更多地方的地下党组织和进步群众则把听广播得来的材料改编成壁报、黑板报、油印小报、地下传单等,使之广泛流传。国民党地区的中上层人士和国民党军队中的官兵也有不少人虽然出自不同的目的,但却十分注意收听解放区的广播。

国民党当局慑于解放区广播的巨大影响,多次下令禁止收听解放区的广播,违反者不断遭到迫害。为了控制收音机的使用,1948 年 3 月 22 日,国民党政府交通部发出命令,禁止收听解放区的短波广播。4 月,国民党政府交通部修正公布《广播无线电收音机登记规则》,凡装设收音机者,均应填写申请书,向当地电信局登记,并领取登记证;登记证不准顶替、转让或租借;电信局将随时派员检查收音机装置情形并调验登记证;用户迁移或变更收音机时,应办理登记手续;违反上述规定者将给予处罚。几经下令催促用户登记收音机,但实际登记的不过十万架左右,大约仅及全国收音机数的十分之一。

---

① 引自《旧中国的上海广播事业》,档案出版社、中国广播电视出版社 1985 年 12 月版,第 668—669 页。

第二节
延安新华广播电台的重建和转移

一、延安台的恢复和发展

1943 年春天，延安新华广播电台暂时停播以后，九分队和延安通信材料厂合作，对原苏制广播发射机又进行了改装和调试。1944 年，八路军在晋西北的一次战斗中，缴获了日军的一座锅炉和一台直流发电机。这些设备经过长途转运送到延安。九分队的人员把锅炉改装成一部 25 马力的蒸汽机，作为发电的动力设备。在这期间，在国民党统治区和沦陷区工作的中共地下党员多次冒着生命的危险，把多方采购到的无线电器材秘密运进了延安。所有这些都为重建延安台作了必要的准备。

在抗日战争不断取得胜利的形势下，延安台的恢复工作加紧进行。这时候延安台机房已迁到了延安西北十多公里的盐店子村的寨子峁山上。这里距离三局机关所在地——裴庄只有两公里。寨子峁高约 50 米左右，山顶上的一间平房被用作发射机房。山腰中的几排窑洞，有的做播音室，有的做播音、技术人员的宿舍。1945 年 8 月 8 日，苏联向日本宣战，并且出兵我国东北，向日本关东军发起猛攻。9 日，毛泽东发表《对日寇的最后一战》，号召"中国人民的一切抗日力量应举行全国规模的反攻，密切而有效力地配合苏联及其他同盟国作战"，"中国民族解放战争的新阶段已经到来了，全国人民应该加强团结，为夺取最后胜利而斗争。"① 中国抗日军民迅速对日军展开全面大反攻，10 日至 11 日两天内，延安总部以朱德总司令的名义接连发布了周恩来起草的第一至七号作战命令，要求人民军队向被包围的敌伪军队发出通牒，限期缴械投降；如若对方拒绝投降，就坚决予以消灭。其中第七号命令特别提出要控制无线电机关。此时，国民党当局为抢夺抗战胜利果实，蒋介石于 11 日发布"命令"，竟要八路军及一切抗日军队"应就原地驻防待命"；同时，却要国民党军队"积极推进，勿稍松懈"。国民党的中央广播电台连日反复广播蒋介石的上述"命令"，并公然污蔑朱德总司令的限令敌伪投降的命令是一种"唐突和非法之行动"。② 8 月 14 日，日本政府表示接受《波茨坦公告》（这个公告是 7 月 26 日以中、美、英三国共同宣言的形式发表的，主旨是要求日本军队无条件投降。当时

---

① 《毛泽东选集》第 4 卷，人民出版社 1991 年版，第 1119—1120 页。
② 以上均转引自《第十八集团军总司令给蒋介石的两个电报》、《蒋介石在挑动内战》，载《毛泽东选集》第 4 卷，人民出版社 1991 年版，第 1141、1137 页。

日本政府拒绝接受《波茨坦公告》）。15 ⽇，日本天皇裕仁以广播《终战诏书》的
形式向世界宣布无条件投降。当时，延安收听到了这一广播。[①]

为了有力地揭露国民党当局抢夺抗日战争胜利果实的阴谋，中共中央批准新华
社社长博古关于及早恢复延安台的建议，决定尽快恢复延安台的广播。九分队的技
术人员接到任务后，连续奋战了几个昼夜，终于使延安台再次发出了声音。[②] 恢复
广播之初，反复播出了朱德总司令发布的七次紧急命令、朱德总司令给日本侵华军
总司令官冈村宁次的命令以及人民军队挺进敌占区不断收复失地的消息。同时，还
针对国民党当局污蔑人民军队
收复失地是所谓"唐突和非法
之行动"等谬论，及时广播了
毛泽东为新华社写的评论《蒋
介石在挑动内战》、《评蒋介石
发言人谈话》，号召全国人民
团结起来，壮大自己的力量，
制止内战的发生。在试播期
间，得知张家口获解放。8月
28 日，经过与张家口新华广播
电台通话，了解到该台有条件
转播延安台的广播。不久，9
月 11 日，延安《解放日报》
宣布："延安广播电台即日起
开始中国国语广播"，呼号仍
为 XNCR，波长 40 米，7500 千
周。（见图 4－1）随后，重庆
《新华日报》、晋绥《抗战日
报》、《冀鲁豫日报》等也陆续
报道了延安台开始播音的消息。

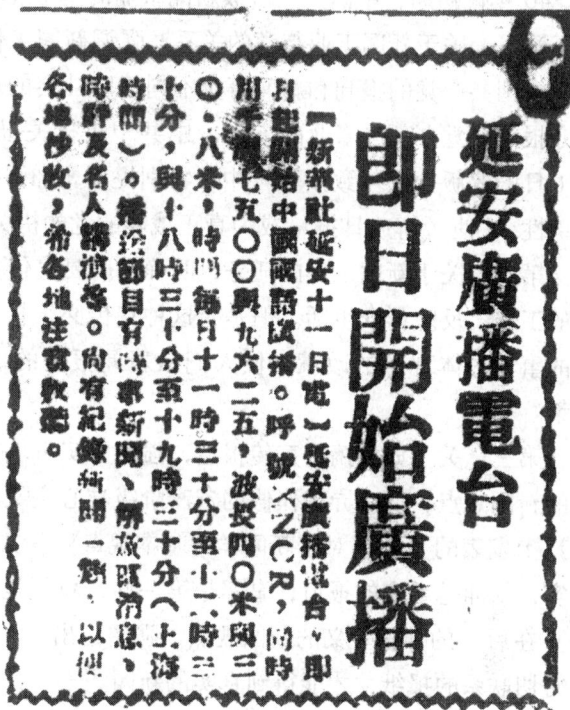

图4－1　延安《解放日报》1945 年 9 月 11 日
刊登的延安台恢复播音的报道

延安台恢复播音后，广播稿件仍由新华社供给。此时新华社编辑科专门成立了
口播组，负责编写口播稿件。口播组组长杨述，成员有张纪明、韦君宜等。陆续调
来的女播音员有李慕琳、孟启予等。

---

① ［日］野坂参三：《我所听到的天皇的广播——回忆当时的延安》，原载《野坂参三选集》（战后篇），
人民出版社 1963 年 3 月版，现收入《中国人民广播回忆录》第 4 集附录。
② 恢复播音的确切时间迄今尚未查明，据现有材料大概在 8 月 15 日前后。参见傅英豪：《恢复播音的日
日夜夜》，载《中国人民广播回忆录》第 3 集，中国广播电视出版社 1990 年 8 月版，原题为《第一座人民广
播电台诞生记》，载《广播业务》1965 年第 9 期。

延安新华广播电台（包括改名后的陕北新华广播电台）从1940年底开始播音，直到1949年3月迁进北平的初期，它的编辑工作始终是由新华社的有关部门承担的。延安台的宣传工作直接继承了中国共产党新闻事业的基本经验和优良传统。中国共产党从1921年建党开始办报刊，1931年开始办通讯社。在长征期间，中国共产党的新闻事业遭到很大的损失。到达陕北以后，中国共产党领导的新闻事业陆续恢复，并有了新的发展。经过延安整风运动，在中共中央的领导和关怀下，中国的无产阶级新闻事业总结出了一套相当完整、系统的经验，这些宝贵的经验对于办好延安广播有着重要的指导意义。

40年代初期，中国无产阶级新闻事业的基本经验，主要有以下几个方面：

第一，关于新闻事业与党的关系，强调新闻工作必须置于中国共产党的领导之下。中国共产党的报刊和新闻事业不同于旧社会的那种同人报刊，必须贯彻执行全党办报、全党办新闻事业的方针。中共中央机关报延安《解放日报》在1942年4月1日的改版社论《致读者》中，特别提出要加强报纸的党性、群众性、战斗性和组织性，"使《解放日报》成为真正战斗的党的机关报"。①

第二，关于新闻工作的任务，明确提出要宣传党的政策，贯彻党的政策，反映党的工作，反映群众生活。但是，这种宣传必须根据报纸的特点来进行，用新闻报道的事实去体现党的政策，使人们从新闻报道的事实中理解党的政策，执行党的政策。

第三，关于如何搞好宣传报道，强调要实事求是，联系实际，树立辩证唯物主义的新闻观点，反对弄虚作假的资产阶级唯心主义的新闻观点。陆定一在《解放日报》上发表的《我们对于新闻学的基本观点》一文，深刻地阐明了"新闻的本源是事实，新闻是事实的报道，事实是第一性、新闻是第二性的，事实在先，新闻（报道）在后"的唯物主义的新闻观点，强调指出："只有为人民服务的报纸，与人民有密切联系的报纸，才能得到真实的新闻。"②

第四，关于文风问题，强调要树立无产阶级的新文风，反对党八股的旧文风。毛泽东在整风运动中的报告《反对党八股》中指出，要注意反对作为主观主义和宗派主义的表现形式的党八股，并且列举了党八股的八条罪状加以讨伐。

第五，关于新闻工作者本身，提出要培养"人民公仆"的思想，强调要投身于火热的斗争和工农群众中去，认真改造旧的世界观，树立新的世界观，坚持反对资产阶级"无冕之王"的思想和作风。延安《解放日报》在《给党报的记者和通讯员》的社论中指出："我们党报的记者通讯员，决不能像资产阶级报纸的记者通讯员那样，自称为'无冕之王'，我们老老实实自称为公仆，我们是党和人民这个大

---

① 《中国共产党新闻工作文件汇编》下册，第52页。
② 均引自《陆定一文集》，人民出版社1992年2月版，第322、327页。

集体的公仆。"① 这样就划清了无产阶级与资产阶级两种记者观的界限。

人民广播作为无产阶级新闻事业的组成部分，作为继报刊、通讯社之后中国共产党办起来的新型的现代化的宣传工具，可以说是完全继承了党报和新华社二十多年来积累的宝贵经验，并在这个基础上结合广播工作本身的实践，逐步形成了人民广播的方针和路线。

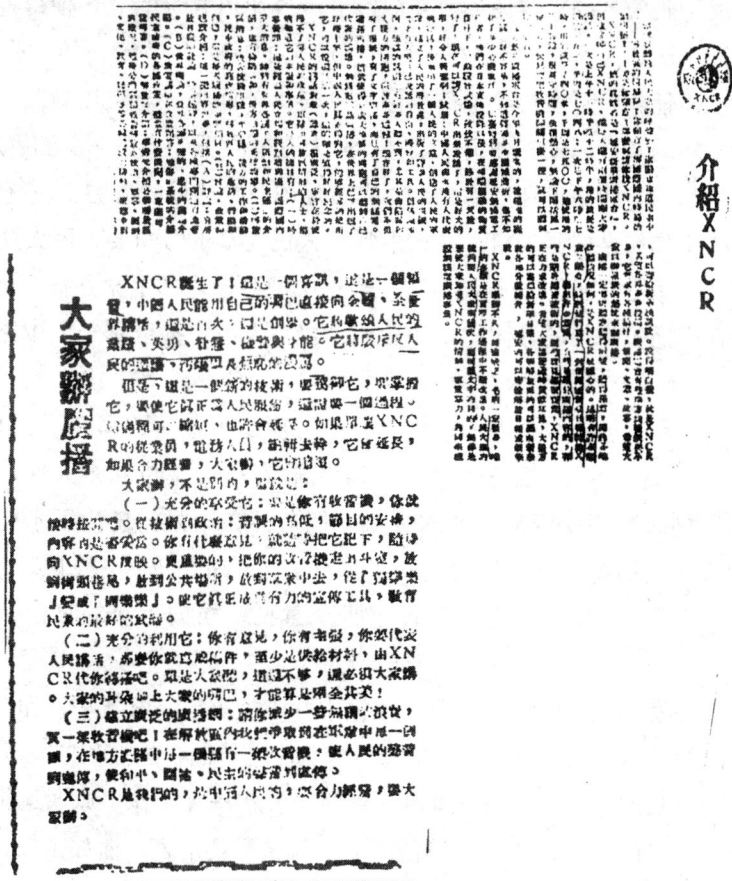

图4-2 延安《解放日报》刊登的介绍延安台的广播稿

关于延安台办广播的方针和路线的论述，集中反映在延安台播出的《介绍 XNCR》、《大家办广播》和《庆贺新年——XNCR 的自我介绍》三篇文章② （见图4-2）里，其主要观点为：

第一，关于延安台的宣传对象。延安台立足解放区，面向全中国，而以国民党统治区的听众为主要对象。据估计，国统区当时有收音机一百万架左右，他们长期受国民党宣传的蒙蔽、欺骗，对中国共产党的主张和政策、解放区的情况知之甚少，

---

① 转引自中国人民大学新闻系编：《中国报刊工作文集》上册，1962 年编印，第 89 页。

② 原载延安《解放日报》，现收入《解放区广播历史资料选编》，中国广播电视出版社 1985 年 8 月版。

甚至还有许多误解。延安台以他们为宣传重点是完全必要的。延安台在播出的文章中说："各位听众：你们有什么话要 XNCR 替你们说的，有什么新闻要 XNCR 报告的，请赶快告诉我们，我们就可以很快地播送出去。尤其是大后方和'收复区'的听众，你们心里有很多话没有地方说，有很多新闻没有地方登，你们想看民主进步的报纸，不容易看到。那么就请你们多多要 XNCR 为你们服务。"

第二，关于延安台的宣传任务。文章指出："XNCR 的宗旨在于使得各位了解人民政党、人民军队和人民自己建立起来的解放区的情形，了解它的主张和事业。"为了担负起上述任务，延安台除了播出国内外时事新闻外，着重以新闻、通讯、言论和专题等不同的节目形式来介绍中国共产党及其领导下的人民军队和解放区情形，通过具体、生动的新闻报道和广播讲话，来驳斥国民党当局的造谣、污蔑。

第三，关于如何办好延安台，文章主张"人民大众的号角要人民大众来鼓吹"，并且提出了"大家办广播"的响亮口号。这是中国共产党的全党办报、全党办新闻事业的方针在广播工作中的具体体现和运用，也是人民广播区别于旧中国广播的根本特征。

"大家办广播"包括两个方面的内容，一方面是大家听，另一方面是大家讲，两者相辅相成，缺一不可。延安台希望一切有收音机的单位和个人，每天按时收听延安广播，同时特别希望国统区的听众，把自己在国民党统治下不能说、不敢说、没有地方说的话都写给延安台。只有这样，才能把延安广播办成"人民的喉舌，民主的呼声"。延安台十分注意征求听众意见，根据听众的来信，改进广播宣传工作。

全面内战爆发前夕，1946 年 5 月，根据中共中央决定，对新华社和解放日报社进行了重大改组，实行报、社合一，以通讯社为主的体制，加强和扩充了编辑部门。余光生任代理社长兼总编辑，副总编辑陈克寒主管新华社工作。原属编辑科的口头广播组扩大为语言广播部（通称"口播部"），温济泽任语言广播部主任，编辑有韦君宜、苗力沉、刘志云、刘衡、高虹等，陆续参加播音工作的有王恂（男）和钱家楣、于一、杨慧琳和吴作贤等女播音员。不久，原属军委三局负责的延安台播音和机务工作也划归新成立的新华社电务处统一管理。电务处处长为耿锡祥，副处长李伍。在延安时期，延安台的编辑部一直和新华总社一起在清凉山上。播音室和发射机房先后迁移到裴庄、大砭沟、北关，1947 年 1 月又迁回盐店子村。

延安台恢复播音九个多月来，已初步积累了一些宣传经验，调整机构后又增添了编播人员，宣传业务有了进一步的发展。6 月，温济泽主持制定了《语言广播部暂行工作细则》。① 这是解放区广播历史上最早的一份关于宣传工作的规章制度。

---

① 《解放区广播历史资料选编》，中国广播电视出版社 1985 年 8 月版，第 117—121 页。原件存国家广播电影电视总局档案室。

《细则》规定了语言广播部的任务是："建设全国性的语言广播机关，宣传党的政策和主张，报道国内外时局的动向；有计划与有系统地宣扬我党我军与解放区的事业和功绩，揭发国民党的腐败黑暗统治，并宣传与鼓励其统治区广大人民的民主运动。"根据上述任务，确定语言广播部的具体业务有三项，即研究语言广播的宣传工作、编写语言广播稿件和组织广播节目、指导播音工作。此外，还对编写稿件和节目的要求、稿件处理制度、指导播音方法、会议制度等，作了比较详细、具体的规定。《细则》是当时广播宣传经验的总结和概括，其中提出的如下几点意见是值得重视的：

第一，强调研究工作的重要性。《细则》把研究国内主要广播电台的宣传工作和国外的华语广播宣传工作列为语言广播部具体业务的第一项，并提出要抄收上述广播的内容。这样做的用处有三：（1）供与国民党中央台作广播宣传斗争时参考；（2）酌登《参考消息》，供有关方面参考；（3）研究其他电台的语言广播，包括节目配备、编写技术、播音技术，以作改进自己业务的借鉴。同时在《解放日报》上刊登值得用文字发表的广播稿，或编成广播丛书，供以后研究使用。

第二，规定编辑部要在业务上指导播音员的工作。当时受条件限制，播音组远离编辑部，与发射机房设在一起，从行政管理上，先是由军委三局，后又由新华社电务处领导。在这种情况下，《细则》规定，应及时将宣传方针和时事报告用书面传达给播音组；编发广播稿时，应将播音时注意之点在稿件上注明；编辑部应酌量收听自己的广播节目，及时提出改进播音的意见。

第三，提出了广播稿件内容的配备和编写方面需要注意的某些原则。《细则》规定，在一般情况下，每日广播的内容"歌颂光明要多于揭露黑暗"，例如，介绍解放区应多于介绍国民党统治区，宣传国统区的民主运动应多于揭露其黑暗统治。在广播稿件的编写上，《细则》提出，要注意"选择场面较大或真正典型的材料"，"力求完整与有系统"，"要生动，有趣味"。在语言的表达上，规定"要用普通话的口语，句子要短，用字用词要力求念起来一听就懂，并要注意音韵优美与响亮"。"电文中有文言或难懂字句，应加注必要的通俗的口语翻译"。

第四，编辑部实行责任制，主编、编辑、助理编辑各司其职。每天的广播稿由主编分配给编辑、助理编辑负责编写；编完的稿件由主编负责初步审阅、修改与调配，主编应负责全部稿件政治上与技术上的责任。主编编好的稿件，由新华社正副总编辑之一审阅后发出。编辑人员实行互相修改、校正稿件的制度，以两人到三人为一组，互相修正校阅。

《细则》的制定和实施，标志着延安台的宣传业务开始趋于成熟。

9月5日，为纪念恢复广播一周年，延安台举办了专题节目，当天播出了中共中央宣传部部长陆定一写的《延安广播电台一周岁》和《大家都来说话——XNCR

周年纪念广播》。①

陆定一的文章明确指出："我们的广播事业，从它存在的第一天起，就为中国的独立、和平、民主事业服务，就为中国人民的解放事业服务。"同时赞扬人民广播工作的同志们"在极困难的条件之下惨淡经营，得到了巨大的成绩。他们对于中国人民，作了极重要的贡献"，并预祝他们"把中国人民的声音，在天空中响得更大、更远"。

在《大家都来说话——XNCR 周年纪念广播》一稿中，延安台再次重申："我们创办这个电台，有一个真诚的愿望，就是我们说的话，不仅仅要代表人民的利益，而且我们愿意把它变成全国人民说话的地方。"广播稿对比延安广播和国民党广播的区别指出："我们播音的内容，和国民党统治下的电台的播音，根本不同。我们播的，是国内跟国际的最真实的消息和动向；是解放区人民的生活和各种建设的情况，是中国人民的政党中国共产党的政策和时局的主张；是对于国民党当局腐败黑暗统治的无情的揭露；是蒋介石统治地区广大人民的呼声。这些声音，从国民党统治下的电台，是听不到的。"广播稿对国民党统治区的广大听众说："XNCR，它是全中国人民的声音。它愿意代你们讲话。你们有什么要说的话呢？你们有什么痛苦要向社会控诉呢？你们有什么话无处可说呢？写信来吧！来信请寄到延安新华社新华广播电台。我们是愿意为你们忠实服务的。我们正在热情地等待着你们的回音哩！"

为了纪念恢复播音一周年，并改进广播宣传工作，延安台于 7 月间向全国各地及东南亚各地听众发出公开信征求意见。尽管在战争年代，交通不便，但据后来统计，仅从国民党统治区就收到二十多封听众来信。延安台十分注意加强和国民党统治区听众的联系，经常邀请国民党地区来延安的人士发表广播讲演，或者播出各地民主人士写的文章。例如，驾机起义的刘善本等人就曾多次在延安台发表广播讲演。据 1946 年 7 月至 8 月间统计，延安台播出的 89 篇文章，其中就有 34 篇是上海、重庆、南京、北平、昆明等地以及国外各地的民主人士写的。在此期间，延安台还播出过上海失业青年和国民党军队士兵写的向社会呼吁的公开信。上述讲话、文章和书信，说出了在国民党统治区不能说或者不敢说的话，受到了国民党地区听众的注意和欢迎。北平十几个青年集体写信给延安台说："听了你们的播音，就像在黑暗中找到了光明。"另一位北平听众说："你们多播一点吧！每天最少播 12 个钟头才好。"延安台的记录新闻，经常被上海、南京、重庆、昆明、西安等地的进步报纸采用。远在新加坡、菲律宾出版的爱国华侨办的报纸上，也可以不断地看到根据延安广播刊登的重要消息和评论。

---

① 原载延安《解放日报》，现已收入《解放区广播历史资料选编》。

二、延安时期的广播宣传及其影响

延安台恢复广播的时候，发射机房和播音室在延安西北的盐店子村，广播稿由新华社编辑科的口头广播组供给。新华社在延安城东的清凉山上，两处相距约十公里，中间隔着延河。1945 年 9 月，延安台每天播音两次，中午、晚上各一次，每次一小时。从这时候起，延安台有了开始曲，起初为《渔光曲》，后来改为《兄妹开荒》。主要节目有：

（1）时事新闻：报道国内外重大消息；

（2）解放区消息：介绍民主政权的建设、军队活动和人民生活的情形；

（3）解放区介绍：介绍全国各地解放区的情况，解放区的各项政策和建设的成绩；

（4）言论：播送延安《解放日报》的评论、国内外的舆论介绍等；

（5）通讯和故事；

（6）记录新闻；

（7）文艺节目：每逢周末或节假日，延安台就邀请延安的文艺团体来演播歌曲、戏曲、秧歌等节目。

延安《解放日报》、重庆《新华日报》和其他解放区的报刊都经常刊登延安台的节目表，介绍延安台的重要节目，发表延安台的广播稿，对于扩大延安广播的影响起了很大的作用。

1945 年 8 月 13 日，毛泽东在《抗日战争胜利后的时局和我们的方针》讲演中谈到当时的宣传工作时指出："我们要在人民群众中间，广泛地进行宣传教育工作，使人民认识到中国的真实情况和动向，对于自己的力量具备信心。"延安台从抗战胜利到全面内战爆发前的近一年的时间里，根据当时的政治形势和中国共产党斗争策略，把宣传的重点放在大力报道中国共产党领导下全国人民同美帝国主义及国民党反动派进行和平方式的斗争，揭露国民党当局的"和平"阴谋；同时教育人们保持高度警惕，做好充分准备，发展壮大自己的力量，准备在国民党发动军事进攻时，给予粉碎性的打击。

从 1945 年 8 月至 1947 年 3 月，延安台的广播宣传以 1946 年 6 月内战全面爆发为界，可以分作两个阶段，第一阶段即从 1945 年 8 月日本投降至 1946 年 6 月内战全面爆发前。这一阶段的广播宣传内容，大致有如下四个方面：

1. 宣传中国共产党和平、民主、团结的主张，揭露国民党反动派准备内战的阴谋

延安台根据 1945 年 8 月中共中央发表的《对目前时局的宣言》，解释了中国共产党为独立、自由和富强的新中国而奋斗的方针，并且报道了毛泽东应邀赴重庆谈判和国共两党签订《双十协定》的经过。同时，广播通过揭露蒋介石秘密颁发《剿

匪手本》和"内战密令"等罪恶活动,报道国民党军队不断侵犯解放区的挑衅活动,号召广大人民群众必须对美蒋反动派保持高度警惕。

2. 积极宣传维护贯彻政协决议,同美蒋反动派"假和平、真内战"的阴谋进行针锋相对的斗争

1946年1月,政治协商会议在重庆开会期间,延安台根据新华社和《解放日报》发表的消息和评论,揭露了国民党当局宣传的首先"军队国家化"然后再"政治民主化"的反动主张,积极宣传了中国共产党提出的正确主张,即,第一,军队国家化的原则是国家民主化和军队民主化;第二,什么时候中国有了一个新民主主义的联合政府,解放区的军队就交给它,但是一切国民党的军队也必须同时交给它。延安广播的宣传既戳穿了国民党当局的阴谋诡计,同时也批评了某些中间集团的幻想。

在政协决议公布以后,延安台积极开展了维护和贯彻政协决议的宣传活动。同时,用国民党反动派在美帝国主义支持下血腥镇压民主运动,不断把士兵和军用物资送到内战前线,屡次破坏《停战令》,侵犯和进攻解放区的大量事实,揭露了美蒋反动派极力破坏政协决议,积极准备打内战的罪恶活动。

3. 介绍解放区各项事业的成就,揭露国民党统治区的法西斯统治

延安台当时除了运用新闻、通讯等形式介绍解放区的情形外,还专门举办了《解放区介绍》、《解放区政策》和《解放区建设》三个专题节目。《解放区介绍》节目从1945年11月开办,每周播出两次,至1946年2月共播出16次,除第一次《十九个解放区的形势》为综合介绍外,其后从不同的角度介绍了陕甘宁、晋察冀、晋冀鲁豫、苏南、浙西、皖中等11个解放区以及烟台、威海卫两个城市。《解放区政策》和《解放区建设》两个节目从1945年11月起,在两三个月的时间里介绍了解放区的人民权利、三三制政策和人民军队以及陕甘宁边区的普选、保育院、小学,张家口的自来水建设,华中建设大学等,用具体生动的事例宣传中国共产党的各项政策和主张,为国民党统治区的人民描绘出了未来新中国的蓝图,借以鼓舞他们争取民主自由的斗争。所有这些都是从国统区广播电台听不到的真正的人民之声。

4. 开办文艺节目,介绍解放区的革命文艺作品

从1945年10月6日起,延安台开始每星期六举办一次周末文艺节目。第一次由鲁艺文工团演出歌曲《东方红》、《庆祝胜利》、《有吃有穿》和秧歌剧《兄妹开荒》,以后播出的还有歌曲《民主进行曲》(陶行知用《义勇军进行曲》的曲谱填写的新词,反映了全国人民渴望和平、要求民主的迫切心情)、《全国一致要求和平》、《胜利的消息到处传》及秧歌剧《刘二起家》、延安平剧院新编历史剧《逼上梁山》和《三打祝家庄》等。除了周末外,延安台配合重大纪念节日,也播出专题文艺节目,如1946年7月1日,纪念中国共产党成立25周年,延安台于当天播出

了纪念"七一"打花鼓（男女对唱）、《露营歌》（李兆麟将军遗作）、陕甘民歌独唱、陕北道情及大提琴演奏等。

第二阶段的广播宣传，即从 1946 年 6 月内战全面爆发至 1947 年 3 月中旬延安台撤出延安，这一阶段延安台的广播宣传内容大致有如下三个方面：

1. 集中揭露国民党反动派发动内战的罪恶行径，号召解放区军民奋起自卫反抗，保卫解放区

1946 年 6 月 26 日，国民党反动派撕毁了国共两党发布的停战令，大举围攻中原解放区，发动了全面内战。30 日，毛泽东写信给新华社代社长兼总编辑余光生："从现时起，凡各地蒋军向我进攻之消息，均请发表，并广播；因蒋口头说停战，实际在作战，我应发表新闻予以揭穿。"[1] 从这时候开始，延安台在广播中大量报道国民党军队在美帝国主义支持下不断侵犯解放区的事实，同时也报道了解放区军民奋起自卫反抗的胜利消息。10 月 3 日，从中原解放区率领 120 师 359 旅胜利突围到达延安的王震将军，应邀在延安台发表了《人民军队是不可战胜的》广播演讲。[2] 他在演讲中叙述了 359 旅指战员在两年中间，南下北上，达两万一千里，经过八省境地，战胜了日本侵略者和国民党反动派的阻挠和侵犯的可歌可泣的英雄业绩。他说：事实证明，在毛泽东主席和朱德总司令领导下的"爱国主义和英雄主义的人民军队，是不可战胜的"。根据中共中央制定的战略方针，延安台通过评论文章指出，国民党军队虽然在兵力上占有暂时的优势，但它的根本弱点是不可克服的，总的趋势是：我军必胜，敌军必败。中国共产党领导下的英勇的人民解放军，不但必须打败蒋介石，而且一定能够打败蒋介石。

2. 举办国民党军起义人员广播讲话节目，号召国民党军队退出内战，制止内战

国民党反动派甘冒天下之大不韪发动内战，不但遭到了解放区军民的强烈反对和英勇抵抗，同时也遭到了国民党军队内部有强烈爱国思想的有识之士的指责和反对。从 1946 年 6 月 26 日，即国民党军队悍然进攻中原解放区、发动全面内战的第一天，一件在国民党军队乃至在国民党统治区引起强烈震动的事情发生了。这一天，国民党空军第八大队上尉飞行参谋刘善本作为反对国民党打内战的先行者，第一个驾驶飞机起义抵达延安。7 月初，他应邀到延安台发表了题为《赶快退出内战漩涡》的广播演讲，他在述说自己下决心退出内战的经过时强调："我不赞成中国人自相残杀，更不赞成用外国武器去屠杀自己的同胞。当我驾驶着美国飞机运送军火，去间接地屠杀自己兄弟时，良心和正义不断地谴责我，使我不能不退出内战，飞到延安来。"他强烈呼吁国民党空军朋友们赶快退出内战，为和平、民主而奋斗。此后，

---

① 中共中央文献研究室、新华社：《毛泽东新闻工作文选》，新华出版社 1983 年 12 月版，第 133—134 页。

② 见北京广播学院新闻系编：《延安（陕北）新华广播电台广播稿选》，第 160—163 页。

他和同机起义的其他人又多次到延安台发表广播演讲。他在 8 月 14 日发表的题为《这里的人情充满了温暖》的广播演讲中，描述了他到延安以后的切身感受和迎接美好未来的坚定信念。

国民党军起义人员的广播演讲，对配合前线解放区军队的作战，分化瓦解国民党军队，起了积极的作用，国民党军队中不断有人放下武器，脱离内战。延安台从 1947 年 1 月 20 日起开始逐日播送放下武器、退出内战的国民党军官名单及放下武器的国民党军官给家属的信件。

3. 举办各界名人演讲，组织特别节目，声援国民党统治区的爱国民主运动

国民党集中力量向解放区发动全面进攻的同时，为维护它的专制独裁统治，在国统区加紧迫害和镇压爱国民主力量。国民党反动派的倒行逆施，不但没有得逞，反而促进了国统区爱国民主运动的发展。1946 年 7 月，国民党特务先后在昆明暗杀了文化界著名人士、中国民主同盟中央委员李公朴、闻一多。8 月 18 日，国民党特务又捣毁成都各界举行的李、闻追悼会，并在会后殴打民主同盟主席张澜致伤。为了声援国统区此伏彼起的爱国民主运动，延安台于 9 月间举办名人讲演，先后邀请李敷仁、艾思奇等发表广播演讲。著名教育家、《民众导报》主编李敷仁在《人人起来，反对国民党特务统治!》的广播演讲①中，先以自己的亲身遭遇控诉了国民党特务 5 月 1 日在西安绑架枪击他的罪行和来到陕甘宁边区后医治枪伤的情况。随后列举 1945 年 12 月以来校场口事件、1946 年 7 月的昆明暗杀案，含悲忍痛，控诉国民党"特务分子从西南杀到西北，从重庆杀到南京，谁能知道他们逮捕了多少人? 打伤了多少人? 杀死了多少人呢?"他大声疾呼："亲爱的西北父老兄弟们! 政府用贪污豢养特务，用特务保护贪污，逼得我们百姓人家走到最后死活的关头。我们只有人人起来自卫，家家起来响应了。"著名哲学家艾思奇在连续两天题为《谁是杀人的凶手》广播演讲②中，首先驳斥了国民党散布的"李公朴是共产党杀的"、"李公朴是艾思奇杀死的"谣言，然后列举事实一针见血地指出："真正杀死李公朴、闻一多两先生的凶手，不是别人，就是国民党最高当局和他们所指挥的特务机关。"艾思奇在广播演讲中说："国民党统治区的人民力量，也一天比一天加强，要求和平民主，要求自由生存的运动正在高涨。……全国人民和各民主党派现在都有充分的信心，把国民党反动派的一切内战独裁的阴谋打垮，把中国法西斯特务的恐怖政治打垮，实现独立和平民主的新中国。"

1946 年 9 月 23 日起，国民党统治区的各大城市举行"要求美军撤出中国运动周"，广大群众奋起反对国民党当局的独裁内战政策和美国政府的扶蒋反共政策。10 月间，延安台配合国统区的爱国民主运动，先后邀请林伯渠、廖承志、马海德等

---

① 李敷仁的广播演讲，原载延安《解放日报》，现收入《延安（陕北）新华广播电台广播稿选》。
② 艾思奇的广播演讲，原载延安《解放日报》，现收入《延安（陕北）新华广播电台广播稿选》。

发表广播演讲。① 陕甘宁边区政府主席林伯渠在《继承辛亥革命的精神》的演讲中，回顾了他参加革命40年的历程，表示"完全相信，孙中山先生和辛亥革命诸烈士的理想，实现当在不远"，"我们全国同胞必须一致起来，要求美国立即停止援蒋政策，要求美国军队立即退出中国，停止中国内战，实现和平"。廖承志在广播演讲中号召："全世界各地侨胞团结起来，反对蒋介石独裁卖国！"国际友人马海德在广播演讲中分析和批评了美国总统杜鲁门支持国民党实行内战和独裁的政策，强烈要求为着美国人民的利益，为了世界和平，应该撤回对蒋介石的援助，应该撤退驻华美军。

12月12日是西安事变十周年纪念日。当天，延安各界举行纪念大会，周恩来在会上发表讲话，肯定西安事变是"当时停止内战发动抗战的一个历史上的转变关键"，赞扬张学良、杨虎城两将军"是大有功于抗战事业的"，要求蒋介石立即释放被扣押的张学良将军。杨虎城将军之子杨拯民在会上讲话，周恩来会前对他说："你今天好好地骂他（指国民党反动派）一顿。"会后，又对他说："你下午好好休息一下，晚上到广播电台再骂他一顿。"并要求他把讲稿压缩到20分钟以内。② 当天晚上，延安台广播了纪念大会的消息，杨拯民和亲身经历西安事变的申伯纯发表了广播讲演，再次痛斥了反动派发动内战的罪行。

在1947年元旦来临的时候，延安台播出的毛泽东撰写的《新年祝词》指出："只要全国人民团结一致，坚持不屈不挠的奋斗，那末，在不久的将来，自由的阳光一定要照遍祖国的大地，独立、和平、民主的新中国一定要在今后数年内奠定稳固的基础。"③ 这一天，朱德总司令来到延安台向全国同胞、海外侨胞、解放区人民和全体将士发表了题为《一九四七年的十大任务》的广播演讲。④ 他深刻地分析了1946年的形势，谴责了国民党反动派继续内战、独裁、卖国的罪行，并且指出：1947年"将是中国人民斗争形势转变的一年"，"解放区自卫战争的胜利，国民党统治区人民运动的高涨，这两大潮流的汇合，一定能挽救祖国的危机，取消反动派卖国内战独裁的政策，实现独立和平民主的新中国"。

在延安出版的中共中央机关报《解放日报》对延安台的重建给予很大的关注，除报道延安台恢复广播的消息外，还及时预告重要广播节目，刊登广播稿件，发表有关人民广播的重要文章。1945年10月21日起特辟《广播》专栏，作为刊登有关人民广播稿件的园地。据统计，从1945年9月至1947年初，共发表有关消息、文章和广播稿67篇，约六七万字，其中各类广播稿46篇。

---

① 林伯渠、廖承志、马海德的广播演讲，原载延安《解放日报》，现均收入《延安（陕北）新华广播电台广播稿选》。

② 杨拯民：《怀念敬爱的周总理》，载《周恩来总理八十诞辰纪念诗文选》，人民出版社1978年9月版。

③ 原载延安《解放日报》1947年1月1日，现收入《毛泽东文集》第4卷，人民出版社1996年8月版。

④ 原载《解放日报》1947年1月1日，现收入《延安（陕北）新华广播电台广播稿选》。

中国共产党在国民党统治区出版的重庆《新华日报》和上海《群众》周刊也都注意及时报道延安台的有关消息。1945 年 9 月 3 日，延安台刚刚恢复广播，《新华日报》便以答读者问的形式，首次公开将延安台的呼号、波长和播出时间告诉重庆和国统区的广大群众。9 月 18 日，再次以显著位置报道了延安台向全国广播的消息，并且报道张家口新华广播电台按时转播延安台的广播。此后，每隔几个月便报告一次延安台的情况，同时预告重要广播节目，如国民党起义军官刘善本、陕甘宁边区政府主席林伯渠和朱德总司令的广播演讲，刊登重要广播稿件，[①] 该报还收转国统区听众给延安台的来信，成为延安台与国统区听众联系的一座桥梁。1947 年 1 月 17 日，《新华日报》刊登消息，预告延安台将于 1 月 20 日起播送放下武器的国民党军军官名单，请放下武器的军官家属、亲友注意收听。从 25 日起，《新华日报》根据抄收延安广播，逐日以相当显著的地位刊登在苏中战场、冀鲁豫战场、晋冀鲁豫战场上放下武器的国民党军官名单，每天十人左右，一直到 2 月底《新华日报》被国民党当局强迫停刊止，共刊登 35 次，计 484 人。并多次告诉读者，上述军官的亲友如有信件需要转达者，可交重庆、南京、上海、昆明、成都等地《新华日报》办事处和有关单位转交。2 月 13 日，《新华日报》在报道中说："自发表介绍以来，已收到被俘军官家属信件多起，均已转交解放区。"同时，《群众》周刊也刊登了放下武器军官名单和有关消息。其他解放区出版的报刊，如《东北日报》、《晋绥日报》、《晋察冀日报》、晋冀鲁豫《人民日报》等也都与《解放日报》、《新华日报》等一样，经常刊登介绍解放区广播的报道、文章及广播稿。

革命战争年代，延安台和其他解放区广播电台都把党报的评论、报道当作广播的主要内容。中国共产党领导下的报刊和广播的彼此协作，扩大了党的宣传工作和影响，更广泛地传播了党的政策和主张。

延安台的广播和其他解放区的广播电台宣传互相配合，特别是张家口台、东北地区各台等及时转播延安台的节目，使中国共产党在抗战后的各项政策迅速传向祖国的四面八方。以延安台为代表的解放区广播，无论在解放区还是国统区都拥有许多听众。1946 年春夏之交，中国的上空战云密布，刚刚取得抗战胜利的人们，又在关注中国走向何方？从东北到广东，从四川到上海，人们都在收听延安台的广播。在一些新解放的城市，如张家口、宣化、邢台、长治、焦作、淮阴等地，还利用群众集会的场合，组织群众集体收听延安广播。

在贺龙领导的晋绥解放区，指战员们经常收听延安广播。5 月 25 日，在这里工作的徐明收听了延安广播后，心情激动，立刻写了一首诗，题目是《听延安 XNCR 广播》，抒发自己听到广播后的感受，诗中写道：

---

① 《新华日报》以"管博文"（"管博"与"广播"谐音，即广播的文章之意）署名和其他署名，多次刊登延安台的广播稿件。

收音机发出嗡嗡的声音，

屋子里挤满了人，

延安 XNCR 开始广播，

大家含着微笑，侧耳静听。

…………

XNCR——你是一个巨人，

站在真理的高峰，

鼓舞中国人民争取民主和平，

吹起预言的喇叭，

报告自由幸福的日子即将来临！

后来，这首诗用笔名"徐挺秀"发表在当年 5 月 31 日的《抗战日报》上。①

三、延安（陕北）台的三次战斗转移

1946 年 10 月，国民党军队侵占张家口之后，蒋介石得意忘形，立即下令召开伪国民大会，同时，进一步扩大对解放区的全面进攻。延安和陕甘宁边区也面临着遭受侵犯的危险。为了保卫陕甘宁边区，11 月 11 日，中共中央在延安召开了干部动员大会。朱德总司令、彭德怀副总司令等在大会上讲话，号召中央机关全体人员同边区军民动员起来，团结一致，不怕牺牲，为保卫党中央、保卫毛主席，彻底粉碎蒋介石军队的进攻而斗争。会后，延安军民都组织起来，掀起了练兵、参军的高潮，同时开始战备疏散。18 日，中共中央发出毛泽东起草的关于暂时放弃延安和保卫陕甘宁边区的第一个指示。指示说："蒋介石日暮途穷，欲以开'国大'、打延安两项办法，打击我党，加强自己。其实，将适得其反。""各地对于蒋介石开'国大'、打延安两点，应向党内外作充分说明，团结全党全军和全体人民，为粉碎蒋介石进攻，建立民主的中国而奋斗。"②

11 月 16 日，针对伪国大的召开，中共代表团团长周恩来在南京举行最后一次中外记者招待会上严正声明：中国共产党坚决不承认国民党反动派一手包办的伪国大。11 月 19 日，周恩来毅然离开南京返回延安。11 月下旬，周恩来主持召开了有中央军委三局、新华社等有关部门参加的专门会议，研究如何保证在战争情况下不中断无线电联络和广播的问题，并具体部署了延安台战略转移事项。会议决定，在延安东北的子长县建立第一线战备台；在黄河以东，从晋绥、晋察冀和晋冀鲁豫三

---

① 徐明：《延安之声，鼓舞军心》，《中国人民广播回忆录》，第 240—242 页。
② 《毛泽东选集》第 4 卷，人民出版社 1996 年 8 月版，第 1219—1220 页。

个解放区中选择适当地点，建立第二线战备台，以便随时接替第一线战备台的工作。① 会后，新华社和延安台的部分人员开始疏散转移，一部分编播、技术人员转移至陕北子长县的史家畔村。同时，三局的通信技术人员也在陕北勘察台址，准备建立第一线战备台。留在延安坚持工作的编播、技术人员组成了自卫军，每天工作之余练习打靶，准备必要时打击敌人。

1946 年内战全面爆发的时候，国民党反动派气势汹汹，对苏皖、山东、晋冀鲁豫、晋察冀和东北解放区发动了全面进攻；同时，继续以大军包围陕甘宁解放区。在美帝国主义的直接帮助下，国民党当局依仗暂时的军事优势，狂妄叫嚣要在一年内、半年内、甚至三个月内摧毁解放区和消灭人民解放军。各解放区广大军民坚持执行中共中央制定的正确的政治、军事方针，经过八个月的军事较量，国民党军队虽然占领了解放区 105 座城市，但其兵力却被消灭了 71 万余人，结果是人民解放军愈战愈强，国民党军队愈打愈弱。到 1947 年 3 月，国民党反动派被迫放弃了全面进攻解放区的方针，开始对陕北和山东解放区实行重点进攻的方针。

1947 年 3 月初，国共两党的和平谈判彻底破裂，董必武率领驻南京中共代表团分两批撤回延安。原新华社南京分社负责人梅益回到延安后，担任新华总社副总编辑，分工领导延安台的口语广播。3 月 13 日起，国民党军队纠集大批兵力进攻陕甘宁解放区，并开始对延安狂轰滥炸。盐店子山头上的延安台的发射机房和播音室是国民党军飞机重点轰炸的目标之一，延安台的播音、机务人员在一片轰炸声中坚守岗位，直到 14 日中午播音完毕。当天晚上起，延安台即在陕北子长县的好坪沟继续播音。18 日傍晚，人民解放军最后撤出延安。在此前后，毛泽东、朱德曾先后和新华社社长廖承志、三局局长王诤谈过关于保障无线电广播不中断问题。

自 1947 年 3 月中旬至 1948 年 5 月下旬，一年多的时间里，延安台随着解放战争形势的发展，曾经作过三次战斗转移：（见图 4 - 3）

第一次：转移子长，坚持播音

陕北的子长县，原名安定县，为纪念陕北革命根据地创建人谢子长而改名为子长县。1935 年 12 月，红军长征到达陕北后，曾在这里召开过著名的瓦窑堡会议。这里位于延安东北 90 公里左右。1946 年冬天，三局的通信战士经过多次认真勘察后，确定把延安台的战备台建立在子长县的好坪沟村。村口有一座破旧的小庙，上层的庙堂做了播音室，下层的过街门洞经过改造，成为了发射机房。使用的广播发射机是利用美军观察组撤退时留下来的无线电通讯机改装而成的。延安台的编辑部

---

① 1946 年 11 月 28 日，中央宣传部致电晋冀鲁豫军区负责人薄一波、王宏坤称："望在太行山内找妥善地点，设立广播电台，以便在任何困难情况之下，我们能不间断地向全国全世界说话，将来中央可能和该台作对国内国外文字及口头广播……"电文现收入《中国共产党宣传工作文献选编》第 2 卷，学习出版社 1996 年 9 月版，第 643 页。

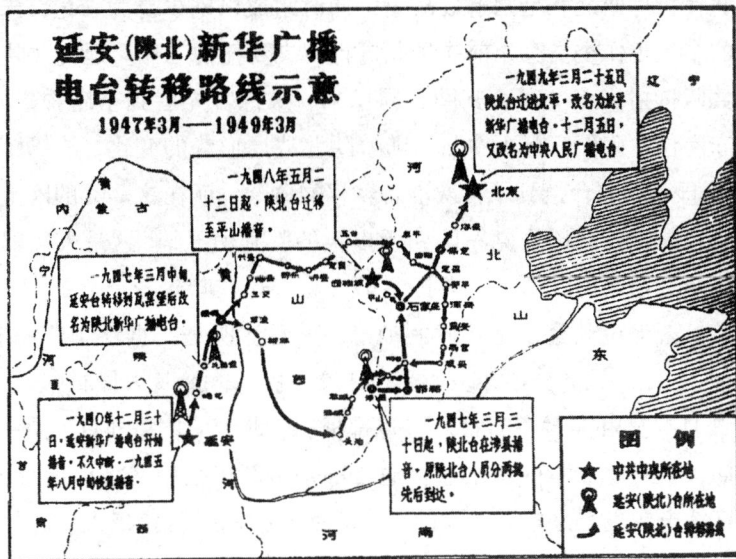

图 4-3 延安（陕北）台转移路线示意图

与新华社一起设在离好坪沟约十公里的史家畔村。老乡住的一间窑洞暂时成为延安台编辑部的办公室，编辑人员盘腿坐在老乡的土炕上编写稿件。这大概是世界上最简陋的广播电台了，在子长县坚持工作的编辑有温济泽、张潮、杨兆麟等，女播音员有钱家楣、杨慧琳等，机务人员有刘振中、李志海等。

从 3 月 14 日晚上起，延安台秘密转移到好坪沟播音，台名未改变，只是停止了中午的播音，每天只在晚上播音。19 日，国民党军队占领延安后，国民党的中央台大肆宣传，似乎共产党和人民解放军从此再也不存在了。正当国民党反动派得意忘形之际，20 日晚，延安台在广播中"向全世界宣告"：在给予国民党军队重大杀伤后，人民解放军主动撤离延安，保卫延安的任务已胜利完成，中共中央机关完好无损，仍然留在陕北继续指挥全国的爱国自卫战争。香港《华商报》21 日以"本报特讯"刊载了两篇"延安电台 20 日下午 6 时广播"的稿件，报道"延安战事北移"的消息。21 日起，延安新华广播电台改名为陕北新华广播电台继续播音。24 日，陕北台播出了人民解放军总部发言人谈延安保卫战的报道，内称：这次延安保卫战，我军以极小代价，打死打伤敌人五千，并打死敌 48 旅旅长何奇。发言人揭穿了国民党宣传机关制造的消灭人民解放军一万人的谣言，并说："如果胡宗南真是俘虏了我们一万人，就请他像我们新华广播电台一样把名单公布出来，但不许伪造，否则就证明他完全是造谣。"①

26 日，中共中央在清涧枣林沟举行会议，决定毛泽东、周恩来、任弼时率中共

---

① 上述两篇广播稿均收入《延安（陕北）新华广播电台广播稿选》。

中央留在陕北，指挥西北和全国解放战争，同时组成以刘少奇为书记，朱德、董必武等人参加的中央工作委员会，前往华北进行中央委托的工作。延安（陕北）台在瓦窑堡前后共坚持播音半个月，其间，周恩来、朱德曾先后到小庙看望广播战士，鼓励他们坚守岗位，确保广播不中断。随着陕北战局形势的变化，战场距离好坪沟越来越近。28 日，陕北台接到了再次准备转移的命令。就在这一天的晚上，陕北台播出了青化砭大捷，歼灭国民党军队四千多人的胜利消息，[①] 这是人民解放军撤出延安后，在陕北战场取得的第一次大捷。第二天，远在哈尔滨出版的《东北日报》在第一版头条显著地位刊登了上述胜利消息，并且注明是"据新华广播电台 28 日夜口语广播称"。此外，齐齐哈尔《西满日报》、晋冀鲁豫《人民日报》、《晋察冀日报》、《晋绥日报》和《冀晋日报》等也都根据陕北台的广播刊登了同一消息。在解放战争时期，人民解放军的历次战报通常都是由新华社用文字广播首先发布的，各地党报和广播电台也都是根据抄收的文字广播刊播的。青化砭大捷的报道，各报均据陕北台口语广播刊登，类似情况极为少见。这表明在人民解放军主动撤出延安后，新华社的文字广播虽然每天坚持播发稿件，但因战局关系，有时难免不够及时。中共中央机关报延安《解放日报》在撤出延安后，曾在子长县坚持出版至 3 月 27 日，此后即停刊。在这种情况下，口语广播就显得十分重要了。所以，青化砭大捷的口语广播报道在解放区广播历史上是一个很有意义的事情。播出青化砭大捷消息之后，陕北台的人员立即开始坚壁清野，埋了机器，准备同新华社人员一起向他处转移。根据中共中央决定，新华总社大部分人员由社长廖承志率领，于 3 月 20 日东渡黄河，向太行转移，由副总编辑范长江率领的工作队留在陕北，随中共中央机关行动，代号为四大队。

延安台转移好坪沟继续播音一事，引起了国内外舆论的关注。北平《世界日报》设有"第四收音室"，专门收听延安（陕北）台广播，并在报纸上刊登。3 月 21 日，该报据"中共 20 日广播"，刊登了如下消息："国民党进攻延安，驻陕甘宁边区军民坚持抗击，予以重大损失后，于 19 日上午 9 时，我人民解放军以任务已达安全撤退……但中共中央机关，皆完好无损，今后仍留陕北某地，指导全国解放战争。"25 日，该报又据"陕北中共电台 24 日广播"，刊登了前述人民解放军总发言人谈话。国民党反动派害怕真理的声音，对延安广播恐惧万分，千方百计地干扰、破坏，妄图缩小其在全国人民心目中的重大影响。国民党军队窜抵延安后，到处搜索延安台。国民党的中央社忽而胡说延安台已被"焚毁"，忽而又胡乱猜测延安台的新台址。对比之下，倒是西方通讯社的报道比较客观、谨慎一些。美联社 3 月 19 日的电讯说："延安电台……相信已搬到一个秘密地方去，大概是在延安以北的陕

---

① 这篇广播稿收入《延安（陕北）新华广播电台广播稿选》。

北山中。"[1] 法新社20日报道则说："据□靠方面探悉，延安电台早已若干时前迁往新地点，惟呼号仍为延安云。"[2] 从外电的反映可以看出，延安台的首次转移，无疑是解放区广播在宣传战线上取得的一次胜利，它使国民党反动派妄图掐断人民喉舌的阴谋遭到破产。

第二次：太行山麓，再建新台

在陕北战局日趋紧张之际，1947年3月初，晋冀鲁豫解放区接到中共中央紧急来电：立即筹建一座新的广播电台，准备必要时立即接替陕北的广播。

晋冀鲁豫解放区地处中原地带，太行山脉纵贯境内。早在抗日战争初期，刘伯承、邓小平率领的八路军129师就来到这里，建立起抗日根据地。经过将近十年的惨淡经营，晋冀鲁豫解放区拥有2400万人口、30万军队，已成为当时全国最大的解放区。邓小平任中共晋冀鲁豫中央局书记和晋冀鲁豫军区政委，刘伯承任军区司令员。接替工作是在刚刚组建的新华社临时总社领导下进行的。临时总社是根据3月初中共中央的紧急指示，由中共晋冀鲁豫中央局从各新闻单位抽调的新闻干部组成的，以便接替转移中的新华总社的工作。临时总社负责人为吴敏（杨放之），参加领导工作的还有朱穆之、安岗，人员分别来自晋冀鲁豫人民日报社、新华社晋冀鲁豫总分社、邯郸新华广播电台等单位。编辑部设在涉县的西戍、东戍村，电台设在沙河村。从4月1日起，临时总社正式接替了新华总社的中英文及口语四种广播。设在涉县沙河村的邯郸新华广播电台，为接替陕北的广播创造了良好的条件。邯郸台一共使用两部发射机，一部是短波机，一部是中波机。晋冀鲁豫军区三处处长林伟、副处长王士光、邯郸台台长常振玉等商定，把短波机稍加调试，改变波长（延安台波长是40米，邯郸台的波长是49.2米），随时做好接替延安广播的准备。（见图4-4）同时，为了保证邯郸台播音的需要，把中波机也改装成短波机。在王士光

图4-4　陕北台在太行时期使用的广播发射机
（现藏中国革命博物馆）

---

[1] 香港《华商报》1947年3月20日。
[2] 上海《文汇报》1947年3月21日。

的主持下，无线电技术人员密切配合，很快完成了改装发射机、加大发射功率、架设天线等一系列任务。

接替陕北广播需要的编播人员是从晋冀鲁豫解放区的一些文教单位迅速调集的。陕北台编辑部与邯郸台编辑部一起设在西戍村，这里距沙河村只有两公里左右。在邯郸台编辑部主任萧风、副主任顾文华的主持下，编播人员开始了紧张的准备工作。当时在太行接替陕北口语广播工作的编辑有张晋德、顾湘、陈陶、王讴、王景训、刘晓晞、田蔚等，女播音员有于韵琴、兰林、胡迦陵、柏立等。他们有的根据抄收来的消息练习编写"新华社陕北××日电"的电讯稿，有的按时收听延安（陕北）台的广播，试着编写广播稿；女播音员模仿延安（陕北）台播音的声调和语气，认真地反复试播。

3月29日晚上，准备接替陕北广播的人员忽然听不到来自陕北的声音了。为了不中断人民的声音，常振玉立即决定播出《兄妹开荒》的唱片，然后反复呼叫"陕北新华广播电台，XNCR……"并且重播了青化砭大捷的消息。第二天起，根据陕北来电，接替了陕北台的口语广播，使人民广播一天也没有中断。

太行顺利接替陕北的口语广播，引起了国内舆论的注意。天津《益世报》4月1日刊登太原专电称："陕北中共新华广播电台30日起突断绝播送，原因未详。"3日又刊登太原电称："中共陕北新华广播电台1日又开始广播，台址不知何处。"《北平时报》4月1日则煞有介事地猜测："中共新华广播电台已迁绥德。"陕北台的继续播音，使国民党反动派妄图摧毁陕北广播的阴谋再次遭到失败。后来他们又调派无线电测向队四处侦察陕北台新址所在地。但是，愚蠢的敌人妄图掐断人民喉舌的阴谋始终未能得逞，红色电波从太行山麓不断地传向祖国的四面八方。

原陕北台的编播、技术人员分为两批，和新华社其他部门的人员一起，跋山涉水，辗转千里，先后到达涉县，和太行的人员胜利会师，并肩投入到紧张的宣传工作中。其中一支八个人组成的小分队由温济泽带领，于3月31日东渡黄河，由晋西北南下，经过晋东南的屯留、长治等地，行程达五百多公里，于4月底到达涉县沙河村陕北台新址。另一支大队人马由廖承志率领，渡过黄河后，经晋绥、晋察冀、晋冀鲁豫解放区，边工作、边转移，历时三个多月，行程一千多公里，于7月上旬到达涉县。在长途行军中，新华社对外称"昆仑支队"，后又改称"文化供应社"。陕北、太行人员会师后，临时总社的工作宣告结束。新组建的新华社社务委员会由廖承志、陈克寒、石西民、梅益、徐迈进和祝志澄组成，其中梅益分工领导陕北台的口语广播。新组成的陕北台编辑部由温济泽任主任，胡若木为副主任。陆续参加编辑工作的有左荧、高而公、刘衡、鹿野等，播音队伍中新增加一名男播音员齐越。

此时，人民解放军已经胜利地粉碎了国民党军队的重点进攻，把战场引向了国民党统治区。为了适应大反攻形势的需要，进一步做好广播工作，6月间，新华社语言广播部（即陕北台编辑部）写了《XNCR 陕北阶段工作的简单总结》和《对改进语言广播的几点意见》。这两份材料回顾了延安（陕北）台近两年来的发展情况，实事求是地总结了工作中的成绩、经验和缺点，同时着重从宣传对象、宣传内容、播音时间、节目设置、组织机构和干部培养等方面提出了一些具体可行的改进意见，报请新华社社委会决定后贯彻执行。在太行期间，新华总社从 1948 年 2 月起编印《本周业务一览》，其中先后刊载了《解放区广播电台介绍》、《陈毅同志谈新闻宣传工作》、《关于土改等报道的检讨》、《关于蒋军收听我方广播的情况》等直接涉及口语广播的材料。

在太行期间，陕北台与留在陕北的中共中央虽然远隔千里，但却一直得到中央的关怀和指导。7 月中旬，中共中央宣传部部长陆定一从陕北写信给新华社社长廖承志，希望新华社建立起好的宣传作风来，并且以此影响整个解放区的新闻工作。信中指出："在新闻工作方面为人民服务的极其负责的态度，就是不马虎、不苟且，拿出精制品来。"为了提高宣传质量，加强宣传效果，新华总社和陕北台重要新闻和评论的初稿写出后经常用密电发往陕北，经毛泽东、周恩来、任弼时和陆定一等审定后再发回太行，然后才广播出去。毛泽东等在转战陕北途中，随军携带有干电池收音机，在繁忙工作之余，经常收听陕北台的广播。1947 年 5 月，毛泽东在陕北王家湾收听了陕北台播出的蟠龙大捷和真武洞祝捷大会的消息和评论后，高兴地称赞陕北台的女播音员说："这个女同志好厉害！骂起敌人来真是义正词严！讲到我们的胜利也很能鼓舞人心，真是憎爱分明。这样的播音员要多培养几个！"[1] 周恩来也曾表扬过播出羊马河战斗胜利消息的女播音员。6 月，刘伯承、邓小平视察了陕北台和邯郸台。邓小平在听取了汇报后说：你们的工作很重要。现在全国大反攻开始了，我们的部队已经过了黄河，我们很快也要过河去。部队过河以后，看不到报纸，要得到消息，就靠听你们的广播了。希望你们广播的新闻和记录新闻，要注意适应部队的需要。我们在行军作战中每天都要派人抄收。他还希望办个部队广播节目，并且说，我们这支野战军战士差不多都是晋冀鲁豫的子弟兵，希望你们经常把家乡的好消息告诉他们。[2] 根据邓小平的意见，陕北台注意改进了工作，在播出新闻和记录新闻时注意适应前方部队的需要，邯郸台还专门开办了对前线部队的广播节目。11 月 26 日，华东野战军司令员陈毅从华东前线到陕北参加中央会议，路过太行，在和新华社、陕北台、邯郸台的人员座谈时说，华东野战军的干部和战士都很关心口头广播，华野有 180 部收音机，因为报纸传到蒋管区的很少，广播的作用很大，连敌人也注意听我们的广播，特别是一播送俘虏名单和家信时，就特别静心地听。他说："你们的播音很有力量，听得很清楚。这个工作很重要，希望你们努

---

① 阎长林：《胸中自有雄兵百万》（节录），《中国人民广播回忆录》第 3 集，第 9、10 页。
② 温济泽：《回忆延安和陕北新华广播电台》，《中国人民广播回忆录》续集，第 60 页。

力学习政治，钻研业务。"陈毅特别强调："我可以签字保证，明年将有更大的胜利，将为我们子孙后代奠定民族解放的大业，你们就等着播捷报吧！"①

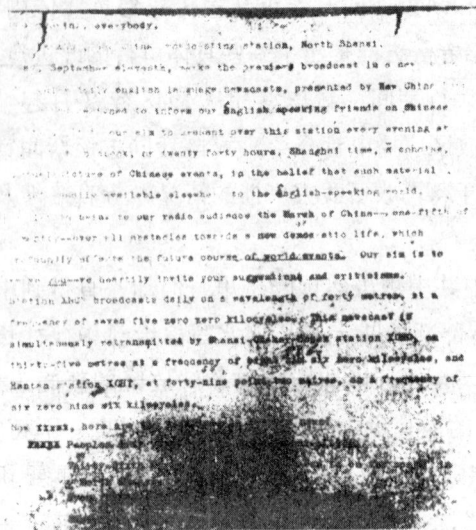

图4-5 陕北台1947年9月11日
播出的第一篇英语广播稿

9月5日，为纪念恢复播音两周年，陕北台调整了节目。从这一天起，每天增加播音1小时，改进了新闻、评论节目，同时新开办了《对国民党军广播》和《星期文艺》节目。11日起，继在延安时期开办的日语广播之后，又开办了第二种外语——英语新闻节目。英语广播的"开场白"中宣布："今天，9月11日，我们开始播送新办的英语新闻节目，由新华通讯社专为讲英语的朋友们提供关于中国方面的新闻。我们要通过这个电台向讲英语的世界各地听众，播送有关中国时事的简明、真实的报道。因为我们相信这样的材料是不容易从其他地方得到的。我们准备向听众报道中国正在前进——全人类五分之一的人民正在排除一切障碍走向新的民主生活。这将对今后世界发展的道路发生深刻的影响。我们的目的是为你们服务。我们衷心希望你们向我们提出建议和批评。"（见图4-5）英语新闻节目使用的开始曲是意大利歌剧《阿伊达》中的《凯旋进行曲》，这意味着中国人民解放事业正在胜利前进。陕北台在《二周年告听众》广播稿中，揭露了国民党军队利用流动广播电台冒充延安台的卑劣伎俩和国民党中央台的造谣行径，最后满怀信心地宣布："今后随着人民解放军反攻的胜利，解放区的播音事业一定会有更进一步的发展。代表中国人民的呼声，在祖国乃至全世界的天空，一定会越来越响亮的。"

1947年6月，根据中共中央决定的由战略防御转入战略进攻，将战争引入国民党区域的战略部署，刘伯承、邓小平率领晋冀鲁豫野战军主力，强渡黄河天险，千里跃进大别山，揭开了中国人民解放战争战略进攻的序幕。从此，战争形势急转直下，人民解放战争开始走向全国胜利的道路。同时，国民党统治区内的人民革命运动蓬勃开展，出现了第二条战线的斗争。正如毛泽东1947年12月在中共中央召开的会议上所作的报告《目前形势和我们的任务》中指出的那样："这是一个历史的

① 齐越：《播音员日记》，《中国人民广播回忆录》，第108页。

转折点。"毛泽东在报告中指出：1947年敌我双方的形势发生了根本的变化，这是一个伟大的事变，人民大革命的高潮已经到来。会议指出：毛泽东的报告"是整个打倒蒋介石反动集团，建立新民主主义中国的时期内，在政治、军事、经济各方面带纲领性的文件。"会议要求全党、全军"进行深入教育，并在实践中严格地遵照实施"。

1947年4月至1948年5月期间，以陕北台为代表的解放区广播，根据解放战争形势的发展以及中国共产党的战略方针和军事原则，把宣传重点确定为集中一切力量，加强军事宣传和政治宣传来全面地配合人民解放战争，动员和鼓舞解放区军民和国民党统治区广大人民起来粉碎国民党反动派的军事进攻，争取中国人民革命斗争的伟大胜利。这个时期，广播宣传的对象不仅是国民党统治区的人民和国民党军队的官兵，同时也兼顾了解放区军民的需要。陕北台的宣传主要有以下几个方面：

1. 及时传播中共中央重要文件和毛泽东的著作、讲话，指导全国的解放战争

从1947年3月起，中共中央、毛泽东在陕北转战一年多时间，一直指挥着西北战场和全国的解放战争。这期间，中共中央的许多重要文件，毛泽东撰写的一批重要评论、讲话都是以密电形式由陕北发给太行，然后由陕北台广播的。其中代表性的有1947年5月底播出的毛泽东为新华社写的评论《蒋介石政府已处在全民的包围中》，10月播出的为中国人民解放军总部起草的《中国人民解放军宣言》和《中国人民解放军总部关于重行颁布三大纪律八项注意的训令》（以下简称《训令》），1948年1月播出的《目前形势和我们的任务》，3月播出为中国人民解放军总部发言人起草的评论《评西北大捷兼论解放军的新式整军运动》，4月播出的《在晋绥干部会议上的讲话》等。

在播出《目前形势和我们的任务》、《在晋绥干部会议上的讲话》等重要文件之前，陕北台都作了多次预告，以便于解放区和国民党统治区的听众抄收。1948年元旦起，陕北台接连三天，每天全文播出《目前形势和我们的任务》。从1日到5日起，每天还以记录速度分段播送，6日起又连标点符号一起播送一遍，以供听众校对。另外，4日和5日，还用英语播出。在此之前，陕北台于1947年10月9日起，在半个月里反复播送《中国人民解放军宣言》和《训令》，从此，"打倒蒋介石，解放全中国"的口号响遍中国大地，成为鼓舞全国人民争取解放战争胜利的强大动力。《东北日报》1947年11月19日刊登的刘白羽写的通讯《解放军宣言纷传前线》，生动地反映了东北人民解放军某部收听到《宣言》和《训令》时的情景。

2. 根据解放战争形势的发展，发表有关战局的评论文章和报道人民解放军战略反攻的胜利

1947年，人民解放军转入战略反攻前后，解放区的广播中捷报频传。陕北台配合人民解放军发动的局部反攻，播出了陕北和山东战场的重大捷报以及东北、晋冀

鲁豫等解放区发动反攻的消息。继3月25日青化砭大捷之后，西北人民解放军又取得羊马河大捷和蟠龙大捷，三战三捷，奠定了粉碎胡宗南军队进攻的胜利基础。5月初，蟠龙大捷的祝捷大会在安塞附近的真武洞举行。周恩来出席了这次有五万群众参加的祝捷大会，并在大会上郑重宣布：党中央、毛主席还在陕北指挥着西北战场和全国的解放战争。5月9日，陕北台播出《评蟠龙大捷》。5月15日，华东野战军在山东蒙阴东南孟良崮山区取得全歼国民党军美械装备的五大主力之一——74师的重大胜利，陕北台在20日播出评论《祝蒙阴大捷》。7月下旬，刘伯承、邓小平率领晋冀鲁豫解放军取得鲁西战役的胜利，宣告了蒋介石重点进攻的失败，陕北台7月31日播送新华社社论《祝鲁西大捷》。

解放军转入战略反攻之际，1947年9月12日，陕北台打破惯例，连续四天反复播出了新华社社论《人民解放军大举反攻》。社论概述了全面内战爆发以来，人民解放军在各个战场上取得的胜利，指出："人民解放军的大举反攻，标志着战争形势的根本改变，蒋介石的全面攻势已被打得粉碎，已经一去不复返了。"香港《华商报》13日以《陕北中共电台宣布大反攻已展开》为题，在第一版头条位置加以报道。（见图4-6）

图4-6　香港《华商报》1947年9月13日刊登的陕北台宣布大反攻已展开的报道

在这期间，延安（陕北）台和其他广播电台及时播送了中国共产党和地方政府的指示、文告，前线的胜利消息，报道了解放区人民开展土地改革运动、农业生产活动、积极支援前线的活动。

解放区的广播成为南下解放军指战员和后方人民群众获得消息的重要来源。1947 年春天，中共中央西北局发布了关于春耕问题的指示，由于战时交通阻隔，不能及时送达各地，当时便将指示发到太行陕北台。5 月 9 日起，陕北台连续重复播出三天。在播出新华社社论《同打胜仗一样要紧的事情》时，专门加了一段"前言"："请各解放区党政军机关注意！特别请陕甘宁边区各地县委注意！本台在今天记录新闻时间，将播送中共中央西北局关于春耕问题的指示，请你们准备抄收。为了说明这个指示的重要意义，新华社发表了一篇社论，题目是《同打胜仗一样要紧的事情》。"①

3. 开办《对国民党军广播》节目，直接配合军事斗争，从政治上分化瓦解敌军

早在延安时期，延安台已办有不定期的对国民党军广播的节目，并在国民党军队特别是空军中有着较好的宣传效果，太行时期从 9 月 5 日起，正式开办《对蒋军广播》节目（1948 年 5 月 18 日起改名为《对国民党军广播》节目）②，每天半小时。邯郸台、东北台等也都举办过类似的节目。这类节目以国民党军官兵为主要对象，向他们宣传中国共产党和人民解放军对时局的主张以及对待放下武器官兵的宽大政策，如实地报道解放战争的发展形势，有力地揭露国民党反动派的造谣欺骗，同时向他们晓以大义，指明出路，号召他们放下武器，投诚起义。

《对国民党军广播》节目中，除了新闻、评论以外，还有的放矢地采用了以下多种多样的宣传方法，诸如播送放下武器军官名单、释放战俘名单和放下武器的国民党军官的书信；向被人民解放军围困的敌军播送讲话、警告、命令等，敦促他们尽快放下武器投向人民方面来；介绍解放了的国民党军官兵在解放区受到的人道主义待遇和他们学习、生活的情况。陕北台每天大约介绍放下武器的国民党军军官十几人，多的时候有三十人左右。起初放下武器的比较少，将、校、尉三级军官名单都广播，后来由于被俘人数越来越多，就只广播将、校两级军官的名单了。陕北台广播的名单在国民党军中引起了广泛的注意，许多国民党军军官通过收听广播，了解战场上亲朋、部属的下落，了解中国共产党、人民解放军的政策和主张，特别是听到对待放下武器的国民党军军官的宽大政策以后，都纷纷考虑自己的处境和出路。1948 年 3 月，在陕北瓦子街战役中，国民党整编第 29 军中将军长刘勘战败身亡，陕北台受西北野战军司令部的委托，播送了如下的通告：刘戡的尸体已经由人民解

① 《延安（陕北）新华广播电台广播稿选》，第 82 页。
② 改名的原因是考虑到国民党军内部成分复杂，派系对立，非嫡系部队不愿意被称为"蒋军"。为了利用矛盾，争取多数，特别是蒋介石的非嫡系部队，故改称为《对国民党军广播》节目。

放军装殓埋藏。如果刘戡的家属要来运回刘戡尸体的话，解放区军民一定给予方便。后来刘戡的尸体运回了国民党统治区。人民解放军的这种人道主义行为，同国民党反动派的残酷的法西斯统治形成了鲜明的对照。

《对国民党军广播》是陕北台最具特色的节目之一，为了办好这个节目，中共中央宣传部、新华总社多次发出有关通知，如《关于为口播部组织对蒋军政治攻势稿件的意见》(1947年8月)、《关于加强瓦解敌军宣传的几点要求》(1948年4月2日)、《关于报道蒋军俘虏应注意之点的指示》(1948年5月19日)等。由于对军事消息报道真实、准确，在国民党统治区特别是在国民党军队中赢得了很好的声誉。从当年新华总社的业务刊物《本周业务一览》中刊登的有关国民党军官对收听反应的材料中即可见一斑，如放下武器的原国民党军167旅旅长李昆岗说，他在被解放前，每天收听，从不间断，"从我的切身经历证明中央社的广播全是造谣，要想知道真实的军事情况，就不能不收听新华社的广播。"原31旅旅长熊宗继说："新华社的广播确是真实，偶有一点失实处，立即进行反'客里空'来纠正。中央社就没有这个胆量，他们的广播大都是捏造的，如果纠正就得首先取消中央社。"①

《对国民党军广播》在国民党军队特别是空军中拥有不少听众，继刘善本之后又有多起国民党军空军人员驾机起义来到解放区。实践证明，《对国民党军广播》节目在分化瓦解敌军的作战意志方面起了很大的作用。1948年1月15日，毛泽东在西北野战军前委扩大会议上讲话时谈到："国民党军队的官兵很注意听我们的广播，我们的广播威信大得很。"②

4. 恢复文艺节目，反映解放区文艺活动

陕北台转移到太行以后，所处的环境安定，群众基础好，文艺活动也比较活跃，为恢复和充实文艺节目提供了有利条件。1947年7月7日，为纪念七七事变十周年，由新华社编播人员组成的歌咏队，当晚在陕北台播出《游击队之歌》、《在太行山上》、《军民大生产》等革命歌曲。8月1日晚播出了陕北台的第一个广播剧《红军来了》。9月7日起，陕北台开办了《星期文艺》节目，陆续播出了一批解放区文艺作品，如毛泽东、刘伯承、陈毅的诗词，赵树理的小说以及独幕剧、歌曲、秧歌剧等。10月30日，为纪念人民音乐家冼星海逝世两周年，歌咏队在陕北台播出了《黄河大合唱》，邯郸台文艺编辑王讴担任指挥，女播音员孟启予独唱，男播音员齐越担任朗诵。12月31日，陕北台播出了中央管弦乐团演播的除夕特别音乐节目，内容有合唱《东方红》、《三大纪律八项注意》、《翻身道情》等，器乐合奏《民主青年进行曲》、《人民解放军进行曲》等。

从1947年秋冬到1948年春，陕北台在解放区开展的轰轰烈烈的土地改革运动

---

① 《本周业务一览》第1期，1948年2月新华总社编印，转引自《解放区广播历史资料选编》，第87页。
② 《毛泽东文集》第5卷，人民出版社1996年8月版，第23页。

的宣传方面犯了"左"倾错误，片面地宣传"贫雇农路线"，而没有宣传巩固联合中农等政策，特别是由于陕北台播出了某些不正确的新闻，人们竟误认为这是中共中央认可的意见。1948年2月，毛泽东起草的中共中央党内指示《纠正土地改革宣传中的"左"倾错误》中，在评价太行时期新华社和陕北台的工作的时候指出："过去几个月的宣传工作，正确地反映和指导了战争、土地改革、整党、生产、支援前线这些伟大斗争，帮助了这些斗争取得了伟大成绩，并且在宣传工作中占着主要成分，这是必须首先承认的。但是也必须看到一些错误缺点。其特点就是过左。其中有些是完全违背马克思列宁主义原则立场和完全脱离中央路线的。"这里指出的宣传工作的错误和缺点，主要是指土地改革宣传中不加选择、没有分析地传播了许多包含"左"倾错误偏向的不健全的通讯或文章。指示中还点名批评了陕北台。在中共中央和毛泽东指出上述"左"倾错误的严重性以后，陕北台检查了从1947年10月到1948年2月间的一百多篇广播稿，对土改、新解放城市、老解放区的工商业、政权建设和整党等方面宣传中反映出来的"左"倾错误作了分析和检讨，并且着重研究和确定了关于土改和新解放城市的宣传方针。经过开展批评与自我批评，陕北台的工作作风有了新的改变。此后，为了及时、准确地宣传土地改革问题，3月下旬，陕北台广播了《山西崞县是怎样进行土地改革的》及毛泽东为这篇通讯写的按语。① 同月，中央宣传部就如何广播土改文件发出指示，强调："凡文件及文件性质的东西，陕北台口头广播时应严格依照文件本身，不要改动删节增添，这是原则。因为既属文件性质，解释之权属于文件发出者。而且各处收到文字广播，可能有些错漏，要靠口播校正，如果改动删节增添，可能使别处报纸发生错误。"②

解放区的广播宣传在各地产生了很大的影响，国统区的中共地下党和进步群众秘密收听解放区广播的人很多。在国民党军队中不但中下级军官收听延安（陕北）台广播的不在少数，一些高级军官也经常收听。进攻延安的国民党军最高指挥官胡宗南每天指定他的机要秘书收听延安（陕北）台的广播，并要求摘要报给他。具有讽刺意义的是，这位机要秘书恰恰是中共秘密党员。③ 1947年2月28日，在重庆出版多年的《新华日报》被国民党当局查封后，国统区的地下党和各界人民更多地通过延安（陕北）台的广播来接收中共中央文件和解放战争的真实消息。1947年3月底，中共川东临时工作委员会委员彭咏梧领导地下党在重庆建起新华广播电台收音站，每天收听陕北台的新闻，并把记录新闻抄收下来印成电讯小报，在山城秘密散发，以后这个收音站专门负责为《挺进报》收听、抄录陕北台广播。1947年9、10

---

① 《毛泽东文集》第5卷，人民出版社1996年8月版，第79页。
② 《解放区广播历史资料选编》，第30页。
③ 熊向晖：《关于胡宗南收听延安（陕北）台广播的片断回忆》，《中国人民广播回忆录》第4集，第286—309页，原载《地下十二年与周恩来》，中共中央党校出版社1991年2月版。

月间，中共中央连续发布了一系列重要文件，如《中国土地法大纲》、《中国人民解放军宣言》和重新颁布的《三大纪律八项注意》以及毛泽东的《目前形势和我们的任务》等，他们都是通过收听广播记录下来，刊登在《挺进报》上发行出去的。[①]
1947 年 7 月前后，中共重庆市委领导秘密创办的《反攻》、《突击》等刊物也刊登陕北台播送的重要文件、消息和评论，受到当地工农群众、知识青年及其他阶层人士的欢迎。1947 年春，中共成都地下党川康特委负责人马识途，以陕北台的呼号命名，创办了油印的《XNCR》报，刊登的内容都是根据陕北台的广播抄收、记录，通过成都地下党的各种渠道，散发到党组织和进步群众中去。[②]

1947 年，北平的地下党为了及时听到中共中央的声音和人民解放军胜利的消息，秘密安排陆元炽等人每天抄收解放区广播的新闻、评论，编印《新闻资料》，分送地下党各支部，从 1947 年初夏到 1948 年初秋，共编印出版近 60 期。他们从解放区的广播中全文记录了《中国人民解放军宣言》和毛泽东的《在晋绥干部会议上的讲话》等，刻印后广为散发，有的直接送到国民党军政人员手中，促使他们了解中国共产党的政策，弃暗投明。[③] 1947 年，吴晗教授在北平清华园的寓所中安装了收音机，抄收解放区广播，并油印散发。[④] 北平的一些市民也有的暗暗收听解放区广播。解放区广播使国统区人民看到了光明和希望，促使他们觉醒，勇敢地同国民党反动派作斗争。

陕北台在太行的播音一直持续到 1948 年 5 月 22 日。

第三次：胜利声中，北上平山

1947 年夏初，人民解放军转入了大反攻，相继在中原、西北、华北、华东和东北各战场取得了一系列重大胜利。为了部署新的战略决策，更好地领导和指挥全国的解放战争，中共中央、毛泽东等于 1948 年 3 月下旬离开陕北，东渡黄河，经晋绥解放区，于 5 月下旬到达晋察冀解放区建屏县（今平山县）的西柏坡村。

根据中共中央的指示，陕北台也随新华总社一起，由太行北上，并从 5 月 23 日起开始在平山播音。

① 罗广斌：《传播真理，传播党的声音》，《中国人民广播回忆录》，第 250—254 页。另，罗广斌、杨益言所著长篇小说《红岩》中，也以艺术形式再现了当年收听陕北台广播，办《挺进报》的情景。
② 马识途：《〈XNCR〉在成都》，《中国人民广播回忆录》续集，第 359—376 页。
③ 陆元炽：《编印〈新闻资料〉的前前后后》，《中国人民广播回忆录》，第 255—262 页。
④ 吴晗：《收音机的故事》，《中国人民广播回忆录》续集，第 335—336 页。

第三节
解放区地方广播事业的建立

一、东北解放区的广播事业

根据苏、英、美三国雅尔塔会议的协定，苏联于战胜德国三个月后对日宣战。1945 年 8 月 8 日，苏联百万红军迅速出兵我国东北，向日本关东军发起突然攻击。在苏联境内培训的东北抗日联军随苏联红军一起进发东北，参加解放东北和内蒙的战斗。同时，根据延安总部命令，八路军冀热辽部队挺进东北、热河，配合苏联红军作战，消灭日伪武装和日伪汉奸势力，接管敌伪城市，建立人民政权。1945 年 9 月，根据当时形势，中共中央确定党和全国的战略方针是"向北发展，向南防御"，并决定加紧派大批部队和干部前往东北，同时建立以彭真为书记的中共中央东北局，委员有陈云、程子华、林枫、伍修权。10 月，又将东北的人民军队统一组成东北人民自治军（后改称东北民主联军），林彪任总司令，彭真、罗荣桓分别任第一、第二政治委员。

从 1945 年"八·一五"东北光复到 1948 年 9 月辽沈战役之前的三年时间里，东北解放区的广播事业随着战局的发展，以 1946 年 9 月东北新华广播电台的建立为界，前后分作两个阶段：[①]

第一阶段：1945 年 8 月至 1946 年 9 月

苏联红军在我东北抗日联军和冀热辽部队配合下，进展顺利，至 8 月底已歼灭了日本关东军主力，占领了哈尔滨、齐齐哈尔、吉林、长春、沈阳、大连、承德等一批大中城市。在伪满时期，东北地区（包括热河在内）共有日伪广播电台 26 座。"八·一五"前后，负隅顽抗的日本侵略者先后彻底破坏了其中的 11 座，其余 15 座均被苏联红军和中国人民军队接管，并陆续改建成为人民广播电台，至 1946 年 9 月以前已有 14 座，它们是：哈尔滨台、长春台、沈阳台、通化台、本溪台、鞍山台、营口台、安东台、吉林台、大连台、抚顺台、齐齐哈尔台、延吉台和承德台等。

上述十多座广播电台除大连台、齐齐哈尔台和延吉台外，由于国民党军队的进犯，东北地区战局变化频繁，随着战局形势的发展，其余各台都曾几经转移，多次迁址更名，有的还曾一度停止播音，直到解放战争在东北地区取得决定性胜利后才

---

① 本节所叙述的东北地区人民广播事业的基本材料，均据《东北人民广播史》（1945 年 8 月—1949 年 9 月）一书，辽宁人民出版社 1991 年 7 月版。

逐渐稳定下来。

（1）哈尔滨广播电台

哈尔滨广播电台是东北解放区的第一座人民广播电台。1945 年 8 月 20 日，苏军进入哈尔滨，并接管了原日伪广播电台的设备。哈尔滨广播电台是日伪中央放送局之一，当时共有三部发射机。苏军将其中一部用于军事导航，一部由城防司令部使用，转播莫斯科的广播节目，并对哈尔滨市苏侨进行宣传。另将一部 1 千瓦的发射机交由在苏军中工作的东北抗联干部刘亚楼负责接收。刘亚楼当天即接收了广播电台，并口授第一篇广播稿的要点，于当晚播出。同时指定该台由赵乃禾具体负责。8 月 28 日，刘又将电台移交李兆麟领导。李兆麟是东北抗日联军将领，曾任联军第三路军总指挥兼第六军政委，当时是中共东北党委员会委员、松江地区委员会负责人，公开身份是滨江省副省长。10 月上旬，中共中央东北局负责人陈云听取了工作汇报后，提出发动群众，把党的宣传工作搞起来，要利用广播电台开展宣传工作。此后，该台即由中共滨江工委直接领导。

1945 年末 1946 年初，经苏军同意，国民党政府委派的"接收大员"来到哈尔滨，并正式接收了滨江省政府和哈尔滨市政府。当时，按照东北局的决定，除少部分人以公开党员身份活动外，中国共产党组织已转入地下。李兆麟辞去滨江省副省长职务，专任哈尔滨市中苏友好协会会长（当时，哈市中苏友协实际上是中国共产党的办事机关）。从此，哈尔滨处于三种政治力量左右之下，斗争形势错综复杂。国民党的"接收大员"曾多次企图夺取哈尔滨广播电台，但一直未能得逞。1946 年 4 月，苏军撤出哈尔滨，东北民主联军重新进驻后，国民党军的挑衅越来越频繁，形势日趋恶化。5 月底，东北局决定把哈尔滨广播电台置于东北局宣传部领导之下。5 月 28 日，哈尔滨台在广播中宣布"机器发生故障，暂时停止广播"，并将设备拆迁转移至佳木斯。经过紧张筹备后，改名为东北新华广播电台，于 9 月 23 日开始广播。

哈尔滨台前后存在了九个多月，在错综复杂的政治形势下，坚决把争取更多的群众团结在中国共产党的周围作为宣传的根本方针。该台适应当时的形势，采取多种多样的宣传方式，取得了很好的宣传效果。除日常的新闻报道、讲座节目、文艺节目外，经常采用转播群众大会的方式来宣传中国共产党的和平、民主、团结的主张，反对国民党当局内战、独裁、分裂的行为。1945 年 9 月 3 日，哈尔滨台举办了庆祝抗战胜利大会实况广播，李兆麟将军发表讲话，使人们了解了中国共产党的主张和政策。李兆麟将军还经常到"中苏友好合唱团"，同团员们交谈，鼓励他们用歌曲参加战斗，该团在哈尔滨台演出过许多抗战歌曲和革命歌曲。1946 年 3 月 9 日，国民党特务暗杀了李兆麟将军，激起了广大群众的无比愤怒，哈尔滨台举办了悼念李兆麟特辑广播节目，此后还播出了纪念李兆麟将军的广播剧《血染荒原》，在社会上引起强烈的反响，使人们更加清楚地认识到国民党反动派的凶恶面目。

（2）长春广播电台

1945年8月中旬，中国共产党派遣的抗联干部王一知、乔邦信同苏军一起接收了伪满新京放送总局。9月10日，长春广播电台开始播音。12月初，王一知等撤出，广播电台由苏军接管。1946年4月，苏军撤出后，东北民主联军第一次解放了长春市。4月24日，东北局宣传部派东北日报新闻台台长周叔康兼任长春台军代表，并改称长春新华广播电台，呼号XNCM。5月初，周叔康调离，林超任军代表。5月22日，该台随民主联军撤出长春，长春台部分人员及设备撤往佳木斯和东安（密山）。

（3）沈阳广播电台

1945年8月17日，在混乱中的日伪奉天中央放送局内工作的中共地下党员贾玉岗，组织中国职工成立了沈阳广播电台维持委员会，贾玉岗被选为委员长（即台长）。在"维持会"领导下，"沈阳广播电台"开始播音。8月20日，苏军接管了广播电台，"维持会"停止活动。9月初，东北民主联军派刘铁石任台长，与苏军共同管理电台，并负责审阅汉语稿件。9月6日，八路军冀热辽军区16军分区进驻沈阳后，又派李复为台长，接收广播电台，"维持会"协助工作。9月中旬，东北局沈阳市委又派林超到电台，主要负责技术工作，同时过问宣传工作。同年11月，中共领导的党政军机关及工作人员陆续撤出沈阳后，沈阳广播电台仍由苏军接管，贾玉岗继续隐蔽下来，领导"维持会"工作。1946年3月，苏军全部撤出沈阳，国民党军队进驻，4月8日，国民党中央广播事业管理处派人接管沈阳广播电台，"维持会"宣告解散，贾玉岗奉命撤离。

（4）通化广播电台

1945年9月24日，中国共产党领导的通化专员公署派张东接管了由中国职工看管的日伪通化放送局，改称"冀热辽行署通化专员公署通化广播电台"，简称"通化广播电台"，呼号XTHR，于当晚开始播音。1946年1月，改称通化新华广播电台。同年5月，国民党军队进犯通化地区，中共辽宁省委决定在临江镇筹建分台。7月底，临江分台开始播音，呼号与通化台相同。

（5）本溪新华广播电台

1945年9月21日，八路军冀热辽军区16军分区派陈自新接收了日伪本溪湖放送局，筹建本溪新华广播电台，于9月28日开始播音。1946年元旦，东北民主联军成立辽东军区，该台改名为辽东军区新华广播电台。3月中旬，国民党军犯本溪，该台随军转移到凤城继续播音。5月，又转移到安东，并入安东新华广播电台。

（6）鞍山广播电台

1945年10月，八路军继苏军进驻鞍山，并利用接收的日伪广播设备建立起鞍山广播电台，10月24日开始播音，台长靳纯英，后由中共鞍山市委宣传部长苏明兼任台长。1946年3月，国民党军侵犯鞍山，该台撤出鞍山。

（7）营口广播电台

1945年"八·一五"光复后，营口市一度为国民党地方势力控制。10月20日，中共领导的营口行政特派员办事处接管了营口政权，同时接管了营口广播电台，并于当日开始播音。1946年3月，国民党军队进犯，营口台随军转移。

（8）安东新华广播电台

1945年10月，苏联红军和八路军先后进驻安东（今丹东），接管了日伪广播电台，11月7日，安东新华广播电台开始播音，呼号XTAK（后改为XNAR）。台长白刃，政治指导员冷克。

（9）吉林广播电台

1945年10月，苏联红军进驻吉林市，接管了日伪吉林放送局，改名为吉林广播电台。10月中旬，中共吉林特别支部派吉林市人民日报社社长李之白从苏军手中把电台接管过来，由李兼任台长，11月21日起开始播音。1946年2月，该台改称吉林新华广播电台。5月，国民党军队进犯，该台奉命撤往延吉，与当地人员一起筹建延吉新华广播电台。

（10）大连广播电台

1946年1月16日开始播音的大连广播电台，是东北解放区创办较早，持续播音时间最长，既未迁址，且又从未中断播音的唯一的一座广播电台。

1945年8月22日，大连地区解放。根据国民党政府与苏联政府签订的有关条约和协定，苏军驻守大连。中国共产党利用这一特殊条件，派遣大批干部进入大连地区，以各种不同的合法身份开展工作。10月间，实际上在中国共产党领导下的大连市政府成立，随后即接管了原日伪大连放送局，经短期筹备后开始播音，第一任台长为康敏庄。（见图4-7）

大连发射功率为1千瓦，由于地处海滨，设备较好，因而覆盖面较广。大连台的广播不但可以传到东北、华北和华东广大地区，而且在日本、朝鲜、东南亚乃至南北美洲的不少地区也能接收到。创办之初，大连台除每日的新闻、文艺节目外，还转播莫斯科广播电台的华语和俄语节目。不久，大连台又按时转播延安新华广播电台的节目。1947年4月，大连市政府改称关东公署，该台于5月1日起改名为关东广播电台继续播音。

（11）抚顺市人民政府广播电台

1945年9月，八路军冀热辽军区16军分区部队进驻抚顺，并派人接管了日伪抚顺放送局。1946年春，抚顺市人民政府广播电台开始播音，不久因国民党军队进犯而停播，广播设备撤到抚顺县。

（12）齐齐哈尔广播电台

1945年11月，中共领导的嫩江省政府准备从苏军手中接管原日伪齐齐哈尔中

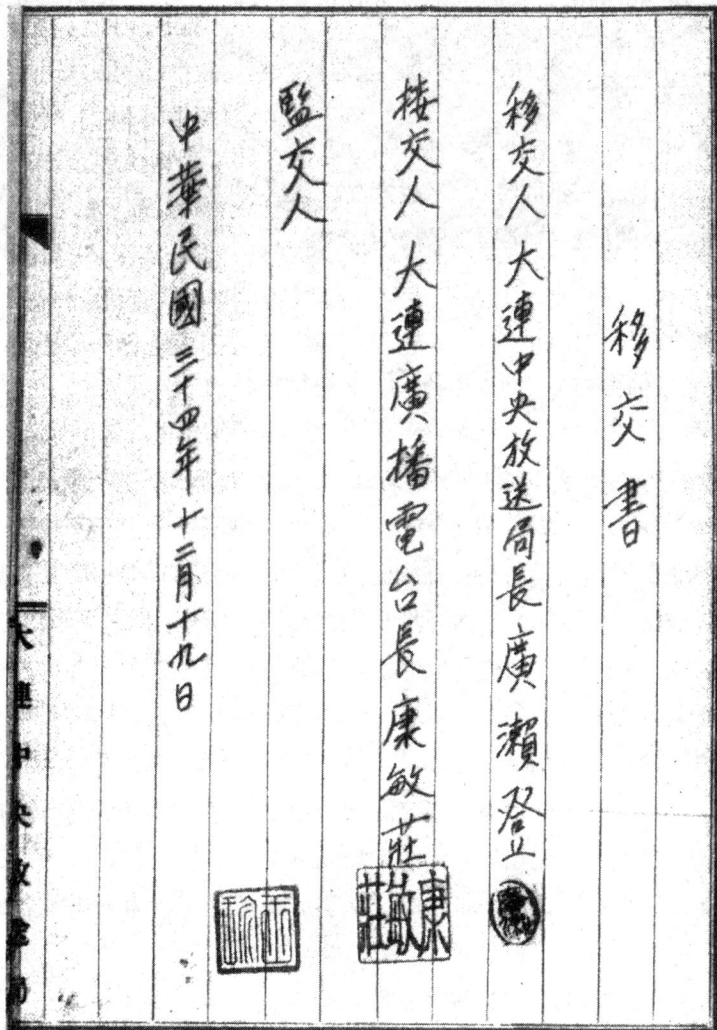

图4-7　日伪大连放送局向大连广播电台移交广播设备的移交书首页

央放送局，未及着手，即奉命撤离。1946年4月，齐齐哈尔第二次解放，嫩江省政府派人接管了原国民党广播电台。5月1日，新建的齐齐哈尔广播电台开始播音，呼号为XNTR。6月初，该台并入新华社西满分社，改名为齐齐哈尔新华广播电台。6月末又改称西满新华广播电台，呼号改为XNNR。各个时期历任的负责人有代理台长洪涛，兼任台长于岩、王阑西等。

（13）延吉新华广播电台

1945年8月18日，苏军进驻延吉，派人接管了日伪延吉放送局（曾称间岛放送局），改称延吉广播电台。1946年4月，苏军撤走，中共领导的吉东行政督察专员公署派人接管，但未能播音。同年5月，中共吉辽省委从吉林市撤至延吉，随行的原吉林新华广播电台部分人员也到达延吉。在省委宣传部领导下，由台长王建颖主持建成延吉新华广播电台，并于 7 月 1 日正式广播，办有汉语和朝鲜语节目，是解放区广播电台中最早使用少数民族语言播音的广播电台。

（14）承德新华广播电台

1945 年 8 月中旬，八路军冀热辽军区 14 军分区部队进驻承德，接管了原日伪承德放送局，但因设备破坏严重，未能恢复广播。1946 年 3 月，中共冀热辽分局决定，利用运到承德的原日伪锦县放送局的广播设备，在承德日伪放送局旧址筹建承德新华广播电台。7 月 7 日，该台开始播音。8 月下旬，国民党军进犯热河地区，该台奉命拆迁转移。

上述 14 座广播电台到 1946 年 9 月东北新华广播电台建立前夕，坚持播音的还有通化台、安东台、大连台、齐齐哈尔（西满）台和延吉台五座广播电台。

第二阶段：1946 年 9 月至 1948 年 9 月

1946 年下半年，东北解放战争形势进入战略防御阶段，中共中央东北局根据中央提出的"向北发展、向南防御"的战略方针和"建立巩固的东北根据地"的指示，具体部署了党在东北地区全面开展根据地的创建工作。在军事上，把佳木斯作为东北第二个后方根据地。在这种形势下，东北局决定建立一座由东北局宣传部直接领导的广播电台——东北新华广播电台（以下简称东北台），呼号 XNMR，1946 年 9 月 23 日开始播音。

东北台是以哈尔滨台的设备为基础，新华社东北总分社和长春台的部分人力、设备参与创建起来的。台址在佳木斯。发射功率为 1 千瓦，后扩大为 3 千瓦，每天早、中、晚播音三次，总计七个半小时，是当时解放区广播电台中播音时间最长的广播电台。自办节目有《国际新闻》、《国内新闻》、《东北新闻》、《时事评述》、《名人讲演》、《人民呼声》、《解放区介绍》以及文艺节目等。该台台长赵乃禾，副台长马皓，主要编播人员有杨明远、史康、姒永晶、徐迈等。东北台的宗旨是当好"东北人民自己的喉舌"。在东北局宣传部的直接领导下，围绕建立巩固的东北根据地的战略部署，东北台以新闻、通讯、评论等多种形式，充分报道了东北广大人民群众进行土地改革、剿匪反霸、发展生产、参军参战、支援前线等活动，影响所及可达长春、沈阳、天津、北平、邯郸等广大地区。除新闻节目外，东北台的广播讲演和文艺节目也很有特色。佳木斯当时是东北解放区军政领导机关的所在地，又是合江省省会，一时名人荟萃，为东北台开办《名人讲演》节目提供了有利条件。应邀在东北台发表过讲演的有：合江省主席、抗联将领李延禄，著名作家萧军，教育家董纯才，戏剧家张庚，作曲家塞克、吕骥、马可等，其中李延禄的讲演《为保卫祖国而斗争》和萧军的《我回东北的观感》，在听众中留下了深刻的印象。此外，东北台还于 1946 年 10 月间播出了自编广播剧《我们宁死不当亡国奴》。

1948 年 1 月，东北新华广播电台由佳木斯迁回哈尔滨，与新建的哈尔滨广播电台合并。4 月起，由罗清任台长，朱明、乃皓任副台长。5 月间还开办英语、日语和广州话节目。

东北解放战争的形势在经历了将近一年的战略防御以后，从 1947 年 5 月起至1948 年 3 月止，东北野战军相继发动了强大的"夏季攻势"、"秋季攻势"和"冬季攻势"，东北战场形势发生了根本性的变化。在东北人民解放军强有力的打击下，国民党军队被歼灭三十余万之众，其余的已被包围在长春、沈阳、锦州三个狭小地区，东北全境已有 90% 以上的地域获得了解放。东北局势的稳定，为人民广播事业的新发展创造了有利的条件，在东北台开播以后的两年中，东北解放区又新建立了哈尔滨台和牡丹江台。原来因战局关系几经转移的安东台、鞍山台和吉林台又迁回原址继续播音。通化台也先后以临江台、海龙台的呼号再度播音。转移到齐齐哈尔的原承德台人员重返赤峰，开始筹建冀热辽新华广播电台，但因形势变化，未及播音而撤离。

（1）新建的哈尔滨广播电台

原哈尔滨广播电台迁往佳木斯，新建东北新华广播电台以后，为解决哈尔滨一带收听解放区广播，抵制长春国民党广播的影响，1946 年底，东北局决定在哈尔滨新建一座广播电台。该台由哈尔滨市委领导筹建，台长赵乃禾负责具体建台任务。1947 年 4 月 20 日开始广播，呼号 XMHR，除无线广播外，还开通了有线广播。

1948 年 1 月，东北台迁回哈尔滨后，该台的人员与设备并入东北台，但仍继续播音。

（2）牡丹江广播电台

1945 年"八·一五"光复后，原日伪牡丹江中央放送局已被破坏无法恢复。中共牡丹江市委决定新建一座广播电台，在哈尔滨台派来人员的协助下，1947 年 8 月15 日，牡丹江广播电台开始播音，呼号 XMMR，办有汉语、朝鲜语节目，市委宣传部长许法兼任台长。1948 年 8 月 15 日改名为牡丹江新华广播电台。

（3）临江新华广播电台和海龙新华广播电台

1946 年 10 月 30 日，通化新华广播电台停播，张东率领部分人员及设备撤退到临江镇，与临江分台会合，此后，通化台改称"临江新华广播电台"。11 月下旬，局势紧张，临江台停止播音，随后转移到朝鲜中江镇。1947 年 5 月，张东等人返回临江镇，开始筹建新台。1948 年 1 月 1 日，海龙新华广播电台开始播音，呼号XHCR，台长张东，指导员朱受之。5 月，该台又筹建了通化分台。

（4）安东新华广播电台

1946 年 10 月，因国民党军进犯，该台在台长陈自新率领下转移到朝鲜新义州，并以"新华广播电台"名义继续播音，同时转播延安新华广播电台节目。1947 年 6月 9 日，安东第二次解放。同日，该台迁回安东，从 6 月 10 日起继续播音。

（5）鞍山新华广播电台

1948年2月，鞍山第二次解放。中共辽南第一地委派人着手重建电台，并于3月初开始恢复播音。

（6）吉林新华广播电台

1948年3月9日，吉林市重获解放。延吉新华广播电台派人接收国民党广播电台，并于3月18日恢复播音，由中共吉林市委宣传部长陈南生兼任台长。

经过两年时间的恢复和重建，东北解放区的广播事业有了新的发展。1948年7月，东北新华广播电台（总台）成立前夕，除东北台外，还有八座广播电台，即大连台、齐齐哈尔台、延吉台、哈尔滨台、牡丹江台、安东台、海龙台和吉林台。

东北解放区的广播事业从1945年8月建立，经历了三年多战争环境的考验，在发展——收缩——再发展的道路上不断前进，先后创办起16座人民广播电台，形成了近千人的广播队伍，在解放区的广播史上有着重要的地位和意义。

综观东北解放区广播事业的建立和发展有以下三个特点：

第一，抗战胜利后，东北地区政治、军事形势错综复杂，在中国共产党领导下，年轻的广播工作人员充分利用当时的有利时机，克服困难，艰苦奋斗，终于在当时最大的解放区建立起十多座广播电台。

第二，初步培养和锻炼了一批以青年为主的编、采、播、技、管俱全的广播队伍，开办了人民广播史上最早的培训班，同时注意利用和发挥日本籍技术人员在建台中的作用，克服了建台初期技术力量不足的困难。

第三，各广播电台开办了多种多样的广播节目，吸引了众多的广播听众，在团结和教育广大群众、分化和瓦解国民党军队方面发挥了积极作用，为争取东北解放战争的胜利和巩固，发展东北解放区作出了重要的贡献。

二、张家口和邯郸新华广播电台

中国共产党领导下的抗日根据地军民在向日伪军发动的强大反攻中，在关内先后胜利地收复了张家口、邯郸、焦作、烟台、威海等一批中小城市。在收复张家口、烟台之际，都接收了日伪广播台的设备，并建立了关内的第二座人民广播电台——张家口新华广播电台。

张家口是华北北部重要城市，日伪占领时期，这里是伪"蒙疆自治政府"的统治中心。伪政府下设有伪"蒙疆广播协会"，并在张家口设有一座广播电台，是晋北、察南一带的日伪广播的中心。1945年8月中旬，朱德总司令发布进军命令后，晋察冀军区决定攻占张家口。8月20日，我军发起攻击，激战三天，8月23日收复了张家口。当天晚上，随部队前进的晋察冀前线记者团即接管了日伪广播电台，其中包括10千瓦短波发射机和500瓦中波发射机各一部，是当时解放区广播电台中发射功率最大的。8月24日，张家口新华广播电台开始播音，呼号XGNC（开始为XGCA）。起初主要是播送张家口市军政机关的布告和命令，以逐步安定社会秩序。以后逐渐增加了国内外要闻和本市新闻，以及一些文艺节目。张家口台成立后，中共中央和晋察冀军区领导都很重视它的工作。1945年8月下旬，延安台在和张家口台进行的一次广播通话中，传达了新华总社领导的决定，要求张家口台除广播本地区新闻、政策法令和摘播报纸文章外，每天晚上必须转播延安台的节目。张家口台积极执行上级指示，克服许多困难，在刚刚成立不久，就每天分两次转播延安台的节目，很好地发挥了广播功率大、传播范围广的优势。张家口台开始转播延安台节目后，东北解放区的一些广播电台通过张家口台接收延安台的广播，实际上成了延安台和东北解放区广播电台的"中转台"，在一定程度上弥补了延安台广播功率的不足，使中共中央的声音迅速、广泛地传向各个解放区、国统区以至海外，为动员全国人民起来反对内战，维护国内和平起了很好的作用。1945年9月13日，张家口台在《晋察冀日报》上刊登启事，向读者介绍电台节目，启事中说："特别值得注意的，就是延安台开始广播以来，本台每天均能准时转播。延安是中共中央和八路军新四军总部所在地，它已成为全国军事、政治、经济、文化活动的指导中心，延安的一言一动，为全国视听所系。""如果每日按时收听，必将有裨于工作与学习。"

张家口台初期属新华社冀察支社领导，9月中旬后改由晋察冀日报社领导。该台主要人员有林明、张庆泰、黎韦、柳荫、丁一岚等。张家口台每天以中、短波两部发射机播送早、中、晚三次节目，主要内容有新闻、评论、时事解说、百科知识、政策法令、广播讲演以及各种文艺节目等。当时全市有收音机五千架以上。1946年7月15日起，该台又增设英语节目，远在菲律宾出版的《华侨导报》对此作了专门报道。（见图4-8）侨居马来西亚雪兰莪州巴生港的曾春水希望了解中国共产党对时局的看法和主张，拍电报由重庆《大公报》转给毛泽东。毛泽东收到他的电报后，委托延安华侨联合会于1946年7月20日给他回信，信

图4-8 菲律宾《华侨导报》1946年7月17日刊登的张家口电台英语广播时间表

中指出：因"久为反动派之重重封锁，致与外界联络不易，故今特将延安及张家口电台之音符（即电台呼号）及时间录后"，"如环境许可，希望能多多收听"。信中详细附录了延安台和张家口台的呼号、波长和周率及张家口台英语广播的时间。[①]（见图4-9）

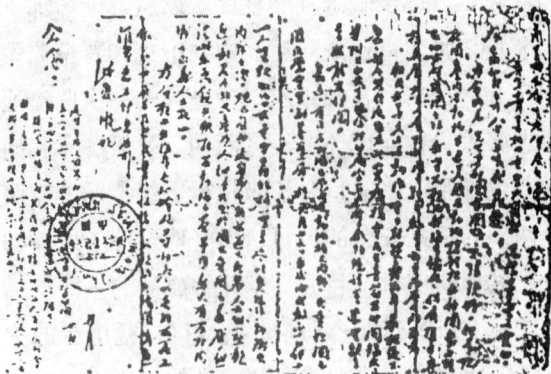

图4-9 毛泽东委托延安华侨联合会写给曾春水的回信

1946年10月，国民党军队进犯张家口，我军主动撤出，张家口台也转移到阜平山区，改名为晋察冀新华广播电台，于1947年元旦起恢复播出。电台呼号仍然是XGNC，开始曲是《黎明铁匠》。每天播出的时间是：17点45分到22点，其中18点到21点转播延安新华广播电台的节目，自办节目有新闻、评论、专论、轮回节目、人民呼声、解放区介绍、哲学讲座、文艺丛谈、每周评论汇编、对华北国民党军广播、记录新闻等。

晋察冀新华广播电台的所在地虽然很隐蔽，但是国民党军队一直在设法进行干扰和破坏。他们根据电台发出的电波，不断派飞机搜寻电台的台址，敌机经常飞到阜平一带的上空盘旋、轰鸣，甚至低飞掠过，但是晋察冀台的工作人员依然神情自若，照样坚持工作。

1948年5月，毛泽东、周恩来、任弼时等和中共中央机关从陕北转移到河北省平山县西柏坡。遵照中央的指示，陕北新华广播电台从太行涉县迁到西柏坡附近。为了加强陕北的广播宣传，中共中央决定，晋察冀新华广播电台并入陕北新华广播电台，全部人员和设备迁到西柏坡附近。至此，晋察冀新华广播电台光荣地完成了它的使命，全台工作人员在台长黎韦的率领下，于1948年7月1日到达西柏坡附近的封城村，同陕北新华广播电台的工作人员会师，两台的人员亲密合作，共同投入新的战斗。

在华北地区的解放区广播电台，除张家口（晋察冀）台外，规模和影响较大的还有邯郸新华广播电台，呼号XGHT，1946年9月1日开始播音。该台由中共晋冀鲁豫中央局宣传部领导。

邯郸台筹建于1946年初，在此之前，有一架载有两部美制无线电导航台的国民党空军运输机误落在焦作，被解放区军民缴获。晋冀鲁豫中央局和军区决定把这两部导航台改装为广播发射机，在晋冀鲁豫解放区建立一座广播电台。当时任中央局

---

① 梁锦江：《有关广播历史的一件珍贵史料》，《中国人民广播回忆录》第4集，第284—285页。

书记和军区政治委员的邓小平和军区司令员刘伯承十分关心电台的建设工作，指示抽调干部担任编播工作。军区三处副处长王士光主持了改装工作。该台原拟建在峰峰矿区，后因国民党军进犯，离战场较近，不易保障安全，于6月间转移到太行山东麓的涉县沙河村。这里东距邯郸市约90公里，是晋冀鲁豫解放区的腹心地带，同时又毗邻太行山，易于隐蔽。在台长常振玉、机务科长祝敬迤的带领下，三处的工人和村民奋战两个多月，终于完成了建台任务。播音室和机房都在窑洞内，利用烧木炭产生的煤气带动汽车引擎解决了电力供应问题，25米高的发射天线是利用杉木杆子架设起来的。

1947年3月初，邯郸台正式组建编辑部，负责人为萧风、顾文华，编播人员有田蔚、王景训、张晋德、顾湘、王讴、于韵琴、陈陶、余铭久和柏立等。邯郸台使用两部发射机，有中波、短波两种波长，每天上午、晚上各播音一次，除转播延安台节目外，自办节目有向人民解放军广播、对国民党军广播、国内外新闻、本区新闻报道以及文艺节目等。3月间，邯郸台又承担了筹建新台，在太行接替陕北广播的任务，为确保延安（陕北）台的声音不致中断作出了重要的贡献。（见图4－10）

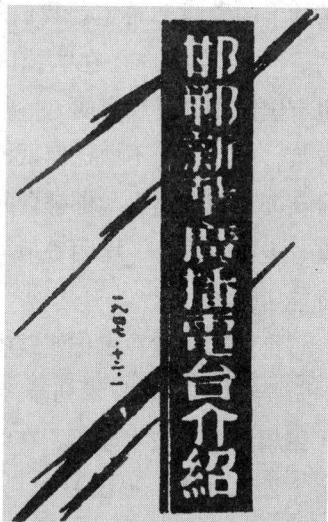

图4－10　邯郸新华广播电台编印的本台介绍

邯郸台的自办节目中最有特色的是对南下人民解放军广播节目。这个节目开办于1947年8月1日，是根据邓小平在南下前夕到电台视察时提出的意见办起来的。当时解放军强渡黄河，挺进大别山，后方邮递信件、报刊跟不上，前方作战环境又不适于出版报纸，晚间广播的时间又逢部队行军，不便于收听。在这种情况下，邯郸台特别增添早上节目1～2小时，内容包括国内外时事、前方战况、后方参军、支援前线、生产建设和文化教育等等。南下部队机关指定专人按时抄收，然后油印发至连队。邯郸台的广播成为鼓舞前线解放军指战员斗志的有力工具。1947年11月15日，晋冀鲁豫《人民日报》刊登的通讯《新华广播在前线》，真实、生动地反映了解放军部队积极收听邯郸台广播的情景。[①] 从1948年元旦起，邯郸台又开始用记录速度播送南下军属家信，每天半小时，以记录速度对人民解放军广播，内容有家乡土地改革后生活改善的情况和家人勉励前方战士英勇杀敌立功、后方积极发展生产支前等情况。这样的广播无

---

① 现已收入《解放区广播历史资料选编》，第227—228页。

论前方战士，还是后方军属都乐意收听，有人来信称邯郸台的工作人员是"真正为人民服务的广播电台同志"。从1948年1月到10月，邯郸台共播出战士家信近两千封，1947年7月，前方某团政治处主任就邯郸台广播军属家信一事，给晋冀鲁豫边区政府主席杨秀峰拍了一个电报，讲到部队的干部、战士对于广播电台为他们播送家信，都表示衷心的感谢。

邯郸台播音期间，正值人民解放战争进入战略进攻的重要时期，全国人民关心时局的发展，特别是国统区的人民，为了获得真实的消息而冒着生命危险偷听解放区的广播。有位北平大学生在给邯郸台的来信中称："你们电台的广播，给我们以精神上的安慰和希望。我们蒋管区人民只有每天冒险听你台广播时，心情是愉快的。"邯郸台的广播在国统区有很多听众，他们中有知识分子、商人、青年学生，也有国民党军官和家属。一些国民党军官从邯郸台广播中了解了解放军宽待俘虏的政策，在战场上不做任何抵抗就放下武器。国统区的一些报纸也经常发表利用邯郸台新闻改写的消息。邯郸台的广播不仅北平、天津、青岛、济南、徐州、西安、南京、上海、成都、昆明等地可以听到，台湾、港澳以及河内、新加坡、南洋各地也都能听到。

邯郸台注意在工作实践中总结经验，提高编播工作水平。1947年4月，该台在《邯郸台口播编辑技术初步经验》和《邯郸台播音技术的点滴经验》中，分别总结了编辑和播音技术经验，在编辑工作方面，提出稿件要注意口语化和简练。关于播音方面，邯郸台提出要做到熟练、稳当、有感情、抑扬顿挫和快慢适当。1948年底，邯郸台就对人民解放军广播节目的情况，从宣传对象到内容、新闻字数、播音的速度等作了认真总结。

1948年冬，根据中共中央华北局的决定，邯郸台停止自办节目，改为陕北台的转播台，大部分人员北上平山到达华北人民日报社所在地李庄村，准备进入北平接受新任务。少数技术人员坚持转播工作，至1949年3月下旬结束。

三、三大解放区中心台的建立

1948年春天，继陕北台迁到平山之后，解放区地方广播事业的发展也进入了一个新的阶段，其标志就是在东北、华东和西北三大解放区相继建立起本地区的中心广播电台，东北解放区还实现了对全区广播电台的统一领导和管理。

东北新华广播电台是各解放区中最早建立的面向全区的广播电台，1946年9月23日开始在佳木斯播音。1948年1月，该台迁回哈尔滨，3月17日起试验播音，5月28日起正式播音。（见图4-11）东北台迁回哈尔滨，办广播的条件得到进一步的改善，广播影响逐步扩大。（见图4-12）当时，东北解放区已有九座广播电台。1948年5月以后，东北解放战争处于战略进攻的后期，由于人民解放军连续取得关键性的胜利，东北解放区不断巩固和扩大，东北地区的多数广播电台也随之逐步走向相对稳定。鉴于东北解放区所处地位，广播需要统一领导、统一管理、统一宣传步调，上下配合，分工合作。为此，1948年6月5日，东北局宣传部在给嫩江、牡丹江、吉林、辽宁、安东、冀热辽等地党委的信中指出：“随着战争形势的发展，革命运动的深入城市，我党对外宣传的重要性亦随之加大。这时，由于战争环境的特殊限制和一般报纸杂志等宣传在客观上存在着若干困难，广播电台就成为对国际、蒋管区和解放区大城市宣传迅速而有效的工具了。”“东北有这许多电台，如果有组织、有计划地使用起来，无疑将成为一支强大的宣传力量。”并提出召开一次广播电台会议，使东北各台的广播工作在统一领导、分工合作的方针下组织起来，以便担负起应负的任务。① 根据东北局宣传部的意见，8月7日在哈尔滨召开了东北地区各广播电台联席会议。会议由东北台台长罗清主持，参加会的有安东、

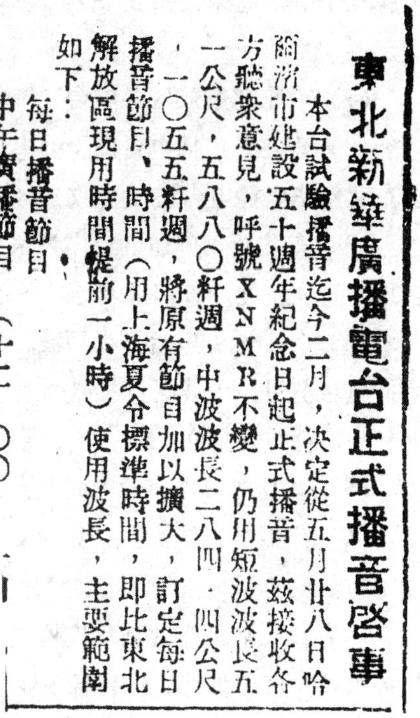

東北新華廣播電台正式播音啓事

本台試驗播音迄今二月，決定從五月廿八日哈爾濱市建設五十週年紀念日起正式播音，茲接收各方聽衆意見，呼號XNMR不變，仍用短波波長五一公尺，五八八〇千週，中波波長二八四．四公尺，一〇五五千週，將原有節目加以擴大，訂定每日播音節目，時間（用上海夏令標準時間，即比東北解放區現用時間提前一小時）使用波長，主要範圍如下：

每日播音節目：

中午廣播節目（十二〇〇——

图4－11 《东北日报》1948年5月26日刊登的东北新华广播电台正式播音启事

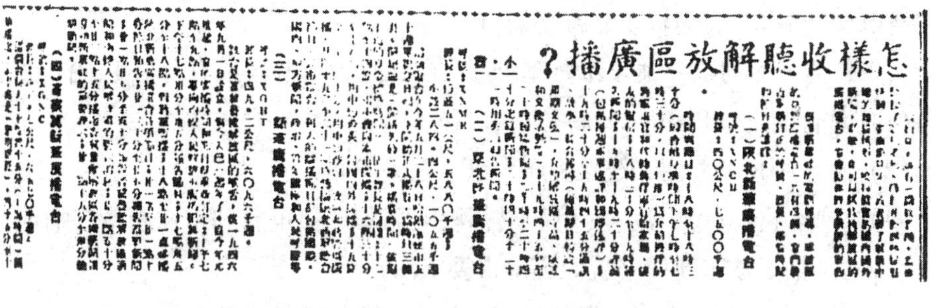

怎樣收聽解放區廣播？

图4－12 香港《华商报》1948年8月30日刊登的《怎样收听解放区广播?》其中（三）为邯郸新华广播电台，原报缺“邯郸”两字

齐齐哈尔、延吉、吉林、海龙、通化、牡丹江等电台的七位台长。两天后，东北局做出了《关于统一广播电台的决定》，决定指出：广播电台是现代化宣传武器，党应该加强其领导，统一、集中地使用广播电台，在今天尤为重要。鉴于东北解放区

① 辽宁省广播电视厅史志编辑室：《东北区广播史资料汇编》第1辑，1987年编印，第1—2页。

现在几个电台尚未统一的情况，为有效地发挥广播电台的作用，东北局特作如下决定：①

(1) 全东北解放区各电台，统一属东北新华广播电台领导管理（包括供给）。

(2) 现在各广播电台的干部人员（包括编辑、机务和事务人员）和全音器材均由东北新华广播电台接受（收），统一分配，统一处理。

(3) 东北新华广播电台作为东北解放区各地方电台的领导机关，设在东北局所在地，直属东北局宣传部领导。各地按照地理情况共分设四个中波电台。

(4) 各个地方电台不设短波，只设中波专门转播陕北新华广播电台和东北新华广播电台节目，中波电台只能播送经过市委审查后的本市新闻。各省新闻统一由东北新华广播电台播送。

(5) 各县或市内小的中波电台，任务与地方中波台同。

(6) 广播电台统一后，党的支部生活由地方党委领导，本市地方新闻报道由市委审查。

(7) 统一后的东北新华广播电台，应将各地配备后多余的编辑人员、广播员、机务人员，集中训练，进行各项业务教育，提高政治水平和科学技术水平，以应革命发展的需要。

东北局所作的决定，确定了东北新华台在东北解放区内总台的领导地位，明确了东北各地电台和东北新华台的隶属关系，为在东北地区内实现广播事业的一元化领导，作了舆论准备和制定了政策依据，也给我国人民广播事业管理体制的建立奠定了基础。为了叙述方便，以下将1948年7月以后的东北新华广播电台称作东北新华广播电台（总台），简称东北台（总台）。

关于宣传方面的统一领导和管理，东北台（总台）和各地方台分担的任务是：

(1) 总台制定宣传中心，统一宣传口径；

(2) 总台中短波并用，统一发布省以上重大新闻；

(3) 各地方台只设中波，（甲）转播陕北新华广播电台和东北新华广播电台的节目，（乙）播送本市新闻（应经当地市委审阅）；

(4) 总台审批各地方台设置的广播节目，协调全区的广播宣传；

(5) 总台总结、交流各台广播宣传工作经验；

(6) 总台调配全区六个广播电台编、采、播干部。

东北地区第一次广播工作会议后，东北台（总台）对各分台的技术工作进行监督管理。1949年1月，东北台（总台）根据新华社通知精神，通知各分台从2月1日，广播中一律取消原有拉丁文字的台名呼号，改用直呼本台台名方式。东

---

① 辽宁省广播电视厅史志编辑室：《东北区广播史资料汇编》第1辑，1987年编印，第3—4页。

北台（总台）对各分台的领导和管理还表现在对各台建制、管理和接收（如长春、沈阳台的接收等）等工作。1949 年 2 月，随着东北各地方广播电台相继恢复和建立，业务干部亟待补充，东北台（总台）相继举办编播训练班和技术训练班，学员经过培训后，分配到各地方台工作，使各台的业务力量得到充实提高。

从 1948 年 7 月东北台（总台）成立到 11 月东北全境解放，正值辽沈战役决战时期。早在辽沈战役开始之前，1948 年 5 月，东北局宣传部和东北军区政治部联合发出《关于组织对敌军广播的通知》。不久，东北台开始举办《对国民党军广播》节目。1948 年秋天起，配合前线作战，东北台（总台）播出过中国共产党、人民解放军、东北行政委员会等党政军机关发布的政令、布告、公开信，东北军区副司令员吕正操、东北行政委员会副主任高崇民、民主人士李德全等对国民党军军官的讲话以及放下武器的国民党军将领郑庭笈、范汉杰、郑明新等对被包围的国民党军官兵的讲话和书信等。困守长春的国民党军东北"剿总"副司令郑洞国率部投诚后，国民党电台竟造谣说郑已"为国捐躯"，并为他开了追悼会。不久，郑在东北台（总台）发表广播讲话，揭穿了国民党制造的谣言，并劝告盘踞沈阳、锦州的国民党军将领放下武器，弃暗投明。实践证明，东北台（总台）的广播在瓦解国民党军士气，配合人民解放军作战方面收到了显著的效果。1948 年 11 月 2 日，人民解放战争中具有决定意义的最大战役之一辽沈战役胜利结束，国民党军在东北占据的最后一座城市沈阳解放，至此东北全境宣告解放。这一历史性的重大新闻，当天由东北台（总台）领导亲自执笔，写好以后立即以"本台消息"播出，并在 5 分钟后作了连续报道。当天晚上，哈尔滨市的群众举行提灯游行，庆祝这一伟大胜利。

东北台（总台）在宣传报道工作中，注意发挥广播的优势，抓好重大事件的报道。1948 年 8 月 1 日至 22 日在哈尔滨市召开了第六次全国劳动大会，大会号召全国工人阶级紧密团结各阶层人民，积极支持人民解放军，迅速实现推翻国民党反动统治，建立新中国的历史任务。大会决定恢复中华全国总工会。东北台（总台）现场转播了这次大会的实况，除编发新闻、通讯外，还开辟讲话等特别节目；现场报道大会的情景，由东北电影制片厂拍成新闻片，在《民主东北》第七辑中放映。东北台（总台）的成立标志着东北解放区广播事业的发展开始了一个新的阶段，它不仅担负着对东北地区的宣传任务，同时还担负着对东北地区广播事业的管理任务，这在解放区广播历史上是具有首创意义的。

11 月 2 日，沈阳解放。东北台（总台）副台长朱明于 4 日接收了国民党在沈阳的广播电台，并利用其设备办起了沈阳新华广播电台（市台）。12 月 25 日起，东北台（总台）迁至沈阳继续播音，原沈阳新华台（市台）停止播音。

东北台（总台）迁至沈阳后，适应新的形势需要，广播节目作了部分调整，

1949 年 3 月 1 日起，把中波、短波广播分开，同时恢复了沈阳新华台（市台）。先后停办了《对国民党军广播》、英语、日语、广州话广播等节目，同时增办了面向东北地区及沈阳市的广播节目，如《职工时间》、《轮回节目》、《沈市节目》、《干部学习讲座》、《俄语讲座》和《儿童节目》等。

1949 年 5 月 1 日起，东北台（总台）改名为沈阳新华广播电台，台长由新华社东北总分社社长高戈兼任，副台长为朱明、董林、李文涛。原沈阳新华台 9 月 10 日起改称为沈阳人民广播电台，原沈阳人民广播电台（市台）停播。

东北台（总台）成立后，随着辽沈战役的胜利和东北全境解放，又恢复和新建了一批广播电台，其中有：

（1）鞍山新华广播电台

1948 年 2 月，鞍山再度解放。3 月初，鞍山台恢复广播。后因国民党军进犯，又一度停播。11 月初始迁回鞍山，再度恢复广播，并改名为鞍山新华广播电台。1949 年 5 月 1 日起改名为鞍山人民广播电台，台长由中共鞍山市委宣传部副部长邢路兼任。

（2）营口新华广播电台

1948 年 2 月，营口再度解放。中共营口市委决定恢复广播，但因战局关系，直到 1949 年 1 月始恢复广播，台名营口新华广播电台。同年 5 月 1 日起，改名为营口人民广播电台，台长由市委宣传部部长、副市长马成德兼任。

（3）长春新华广播电台

1948 年 10 月，长春第二次解放。东北局宣传部派人接管了国民党长春广播电台，于 10 月 22 日开始播音，台名仍为长春新华广播电台，王建颖任台长，由中共长春市委直接领导。1949 年 5 月 1 日起，改名为长春人民广播电台。

（4）抚顺市民政府广播电台

1948 年 10 月 31 日，抚顺市人民政府广播电台恢复播音。1949 年 5 月，改称抚顺人民广播电台，台长刘铭。

（5）沈阳新华广播电台

1948 年 11 月 4 日，沈阳解放后，东北台（总台）派人接管了国民党沈阳广播电台，并于当晚以沈阳新华广播电台（市台）呼号开始播音，主要转播东北台（总台）节目。同年 12 月 25 日，东北台（总台）由哈尔滨迁到沈阳后，该台与东北台（总台）合并，并暂时停播，后又一度恢复。1949 年 9 月 10 日起，东北台（总台）改称沈阳人民广播电台，沈阳台（市台）再度停播。

（6）四平新华广播电台

1948 年秋，东北局宣传部决定撤销海龙新华广播电台，筹建四平新华广播电台，并于 12 月初开始播音，呼号 XNHR。该台属中共辽北省委宣传部领导，台长朱受之。1945年5月起改称四平新华广播电台。不久，因辽北省与辽西省合并，该台于5月下旬停播。7月初，该台迁往锦州，与锦州新华广播电台合并。

（7）锦州新华广播电台

1948年10月，锦州解放，利用接管的国民党锦州广播电台新建起锦州新华广播电台，于12月15日正式播音，呼号XQCT，台长杨志理。1949年5月1日起，改名为锦州人民广播电台。四平台迁来后，与锦州台合并，新组建的锦州台由辽西省领导，台长朱受之，副台长杨志理。

（8）热河人民广播电台

1948年11月，承德再度解放，中共冀察辽分局决定恢复原承德广播电台。几经努力，热河人民广播电台终于在1949年8月15日开始广播，台长程广泰。

到中华人民共和国成立前夕，东北解放区先后建立广播电台17座，到1949年9月继续播音的为15座，居各大解放区之首。（见图4-13）

图4-13 1949年9月东北解放区广播电台分布图

华东解放区的第一座广播电台——华东新华广播电台于1948年5月起在山东五莲县农村开始筹建，后又迁至临朐县的程家庄。华东台的主要广播器材是抗战时期宋庆龄领导的保卫中国同盟利用募集的捐款购置、赠送给新四军的。① 同年9月12日起试验播音，12月20日起正式播音，呼号 XNEC，除转播陕北台节目外，并有对华东地区的自办广播节目。华东台由中共中央华东局宣传部领导，华东台管委会由周新武任主任，由陕北台派来的苗力沉任副主任。（见图4-14）

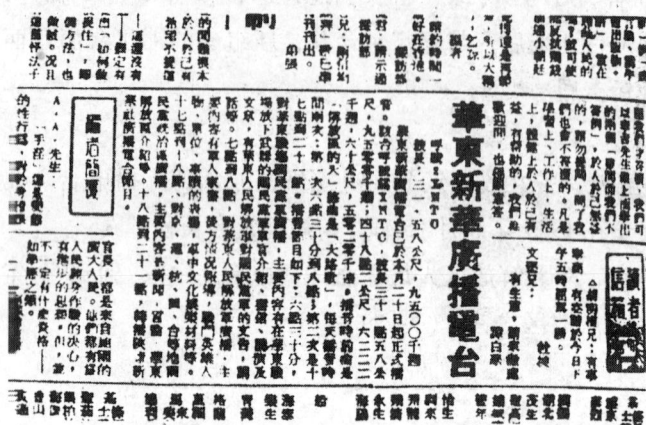

图4-14　香港《华商报》1948年12月29日
刊登的华东新华广播电台开播报道

华东新华广播电台作为中共中央华东局的新闻舆论机关之一，基本的宣传方针、任务是：宣传中国共产党的各项政策，中国人民解放战争的伟大胜利，扩大中国共产党、人民解放军的影响；向华东国民党统治区人民宣传中央的对敌斗争政策，瓦解敌军；报道国民党统治区人民民主斗争，揭露国民党反动派的欺骗宣传；传达华东局领导机关的指示，报道华东解放区各条战线的成就和经验，鼓舞人民夺取解放战争的胜利。

华东台在试播期间，适逢济南战役进行。整个战役共进行了九天，华东台专门举办了济南的广播，内容有《华东紧急动员令》、前线战报、对济南前线的国民党军劝降广播等。9月24日下午，济南全部解放，陕北台于当晚即播出了这一捷报，但国民党广播迟至28日始承认济南"失守"。同年11月，淮海战役打响，华东台又配合开展宣传攻势。被俘的国民党原山东省主席王耀武等在华东台对淮海战场国民党军发表广播讲话。华东台正式播音后，开办的有对华东战场国民党军广播，对华东人民解放军广播，对南京、上海、杭州、福州、台湾等地的广播节目等。

1949年1月，根据华东战场胜利发展的形势，华东局决定除继续坚持华东台播出的人员外，其余干部按三套班子配备，准备渡江后接管上海、南京、杭州三地的国民党广播电台。2月，华东台的人员和设备陆续迁移到济南继续播音。3月20日，准备南下的人员分批离开济南。

在华东解放区先后建立起来的人民广播电台，有济南特别市新华广播电台和徐

① 《宋庆龄同志为新四军送来了无线电器材》，载《中国人民广播回忆录》第4集，第197—200页。

州新华广播电台。

济南新华广播电台是解放战争时期接管国民党政府的山东广播电台后建立的。1948 年 9 月 24 日济南解放，中国人民解放军华东军区济南特别市军事管制委员会无线电部接管了国民党山东广播电台，并着手改建新台。10 月初，中共中央宣传部派陕北台的黎韦等人来电台工作，黎韦任台长。

为了让济南人民早日听到中共中央的声音，在无线广播还不具备播音的情况下，电台人员先组织了有线广播。10 月 5 日，在电台附近和中山公园四周，开始用扩音器转播陕北新华广播电台的新闻和播送音乐、歌曲。10 月 15 日，又开始用 100 瓦广播机转播陕北新华广播电台的节目。11 月 8 日，济南特别市新华广播电台开始播音，当时济南台的主要宣传任务是：为解放战争服务，为安定济南的社会秩序和恢复、发展生产服务。除对本市广播外，还与华东新华广播电台联合办了《对华东战场人民解放军广播》、《对华东战场国民党军广播》等。还有根据形势发展需要编排的《对淮海战场特别广播》、《对北平天津特别广播》、《对京沪杭特别广播》等。

济南特别市新华广播电台建立后，不断得到上级领导的关怀。1949 年 1 月 14 日晚，华东军区司令员陈毅等到电台视察，看了播音室、机房后，和电台的一部分工作人员见了面，勉励大家努力做好广播工作。

济南台成立最初，每天播音 7 小时，1949 年元旦，每天播音增加到 13 小时。2 月 17 日，华东台迁到济南，和该台合并在一起播音。同年 6 月 13 日，济南特别市新华广播电台改为济南新华广播电台，20 日改称为济南人民广播电台。

徐州新华广播电台是利用接管的国民党徐州广播电台设备建立的。1948 年 10 月 1 日徐州解放后，徐州特别市军管会派周国良、顾德作为接收先遣人员到达电台；12 月 28 日，中共中央山东分局派张梦达正式接管了国民党徐州广播电台。经过改建，徐州新华广播电台在 1949 年 2 月 1 日开始播音。徐州新华广播电台创建初期，主要转播陕北新华广播电台和华东新华广播电台的节目。同年 9 月，改名为徐州人民广播电台。①

西北解放区的第一座广播电台——西北新华广播电台于 1948 年 12 月开始在延安筹建，1949 年元旦试播，1 月 5 日起正式广播。西北台由中共中央西北局宣传部领导。(见图 4 - 15)

1947 年 3 月，人民解放军主动撤出延安后，经过一年多的辗转作战，相继取得青化砭、羊马河、蟠龙、沙家店、宜川等战役的胜利，并于 1948 年 4 月 21 日收复

---

① 当时徐州市属山东省管辖，1952 年底划归江苏省管辖。

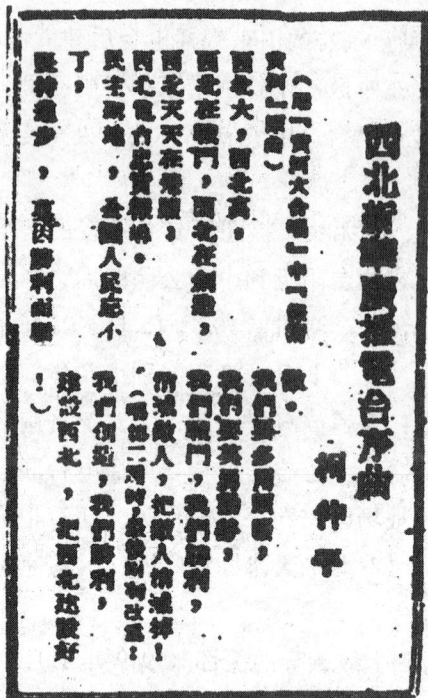

图 4-15 《晋绥日报》1949 年 3 月 23 日刊登的柯仲平《西北 新华广播电台序曲》

了延安。同年 9 月，新华总社提出，在延安增建西北新华广播电台，向西北、西南国民党统治区进行宣传，以便和在山东的华东台（面向东南）、河北的邯郸台（面向华中、华南）形成一个覆盖关内的扇形短波广播网，冲破国民党的"新闻封锁"。新建的西北台编辑部设在清凉山，播音室和发射机房设在凤凰山。西北台当时是新华社西北总分社组成部分，台长由金照兼任，编辑部主任是武英。

西北局在关于西北台的指示中，规定该台的主要任务是向西北待解放地区和西北的国民党军进行宣传，争取早日解放大西北。新华总社在给西北总分社的指示中，要求西北台除转播陕北台节目外，自编的节目应包括如下内容：争取陕、甘、宁、绥、川等省市人民，分化瓦解前线的国民党军，为西北人民解放军服务。

5 月 20 日，西安解放。6 月 1 日起，西北台迁至西安继续播音，6 日起改名为西安新华广播电台，7 月 1 日起又改名为西安人民广播电台，但其任务仍为面向西北地区广播。根据西北局的指示，宣传重点转向新解放区群众，宣传安定社会秩序、恢复生产等政策、法令。新设的节目有对本市广播等，广播时间增加到 4 小时。

除上述三大解放区的中心台外，中共中央中原局还领导建立了中南解放区的第一座广播电台，即中原新华广播电台。该台 1949 年 2 月 13 日在郑州开始播音，系由新华社中原总分社筹建的，由总分社口播科负责编辑工作，科长阎廼一。同年 5 月武汉解放前夕，总分社随中原局南迁，该台即停止播音。5 月 23 日，中原局（不久改称华中局）领导的武汉新华广播电台开始播音，台长兼总编辑罗东。同年 9 月 1 日，改称武汉人民广播电台。

据 1949 年 3 月初统计，全国各解放区共有广播电台 24 座，其中华北 4 座、东北 15 座、华东 3 座、西北 1 座、中原 1 座。[①]

---

① 据 1949 年 5 月 4 日编印的《解放区广播电台介绍》，《解放区广播历史资料选编》一书收入，题目为《解放区广播电台介绍（二）》。原件存国家广播电影电视总局档案室。

四、天津和北平新华广播电台的建立

1949年1月，继辽沈战役、淮海战役胜利后，平津战役也取得决定性胜利。随着人民解放军胜利的号声，天津、北平相继建起新华广播电台。

1949年1月15日，天津解放的当天，人民解放军接管了国民党天津广播电台，当晚该台就以天津新华广播电台的呼号播出天津市军管会第一号布告。

天津新华广播电台归天津日报社社委会领导，社委会下设广播部，部主任由《天津日报》总编辑朱九思兼任，鲁荻任副主任。1949年4月电台从报社分出，成为独立的宣传机构，台长由中共天津市委宣传部副部长曹裕民兼任一个多月后，由鲁荻任台长。当时全台有五六十人。

天津新华广播电台开始用两个频率，后增为四个频率播音。当时只有接收过来的500瓦发射机一台，100瓦发射机两台及相应的播出设备。

天津新华广播电台开始播音时，除转播陕北新华广播电台的节目外，主要播出报纸消息。从1949年1月17日起开办了《本市新闻》及《重要文告》节目；同年2月6日开始，又陆续增加了《重要新闻》（国内、国际）、《时事述评》、《文献政策》等新闻节目和《职工时间》、《青年》等对象节目，以及《解放区介绍》、《共产党介绍》、《解放军介绍》、《国际问题介绍》、《问题浅释》、《蒋党真相》、《美帝真相》等专题性节目和《群众服务》、《行情》等服务性节目；3月4日起，又先后开设了《妇女时间》和《少年儿童时间》节目。

1949年2月14日，天津市各界群众在民园广场举行盛大集会，庆祝平津解放，会后分两路游行。天津新华广播电台除在中心会场设机器外，还在游行沿途设了四个临时转播站，用三个频率同时转播集会游行实况。

1949年3月，民营华声广播电台被接管，改为天津新华广播电台的广告台，除播送经济新闻、行情外，大部分是广告和文艺。同年5月18日，天津新华广播电台改名为天津人民广播电台。

1949年1月31日，北平宣告和平解放，当晚，人民解放军北平市军事管制委员会接管小组组长徐迈进，率领齐越、刘涵、吴影等12名同志，进驻国民党北平广播电台。同时，陕北台派出编辑工作人员胡若木、杨兆麟等，参加由报纸、通讯社、电台人员组成的统一编辑部，进驻国民党华北日报社，每天为电台编发稿件。2月2日上午11时40分，北平新华广播电台开始播音，这一天，反复播送了人民解放军平津前线司令部的布告和北平以和平方法解决战事的经过等有关报道、述评。北平新华台最初广播的内容有北平市军管会布告、法令和转播陕北台的节目。

3月25日，陕北台迁进北平，改名为北平新华广播电台。原北平新华广播电台即改为北平人民广播电台。

4月22日，北平人民台调整节目，办有《军管会布告》、《法令》、《职工时间》、《青年生活》、《妇女园地》、《儿童乐园》、《市政之声》、《本市新闻》、《国内外要闻》、《时事漫谈》、《各地通讯》、《政治常识》、《文艺漫谈》、《文艺评介》、《新歌演唱》、《新歌练习》、《西乐》、《地方杂曲》、《报告行情》等近二十个节目，加上转播北平新华台（原陕北台）的节目，全天播音从7个多小时增至8小时50分。

北平市台开办后，机构上隶属于北平新华广播电台领导，石西民为市台第一任负责人。5月，北平市注意在职工和学校发展广播通讯员的工作，通过通讯员组织节目，撰写稿件，组织群众收听广播，反映群众对广播的意见、要求。

9月1日，为使北平新华广播电台和北平人民广播电台的节目更加密切配合，中央广播事业管理处决定北平人民广播电台改称北平新华广播电台第二台。

第四节
国民党统治区广播的终结和解放区广播的新发展

一、迎接历史新时期的陕北新华广播台

从1948年5月23日，陕北台开始在建屏县（今平山县）播音，到1949年3月25日迁进北平止，陕北台在平山前后工作了十个月的时间。

平山位于晋察冀解放区境内，东面距离石家庄约三十余公里。晋察冀解放区是抗日战争初期八路军开辟的第一个敌后根据地，也是华北地区最大的抗日根据地。抗战胜利后，晋察冀解放区军民坚决执行自卫战争的方针，多次打退了国民党军队的进犯。1947年5月，根据中共中央决定，以刘少奇为书记的中共中央工委进驻平山。解放战争进入战略反攻后，同年11月，石家庄解放，晋察冀解放区与南面的晋冀鲁豫解放区连成一片，构成了华北解放区。1948年5月，中共中央由陕北经晋绥迁至平山，与中央工委会合，中央工委即行撤销。

中共中央领导机关设在平山的西柏坡村，陕北台编辑部迁至平山之初，曾一度设在郑家庄，不久，即与新华总社一起迁至西柏坡附近，先后设在陈家峪、韩家峪和通家口三处。发射机房和播音室起初在张胡庄，后迁至窟窿峰。张胡庄距离编辑部约20公里，窟窿峰距编辑部则约40公里，中间还隔着滹沱河。一般情况下，每天的广播稿件于前一天下午编好，当天上午由通信员骑马送到播音室，傍晚首次播出。当解放战争的重大战役紧张进行时，战场上捷报频传，骑马送稿

往往来不及于当晚播出，这时候，编辑部就利用电话传稿，由播音员记录，再经核对无误后，及时播出。1949 年 9 月 24 日晚，在当天节目已全部播出刚刚关机之际，陕北台打破惯例，重新开机，及时播出了电话传来的"号外"消息——山东人民解放军于当天下午 5 点全部解放济南，前线人民解放军指战员收听到广播后受到很大的鼓舞。

在平山，陕北台的建设有了多方面的发展，对于确保繁重宣传任务的顺利完成起了积极的作用。主要表现在以下几方面：

1. 编辑队伍逐步充实

除了太行时期的编播人员陆续北上到达平山外，1948 年 7 月，晋察冀新华广播电台撤销，该台负责人黎韦带领柳荫、丁一岚、江炎等从阜平来到平山，加入了陕北台的编播人员行列。到 1949 年春天，陕北台迁进北平前夕，已有编播人员三四十人。在新华总社的编制上，语言广播部（亦称口播编辑部）为二部，播音组为五组。部主任为温济泽，副主任胡若木，编辑有高而公、苗力沉、钟颖、杨兆麟、王晶尧、鹿野、刘衡、王嘉仁、左荧、左辛、秭佩、柳荫、江炎、郑佳、胡旭等。播音员有钱家楣、邱源、齐越（男）、柏立、李惠一、智世民、杨洁、柏培思、郑宁等，播音组组长孟启予，副组长丁一岚。此外，陕北台的英语广播由新华总社英语广播部负责编播工作，部主任为沈建图，编辑有陈龙、彭迪等，播音员有魏琳、王禹、钱行等。

2. 编播制度日趋完善

陕北台在平山开始播音前夕，编辑部就编播工作中一系列问题做出了决定，以便接替太行的工作，使之有条不紊地进行。决定中除了明确规定了每天发稿字数、人员分工、稿件编审时间等外，还特别规定每天要写工作日记，每周要作一次稿件总结，同时编辑要轮流收听每天的播音，并作记录，供改进播音工作参考。在这之后，又陆续制定了《播音手续》、《编辑发稿工作细则》、《口播清样送审办法》等制度。1948 年 10 月，播音室和发射机房由张胡庄迁到窟窿峰，编辑部与播音室的距离增加了一倍，即由 20 公里左右增至 40 公里左右，为了确保及时传送稿件，廖承志主持召开了发稿联络会议，讨论制定了有关措施。

在平山时期，为了准确地传达中共中央的重要指示，及时播送解放战争的重大捷报，负责语言广播工作的梅益、温济泽等几乎每天都要写信给播音组提示宣传要点、指明播音时的注意事项，并对播音工作给予鼓励和批评。[1] 1948 年 5 月 29 日，根据中共中央决定，陕北台当天晚上播出毛泽东起草的《一九四八年土地

---

[1] 参见赵玉明：《陕北新华广播电台编播往来书信选注，1948 年 5 月—9 月》，载《新闻研究资料》第 19 辑，1983 年 5 月版，后收入《中国广播电视史文集》，中国广播电视出版社 1993 年 10 月版。

改革和整党工作的指示》。① 为此，温济泽致信播音组，内称："今天播送的中央指示，非常重要。主席亲笔指示，叫不要播错一个字。请你们万分注意。"信中对如何播出提出具体意见，并指定由齐越首播。信末说："今天播时，我当注意收听，并按文件一字一字核对，望千万不要错一个字。"事后温济泽在《收听记录》中写道："今天齐越播指示，声音清楚，没有错一个字，很好！"这次播出在陕北台传为佳话，充分体现了编播之间团结互助、严肃认真、一丝不苟的工作作风。② 编播往来的书信中，还记录了当时中共中央以及周恩来、刘少奇对做好广播工作的意见以及收听国民党中央台、莫斯科广播电台、美国之音和英国广播公司的情况等。

3. 自力更生建立发射台

1947 年底开始在窟窿峰西南的天户村，由天线专家、当时任中央军委电讯总局副局长的李强，主持动工修建一座短波发射台，参加建台的有军委三局的技术人员吴展、卢克勤、刘永岫、陆亘一、黎沱、何成富等，天户发射台共有五副天线，其中三副 65 米高的同相水平天线用来对美国广播；一副 50 米高的菱形天线用来对欧洲广播；一副 20 米高的木杆天线用来对南京、上海广播。为了防止轰炸，专门修建了地下发射机房，深达 40 多级石梯。这里离井陉煤矿很近，可利用煤矿的电力。同时，天户发射台还有专用的发电设备，电源供应可靠。天户台的发射功率为 3 千瓦，是当时解放区最大的发射台。1949 年 1 月建成后作为陕北台的发射台，后来又成为北平新华广播电台的转播台。

从 1948 年 7 月起，人民解放战争进入第三个年头。这时候，军事战线上的胜利更为迅速，各个解放区随着急剧扩大逐步连成一片。8 月间，华北人民政府成立，首先统一了华北解放区的政权。

在解放战争即将夺取全国胜利的形势下，1948 年 9 月，中共中央在平山县西柏坡召开了一次政治局会议，③ 检查和总结了人民解放战争开始以来的胜利成果，规定了从根本上打倒国民党反动统治，夺取全国胜利的伟大任务，并且从军事、政治、经济等各个方面作了具体部署。会后，人民解放军的作战和各解放区的工作开始严格按照中共中央的统一规划，向着夺取全国胜利的总目标奋勇前进。

陕北台和其他解放区广播电台的广播宣传围绕着上述总目标，从 1948 年夏至

---

① 目前保存下来的《指示》手稿照片上端有毛泽东的如下批示："新华社广播（文字及口头，但不发英文广播），在一切报纸上边发表。注意不要译错及发错。此件派人送新华社。"当时新华社副社长范长江在批示后面写道："抄两份，要一字不错，字字清楚。此件校三遍，由我自己校一遍。"此《指示》已收入《毛泽东选集》第 4 卷。

② 参见齐越：《播音员日记》，《中国人民广播回忆录》，第 110—112 页。

③ 《中共中央关于九月会议的通知》，《毛泽东选集》第 4 卷，人民出版社 1991 年 6 月第 2 版，第 1342—1349 页。

1949 年春主要进行了以下几方面的工作：

1. 配合三大战役，大力开展分化瓦解国民党军的广播攻势

1948 年秋冬，中国人民解放军相继发动了辽沈、淮海、平津三大战役。在三大战役迅猛开展的过程中，陕北台和东北台、华东台等解放区广播电台迅速报道人民解放军的战绩，全面反映战场实况，及时评述战局发展，对于促进伟大的战略决战的胜利起了积极的作用。解放区广播电台除了办好新闻、评论、通讯等节目外，还加强了以分化瓦解国民党军官兵战斗意志为目的的《对国民党军广播》节目，直接配合了人民解放军在前线的作战。1948 年 11 月 11 日，新华总社给东北、邯郸、华东、济南各新华广播电台发出《关于应注意陕北台记录新闻的意见》，提及当前"各线胜利接踵而来"，要求上述各台"应注意陕北台每日记录新闻，记下各种战报，在当日重要新闻中播出"。①

辽沈战役是 1948 年 9 月开始的，按照毛泽东制定的作战方针，战役的关键是攻打锦州。东北台的《对国民党军广播》节目全面配合了战役的进程，陕北台则及时报道战役进展中取得的重大胜利，及时揭穿国民党当局制造的谣言，评述辽沈战役伟大胜利的重要意义。10 月 14 日，人民解放军对锦州发起进攻。经过 31 个小时的激战，全歼敌军，俘虏国民党军东北"剿总"副总司令范汉杰、第六兵团司令卢濬泉以下约九万人。26 日，又将企图夺回锦州的国民党军廖耀湘兵团一举歼灭，俘虏兵团司令廖耀湘，军长李涛、向凤武、郑庭笈以下十万余人。27 日，陕北台以"辽西前线急电"的形式，播出了毛泽东为新华社写的消息《辽西蒋军五个军被我军包围击溃》，② 报道了上述重大胜利。在此期间，国民党驻守长春的东北"剿总"副总司令郑洞国于 19 日率领新七军全体官兵放下武器，向人民解放军投诚，长春宣告解放。但国民党中央社却还一再造谣说"长春仍然在巷战"，甚至胡说郑洞国"已经战死"。为此，陕北台于 10 月 25 日播出了驳斥国民党中央社对长春问题造谣的评论，指出："中央社的造谣，就像胆怯的人，走过坟场吹口哨，只不过是越吹越心慌了。单是这一点，也就可以看出，国民党反动派统治的最后崩溃，已经是越来越迫切了。"③ 11 月 2 日，人民解放军解放沈阳、营口，至此，历时五十多天的辽沈战役胜利结束，共歼灭国民党军 47 万余人。随后，陕北台陆续播出了《我军攻克沈阳，东北全境解放》、《东北解放震撼南京蒋家小朝廷》等重要消息和评论。评论在论述了辽沈战役的重大意义时强调指出："最近几个月人民解放军的胜利，缩短了

---

① 《解放区广播历史资料选编》，第 39 页。
② 这是陕北台播出稿的标题，《毛泽东文集》第 5 卷收入此稿，题为《东北解放军正举行全线进攻》，见该书第 180—181 页。
③ 《延安（陕北）新华广播电台广播稿选》，第 99 页。

中国革命的进程。"①

淮海战役是从 1948 年 11 月初开始的，按照毛泽东制定的《关于淮海战役的作战方针》，整个战役共分三个阶段进行：第一个阶段，华东野战军和中原野战军联合作战，将国民党军黄百韬兵团围困在徐州以东的碾庄地区。人民解放军前线部队为了分化被包围的敌军，打电报给中央军委，"请告新华社即向被我包围之黄兵团进行劝降广播"。② 毛泽东看到电报以后立即批示："请对黄百韬兵团写劝降广播，能每夜广播一次，明日多播几次为好。"陕北台及时组织撰写了敦促黄百韬兵团放下武器的广播稿，并且反复多次广播。黄百韬本人拒不投降，被人民解放军击毙，所部都被人民解放军歼灭。

从 11 月 23 日到 12 月 15 日的第二阶段战役中，中原野战军和华东野战军联合作战，又把从河南南阳赶来，妄图解救黄百韬部队的黄维兵团围困在安徽省宿县西南地区。一场瓦解敌军的广播战又开始了。毛泽东在半个月时间里，先后撰写、修改和批阅了五篇广播稿。11 月 27 日一天之内，毛泽东同志就写了两篇广播稿，第一篇是《人民解放军总部向黄维兵团的广播讲话》，这篇广播稿是毛泽东在对原送审稿作了原则性修改后写成的。第二篇是《刘伯承、陈毅两将军向黄维兵团的广播讲话》，全文都是毛泽东写成。当天，陕北台第一次播出了上述两篇广播稿。毛泽东在同一天又草拟一个电报发给刘伯承、陈毅、邓小平，要求把黄维兵团在战场上的情况具体描述一下，以供再写广播稿的时候采用。第二天，也就是 28 日，收到前线发来的有关电报，毛泽东随即批示："请根据此材料用人民解放军总部名义制定口播词，于明日广播。"陕北台遵照毛泽东的指示，又撰写了《人民解放军总部再向黄维兵团的广播讲话》，于 29 日播出。此后，配合前线战事的进展，陕北台又播出了《人民解放军总部给黄维兵团的最后警告》（12 月 2 日播出），《刘伯承、陈毅两将军给黄维的命令》（12 月 12 日播出）。这三篇广播稿也都是经毛泽东审阅的。（见图 4-16）在这十余天里，陕北台连续、反复地通过《对国民党军广播》节目向黄维兵团展开强大的政治攻势，在国民党军中引起了强烈的反响。黄维兵团的一个军长三十多年以后回忆起当年在淮海战场被我军重重包围的情景的时候说："当

---

① 《延安（陕北）新华广播电台广播稿选》，第 103 页。毛泽东在《关于辽沈战役的作战方针》1948 年 9 月 7 日的电报中预言："我们准备在五年左右（从 1946 年 7 月算起）根本上打倒国民党，这是具有可能性的。"1948 年 11 月 14 日为新华社写的评论《中国军事形势的重大变化》一文中，概述了最近四个月内人民解放军取得的一系列重大胜利后指出："这样，就使我们原来预计的战争进程，大为缩短。原来预计，从 1946 年 7 月起，大约需要五年左右的时间，便可能从根本上打倒国民党反动政府。现在看来，只需从现时起，再有一年左右的时间，就可能将国民党反动政府从根本上打倒了。"见《毛泽东选集》第 4 卷，第 136 页。

② 淮海战役中，毛泽东撰写广播稿的有关情况，参考刘益涛《严的要求 高的效率——毛泽东同志在淮海战役中写广播讲话的一些情况》写成，原文载新华社《新闻业务》1984 年第 2 期，收入《中国人民广播回忆录》第 4 集。

图4-16 毛泽东撰写或修改过的部分广播稿

时每逢收听广播，就感到特别尖锐，犹如四面楚歌，惊心动魄。"① 黄维和所属部队拒不放下武器，不久即被全歼，黄维本人被人民解放军俘获。

在第三阶段中，国民党军在淮海战场上的最高指挥官杜聿明和他指挥下的邱清泉、李弥两个兵团，都被人民解放军团团围困在永城东北地区。为了给被围敌军官兵最后一条生路，毛泽东又以中原和华东人民解放军司令部的名义，撰写了《敦促杜聿明等投降书》，1948年12月中旬至1949年1月上旬，由陕北台多次反复播出。尽管杜、邱、李等少数国民党军高级将领拒不投降，但是在这期间仍然有一万四千多人放下武器。陕北台为人民解放军最后全歼敌人，胜利结束淮海战役作出了贡献。

平津战役是1948年11月29日开始的，毛泽东主持制定了战役的作战方针，战役开始之前，毛泽东于11月20日即电令东北人民解放军四个纵队夜行晓宿秘密开进山海关，电令同时要求"除部队行动应十分隐蔽外，请东北局林（彪）、罗（荣桓）、谭（政）令新华社及东北各广播台今后两星期内，多发沈阳、新民、营口、锦州各地我主力部队庆功祝捷练兵开会的消息，以迷惑敌人"。② 陕北台及东北台遵照上述指示，播出了有关报道，起到了迷惑敌军、掩护人民解放军行动的特殊作用。在战役进行过程中，陕北台连续反复地播出了《中国人民解放军平津前线司令部布告》、《中国人民解放军东北野战军司令员林彪、政委罗荣桓告华北国民党军将领

---

① 杨伯涛：《惊心动魄 四面楚歌》，《中国人民广播回忆录》，第287—288页。
② 《毛泽东文集》第5卷，第199页。

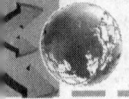

书》以及从济南、辽沈、淮海战场上不断传来的胜利消息。同时，陆续播出了一批放下武器的国民党军将领敦促困守天津、北平的国民党军官兵立即投降的书信。

1949 年 1 月 16 日，陕北台以"平津前线急电"的形式，报道了天津解放、天津警备司令陈长捷被活捉的重大消息，并指出："天津的迅速解放，给北平傅作义和李文一个鲜明的教训：如果不接受解放军的要求，迅速率部投降，他们就只有等着做俘虏。"① 在此形势下，由于中国共产党的努力，经过谈判，北平国民党军队在傅作义率领下接受和平改编。1 月 31 日，人民解放军进入北平。当天，陕北台播出了毛泽东修改的新华社消息《北平解放》，② 郑重向全国和全世界宣告：北平和平解放。2 月 1 日，陕北台又播出了毛泽东为新华社写的述评《北平问题和平解决的基本原因》，③ 分析了北平和平解放的重大意义。至此，辽沈、淮海、平津三大战役胜利结束，国民党的反动统治四分五裂，濒于崩溃的绝境。

2. 揭露国民党反动派的"和平攻势"，号召全国人民将革命进行到底

在取得三大战役伟大胜利之际，陕北台广播宣传的重点转向揭露美帝国主义、国民党反动派制造的"和平"骗局，号召全党、全军、全国人民将革命进行到底，坚决、彻底、干净、全部地消灭一切反动势力，在全国范围内推翻国民党的反动统治，建立一个新的人民民主的共和国。

从 1948 年下半年起，美帝国主义为了帮助国民党反动派取得喘息的时间，就从各方面策动国共两党重新"和谈"，妄图以"和平攻势"来挽救国民党的军事溃败。9 月 3 日，陕北台广播了《新华社奉命驳斥"和谣"》的消息，揭露了美帝国主义企图以和平的假面具欺骗中国人民的真相。实际上，国民党内部也承认所谓"和谈"实乃骗局。12 月 27 日，国民党中央宣传部发出的内部指示中称："我不能战，即亦不能和。我如能战，则言和又徒使士气人心解体。故无论我能战与否，言和皆有百害而无一利。"① 1948 年底，陕北台广播了毛泽东为新华社写的 1949 年新年献词《将革命进行到底》。随后，针对蒋介石发表的"求和"声明，陕北台于 1949 年 1 月 14 日广播了中共中央主席毛泽东的《关于时局的声明》，提出了实现真和平的八项条件。为了阐明真和平的意义和条件，陕北台连续广播了毛泽东撰写的《评战犯求和》、《中共发言人就和谈问题发表谈话》、《四分五裂的反动派为什么还要空喊"全面和平"》、《国民党反动派由"呼吁和平"变为呼吁战争》和《评国民党对战争责任问题的几种答案》等一系列重要消息和评论，戳穿了蒋介石利用和平谈判作掩护，企图保存反革命实力的阴谋，同时也扫清了资产阶级右翼分子散布"和谈"言论造成的不良政治影响。

① 《延安（陕北）新华广播电台广播稿选》，第 33 页。
② 《毛泽东新闻工作文选》，第 381—383 页。
③ 《毛泽东文集》第 5 卷，第 249—251 页。

3. 宣传中共中央纪念五一节口号，推动新政协运动的开展

为了准备迎接全国胜利的到来，中共中央在迁至平山前夕，1948 年 4 月 30 日，根据毛泽东的提议，在发布的纪念五一国际劳动节口号的第五条中提出："各民主党派、各人民团体、各社会贤达迅速召开政治协商会议，讨论并实现召集人民代表大会，成立民主联合政府。"中共中央在九月会议的通知中，又提出"准备在一九四九年召集一切民主党派、人民团体和无党派民主人士的代表们开会，成立中华人民共和国临时中央政府"。

陕北台的广播将五一劳动节的口号及召集政治协商会议的口号传遍了全中国，引起了强烈的反响。民盟、民革等民主党派和人民团体的负责人以及无党派民主人士纷纷通电全国，热烈响应中共中央关于召开新政协的号召。[1]

1949 年 3 月 23 日，陕北台广播了中共七届二中全会公报。公报提出，在全国胜利的局面下，党的工作重点必须由乡村转移到城市。公报宣布了在全国胜利以后，党在政治、经济等方面的基本政策，以及使中国由农业国转变为工业国，由新民主主义国家转变为社会主义国家的总任务和主要途径。公报还宣布，全会批准了由中国共产党发起，并协同各民主党派、人民团体及民主人士召开没有反动分子参加的政治协商会议及成立民主联合政府的建议。

在紧张的宣传工作之外，陕北台的编辑、技术人员随时警惕和国民党反动派的无线电干扰作针锋相对的斗争，以保证人民广播能够顺利地传播到国民党统治区去。发射出频率相近的电波，干扰陕北台的广播，是国民党当局惯用的卑劣手法。陕北台的值机人员严密注视着和陕北台频率临近电波的出现，一旦发现可疑的迹象，他们立即调整频率，巧妙地躲开敌台的干扰。

1948 年 10 月间，国民党当局准备调兵遣将，进犯新解放的石家庄，梦想挽回惨败的局势。这时候，人民解放军主力都在远处作战，石家庄实际是一座空城。为了对付国民党军队的进犯，陕北台在毛泽东的直接领导下，利用新闻武器主要是口语广播，进行了一场先声夺人的斗争，戳穿了敌人的阴谋，使他们不敢轻举妄动。这是在特殊历史条件下，人民广播发挥的特殊作用。当然，这次"空城计"的成功，确是有强大的人民军队作为后盾的。从 10 月 25 日起，在一个星期的时间内，毛泽东每隔一天就修改或撰写一篇新闻稿，并且密切注意广播以后敌军的反应，以便决定下一步的措施。25 日，陕北台广播的毛泽东修改过的第一篇新闻稿中，揭露了敌军正在准备向石家庄进袭的阴谋，同时宣布，我华北党政军民已经做好准备，必将歼灭敢于冒险之敌。[2] 进犯石家庄的国民党军 94 军军长郑挺锋报告傅作义说："昨收听广播，得知对方对本军此次袭击石门行动，似有警惕。彼方既有所感，必

---

① 转引自《第三次国内革命战争概况》（修订本），人民出版社 1983 年 7 月第 2 版，第 136 页。
② 《延安（陕北）新华广播电台广播稿选》，第 19 页。

然预有准备，袭击恐难收效。"① 27 日，陕北台又播送了毛泽东写的消息《华北各首长号召保石沿线人民，准备还击蒋傅军进扰》，②报道保石沿线军民已经在三天内做好一切准备，以利作战，并且说明，即令敌人怕被歼灭不来，我们有这种准备，总是有利无害的。29 日，陕北台播出了毛泽东写的一篇口播稿，报道我保石线两侧各县人民群众，都已经完成作战准备，等待敌人的到来，配合正规军大举歼敌。毛泽东充分运用广播接连播出揭露敌情的消息，迷惑了敌人，争取了时间。同时，急速调兵遣将，保卫石家庄，保卫党中央。国民党军在阴谋被我识破之后，只好被迫撤军。31 日，陕北台播出了毛泽东为新华社写的《评蒋傅军梦想偷袭石家庄》一文，③警告他们说："整个蒋介石的北方战线，整个傅作义系统，大概只有几个月就要完蛋，他们却还在那里做石家庄的梦！"毛泽东在此文手稿上方批示："乔木：此件，最好今天口播，并发文播。"④陕北台一方面及时播出上述稿件，揭露梦想偷袭石家庄的阴谋；另一方面，采取了应付国民党军队突然袭击的紧急预防措施。陕北台组织了一支短小精干的后备队，准备在必要的时候南下返回太行旧址，在那里接替平山的播音。这支后备队由十来个人员组成，包括编辑、播音员和技术员。中共中央派了一辆军用卡车，迅速把后备队送到了涉县沙河村。后来，国民党军没有敢前来侵扰，后备队又返回了平山原工作岗位。

陕北台在平山时期除了承担起日益繁重的宣传任务外，还在中共中央的关怀和领导下，和新华总社一起，为迎接全国胜利的新局面做了多方面的准备工作。这是解放区广播发展史上的一个重要的阶段，对于进城后人民广播事业的发展有着重大的历史意义。

1. 关于指导思想方面

1948 年 4 月 2 日，毛泽东从陕北来平山途中，在晋绥解放区发表了《对晋绥日报编辑人员的谈话》。10 月 2 日，刘少奇在平山发表了《对华北记者团的谈话》。这两篇无产阶级新闻工作的纲领性著作，系统地总结了解放区新闻工作的经验教训，深刻地阐明了党的报刊、通讯社和广播电台宣传工作的基本任务和作用，它们与人民群众的关系，以及新闻宣传的无产阶级风格和特点，新闻工作者的政治修养和业务修养等一系列无产阶级新闻学的基本原理，概括起来有以下几个基本内容：

（1）关于新闻工作的基本任务和作用

毛泽东在《谈话》中开宗明义地指出："我们的政策，不光要使领导者知道，干部知道，还要使广大群众知道。……我们正在进行土地制度改革。有关土地改革

---

① ④ 转引自毛泽东 29 日写给胡乔木的信，见《胡乔木回忆毛泽东》，人民出版社 1994 年 9 月版，第 469 页。

② ③ 收入《毛泽东新闻工作文选》。

的各项政策，都应当在报上发表，在电台广播，使广大群众都能知道。群众知道了真理，有了共同的目的，就会齐心来做。"① "马克思列宁主义基本原则，就是要使群众认识自己的利益，并且团结起来，为自己的利益而奋斗。报纸的作用和力量，就在于它能使党的纲领路线、方针政策、工作任务和工作方法，最迅速最广泛地同群众见面。"关于如何宣传党的纲领路线、方针政策问题，他强调要"正确地宣传党的方针政策"，注意克服宣传中那些脱离群众、脱离实际的"左"的和右的错误思想、做法。刘少奇在《谈话》中着重阐述了新闻工作在党和群众之间发挥的桥梁作用，他说："党怎样领导人民呢？除了依靠军政机关、群众团体领导人民之外，更多更频繁的是依靠报纸和通讯社。现在铁路不大通，邮政也不大通，和广大群众通点消息，就靠新华社、广播台了。"② 另一方面，人民也要依靠报纸"把他们的呼声、要求、困难、经验以至我们工作中的错误反映上来，变成新闻、通讯，反映给各级党委，反映给中央，这就把党和群众联系起来了"。刘少奇认为，记者的创造性之一就是"不仅要宣传党的政策，还要在群众的实践中考察政策是不是正确，有没有缺点……"。

（2）关于新闻工作的路线和方针

毛泽东在《谈话》中再次强调了全党办报、全党办新闻事业的路线和方针，他说："办报和办别的事一样，都要认真地办……靠全体人民群众来办，靠全党来办，而不能只靠少数人关起门来办。"刘少奇在《谈话》中也多次阐明了"时时刻刻保持和群众的联系"的重要性，而报纸则是"联系群众很重要的工作"。

（3）关于新闻宣传的风格和特色

毛泽东、刘少奇在讲话中都从不同的角度指出了解放区新闻宣传工作中一度出现的右倾、"左"倾的偏向，要求通过检查工作、总结经验，更好地保持党的新闻宣传工作的应有的无产阶级风格。毛泽东说："我们党所办的报纸，我们党所进行的一切宣传工作，都应当是生动的、鲜明的、尖锐的，毫不吞吞吐吐。这是我们无产阶级应有的战斗风格。"刘少奇在《谈话》中则用"真实"、"全面"、"精彩"六个字深刻地概括了对记者写作的要求，他形象地说："'精'，就是不拉杂，'彩'就是漂亮，挂点。'彩'，读起来爱读。你写得不'精'，人家看不了那么多，你写得不'彩'，人家不愿意看。所以要拣重要的写，重要的就是'精'的。要做到真实，就要全面，缺一面就不是真理。"

（4）关于党的新闻工作者的基本条件和修养

毛泽东在《谈话》中强调了党的新闻工作者要注意向群众学习，向社会实践学

---

① 这一部分毛泽东的论述均分别引自《对晋绥日报编辑人员的谈话》，原载《毛泽东选集》第 4 卷。

② 这一部分刘少奇的论述均分别引自《对华北记者团的谈话》，原载《刘少奇选集》上卷，人民出版社1981 年 12 月版。

习。他说："报纸工作人员为了教育群众，首先要向群众学习。"刘少奇在《谈话》中系统、全面地阐述了党的新闻工作者都应当具备的四个方面的基本条件和修养，即（1）"要有正确的态度"，就是"要全心全意为人民服务"；（2）"必须独立地做相当艰苦的工作"；（3）"要有马列主义理论修养"；（4）"要熟悉党的路线和政策"。

1949 年 3 月，毛泽东在中共七届二中全会上的报告中又明确指出，在城市工作中，"通讯社报纸广播电台的工作，都是围绕着生产建设这个中心工作并为这个中心工作服务的"。①毛泽东、刘少奇的谈话以及这个时期中共中央《关于宣传工作中请示与报告制度的决定》等，都是做好迎接新的历史任务的重要指导性文件。

2. 关于培训干部方面

1948 年夏天，中共中央为了提高新华社的宣传水平，指示新华总社的主要业务干部，包括直接负责口播宣传的梅益、左荧等二十多个编辑组成一个工作队，当时称为"小编辑部"，集中住在西柏坡中央负责同志的住地附近，以便于直接听取有关宣传工作的指示和意见。当时，毛泽东、周恩来、刘少奇等都曾经撰写、审阅、修改过许多重要的文稿，包括新闻、述评、社论、发言人谈话、广播讲话等，并对做好宣传工作发表过许多重要的意见。胡乔木作为新华社总编辑，每天晚上和有关人员一起传阅中央负责同志经手的重要稿件，指导大家如何写好新闻、评论。他十分强调新闻要在政策、观点、事实和文字技术四个方面经得起推敲。同时，在周恩来主持下，新华总社还总结了太行时期宣传工作中出现过的某些"左"的和右的错误和缺点，进一步培养了实事求是、严肃认真的工作作风，加强了宣传工作的组织性和纪律性。为了提高口播的宣传质量，从 1949 年元月起开始编印《新华广播稿》，②（见图 4 – 17）每日 4—8 页不等，大约一万字左右，凡陕北台每天编发的消息、通讯、评论和专稿（包括广播讲演稿和《对国民党军广播》节目的放下武器的国民党军官名单及书信等）均收编入册。此外，1948 年 9 月起，新华总社编印的《业务汇报》（两周刊）内部刊物中曾先后刊载了《语言广播业务通报》（第一号）、《陕北台处理敌俘信稿的经验》等有关语言广播的材料。

3. 关于加强管理方面

1948 年 10 月，新华总社召开了关内广播电台会议，出席会议的有廖承志、徐迈进、梅益、温济泽、黎韦、胡若木、常振玉（代表华北局宣传部及邯郸台）和苗力沉（代表华东台）等，会议由梅益主持。会议讨论并议决的主要问题有：

---

① 《毛泽东选集》第 4 卷，第 1428 页。
② 《新华广播稿》在平山时期，从 1949 年 1 月 1 日至 3 月 15 日，共出 74 期，计 513 页。陕北台迁北平期间一度停刊。4 月 14 日恢复，期号另起，至年底终刊，又出 254 期，约 1800 多页，另从 9 月起编印增刊《广播曲艺》3 辑。总计前后共出 328 期，总字数约 500 万字。

图4-17 陕北台编印的《新华广播稿》

（1）全国性的短波广播统一由陕北台负责。各地短波台的建设采取少而精的原则，除在西北地区建一座短波台（即西北新华广播电台）外，只恢复被接收的国民党的短波台，不另建新的短波台。关内各短波台必须一律转播陕北台的短波广播，借以构成单一的全国联播网。

（2）全国性的中波广播由新华总社广播管理部负责筹建。此项广播每天可播音三次，早晨、中午节目以新闻和娱乐为主，晚间节目分为前后两个部分：前一部分对新解放城市广播，时间为18点至21点，内容有转播陕北台的短波广播和娱乐节目、轮回节目等；后一部分为对待解放区广播，时间为23点半至24点，使之在半小时内即可了解当天的全部节目的主要内容。

（3）邯郸台应准备接收华北地区国民党城市的广播电台，华东台应准备接收华东地区国民党城市的广播电台。为准备接收敌台，各地应调集一批干部至广播管理部接受训练。接收敌台后，应尽速恢复播音。

在此次会议前后，新华总社的领导机构作了调整。总社管理委员会负责处理全社性的行政及一般问题，由社长廖承志负责。另外成立一个编委会，由总编辑胡乔木负责。为了加强对语言广播工作的领导，新华总社成立了广播管理部，由廖承志兼部长，梅益为副部长，下设口播编辑部（温济泽负责）和英播编辑部（沈建图负责），同时开始筹建中央广播事业管理处，以便逐步建立全国性的广播管理机构。新华总社1949年1月15日发出通知，要求解放区各广播电台自2月1日起，皆以自己的台名即"××（地名）新华广播电台"为呼号，取消原有的英文字母（如

XNCR、XNMR 等）作为呼号。今后新建或新解放城市的广播电台也不要以英文字母作呼号。

4. 关于制定政策方面

随着解放战争的不断胜利，国民党统治区的一批大中城市陆续获得解放。为了及时、正确地处理新解放城市原有的新闻机构，中共中央于 1948 年 11 月先后做出了《关于新解放城市中中外报刊通讯社处理办法的决定》[①] 和《对新解放城市的原广播电台及其人员的政策决定》。中共中央在上述文件中确定了新中国广播事业由国家经营的原则。中共中央又于 1949 年 9 月发出《关于对旧广播人员政策的补充指示》。上述文件规定，中国人民解放军军事管制委员会将全部接收国民党政府、军队及党部管理的广播电台，然后迅速利用其设备建立人民广播电台，并开始播送入城法令、布告、城市政策等，同时按时转播陕北台的节目。对原有广播电台编播技术方面的从业人员，应根据情况，分别做出安排。关于民营广播电台，在军事管制期间，一律归军管会统一管理，按照有关规定，办理登记手续，经批准后始得广播。凡外国资本及外国人经营的广播电台均应停止广播。

1949 年 2 月 8 日，毛泽东在为中共中央革命军事委员会写的复第二野战军和第三野战军的电报——《把军队变为工作队》中指出："军队不但是一个战斗队，而且主要地是一个工作队。军队干部应当全体学会接收城市和管理城市，懂得在城市中善于对付帝国主义和国民党反动派，善于对付资产阶级，善于领导工人和组织工会，善于动员和组织青年，善于团结和训练新区的干部，善于管理工业和商业，善于管理学校、报纸、通讯社和广播电台……"[②]

中共中央的上述有关文件，为人民解放军迅速在新解放城市中接收国民党广播电台，建立人民广播电台以及处理私营台、外商台等，制定了明确的政策及执行措施。

二、国民党广播事业的崩溃和民营广播的衰落

1948 年秋冬，中国人民解放军相继取得了辽沈、淮海、平津三大战役的伟大胜利，解放了长江以北的大片国土。国民党在全国的反动统治已陷入了四分五裂、濒于灭亡的境地。在这种情况下，国民党的官办广播事业也面临着崩溃的命运。

国民党官办广播事业的主要部分，即中央广播事业管理处所属的广播电台，这批广播电台实际上都是国民党的"党营"广播事业。抗日战争时期，国民党当局继续坚持实行封建法西斯独裁制度，国民党的各部门、各级大小官吏大发国难财，在贪污和搜刮中集聚大量财富，过着荒淫无耻的生活。战后的国民党更加腐败不堪，

---

① 本决定及后面提及的两个文件，均收入《中国共产党新闻工作文件汇编》（上），新华出版社 1980 年 12 月版。

② 《毛泽东选集》第 4 卷，第 1405 页。

经办广播事业的人员大都是政府官吏，专业人才缺乏，管理不善，贪污中饱、合伙分赃的大有人在。"党营"电台的节目充斥反动叫嚣，谣言谎话连篇，越来越不得人心。为了摆脱"党营"广播的困境，国民党当局早在抗日战争时期就曾多次酝酿另谋出路。1943 年，中央广播事业管理处在拟订战后发展广播事业的方案时，提出以管理处所辖电台为基础，成立中国广播公司，实行企业化经营。但不久因意见分歧而搁浅。抗日战争胜利后，1946 年 1 月，陈果夫等重提旧议，经国民党政府行政院批准，于同年 12 月召开了成立大会。1947 年 1 月，陈果夫代表中国广播公司与行政院订立合约，由行政院"征用"该公司作为政府的御用宣传工具。这种换汤不换药的做法，并没有改变国民党"党营"广播的腐败状况。在经营管理上，由于人事问题的纠葛，直到国民党反动派逃出大陆之前，中国广播公司实际上并未正式建立，一切业务仍由中央广播事业管理处继续办理。1949 年 11 月，中国广播公司才在台湾宣告正式成立。

国民党反动派在其挑起的全面内战中接连遭到惨重的失败，使得国民党统治区的经济体系日益瓦解，经济生活陷入混乱不堪的境地。国民党统治区国民经济的破产，最明显和最集中地表现为物价剧烈地上涨。1947 年一年内，国民党统治区即发生了六次遍及全境的大涨风，物价普遍上涨了 20 倍左右。国民党政府的所谓"征用"中国广播公司，实际上就是由行政院从 1947 年 1 月起，每月拨款 20 亿法币给中国广播公司以便维持广播。由于国民党统治区物价剧涨，货币急剧贬值，中国广播公司每月入不敷出。为了利用广播进行反共反人民的宣传，国民党政府只能增加拨款。同年 5 月拨款增为 30 亿元，8 月又增至 80 亿元，到年末竟增加到 240 亿元。1948 年 6 月，中央广播事业管理处以"紧急支付，以资救济，而维广播"为由，一次申请拨款 1500 亿元。但由于 1948 年国民党统治区的物价比抗日战争前上涨了几百万倍，所以尽管表面上广播经费像天文数字般的不断增加，实际上仍是杯水车薪，无济于事。1934 年创刊、1946 年 9 月在南京恢复出版的《广播周报》，至此已无法维持，1948 年 12 月出版至总 312 期而宣告终刊。至此，连当时国民党统治区出版的刊物，也不得不承认"党营"广播事业已经到了"崩溃前夕"。[①]

1949 年初，淮海战役胜利结束后，国民党政权已面临崩溃的前夕。1 月 21 日，蒋介石宣布"引退"，在幕后操纵政局，指示国民党党政机关迁往广州办公。当时，南京只留下李宗仁的代总统办公室。在此之前，国民党广播事业的首脑人物陈果夫已于 1948 年 11 月赴台湾"养病"。留在南京的中广处处长兼中央台台长吴道一又一次面临拆机搬迁的任务。在他主持下，先后将南京、上海的广播器材约 700 吨装

---

① 见麦克疯：《崩溃前夕的党营广播事业》，载《新闻天地》第 47 期，1948 年 9 月 1 日版。

船运往广州，准备在广州重建中央台，后因局势危急，又仓皇转运台湾。吴道一离开南京之前，委任原山东台台长张维和任代理台长，负责收拾残局。此时国民党中央社早已南迁，中央台的正常新闻来源渠道断绝，只能靠收听美国之音、英国广播公司的新闻加以编排，聊以充数，加之人心涣散、经费匮缺日益严重，张维和被迫拍卖无线电器材用来发放薪金，以解燃眉之急，此后万般无奈于 4 月 16 日提出"辞职报告"称："奉命留京，代理台务，时值艰危，人财交困，诚属不可为无能为之……矧京局又转紧急，城内隐闻炮声，员工类多携带家属，处以危城，饱受虚惊，物价狂涨，生活极苦，而发微薄之薪饷，赖以养家活口者，始终不能如数支给……呈请准命辞职，另简贤能接替……"① 辞职虽未获准，张维和也就不辞而别了。国民党中央台至此已是气息奄奄。

在三大战役中，国民党反动派在东北和华北地区的十多座广播电台先后被人民解放军接管。人民解放军利用接管的广播设备办起了一批人民广播电台，其中较大的有沈阳、天津和北平等地的广播电台。1949 年春天，人民解放军横渡长江。4 月 23 日，南京解放，国民党的中央台及其广播机构先迁广州，后逃台湾。5 月 3 日，杭州解放；5 月 27 日，上海解放；8 月，长沙、福州解放；10 月，广州解放。长江以南的国民党官办广播电台，也先后被人民解放军接管，改建为人民广播电台。在此前后，人民解放军于 1949 年秋冬又乘胜前进，解放了西南、西北的广大国土，接管了兰州、西宁、迪化（乌鲁木齐）、贵阳、重庆、成都、桂林、昆明等地的国民党的一批广播电台。为了阻止人民广播事业的建立，国民党反动派对许多广播设备蓄意破坏，甚至炸毁了设在重庆的国际广播电台的全部重要设备。尽管这样，国民党也未能阻止人民广播事业的迅速发展。台湾出版的《广播史》哀叹，1949 年是国民党广播事业"最为暗淡的一年"。②

在解放战争节节胜利的炮声中，上海解放前夕，中国共产党的地下组织曾经组织进步文艺工作者利用个别民营台播出过一些进步歌曲，如《团结就是力量》、《山那边好地方》和《兄妹开荒》等。上海的进步电影艺人还利用民营台举办过每周一次的《昆仑星期晚会》节目，③ 给盼望解放的人民带来了新的希望。在南京、上海获得解放的时刻，留存下来的二十多家民营台，除了有一家受国民党反动派的裹胁迁到台湾以外，其余的都留在大陆，迎接了解放的到来。

1949 年 10 月 1 日，中华人民共和国胜利诞生。至此，存在了二十多年的国民党及其管理下的广播事业，在大陆上宣告终结，中国的广播历史进入了新的发展时期。

---

① 转引自《第四战线》，第 216—217 页。
② 曾虚白主编：《中国新闻史》，台湾三民书店 1966 年 4 月版，第 653 页。
③ 吴茵：《昆仑影业公司几件事》，载上海《文史资料选辑》1980 年第 1 辑。

三、陕北台迁进北平和新解放区广播电台的建立

中共中央七届二中全会之后，1949 年 3 月 25 日，中共中央由西柏坡迁进北平。同一天，新华总社和陕北新华广播电台也由平山北上来到北平。[①] 从这一天起，陕北台改名为北平新华广播电台，并开始具有对全国广播的中央台的性质。原北平新华广播电台则改名为北平人民广播电台，不久又改称为北平新华台的第二台，作为北平市台，继续面向全市听众广播。

为了适应广播事业日趋扩大的需要，6 月 5 日，中共中央发出通知：[②] 将原新华总社语言广播部扩充为中央广播事业管理处，管理并领导全国广播事业，由廖承志任处长，李强任副处长。通知指出，中央广播事业管理处与新华总社为平行组织，同受中共中央宣传部的领导；各中央局所属广播电台，今后应受各该中央局宣传部与中央广播事业管理处之两方面领导。各地广播电台与中央广播事业管理处之关系，与各地新华总分社、分社与新华总社之关系相同。

陕北台由乡村迁进城市和中央广播事业管理处的成立，标志着人民广播事业的发展开始了一个新的阶段。从此，广播事业脱离新华社成为单独的宣传系统，与人民日报社、[③] 新华通讯社并列为中央级三大新闻机关。

中央广播事业管理处存在的近四个月的时间里，在廖承志的主持下，遵照中共中央的有关指示和决定，为统一领导和管理全国的广播事业做了大量的工作，其中主要有：

（1）对地方广播电台的设置原则、管理办法以及有关事项作了一系列明确的规定。例如，关于短波台的设立问题，规定除北平新华台外，各地方台均以使用中波台为宜。关于广播电台的名称问题，规定除作为全国中央台的北平新华广播电台外，各地广播电台一律统称某地人民广播电台。

（2）为统一领导和管理华东地区的广播电台，8 月 10 日与中宣部联合发出成立华东广播事业管理处的指示。该处的任务为管理并领导华东各地人民广播电台，管理华东各地私营广播电台和管理华东各地收音机的调查、登记、配售等事项。指示还对上海人民台的广播内容提出了原则性的要求，同时对如何妥善地管理私营台也作了明确的规定。这项指示对正确处理当时全国广播电台最大的集中地——华东地区广播事业管理和发展的问题起了积极的作用。

（3）加强了对广播宣传工作的统一领导，规定各地方台从 6 月 20 日起，每天

---

① 台址在当时西长安街 3 号原国民党北平广播电台旧址。

② 《解放区广播历史资料选编》，第 49 页。

③ 1949 年 1 月 31 日北平和平解放后，2 月 2 日《人民日报》北平版正式出版。3 月 15 日，华北《人民日报》迁进北平，取代临时性的《人民日报》北平版。8 月，根据中共中央决定，华北《人民日报》改为中共中央机关报，胡乔木任社长，邓拓任副社长兼总编辑。

晚上 20 点 30 分至 21 点 30 分必须转播北平新华台的新闻、综合报道、评论和国际时事节目。针对个别地方台播出了一些不应广播的地方消息，中宣部与中央广播事业管理处于 6 月 9 日联合发出的《关于地方广播稿件审查问题的指示》，规定各地方台广播的地方新闻尤其是记录新闻，"第一，必须经中央局、分局或市委负责审查"，"第二，其中特别重要的问题，影响及于全国者，必须事先向中央宣传部或新华总社请示，或待总社与北平新华广播电台广播后再发"。

（4）编印出版了人民广播史上的第一份业务刊物《广播资料》。该刊从 7 月起先后共出刊三期，除刊登了中央广播事业管理处的有关指示、决定和通知等外，特别有意义的是，把列宁关于无线电广播的论述介绍给中国读者。列宁在 1922 年 5 月 19 日写给斯大林的信中强调，无论是就进行宣传和鼓动，还是就举办讲座来说，发展广播事业都是"绝对必要的"，并且指出，为了发展广播事业，"绝对不要吝惜资金"。此外，《广播资料》还介绍了苏联、英国、加拿大等国广播事业发展状况和进行听众调查的情况等。

1949 年 3 月 26 日，即陕北台迁进北平的第二天，根据中共中央的指示，通过北平新华广播电台通知南京国民党方面派出代表，到北平举行和平谈判。中共中央派周恩来、林伯渠、林彪、叶剑英、李维汉（后又加派聂荣臻）为和谈代表，以周恩来为首席代表。国民党李宗仁政府派张治中、邵力子、黄绍竑、章士钊、李蒸、刘斐为谈判代表，以张治中为首席代表。4 月 1 日，国共双方代表开始在北平谈判。15 日，双方代表拟定了《国内和平协定草案》的"最后修正案"，全文共八条二十四款，是以中国共产党提出的八项条件为基础商定的。中共代表团宣布以 4 月 20 日为最后签字的日期，但南京李宗仁政府竟然拒绝在协定上签字，决意与人民顽抗到底。

4 月 21 日，北平新华广播电台以气壮山河之势，反复播出了毛泽东主席、朱德总司令发布的《向全国进军的命令》，要求中国人民解放军全体指战员"奋勇前进，坚决、彻底、干净、全部地歼灭中国境内一切敢于抵抗的国民党反动派，解放全国人民，保卫中国领土主权的独立和完整"。同一天，人民解放军百万雄师分作西、中、东三路，在长达五百余公里的战线上强渡长江，直指国民党反动统治中心——南京。次日，北平新华台即播出毛泽东撰写的《我三十万大军胜利南渡长江》、《人民解放军百万大军横渡长江》两篇重大消息。①

自 4 月下旬至 6 月下旬，人民解放军在为期两个月的渡江战役中，先后解放了南京、杭州、武汉、上海、南昌等一批大中城市以及江苏、浙江、安徽、福建、江西、湖北等省的广大地区。北平新华台先后播出了毛泽东撰写或修改的《南京国民

---

① 均已收入《毛泽东新闻工作文选》。

党反动政府宣告灭亡》、《祝上海解放》等新华社消息、社论。① 在此期间，新解放区的一批人民广播电台相继建立起来。

4月23日，国民党的反动统治中心南京获得解放。第二天，南京的广播电台奉命转播北平新华台的全部节目。5月6日，人民解放军南京市军管会文教委员会派李强、陆亘一两人接管了原国民党在南京的中央台及国防部所属的军中广播电台。从18日起，利用上述两台设备建立的南京人民广播电台开始播音。

在此前后，在江苏省境内先后建立起南通新华广播电台（3月20日开始播音，7月8日改名为南通人民广播电台），无锡广播电台（4月23日无锡解放后继续播音，9月1日，无锡人民广播电台正式成立），常州人民广播电台（4月27日开始试播，10月1日正式播音）和苏州新华广播电台（5月15日开始播音，9月1日起改名为苏州人民广播电台）。

5月27日，我国最大的城市上海解放。同日，中国人民解放军上海市军管会接管了国民党上海广播电台。晚上，上海人民广播电台即开始播音。同时，设在济南的华东新华台停止播音。9月1日起，上海人民台开始承担向华东地区广播的任务。上海人民台台长周新武，副台长苗力沉。

人民解放军南下之后，相继开始播音的大中城市广播电台还有：

武汉新华广播电台：原中原新华广播电台的南下干部接管国民党汉口广播电台后所建立，5月23日起开始播音。8月1日起，该台改名为武汉人民广播电台。

浙江新华广播电台：杭州解放后利用接管的广播设备建立，5月25日开始播音，6月9日改名为杭州人民广播电台。

南昌新华广播电台：南昌解放后利用接管的广播设备建立，5月25日开始播音，6月3日起改名为南昌人民广播电台。

福州人民广播电台：8月24日开始播音，系利用接管的原国民党福建广播电台而建立。

在西北地区，人民解放军第一野战军在挺进大西北的战斗中，先后解放了甘肃、青海等广大地区，并先后建立了兰州人民广播电台（9月7日开始播音）、西宁人民广播电台（9月14日开始播音）。

中华人民共和国成立前夕，据1949年9月统计，全国各地已有人民广播电台近四十座，一个遍布全国的人民广播网初步形成。

四、开国大典的广播宣传

随着全国解放新形势的到来，北平新华广播电台的宣传任务日益繁重。1949年3月，进城之初，北平新华台每天播音5小时。中央广播事业管理处成立以后，

---

① 均已收入《毛泽东新闻工作文选》。

直接领导该台工作，由廖承志兼任台长、英语广播部主任，李强兼副台长、工程部长，梅益为编辑部第一部长。在廖承志的领导下，北平新华台为了满足面向全国宣传的需要，及时改进工作，增加播音时间，开办新的节目。其中较大的改进有两次：

第一次是进城后不久，从6月20日起，北平新华台每天晚上8点半至9点开办新闻、综合报道、评论、国际时事节目，供全国各地广播电台转播。同日，继英语广播之后，又开办日语节目，同时还开办了广州话、潮州话和厦门话节目。从这天起，北平新华台分别与中华全国总工会、中国新民主主义青年团、中华全国民主青年联合会、中华全国学生联合会、中华全国妇女联合会合作，开始举办职工、青年、妇女轮回节目。这是一种对象性节目，目的在于使广播的内容适合不同对象的需要。

第二次在新中国成立前夕，从9月1日起，北平新华台每天播音增加到五次，时间增加到3小时。同一天，该台与中华全国自然科学工作者代表会议筹委会宣传部联合举办的第一个知识性节目《自然科学讲座》开始播出。该节目每星期播送六次，主要内容是讲解有关生理、医药卫生、工矿、农林、物理、化学等各方面的知识和科学家的故事。同时，为了逐步改造旧曲艺，用新的曲艺向全国示范演唱，该台又与中华全国曲艺改进会筹备会联合举办了《曲艺节目》。

在此期间，北平新华台宣传的主要内容是关于新的政治协商会议的召开和迎接新中国的成立。6月20日晚上，北平新华台首次播出了毛泽东6月15日在新政治协商会议筹备会上的讲话录音，他在讲话的最后，充满信心地向全世界宣布："中国人民将会看见，中国的命运一经操在人民自己的手里，中国就将如太阳升起在东方那样，以自己的辉煌的光焰普照大地，迅速地荡涤反动政府留下来的污泥浊水，治好战争的创伤，建设起一个强盛的名副其实的人民共和国。"[①] 同时播出的还有周恩来的开幕词以及朱德、李济深、沈钧儒、郭沫若、陈嘉庚等的讲话录音。这是全国人民第一次从广播中听到人民领袖毛泽东的声音。毛泽东讲话录音播出后，在亿万人民中引起强烈的反响，海内外报刊纷纷报道收听盛况和反应。《人民日报》报道称："华北人民欢腾庆祝，工人农民决心以努力生产作为献礼。"《光明日报》报道了北平清华大学、辅仁大学"师生们聆听人民领袖的声音"的消息。《东北日报》报道沈阳工友说："不吃饭也要听毛主席广播。"皇姑屯车辆厂工友上书毛主席，保证提前三个月完成全年任务。香港《华商报》刊登新华社消息，报道北平、沈阳千万人民在收音机前倾听人民领袖的声音。《天津日报》刊登了诗人鲁藜听到广播后连夜赶写的诗篇。

---

① 《毛泽东选集》第4卷，第1467页。

6 月 30 日晚上，北平新华台首次播出了毛泽东为纪念中国共产党诞生 28 周年而写的《论人民民主专政》一文。这篇具有伟大历史意义的著作，全面地总结了中国革命斗争的历史经验，阐明了中华人民共和国的政权性质及其对内对外的基本政策。7 月 1 日，朱德亲临北平新华台发表了纪念广播讲演。随后，该台又报道了北平和其他各地举行纪念大会的消息和通讯。

在人民解放战争节节胜利的形势下，七七抗日战争 12 周年纪念日来到了。7 月 6 日晚上 7 点 50 分，周恩来亲临北平新华台，以新政协筹备会常务委员会副主任的身份，宣读了新政协筹备会各党派、各团体和各界民主人士发表的纪念七七抗日战争 12 周年宣言。周恩来代表中国人民向全世界庄严宣告："现在国民党反动派的残余力量虽然仍图最后挣扎，但是已经不要很久就可以全部肃清，代表中国人民意志的新政治协商会议筹备会已经成立，不久就可以召集新政治协商会议，产生民主联合政府，着手新中国的建设工作。"7 月 7 日傍晚，朱德总司令在北平新华台发表了纪念七七抗战 12 周年广播演讲，他号召全国军民"百倍地努力工作，消灭反动派的残余，镇压反动派的破坏，发展工业生产、农业生产和文化教育的建设工作。我们要建设一个新中国，我们一定能建设一个新中国"。

9 月 14 日，新华总社发出通知，要求各地报社、通讯社、广播电台均应派人采访即将开幕的中国人民政治协商会议。在会议前后，"全国各地报纸、通讯社、广播电台均应以会议作为宣传中心，进行系统有力宣传"。[①] 为了做好会议的宣传工作，在廖承志主持下作了认真、细致的准备。廖承志、梅益以中华全国民主青年联合会总会代表的身份出席了会议。

9 月 21 日晚 7 点整，中国人民政治协商会议第一届全体会议在北平隆重开幕，北平新华广播电台和各地广播电台均以这次会议为中心，进行了全面的、系统的宣传。北平新华台的宣传报道注意发挥了广播宣传迅速及时、感染力强的特点，除了大量采编新闻稿件外，还采用讲话录音、实况广播、录音报道等形式对大会作了充分、有力的报道，在全国亿万听众中引起了热烈的反响。

北平新华台在当天晚间 8 点半的第三次新闻节目里播出了振奋人心的喜讯："现在我们向国内外听众宣布一个非常重要的消息，就是各位听众多年来殷切期望的中国人民政治协商会议第一届全体会议，已经在今天下午 7 点钟在北平隆重地开幕。……本台从今天起，将逐日播送会议进行的各项消息和各重要报告和讲话录音。"

随后，北平新华台在 9 点 15 分播出了毛泽东致开幕词的讲话录音，此时此刻，全中国都在静听着毛泽东的声音："占人类总数四分之一的中国人从此站起来了。"

① 《解放区广播历史资料选编》，第 56 页。

"我们将以一个具有高度文化的民族出现于世界。"广播中随即传来一阵欢呼和鼓掌声。人们从广播中听到了毛泽东洪钟一样的声音："让那些内外反动派在我们面前发抖罢"，"中国人民的不屈不挠的努力必将稳步地达到自己的目的。"①此后，接连几天里，全国各地报纸大量报道了全国人民收听毛泽东开幕词讲话录音后的反应。《人民日报》报道："喜闻中国人民政协胜利开幕，平津人民一片欢呼声。"《天津日报》报道"驻津部队欢呼振奋"。上海《解放日报》报道："部队里到处像办喜事，战士们纷开座谈会决心保卫胜利果实。"《东北日报》刊登署名文章《全世界静听一个声音》。上海《解放日报》25日刊登的题为《狂欢在收音机旁》，记述了人们收听毛泽东讲话录音时的生动情景："当广播员报告毛主席开幕词录音广播开始时，大家含着微笑，严肃愉快而紧张得连气也不喘地静听毛主席的演讲，一个字也不肯放过。虽然是从收音机里听到的，但毛主席洪亮的激昂的声音，大家感到多么亲切，多么有力啊！虽然绝大多数人从来没有听到过他的声音，但是宛如毛主席就站在大家面前一样。收音机里响起阵阵暴风雨般的掌声，围聚在收音机旁的同志也情不自禁地鼓起掌来，他们的心和远在北平会场的人民政协代表的心连在一起了，在毛主席英明的号召下起着共鸣。虽然毛主席的声音越来越洪亮，越来越清晰，但大家却越来越聚拢头向前伸着，眼睛凝视着，耳朵侧听着，好像就要钻进收音机里面去。当毛主席讲到人民解放战争的胜利，讲到人民解放军今后所负重大的责任，并高呼在人民解放战争中光荣牺牲的烈士万世不朽的时候，每一个同志都被感动了！紧接着广播里面的更热烈更长久的掌声，广播机旁的全体同志也响起了一片狂欢的掌声。"

为了突出宣传全国各族人民团结一致、建设新中国的坚强信念，北平新华台对与会各党派、团体、地方、部队代表和特邀代表的绝大多数发言以及会议的重要报告都一律录音播出，据不完全统计，多达90人次以上。

北平新华台还尝试利用实况广播的形式，向全国人民真实、生动、具体地报道了会议通过《共同纲领》和其他文件以及国都、纪元、国歌、国旗四项议案的情景。27日，会议通过中华人民共和国定都北平，即日起改名为北京的决定。同一天起，北平新华广播电台改名为北京新华广播电台。29日，会议通过《共同纲领》。《共同纲领》第四十九条规定："保护报道真实新闻的自由。禁止用新闻以进行诽谤、破坏国家人民利益和煽动世界战争。发展人民广播事业。"30日，中国人民政治协商会议第一届全体会议胜利闭幕，毛泽东当选为中央人民政府主席。北京新华台以实况广播的形式，真实、生动地把那热烈的场面传达给国内外的听众。远在华东第二野战军中的记者、诗人海棱拿起笔来，满腔热情地在题为《狂欢之夜》

---

① 《中国人从此站立起来了》，载《毛泽东文集》第5卷，第342—346页。

的诗中写道：

> 二十点四十分，
> 从收音机忽然传出
> 一阵暴风雨的鼓掌和欢呼
> ——毛泽东
> 当选中央人民政府主席
> 收音机旁边的听众也同时喊出
> ——毛主席万岁。
> 一阵热情的拥抱、欢呼，
> 和收音机里的声音交响一片。①

在历时十天的连续宣传中，北平（北京）新华台详尽地报道了会议的进程、国内外的反应，同时在轮回节目、文艺节目中，也都配合会议的进行开办了一系列专题性节目。各类节目围绕第一届政协会议形成了一个空前规模的广播宣传的高潮。

10月1日下午3点，中华人民共和国开国大典在北京天安门广场隆重举行。当天的《人民日报》向全国预告北京新华台将作实况广播，各地人民广播电台同时转播。（见图4-18）梅益在现场主持这次实况广播工作，这是人民广播史上第一次大规模的全国性实况广播。在城楼上负责技术工作的是李伍、傅英豪、黄云和李志海等，胡若木、高而公和杨兆麟等提前采写了实况广播初稿。全国各族人民和五大洲的广大听众从广播中聆听了毛泽东主席豪迈有力、气势磅礴的声音："中华人民共和国中央人民政府今天成立了！"随后转播了毛泽东主席宣读《中央人民政府公告》、朱德总司令检阅人民解放军陆海空三军部队和规模盛大的群众游行等

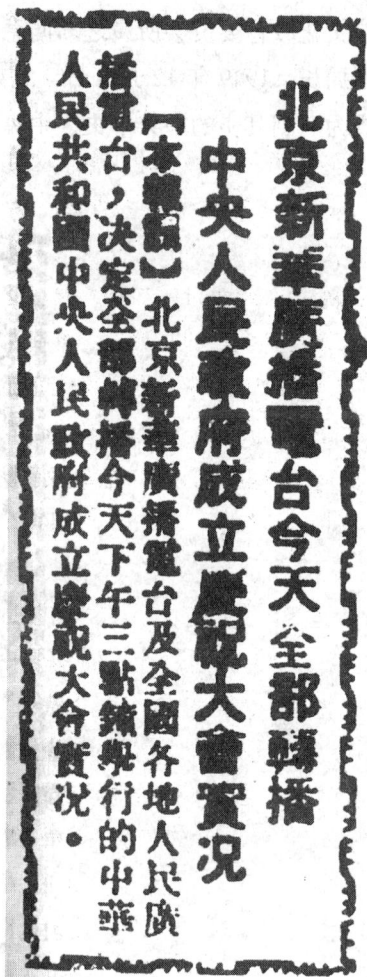

图4-18　《人民日报》1949年10月1日预告北京新华广播电台当天下午3点转播"开国大典"实况

---

① 南京《新华日报》1949年10月2日。

情景。播音员丁一岚、齐越在天安门城楼西侧，用简洁、明快的语句，把一幕幕振奋人心的场景，报告给全国各地围坐在收音机旁的亿万听众。整个开国大典的实况广播持续六个半小时，至晚上9点25分宣告圆满结束。

北平（北京）新华台通过开国大典前后的广播宣传，把全国亿万人民紧密联结在一起，长城内外群情振奋，大江南北欢声雷动。全国人民决心在中国共产党的领导下，为建设一个独立、民主、和平、统一、富强的新中国而奋斗。

新中国成立后，中央广播事业管理处改组为广播事业局，由中央人民政府政务院文化教育委员会所属之新闻总署领导。李强任广播事业局局长，梅益、徐迈进任副局长。1949年12月5日，北京新华广播电台第一台定名为中央人民广播电台，①成为名副其实的中共中央、中央人民政府和全国人民的喉舌。（见图4-19）

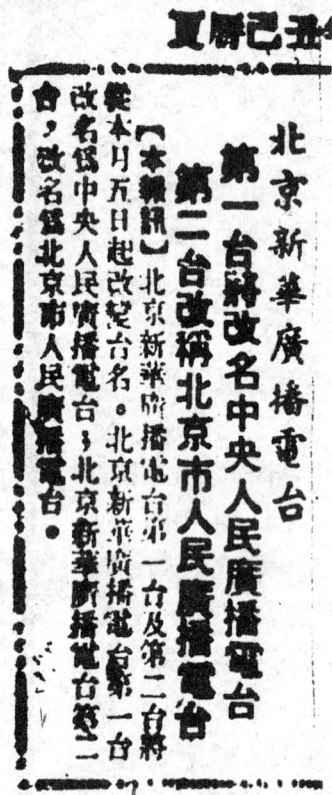

图4-19 《人民日报》1949年12月2日报道北京新华广播
电台将改名为中央人民广播电台

新中国的诞生，标志着古老的中国从此迈进了一个新的历史时期。人民共和国的创建，为人民广播事业的发展开辟了新的广阔的前景。

---

① 《人民日报》1949年12月2日。与此同时，北京新华广播电台第二台改称北京市人民广播电台。

　　解放战争时期是中国两种前途、两种命运的决战时期。这个时期，中国广播事业发展的特点是与解放战争形势的发展紧密相关的。其特点表现为：

　　第一，在抗日战争胜利后的相对和平阶段，国统区的官办广播事业经历了短暂的繁荣。国民党当局发动的内战在遭到人民解放战争的沉重打击后，随着解放区的扩大，国民党的广播事业日益萎缩，最终走向了崩溃的道路。

　　第二，国统区的民营广播事业在战后一度复苏，但在国民党的政治高压和经济危机的双重打击下，不久即一蹶不振走向了衰落的道路。

　　第三，在解放战争中，国民党的广播和解放区的广播在宣传战线上也展开了一场激烈的斗争。国民党"戡乱"广播的宣传曾短时间甚嚣尘上，但在宣扬和平、正义、真理的解放区广播之声的强大攻势下，不久即宣告破产。解放区的广播在国统区的影响日益扩大，成为推动第二条战线斗争开展的强大动力。

　　第四，抗日战争胜利声中重建起来的人民广播事业，在解放战争中经历了曲折发展的道路，但随着解放战争的不断胜利，终于逐步成长壮大起来。

　　1949年10月1日，中华人民共和国的成立，宣告了旧中国广播的终结和人民广播事业新阶段的开始。

上卷结束语

古老的中国自从 1840 年鸦片战争以来，逐步走向半殖民地半封建的社会。1911年，孙中山领导的辛亥革命推翻了长达两千年的封建王朝统治，建立了中华民国。但是，中国的社会性质并未发生根本的变化，仍然是半殖民地半封建的社会，帝国主义、封建主义和官僚资本主义依然统治着中国。与此同时，不堪压迫和剥削的中国人民在中国共产党的领导下，同帝国主义、封建主义和官僚资本主义统治展开了不屈不挠的斗争。在上述错综复杂的历史背景下产生和发展起来的民国时期的广播事业有着以下三个明显的特点：

1. 外国在华开办广播电台时间之早、数量之多和影响之大，在世界各国中是绝无仅有的

众所周知，在半殖民地半封建的旧中国，帝国主义列强享有种种特权，控制着中国的海关、电信大权，以租界的名义霸占我国领土，甚至公开侵占中国领土，建立殖民统治，在广播领域也不例外。1920 年 11 月，美国开办了一般公认世界上最早的广播电台。仅仅过了两年，美国人把一套无线电广播设备运到上海，于 1923 年1 月，办起了中国境内的第一座广播电台，随后美商又陆续在上海建立了两三座广播电台。按照当时北洋政府的有关法律，美国人私自把无线电器材运进中国，并擅自开办广播电台是属于违法之事。但由于美国商人凭借着列强在华特权，软弱的中国政府也对之无可奈何。1925 年 3 月，日本国内的第一座广播电台问世，仅隔四个月，日本帝国主义在其占领下的大连办起了一座带有殖民性质的广播电台。上述事例都发生在中国人自办的广播电台出现之前。据不完全统计，在中国境内开办广播电台的国家除美国、日本外，还有英国、法国、德国、意大利、瑞士和苏联等，它们所办广播电台累计近一百座，时间前后达二十多年之久，直到 1949 年，外国在华广播电台才在中国最后绝迹。

形形色色的外国在华广播电台，由于其主办者和出现的背景不同，对中国社会产生的影响和作用也不尽相同。综观外国在华广播电台主要可以分成三种类型：第一种是外商以推销无线电器材为目的开办的。例如，美国人早期在上海开办的广播电台；第二种是帝国主义列强为侵略中国而开办的。例如，日本帝国主义从 20 世纪

20 年代中期起在其占领区先后建立的六十多座日伪广播电台；第三种是苏联在上海建立的广播电台和抗战后期美军进驻中国作战后建立的军用广播电台。苏联当时是在日本占领下的上海为进行反法西斯斗争而建立的广播电台，其历史的进步作用应予肯定。至于美军广播电台在抗战后期为协助中国抗日和在抗战胜利后为支持国民党打内战所起的作用迥然不同，应给予不同的评价。

2. 国民党的官办广播电台在旧中国几百座广播电台中长期居于统治地位，国民党当局利用其统治权力控制着中国的广播事业

1928 年，国民党新军阀取代北洋政府旧军阀在南京建立了全国政权。在此前后，国民党先后办起报刊、通讯社和广播电台为其统治服务。据不完全统计，国民党党政军机关创办的各类广播电台累计大约有 150 座以上，从数量上说比民营广播电台要少得多，但由于官办广播电台发射功率强、频率多，所以它的收听范围以及作用和影响远甚于民营广播电台。以 1937 年 6 月的统计为例，当时全国有国民党官办广播电台 23 座，民营广播电台 55 座，但从发射功率来看，在 120 多千瓦总功率中，民营台不足 6%，而国民党官办广播电台却超过 94%。再以 1947 年 9 月统计为例，当时全国有国民党官办广播电台 41 座，民营台虽然有 90 座，但其发射功率不足 406 千瓦总功率的 2%。国民党官办台一个台的发射功率最强的达几十千瓦，拥有几个频率，而民营台一个台的发射功率最强者不过 1 千瓦，少的只有几十瓦，甚至 10 瓦左右，一般一个台只有一个频率，有时甚至两三个台共用一个频率。中国民族资产阶级的先天不足，经济力量薄弱，在广播领域中也得到了反应。

国民党当局不但拥有一大批颇有实力的广播电台，更重要的是，它还凭借手中掌握的权力控制着中国的广播事业，起初通过负责电信的交通部门管理广播事业。1936 年 2 月，国民党成立了中央广播事业指导委员会，作为全国广播事业的决策机构，此后，连续颁布了一系列管理广播事业和审查广播节目的法令，竭力把全国的广播电台都纳入到国民党当局的宣传轨道之中。凡违反规定的广播电台，轻者给予警告或停播处分，重者则吊销执照。

在国民党政权二十多年的统治中，官办广播电台成为它的御用宣传工具，总的来说是为国民党的四大家族统治服务的。但在某些特定的历史阶段，例如抗日战争时期，国民党的广播宣传则具有双重性，既有反共反人民的消极作用，同时也有国共合作共同抗日的积极作用。

3. 中国共产党领导的人民广播事业在经历了众多的挫折和磨难之后，随着人民革命斗争的最后胜利，终于成为中国广播事业的中坚力量，并形成了自己独有的优良传统

人民的广播事业创建于抗日战争的艰苦年代。1940 年 12 月，延安新华广播电台的诞生，标志着中国广播事业发展新阶段的开端。解放区的广播事业是随着人民

解放战争的胜利发展而逐步壮大的。1945 年 8 月抗日战争胜利之际，只有延安台一座，1947 年 9 月已增加到十座，1948 年 9 月时有二十多座，至 1949 年 9 月新中国成立前夕，即已近四十座。这其中除少数几个台是自力更生、自行建立（如延安台）和接收日伪广播设备改建的（如张家口台及东北地区的某些台）外，大多数是利用接管的国民党官办广播电台改建而成的。从解放区建立并逐步发展起来的人民广播事业，既是中国广播事业的中坚力量，又为新中国的广播事业奠定了基础。

人民的广播电台虽然大部分是利用接收国民党的广播设备建立起来的，但作为一个宣传机构来讲，特别是就它的编、采、播工作来说，却同旧中国的广播事业没有直接的继承关系。人民广播在新华社的襁褓中成长起来，并直接继承了中国共产党党报和新华社的优良传统，然后在实践中形成了自己的独有的传统。解放区广播的传统可以概括为三句话，即自力更生、艰苦奋斗的创业精神，实事求是、严肃认真的宣传作风和联系群众、联系实际的工作方法。

1949 年 10 月，中华人民共和国的成立标志着旧中国广播事业的终结和人民广播事业发展新阶段的开始。

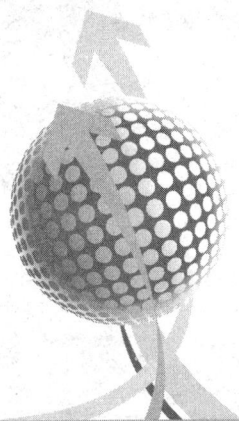

下 卷

第 5 章

向社会主义过渡时期的广播事业

中国人民革命的胜利和中华人民共和国的成立，揭开了中国历史的新篇章。它标志着一百多年来帝国主义同封建统治者勾结起来奴役中国人民和内外战乱频繁、国家四分五裂的历史从此结束；人民企盼已久的独立、统一的新民主主义的新中国终于诞生；中国共产党一直重视、积极领导的人民广播事业由此进入新的历史阶段。从 1949 年到 1956 年，是中国共产党发动、组织全国人民恢复国民经济，贯彻执行党在过渡时期的总路线，把新建立的人民共和国由新民主主义国家变为社会主义国家的伟大历史时期，也是中国共产党和人民政府通过接管、改造旧中国的广播电台，在全国范围内开创、建设人民广播电台，为发展具有中国特色的人民广播事业奠定基础的历史阶段。

第一节
新中国广播事业的创建　第一次全国广播工作会议

一、加强对人民广播事业的领导　广播事业局的成立

1949 年 10 月 1 日，中华人民共和国中央人民政府正式成立。随后，原经中共

中央决定成立的中央广播事业管理处改组为广播事业局，① 直属中央人民政府政务院新闻总署领导。李强任局长，梅益②、徐迈进为副局长。1952 年 9 月，李强调任其他工作，梅益②任局长，徐迈进、温济泽任副局长。中央广播局的任务是：（1）领导全国各地人民广播电台；（2）直接领导中央人民广播电台对国内和对国外（呼号为"北京广播电台"）的广播；（3）普及人民广播事业；（4）指导和管理各地私营广播电台；（5）培养和训练广播事业干部。各地人民广播电台同时领导和管理所在地方的广播事业和广播工业。③ 1952 年 2 月 12 日新闻总署撤销以后，中央广播局由政务院文化教育委员会领导，宣传业务由中共中央宣传部领导，1954 年 11 月，由于国家机关改组，中央广播局的技术行政业务改由国务院第二办公室领导，宣传业务仍由中共中央宣传部领导。

中共中央、宣传部、政务院及新闻总署对人民广播事业建设方针和宣传原则及时作出指示。1950 年 2 月 27 日，新闻总署召开京津新闻工作会议。这次会议讨论了报纸、通讯社和广播电台的发展方向与相互关系问题，关于广播电台的发展方向，会议的意见是："广播电台应以发布新闻、社会教育及文化娱乐为主，市台则应着重社会教育。人民广播电台对全国及对国际广播节目，应集中于中央人民广播电台；地方人民广播电台除联播中央人民广播电台外，并应特别加强地方性节目。"

关于报纸、通讯社与广播电台的相互关系，会议的意见是："全国性与全世界性的重要新闻，报纸与广播（电）台均应以新华社为主要来源。但除公告及主要公告性新闻外，各报社及广播（电）台亦应在可能条件下对国内外重要新闻进行自行的采访工作。新华总社应将重要新闻尽早交中央人民广播电台发表。""任何外国通讯社稿件，均须经过新华社才能发表，各报及广播电台均不得自行抄收与采用。""广播电台应采用报纸言论及消息，并应有自己的新闻与评论。"④上述意见在很长

① 当时作为政务院新闻总署的直属机构，正式名称为广播事业局。1967 年 12 月起，广播事业局为中共中央直属部门序列，在中央有关文件中开始使用中央广播事业局的名称，直至 1982 年 5 月改组为广播电视部。本书为行文前后一致，统称为中央广播事业局或简称中央广播局。

② 梅益（1914—2003），原名陈少卿。广东潮安人。1935 年在北平参加左翼作家联盟，1937 年在上海参加中国共产党。抗日战争时期，任中共上海市文委成员、书记，创办《每日译报》，并主编《华美周刊》、《求知文丛》和《上海一日》等刊物。1946 年任南京中共代表团发言人、新华社南京分社社长。1947 年 3 月，随代表团撤回延安，在延安和撤出延安至进入北平前，任新华总社编委、副总编辑，并分管语言广播工作，曾任广播管理部副部长。1949 年春进入北平后，任北平新华广播电台（今中央人民广播电台）编辑部第一部长兼北平人民广播电台管理委员会委员。新中国成立后，历任中央广播事业局副局长、局长、顾问等职。其间，曾任全国记协副主席。1978 年调中国社会科学院，历任副秘书长、副院长、党组第一书记、顾问等职。1986 年调中国大百科全书出版社任总编辑、社长，曾任中国广播电视学会及《中国广播电视年鉴》顾问，中共中央顾问委员会委员，第一、五届全国政协委员，第一、二、三、六届全国人大代表，第六届全国人大常委会委员。著述有《梅益谈广播电视》，翻译作品有《西行漫记》、《续西行漫记》、《尼赫鲁自传》（均系与他人合译）及《钢铁是怎样炼成的》、《对马》等书。2003 年在北京去世。

③ 转引自左漠野主编：《当代中国的广播电视》（上），中国社会科学出版社 1987 年 3 月版，第 34 页。

④ 以上均引自《京津新闻工作会议关于（新闻工作）统一与分工初步意见摘要》，载中央广播局《广播通报》第 1 卷第 7 期，1950 年 4 月 2 日编印，第 2—3 页。

一段时间，成为我国有关新闻机构之间互相分工和协作的基本原则。（见图 5 - 1）

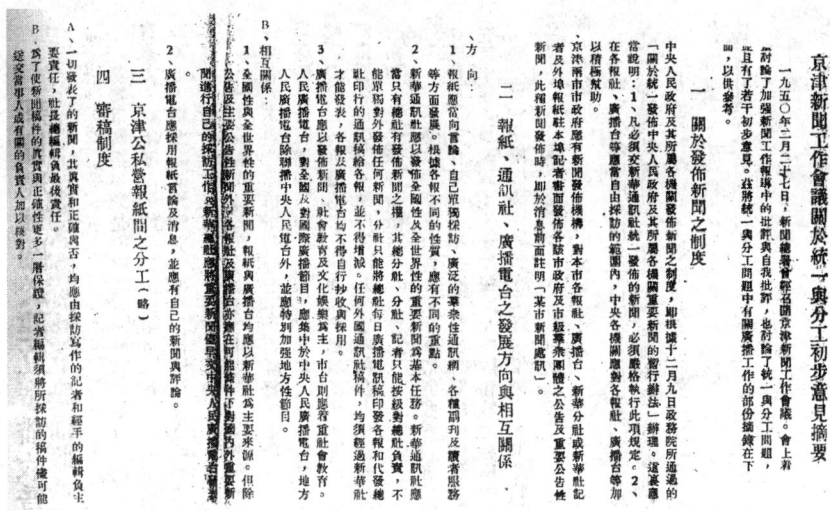

图 5 - 1　1950 年 2 月《京津新闻工作会议关于（新闻工作）
统一与分工初步意见摘要》

1950 年 3 月 29 日至 4 月 16 日，全国新闻工作会议在北京召开。会议讨论改进报纸工作，统一新华社的组织工作以及建立全国收音网等问题。梅益副局长在会上作了题为《人民广播事业概况》的报告。他在报告中说，人民广播事业独有的特点是"以其广播为广大人民服务，在工作中不断加强他们与听众的联系，并使它成为新闻的源泉、教育的讲坛和文化娱乐的工具"。[①]会议认为，应在全国建立广播收音网，以便使人民广播事业建立在确实的群众基础上发挥应有的宣传教育作用。1950年 4 月 22 日，新闻总署发布《关于建立广播收音网的决定》。[②]（见图 5 - 2）这是中华人民共和国成立后第一个由政府公布的有关无线电广播的政令。三天后，4 月25 日，新闻总署做出《关于省、市、区新闻机关员额暂行编制的决定》，其中具体规定了人民广播电台员额编制。上述会议的决定和政府的政令是新中国成立初期广播工作的指针，对以后发展人民广播事业和组织宣传工作具有很大的影响。

中共中央机关报《人民日报》于 1950 年 6 月 6 日发表题为《各级领导机关应当有效地利用无线电广播》的社论，指出："无线电广播是群众性宣传教育的最有力的工具之一，特别是在我国目前交通不便、文盲众多、报纸不足的条件下，如果善于利用无线电广播，则将发挥极大的作用。"社论要求各级领导机关，应当迅速执行新闻总署不久前发布的《关于建立广播收音网的决定》，充分地和多方面地利用广播来推动和改进工作。中共中央宣传部在同年 9 月 7 日批转东北局宣传部关于

[①]　《广播通报》第 1 卷第 10 期，1950 年 5 月 1 日编印。

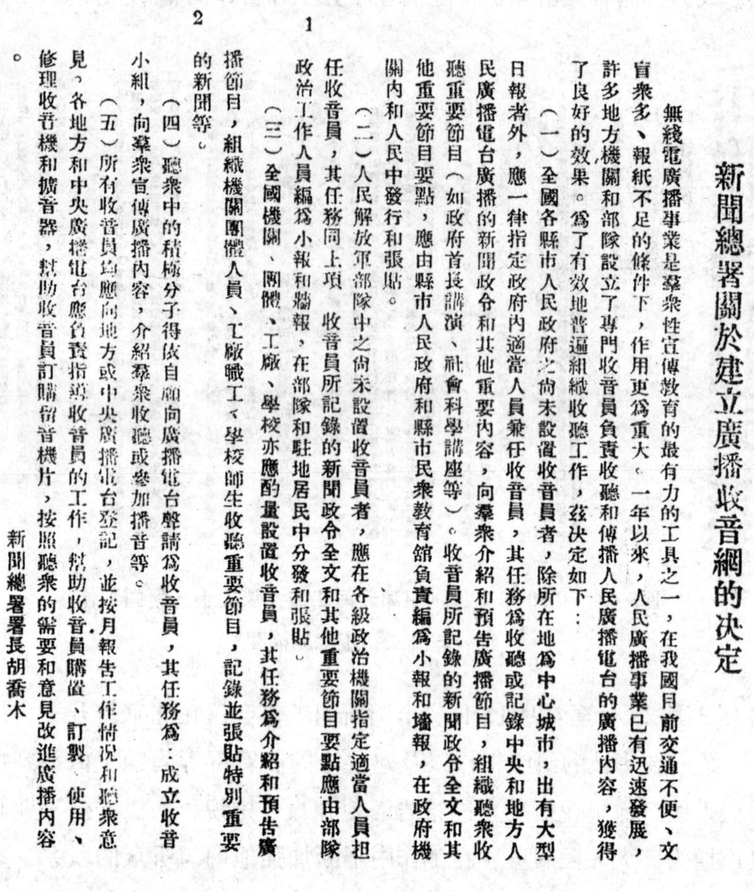

新聞總署關於建立廣播收音網的決定

無綫電廣播事業是羣衆性宣傳教育的最有力的工具之一，在我國目前交通不便、文盲衆多、報紙不足的條件下，作用更爲重大。一年以來，人民廣播事業已有迅速發展，許多地方機關和部隊設立了專門收音員負責收聽和傳播人民廣播電台的廣播內容，獲得了良好的效果。爲了有效地普遍組織收聽工作，玆决定如下：

（一）全國各縣市人民政府之尙未設置收音員者，除所在地爲中心城市，出有大型日報者外，應一律指定政府內適當人員兼任收音員，其任務爲收聽或記錄中央和地方人民廣播電台廣播的新聞政令和其他重要內容，向羣衆介紹和預告廣播節目，組織聽衆收聽重要節目（如政府首長講演、社會科學講座等）。收音員所記錄的新聞政令全文和其他重要節目要點，應由縣市人民政府和縣市民衆教育舘負責編爲小報和墻報，在政府機關內和人民中發行和張貼。

（二）人民解放軍部隊中之尙未設置收音員者，應在各級政治機關指定適當人員担任收音員，其任務同上項。收音員所記錄的新聞政令全文和其他重要節目要點應由部隊政治工作人員編爲小報和牆報，在部隊和駐地居民中分發和張貼。

（三）全國機關、團體、工廠、學校亦應酌量設置收音員，其任務爲介紹和預告廣播節目，組織機關團體人員、工廠職工、學校師生收聽重要節目，記錄並張貼特別重要的新聞等。

（四）聽衆中的積極分子得依自願向廣播電台聲請爲收音員，其任務爲：成立收音小組，向羣衆宣傳廣播內容，介紹羣衆收聽或參加播音等。

（五）所有收音員均應向地方或中央廣播電台登記，並按月報告工作情况和聽衆意見。各地方和中央廣播電台應負責指導收音員的工作，幫助收音員購置、訂製、使用、修理收音機和擴音器，幫助收音員訂購留音機片，按照聽衆的需要和意見改進廣播內容。

新聞總署署長胡喬木

图 5－2　1950 年 4 月《新闻总署关于建立广播收音网的决定》

加强广播电台工作的决定，并要求各中央局宣传部和各省、市委宣传部讨论上述决定，做出改进本地广播工作的决定。1951 年 4 月 23 日，《人民日报》发表社论《必须重视广播》，再次强调各级领导机关应当充分重视和利用广播。这些都进一步说明，在新中国成立初期百废待兴的形势下，党和政府仍很关心人民广播事业的发展。(见图 5－3)

新成立的中央广播局遵循党和政府的指示，积极、认真地履行自己的职责。1949 年 11 月 29 日举行第一次局务会议，根据中共中央的指示，确定了中央广播局的具体任务。1950 年 1 月 4 日，中央广播局发出《关于规定各地人民广播电台分区管理办法的通令》。[1] 通令规定，除华北五省、京、津及唐山等人民广播电台由中央广播局直接管理外，各大行政区内的各人民广播电台及私营广播电台，均由各该大行政区台管辖，华东区仍由华东军政委员会广播管理处负责。紧接着，中央广播局

① 《广播通报》第 1 卷第 1 期，1950 年 2 月 1 日编印。

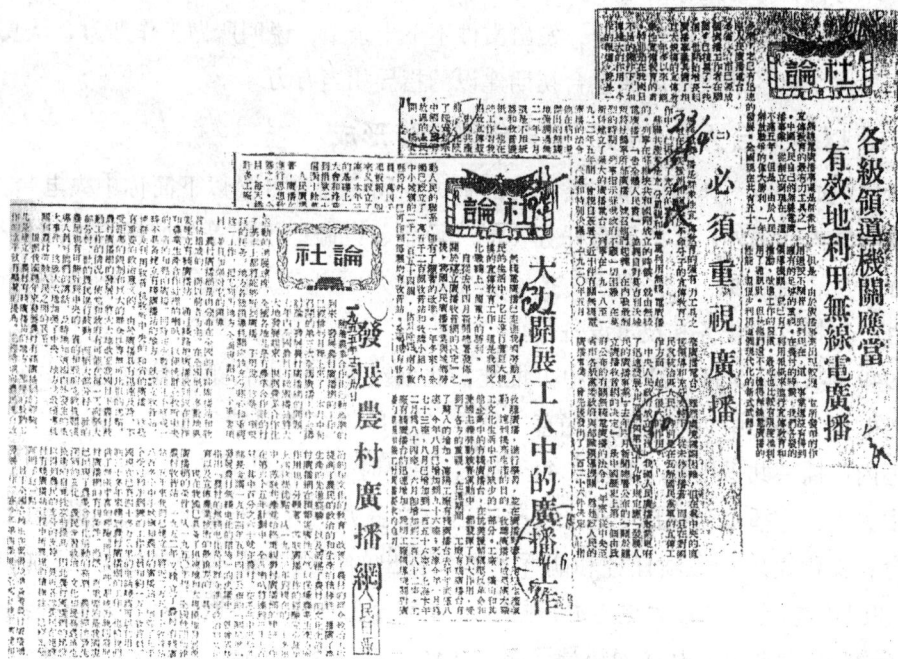

图5-3　1950—1955年间《人民日报》发表的关于广播工作的社论

编印的《广播通报》第一期于2月1日出版。① 这一内部刊物主要刊登新闻总署和中央广播事业局给各地方台的指示和通知、中央人民广播电台各部门的工作总结和节目情况、地方电台的工作报告和节目情况等，旨在加强对广播工作的领导。1950年3月12日，中央广播局发出《关于宣传政务院统一国家财政经济工作决定的通知》。这是中央广播局建立后关于广播宣传的第一个指示，要求各地人民电台组织讨论，联系当地实际情况，制定宣传计划。通知还要求有些省台将政务院的决定和中共中央的通知等文件以记录新闻播送，以使交通困难、报纸传递迟缓的地方尽快知道。其后，中央广播局连续发出指导各地广播工作的文件，如《关于各地人民台联播中央人民广播电台节目的规定》（1950年4月1日），《关于各台编播分工、工程方针、中波波段分配、短波机使用等办法的规定》（1950年4月6日），《关于人民广播电台订定广播节目时间的规定》（1950年5月11日），《关于中南、武汉、长沙三个人民电台转播发生错误给各人民广播电台的通知》（1950年5月25日），《关于人民广播器材厂营业方针给各人民电台的通知》（1950年6月1日），《关于调查广播电台〈听众服务〉节目的通知》（1950年7月11日）和《关于广播电台如何

① 新中国成立初期中央广播局编印的不定期刊物。1950年2月创刊，共出3卷48期，第1卷29期，第2卷12期，第3卷7期，1952年6月终刊。

进行批评与自我批评工作的指示》（1950 年 8 月 14 日）等。中央广播局成立一年来对人民广播的重大问题做出决定，发出文件不下十余个，说明所做工作严肃、认真、及时、具体，对各地人民广播电台初期建设的指导相当有力。

二、以中央台为中心的广播宣传网初步形成

新中国成立后，作为国家广播电台的中央人民广播电台（以下简称中央电台），承担着对国内和国外广播的繁重任务，但其设备、设施、干部等与所担负的重任很不相称，从政治需要、人民要求、技术装备等各方面出发，必须首先集中全力建设中央台，包括宣传业务和技术设备等。

1949 年 12 月 5 日，经中共中央批准，北京新华广播电台第一台定名为中央人民广播电台，仍归中央广播事业局直接领导。据 1950 年 4 月统计资料表明，中央电台对国内广播一共采用五个频率，每天播音 15 小时 30 分。

中央人民广播电台根据中央人民政府新闻总署关于"发布新闻、传达政令，社会教育，文化娱乐"三项任务和胡乔木署长提出的广播"要学会自己走路"的要求，[①] 根据广播特点，自力更生办广播，不能完全依靠报纸、通讯社，发扬艰苦奋斗、锐意创业的精神，从我国幅员辽阔、几亿人口、众多民族、人民科学文化水平不高这一基本国情出发，中央电台在 20 世纪 50 年代初期创办了一批适合中国亿万听众需要的节目，其中代表性的有：

1. 开办"报摘"、"联播"等拥有广泛听众的重点新闻性节目

"报摘"节目，全称《首都报纸摘要》节目，于 1950 年 4 月 10 日开播，当时受通信、交通条件的限制，安排在每天傍晚播出。1952 年 1 月 3 日调整节目时，该节目停办。1955 年 4 月 4 日恢复播出，更名为《中央报纸摘要》节目，改在每天清晨播出。同年 7 月 4 日定名为《新闻和报纸摘要节目》，以后一直沿用下来。"联播"节目，全称为《全国各地人民广播电台联播节目》，1951 年 5 月 1 日开办，每天晚间播出，1955 年 7 月 4 日起定名为《各地人民广播电台联播节目》，以后长期沿用下来。在此之前，早在 1949 年 6 月 20 日中央广播事业管理处、1950 年 4 月 1 日中央广播局都曾发布过地方台必须联播北平新华广播电台、中央电台重要节目的规定，（见图 5－4、图 5－5）但开办有固定"联播"名称的节目则始于此时。中央电台"报摘"、"联播"节目的相继开办，并为全国各地方台所转播，使得这两个节目的影响日益扩大，长久不衰，在全国亿万听众中享有很高的声誉，成为人们了解国内外大事以及党和国家的重大方针、政策的重要新闻渠道之一。

---

① 关于胡乔木提出的广播"要学会自己走路"的主张，可参阅梅益《"要学会自己走路"》一文，载《回忆胡乔木》，当代中国出版社 1994 年 9 月版，第 109—115 页。

廣播事業局關於各人民台聯播中央人民廣播電台節目的規定

茲規定各地人民廣播電台聯播中央人民廣播電台新節目（四月十日起實行）辦法如下：

（一）各地人民廣播電台必須聯播七點（或七點四十五分）和二十一點的兩次新聞及二十一點十五分的評論。

（二）北京、天津、瀋陽、上海、南京、漢口、廣州、西安、重慶等九地市台應該用一個波長聯播二十二點三十分的新聞。

（三）各人民台可根據當地聽衆需要，自由轉播中央台其他節目。

（四）過去規定應轉播中央台英語新聞之各台，自四月十號起可轉國際台之同一節目。

廣播事業局

一九五〇年四月一日

图5－4　1950年4月《中央广播事业局关于各人民台联播中央人民广播电台节目的规定》（原载《广播通报》第1卷第10期）

中央人民廣播電台節目時間表

——一九五〇年四月十日起實行——

中波波長：　四六八·七公尺　六四〇千週

短波波長：
四二·〇公尺　七一〇〇千週
四〇·〇公尺　七五〇〇千週
三三·二公尺　九〇四〇千週
三〇·八公尺　九七三〇千週

第一次播音時間（六·五〇——九·〇〇）
六·五〇——七·〇〇　開始曲　對時
七·〇〇——七·一五　第一次新聞
七·一五——七·四五　音樂
七·四五——八·〇〇　第二次新聞
八·〇〇——九·〇〇　講座時間（星期日爲文藝節目）　結束曲

第二次播音時間（一一·五〇——一五·三〇）
一一·五〇——一二·〇〇　開始曲　對時
一二·〇〇——一二·三〇　京劇
一二·三〇——一二·四五　第三次新聞
一二·四五——一三·〇〇　書刊、電影、戲劇、歌曲介紹
一三·〇〇——一三·三〇　故事講述
一三·三〇——一三·四五　第四次新聞　結束曲
一三·四五——一五·三〇　記錄新聞

第三次播音時間（一七·五〇——二四·三〇）
一七·五〇——一八·〇〇　開始曲　報告晚間節目　對時
一八·〇〇——一八·三〇　曲藝
一八·三〇——一八·四五　首都報紙摘要
一八·四五——一九·〇〇　自然科學講座（星期日爲文藝節目）
一九·〇〇——二〇·〇〇　社會科學講座（星期日爲文藝節目）
二〇·〇〇——二〇·三〇　人民論壇
二〇·三〇——二一·〇〇　文藝節目
二一·〇〇——二一·一五　第五次新聞
二一·一五——二一·三〇　評論
二一·三〇——二一·四五　第六次新聞——國際新聞
二一·四五——二二·〇〇　各地通訊和人物故事
二二·〇〇——二二·三〇　文藝節目
二二·三〇——二二·四五　第七次新聞
二二·四五——二三·〇〇　音樂　結束曲
二三·〇〇——二四·三〇　記錄新聞

（全天播音十五小時三十分）

附註：
（一）開始曲爲『國歌』（「義勇軍進行曲」）；結束曲爲『將革命進行到底』
（二）各地人民廣播電台聯播節目，規定爲：
一、第一次（或第二次）新聞，第五次新聞和評論。
二、北京、天津、瀋陽、上海、南京、漢口、廣州、西安、重慶等九地市台必須用一個波長聯播第七次新聞。
三、其他節目自由轉播。
（三）每星期節目詳細內容於前一星期四公佈。

图5－5　1950年4月中央人民广播电台节目时间表

（原载《广播通报》第1卷第7期）

2. 相继开办了一批当时有重大影响的《社会科学讲座》节目以及其他对象性节目

新中国成立初期，为推动全国干部和知识分子的政治学习，中央电台于 1950 年 4 月开办《社会科学讲座》节目，在这个节目中先后播出了《社会发展史》（艾思奇主讲），《政治经济学》（王惠德、于光远主讲），马克思、恩格斯《共产党宣言》，列宁《帝国主义论》、《国家与革命》，毛泽东《新民主主义论》等著作的讲座。全国各地许多党政机关、部队、团体、学校有组织地收听了上述节目，对传播马克思列宁主义、毛泽东思想，推动知识分子的思想改造起了很大作用。此外，中央电台还根据解放军总政治部的建议，从 1950 年 5 月 1 日起开始举办《部队节目》。为满足广大少年儿童收听广播的需要，1951 年 5 月 1 日起又开办对少年儿童广播节目。

3. 开办对少数民族广播节目

1950 年 5 月 22 日，中央电台的第一个少数民族语言广播——藏语广播节目开始播音，同年 8 月 15 日，蒙古语节目开始播音。此后，在 1956 年、1957 年又陆续开播了朝鲜语、维吾尔语和壮语广播节目。五种少数民族广播节目的相继开办，是中国共产党和人民政府的民族政策的体现，对于繁荣少数民族的经济文化，加强全国的民族大团结发挥了重要的作用。

4. 开办对台湾广播

对台广播原由华东人民广播电台开办。1954 年华东台撤销后，改由中央电台举办，并于 1954 年 8 月 15 日正式开播。对台广播为综合性节目，使用汉语普通话、闽南话播出，后又增设客家话，每天播出 4 小时，后又陆续延长。对台广播传达了中国共产党和中央人民政府有关对台工作的方针、政策，为台湾人民了解祖国大陆的情况提供了重要信息。

中央电台在努力办好上述对国内广播的各类节目的同时，又加强了对国外的广播。1950 年 4 月 10 日起，中央电台开办越南、缅甸、泰、印度尼西亚和朝鲜五种外语广播（其中朝鲜语为试播，同年 7 月 2 日正式广播）。同时开办对东南亚地区华侨的广播，使用广州话、厦门话、潮州话和客家话播音。同一天，对外广播启用"北京广播电台"呼号，但对华侨广播仍用"中央人民广播电台"呼号。此后，对内、对外广播开始使用不同的频率。从这一天起，中央电台正式组建国际广播编辑部，负责对外广播节目的编辑、翻译和播音工作。中央电台对内、对外呼号、频率的分开和专门编辑部的组建，意味着对外广播的正式开办。[①] 上述对国外广播七种外语和四种汉语方言节目的开播，为我国对外广播的发展奠定了初步基础。（见图 5 - 6）

---

① 本书此后在涉及对外广播时，统称国际台，但作为正式台名的"中华人民共和国国际广播电台"是从 1978 年 5 月 1 日起开始使用的。

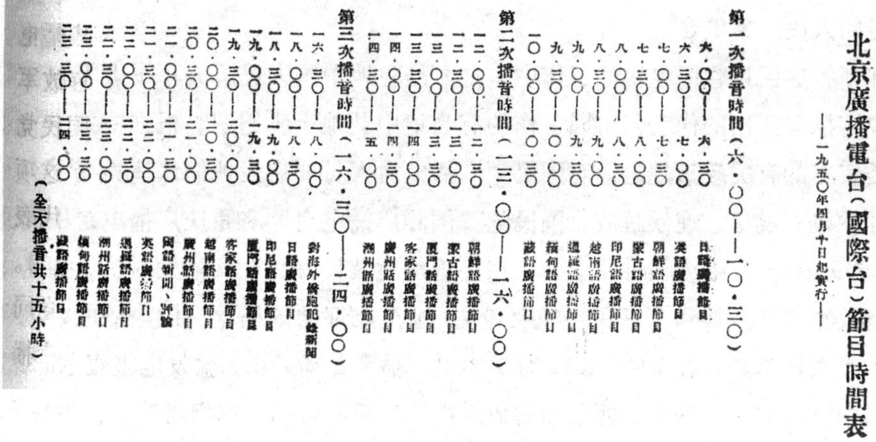

北京廣播電台（國際台）節目時間表
——一九五〇年四月十日起實行——

第一次播音時間（六·〇〇——一〇·三〇）
- 六·〇〇
- 六·三〇
- 七·〇〇
- 七·三〇
- 八·〇〇　朝鮮語廣播節目
- 八·三〇　蒙古語廣播節目
- 九·〇〇　印尼語廣播節目
- 九·〇〇
- 九·三〇
- 九·　　緬甸語廣播節目
- 八·　　越南語廣播節目
- 七·　　泰語廣播節目
- 六·　　藏語廣播節目

第二次播音時間（一三·〇〇——一六·〇〇）
- 一三·〇〇
- 一三·
- 一四·
- 一五·
- 一六·
- 三·　　朝鮮語廣播節目
- 三·　　蒙古話廣播節目
- 三·　　廈門話廣播節目
- 三·　　客家話廣播節目
- 三·　　廣州話廣播節目
- 三·　　越南語廣播節目

第三次播音時間（一六·三〇——二四·〇〇）
- 一六·三〇
- 一八·
- 一九·
- 一九·
- 一九·
- 二·　　對海外僑胞的錄音新聞
- 二·　　日語廣播節目
- 二·　　印尼語廣播節目
- 二·　　廈門語廣播節目
- 二·　　潮州語廣播節目
- 二·　　客家新廣播節目
- 二·　　潮州新廣播節目
- 二·　　英語廣播節目—蘇聯
- 二·　　英語廣播節目
- 二·四〇　每日廣播節目

（全天播音共十五小時）

图 5-6　1950 年 4 月北京广播电台（国际台）节目
时间表（原载《广播通报》第 1 卷第 7 期）

新中国成立初期的中央电台，设备很差，电力很小，其发射功率虽占全国广播总输出量的 63%，但远远不能适应向全国广播、向国外广播的需要，加强中央电台工程技术基础设施的任务迫在眉睫。中央广播局毅然决定，首先集中全力建设中央电台的技术设施。在苏联专家的协助下，中央电台开始了较大规模的基本建设工程。在各项基建工程中，中央电台的工程人员以极大的积极性和创造性加快工程建设进度，并保证其质量，同时也受到锻炼，得到提高。

在集中力量建设中央台的同时，还接管了一批原国民党广播电台。新中国成立之初，在西南、华南和沿海岛屿一带尚有国民党上百万军队垂死顽抗，并辖有多座广播电台。中国人民解放军遵照中央军委的部署，继续向华南、西南进军，采取大迂回、大包围的作战方针，相继取得歼灭白崇禧集团的衡（阳）宝（庆）战役的胜利，歼灭胡宗南集团、宋希濂集团的贵阳战役、重庆战役和成都战役的胜利。国民党军中播音总队"军中之声"广播电台，从南京逃至广州，之后转逃重庆，1949 年11 月再逃到成都，改称"华西广播电台"。国民党设在重庆的"国际广播电台"，在蒋介石逃离重庆飞往台湾前夕，密令军警在 1949 年 11 月 28 日将广播机件全部炸毁。

面对上述复杂情势，如何妥善地接管华南、西南一带国民党多座广播电台，并改造成人民广播电台已是当务之急。这项任务由中国人民解放军一、二、四野战军和中央广播事业局配合承担。周恩来总理重视接管国民党"国际广播电台"的工作，专门向中央广播局负责人叮嘱，一定要做好这项工作。1949 年 11 月 29 日重庆解放，重庆市军事管制委员会派出军代表接管"国际广播电台"，并筹备创建西南人民广播电台和重庆广播电台。1950 年 2 月，中央广播局派往云南的代表抵达昆明，与军管会和地下党同志在云南党委统一领导下，接管国民党昆明广播电台，建立了昆明人民广播电台。

在新解放区接管旧电台的工作中，主力是驻地中国人民解放军军事管制委员会和中央广播局派出的代表，协同工作的有当地中共地下党组织。根据中共中央、中央军委宣布的有关政策规定，对国民党广播电台人员要启发他们认清大局，弃暗投明，保护机器设备，迎候解放。国民党“国际广播电台”和重庆广播电台中的进步员工 1949 年 11 月组成临时职工会，在接管前就装设好百瓦广播发射机，播送中国人民解放军约法八章和《新民主主义论》。逃至成都的国民党一位广播电台的负责人，迫于大势所趋，在 1949 年 12 月给中央广播事业局局长梅益发电报表示起义。

新中国成立后，华南、西南新解放区接管广播电台的工作相当顺利，1949 年 10 月 16 日，广州市军管会派军代表接管国民党广州广播电台，同年 11 月 17 日，贵阳市军管会派军代表接管国民党贵阳广播电台，同年 12 月底全部接管在云南、四川等地广播电台。至 1950 年初，随着人民解放战争的最后胜利，新中国已有 49 座人民广播电台，使用 89 部长、中、短波广播发射机向国内外播音。

新中国成立初期，初步建成了以中央人民广播电台为中心的四级广播宣传网，即中央台、大行政区台、省（直辖市）台及市台四级。（见图 5－7）当时，全国分为六个大行政区，除华北行政区外，先后建立了五个大行政区广播电台：华东人民广播电台（上海，1950 年 4 月 1 日起使用现名称）、东北人民广播电台（沈阳，1950 年 4 月 15 日起使用现名称）、中南人民广播电台（武汉，1950 年 5 月 1 日起使用现名称）、西南人民广播电台（重庆，1950 年 5 月 5 日起正式开播）和西北人民广播电台（西安，1950 年 9 月 1 日起使用现名称）。各大行政区台担负着面向全区

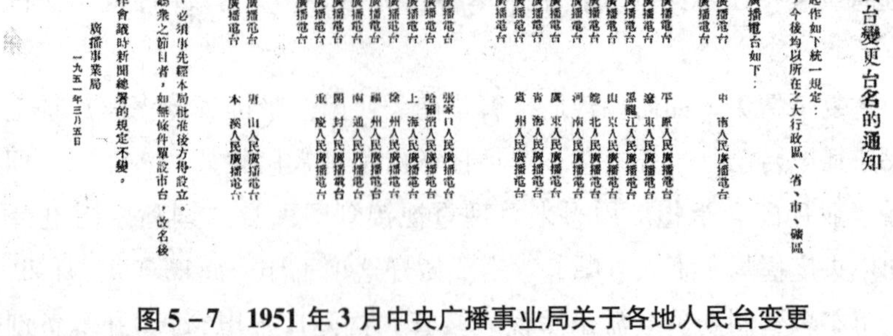
廣播事業局關於各地人民台變更台名的通知

各地人民廣播電台：

茲將各地人民廣播電台的命名自三月份起作如下統一規定：

一、各區、省、市、礦區人民廣播電台，今後均以所在之大行政區、省、市、礦區的名稱命名。

二、全國現有之區、省、市、礦區人民廣播電台如下：

區台：

東北人民廣播電台　華東人民廣播電台　中南人民廣播電台
西北人民廣播電台　西南人民廣播電台

省台（包括相當於省台之行署台）：

河北人民廣播電台　山西人民廣播電台　平原人民廣播電台
察哈爾人民廣播電台　綏遠人民廣播電台　遼東人民廣播電台
遼西人民廣播電台　吉林人民廣播電台　黑龍江人民廣播電台
松江人民廣播電台　熱河人民廣播電台　山東人民廣播電台
浙江人民廣播電台　福建人民廣播電台　皖北人民廣播電台
蘇南人民廣播電台　蘇北人民廣播電台　河南人民廣播電台
湖南人民廣播電台　江西人民廣播電台　廣東人民廣播電台
廣西人民廣播電台　甘肅人民廣播電台　青海人民廣播電台
新疆人民廣播電台　雲南人民廣播電台　貴州人民廣播電台
川西人民廣播電台　川南人民廣播電台

市台：

北京人民廣播電台　天津人民廣播電台　張家口人民廣播電台
石家莊人民廣播電台　瀋陽人民廣播電台　哈爾濱人民廣播電台
旅大人民廣播電台　長春人民廣播電台　上海人民廣播電台
南京人民廣播電台　濟南人民廣播電台　徐州人民廣播電台
杭州人民廣播電台　青島人民廣播電台　福州人民廣播電台
廈門人民廣播電台　無錫人民廣播電台　南通人民廣播電台
武漢人民廣播電台　廣州人民廣播電台　開封人民廣播電台
長沙人民廣播電台　西安人民廣播電台　重慶人民廣播電台
昆明人民廣播電台　成都人民廣播電台

民族台及礦區台：

內蒙人民廣播電台第二台　延邊人民廣播電台　唐山人民廣播電台
撫順人民廣播電台　鞍山人民廣播電台　本溪人民廣播電台
淮南人民廣播電台

三、今後各地另設省、市人民廣播電台，必須事先經本局批准後方得設立。

四、目前有些省台兼辦一部分所在城市聽衆之節目者，如無條件單設市台，改名後仍可維持原狀。

五、各台編制仍照去年三月全國新聞工作會議時新聞總署的規定不變。

廣播事業局

一九五一年三月五日

图 5－7　1951 年 3 月中央广播事业局关于各地人民台变更台名的通知（原载《广播通报》第 2 卷第 1 期）

的广播宣传和管理本区广播事业的双重任务，它们相继举行本区人民广播电台工作会议，传达贯彻新闻总署和中央广播事业局有关指示精神并组织实施。1950 年 5 月 9 日至 17 日，东北区第二次广播会议在沈阳举行，传达全国新闻工作会议的精神和决议，并讨论如何改进广播工作等问题。同年 7 月 25 日至 8 月 4 日，华东区第一次广播工作会议在上海举行，讨论广播工作的任务、重点、基本方针，总结交流华东地区各台的工作经验，并讨论建立广播收音网等问题。同年 10 月 15 日至 24 日，中南区首次广播工作会议在武汉举行，议定广播工作联系实际、联系群众和巩固收音站等问题。同年 10 月 24 日至 11 月 2 日，中央广播局召开大区广播电台台长及大城市台台长会议。会议汇集了全国新闻工作会议后广播电台联系实际、联系群众和收音网建设情况，研究了波长的分配，讨论了中央广播局对各台的领导问题。

各地人民广播电台遵照中央和大区广播工作会议精神，联系所在老解放区、新解放区的实际，围绕恢复国民经济等中心工作，积极地、创造性地开展广播工作：按规定转播中央人民广播电台重要节目（1950 年 4 月 1 日，中央广播局发出了关于各人民台联播中央人民广播电台节目的规定），同时办好自己的新闻、文艺、社会教育等方面的节目。由于中国共产党和中国人民解放军的干部和战士在工作中表现出的全心全意为人民服务的作风、艰苦的生活和严格的纪律，激励各电台的编播人员焕发革命热情，施展聪明才智，使广播工作生机勃发，广播宣传令人耳目一新。他们在努力办好综合性的人民广播电台的前提下，还试办专业性的职工台、经济台、工商台、广告台、有线广播台等。这些专业电台犹如迎着明媚春光、含苞待放的"广播新蕾"。

在 1949 年 1 月开办的天津人民广播电台，先后开设了三个台：第一台为综合台，第二台为职工台，第三台为经济台。职工台的设立是为了适应天津大工业城市的特点，突出工商业宣传，加强对全市职工的思想政治教育。这是全国最早设立的职工广播专业台。它办有职工新闻（后改为工矿职工广播站联播节目）、职工生活、广播文化宫、工人政治讲座、《工人业余学校时事学习时间》、故事会、职工文艺等节目。这些节目形式活泼，内容针对性强，有比较健全的收听组织，因而听众多，收听效果好。到 1952 年，职工台平均每天播音 9 个多小时，经常听众有 25 万人，并有 500 多名通讯员经常写稿，有 1100 多个工厂广播站转播，897 个私营中、小工厂建有收音站，1951 个收听小组。中央广播局对天津职工台的经验给予肯定，各地许多工厂、矿山、企业单位，纷纷建立各自的广播台站。

天津经济台于 1949 年 6 月 20 日设立，主要播出广告，适当播送经济新闻及行情。这是全国较早命名的经济台。天津经济台播出几个月以后，与在同年 5 月 1 日开办的广告台合并。太原人民广播电台于 1950 年 1 月 1 日增加为两套节目，第一套对山西全省广播，第二套主要对太原市广播。同年 4 月 6 日又开办一套广告节目，称太原人民广播电台经济台。济南人民广播电台于 1950 年 10 月 27 日改为"山东省台兼济南市台",济南市台的名称为"济南人民广播电台经济台",后又改称"山东人民广播电台经济台",但仍担负对济南地区的广播宣传任务,直至 1954 年 12 月 31 日停止播音。

广州人民广播电台于 1951 年 3 月建立工商台,拟定方针为:宣传财经政策,解释工商法令,并将有关财经节目全部移交到工商台播出,作为华南区和广州市财经部门与工商界联系的桥梁。这个工商台是广州人民广播电台第二台,集中播送工商广告、行情牌价和水位消息等,一年多后停办。

在东北行政区政府所在地的沈阳,于 1951 年 8 月 1 日开办沈阳广告台,以所得收入支援抗美援朝,捐献"人民广播号"飞机。北京市人民广播电台设有广告台,即第四台。1951 年 12 月,对广告台的工作进行改进,取消了私人演员、剧社"包时间"、"包节目"、为私营工商业作广告宣传的办法;取缔了广告工作中的一部分"把头式"和"拉纤式"的恶劣做法;保留了正当广告社的做法及其合法利润;所有广告业务统由电台管理。通过这一整顿、改进,广告台提高了节目质量,增加了国家收入。

在政务院新闻总署、中华全国总工会倡导下,许多工厂、矿山、企业建立起数以百计的有线广播台,为广大工人服务。鞍山钢铁公司、武汉钢铁公司、重庆钢铁公司等的有线广播台、站办得很有生气,发挥了很大作用。这类工厂、矿山的有线广播台、站,由于有本单位党委、行政和工会加强领导,以企业经济实力作保障,适应广大职工的需要,故能持续办下去。

一度开设的许多职工台、经济台、工商台、广告台,因政治、业务的指导方针有新的规定,当时不具备过多办台条件等缘故,这些含苞待放的"广播新蕾"未能抒瓣开花就终止了;但其勇于试办专业台的开拓精神,仍为后人称道。

三、建立、发展广播收音网

新中国成立初期,各地共有收音机约一百万台,其中半数以上是日本制造的三灯或四灯中波收音机,大都分布在东北、华北、华东一带中上层人家手中,劳动人民所有的只占很少一部分。为了解决广大人民群众收听广播的工具问题,新闻总署于 1950 年 4 月 22 日发布《关于建立广播收音网的决定》,规定全国各县市的人民政府、每个部队的政治机关,都应设置收音员;全国各机关、团体、工厂、学校,也酌量设置收音员。当天,中央电台发表广播评论《拥护新闻总署关于建立收音网的决定》。四天后,中央广播局发出为实施新闻总署关于建立广播收音网的决定给各人民广播电台的通知。1951 年 4 月 6 日,人民革命军事委员会总政治部发布关于建立广播及广播收音网的指示。同年 9 月 12 日,新闻总署、中华全国总工会联合发布《关于在全国工厂、矿山、企业中建立广播收音网的决定》,要求凡是没有建立有线广播台或收音站的工矿企业，都应在行政方面的帮助和当地人民广播电台的协助下，将有线广播电台或收音站建立起来。次日，《人民日报》发表社论《大力开展工人中的广播工作》。同年9月29日，中央广播局又发出《为执行〈关于在全国工厂、矿山、企业中建立广播收音网的决定〉给各地人民广播电台的指示》。同年12月29日，中央广播局进一步发出1952年广播收音网建设工作的方针和计划，指出应健全和巩固县、工厂矿山和部队的广播收音站，并有计划地在全国建立中等以上学校的收音站；有重点地在有电源的中小城市推广有线广播，在靠近大中城市的农村推广矿石机；在华北及华东若干地区建立收音站。上述一系列指示，对在全国范围内建立广播收音网不仅提出了具体任务，而且勾画了宏大的蓝图。

中央以及各大区、各省、自治区、直辖市人民广播电台，协调有关部门，为贯彻落实上述指示、决定，积极、广泛地建立广播收音网而努力。中央电台及时定出本台的《收音员条例》，于1950年4月29日公布。6月开始举办《收音员服务》节目，每星期一次，播送收音员、听众来信和问题解答。1951年3月起开始编印《收音员通讯》。① 1951年初，根据中央广播事业局关于记录广播内容与时间的规定，以适应全国多数地区普遍建立广播收音网的需要，中央和地方电台都增设了记录广播，并将记录广播的内容逐步加以改善，把迅速传布新闻、政令，组织时事宣传的任务更好地担负起来。为适应广播收音网建立、发展的需要，各地电台组建收音网科，以加强管理工作。许多电台编辑部业务组，如农业组、工业组、讲座组、秘书组等，也分工做收音站和听众的工作，使广播更好地联系群众、联系实际。1950年6月11日，上海电台最先成立"广播之友"组织，召开了第一次"广播之友"座谈会。其后，许多省、自治区、直辖市电台纷纷发展"广播之友"，使听众工作与收音工作结合起来。

由北京、天津、沈阳等地的无线电台技术工作人员组成"抗美援朝广播工作团"，于1951年11月21日出发到朝鲜前线，他们携带一千架长短波收音机和大批干电池，设立"中国人民志愿军广播服务站"，开办志愿军收音员训练班。当时，广播收音工作为志愿军各部队官兵丰富了政治、文化生活内容，在前线流传的《广播新闻》、《战壕简报》、《战地传单》等，都是根据广播收音的材料编印而成的。

经过全国上下协力工作，各地城乡、工矿企业、部队和学校迅速建立广播收音站，初步形成规模宏大的广播收音网。据1952年年底统计，各地共建广播收音站2.37万多个，收音小组数以万计，专职或兼职的收音员两万多名，他们负责抄收中央和地方电台的新闻、政令和其他重要节目，并通过办油印小报或黑板报等方式向广大群众再传播。各地有1056个收音站编印了收音小报，有25个省的收音站联系

---

① 《收音员通讯》，1951年3月创刊，起初由中央人民广播电台编印，1953年起改由中央广播事业局编印。1955年6月停刊，7月起改办《广播爱好者》（月刊）。

了 17.16 万个黑板报和"屋顶广播"（用喇叭筒口头广播）。1952 年 1 月至 10 月中旬，有 21 个省 2900 多位收音员下乡组织群众收听广播，人数达 1800 多万。广播收音网的建立和发展，不仅对人民群众的政治、文化生活起着重要的作用，而且使人民广播事业具有实在的群众基础和有利的发展条件。

四、私营广播电台社会主义改造的完成

对国民党统治时期遗留下来的私营广播电台，在解放后对其加强管理和改造，是中共中央既定的政策，也是各地广播管理机构的一项重要任务。新中国成立前夕，中共中央在《对新解放城市的原广播电台及其人员的政策决定》中明确规定："新中国之广播事业，应归国家经营，禁止私人经营。"[①] 在确定国营时，对某些私人经营之广播台及其器材，可由国家付给适当之代价购买之，并规定在军事管制期间，私营广播电台一律归当地军事管制委员会统一管理；外国资本和外国人经营的广播电台一律停播。1949 年 6 月 13 日，上海市军事管制委员会公布《关于上海市私营广播电台暂行管制条例》。这是在已解放城市中颁布的第一个管理私营电台的法令。《条例》规定，私营电台必须转播军管会指定的节目；非经许可，不得自播政治性的节目；不得使用短波；凡要求开设和复业的私营广播电台必须先行登记。同年 9 月 29 日，北京市军事管制委员会公布《关于北京市私营广播电台管理暂行办法》，规定私营广播电台必须向军管会申请登记，外国人一律不许设台播音。私营电台只准用中波机，每天必须转播北京新华广播电台的新闻节目，在军事管制期间不得播送自行编写的新闻节目。[②] 其他一些大城市军事管制委员会也陆续公布了类似的管理办法。新中国成立后，新闻总署、中央广播局同时加强了对上海、北京、天津、重庆等市的私营广播电台的管理，并按政策规定稳妥地、有区别地进行了改造。

据 1950 年 4 月统计，当时大陆共有私营广播电台 33 座，分布在上海（22 座）、北京（1 座）、天津（1 座）、宁波（2 座）、广州（3 座）和重庆（3 座）等六个大中城市。[③]（见图 5 – 8）上海是中国私营广播电台的发源地，也是旧中国私营广播电台的最大集中地，因而上海市对私营广播电台的改造也最具有代表性。1949 年 5 月，上海解放初期尚存私营台 23 座，经军管会审核登记，除一座查明原系国民党"公营电台"未予登记，奉令停播外，其余 22 座准予登记，继续播音。为调查情况，帮助私营台了解党和政府的有关政策和法令，推进私营台的改造工作，上海人民广播电台与各私营广播电台从 1949 年 7 月起，联合轮流主持召开上海广播界座谈

---

① 中国社会科学院新闻研究所编：《中国共产党新闻工作文件汇编》（上），新华出版社 1980 年 12 月版，第 196 页。

② 上海、北京公布的关于管理私营广播电台的法令，均收入中央人民广播电台研究室、北京广播学院新闻系合编《解放区广播历史资料选编》（1940—1949）一书，中国广播电视出版社 1985 年 8 月版。

③ 参见中央广播局《广播通报》第 1 卷第 8 期，1950 年 4 月 12 日编印。

全國各地現有私營廣播電台調查表 五〇·四·八·

地址	台名	週率	波長	電力	台長姓名
北京	華聲	一〇八〇KC	四七七·八	二〇〇W	張芷江
天津	中行	一〇二〇	二九四·一	四五〇	凌廷璋
上海	大中華	九六〇	三一二·五	約五〇〇	潘克夷
	大陸	九六〇	三一二·五	約五〇〇	趙樂串
	亞美	九九〇	三〇三·〇三	約五〇〇	蘇祖國
	麟記	九九〇	三〇三·〇三	約五〇〇	劉鳳麟
	東方	一〇五〇	二八五·七	約五〇〇	陳劍春
	華美	一〇五〇	二八五·七	約五〇〇	李佩衍
	元昌	一〇八〇	二七七·七	約四五〇	張元賢
	滬聲	一〇八〇	二七七·七	五〇〇	李介夫
	九九	一一四〇	二六三·二	二〇〇	朱智民
	合衆	一一四〇	二六三·二	五〇〇	王丹青
	金都	一二二〇	二四五·九	四〇〇足	王耀庭
	鶴鳴	一二二〇	二四五·九	四〇〇足	王叔賢
	民聲	一二五〇	二四〇	五〇〇足	葛正心
	中華自由	一二五〇	二四〇	約五〇〇	陳信厚
	建成	一三一〇	二二九	五〇〇	陸錦榮
	新聲	一三一〇	二二九	五〇〇	史美中
	大中國	一三七〇	二一八·九	五〇〇	陳亦
	大同	一三七〇	二一八·九	五〇〇	劉實椿
	亞洲	一四〇〇	二一四·三	五〇〇	張壽榕
	大美	一四〇〇	二一四·三	約五〇〇	李載華
	福音	一四三〇	二〇九·八	五〇〇	王完白
	大滬	一四三〇	二〇九·八	五〇〇	張一蘋
寧波	寧鍾	一〇一〇	二九七	二〇〇	張寧鍾
	寧波	一二〇〇	二五〇	二五	王之祥
青島	山東無綫電業行	一四二〇	二一六	三〇〇	袁有銘
廣州	時代	一〇〇〇	三〇〇	五〇〇	岳中權
	新生	一〇七二	二七九·八	四〇〇	王梓材
	勝利	一二四三	二四一	二〇〇	劉貽康
重慶	谷聲	一三四〇	二二三	一〇〇	
	陪都	九五〇	三一六	三〇〇	
	萬國	、			

图5-8 1950年4月全国各地现有私营广播电台调查表

会。在上海市政府的领导下，通过人民广播电台的示范影响，大多数私营台尚能积极参与新中国成立前后的许多重大宣传活动，如转播北平（北京）新华广播电台、中央人民广播电台的重要节目，播出慰问人民解放军、劝购公债节目，为反轰炸捐款救济被炸同胞等等，发挥了有益于新社会的作用；但同时也暴露出了私营广播电台存在的许多严重问题。一般来说，私营台的节目以文艺娱乐节目为主，依靠商业广告的收入来维持营业并获取利润。私营广播电台不同于一般的私营工商业，它是属于意识形态范畴的。私人资本家开办的广播电台不可避免地要宣扬资产阶级的世界观、人生观和价值观，这与共产党和人民政府提倡的无产阶级的新思想和新作风存在着不可调和的矛盾。加之私营台为了吸引听众，旧习难改，仍不择手段地大量播出虚假广告和低级下流的娱乐节目，危害社会经济秩序和正常文化生活的作用日益凸显。有些私营台的频率还干扰了人民台的播音。更有甚者，个别私营台还胡编乱播政治性文章和消息，扰乱社会治安。凡此种种，无疑说明对私营广播电台的改造势在必行。

综观上海、北京、天津等大中城市对私营台的处理和改造，大致情况和步骤是：

第一，接管或查封名为私营台，实际上是国民党党政军或其派系经营的广播电台。如北京市军管会于1949年10月25日下令查封的“中国”、“民生”、“军友”三家广播电台。《人民日报》在次日发表的短评中指出：“我们决不能允许任何反革命分子，假借任何名义混杂于私营广播电台之中，对于它们，必须根据其罪恶的轻重，坚决地分别予以取缔。”此前，天津市军管会于1949年3月接管的“文化”、“青联”和“华声”三座广播电台，都属于此类情况。

第二，因违犯军管会条例和人民政府法令而被明令停止播音的，如上海市于

1950 年至 1952 年间先后被勒令停止播音的私营台有"鹤鸣"、"亚洲"、"新声"、"福音"等六座。

第三，根据私营台主的申请，由人民政府出资收购其广播器材而随后停止播音的，如北京市的"华声"、天津市的"中行"、重庆市的"谷声"等私营台。

第四，实行公私合营，最后根据私方代表的申请，由人民政府出资收购私股，从而完成改造的。此种方式以私营台集中地上海最有代表性。如上海解放之初，在私营台登记中发现"新沪"、"合作"两台内均有官僚资本股份，当时即将这部分股份没收作为公股，把上述两台分别改为公私合营"大沪"、"沪声"广播电台，后来两台又联合组成公私合营"大沪·沪声联合广播电台"。1952 年 10 月，上海人民广播电台与该台及其他 14 座私营广播电台联合组成公私合营"上海联合广播电台"。该台由上海人民广播电台作为公方代表实施领导。1953 年 6 月，上海联合广播电台股份有限公司成立，董事七人，其中董事长为公方代表。当时上海联合台的节目由上海人民广播电台统一安排，使用三个频率播出，节目内容以戏曲为主，同时还有教育类节目，并继续播出广告节目。在此期间，由于原私营台主大多为无线电工商企业者，他们认为长期参加联合台的工作，难以全力经营企业，势必影响收入。为了集中力量办好企业，1953 年 9 月，上海联合台私方代表提出要转让联合台中的私股财产（包括广播器材设备等），申请人民政府收购。经上海市人民政府审查予以批准，由上海人民广播电台出资 9 亿人民币（旧币）予以收购。至此，上海私营台的改造工作最后完成，但上海联合广播电台继续播音，至 1956 年 6 月停止播音。

对私营台的社会主义改造早于对一般资本主义工商业的改造，这是由于广播电台本身性质决定的，也是为了适应党和人民政府的宣传需要。中国大陆私营台改造工作的完成，使所有广播电台实现了由国家经营，这在中国广播史上是一件具有历史意义的事件。

五、国民经济恢复时期的广播宣传

新中国成立后，人民广播就以独具的特点和优势开展卓有成效的宣传。中央台和各地方台遵照中共中央、政务院一系列指示、决定，为争取国家财政经济状况的基本好转，为抗美援朝战争、土地制度改革而开展宣传，为恢复国民经济、配合"三反"（反对贪污、反对浪费、反对官僚主义）、"五反"（反对行贿、反对偷税漏税、反对偷工减料、反对盗骗国家财产、反对盗窃国家经济情报）运动而开展宣传，显示出巨大的威力。各人民广播电台在新中国成立后三年国民经济恢复时期中，作出了难能可贵的贡献。

各人民广播电台遵照新中国成立前夕中共七届二中全会精神，一进城就组织安排广播宣传计划。毛泽东指出："从我们接管城市的第一天起，我们的眼睛就要向着这个城市的生产事业的恢复和发展"，"……通讯社、报纸、广播电台的工作都是围绕着生产建设这一个中心工作并为这个中心工作服务的。"① 紧接着，又遵照毛泽东在七届三中全会上提出的 "为争取国家财政经济状况的基本好转而斗争" 的要求组织节目。各个电台通过举办新闻、联播和专题等节目持续宣传上述精神。1951 年 9 月，华北地区城乡物资交流展览会在天津举行。在中央广播局的领导下，由北京、天津、河北、山西、平原、察哈尔等电台共 16 人组成报道组，采用特别节目、记录广播和文艺节目，向包括内蒙古在内的五省（区）二市发稿，七个电台用 14 个频率广播。这个大型城乡物资交流展览会开幕式，中央电台也联合转播。从 9 月 16 日到 10 月底，各台共举办特别节目 63 次，大会实况转播 2 次，工厂现场转播 3 次，座谈会转播 3 次，记录广播 41 次。这是一次大规模的很有影响的经济宣传活动。1952 年 10 月 13 日至 18 日，东北区广播编播工作会议在沈阳召开，总结广播宣传为经济建设服务的经验，并研究进一步提高质量的问题。

围绕着生产建设的中心，各地电台开办了《工人节目》、《农民节目》或《对职工广播》、《对农村广播》等节目；有的还开设职工台、工商台、经济台、广告台等，许多台办的节目新颖、多样、生动。天津电台在 1952 年办的《广播文化宫》节目，内容有五个部分：（1）"学习馆"：向工人进行时事政策教育，设有 "时事花筒"、"伟大的祖国"、"友好之声"、"西洋景"、"图书室" 等栏目；（2）"劳动之家"：设有 "窍门台"、"光荣牌" 等栏目；（3）"俱乐部"：文艺节目，设有 "小舞台"、"文娱晚会" 等栏目；（4）"聊天亭"：以杂谈、对话等形势谈职工思想和生活福利等问题；（5）"服务处"：加强与听众的联系，解答职工提出的一些问题。1952 年 7 月 1 日，四川第一条铁路——成渝铁路建成通车，西南人民广播电台组成报道组随列车进行 "流动性实况转播"。当天上午在重庆火车站转播通车典礼实况，然后列车载着广播车开出重庆火车站，晚上到达内江，和当天上午从成都开出的列车相会，转播了会车典礼的实况。次日，列车到达成都，又及时转播在成都站举行的欢迎大会和天成铁路（后为宝成铁路）开工动土典礼的实况。1953 年 2 月 14 日发生日食，中央电台邀请科学家和本台播音员一起，在一座高楼楼顶对日食过程进行观测，结合科学知识作具体解说，收到比较好的效果。

人民广播在新中国成立初期配合政治宣传报道是相当出色的。1950 年 10 月 1 日，中央电台举办《庆祝中华人民共和国第一届国庆节》节目，内容包括 "北京市庆祝中华人民共和国国庆节大会的实况广播"、"英雄模范讲演"、"访问新中国的世界民主青年联盟代表团的演讲"、"各地国庆文艺节目"、"各民族文艺节目"、"文艺晚会" 等。为配合惩治反革命活动的开展，北京市台在 1951 年 3 月 31 日反复播送北京市、区各界人民代表扩大联席会议讨论惩治反革命罪犯的实况录音。中央电

---

① 《在中国共产党第七届中央委员会第二次全体会议上的报告》，载《毛泽东选集》第 4 卷，人民出版社 1991 年 6 月第 2 版，第 1428 页。

台还向全国广播，天津、济南、青岛、上海、南京、广州、西安、重庆、武汉等电台同时联播。同年4月15日，武汉市举行各界人民镇压反革命广播大会，中南、武汉、江西、湖南、河南等电台联播这次镇反大会的实况录音。毛泽东对广播中的土地改革、镇压反革命运动的报道十分重视，仅在1951年3月间就先后写给胡乔木四封信，要求及时转发报刊上的有关文章、讲话和报道。①

人民广播对抗美援朝、保家卫国的宣传十分突出。1950年11月7日，中央广播事业局发出通知，要求各地广播电台根据情况组织节目，进行抗美援朝的宣传。次年3月18日，中央广播局发出为普及和深入抗美援朝的宣传工作给各地电台的通知，4月4日又就上述宣传发出补充通知。4月6日至8日，召开华北各广播电台台长会议，研究普及和深入进行抗美援朝宣传工作的问题。此后，华北、东北、华东、中南、西南、西北各地区、各省市广播电台纷纷举办普及和深入抗美援朝、反对美国重新武装日本广播大会，各地广大听众纷纷自觉地以实际行动捐款献物，支援抗美援朝。1951年9月18日，北京市台和北京市工商界联合会共同举办"迎接国庆，加强抗美援朝广播大会"，全市136个行业的收听者达20万人。会后3小时内，工商界捐款23亿多元（旧人民币），会后十天捐款累计达212亿多元（旧人民币）。为捐献飞机支援中国人民志愿军，中央广播局在1951年6月9日给各地电台发出《关于捐献"人民广播号"飞机的信》。事后各地纷纷举行支援中国人民志愿军的广播大会，使"人民广播号"战斗机的捐献计划在当年底超额完成。中央广播局还专门派广播记者奔赴朝鲜前线，采访制作了一批反映中国人民志愿军与朝鲜人民军并肩作战、打击美国侵略者的广播节目，在中央电台播出后，在国内引起了强烈的反响。中国人民志愿军中涌现出来的英雄模范人物杨根思、邱少云、黄继光、罗盛教等人的英雄事迹，随着广播的声音传遍了全中国。作家魏巍把他写的通讯《谁是最可爱的人》最先交给中央电台在《部队节目》中播出，然后才在1951年4月11日《人民日报》上发表。② 此后，"最可爱的人"随即成为全国人民对志愿军指战员的最尊敬和亲切的称呼，极大地激励了全国人民抗美援朝、保家卫国的斗志。

在对外广播方面，国际台及时报道了中国政府的声明、前线战报和世界各地反对美国侵略朝鲜的战争行径。有关抗美援朝的新闻、评论、通讯成了对外广播的重大主题，占了很大的比重，取得了良好的宣传效果。从1951年初至1953年朝鲜停战协定前夕，举办专门对侵朝美军的英语广播节目，揭露美国的欺骗宣传，阐明我国抗美援朝的严正立场和主张，影响巨大。如在1951年11月15日播送侵朝美军俘

---

① 《各地报刊电台好文章应予转发》，载《毛泽东新闻工作文选》，新华出版社1983年12月版，第170—172页。

② 据当年为中央电台《部队节目》提供广播稿件的解放军总政治部宣传部新闻处新闻广播科科长冯征回忆，是在总政宣传部工作的魏巍亲手把这篇通讯交给他的。见冯征：《炮火中诞生的军旅强音——忆中央台最早的军事节目》，载《纵横》2002年第2期。

房的讲话录音，战俘通过广播向自己的家属讲述他们在战俘营里受到的人道主义待遇，现身说法，有力地戳穿了美国侵略者捏造的所谓朝中方面"虐待"战俘的谎言。这样的广播内容不仅战俘家属和美军官兵关心，一般外国听众也有兴趣。新西兰一位听众自动录下二百多个战俘的广播讲话，转寄给他们的家属。与此同时，广播电台还与报刊宣传相配合，揭露了"美国之音"[①]为美国侵略朝鲜辩解和攻击我国抗美援朝运动，煽动侵略战争的荒谬言论。

人民广播对马克思主义理论宣传很重视，成效显著。1950 年 4 月，中央电台开办的《社会发展史》讲座和《政治经济学》讲座，全国有 27 个省市电台转播，组织收听，影响深远。同年下半年，中央电台又开办《帝国主义论》、《国家与革命》和《新民主主义论》等讲座。许多省、市电台在当地党委宣传部的直接领导下，也开办了各自的学习节目、讲座节目、理论节目，如江苏电台设有《政治经济学讲座》、《唯物主义通俗讲话》；四川电台设有《共产党与共产党基本知识讲座》、《经济建设常识学习讲座》等。这些讲座的主讲人和撰稿人大多是各省、自治区、直辖市的专家、学者，对推动本地区干部理论学习起了很大作用。

各人民广播电台重视举办文艺节目，积极组织和培养自己的文艺广播队伍。新中国成立初期，中央电台和各地电台除了播送唱片外，采录了一些革命歌曲、民族和民间音乐、戏曲、曲艺节目，开办了教唱歌节目。1950 年 2 月 7 日，中央电台播出新中国成立后录制的第一部广播剧《一万块夹板》；3 月 8 日播出第一部电影录音剪辑《白衣战士》；其后多种形式的广播文艺节目陆续开办。同年 5 月 13 日，中央电台开始举办《新歌剧讲座》，由戏剧家张庚主讲，这是中央电台首次举办的文艺性讲座。许多电台还在剧场进行舞台文艺的实况转播。上海电台在市内十多个剧场架设转播专用线，每周固定转播三四次。由于录音设备缺少和技术落后，这时有相当一部分节目是请演员到电台直接播出的。中央和大区的广播电台还组建广播文艺团体，以开辟文艺节目来源。

新中国成立初期，少数广播电台还办有广告节目。1951 年 9 月，华北五省二市广播广告会议在天津举行，会议检查了两年来广播广告的情况，批评了非政治性的单纯盈利思想，确定了广告台的经营方针。[②]

新中国成立后经济恢复期间的广播宣传，在所有的新闻宣传工具中崭露头角，作用显著。但某些方面仍属草创和尝试，如在抗美援朝、镇压反革命运动宣传实践中，北京、天津等地的广播电台创造了广播大会的形式，对于短期的大规模动员群众积极行动起来，发挥了显著的作用，但也曾一度使用过多，而且每次都组织大批听众到指定会场收听，因而影响了广大群众的日常工作和生活。后来根据中共中央

---

① "美国之音"，美国政府主办的对外广播电台，成立于 1942 年。
② 见《广播通报》第 3 卷第 4 期，1951 年 11 月 15 日编印。

的有关指示，及时纠正了过多利用广播大会的偏差。[1]

六、第一次全国广播工作会议 "重点建设，稳步前进"和"精办节目"方针的确定

中华人民共和国成立三年来，经过艰苦创业、努力开拓，人民广播事业有了较大的发展。到 1952 年 10 月，全国有人民广播电台 71 座，比 1949 年 10 月增加 26 座；发射机较 1949 年 10 月增加 47 部；输出功率为 1949 年 10 月的 382%；各地共建广播收音站 23721 个；建有广播工厂 5 个，比 1950 年增加 3 个，职工达 1150 人；全国还有 35 个城市建有广播服务站，52 个专区建有广播修理站。广播电台的宣传，经过一度摸索后，积累了一些经验，开办了一些为广播所特有的，也为广大人民所喜爱的节目，使解放了的广大人民群众丰富了政治、文化、娱乐生活，在各次运动中有力地激励了他们的爱国热情和劳动积极性。但是，人民广播在初创中还存在着许多缺点，如各地电台发展得多，功率却相当小，特别是中央电台的发射功率和它所担负的任务很不适应；编辑和技术人员非常欠缺，有经验的干部尤其少；广播节目的质量普遍不高；广播收音网的建设不健全、不巩固；广播工业也很薄弱。这些都有待认真加以总结，在肯定成绩的同时，切实解决存在的问题，继续前进，以迎接第一个五年建设计划时期的到来。

图 5 - 9 1952 年 12 月第一次全国广播工作会议留影

---

[1] 见《中央关于不必过多地利用广播宣传及有关诉苦会问题的指示》(1951 年 5 月 16 日)，载《中国共产党宣传工作文献选编》(1949—1956)，学习出版社 1996 年 9 月版，第 227 页。

1952年12月1日至11日，中央广播局在北京召开新中国成立后第一次全国广播工作会议，参加会议的有各大区、省、市、自治区广播电台台长、五个广播器材厂厂长、一部分编辑、记者、工程师、播音员和17个县的广播收音员、中央广播事业局有关负责人，共176人。（见图5-9、图5-10）会议总结了中华人民共和国成立三年多来广播事业取得的经验和成绩，研究了存在的问题和缺点，确定了今后的发展方针和任务。在事业发展方面，提出"重点建设，稳步前进"的方针。在宣传方面，讨论了联系群众、联系实际，做好广播宣传的基本措施，提出了"精办节目"的口号，并强调指出，广播宣传的所有节目都必须把听众和经济建设联系起来，动员广大人民群众为完成社会主义建设任务而奋斗。局长梅益在会上讲话，题目是《1953年广播工作的方针和任务》，内容有六个部分：（1）人民广播事业的基本概况和1953年的工作方针与任务；（2）集中力量建设中央台，训练基本建设骨干；（3）调整人力，精办节目；（4）巩固广播收音网；（5）统一广播工业生产计划；（6）加强对地方广播的管理工作。在会议结束时，梅益作了总结发言，首先谈了大家关心的三个问题，即广播工作的特点、对象和任务，然后着重讲了三个业务问题：（1）关于精办节目和改进编辑部工作的问题；（2）关于广播收音网问题；（3）关于区台和省兼市台的问题。中央人民政府政务院文化教育委员会副主任马叙伦到会讲了话。中央有关部门的负责人周扬、赖若愚、廖鲁言、熊复等分别作了报告。

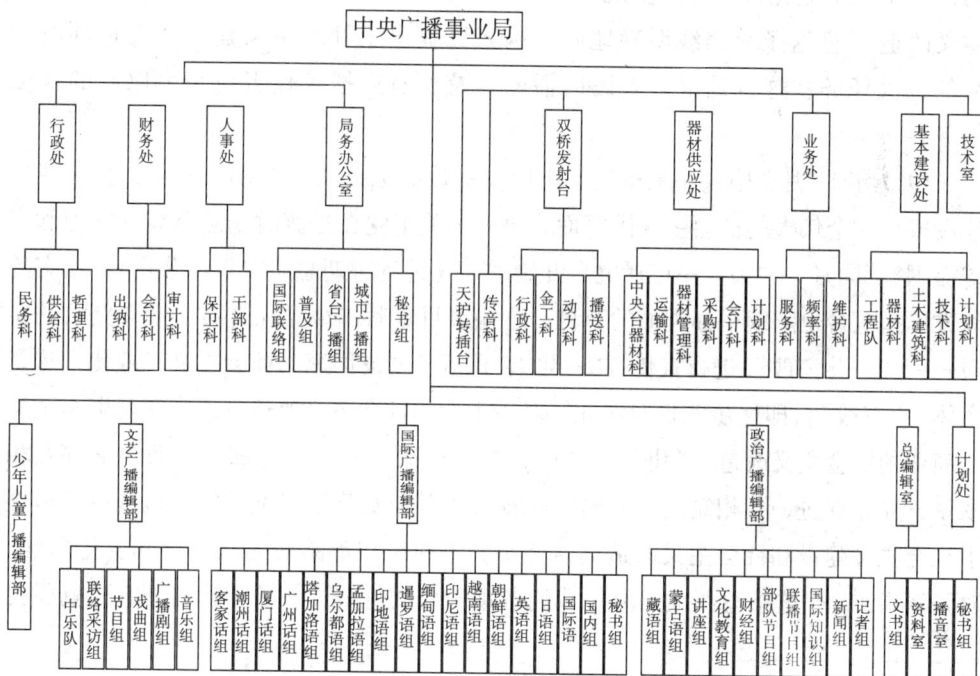

图5-10 1952年中央广播事业局机构表

这是新中国成立后首次举行的全国广播工作会议。会后，梅益向中共中央宣传部作了会议情况的报告，中宣部批准了他的报告，认为会议确定的方针、任务和办法是正确的，并电告各中央局、分局、省（市）委及宣传部，要求各级党委督促行动，采取多种措施，全面贯彻落实。

第二节
过渡时期总路线指引下的广播事业
第二、第三次全国广播工作会议

一、广播电台对过渡时期总路线宣传

中华人民共和国成立后恢复国民经济的工作，由于中国共产党的坚强领导和全国人民的艰苦奋斗，进展顺利，到 1952 年，以三年时间就实现并超过了预计的目标。中共中央经过了将近一年的酝酿，于 1953 年 6 月提出了党在过渡时期的总路线："从中华人民共和国成立，到社会主义改造基本完成，这是一个过渡时期。党在这个过渡时期的总路线和总任务是要在一个相当长的时期内，逐步实现国家的社会主义工业化，并逐步实现国家对农业、对手工业和资本主义工商业的社会主义改造。"① 这条总路线明确地向全国人民提出了社会主义建设和改造同时并举的伟大任务，这也是全国人民广播电台及所有广播工作者应全力以赴的宣传任务。

1953 年 12 月，中共中央批准发出中央宣传部拟订的《为动员一切力量把我国建设成为一个伟大的社会主义国家而斗争——关于党在过渡时期总路线的学习和宣传提纲》。同月，中央人民广播电台开始举办《过渡时期总路线宣传节目》，所有的地方广播电台也陆续举办类似的节目。这些节目紧紧围绕党在过渡时期总路线的实质——"一化三改"进行宣传。"一化"，即逐步实现国家的社会主义工业化，这是主体；"三改"，即逐步实现对农业、对手工业的社会主义改造，逐步实现资本主义工商业的社会主义改造。"化"与"改"之间，这一"改"与那一"改"之间互相联系，互相促进，互相制约，体现了发展生产力和变革生产关系的有机统一，体现了社会主义建设和社会主义改造同时并举。毛泽东在审阅前述《学习和宣传提纲》时强调指出："这条总路线是照耀我们各项工作的灯塔，各项工作离开它，就要犯

---

① 《革命的转变和党在过渡时期的总路线》，载《毛泽东文集》第 6 卷，人民出版社 1999 年 6 月版，第 316 页。

右倾或'左'倾的错误。"① 对于这些指导思想和原则，中央和地方的广播电台在节目中作了比较系统、比较充分地宣传，并广泛地组织收听；还与其他宣传方式相配合，如报告员、宣传员作报告、讲解，使过渡时期总路线的精神，迅速、广泛地传播到千家万户。

中央和地方的广播电台对过渡时期总路线的宣传，形式多种多样，时间持久，宣传深入。除举办专题性的特别节目外，在新闻节目如《新闻和报纸摘要》、《联播》中及时播报有关法令、公告、要闻等；在对农民、对工人、对工商界等节目中选择播送有针对性的报道、评论、讲话等；有的文艺节目也演播有关宣传、歌唱过渡时期总路线的快板、金钱板、大鼓、清音、评书、小演唱等节目。对过渡时期总路线的宣传持续到 1956 年，中央电台进一步举办《农业合作化问题讲话》、《进一步做好资本主义工商业改造节目》、《手工业改造节目》等，一些地方电台也相应地举办类似节目。经过这样持续不断地广泛、深入的宣传，使"一化三改"的精神及其方针、政策家喻户晓、深入人心。

在这期间，中央电台和各地方电台还采取多种形式加强对经济建设、政治建设和法制建设的宣传。在经济建设的宣传中，重点宣传了第一个五年计划的实施及其成就和涌现出来的新型的工农业生产劳动模范人物。1954 年 9 月，中央电台派出大型报道组，采访了在北京举行的全国人民代表大会第一届第一次会议，并转播了会议的开幕、闭幕、选举毛泽东为中华人民共和国主席、任命周恩来为国务院总理等重要议程的实况。全国各地方台都作了转播，国际台也向海外作了广泛的报道。会议之后，广播又采取新闻报道、专题讲座、通俗讲座等多种形式对新中国的第一部《宪法》作了宣传。此后，广播对全国人大的历届历次会议都给予充分重视，作为重大选题予以报道。

为了更好地贯彻党在过渡时期的总路线，从 1954 年 10 月起在思想文化领域中开展了批判资产阶级唯心主义思想的运动。1955 年 3 月，中共中央在有关指示中指出"利用广播向听众宣传辩证唯物主义和历史唯物主义"。② 随后中央电台开始举办《唯物主义讲座》节目，向广大听众进行唯物主义和无神论的宣传教育。1954 年至1955 年期间，全国开展了对俞平伯《红楼梦研究》中的唯心主义观点并胡适资产阶级唯心主义的批判运动，以及对胡风文艺思想的批判运动。当时由于指导思想上的偏差，上述批判运动都有明显的缺点和错误，把属于学术文化范围的人民内部思想争论问题，本应用正常的科学的批评和讨论来解决的问题，错误地用政治斗争的方

---

① 《革命的转变和党在过渡时期的总路线》，载《毛泽东文集》第 6 卷，人民出版社 1999 年 6 月版，第316 页。

② 《中共中央关于宣传唯物主义思想批判资产阶级唯心主义思想的指示》（1955 年 3 月 1 日），载《中国共产党宣传工作文献选编》（1949—1956），第 928 页。

发来解决，甚至当作"反革命集团"来斗争，混淆了敌我矛盾和人民内部矛盾的界限，造成了严重的后果。中央台和地方台对上述思想文化领域批判的报道和宣传，也存在着同样的问题，这是值得吸取的历史教训。

在宣传、贯彻过渡时期总路线的过程中，中央和地方广播电台积极贯彻、落实第一次全国广播工作会议精神和"重点建设，稳步前进"方针。为适应新中国宣传教育工作的需要，集中力量建设中央台，从组织建设到技术装备都采取了有力的措施，使多方面工作都得到加强。各地方广播电台主要从两方面努力：一是调整人力，精办节目；一是整顿、巩固广播收音网。通过第一次广播工作会议的传达、学习，越来越多的广播工作者意识到，广播电台是以节目来团结和教育听众的，办好节目是广播电台最重要的工作。统一认识后，对省兼市台，除少数省会是大城市外，都撤销了市台，其人员与省台合并，以加强省台的力量。对少数小的市台，其工作本来影响不大的，也酌情撤销。对省台节目的设置，从实际出发，主要办好本省新闻、工人节目、农民节目、城市居民节目、政策法令通俗讲解节目、文艺节目和记录广播。有些省、市台从各自的特殊情况出发，或减少或增办一些节目。结合调整节目，许多电台都改进了编辑部的工作，充实了编采人员，使宣传质量得以提高，同时也能更好地联系实际，联系群众，发挥作用，为深入宣传过渡时期总路线创造了条件。

遵照中共中央、国务院关于撤销大行政区的决定，根据第一次全国广播工作会议确定的"逐步取消大区台的方针与因地制宜原则"，1954年，将中南、西南、东北、西北和华东等各大区广播电台陆续撤销，将其编播、技术人员分别补充中央台和省市台。同时，中央广播局加强对地方广播的管理工作，首先加强对省台的指导工作。梅益在第一次全国广播工作会议上的总结发言中指出："今后的省台，在我国的广播事业中将处于重要的地位。……我们希望能在明年积累若干经验，以便在1954年以省台为重点来总结省台工作的经验，以便着重加强地方广播管理工作。"

二、学习苏联广播工作经验，为过渡时期总路线服务
第二次全国广播工作会议

从新中国成立到1954年进入过渡时期，五年来全国广播事业有了较大发展，人民广播已成为宣传党和政府的政策、法令，加强党和政府与全国城乡人民的政治联系，提高人民群众的政治觉悟和文化水平的重要工具。但是，广播工作还存在着较多严重缺点：有些节目的思想性不高，结合党和国家中心任务和群众的思想还不够紧密；广播工作者还没有很好地熟悉广播的特点；中央台和地方台的广播还没有形成一个整体；中央广播局的领导脱离实际，对广播工作经验缺乏认真的研究和总结，对地方台缺乏具体切实的帮助，对广播干部的培养缺乏应有的注意。所有这些都亟待加以研究、解决。

在大规模经济建设开始，"向苏联学习"声中，中央广播局组成以副局长温济泽为团长的中国广播代表团18人，于1954年7月6日至9月5日访问苏联，主要任务是学习苏联广播工作经验。其间，中华人民共和国中央广播事业局和苏维埃社会主义联盟广播总局在莫斯科签订了关于广播事业合作的决定。中国广播代表团回国后整理了一套苏联广播情况和经验。[①]

图5-11　1954年11月第二次全国广播工作会议留影

中央广播局于1954年11月8日至20日在北京召开了第二次全国广播工作会议，（见图5-11）局长梅益在会上作了题为《学习苏联广播工作经验，改进我们的广播工作》的报告，中央宣传部副部长张际春在会议结束时讲话。会议介绍了苏联广播工作的经验，并结合我国具体情况，研究了广播宣传如何为过渡时期总路线服务的问题，讨论了改进广播宣传工作的方案。会议指出：在过渡时期，广播的基本任务是宣传党在过渡时期的总路线和国家的建设计划，鼓舞、教育和组织广大人民积极参加社会主义建设和社会主义改造事业，并逐步提高其政治觉悟和文化水平。根据这一指导思想，广播的具体任务有以下五项：

（1）宣传党和国家的过渡时期的总路线、建设计划以及各种政策和措施；宣传党和工人阶级的领导作用；宣传工农联盟、巩固国防、人民民主专政和各民族的团结。

---

① 当时中央广播局曾经整理编印了同名的《苏联广播工作经验》两种内部资料，一种是1954年10月编印的平装本，共733页；另一种是1955年5月编印的精装本，共352页。

（2）宣传国家建设，特别是经济建设中的巨大成就，并根据马克思列宁主义加以阐明，给群众指出努力的方向；宣传工人阶级、农民群众完成和超额完成生产计划，提高劳动生产率的情况；宣传工人阶级和农民群众的创举；宣传先进人物的先进经验和先进思想。

（3）宣传苏联和人民民主国家的建设成就；宣传和平民主社会主义阵营力量的强大和团结；宣传被压迫民族和被压迫人民解放斗争的发展和全世界广大人民保卫和平斗争的胜利。

（4）宣传马克思列宁主义；宣传有关生产建设，有助于摆脱偏见、迷信、宗教影响，并有助于建立科学的唯物主义的宇宙观和科学技术知识。

（5）宣传为广大人民所喜欢的、特别是民间的和反映人民新生活、为国家建设服务，并以先进思想教育人民的音乐、戏剧和文学作品。

会议指出，为完成上述任务，广播大体采取政治性的和文艺性的两种形式，并以全国人民为对象。会议强调，政治广播必须紧密结合党和政府当前的任务；必须反映一切为广大人民所关心的重大问题；必须准确地、生动地、及时地和多方面地报道人民的生活和经济、政治、文化建设的成就；必须加强经济宣传；重视配合全国理论学习的进程，办好通俗和有系统的各种学习讲座。文艺广播应以依靠中央和地方的文艺团体为主，来开辟文艺节目的来源，逐步增加文艺广播的时间，提高文艺节目的质量，培养听众的欣赏能力，筹办音乐和文学教育的节目。

会议强调，根据苏联广播工作经验，中央电台和地方电台应密切结合，以中央电台为基础、地方电台为补充，构成一个宣传的整体，逐步克服目前广播工作中存在的分散状态。保证当地听众能听到中央电台的重要节目，也是地方电台的重要任务。

会议着重指出，加强广播电台本身的政治、思想领导，加强中央广播事业局的业务领导和扩大广播的群众基础，对改进广播工作有重要意义。而改进广播工作的关键，是各级党委加强对广播工作的政治思想领导和对广播干部的教育管理。会议还指出，要有重点地培养政治和文艺广播的优秀的记者、评论员、播音员、文艺导演和录音师等。

出席第二次全国广播工作会议的有各省、自治区、直辖市广播电台台长、副台长、编辑部主任、副主任及中央广播局处以上干部118人。这次会议指导和帮助全国广播工作者认清了过渡时期广播工作的基本任务和具体任务，努力提高政治广播和文艺广播的质量的方向和方法：一是根据当地需要、主观力量，增强节目的思想性、艺术性和群众性，进一步精办节目，改变那种追求节目数量、不顾质量的状况；二是结合当地的具体情况来决定节目方针，或以当地的工人为主，或以当地的农民为主，或以少数民族为主；三是根据收听工具的分布和占有情况，或以收音站为主适当照顾其他听众的需要，或以一般听众为主同时照顾收音站的需要，或两者并重，来具体安排节目；四是加强电台的群众工作，组织先进生产者、作家、科学家、艺术家、各界积极分子参加广播活动，同时开展听众联系工作；五是建设地方记者队伍和文艺团体。

这次会议前后，中央广播局加强了地方记者队伍和文艺广播团体的建设，并取得初步成效。

关于地方记者队伍建设——中央宣传部于 1954 年 7 月 9 日批转中央广播事业局党组关于在地方电台中设立中央电台的地方记者的决定，规定地方记者由各地方电台集体担任。中央广播局指定 18 个地方电台集体担任中央电台的地方记者。1955 年 7 月 11 日，中共中央宣传部转发《广播事业局关于组织地方人民广播电台承担中央人民广播电台集体记者的决定》，要求各级党委宣传部督促各地人民广播电台认真执行。集体记者的任务是：（1）供给本地区各项重要新闻和适合于向全国广播的通讯、录音报道和讲话；（2）完成中央电台指定的报道和组织一定的节目任务；（3）汇报当地广播有关的各种情况。当月，经中宣部批准，中央广播局又发展集体记者 31 个，加上原有的 18 个，共 49 个。至此，全国大部分地方电台都担负起中央电台集体记者的任务。

关于广播文艺团体建设——广播文艺节目占电台整个播出时间一半以上，广辟文艺节目来源，并提高其质量，是一个迫切而重要的问题。1952 年 4 月 10 日至 17 日，中央电台在北京召集各大区台和部分市台的文艺工作者代表，举行第一次文艺广播工作会议，商讨加强中央电台和地方电台文艺广播部门的联系，充实文艺广播节目。1954 年 8 月 16 日，中央文委党组将中央广播局党组关于中央人民广播电台文艺广播工作情况的报告，批转文化部、中宣部。中央文委党组认为："文艺广播工作确应大力加强，要求文化部认真讨论一次，定出切实可行的改进方案，组织文学艺术团体各方面的力量，协同广播局贯彻执行。"在广播系统中从需要和可能出发，组织广播文艺团体。从 1949 年冬到 1956 年，中央广播文工团、上海电台广播乐团和广播剧团、西北电台文艺工作团、西南电台国乐团和曲艺小组、天津广播曲艺团、吉林广播曲艺团和黑龙江广播说唱团相继组建起来，积极演出、制作文艺节目，源源不断地丰富文艺广播。1956 年 1 月 1 日，中央电台所属六个文艺团——广播乐团、民族管弦乐团、说唱团、学生广播合唱团、北京业余广播合唱团和少年广播合唱团，举行向听众祝贺新年广播音乐会。这类广播文艺活动，显示了广播文艺团体的重要作用。

第二次全国广播工作会议后，在学习苏联广播工作经验的过程中，曾得到来华苏联广播专家的指导，对推动我国广播工作者的业务学习起了积极的作用，但也曾犯了教条主义的毛病，产生了一定的负面影响。主要有两个方面的表现：一是减少甚至中断广播中的批评性的报道；二是照搬苏联"以中央台为基础、地方台为补充"的做法，大量削减了地方台的自办节目。如1955年，上海电台被要求大量削减节目，把1953年已设置的9套节目减为5套，广播时间从120小时减为67小时。云南电台把大量时间用来转播中央电台节目，特别是撤销当时办得较有成效的《工人节目》，对《农民节目》的播出时间也予减少。其他电台也一度减少、停办本台节目。地方电台大量增加转播节目，削弱了地方电台的地方特色和民族特色，影响了宣传效果。个别地方台还一度开设《苏联的今天，就是我们的明天》等节目，生硬地、盲目地介绍苏联经验。这些情况事后虽有察觉，但直到1956年第四次全国广播工作会议时才得以纠正。

50年代初期，在学习苏联广播工作经验的前后，我国广播对外合作与交流活动也有初步的开展。1952年，我国应邀参加了总部设在捷克斯洛伐克首都布拉格的"国际广播组织"（OIR），梅益当选为该组织1953年度主席。1953年9月，"国际广播组织"理事会第二十四次会议和技术委员会第九次会议在北京举行，这是我国广播机构首次主办的国际会议。这次会议选举梅益担任该组织1954年度副主席。参加该组织推动了我国与苏联东欧社会主义国家的广播交流。同时，我国与苏联及其他社会主义国家的广播电台开始互相交换广播节目。1953年5月，我国与捷克斯洛伐克共和国签订了第一个广播合作协定，此后至1956年间又与匈牙利、波兰、罗马尼亚、保加利亚、苏联、阿尔巴尼亚、蒙古和朝鲜签订了广播合作协定。在1952年至1956年间，我国还与有关国家多次互派广播代表团访问。最早出访的是1952年9月，梅益率团出席在匈牙利首都布达佩斯召开的"国际广播组织"的有关会议，并顺访了捷克斯洛伐克和苏联。我国接待的第一批外国广播代表团，即前述1953年来北京参加"国际广播组织"有关会议的各国广播代表团。此后，陆续来我国访问的还有捷克、日本、越南、苏联等国的广播代表团。

三、发展农村广播网 第三次全国广播工作会议

对农业进行社会主义改造，是过渡时期总路线、总任务中根本的、重要的内容之一，发展农村有线广播，加强对农业社会主义改造的宣传，就成为广播事业在过渡时期的重要的政治任务之一。1955年3月29日，国务院发出《关于在农业、畜牧业、渔业生产合作社重点建立收音站的指示》和《在边远省份和少数民族地区建立收音站的通知》，决定由中央广播事业局免费提供一批收音机，建立一万多个收音站。中央广播局于1955年8月25日至9月3日在北京举行全国农村有线广播工作座谈会，会上着重介绍了福建、吉林两省建设农村有线广播的经验，并确定多数省应采取"重点示范、分批发展"的方针，积极地发展农村有线广播。会议认为，农村有线广播应按照实用和节约的原则，充分利用农村现有的物资设备进行建设，即首先在现在小城镇广播站的基础上，利用地方电话线，依靠地方的积极性和群众

的人力物力，将广播传送到农村。局长梅益在会上作了题为《大力发展农村有线广播》的讲话。这次会后，大多数省都很重视，开始积极准备建设农村有线广播。

1955年10月，中共中央召开扩大的七届六中全会，重点研究农业合作化问题。11日，毛泽东在全会的讲话中提出"发展农村广播网"的要求，[①] 其后，12月21日在《征询对农业十七条的意见》中又提出："在七年内，建立有线广播网，使每个乡和每个合作社都能收听有线广播。"[②] 这是党和国家继中国人民政治协商会议通过的《共同纲领》中明确规定"发展人民广播事业"之后的又一重要决策。

在上述事业背景下，中央广播局在1955年12月15日至22日在北京举行第三次全国广播工作会议。会议的主要任务是：讨论发展我国广播事业的第二个五年计划和十五年远景规划，修订第一个五年计划后两年计划；研究发展农村有线广播的方针、规划。局长梅益在会上两次讲话，第一次是在会议开始时作了《关于发展农村广播网的方针、规划的初步报告》；第二次是在会议结束时的总结报告，着重讲了在讨论发展我国农村和城市的有线广播以及第二个五年计划和十五年远景规划时，必须根据客观形势和主观力量，首先明确关于方针、任务达到的水平、速度和平衡等几个原则问题。会议期间，还举行了少数民族地区广播工作座谈会。各省、自治区、直辖市广播电台台长、副台长，苏州、南通、张家口、承德、四平等市有线广播站站长和中央广播局有关负责人出席了会议。

这次会议对全国广播事业在过渡时期的发展起到了两方面的指导作用：一是初步制定了农村广播网发展的方针和方向；二是大体明确了全国广播事业近期和远景的发展规划。这两方面的影响是及时的，也是深远的。会后，《人民日报》于12月30日发表了题为《发展农村广播网》的社论，要求各级领导机关要充分关心和重视农村广播网的建设工作，列入地方全面规划之中，加强对它的领导，并进一步明确了发展农村广播网的方针是：坚持依靠群众，利用现有设备，分期发展，逐步正规，先到村、社，后到院、户。

中国的有线广播网是在新中国成立初期发展广播收音网的基础上提出和创建的。1953年，广播收音网在全国各地大体普及，并进入巩固阶段。在这之前，有的城镇开始试办有线广播，工厂、矿山开办的有线广播更多。这种小型广播站与收音站相比，其优点显示在三个方面：一是收听范围扩大；二是时间、地点固定，每天都能听广播；三是既可转播无线广播电台的节目，又可通过有线传递本地消息，播放群众喜欢的节目。在城镇有线广播的示范影响下，农村有线广播逐渐建立。1952年4月1日，全国第一座以一个县为区域范围的广播站——吉林省九台县广播站正式播

[①] 参见《农业合作化的全面规划和加强领导问题》（1955年10月11日），载《毛泽东文集》第6卷，第475页。

[②] 同上，第510页。

音，为在全国建立农村有线广播网提供了范例。在中央广播局的倡导、推广下，浙江、江苏、山东、四川、广东、山西、陕西等省都到九台学习办站经验，并建立各自的有线广播站。经过两年的努力，大部分省都办起了一批县广播站，到1954年年底，全国共有县广播站547个，中小城镇广播站705个，有线广播喇叭49854只。但是，各地建设发展有线广播站和农村广播网还缺乏明确的方针和统一的规划，有关广播站的领导关系、经费、编制、干部培训、器材供应、节目编排，以及广播电台、邮电局和广播站的关系等问题，都急需解决。第三次全国广播工作会议在调查研究的基础上，都对这些问题一一提出相应的意见，使全国广播工作者明确了方针和发展的方向，为落实中共中央和国务院关于"发展农村广播网"的要求，为解决占全国人口绝大多数的农民听广播问题而努力。这是中国广播历史上着手建设有中国特色广播事业的一个良好开端。

1956年1月，中共中央颁发的《全国农业发展纲要》（草案）第三十二条规定："从一九五六年起，按照各地情况，分别在五年或十二年内，基本上普及农村广播网。"这不仅给全国广播工作者，更是给广大农民以很大的鼓舞和鞭策，各地建设农村广播网的积极性高涨，全国掀起了建设农村广播网的高潮。

第三节
社会主义制度初步建立后的广播事业
第四次全国广播工作会议

一、广播事业的新形势和新任务

党在过渡时期的总路线所规定的任务中，对农业、手工业和资本主义工商业的社会主义改造，到1956年基本完成。但是，社会主义改造后期的工作过于急促和粗糙，遗留下许多问题，需要经过仔细地调查研究，进行有系统的调整，逐步加以解决。中国建设社会主义的道路正在探索之中。

1956年4月，中共中央召开政治局扩大会议。毛泽东既从总结我国建设、发展经验出发，又以苏联经验为借鉴，在会上作了《论十大关系》的报告，得到政治局赞同。这次会上还确定在科学文化工作中实行百花齐放、百家争鸣的方针。1956年9月15日至27日，中国共产党第八次全国代表大会在北京举行，基本任务是：总结党的第七次全国代表大会以来的经验，团结全党，团结国内外一切可能团结的力量，为建设一个伟大的社会主义的中国而奋斗。全国广播事业面临新的形势，需要通过总结，才能更好地担负新的历史任务。

第一个五年计划中，广播事业建设任务在努力完成的过程中，特别是全国农村广播网建设开始形成高潮之际，国务院和中共中央宣传部为加强对全国广播事业的管理，进行体制建设，在短期内发出三个重要文件：

1955 年 9 月 12 日，国务院发出《关于地方人民广播电台管理办法的规定》，①规定各地方电台的编制、财务、计划及一般行政业务受各级人民委员会的领导；而广播业务、广播技术和广播事业建设规划受中央广播局的领导。

1955 年 9 月 13 日，中共中央宣传部发出《关于各级党委宣传部应加强对广播宣传的领导和监督的通知》，②规定了地方人民广播电台的日常宣传业务，广播电台工作的政治思想领导以及广播电台干部的教育管理，仍应由各级党委领导。要求各级党委宣传部加强对广播宣传的领导和监督，充分利用它来推动和改进工作。

1956 年 2 月 20 日，国务院发出《关于农村广播网管理机构和领导关系的通知》，③规定省、自治区、直辖市的广播管理机构属于省级人民委员会，在业务上受中央广播事业局领导。通知还规定：中央广播局负责全国农村广播网建设的规划，编制全国农村广播网的年度发展计划，提供农村广播站的机房、播音室的定型设计，统筹器材，介绍和总结农村广播网的经验等。

上述文件为全国广播事业迅速发展中急需解决的问题指明了方向，提出了措施，各地立即行动，积极贯彻。江西省率先成立广播事业局，与江西电台合署办公。紧接着，江苏、山东、内蒙古、上海、天津等省、自治区、直辖市先后都成立了广播管理局或处，开始强化广播事业的管理工作。

1956 年 5 月 28 日，中央广播局党组向中共中央汇报广播事业发展规划时，中共中央书记处书记刘少奇代表党中央对广播工作作了指示。④刘少奇共讲了十个问题：（1）发展农村有线广播很重要，要依靠群众，但不要因此加重群众的负担；（2）要加强对国外广播；（3）要尽快创办电视，自己生产电视发射机和电视接收机，先黑白，后彩电；（4）要降低收音机、广播喇叭、广播扩大器的售价，使更多的人能买得起；（5）不要急于收取广播收听费，不要因收费而影响广播事业的发展，将来要收费也要慎重；广播电台应该播广告；（6）加强对广播事业的领导；（7）广播系统独立负责自己的技术工作很好，应采用新技术；（8）要创办大学，培养专门人才；（9）中央广播局机构的设置和调整；（10）广播宣传要密切联系人民的思想、生活需要，应该关心人民的生活问题。

毛泽东的《论十大关系》、刘少奇的讲话，对全国广播工作总结新中国成立以

---

① ② 载中央广播事业局《广播业务》创刊号，1955 年 10 月编印。

③ 《广播业务》第 2 期，1956 年 2 月编印。

④ 刘少奇这次对广播工作的指示，以《对广播事业局工作的指示》为题，收入《中国共产党新闻工作文件汇编》（下），第 370—376 页。另，1980 年，梅益在《少奇同志与广播事业》一文中曾比较系统、全面地回忆刘少奇的这次谈话。该文已收入《梅益谈广播电视》一书，中国广播电视出版社 1987 年 3 月版。

来，尤其是学习苏联的正反两方面的经验，从实际出发，走自己的道路，更好地为建设社会主义服务，具有重大的现实意义和历史意义。

二、广播要更好地为社会主义建设服务 第四次全国广播工作会议

中央广播局于 1956 年 7 月 25 日到 8 月 16 日在北京召开第四次全国广播工作会议。会议根据毛泽东《论十大关系》的报告和刘少奇关于广播工作的指示精神，讨论了广播事业的体制、第二个五年计划的指标等问题，着重研究了如何改进广播宣传，更好地为社会主义建设服务的问题。副局长周新武作了《关于广播事业体制方案研究的情况和意见》的报告，局长梅益作了《让广播更好地为社会主义建设服务》的总结报告。各省、市、自治区广播电台台长、副台长 52 人，中央广播局有关负责人出席了会议。（见图 5－15）这是一次全国广播工作总结经验、承前启后、意义重大的会议。梅益在总结报告中肯定："这次会议的收获是很大的。二十多天来，同志们在会上展开了热烈的讨论，检查了过去几年的工作，对局的领导进行了严肃、全面的批评，并且提出许多重要的建议，因而也就结合了过去的经验教训，比较完善地解决了有关体制、计划和广播宣传的问题。现在，正如大家所看到的，我们不但在所有重大的方针、原则问题上取得了一致的见解，而且搬掉了束缚广播

图 5－12　1956 年 8 月第四次全国广播工作会议留影

宣传的一些清规戒律，消除了妨碍事业发展的各种消极因素，采取了若干改进工作的具体措施，这些都有利于上下内外各方面的积极性的发扬，而积极性的发扬，也就有利于人民广播事业的进一步发展。"①

会议回顾了新中国成立以来有关广播工作几个主要方针的制定和执行情况。总的来看，在党和政府的领导下，几年来全国广播事业有了很大的发展，广播宣传在各个时期也发挥了显著的作用，证明了过去所规定的方针、政策大部分是正确的，成绩是主要的。但是，由于局的领导不同程度地存在着主观片面性和官僚主义作风，在工作中曾经出现不少缺点和一些错误，使广播事业的发展和宣传工作受到影响和损失。对几个主要方针的制定和执行，应作实事求是的具体分析：

第一，关于广播电台既管宣传又管技术的问题。从我国人民广播事业经由特殊途径发展的实际出发，一面开展广播宣传，一面负责多种技术业务，确定将宣传、技术两项工作放在电台统一领导下同时发展的方针。1955 年，周恩来认为不应将广播发射全部交给邮电部管理。1956 年，刘少奇肯定了广播部门"能够独立把技术搞起来，很好。能够搞起来，就继续搞下去，分开搞，对发展是不利的"。从广播这一现代化宣传工具的特殊性看，它是通过一整套技术设备来工作的，技术为宣传服务，而且不断地以新的技术来扩大宣传的影响，提高播出的质量。因此，广播电台既管宣传又管技术的方针是正确的。

第二，关于基本建设计划中先中央后地方、重点发展的方针，基本上是正确的。重点建设是中央的既定方针，而中央台是国家广播的主体。为了保证中央台对内能满足全国收听，对外能逐步满足各国听众的收听和外交斗争的需要，以及在突然事变发生时广播不致中断，计划以中央台为重点是正确的。但在执行这个方针的过程中有偏差，影响了地方积极性的发挥。

第三，关于宣传工作中以中央台为基础、地方台为补充的问题。根据我国广播工作者访苏代表团回国后的建议，第二次全国广播工作会议作出"中央台和地方台应密切结合，以中央台为基础、地方台为补充构成一个宣传整体"的决定。所谓基础和补充，根据代表团的建议，就是地方台应该以多数的时间转播中央台的节目，少数时间播送自办的地方性的节目。这个建议及据此作出的决定，都是错误的，因为这将削弱地方性的广播，限制地方的积极性，对全国的广播事业造成损失。但地方台以一定时间联播或转播中央台的某些节目，仍是必须的。第二次全国广播工作会议强调中央台和地方台互相支援，则是正确的、积极的，有利于共同提高。

第四，关于发展广播收听网的群众观点问题。为了扩大广播在群众中的影响，制定以发展有组织的收听为主、个体收听为次的方针。1950 年发展收音站，1952 年

---

① 引自梅益《历史的经验》，系梅益在会上作的总结报告的一部分，载《梅益谈广播电视》，第 117 页。

发展工矿企业、部队、机关、学校的广播站，并推广九台县农村广播站的经验，1954年发展农业生产合作社的收音站，1955年发展中小城市和农村的有线广播站。在发展收音站的过程中，着重建立少数民族地区、边远地区、交通不便地区和海岛的收音站。发展有组织的收听网的工作，是很有成绩的。在我国当时的历史情况下，确定发展有组织的收听为主、个体收听为次的方针是正确的。但是，在发展农村广播站的工作中有保守倾向；对发展个别收听的工作，生产和供应廉价收音机，做得很不够；在发展收听网过程中，缺乏远大眼光和群众观点。今后三五年内，农村广播网仍旧以从村社到院户的集体收听为主，继续扩大收听面，并改进播音质量，争取提前完成建设全国农村广播网的任务。

会议还对业务领导、领导作风和培养干部等问题作了检查，并提出一些改进和加强的措施。中央广播局决定，设立宣传业务研究机构，加强科学研究工作，并分别组织一些宣传的和技术的专业会议；除了开办训练中等技术干部的学校外，积极筹办培养编辑、记者和播音员的专门学校。

这次广播工作会议在总结经验、统一认识后，着重研究了如何改进广播宣传工作，强调熟悉和掌握广播特点，发挥声音、速度和群众性的优点。关于如何办好新闻性节目和文艺性节目，会议提出以下几点：

第一，改进新闻报道，做到又多又快又短又好。好就是真实、生动、有兴趣和有立场。只有把事情的真相告诉听众，才能有效地教育听众。新闻报道要全面，不要报喜不报忧，当然也要有立场，要有利于人民和无产阶级。还应有自己的评论，最好采取述评的形式。广播记者不但要带着笔，还要带着话筒进行工作，最好用录音机来代替笔记本。

第二，扩大节目取材范围，加强同群众的联系，更多地关心和指导人民的生活。要从政治上关心人民，同时也要从生活上关心人民。要使节目办得更多样些，更丰富些，更生动些。还要改进文风，少唱八股，让广播语言更接近生活。

第三，要在广播中展开批评。在广播中进行批评和自我批评，目的是纠正缺点和错误，以教育人民和做好工作。原则是要严肃对待，看是否对当前的斗争有利，是否对革命事业有利；要注意效果，最好能分析和说明产生错误和不良现象的原因；中央台、省台和市台进行批评的方法有所有同；批评时要有分寸。中共中央关于在报纸上展开批评的指示，在广播中应该严格遵守。

第四，根据广播特点对待"百家争鸣"，在广播中展开自由讨论。科学研究工作的"百家争鸣"，对广播电台说来，不宜播送很深和长篇的论文，但是在可能的条件下，应该向听众介绍正在进行的学术性争论情况，以启发、培养听众对学术问题的兴趣。广播中展开讨论应是有领导的，要慎重地对待这项工作。

第五，贯彻"百花齐放"的方针，办好文艺广播。在文艺广播中贯彻"百花齐放"精神，必须加强对文艺工作的领导。应该更多地播送艺术质量较高的作品，更多地播送为当地人民所喜爱的文艺形式，必须扩大选材，不应一花独放。为了办好文艺广播，应该加强文艺采访工作，做好中央台和地方台以及地方台之间的节目交换工作。定期召开文艺工作专业会议，以交流经验和提高文艺干部的业务水平。在播音风格上，也要"百花齐放"，要有不同的风格，不要只有一派。

第六，要让听众听到更多的节目，就是要有更多的丰富的内容、多样的形式、高度的思想艺术水平，并用新技术制作的节目来满足广大听众对广播日益增长的需要。精办节目和多办节目并不矛盾。多办节目有两种做法：一是适当增加每天的播音时间，同时紧缩每一分钟节目时间，以腾出时间增办新节目，这是中央电台和省台唯一可行的方法；另一种是增加电台，增添频率。这两种办法在条件具备时，都是可行的。为实现多办节目，需要增加发射设备，增加电力，增加编制和经费等，这些都应在年度计划中加以解决。

后来的实践说明，第四次全国广播工作会议在中国广播发展的历程中具有重大意义和深远影响。

三、广播宣传改革的起步

中央和地方广播电台根据第四次全国广播工作会议精神，结合各台具体情况，认真展开学习、讨论，纷纷制定出各自的改进广播宣传工作的方案，在报经当地党委宣传部批准后付诸实施，迈出了改革的新步伐。

中央人民广播电台的宣传工作从新中国成立以来不断改进。1954 年在总结宣传业务经验的基础上，学习苏联广播工作经验，尽管某些方面出现生搬硬套的倾向，但仍借鉴了一些有利于提高节目质量的工作方法和制度。到 1956 年根据毛泽东《论十大关系》的报告和刘少奇关于广播宣传工作的指示精神，进一步改进广播宣传，更好地为社会主义建设服务，使节目进一步联系实际，内容和形式力求满足广大听众的需要。1956 年，中央电台已有两套面向全国的综合节目，全天播音时间从 1949 年的 5 小时增加到 23 小时 55 分。另外，有一套民族语言广播和一套对台湾广播。中央电台注意从广播的特点出发，努力办好新闻性、文艺性和社会教育性以及服务性的节目。为了紧密配合党的中心工作，宣传中国独立自立的和平外交政策，中央电台加强了《新闻报摘》、《全国联播》等新闻节目。1956 年，每天的新闻节目从 1949 年的 4 次增加到 15 次。《国际生活》节目改为《国际时事》、《国际生活》两个节目，加强了对国际问题的评述和世界知识的介绍。随着文艺事业的日益繁荣，中央电台的文艺广播进入发展阶段。由于对民族、民间音乐和戏曲进行了广泛的采录工作，并建立了广播民族乐团、广播说唱团等表演团体，节目来源逐渐扩大，文艺广播的内容日益丰富，音乐文学戏曲的欣赏性、知识性、娱乐性节目不断增加。为了普及马克思主义理论的基本知识，加强对干部的理论教育，中央电台又举办了

《哲学》、《唯物主义》等讲座和学习中国共产党第八次全国代表大会文件节目等，博得广大听众的欢迎。

中国的对外广播贯彻刘少奇的有关指示精神，在宣传和事业建设上进一步发展。到 1956 年，已有英语、日语、朝鲜语、印度尼西亚语、越南语、泰语、缅甸语、西班牙语、老挝语、柬埔寨语等十个语种对外广播。还以汉语普通话和厦门话、广州话、潮州话、客家话对华侨广播。中国对外广播的影响逐渐扩大，1951 年仅收到 18 个国家和地区的听众来信一千封，1956 年收到 62 个国家和地区听众来信 15284 封，增加了 15 倍。当时，英国广播公司发表的调查报告认为，中国对外广播规模在 1950 年居于世界第十二位，1952 年居于世界第十一位。

各省、自治区、直辖市广播电台把第四次全国广播工作会议的精神视为提高政治和业务思想、改进广播工作的武器和动力，在认真学习、热烈讨论之后，纷纷定出各自的改进方案。例如，辽宁电台从 1956 年 11 月开始贯彻第四次全国广播工作会议精神，切实改进省、市台的广播宣传工作，提出省、市台特别是市台在办好新闻性和文艺性节目的同时，也要增办一些教育（知识）性和服务性的节目，改变过去长期只关心生产，不过问与广大人民日常生活有关的一些事情的局面。今后一个时期的办台原则是，既要办好省台，也要办好市台，使两台各有特色。要大力提高节目质量，办台的口号是：质量第一，效果第一。充分发挥广播的特点，使节目通俗、活泼、软一些、宽一些。这就必须：第一，办好新闻节目；第二，办好文艺性节目；第三，改变综合节目的方针，使之成为教育（知识）性、服务性的节目，让它更多、更好、更直接地干预人民的生活。

江苏电台从 1956 年初开始学习毛泽东著作《反对党八股》，继而贯彻第四次全国广播工作会议精神，开展关于"百花齐放，百家争鸣"的讨论，提出广播宣传要扩大报道面，广泛、深入、丰富多彩地反映社会生活。这次学习和讨论给江苏电台带来一场改革：撤销了《当前问题》、《新人新事》节目，增办了《江苏生活》节目。将《理论学习讲座》一分为二：《政治经济学讲座》和《唯物主义通俗讲话》。专题节目开始运用对话形式。长期不被重视的新闻节目摆上了重要位置，并且作了较大改进；力求摆脱广播新闻是报纸新闻翻版的局面，多用自己采写的新闻，减少新闻重播次数。到 1957 年三四月间，新闻节目采用报纸稿件占播出篇数的比例，从过去的 70% 左右降到 40% 左右。

云南电台集中力量办好新闻性和文艺性节目，增加了新闻节目次数，丰富了文艺节目内容，新办了《对家长广播》、《科学卫生》、《民族语言广播》、《对云南境外国民党军残部广播》等节目。重新研究了对农村广播节目的方针、任务、对象、内容以及如何发挥广播特点等问题。还把《农村俱乐部》、《听众点播的文艺节目》、《星期音乐会》作为重点文艺节目来办，同时加强了具有民族特点和地方特点的节目的采录工作。从这以后，云南电台钻研新闻业务、探讨广播特点和优势的空气比较浓，使广播节目从内容到形式都有所改进。

这期间，中央广播局加强了对广播业务研究工作的组织领导。中央广播局在成立不久，1949年11月3日就组建了地方台编辑研究部，这是新中国广播系统第一个研究机构。后来改为地方广播部，以管理和指导地方台广播业务为主要任务，逐步开展多方面的广播业务研究活动。1955年10月，中央广播局创办了第一个业务性刊物《广播业务》。① 1956年8月，第四次全国广播工作会议讨论了广播研究工作，肯定了几年来研究工作所取得的成绩，指出了在宣传业务上存在的一些混乱思想没有得到解决，影响了业务水平的提高。会议提出成立宣传业务研究机构，加强研究工作。1957年6月25日，中央广播局成立了研究室，其方针和任务是：收集有关广播工作的资料和史料，研究广播宣传的重要问题，总结广播宣传经验，编写广播教学提纲，对宣传业务提出改进意见，为逐步提高广播宣传质量服务。在此期间，中央广播局组织的较有影响的业务研究会有：农村广播业务学习会，1956年10月29日至11月16日在北京举行，着重讨论关于农村广播的方针、任务、对象和节目安排等问题；广播网技术研究会，1956年11月19日至12月1日在北京举行，主要研究建设、发展广播网技术问题；录音报道业务学习会，1957年3月15日至4月3日在北京举行，着重研究有关提高录音报道质量的一些基本问题，并讨论了录音报道的真实性、音响和解说词的关系、配乐、提高录音报道的思想性等问题；地方台领导工作经验座谈会，1957年4月15日至25日在南京举行，讨论了台长、编委会如何进行工作，省台的宣传方针、任务和对象，联系群众、深入实际，培养干部，在广播中如何贯彻"百花齐放、百家争鸣"的方针，党委对电台的领导等问题；唱片专业会议，1957年5月27日至28日在北京举行，研究加强对唱片事业的管理，提出成立唱片社，统一管理有关唱片事业的编辑、生产和发行等工作，等等。在不到一年的时间，组织开展这些广播业务的研究工作，涉及诸多方面，针对性和指导性都很强，对后来的工作影响很大。

各广播电台结合贯彻第四次全国广播工作会议精神，开展业务研究，提高广播宣传质量，做了许多尝试性、开拓性的工作，主要有：

1. 探索广播的特点

北京市电台在1955年、1956年学习、钻研广播特点掀起热潮，既听苏联专家巴宾科讲录音报道的采制经验，观摩分析莫斯科电台播出的录音报道，更勇于实践，结合宣传任务，努力采制录音报道，摸索配乐广播、广播杂志的运用等，蔚然成风。由于重视发挥广播的特点，使首都社会主义改造的宣传报道做得有声有色，除文字

① 《广播业务》是"文革"前中央广播事业局主办的全国唯一业务性刊物。1955年6月起试刊两期，10月正式创刊，至1958年共出13期。1959年1月起改为月刊，至1966年3月停刊，共出100期。

稿外，采取了实况广播、实况录音、讲话录音、录音报道、录音访问等多种形式。这些报道影响很大，深入人心；同时也激励采编人员钻研广播的特点和规律，争当"带话筒的记者"，提高广播节目的质量。广东电台的记者和录音员带着录音机下乡，在1956年采访南海县平洲红旗农业社，制成广东电台第一个反映农村生活的录音报道。许多电台除探讨录音报道外，还研究了广播的指导性和潜移默化的关系、特定对象节目和共同兴趣的关系、广播宣传和报纸宣传的异同、广播特点和地方特点等问题。

2. 加强新闻和评论，开展广播批评

许多地方电台都增加了新闻次数，添设了新闻品种，从多、快、短、好上下功夫。浙江电台贯彻第四次全国广播工作会议精神后，将本台自办的新闻节目由1949年的7次增加到1956年的10次（包括重播），对省内发生的重大新闻基本上没有漏发，有的重大新闻能在发生的当天播出。上海电台的评论工作较出色，运用多种体裁对重大问题表明电台的观点，还办有固定的《广播漫谈》节目。湖南电台的评论工作也比较活跃，在省级单位聘请了特约评论员。有的电台还试着采编批评性报道，对人民群众关心的问题进行干预。

3. 丰富文艺广播，广泛采用多种文艺形式

由于贯彻"百花齐放"的方针，各电台的文艺广播有了较大的发展，节目来源扩大，题材丰富多样，社会影响越来越大。湖南电台在1951年播出的文艺节目中，本省的地方戏和曲艺占70%，不仅音乐、文学节目很少，就连湖南以外的戏曲、曲艺节目也不多。1956年后，他们引进各地大量的优秀节目，而且能够制作广播剧、电影录音剪辑和各种配乐的文学节目，努力满足各方面听众的不同爱好。四川电台为贯彻第四次全国广播工作会议精神，在加强政治性广播的同时，制订出举办文艺广播的计划，把在听众中较有影响的《星期音乐欣赏》、《周末音乐会》、《川剧爱好者》、《京剧爱好者》等节目固定下来，便于听众到时收听。还增办艺术教育节目，除教唱新歌外，对四川清音和川剧选段也在广播中教唱；新办《乐曲辞说》、《怎样欣赏音乐》、《普通乐理讲座》等。此外，注意报道群众业余文艺活动，开设《群众的艺术才华》、《新剧目录音剪辑》等节目。

4. 重视听众关心的问题，开办直接为听众日常生活服务的节目

各电台组织学习刘少奇关于广播应为群众日常生活服务的指示后，进一步认识到人民广播要为人民服务这一根本宗旨，而广播具有深入千家万户、密切联系群众的特点和优点，"应该关心所有听众关心的问题"；"广播要跟人民建立联系，政治上当然也要跟人民联系，但是不能只限于政治上的，人民关心的事情是很多的，想听的事情也是很多的。这方面也应该关心到。"在这以后，全国很多电台办了直接为听众日常生活服务的节目，在其他节目中也注意密切同听众的联系。如北京电台开办《一周来的北京》、《周末广播》节目，介绍一周来首都文艺、文化生活动态，并介绍首都风光，兼做导游，很受各方听众的青睐。吉林台开办《生活与知识》节目，关心人们衣、食、住、行，普及科学知识，指导社会生活。江苏电台开办《江苏生活》、《听众之友》节目，内容涉及社会各个方面，具有新闻性、知识性和趣味性。广东电台开办《广东生活》、《歌曲、音乐和服务性新闻》节目，听众既可听到自己关心的衣食住行方面的消息，又可听到悦耳的歌曲或音乐，适应群众多方面的需要。

各台根据第四次全国广播工作会议精神所做的改进工作，使广播宣传开始展现新面貌，发挥广播的特点和优势，关心人民生活，联系社会实际，更好地为社会主义建设服务，受到各方面听众的欢迎和赞许，迈出了广播宣传改革的第一步。遗憾的是，1957年夏天以后由于反右派斗争扩大化的影响，使这场刚刚开始的广播宣传改革中断。

四、第一个五年计划期间广播事业建设任务的完成

按照中共中央统一部署，中央广播局于1953年开始制订广播事业第一个五年计划。根据当时形势需要和广播事业状况，中央广播事业局采取先中央台、后地方台，先对国外广播、后对国内广播的重点发展方针，同时订出发展其他方面的计划。经过多次讨论、修订，报经国务院列入全国第一个五年计划方案之中。

1955年7月30日，第一届全国人民代表大会第二次会议通过《关于发展国民经济计划的第一个五年计划（1953—1957）》。这个计划的第九章第二节第四项"广播"一款规定：

广播事业以发射电力计，五年内增加2174.4千瓦，1957年全国总发射电力将达到2650.2千瓦，比1952年增长4.6倍。其中，中央台达到2150千瓦，增加6.4倍；地方台达到500.2千瓦，增长1.7倍。

到1957年，中央电台对国内的广播，将使兰州、成都、昆明以东人口稠密的地区能够听到中波广播，全国都收听到短波广播。中央台的国内广播将同时播放三类（套）节目，其中包括五种少数民族语言播送的广播节目。多数省（区）的广播电台发展电力，基本上能够满足本省的需要。对国外的广播事业也将进一步的发展。

到1957年，全国城市、乡村的广播站和收音站将达到三万个左右。

我国广播事业的第一个五年计划是按照先中央后地方、重点发展的方针安排的。第四次全国广播工作会议对这一方针的执行情况和出现的问题认真地进行了总结，实事求是地评估，认为这一方针基本上是正确的，但在提法上有缺点，执行中有偏差。梅益在总结讲话时指出："今后不但应当从思想和作风两个方面认真解决这个

问题，而且在制定第二个五年计划的时候，应当明确规定事业发展的方针和中央、地方的经费分配比例。"会议调整了广播事业的建设方针，决定从 1957 年起，除继续重点建设对国外广播外，由原来的先中央后地方、集中力量建设中央台，改为中央和地方并举。这一调整既符合毛泽东《论十大关系》中正确处理中央和地方的关系，调动多方面积极因素的理论，又适应各省、市、自治区广播工作者的愿望和事业发展的需要，因而深受欢迎和赞许。"中央和地方并举"方针，对加快地方广播事业的发展起了重要作用，同时也有利于中央广播事业的进一步发展。

根据 1956 年国务院《关于农村广播网管理机构和领导关系的通知》和第四次全国广播工作会议精神，各级地方广播系统先后成立了广播事业局或相应的管理机构。同时按照国务院的规定，对中央广播事业局同地方广播事业局的关系也作了调整。1956 年以前，地方广播事业的管理工作实行省、自治区、直辖市政府和中央广播事业局的双重领导，以中央广播事业局为主。省、自治区、直辖市负责编制、人员调配、财务、计划和一般行政业务，中央广播事业局负责广播业务（宣传）、广播技术、广播事业规划，经管中央和省两级广播经费。1957 年以后，随着国家管理体制的逐步改革，地方广播事业管理工作改由以省、自治区、直辖市政府领导为主，这更有利于地方积极发展各自的广播事业并着手创办电视。

第四次全国广播工作会议根据刘少奇关于广播要关心人民生活的指示，提出"更好地为社会主义建设服务"和"让听众听到更多的节目"的任务，各地方广播事业管理机构和广播电台贯彻执行"中央和地方并举"的方针，热情很高，干劲很大，加快了地方广播事业的建设速度，不仅恢复了过去撤销的省会市电台，还恢复和新建了一批中等城市电台、矿区电台和民族自治地区的州、盟电台。

全国农村有线广播网由于适合中国国情，中共中央非常重视，各地方党委和政府更加积极建设，这一期间发展迅速，不仅广播系统，而且邮电系统都为贯彻毛泽东关于"发展农村广播网"的批示和《一九五六年到一九六七年全国农业发展纲要》中"普及农村广播网"的要求，共同配合，积极发展。1955 年 9 月，中央广播事业局专门召开"全国农村广播工作座谈会"，并发出《关于今明两年在全国有条件的省、区逐步建设农村有线广播网的指示》。文件规定，在全国有交流电源的 980 个县中，具备下列四个条件的可建立县广播站：（1）已有城镇广播站，并且广播站工作比较健全的；（2）有地方电话线路通到各乡，至少通到各区的；（3）人口比较集中，农村互助合作运动比较有基础，乡村距离不过分遥远，并且县城（即广播站的中心）在境内比较适中的；（4）当地领导比较注意运用广播，并且配备农村有线广播站的干部及解决广播站日常维护经费的。同时提出具体的建设方针：依靠群众的积极性，充分利用现有的设备，因陋就简，分期发展，逐步正规，先到村社，后到院户。《人民日报》为此发表了题为《发展农村广播网》的社论。全国有 22 个省、自治区、直辖市先后制定了农村有线广播网的发展规划。1956 年 4 月，中央广播事业局和邮电部联合颁布了《利用县内电话线路建立农村有线广播网暂行规则》。上述一切，都为大力建设和发展农村有线广播事业创造了多方面的条件。

1955 年，全国有县、区、乡收音站 1.1 万多个，农、林、牧、渔合作社收音站 1.7 万多个，边远少数民族地区收音站 1500 个，中小城镇小型有线广播站 719 个，县级广播站 650 座，广播喇叭 8.7 万多只，工矿企业小型广播站 4680 个。在中国人民解放军中，有收音站 2 万多个，部队小型广播站 750 个。经过地方广播管理机构和广播电台的奋发努力，到 1956 年年底，全国农村有线广播事业有长足的发展。县级广播站增至 1458 座，1957 年底增至 1698 座（1949 年仅 11 座）；广播喇叭增长很快，1956 年底增至 50.67 万只（1949 年仅 900 只），1957 年底增至 94.12 万只。在不宜建立有线广播的地区，继续建立收音站。在大城市和工矿区，积极推广收音机，大量发展个体收听。

为了发展广播收听网，关于收取收听费问题引起的争议，应实事求是地作历史的、辩证的评析。1953 年，中央广播局提出在我国收取收听费的问题，政务院未予批准。1956 年，中央广播局提议从 1958 年起在全国收费，刘少奇又未予同意。第四次全国广播工作会议对此作检查说："在劳动人民的收入还不多，广播的影响还有限，事业正在发展的时候，主张收费实际上就是损害群众的积极性，因而也就不利于事业的普及。"但是，会议仍然根据刘少奇关于今后可以在个别有收听习惯的城市试办收费的意见，从实际需要出发，本着"取之于民用之于民"的原则，作出决定："在若干已有收听习惯的大城市，可以有重点的试行收取小额的收听费，以取得经验，便于今后在各地时机成熟时分别推广。至于依靠收费来维持工作的农村广播站，可以继续收费，但应尽量少收，以减轻农业社和听众的负担。"上海、江苏、山东、山西、四川等地的一些有线广播站贯彻这一精神，在当地党委同意、群众愿意的前提下，适当收取少量的收听费，好处不少：它可以增加一些经费来源，弥补地方事业经费之不足，用以维护和发展有线广播，保证群众收听好；还可增强人民的广播人民共同办的观念，防范恩赐思想或依赖思想，使有线广播扎根在人民群众之中。后来的实践证明，这些有线广播站因为有了一定的经济收入，能够经受得起困难时期的考验，基本上巩固下来了。

广播工厂是发展广播事业和普及群众收听工具的生产制造基地。第一次全国广播工作会议曾作为一项议题，提出"统一广播工业生产计划"的要求，对"全国五个广播器材厂应逐步地形成为一个整体，重庆、天津、东北、上海四厂今后应先后改为分厂，以便实施统一管理。今年各厂即应拟订 1953 年统一生产计划，并确定分工范围以及今后各厂的发展方向"。中央广播局对广播器材厂所作的这一部署，是有利于广播事业发展的，但是随着国家经济体制的调整，在 1954 年执行国家财委的决定，将北京、天津、上海三个广播器材厂移交给第二机械工业部。

在三大改造基本完成以后，经过全党和全国各族人民的努力，到1956年我国第一个五年计划的主要指标大都提前完成。到1957年年底，计划的各项指标都大幅度地超额完成。全国广播机构及所有的广播工作者为实施第一个五年计划中广播事业建设任务，在各级党委和政府的领导下，以高昂的革命热情，奋发的实干精神，战胜困难，艰苦创业。据国家统计局公布的关于1956年度国民经济计划执行结果的公报表明："1956年我国无线广播电台的发射电力比上年增加了55%，全国三分之二的县（市）建立了有线广播站，共装设喇叭51万多只，其中80%装在农村。"公报还报道1956年我国试制成功重要新产品，其中有120千瓦短波广播发射机。截至1957年，全国对国内广播电台共有61座，发射总功率为2030千瓦，比1952年增长5.1倍。因个别省辖市电台合并和大区电台撤销，故1957年年底电台总数比1952年减少11座，但发射总功率大大增长。收音机的社会拥有量由1949年的100万台左右增至1956年的180万台，1957年又增至209万台。从总体上看，在第一个五年计划期间，广播事业是我国文教事业中发展最快的，全国文教事业发展最快的有五项指标，其中广播事业占了三项，1957年和1953年相比，增长的比数为：

广播网喇叭发展数　　5980.73%

广播发射电力数　　　593.53%

广播站数　　　　　　531.19%

其他两项文化事业的增长数为：

电影放映队数　　　　594.50%

公共图书馆数　　　　483.13%[1]

上述统计数据表明，我国广播事业第一个五年建设计划是积极的，超额完成计划任务是可贵的，这与党和政府对广播事业的领导和支持，与各族人民的关心和支持是分不开的。但是，广播部门的领导还存在一些保守思想和教条主义，建设中还存在一些浪费现象。

在我国从新民主主义向社会主义过渡的时期，广播事业的发展是与新中国成立

---

[1]　转引自梅益《政治是广播工作大跃进的统帅》，载《全国广播工作会议文件选编》，中央广播事业局办公室1982年3月编印，第99页。

初期国民经济的恢复和第一个五年计划建设紧密相关的。这个时期广播事业发展的特点有三：

第一，新中国成立初期的广播事业经过恢复、改造和重建，并顺利地完成了第一个五年计划规定的任务，为我国的社会主义广播事业奠定了初步的基础。

第二，按照新中国成立初期规定的发布新闻、传达政令，普及知识和提供文化娱乐三大任务，广播宣传配合国民经济恢复、"五大运动"① 及党在过渡时期总路线的实施，展开了大规模的全国范围内的宣传活动，迈出了广播"要学会自己走路"的第一步，显示出了人民广播的威力和影响。人民广播在广大群众中开始享有很高的声誉。

第三，在此期间相继召开的第一至第四次全国广播工作会议，均总结了前一阶段广播事业建设和广播宣传取得的成绩，并为今后的发展制定了正确或比较正确的方针，特别是在社会主义改造基本完成后召开的第四次全国广播工作会议，明确地提出了广播要更好地为社会主义建设服务的方针，推动广播宣传迈开了改革的步伐，并取得了初步成果。

---

① "五大运动"指新中国成立初期开展的抗美援朝运动、土地改革运动、镇压反革命运动、"三反""五反"运动和知识分子的思想改造运动。

第 6 章

初步探索建设社会主义
道路时期的广播电视事业

1956 年中国共产党领导全国人民提前完成了第一个五年计划所规定的主要指标，工农业生产取得了可喜成绩，人民生活有了较大改善，文化教育科学技术等都有了较大发展。在社会主义改造基本完成以后，党和政府领导全国人民开始了全面的大规模的社会主义建设。从这时至 1966 年春"文化大革命"发生之前，近十年的社会主义经济建设取得了很大成就，总结积累了丰富的建设经验。但是也应该看到，由于国际国内斗争的尖锐复杂，加之建设社会主义的道路还在探索之中，50 年代中后期"左"的倾向比较严重，党的指导思想上有过严重错误，致使社会主义经济建设遭受挫折。在这十年中，我国的广播电视事业受"左"的影响，走过一段弯路，但总的来看成绩是主要的，特别是 1961 年根据党的"调整、巩固、充实、提高"八字方针，对广播电视宣传和事业建设重新进行了检查和调整，在以后的几年里各项工作都有新的发展和改进。

第一节
广播系统的整风运动和反右派斗争

在社会主义改造基本完成之际，1956 年 9 月，中国共产党在北京召开了第八次全国代表大会。这次会议的任务是总结七大以来的历史经验，团结全党，团结国内外一切可以团结的力量，为建设一个伟大的社会主义的中国而奋斗。八大的路线是正确的，它为即将开始的全面社会主义经济建设指明了方向。

为了顺利实现八大的宏伟目标，创造一个民主的政治环境，1957 年 2 月，毛泽东在最高国务会议上发表了《关于正确处理人民内部矛盾的问题》的重要讲话。同年 3 月，毛泽东在全国宣传工作会议上也发表了讲话，继续强调"百花齐放，百家争鸣"的方针。同年 4 月，中国共产党为了纠正当时党内存在的脱离群众、脱离实际和官僚主义等问题，更有效地解决人民内部矛盾，以便更好地建设社会主义，决定在全党进行一场整风运动。

1957 年 4 月 27 日，中共中央发出《关于整风运动的指示》，要求在全党进行一次以正确处理人民内部矛盾为主题，以反对官僚主义、宗派主义、主观主义为内容的开门整风运动，以适应社会主义经济建设的需要。5 月 2 日《人民日报》发表了题为《为什么要整风》的社论，要求"让人民有不同的意见敢于自由发表，能够自由讨论"。

整风运动开始后，中央广播局多次召开会议，发布指示，布置广播系统职工积极参加整风运动，同时要求各广播电台要搞好整风宣传报道。6 月 2 日，中央广播局在《广播怎样进行关于正确地处理人民内部矛盾的宣传》的初步意见中强调："广播在报道人民内部矛盾的时候，应当尽可能选择那些具有代表性的为多数人所关心的、而又可以公开报道的事例，并且尽可能交代背景，分析原因，使各种不同的听众对矛盾和它的正确处理能有比较全面的了解，关于人民内部矛盾的报道一般地不要零敲碎打，不要追求数量，也不要作纯客观的报道，而应该更多采用综合和分析的方法。""广播电台应该组织一些通俗地向听众讲解为什么人民内部有矛盾，和怎样处理这些矛盾的节目。"[①] 根据上述精神，全国各地的广播电台对于整风运动的宣传报道比较慎重，把握得比较好。同年 6 月 4 日，中央电台开始举办《正确处

---

① 转引自编辑部选编：《当代中国的广播电视》、《中国广播电视大事记》，北京广播学院出版社 1987 年 7 月版，第 92—93 页。

理农村内部矛盾》专题节目。

整风运动的开展得到全国人民群众、知识分子和爱国民主人士热烈响应,为帮助中国共产党整风提出许多建设性意见。但整风运动的开展也为极少数敌视社会主义制度,对中国共产党心怀不满的人提供了一次公开发难的机会。这年五六月间,极少数人在公开场合或报刊上以所谓的"大鸣"、"大放"、"大民主"的方式,大肆攻击人民民主专政和共产党的领导,公开反对共产党的领导地位,甚至要求共产党下台。

面对这股春天的寒流,中共中央于6月8日发出《关于组织力量准备反击右派分子进攻的指示》,同一天,《人民日报》发表《这是为什么?》的社论。此后,全国由整风转入大规模的反右派斗争,9月,反右派斗争已经发展成为全民性的斗争。反右派斗争一直持续到1958年夏季基本结束。

为了巩固社会主义新生政权,维护共产党的领导地位,开展反右派斗争,对极少数资产阶级右派分子的攻击进行反击是完全正确和必要的,但是由于错误地估计了斗争形势和知识分子队伍的状况,反右派斗争犯了严重扩大化的错误,把一大批知识分子、爱国人士和党内干部错划为"右派分子",宽松民主的政治局面被破坏,广大人民群众和知识分子建设社会主义的积极性遭受严重打击,造成了严重的后果。

反右派斗争开始后,中共吉林省委根据邓小平关于"地方广播宣传的方针和报纸宣传的方针的根本不同,一不鸣,二不放"的指示,于1957年6月12日就省广播电台在反右派斗争中的报道问题向中央请示。7月5日,中共中央在复电中指示:"反右派斗争目前已经成为工农参加的群众性的政治斗争,地方广播电台可以在省委的领导下对当地主要的右派典型人物的反动言行进行揭露和驳斥。"[①] 此后各地的广播电台都转入了声势浩大的反右派斗争宣传,这类宣传实际上助长了反右派斗争的扩大化。

同年8月,中央广播局分别在成都和长沙组织召开了广播宣传座谈会,交流各台前一时期鸣放和反右派斗争宣传情况和经验。与此同时,广播系统内部的反右派斗争也开展起来。1957年7月17日至24日,中央广播局召集12省、市的广播电台负责人会议,一方面检查整风反右派宣传,一方面了解各台内部反右派斗争的情况。9月,中央广播局和辽宁省广播电台在沈阳联合召开了辽宁省内各市广播电台座谈会,中心议题是鸣放宣传和各台反右派的情况。由于反右派斗争扩大化,全国各广播电台(不包括广播站)内部划了一批"右派分子",据1958年4月的材料,全系

---

① 《中国广播电视大事记》,北京广播学院出版社1987年7月版,第93页。

统为 364 人，其中编辑干部占 76%，组长到总编辑等人约占 30%。① 1957 年 11 月，中央广播局被定为"右派分子"的有 65 人，到反右派运动后期增加到 85 人。1978 年 9 月，中共中央决定对被错划为"右派分子"的人进行复查，把划错了的改正过来。中共十一届三中全会之后，1979 年经过有关部门审改，证明广播系统的绝大多数的"右派分子"属于错划，给予纠正。

反右派斗争中，广播系统影响较大的事件是对以温济泽为首的"反党小集团"的批判。

新中国成立以后，我国的对外广播（即国际广播）得到很大的发展，在向世界介绍传播中国革命和建设成就，加强和促进与各国人民的交流和友谊方面作了许多努力。在节目中，注意研究国际广播特点，以适应外国听众的需要。为了加强国际广播宣传的针对性，在 1956 年制定的《对国际广播改进方案和 1957 年工作要点》中，明确指出了"对某一国家或者某一地区广播的节目中，应当考虑到听众的特殊需要。在采用统一供给的广播稿件的时候，应当根据具体情况酌量加以增删和修改"。"各部组应当根据特殊需要组织一些专门对某一国家或者某一地区广播的稿件和节目。"不久又规定了"在各种语言节目中，为特定对象组织的节目应不少于 10%"，根据对象国听众要求组织的节目"应不少于该节目的全部稿件的 20% ~ 30%"。

中央广播局副局长温济泽在分管领导对外广播宣传中，总结出了对外广播和对内广播的"四不同"，即对象不同、任务不同、内容不同和报道方式方法不同。"四不同"抓住了对外广播的根本特点，对探索搞好对外广播有重要的意义。

受 1957 年反右派斗争影响，对外广播所进行的探索尝试遭受破坏，对外广播总结出来的"四不同"被斥为"对外广播特殊论"，多年在广播系统工作，负责对外广播宣传工作的温济泽被打成"反党小集团"的头子，受到严厉的批判。1958 年 10 月在中央广播局的有关文件中，称"小集团所进行的反党活动是早就开始了的，是有纲领、有组织、有计划的，而且是长期坚持的。他们在政治思想上坚持修正主义、右倾机会主义的路线，篡改了对外广播的政治方向；在组织上进行反党活动，搞独立王国，破坏党的团结；在外事工作、反右派斗争和干部工作上敌我不分，严重丧失立场"。

温济泽从青年时代就参加革命学生运动，1930 年加入中国共产主义青年团，1936 年成为共产党员，抗日战争、解放战争时期投身党的新闻工作，1946 年在延安时，开始从事广播工作，担任新华总社语言广播部主任。全国解放后担任了中央广

① 据梅益《政治是广播工作大跃进的统帅》一文，载《全国广播工作会议文件选编》，第 102 页。这个统计数字实际上是截止到 1957 年底，在 1958 年还划了一些"右派"，全国广播系统被定为"右派分子"的总数尚无确切数字。

播局副局长，中央人民广播电台副总编辑。1958 年 10 月被定为"右派分子"，受到开除党籍、撤销行政职务的处分，并调离广播宣传岗位。小集团的其他成员也受到党纪处分。直到 1978 年 5 月，经中共中央组织部复查后，给予纠正，恢复了他的党籍和原来的级别。他是中央机关第一个平反的"右派"，随后，中央广播局对小集团其他成员的处分也予以撤销。至此广播系统最大的一起冤假错案彻底平反。①

在温济泽等领导下得到改进的对外广播节目也受到批判和排斥，一些深受国外听众喜爱的节目被扣上了"资产阶级新闻观点"、"修正主义倾向"、"右倾机会主义"等帽子因而被迫取消。在以后的几年里，对外广播生硬、呆板、政治调门高、内外不分的倾向越来越严重，引起国外听众的反感，这种局面一直到 60 年代初才有所改变。

反右派斗争扩大化在广播系统影响大，教训是极其深刻的，其中一个主要教训是：错误地估计了我国这支从革命战争年代走过来的广播队伍。1958 年第五次全国广播工作会议的有关文件中曾说，反右派斗争"同时还暴露了大批站在资产阶级立场的、对党和社会主义半信半疑的以及更大一批政治不坚定、感情不健康的人。有不少右派分子和中右分子曾经占据了编辑部门或技术部门的领导地位。这些事实都说明了我们的队伍严重不纯的程度。就是到现在，经过了反右派斗争，保留资产阶级新闻观点的，不安心于广播工作，个人主义未经改造的，甚至不肯服服帖帖接受党的领导的也还不在少数"。② 事实上，我国广播队伍中的绝大多数的干部和知识分子对党是有感情的，是热爱社会主义的，是愿意把自己的聪明才智献给社会主义广播事业的。新中国成立短短的几年里，广播事业取得的成就就可以说明这个问题。另一个主要教训是，在反右派斗争中混淆了政治和业务的界限，把在广播宣传改革和鸣放中提出的某些意见和观点，如广播节目的趣味性、对外广播的特殊性和以"中间听众"为主等不加分析地说成是资产阶级观点，甚至上纲为反党反社会主义的政治问题加以批判，致使 1956 年春天开始的广播宣传改革夭折，广播业务研究难以继续下去。

---

① 有关温济泽被定为"右派分子"和平反始末，可参阅《第一个平反的"右派"——温济泽自述》，中国青年出版社 1999 年 6 月版。

② 《全国广播工作会议文件选编》，第 102 页。

第二节
"大跃进"期间的广播电视
第五、第六、第七次全国广播工作会议

一、广播工作"大跃进"方针的提出　第五次全国广播工作会议

　　1957年年底，我国胜利超额完成了第一个五年计划，同新中国成立初期相比，工农业总产值和国民收入有了较大幅度的增长。面对着良好的经济发展形势，本应该冷静地总结经验，再接再厉，但由于党缺少领导社会主义建设的经验，面对眼前的成绩，党内滋长了骄傲自满、急于求成的思想。1958年1月至3月，毛泽东在有关会议上多次对1956年的反冒进问题提出批评，认为反冒进使六亿人民泄了气，是政治问题。由于批评了反冒进，结果使党内急于求成的"左"倾思想迅速抬头。1958年5月在中共八大二次会议上，正式通过了"鼓足干劲，力争上游，多快好省地建设社会主义"的总路线。这条总路线一方面反映了广大人民群众要求改变我国经济文化落后状况的普遍愿望，另一方面却忽视了我国的国情和经济发展的客观规律。这次会议号召全党和全国人民，认真贯彻执行总路线的精神，尽快地把我国建成一个具有现代工业、现代农业和现代科学文化的伟大的社会主义国家。这次会议结束后，全国掀起了宣传和贯彻执行社会主义建设总路线的热潮，"大跃进"运动和农村人民公社化运动在全国普遍开展起来。

　　1958年4月7日至18日，中央广播局在北京召开了第五次全国广播工作会议，出席会议的有各省、市、自治区广播电台台长、副台长，编辑部主任、组长等共154人及中央广播局的有关负责人。会议主要内容是讨论广播工作"大跃进"的方针、目的以及在办节目和事业建设中怎样贯彻多快好省的方针等问题。中共中央宣传部副部长周扬、国务院第二办公室副主任钱俊瑞到会讲话，局长梅益作了题为《政治是广播工作大跃进的统帅》的总结发言。(见图6-1)

　　这次会议认为"广播是阶级斗争的工具"，[①] 在广播宣传工作中存在着两条道路、两种方法的斗争，强调"政治是广播工作大跃进的统帅"。会议提出，广播工作"大跃进"的方针是多快好省办节目、办事业，为教育和团结广大人民，为保卫

---

　　① 关于广播的性质，新中国成立初期一般认为是群众性的宣传教育工具。1957年6月14日，《人民日报》发表的编辑部文章《〈文汇报〉在一个时间内的资产阶级方向》中提出："在世界上存在着阶级区分的时期，报纸又总是阶级斗争的工具。"此后，在"左"的思潮影响下，这一论断流行开来并影响到对其他宣传工具性质的判断。这次会议提出"广播是阶级斗争工具"的观点即是一例。

图6－1　1958年4月第五次全国广播工作会议留影

祖国、灭资兴无、①促进社会生产力的发展服务，并认为这个方针是社会主义建设总方针在广播工作中的体现。

这次会议提出广播有三个任务：宣传政治、普及知识、文化娱乐，这些构成了广播节目的三个组成部分，缺少哪一项都将削弱广播的作用。会议强调广播要加强普及知识的宣传。会议认为广播文艺节目有配合政治、生产直接进行鼓动的，也要有潜移默化间接进行教育的。会议提出文艺节目要重中轻外，厚今薄古，实行"三三制"，即传统的作品、现代的优秀作品以及配合当前中心工作和运动的作品各占三分之一，选材原则是今二古一、中七外三。但在运用这个原则的时候可以灵活一些，可以因时因地制宜。

会议强调要改进文风。广播稿件第一要准确，就是观点正确，事实正确，语言的表达正确；第二要鲜明，就是要观点突出，要观点和材料统一，要有比较，有背景，有正反面的辩论，要人一听就知道赞成什么，反对什么；第三要生动，就是要形象，要有趣味，要口语化。准确性、鲜明性、生动性不但是思想立场的问题，而且是思想方法的问题，同时又是表现方法的问题。

关于多快好省办事业，会议认为主要是规模和速度的问题。它主要包括两个部分，首先要普及农村广播网，其次是按照需要和可能发展发射电力和其他设备。

这次会议提出"广播工作大跃进的关键在于干部"，强调必须从政治上、思想上、组织上建立一支又红又专的广播工作队伍。

---

①　关于"灭资兴无"或"兴无灭资"的提法，长期以来一直有不同的看法。1980年6月，邓小平指出："兴无灭资"的口号是不完全的，《人民日报》、《光明日报》等不（要）再提；要对这个口号做出准确解释，即把反对封建主义思想、极端个人主义、无政府主义、资产阶级自由主义及其他非无产阶级思想包括进去。参见贾巨川：《习仲勋质疑"兴无灭资"》，载《百年潮》2001年第11期。

第五次全国广播工作会议虽然是在中共八大二次会议之前召开的，但会议确定的广播工作大跃进的方针与八大二次会议制定的社会主义建设总路线的精神却是一致的。会后，全国各地广播局（台）在贯彻会议精神的基础上，纷纷制定各自的“大跃进”规划，准备苦战三五年（有的甚至提出一年、半年）改变面貌。

二、我国电视事业的创办和广播电视事业的发展

在1958年至1960年的三年“大跃进”中，全国的广播电视工作者响应党和政府的号召，积极贯彻总路线的精神，投身“大跃进”，为改变我国广播电视事业的落后状况进行了不懈的努力，使广播电视事业建设取得了较大的成绩。

1. 我国电视事业的创办

20世纪50年代初，随着世界电视事业的蓬勃发展，我国也把发展这项事业提上了日程。1955年2月，中央广播局就提出在北京建立电视台。周恩来批示：列入文教五年计划中讨论。1956年中央广播局在向中央汇报工作时，提出了第二个五年计划期间试办电视问题，刘少奇代表中共中央听取工作汇报时对这个问题非常重视，并提出了很好的建议。

在中央的支持下，1957年8月17日，中央广播局决定成立北京电视台（今中央电视台的前身）实验台筹备机构。同年8月，北京广播器材厂受命试制电视发射和播出系统设备。经过技术人员和有关单位大力协作、共同努力，1958年春，中国第一套黑白电视广播设备试制成功。从摄像机到发射机，除某些关键器件外，都是技术人员和工人群众坚持自力更生的精神，克服技术上的种种难关生产的。特别是1千瓦黑白电视图像发射机的研制成功，在我国广播电视技术史上具有重要价值。几乎与此同时，1957年12月，中央广播局派出了以罗东、孟启予等人组成的中国电视工作者代表团，对苏联和民主德国进行了为期三个月的访问，主要是考察上述两国电视节目的设置安排情况。

1958年5月1日，中国的第一座电视台——北京电视台（今中央电视台）开始试播。（见图6-2）同年9月2日正式播出。北京电视台的建立，标志我国的电视事业开始进入世界电视发展的行列，也标志新中国的广播事业进入一个新的发展时期。

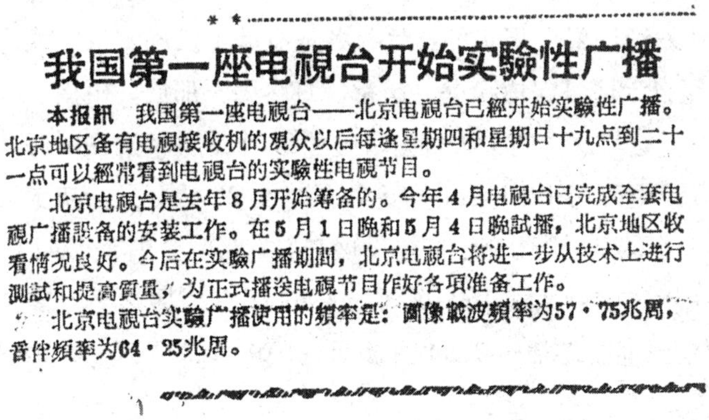

我国第一座电視台开始实驗性广播

本报訊　我国第一座电視台——北京电視台已經开始实驗性广播。北京地区备有电視接收机的观众以后每逢星期四和星期日十九点到二十一点可以經常看到电視台的实驗性电視节目。

北京电視台是去年8月开始筹备的。今年4月电視台已完成全套电視广播設备的安装工作。在5月1日晚和5月4日晚試播，北京地区收看情況良好。今后在实驗广播期間，北京电視台将进一步从技术上进行測試和提高質量，为正式播送电視节目作好各項准备工作。

北京电視台实驗广播使用的頻率是：圖像載波頻率为57·75兆周，音伴頻率为64·25兆周。

图6-2　1958年5月1日，我国第一座电视台开始实验广播

（原载《人民日报》1958年5月5日）

北京电视台开播后，国家为了解决电视收看问题，最先从苏联进口了二百部黑白电视机应急。不久，天津广播器材厂很快生产了第一批"北京牌"电视机投放市场，以解决人民群众收看电视问题。

继北京电视台之后，许多省、市也纷纷建立电视台。1958 年 10 月上海电视台成立，同年 12 月哈尔滨电视台开始播出。1959 年至 1961 年前后，天津、广东、吉林、陕西、辽宁、山西、江苏、浙江、安徽、山东、湖北、四川、云南等地也相继建立电视台。1961 年年底，全国已建立电视台、实验电视台和转播台 26 座，并且预计到 1962 年发展到 50 座。50 年代末全国有电视机 1.7 万部，大多数安装在公共场所供集体收看。我国的电视事业和世界发达国家相比，虽然起步较晚、基础薄弱，但是毕竟为以后电视业的发展奠定了人员、技术和物质基础。

2. 地方广播电台和农村有线广播的迅速发展

"大跃进"期间，全国各地的广播电台和农村有线广播网在原有的基础上空前发展。1957 年全国有广播电台 61 座，1958 年有 91 座，这一年新建广播电台 30 座，1959 年全国有广播电台 121 座，1960 年有 137 座，三年"大跃进"期间每年平均以 30% 左右的速度递增。1959 年 1 月 1 日，西藏人民广播电台开始播音。至此，各省、自治区、直辖市都有了广播电台。

作为社会主义国家广播特色之一的有线广播，1959 年至 1960 年是发展的高潮时期。早在 1956 年，毛泽东就把发展农村有线广播网列入《全国农业发展纲要（草案）》。1957 年公布的《全国农业发展纲要》（修正草案）第三十二条规定："从 1956 年起，按照各地情况，分别在七年或者十二年内，基本上普及农村广播网。要求大部分农业、林业、渔业、牧业、盐业和手工业的生产合作社都能收听到广播。"1958 年 4 月，第五次全国广播工作会议提出要让人人都能听到广播，让每个农业社都能听到广播，提前完成《全国农业发展纲要》规定的指标。1960 年 4 月 10 日，全国人大二届二次会议正式通过《全国农业发展纲要》，并颁布实施。

为了早日完成《全国农业发展纲要》规定的指标，各地掀起了发展农村有线广播的热潮。1960 年前后，西藏自治区已建成拉萨、昌都、日喀则、那曲、山南、林芝、江孜、亚东等有线广播站。这年底，内蒙古自治区全区 85 个旗县都建立了广播站，有公社放大站 218 个，入户喇叭由 1958 年的 4.5 万只增至 26.9 万只，初步形成了遍及农村、牧区的有线广播网。就全国有线广播发展来看，当时全国有 1747 个县（包括自治县和旗），1960 年建立广播站 1600 多个，1961 年有广播站 2 万多个（包括人民公社级）；1957 年全国拥有广播喇叭 94 万多只，1958 年 304 万只，1959 年 469 万只，1960 年 604 万只。

全国农村有线广播网发展速度较快的原因，客观上看，轰轰烈烈的"大跃进"运动需要有线广播进行宣传鼓动，主观上为了实现中共中央制定的奋斗目标，也是广播系统干部职工的普遍愿望和要求，正是在主客观影响下，全国各地积极发展有线广播。发展农村有线最快的省是吉林省、江苏省，它们于 1958 年八九月间就实现了《全国农业发展纲要》中关于普及广播网的任务，比原计划提前了九年。在发展农村有线广播网的过程中，党和政府给予大力支持。"大跃进"期间，建设有线广播所需的铁丝非常短缺，当时商业部门每年匀出一定数量的镀锌铁丝给各省市，供农村有线广播使用。

3. 中央和地方广播技术方面有很多改进和提高

1959 年，中央广播局广播科学研究所（1958 年 10 月成立）与北京广播器材厂合作，试制出中国第一部调频广播发射机，60 年代曾在河北、山东等地进行过调频广播实验，效果很不错。

1959 年，广播科学研究所与北京广播器材厂及有关院校合作，开始进行彩色电视广播研究，一年多以后，研制出了全套国产的彩色电视演播设备和发射机，1960 年 5 月 1 日在北京建成了第一座彩色电视实验台。北京电视台彩色电视实验成功，使我国成为世界上第六个进行彩色电视试播的国家。但后因国民经济暂时困难终止了试验。

1959 年 12 月，第一机械工业部在北京主持召开了全国广播接收机观摩评比会议。会议对 1959 年全国生产的各种广播接收机（主要是收音机和电视机）进行了观摩评比，交流了生产经验，同时商讨了广播接收机的生产和出口问题。

1960 年 3 月，上海广播电台发射台实验了以一部 8 千瓦发射机作为五个频率自备份机，这部备份机可以自动代转五个频率的任意一部机器工作，为上海电台降低停播率起了重要作用。

1960 年 11 月，西藏电台第一部 15 千瓦短波发射机正式启用，发射功率比原来增加了 5 倍。全天播音时间为 10.35 小时。

在广播电视工业的建设和发展中，中央和地方都取得了很大成绩。但由于受"左"的指导思想的影响，各地也出现了不顾条件、不讲究质量，急于扩大规模和数量，突击建设和盲目发展的问题。有些电视台、广播电台建成后，由于资金、人员、电力等条件不具备，开播后不久便停播，有些电视台不能维持正常运转只好改为他用。在农村有线广播网线路建设上，为了让群众迅速听到广播，采取的主要办法是依靠群众筹集电线杆，当时在发展有线广播时提出的方针是"因陋就简，土法上马"，由于过分强调了"土"、"简"，结果竹竿、木杆一起上，由于线路不符合标准，输出质量差，维护工作很困难。一遇刮风下雨，电线杆东倒西歪或断裂，经常中断广播，有些地方的广播网不注意质量，几乎随建随垮。一些地方的群众批评说："广播线不停地建，今天有，明天断，声音小，听不见。"发展过程中出现的只求数量不求质量造成的后果，削弱了广播应有的作用，也挫伤了人民群众办广播的积极性。60 年代中后期，经过整顿，用水泥杆代替木杆做电线杆，有线广播的状况得到了改善。

4. 广播电视事业建设在其他方面的新进展

广播电视事业建设在其他方面也有新的进展，其中主要有中央广播大楼的建成、广播电视教育的创办、广播电视教学的兴起以及广播报刊的出版等。

（1）中央广播大楼在北京建成

随着新中国广播事业的发展和广播宣传工作规模的扩大，迫切需要改善广播工作的环境和设施。1953 年秋天，中央广播局把建设广播大楼这项工程列入了第一个

图 6 - 3　1958 年建成的广播大楼

五年计划，当时正值我国百业待兴，各方面资金都很紧缺，尽管如此，为了发展人民的广播事业，中央还是批准了这项工程。1955 年 12 月广播大楼破土动工，经过建设者们几年的紧张施工，全部工程于 1958 年年底竣工。广播大楼的建筑面积为 68562 平方米，中央部分共 11 层，大楼由东翼技术区、西翼办公区和中央部分的音乐厅、电视台几部分组成。中央广播大楼作为全国广播的中心矗立在北京复兴门外西长安街的延长线上。（见图 6 - 3）50 年代末起，中央广播局机关、中央人民广播电台、对国外广播的北京广播电台和北京电视台均在大楼内工作。

广播大楼建成后，党和国家领导人刘少奇、周恩来、陈毅、薄一波、习仲勋、陈云、彭德怀、李富春、彭真等分别前来视察。周恩来在视察广播大楼时，不断勉励广播工作者。当见到解放战争年代的播音员齐越时，语重心长地说："广播大楼建成了，比起延安的窑洞来条件好多了，你们一定要用延安精神做好工作。"周恩来的谈话鼓舞激励一代又一代的广播工作者以延安精神为榜样，在工作中不断拼搏奋斗。

（2）创办广播电视高等教育和中等专业教育

新中国成立以后，随着广播电视事业的发展，广播系统迫切需要广播电视技术人才和编播干部。为了提高他们的业务水准，开展专业教育显得尤为重要。最初的广播电视专业教育是从训练班开始的。1954 年 3 月，中央广播局开办广播技术人员训练班，开始培养中级广播技术人才。

1956 年 5 月 28 日，刘少奇代表中共中央听取中央广播局工作汇报时，建议创办培养广播干部的高等学校，同年 8 月召开的第四次全国广播工作会议进一步明确了这个问题。两年后，1958 年 9 月 2 日，中央广播局在原有的广播技术人员训练班的基础上，创办了北京广播专科学校，这是中央广播局直属的第一所高等专科学校。该校学制两年，设立发送、传音、电视三个工科专业。同年 11 月，根据对外广播工作的需要，又设立了波斯语专业本科班，开始培养广播高级人才的尝试。

为了尽快发展广播电视高等教育，1959 年 9 月，经国务院批准，中央广播局把北京广播专科学校扩建为北京广播学院。建院初设立新闻系、无线电系和外语系，共 11 个专业，学生近千人。（见图 6－4）1964 年，广播学院扩大办学规模，外语系根据对外广播的需求设立非通用外语专业 20 个。1966 年初该院总计有 30 个专业（其中外语为 23 个专业）。

我国第一所广播专业高等学校
北京广播学院举行开学典礼

我国第一所广播专业高等学校——北京广播学院已正式成立。这所社会主义的新型的学院，目前设有广播与电视；无线电、外语三个系，共有学生近一千人。它的任务是培养具有较高的阶级觉悟、政策水平和专门业务知识的广播、电视的编辑、记者和无线电技术干部。9 月 7 日上午，全院师生员工齐集在广播大厦音乐厅举行了开学典礼。广播事业局局长梅益同志参加了开学典礼。

会上，学院的主持人、广播事业局副局长周新武同志首先讲话。他主要说明了广播学院建立的背景和学院的任务。

接着，广播事业局局长梅益同志讲话。他在讲话中用事实说明了党和政府一贯重视广播宣传和广播事业，并广泛地介绍了十年来广播事业在党和政府的领导下迅速发展的情况，和我国人民广播在国内外的重大影响。最后他向同学们提出了三点要求：1、注意政治学习，提高政治思想水平。因为广播是党的宣传工具，它向着全国人民和全世界人民讲话，广播节目要求有高度的政治性、思想性。而工作的好坏则取决于干部的思想水平。因此，党的政策和在各个时期关于重大问题的指示，我们都要进行学习。"2、认真学习，掌握系统的专业知识。每个人都必须把自己培养成熟悉一门专业知识的人，在毕业后能独立工作，出色地完成工作任务。每个人都要学好汉语，提高语文水平。广播电视系的同学还要有广泛的基础知识。历史、地理等知识对新闻工作是很重要的。还要学会敲标准的普通话。基础知识懂得越多，专业也就可以钻得越深。3、要把书本知识和实践结合起来。要重视劳动，把劳动和政治学习结合起来。因为参加劳动不但可以使我们的非无产阶级的思想意识得到改造，而且可以使我们获得广泛的知识，为今后的学习和工作打下基础。最后梅益同志说：广播学院是初办的，设备暂时还不够完善。但是学院一定会得到发展。我们一定要鼓足干劲，把学院办好。

伊朗专家法基米，也向同学们祝贺新学年的开始，并于祝同学们在学习中都成为优秀生。

接着教职员代表张绍高、学生代表焦惠民、张梅荣等相继讲话，祝贺广播学院的诞生和新学年的开始，并表示今后将努力办好学好，为不断提高教学质量而奋斗。

图 6－4 1959 年 9 月，北京广播学院举行开学典礼
（原载《广播业务》1959 年第 9 期）

北京广播学院是我国第一所培养广播电视专门人才的高等学府，它以培养本科生为主，同时培养专科生。北京广播学院的建立和发展，标志着中国的广播电视高等教育进入了一个新的阶段。

与此同时，各地的广播电视机构根据工作的需要，也积极开办广播电视中等专业教育，培养技术维修和值机人员，以及录音、录像、灯光、音响、美工、化妆、服装、制片等方面的中级人才。1958 年 9 月 15 日，湖南省广播事业局创办的湖南广播技术学校正式成立，这是我国第一所广播电视中等专业学校。至 1960 年，山西、山东、安徽、上海、吉林、辽宁、黑龙江、内蒙古、陕西、广东等省、自治区、直辖市广播事业局也都办起广播学校。这些学校培养的中等专业人员在广播电视事业的发展中，都发挥了重要的作用。

（3）兴办广播电视大学

利用广播电视这种现代化的传播媒介举办教育节目和教学节目，以提高全民族的科学文化素质，是中国特色的社会主义广播电视的一个重要标志。新中国成立不久，新闻总署在有关工作会议上就强调广播在传播科学文化知识，提高人民政治素质和文化素质方面的重要作用。50 年代初，中央人民广播电台举办过多种理论讲座节目，受到广大干部的欢迎。各地人民广播电台根据本地情况，和教育部门联合举办的广播师范学校或广播师范大学，对提高中小学教师和幼儿教师的水平起了很大作用。

1958 年，我国出现电视以后，电视教育性节目和教学节目也随之开展起来。1959 年 5 月，北京电视台和中国文字改革委员会联合举办《汉语拼音字母电视教学讲座》节目，这是我国最早的电视教学节目。

为了更有效地开展广播电视远距离教学，经过一年多的筹备，1960 年 3 月 8 日，北京电视大学正式开学。这是北京电视台和北京市教育局联合举办的进行系统教育的业余大学，也是我国第一座电视大学。北京电大最初设有预科和数学、物理、化学三个专业课程，1961 年 9 月增设中文专业，以后又增设了英语专业。北京电视大学第一年招收学员 8600 人，第二年招收 8870 人。在授课方面，北京电大除早上、中午使用综合节目二频道授课外，为方便学员的业余学习，又增设了第三频道晚上授课时间。

继北京电视大学之后，上海电视大学、长春地区广播电视大学也于这年相继开学。上海电大设立数学、物理、化学三个系，首届招收学员 1.6 万多人。1961 年 3 月江苏无锡电视大学成立，主要是转播上海电视大学的课程，由本地教育部门组织教学人员辅导。

1962 年 9 月，广东省、广州市电台、广州电视台和广州市业余教育委员会联合举办的广州广播电视大学正式成立。学制三年，设有中文、物理、数学、化学、英语等课程。到"文革"前，已培养了三届毕业生。

各省市陆续开办的广播电视大学为广大青年提供了良好的学习深造机会和条件，满足了社会的需求，受到普遍欢迎。我国是个幅员广大、人口众多的发展中国家，兴办广播电视大学是一种经济、省力、见效快的远距离教学方法。50 年代末在我国积极发展广播电视大学，满足了人民群众和广大青年的求知欲望，其意义和影响是很大的。

（4）广播报刊的出版

50年代随着广播事业的发展，广播节目的增多和内容的丰富，以介绍广播节目和广播业务为主的广播报刊的出版已经成为广播系统的一项重要工作。

广播节目报是人民群众听广播看电视必不可缺的向导和指南，从1953年到1959年，上自中央台，下至省、市台，大都出版过广播节目报。我国第一家公开发行的广播节目报是上海人民广播电台1955年元旦创刊的《每周广播》。同年4月25日，中央电台的《广播节目报》（与北京市台合办）也正式创刊，公开向各地发行，这是我国第一份中央级的广播节目报。1958年，全国有47家广播电台出版广播节目报。广播节目报的任务是预告和介绍广播节目，反映听众的意见和要求，介绍广播方面的知识。1959年广播节目报总发行量26万份，1960年以后国民经济困难，广播节目报大部分停刊。

50年代至"文革"前在国内出版时间较长，影响较大的广播刊物是《广播业务》。它于1955年6月起试刊两期，10月创刊，为不定期刊，1959年1月改为月刊，至1966年3月，共出版100期。1959年2月，中央广播局研究室编印了三期刊载外国广播资料的不定期刊物《广播业务译丛》。

广播报刊的出版加强了广播同人民群众的联系，促进了电台节目的改进和提高，也促进了广播单位内部工作经验的交流活动的开展，提高了广播工作者的业务水平，并对一些重要的广播、新闻理论问题进行了研究探讨。

三、"大跃进"期间广播电视宣传的严重错误及教训

1958年春贯彻总路线、"大跃进"运动兴起之后，同年8月在北戴河召开的中共中央政治局扩大会议上通过了《关于在农村建立人民公社问题的决议》，决定在农村普遍建立人民公社。决议认为："共产主义在我国的实现，已经不是什么遥远将来的事情了。"这样公社化运动又形成了高潮。在总路线、"大跃进"和人民公社化运动"三面红旗"的指引下，全国人民以最快的速度，力争在尽可能短的时间内在经济上赶上发达的资本主义国家，迅速改变"一穷二白"的落后面貌。但由于党的指导工作方针上的严重失误，在实际工作中，使以高指标、瞎指挥、浮夸风、"共产风"为主要标志的"左"倾错误严重泛滥。根据第五次全国广播工作会议制定的广播工作"大跃进"的方针，全国各地的广播电台在"大跃进"期间，都积极热烈宣传总路线、"大跃进"和人民公社化运动，报道各条战线的建设成就。如中央电台举办《大跃进凯歌》、《先进集体、先进人物》、《三面红旗万万岁》等专题节目，河北电台、辽宁电台开办了《社会主义建设总路线专题节目》，甘肃电台举办了《怎样建立人民公社》，山东电台举办了《社会主义大跃进节目》专题广播。这些节目宣传了党的建设社会主义总路线的方针政策，反映了人民群众要求摆脱贫

困落后面貌的强烈愿望，热情歌颂了人民群众在生产建设中的积极性和创造精神。但是，由于"左"的思想影响，广播电视在宣传报道上也犯有严重的"左"倾错误。其主要表现在以下几个方面：

1. 宣传生产建设成绩上严重浮夸

在报道我国粮食和钢铁产量时，不顾事实，乱放"卫星"（1957 年苏联成功发射了第一颗人造卫星，在与美国争夺空间技术方面领先了一步，这颗"卫星"也就成了社会主义的骄傲和成就的代名词）。

1958 年夏天，安徽电台组织了五次《庆丰收特别节目》，只要放出亩产早稻万斤的"卫星"，省电台就为其敲锣打鼓庆贺，结果当地早稻亩产从 1 万斤拔高到 3 万斤。四川省台播出了新都县崇义公社（后改名为大丰公社）亩产稻谷 2.4 万斤的报道后，顿使崇义公社在省内名声大振。① 有的市台宣传试验田亩产要达到 25 万斤。中央电台的《广播谈话》节目中报道某青年积极分子的试验田亩产 1.6 万斤。中央电台先后报道了 1958 年我国小麦总产量超过美国跃居世界第二，棉花总产量将超过美国跃居世界第一。（见图 6－5）还先后播出了湖北、福建等地早稻、花生、小麦等的高产纪录。（见图 6－6）1958 年秋，甘肃台在新闻节目中先后报道了西礼县罗川公社亩产洋芋 16 万斤，敦煌县深翻地一丈二尺②等严重浮夸失实的报道。

图 6－5　中央电台报道 1958 年我国小麦产量
世界第二、棉花产量世界第一

---

① 实际上，经毛泽东的秘书田家英 1959 年春天核实，亩产稻谷只有 650 公斤。见刘冠群：《大丰人民怀念田家英》，《光明日报》1986 年 6 月 8 日。

② 《中国广播电视大事记》，北京广播学院出版社 1987 年 7 月版，第 109 页。

图6-6　中央电台1958年播出的《人民日报》有关农业高产的报道

在工业战线，广播电台重点宣传全民大炼钢铁运动。1957年我国的钢铁产量是535万吨，中共中央决定1958年要生产钢1070万吨，比上年翻一番。为了完成这个指标，全国建起小高炉几百万座，广播在宣传报道"全民炼钢"时，中央台在《钢铁战线上》节目里，报道广西罗成县36小时生产生铁26.6万吨的虚假消息。这一年年底报道说，年产1070万吨钢的指标不仅"胜利实现"，而且"超额完成"，但实际上，炼出的钢许多是不符合国家标准的"土钢"。这些"土钢"只有政治意义，没有经济意义。"土钢"浪费了大量的人力物力，得不偿失。广播电视的浮夸宣传助长了浮夸风，各地出现了许多弄虚作假的"高产"、"高速度"典型。河北台1958年7月报道了深泽县赵八庄打井班创造了8小时打一眼井的新纪录。这颗"卫星"在"卫星发射台"（即电台）广播后，隔一天，该县张南庄创造了6小时打一眼井的新纪录。不久，吕村又创造了4.15小时的打井新纪录。8月18日，赵小庄又创造了3.5小时打一眼井的纪录。这些所谓的"新纪录"，都在河北电台播出了。有人形容了当时的广播电视宣传是"日日充满前进的'战斗声'，天天传出振奋人心的'大捷报'"。

2. 推广先进生产经验方面的瞎指挥

广播电台在宣传农业增产措施时大力推广"土地深翻和高度密植"经验。1958年9月，北京市台在通讯《一个民兵连》中说："为了创造小麦高产纪录，这个连计划种麦600亩，施肥200万斤，地深翻5尺，争取亩产25万斤。"1959年4月早稻插秧季节，经广播等新闻媒介宣传的"高度密植"经验，各地都在雷厉风行的硬性推广，"越密越先进，越密越革命"，农民对此实在想不通。这种不顾土质、种子、水、肥等各方面条件，硬性规定强求一致的"瞎指挥"给生产造成很大损失。广播电台在推广先进生产经验时只注意报道数字、产量和成绩，字里行间都是高产丰收的景象，而对灾情或因灾减产等几乎不报道。另外，片面追求广播宣传的直接效果，有的地方甚至把广播电台变成了生产指挥部门。如吉林省台举办《钢铁高产日特别节目》，昼夜24小时连续广播，要求当地在一夜之间就使"钢铁元帅升帐"。1959年4月16日，北京市台举办《防霜冻特别广播》，历时4小时，各区县干部群众深夜守候田边，只等广播一声令下，到处点火熏烟，结果大部分地区并没有出现霜冻，让人们苦守了很长时间，群众对此很有意见。[①]

3. 在理论、政策宣传上的片面性

在人民公社化的报道中，广播在政策宣传上片面盲目提倡社有经济的发展，如中央电台1959年下半年举办的《人民公社万岁》节目，播出的都是条件好、收入多、公积金多的公社典型，而对条件差的、问题多的公社很少提及。另外，在宣传人民公社"一大二公"时，就否定多种经济成分，甚至把社会主义阶段某些现行的合理政策都当作"本位主义"、"个人主义"加以批判。如把工资制说成是资产阶级式的权利，臭得很。宣传政治挂帅时，就否定人民群众的物质利益；宣传人民群众的创造力时，就否定专家、教授和工程技术人员的作用，在文艺广播中，上述人员多是反面人物。中央电台文艺节目在一个时期播出的节目中出现的14个工程师，都是反派人物。如讽刺喜剧《不是梦》，讽刺一个工程师只钻书本幻想个人发明创造，看不起工人，后受到教育而感到羞愧。广播电视还片面宣传"以粮为纲"、"以钢为纲"，忽视了其他方面的发展，使国民经济的生产的平衡发展受到破坏。一些否认客观条件的唯心主义的口号，如"人有多大胆，地有多大产"，"不怕做不到，就怕想不到；只要想得到，就能做得到"、"乘卫星、驾火箭，围着地球转几转"等，都当作正确的观点和口号加以提倡，鼓励人们苦干蛮干，不顾本地实际情况，追求高指标、高速度。广播电视宣传还表现在强调"多、快"，忽略"好、省"。报道群众的干劲时常用"日夜苦战"、"七天七夜不合眼"等违背人的生理常识的提法，甚至在卫生工作中提出了开展"除四害和消灭疾病运动"等口号。

在宣传"大跃进"运动过程中，从中央台到地方台普遍地运用了广播大会这种宣传方式。中央台1959年4月至1960年4月，与国务院各部门及群众团体举办广播大会19次，平均每两个月三次，每次都有几百万人收听。1958年6月30日，广东电台同广东省委联合举办的"报丰收、庆丰收广播大会"，全省约有一千万农民和城市居民、机关干部收听了这次广播。同年7月30日，江西电台在星子县召开现场广播大会，庆祝早稻"空前"丰收，夺取晚稻更大丰收。江西省委领导在广播中

---

① 《中国广播电视大事记》，北京广播学院出版社1987年7月版，第118页。

号召全省人民，鼓足更大干劲争取一年完成五年粮食生产计划，同年底，江西省举行庆祝1958年农业大丰收广播大会，全省收听人数达400万。这一年，江西电台共举办广播大会11次，收听总人数达250多万人次。据18个省（市）、自治区统计，1958年地方台一共召开广播大会303次。广播大会在宣传动员组织人民群众投身社会主义经济建设上具有一定的鼓动性和号召力，但也同时助长了浮夸风、瞎指挥和高指标倾向，违背新闻真实和实事求是的原则，由于当时滥用成风，副作用很大。经常召开广播大会，也会使人民群众感到疲劳。全国解放初期，在抗美援朝和镇压反革命运动中曾运用广播大会，对人民群众进行突击性的大规模动员。但1951年6月16日中央指示，今后在大城市除广大群众所普遍关心的事情外，不必过多的采用这种方式。

"大跃进"中，广播电视的文艺节目也充满浮夸、过分渲染夸张的内容。如中央台播出的小说《在公社的锅台旁》中说："公共食堂每月90样菜，每餐不重样"。山东琴书《优秀社员刘老金》，赞扬刘老金大种"十边"（即林边、树边、田边等），说他所种的地加起来竟有一顷之多。在强调苦干的歌曲中，不讲劳逸结合，如歌曲《老王养猪》，称赞老王"三更起来打猪食，半夜起来积肥，五更起来放猪"，描写生产场面常用"千军万马"、"战鼓轰鸣"、"大会战"、"摆战场"等词句，强调丰收就是"葡萄像鸡蛋，棉桃像西瓜，一棵白菜用车拉……"等。

"大跃进"期间，全国各地的广播宣传无论在新闻报道，还是文艺广播中所表现出来的浮夸、狂热等问题，都是广播中"左"的指导思想所致。1958年第五次全国广播工作会议上，在提出广播工作"大跃进"的同时，还曾提出"政治就位，灵魂附体"等口号，实际上就是强调广播要为政治服务，要配合中心工作宣传。强调政治工作的重要性，本无可非议，然而这次会议认为，在阶级社会里，广播电台是阶级斗争的工具，广播不同于工农业产品，它是有灵魂的，它的灵魂就是节目的思想内容（即政治）。没有政治就谈不上业务，没有政治更谈不上工作的大跃进。因此"政治是我们广播工作大跃进的统帅。对我们的有些电台来说，统帅就位，灵魂附体，是当前一切问题的关键"。会议认为"不能离开政治来宣传生产，忘了兴无灭资"，"有什么样政治任务就提出什么宣传任务"。因此当时"政治广播主要是宣传大跃进，不光是工业、农业、工农商学兵都在大跃进，就都要表现出来"。为了突出"政治"，广播中无论怎样浮夸，怎样吹嘘似乎也不过分。1958年第五次全国广播工作会议结束后，中央广播局立即组织召开农业广播座谈会，研究在农业广播中如何使"政治就位，灵魂附体"，会后全国各地的广播电台就是根据"政治就位，灵魂附体"的精神组织"大跃进"的广播宣传。新闻节目为政治服务主要是"以粮为纲"、"以钢为纲"，组织广播宣传"大跃进"，不断发射"卫星"。许多地方台办起了"火线广播"、"现场广播"、"流动广播"、"广播擂台"等，至于广播大会、专题广播已成为家常便饭。文艺广播基本上也配合当时政治中心和思想建设来编排组织节目。1958年3月，地方台的政治性文艺节目占15%，现代文艺节目占21%，传统节目占64%；而到9月份，其百分比分别是49%、23%和28%。政治性文艺节目几乎占二分之一。与之相适应的《说钢铁文艺广播比赛》、《钢铁赞歌》、《文艺卫星比武台》等纷纷登场。

"大跃进"期间，我国的对外广播受"左"的思想影响，特别是反右派斗争以后否定了对外广播特殊性，对外广播中"左"的错误倾向有所发展。表现是：

（1）只讲究数量，忽视节目质量。当时只注意强调对外广播的发展规模，开播了多少种语言广播，增加了多少广播时间等。1958年英语节目组节目由每天4小时增为7小时，印尼语广播，播音时间居世界第一，而质量（受欢迎程度）却是第六。总的看"大跃进"中对外广播节目时间不断膨胀，而质量却明显下降。

（2）片面强调所谓的政治宣传，不重视对其他方面的报道。认为只有报道政治和外事活动以及宣传"大跃进"才是政治，把公报和社论全文播出去才算政治挂帅，由于错误的认识，对外广播的取材狭窄。有的外国听众来信说："北京广播像一棵没有叶子的树。"也有的听众反映，收听北京的广播"就像在受训"，也有的批评对外广播没有亲切感，不平易近人，"宣传有一种喊叫的味道"。

（3）广播内容上片面要求"以我为主"，不看对象，不考虑国外听众的多种需要，使对外广播失去了各自的特点，甚至把对国内广播宣传中的脱离实际浮夸风的做法搬到对外广播中，引起外国听众的反感。一位荷兰听众听了农业高产的报道后来信讽刺说："你们说在一亩土地上可以收14吨大米，你们是否把稻草也收进去了。"对于浮夸的报道，连华侨也来信批评。上述这些宣传使对外广播的信誉受到很大影响。

（4）对外广播宣传一般化。由于片面强调政治性，忽视了对外广播的编写技巧、用语和音响技巧、节目内容单调枯燥，形式呆板，似乎认为宣传是我的事，听不听是你们（外国听众）的事，宣传效果甚微。

由于受"左"的影响，对外广播不注意发挥外国专家的作用，长时间不让他们写稿子，影响了节目的质量。

从新中国成立到"文革"前的十几年中，50年代后期是对外广播宣传最差的一个时期。

"大跃进"期间，对内和对外的广播宣传受"左"的影响出现的浮夸风、瞎指挥和片面性的严重错误，一度为高指标、"共产风"等推波助澜，给实际工作造成很大危害，广播在国内外的信誉大大降低，我国在国际上的形象也受到损害。

广播电视（主要是广播）在"大跃进"宣传中所犯的严重错误，与当时在"左"的指导方针指引下全国工农业生产和其他方面工作中出现的问题，就其本质来讲是一致的，都表现为一种"左"倾的错误。所谓"左"倾错误，就是客观条件原本不具备，即使经过主观努力也办不成的事情，硬要去办，结果犯了错误，跌了跤。1958年的广播宣传反映了当时全国工农业生产上的"大跃进"，反过来又为"大跃进"推波助澜，危害性很大，值得总结的教训很多。就广播工作者本身来说，一是马克思列宁主义水平普遍不高，对社会发展和经济发展的客观规律缺乏真正的认识，盲目随风跑，头脑发热；二是许多记者编辑缺乏应有的工农业生产知识，例如一亩地究竟能产多少粮食，钢铁生产是怎么回事，心中没底，人云亦云，闹出许多大笑话；三是没有遵守新闻报道的真实性原则，把道听途说当作新闻加以报道，甚至弄虚作假，以求耸人听闻；四是确有少数记者虽然看出了问题所在，但不敢实话实说、如实报道，害怕被扣上右倾帽子，而说了违心的话，作了违心的宣传。

四、总结1958年宣传经验和讨论广播事业三年规划

第六、第七次全国广播工作会议

1959年2月23日至3月3日，第六次全国广播工作会议在北京举行。中央广播局有关负责人和省、市、自治区广播电台台长、副台长或总编辑及部分地方广播局（处）负责人等共52人出席会议。会议主要内容是总结1958年宣传工作的主要经验；讨论广播事业第二个五年计划草案以及各台在广播宣传和事业建设方面的协作问题。中央有关部委负责人到会作了报告。会议期间，周恩来、陈毅、李富春、薄一波、杨尚昆等接见了会议代表，（见图6-7）梅益局长在会上作了题为《广播要更大更好更全面地配合大跃进》的讲话。

图6-7　1959年2月第六次全国广播工作会议留影

　　1958 年秋冬，中共中央对"大跃进"和人民公社化运动中出现的以高指标、瞎指挥、浮夸风和"共产风"为主要标志的"左"倾错误已逐渐有所察觉，并通过公开的有关会议注意开始纠正。但由于这次纠"左"是在完全肯定三面红旗的前提下进行的，"左"倾指导思想没有根本改变，因此是很不彻底的。在这样历史背景下举行了第六次全国广播工作会议，对 1958 年"大跃进"的广播宣传和广播事业建设从总体上仍然给予全面肯定，并认为广播工作出现了"大跃进"，反过来又促进了全国社会主义建设的"大跃进"。至于存在的缺点和错误，如较多地注意了突击性的宣传，放松了配合中心工作的经常性宣传，片面性和浮夸，宣传缺乏辩证的观点以及事业建设上注意数量、忽略质量、有浪费现象等，会议认为都不是根本性的、涉及方针政策路线的缺点和错误，因此只是一个指头或者不到一个指头的问题。[①]针对 1958 年广播宣传中出现的浮夸和片面性，会议一方面讲今后广播宣传要"冷热结合"，但同时又说，表现在宣传上，仍然要"热"，还是要大讲成绩，大谈先进，大鼓干劲，做到轰轰烈烈。会议最后强调广播仍然要更大、更好、更全面地配合全国的"大跃进"。这次会议以后，广播宣传在克服片面性和浮夸等方面虽然取得了一些成绩，中央台和地方台都对 1958 年的宣传中的错误作了检查。1959 年 6 月，中央人民广播电台在宣传中注意按中央精神对各地夏收产量数字的报道严加掌握，力戒虚夸。为此设了三道关口：（1）产量是否核实，要省委第一书记或第一书记指定的负责人签字；（2）是否符合中央精神；（3）对有问题的稿件，询问中央农业部粮食局。凡不合规定的一律不报。同年 6 月，华北、东北和内蒙八省（区）协作会议在太原举行，与会代表认为，改变宣传报道的思想作风是提高广播宣传质量的重要关键，宣传上既要轰轰烈烈，又要踏踏实实，编辑记者的思想作风必须深入、细致和实事求是。但是随着当年 8 月庐山会议错误批判彭德怀之后，"反右倾"运动的展开，全国纠"左"工作中断，又掀起了"跃进"高潮，导致广播宣传中"左"倾错误和广播事业建设上求多求快的错误又有了新的发展。

　　1960 年 3 月 1 日至 15 日，第七次全国广播工作会议在北京举行。中央广播局负责人以及各省、市、自治区广播局、台和部分电视台负责人 82 人出席会议。会议主要内容是讨论 1960 年至 1962 年的发展规划。局长梅益在会上作了关于 1960 年至 1962 年三年规划要点和 1960 年至 1967 年八年规划初步设想的报告和总结报告。（见图 6-8）

　　如前所述，1958 年以来，我国在社会主义建设问题上主要危险是"左"而不是右，但庐山会议却大反"右倾"，这就使早已存在并已有觉察的"左"倾错误不但没有得到纠正，反而在工农业生产上继续掀起"跃进"高潮，使"左"倾错误又有

---

　　① 当时习惯用九个指头和一个指头的关系比喻"大跃进"中成绩与缺点的关系。

图6-8　1960年3月第七次全国广播工作会议留影

了进一步的发展。在这样背景下召开的第七次全国广播工作会议要求今后三年要力争高速度，实现广播事业的连续"跃进"。会议讨论的三年规划草案主要内容有：三年内基本建成一个完整的国内广播系统，包括全国都能听到中央台的广播，各省、市、自治区都能听到本地的广播，全国所有生产大队除个别外都能听到广播；三年内广播发射功率要比过去十年增长两倍，广播喇叭要从440万只增加到1450万只；三年内超额完成《全国农业发展纲要》第三十二条规定的从1956年起原定七年或十二年内基本普及农村广播网的任务；三年内电视台在现有9座的基础上增加到50座左右；三年内广播系统由现有职工3.7万人增加到4.2万人。

第七次全国广播工作会议后不久，我国即进入三年经济严重困难时期，中共中央决定对国民经济进行调整，上述三年规划也在调整之列，从而也就不可能实现了。

第三节
国民经济困难期间广播电视事业的
调整和广播电视宣传的改进

一、压缩规模，调整广播电视事业布局

1958 年以来，主要由于"大跃进"、人民公社化和"反右倾"斗争，加上自然灾害和苏联单方面撕毁援助我国建设协议的影响，到 1960 年，我国国民经济面临着严重的困难。主要表现为国民经济比例严重失调，工农业总产值和主要农产品产量连续下降以及人民生活水平大幅度降低。

为了扭转国民经济严重困难的形势，中共中央和国务院连续召开有关会议，制定有关方针政策和措施，首先对工农业生产进行初步调整。1961 年 1 月，中共八届九中全会确定了"调整、巩固、充实、提高"的八字方针，改变了"大跃进"以来追求高速度、高指标等错误做法，但仍然认为"三面红旗"是适合中国国情的。会后，全党全国大兴调查研究之风，提倡恢复实事求是的优良作风，先后制定了《农业六十条》和《工业七十条》等，对推进贯彻执行"八字方针"，促进国民经济的恢复起了积极的作用。

1962 年 1 月，中国共产党在北京召开扩大的中央工作会议（又称"七千人大会"），会上总结了"大跃进"以来的教训，对党的工作指导上的失误和当时的经济困难作了比较符合实际的分析。这次会议使全党同志和全国人民对经济困难的严重性和调整工作的紧迫性有了更加深刻的认识。会后经过全党和全国人民的努力，很快克服了困难，扭转了局面，到 1963 年，国民经济开始好转。1966 年"文革"前夕，国民经济的发展水平已经达到并超过了 1957 年的水平。

在此期间，广播系统根据中共中央和国务院的有关决定和部署，主要做了两个方面的工作：一是贯彻"八字方针"，精简机构，压缩编制；二是大力改进宣传工作，提高广播电视节目质量。

1962 年 5 月，中央广播局召开部分地方台台长座谈会，讨论广播系统贯彻"八字方针"的调整意见。同年 7 月，国务院批准了中央广播局关于全国广播事业调整方针和精简工作的报告。广播系统提出的调整方针是"紧缩规模、合理布局、精简人员、提高质量"。在这个方针指导下，以提高广播节目质量为主，对广播节目、播音时间以及中小城市广播电台、电视台和有线广播等作了调整。调整的主要原则是：

（1）撤销各省、自治区、直辖市广播电台所属的广播文工团、中等技术学校。

（2）省会所在地的市台与省台合并。

（3）1958 年后开办的广播电台除林牧渔区、少数民族地区等特殊情况外，其他停办。

（4）撤销各省、自治区、直辖市广播管理机构，但可以保留名义，并入省、自治区、市广播电台。

（5）保留部分电视台，其余停办。

（6）农村有线广播站整顿后停办一部分，保留一部分。

根据上述方针和原则，广播系统调整的具体情况大致如下：

1. 无线广播

1962 年初，全国有地方广播电台 135 座，经过调整，相继停办了一些中小城市广播电台，同年 10 月统计，保留省、自治区、直辖市台 28 座，省辖市台 53 座，总计 81 座。停办的中小城市广播电台中有江苏的扬州、淮阴、常州、连云港台，河北的邯郸、邢台、保定、张家口、承德、沧州等台。

1962 年，全国广播电台共办 134 套节目，比原来减少 53 套。原办两套节目的中小城市台，为了提高节目质量，大都停办了第二套节目，集中力量办好第一套节目。如安东、本溪、抚顺、齐齐哈尔、佳木斯等台。

1960 年年底，中央电台停办了五种少数民族语言广播节目。1961 年，中央台的对台湾广播节目压缩时间，从全天播音 16 小时减为 13 小时 30 分钟。1962 年，中央电台三套节目全天总播音时间由 1961 年夏秋季节的 50 小时 50 分钟压缩为 34 小时 15 分钟。

1962 年，全国广播电台全年平均每天播音时间由原来 1614 小时 12 分钟减为 1306 小时 25 分钟。

2. 电视广播

压缩规模后，全国电视台和电视实验台最初只保留了北京、上海、广州、沈阳、天津五座。1963 年初，哈尔滨、长春电视台和西安电视实验台经批准后也保留下来。安徽、太原电视实验台批准只办教育节目，不做电视实验台。1962 年停办了齐齐哈尔、鞍山、抚顺、吉林、南京、浙江、济南、长沙、武汉、佳木斯、重庆、昆明电视实验台和苏州电视转播台。另武汉、南京为妥善维护设备，每周放映一次电影。

3. 有线广播和广播工业

这个时期有线广播进行了较大调整，1960 年全国市县广播站有 2404 座，1962 年调整为 2029 座，同期广播喇叭由 604 万只减为 548 万只。

此外，地方广播工业大部分撤销，只保留北京广播器材制造厂和上海唱片厂。

4. 广播系统职工

本着精简的原则，全国各地停办了一些广播电台、电视台和有线广播站，撤销或合并了一些行政管理机构后，广播系统压缩了职工编制，由 1961 年的 3.3 万人，减为 2.8 万人。此外，1961 年至 1962 年，北京广播学院暂停招生。1963 年恢复少量招生。各地广播电视中专学校一律停办。到 1962 年 10 月底，全国各省辖市广播电台等的调整工作已经基本完成。

二、精办节目，改进广播电视宣传

与广播事业调整方针实施的同时，从中央到地方各级广播电台、电视台进一步总结"大跃进"期间广播电视宣传的经验教训，分析、研究、改进、提高节目质量的办法和措施。1962 年 1 月，毛泽东在中共中央召开的七千人大会上的讲话中，要求"《人民日报》、新华社、广播事业局要检查一下，看前几年说了哪些不妥当的、违反政策、对人民不利的话，说了哪些助长'五风'的话"。[①] 不久，中央电台对"大跃进"期间宣传上所犯的严重错误进行深刻检查，并写出了书面检讨，其中主要错误是：严重浮夸、宣传刮"共产风"、瞎指挥；多次组织广播大会，提倡高指标，形式主义地搞群众运动，劳民伤财；文艺广播中作了很多机械配合政治任务和中心工作的宣传，质量不高，枯燥无味；在广播中乱提口号，等等。

中央电台所属的各部门也对 1958 年至 1960 年广播宣传中的问题进行了全面检查。为了提高思想认识，1962 年二三月间，中央电台组织编辑、记者学习党的新闻工作的优良传统，树立实事求是的作风和新闻必须完全真实的观点。

地方广播电台也根据当地省委的指示，发动编辑部的同志对 1958 年至 1960 年宣传上的问题进行全面检查。如甘肃台、上海台、云南台等。

在改进节目，提高节目质量过程中，各级领导纷纷深入群众，大兴调查研究之风，深入基层倾听各方面的意见和反映，探索改进广播宣传的措施和办法。1961 年，中央广播局局长梅益在党组编委会上就广播电视宣传的改进和提高节目质量等问题多次发表意见和谈话，他还与有关部门的同志座谈，探讨有关具体问题。梅益在谈话中希望中央电台从 1961 年起，要努力创造更多的名牌节目，广播节目要增加花色品种，增强知识性。关于电视宣传，梅益要求电视要扩大取材范围，增加娱乐节目，掌握严格的艺术标准。为了帮助中央电台改造简明新闻，梅益亲自写了几篇简明新闻供新闻部参考。这年 1 月，梅益与中央电台播音组的同志座谈播音风格时说，播音员不能老是一个腔调，必须根据不同的题材采取不同的播法，播音应该亲切，播音风格应多样化。梅益还就文艺广播改进文风，提高节目质量发表了意见，他说，文艺节目既要有坚定的正确方向，又要有丰富的花色品种、生动的表现形式，

---

① 转引自《中国广播电视大事记》，北京广播学院出版社 1987 年 7 月版，第 154 页。

古典、现代、配合任务三者关系要摆好；鼓动性、欣赏性、知识性要有机结合，主题思想的严肃性要和艺术的欣赏性、娱乐性相结合。

1961 年 8 月至 9 月，梅益视察了上海台、浙江台、江苏台和无锡台，在看了上述电台的稿件后，就新闻节目和文艺节目的改进发表谈话，着重强调地方台要加强地方特色的问题。他说，地方台没有地方特色办不好，其中也包括文艺广播，越剧是浙江的剧种，锡剧是无锡的剧种，在当地普遍受欢迎，当然也要百花齐放，播送其他剧种。

地方电台在总结"大跃进"的教训，改进节目方面也有一些好的措施和办法。1961 年 10 月，上海电台组织九人调查组，深入上海电机厂等四家工厂和彭浦新村等八处工人住宅新村，收集人民群众对广播宣传的反映和意见。调查共 76 天，总结了"四厂八村"经验。云南电台这年制定了《关于改进当前宣传工作的意见》三十条，其要点是：正确执行广播宣传的方针任务；充分发挥广播特点，扬长避短；大兴调查研究，坚持实事求是的精神，加强群众工作，密切电台同各方面的联系和协作；建立又红又专的队伍；改进领导方法和领导作风等。云南电台还制定了《对当前文艺广播的意见》，意见中提出了正确认识政治和文艺的关系，提高文艺广播的质量等问题。

各台在统一思想、统一认识的基础上，对广播节目作了较大调整和改动。中央电台为了精办节目，压缩播音时间，集中力量办好主要节目，合并、撤销了部分节目，同时根据实际需要，增设了一些新节目。1961 年，中央电台撤销文艺专题节目《三面红旗万万岁》，并把原来的《省、市、自治区各地人民广播电台编排的节目》并入《在祖国各地》节目。1961 年 5 月，中央电台增设《历史故事》、《阅读与欣赏》、《讲卫生》等知识性节目。另外还调整了 18 点到 22 点听众最集中的黄金时间的节目，使三套节目的内容尽量做到多样化，并增加欣赏性文艺节目。中央电台文艺部为在文艺广播中增加南方曲艺的花色品种，派人到成都、重庆、武汉采录曲艺节目。文艺部还请湖南、江西、浙江等省地方台帮助录制扬州评话、湖南弹词、贵州文琴、江西清音等南方曲艺节目。1961 年春，中央电台改进节目后的十几天中收到听众来信上万封。

全国地方台在改进节目中注意加强地方特色，不断扩大报道面，增强知识性。江苏电台、上海电台等在"自己走路"方面进行了新的尝试。1961 年 3 月，江苏台在全国地方台中较早对《农村节目》进行改革，其方针是：内容上加强思想性，形式上生动活泼，为农民喜闻乐见；紧密结合农村实际，为农村和农民的需要服务；摆脱惯用的新闻、通讯等固定格调，力求口语、通俗、亲切、形式多样。江苏台的做法在全国广播界产生了广泛的影响，同年 7 月，上海电台在《对农村广播》节目中开办《阿富根谈生产》专栏。"阿富根"是编辑虚拟的一个适合农民心理的评论员，用对话方式，针对群众思想上的倾向性问题，摆事实讲道理，对上海市郊区影响较大，直到"文革"前夕，"阿富根"还在上海市郊广为流传。1962年9月，武汉电台开办《家庭主妇》节目，设有《武汉妇女》、《方大姐说时事》等栏目。湖南电台这个时期开办的既有本地特色又具有知识性的节目是《祖国的湖南》，主要是歌颂该省各族人民在社会主义现代化建设中的新人新事、新成就，介绍湖南的山水风光、名胜古迹和土特产。北京市台举办的《对中学生时事广播》节目，全市有二三十万中学生收听，准时收听这个节目成为各中学的固定活动。

同时，在对外广播方面，也注意调整宣传方针，在改进节目、改进文风上取得了新成绩。

60年代初我国的对外广播随着国家调整方针的实施，比50年代后期有了一些重要的变化，不仅在对外广播语言、广播时间和广播规模上有所扩大，而且在广播节目内容和形式上都有较大的改进和提高。我国的对外广播是世界人民了解中国的主要窗口，也是架设中国人民和世界人民友谊的纽带和桥梁，如何把中国的形象展现给世界，让更多的人了解中国，是对外广播的一个重要的任务。50年代后期，对外广播受"左"的影响，宣传不看对象、内外不分、政治调门高，内容枯燥，形式呆板，千篇一律，遭到外国听众的冷落。

要改变对外广播宣传的被动局面，重新赢得外国听众的喜欢，就必须调整广播宣传方针，提高节目质量。在周恩来等中央领导同志的关怀和帮助下，60年代初对外广播宣传方针进行了调整，节目的内容和形式也有了较大改进。

对外广播的调整是从日语广播开始的。1960年8月，廖承志批评了日语广播节目中存在的"左"的问题，指示要使广播适合广大听众的口味。1961年12月，周恩来针对对日宣传存在的生硬问题又进一步指示，对日广播"要使中间分子能够接受"，并要求改进对日广播。周恩来指示对日宣传要适合日本情况，为此他还强调要做好调查研究工作。

周恩来、廖承志批评的问题，不仅是对日广播，在其他语言广播中也存在着着眼点仅局限在国外政治上比较激进的那一部分听众的问题。周恩来指示中提出要照顾"中间听众"的说法，对于改变对外广播长期以来的偏"左"宣传，重新认识研究外国听众具有普遍的针对性和积极意义。这种提法一方面扩大了外国听众的范围，一方面扩大了对外广播宣传报道的题材范围，注意外国听众的多种要求和多种口味。

这次宣传方针的调整，在对外广播中产生了一定影响。对日广播工作者认真调查日本听众的情况，了解他们的爱好、生活规律和收听习惯，经过调整有了很大改进，扩大了广播节目题材，增加了花色品种，更多的采用录音报道、配乐广播、故事、小说等生动活泼的形式。1962年5月对日广播还向日本听众开展征文活动，题目是《友好邻邦——中国》，到这年7月共收到听众征文三百多篇。以后征文活动成为对外广播经常开展的一项活动。

在改进对外的新闻报道方面也做了许多工作。1961年3月，梅益看了北京电台（国际电台）新闻组编发的国际新闻稿和新闻节目，并与莫斯科电台、美国广播公司、美国之音、日本电台等国外同行新闻节目作了比较后，指出北京电台对外新闻报道存在的问题是：一少，报道面窄，新闻信息量少；二迟，时效性差；三长，新闻稿件长。以上问题使对外广播宣传缺少声势，缺少分量，缺少力度，削弱了对外宣传的效果。为了改进新闻报道，梅益强调，对外广播要重视新闻报道，要把它办成全世界最好的节目，另外在文风和编写方针以及掌握政策等方面也要积极改进。以后的几年里，对外广播对一些重大的国内外问题的报道都做得比较好，报道得比较充分，如党和国家领导人的出国访问活动等。对外广播在调整宣传方针中还明确了几个问题，如内外有别、加强针对性等。关于内外处理的角度和方法应有所不同，有些题材对国内有指导意义，但不适于对国外广播。同样，对外宣传中国的国内问题也不能像国内广播那样强调为中心服务。梅益在《关于对外广播节目方针问题》、《关于对外广播的业务思想问题》等谈话、报告中都进行了论述。

关于加强针对性问题，实际是反对宣传工作一般化，无的放矢。为此，梅益强调办广播要看对象，要了解听众。不了解听众，大谈革命，会把国外听众吓跑。宣传国内问题不要干巴巴地讲道理，而要多讲事实，多讲具体事情。介绍我国的情况应该扩大选材范围，从各个角度来介绍。外国听众正是从中国人民的新生活、新的精神面貌、新的人际关系中看到新中国的变化。梅益形象地比喻对外广播像一棵树，有树干也要有树叶。

经过调整，对外广播加强了针对性，节目从内容题材到形式基本适应外国听众的需要。1962年，英语节目根据听众需要开办了《教中国话》节目等，受到听众的欢迎，听众来信不断增多。

在三年经济困难期间，广播电视宣传工作的重点放在深入实际、深入群众、改进作风、提高质量上。在60年代初期，广播电台、电视台制作和播出了一批优秀的节目，宣传了社会主义建设中涌现出来的大批先进个人和先进集体，给广大听众、观众留下了深刻的印象，对于鼓舞当时广大人民群众同心同德、艰苦奋斗、战胜困难，推进社会主义事业的发展起了积极的作用。

应当指出的是，上述对1958年至1960年广播电视宣传经验教训的总结，都是在宣传肯定总路线、"大跃进"、人民公社三面红旗的基础上进行的，虽然对改进广播电视宣传质量起到了一定的作用，但不可避免地存在着明显的缺点和局限性。1962年9月召开的中共八届十中全会重申了对国民经济进一步切实贯彻"八字"方针，对社会经济的恢复和发展有着一定的积极意义，但在经济工作指导思想上"左"的倾向并未得到彻底纠正，同时，由于全会过分估计了阶级斗争的严重性，提出了"千万不要忘记阶级斗争"的口号，导致在政治思想文化领域中"左"倾错误的再度发展，这种倾向在后来的广播电视宣传中逐步明显起来。

第四节
加强政治工作和提高广播电视宣传质量
第八、第九次全国广播工作会议

一、加强政治工作和宣传业务整改提纲（草案）的提出
第八次全国广播工作会议

在经过两年的调整之后，1963 年我国国民经济出现了全面好转的形势。此后，仍继续贯彻执行"八字"方针，直到 1966 年国民经济的调整工作基本完成。在此期间，根据中共八届十中全会的精神，在"以阶级斗争为纲"的方针指导下，基于毛泽东提出关于"反修防修"的考虑，在全国范围内又逐步开展了社会主义教育运动，同时，在思想文化方面的"左"倾错误进一步发展，并引发了一系列错误的政治批判。所有这些反映在广播电视领域，主要是强调广播是阶级斗争的工具，必须加强政治工作，以及广播电视中对一系列错误政治批判的宣传。

1962 年 10 月中共八届十中全会之后，为加强对广播事业的领导，中央决定调丁莱夫①任中央广播局党组书记，梅益任副书记、局长。1963 年 12 月，中央广播局改党组制为党委制，建立政治部，加强政治思想工作和安全保卫工作。此后，丁莱夫任党委第一书记，梅益任党委第二书记、局长。

1964 年 4 月 3 日至 21 日，第八次全国广播工作会议在北京举行。中央广播局负责人以及各省、市、自治区广播局正、副局长及省级广播电视台、福建前线广播电台负责人等 60 人出席。会议主要内容是讨论全国广播事业两年的调整和第三个五年计划的方针和安排，研究当前广播宣传工作和加强广播电台政治工作的有关问题。会议期间，听取了国务院副总理陆定一和中央有关部委负责人的报告。丁莱夫在会议开始时讲了话，梅益作了总结讲话。

---

① 丁莱夫（1912—1983），原名丁之夏。山东广饶人。30 年代初，在济南读书时参加爱国反日活动，1936 年加入中国共产党。1937 年 4 月到延安抗大学习，同年参加八路军。革命战争年代，长期在地方、军队从事党政工作，历任县委书记、地委书记、旅政委、师政委、兵团政治部组织部长等职。新中国成立后，历任华北军区政治部组织部副部长、第二十兵团政治部组织部部长、中国人民志愿军政治部副主任、中国人民解放军某军政委。1955 年被授予少将军衔。1962 年 10 月调中央广播局任党组书记，1963 年 4 月任党委第一书记。1964 年当选为第三届全国人大代表。1975 年 10 月起先后任中国人民解放军总参谋部政治部主任、总参通信部顾问。1982 年离休。

这次会议是在学习毛泽东提出的阶级斗争、生产斗争、科学实验三大革命密切结合的指导思想的基础上召开的。关于广播事业两年调整和第三个五年计划的方针、任务，会议提出主要是继续加强对国外的广播宣传，巩固和适当发展农村广播网，新建、改建一批广播发射、录音、播音设备和职工宿舍，加强科学研究和工业生产建设工作以及培养一支又红又专的广播工作队伍等。

关于加强政治工作，会议认为广播电台是很重要的部门，必须把政治工作搞起来，提高整顿，加强电台的安全保卫工作和内部的政治思想工作。会议在强调政治是灵魂、是统帅，政治工作第一，要真正把政治工作放到首要地位的同时，也注意到既要反对脱离政治的单纯业务观点，也要反对不问业务，使政治工作一般化的不良倾向。

这次会议之前，梅益为中央广播局党委起草了《为进一步提高广播、电视宣传的质量而奋斗——宣传业务整改提纲（草案）》（以下简称《整改提纲》），①局党委曾多次进行讨论并于1964年3月10日定稿。会议期间，这份材料印发大会征求意见。《整改提纲》全文三万多字，分为15个部分，即（1）业务工作的基本估计；（2）整改是为了提高广播、电视宣传的质量；（3）明确工作方针，争取尽可能多的听众和观众；（4）怎样改进新闻性节目；（5）怎样改进知识性节目；（6）怎样改进文艺性节目；（7）要更好地为群众的生活服务；（8）四类节目的比例关系；（9）关于表演团体的方针；（10）关于唱片出版工作的方针；（11）要进一步提高播音和翻译的水平；（12）做好听众的联系工作；（13）既要发挥自己的作用，又要充分运用社会力量；（14）重视调查研究，认真改进文风；（15）加强业务领导，大抓三项建设。

20世纪60年代中期提出的这份《整改提纲》，着眼于提高广播电视宣传质量，尽可能的争取更多的听众和观众，在对中央三台和部分地方台进行调查研究的基础上，提出了改进各类广播电视节目的方针和措施，强调编辑部门要从思想上、业务上和组织上抓好三项建设，加强业务领导，实现《整改提纲》制定的奋斗目标。这份《整改提纲》的制定和在一定范围内实施，对于纠正1958年以来广播电视宣传中的严重偏差和削弱"左"倾指导思想对广播电视的影响起到了积极的作用。尽管由于历史的原因，《整改提纲》中的有些提法还带有历史的局限和时代的烙印，但它在当时对提高广播电视宣传质量所起的积极指导作用，应当给予充分肯定。遗憾的是，后来由于"文化大革命"的发生，《整改提纲》的主要精神不但未能进一步贯彻执行，在极"左"思潮的泛滥下，《整改提纲》竟被作为"毒草"受到错误批判。"文革"结束后，在1980年召开的第十次全国广播工作会议上，对《整改提

---

① 全文已收入《梅益谈广播电视》一书。

纲》所起的积极作用予以肯定。

第八次全国广播工作会议之后，全国的广播电视在宣传中注意发挥各自的特点和优势，在报道我国科学技术成就和国内外重大新闻事件时加强时效性和评论工作，在动员社会力量办广播等方面不断探索经验，1965 年 9 月，中央电台开办特别节目《朋友的话》，同年 12 月办的《外国朋友谈中国》专题节目等，都在这方面作了一些尝试。

60 年代中期，为了扩大新闻来源，加强采访力量，1965 年 12 月，中央电台在全国各地建立了 18 个地方记者站，到 1965 年，中央电台对国内广播已经有四套节目，全国大部分地区都能听到中央台的广播，中央电台在全国人民中的影响日益扩大。中央台的《广播节目报》的发行数由 1960 年的 26 万份增加到 1965 年的 40 万份。国内听众来信由 1960 年的 6.5 万多封发展到 1965 年的近 12 万封，同期对外广播的听众来信由 105 个国家和地区的近 4.9 万封猛增至 133 个国家和地区的 28.6 万多封。

二、广播电视宣传的改进和广播电视事业的新发展

1963 年以后，我国的广播电视宣传工作在执行国家的调整方针的同时，在提高广播电视节目质量，增加花色品种等方面取得显著成就，播出一批深受国内外听众喜欢的节目。

中央电台注意对节目精选精编，在精办节目方面提出办好十大名牌节目，这些节目是《新闻和首都报纸摘要》、《全国各地人民广播电台联播节目》、《国际时事》、《科学常识》、《在祖国各地》、《广播剧院》、《文艺信箱》、《星期演讲会》、《少年儿童节目》和《小喇叭》。这些节目注意根据节目各自的特点，分别加强了新闻性、知识性和娱乐性，成为中央电台办得比较好、影响比较大的名牌节目。

地方电台在办好一般节目的同时，注意办好重点节目。1963 年初，甘肃电台把《甘肃新闻》、《农村广播站联播节目》作为重点，集中主要精力来办。河南台重点办的节目是《全省联播》、《对农村联播》、《公社戏院》、《一周节目巡礼》等。这年 3 月，河南电台注意发挥广播的特点，在《对农村广播》节目中设立了"王秀英读报"、"老赵谈时事"等固定栏目，充分显示了广播"说"、"谈"的优势。北京市台的《在北京》节目里播出的通讯《哑巴媳妇回娘家》，也注意在语言和结构上发挥广播特点，播出效果也很好。1963 年 4 月，陕西电台在报道全国劳动模范赵梦桃的先进事迹时，在病榻前录下了赵梦桃的讲话。赵梦桃的讲话真实、亲切、感人，经陕西台广播后宣传效果非常好。这期间的广播宣传注意纠正浮夸等错误，比较实事求是，注意对人们进行革命传统教育。1963 年中央电台的《读〈红岩〉忆亲人》，请小说《红岩》中的"小萝卜头"——宋振平的姐姐宋振苏发表广播讲话。她的谈话十分亲切自然，感动了许多听众。

在对一些重大新闻事件的报道上，注意加强时效性。1963 年 5 月初，中央电台报道刘少奇访问柬埔寨和越南时，提高了发稿时效，刘少奇的各项访问活动基本上都在当天的新闻节目中播出。1965 年 4 月，第二十八届世界乒乓球锦标赛在南斯拉夫举行，中央电台以最快速度在新闻节目中播出我国男女乒乓球队双获世界冠军的消息，最快的报道离比赛结束只有 5 分钟。

广播注意根据听众的需要来安排设置节目。中央电台根据听众渴求学习科学知识的要求，1963 年 5 月为农村听众举办了《农业科学技术讲座》、《世界地理知识》等节目。文艺广播设置了听众喜欢的《小说连续广播》、《诗文朗诵》等节目，以及话剧、故事等，广东音乐、小提琴协奏曲《梁山伯与祝英台》因听众喜欢，多次组织播出。

1963 年 8 月，在北京召开全国优秀广播节目欣赏会，这是新中国成立以来首次举办全国性的广播节目交流活动。会上交流的节目内容广泛、形式多样，较好地反映了各地人民的精神风貌。会上中央电台和省市 32 个电台还讨论了广播节目的内容和形式的关系，新闻性节目的真实性、音响和音乐的使用等问题，会议起草了《优秀广播节目标准（草案）》，从各台提供的 163 个节目中评选出 35 个优秀广播节目。

1964 年六七月间，第一次全国各省、自治区、直辖市广播电台文艺节目交换工作在北京举行。参加这次交换工作的有 33 个电台，共播放文艺节目 213 小时。交换的节目以反映现实生活的为主。以上会议对改进全国各地广播电台的新闻节目和文艺节目的内容，提高节目的质量有一定的促进作用。

60 年代中期，由于对外广播调整了宣传方针，加强了宣传的针对性，节目质量有了较大提高。对外广播在报道我国的生产建设情况和支持世界各国人民反对帝国主义、殖民主义，争取独立的民族解放运动中作出重要贡献，受到国外听众的欢迎，国际广播电台在国外的声誉和影响越来越大。1964 年 11 月，以日本记者会议副议长浅野一男为团长的日本"听众之会"代表团来我国访问。从 1963 年起，我国的对外广播收到听众来信增多，1964 年收到听众来信 28.6 万封，与北京电台保持通信联系的有 140 多个国家和地区的 20 多万听众。1957 年以来，我国陆续开办了波斯语、土耳其语、阿拉伯语、法语、马来语、印地语、德语、葡萄牙语、意大利语、塞尔维亚—克罗地亚语、斯瓦希里语、俄语、泰米尔语、蒙古语、世界语和菲律宾语等 16 种外语的对外广播，到 1965 年，对外广播已经使用 27 种外语和汉语普通话及四种方言对外播音，每天播音时间由 80 多小时增加到 100 小时左右。我国的对外广播的规模不断扩大，继苏联、美国之后，居世界第三位，已经成为世界上很有影响的一座国际广播电台。

在这期间，电视作为我国的一个新兴事业，在"立足北京，面向世界"方针的指引下，也逐渐在国内外新闻报道中显示了它的作用。1964 年 12 月，毛泽东为北京电视台题写了台名。（见图 6 - 9）

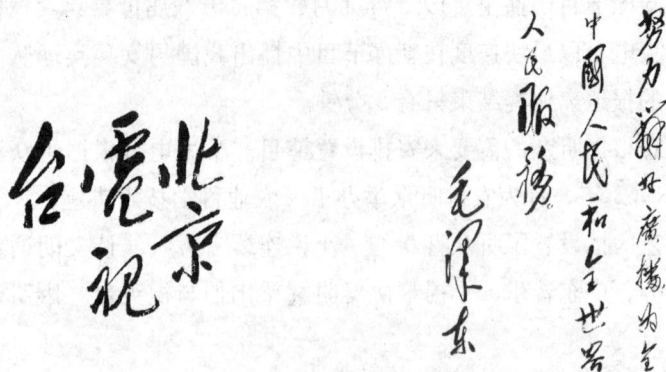

图 6 - 9　1964 年 12 月，毛泽东为北京电视台（今中央电视台）
题字，1965 年 9 月为人民广播事业的题词

1963 年第一届新兴力量运动会在印度尼西亚雅加达举行，北京电视台第一次派记者出国报道体育活动。北京电视台记者拍摄的电视片《新兴力量运动会》，汇编成 85 分钟的大型纪录片播出。1963 年底至 1964 年 3 月，周恩来总理和陈毅副总理访问非洲、亚洲等 14 个国家，北京电视台派出记者随行报道，共拍摄 24 万尺电视片，先后编辑播出 10 ~ 20 分钟电视新闻片 20 条，北京电视台还汇编了《周总理非洲之行》上下集，向全国播出。这期间，我国第一颗原子弹爆炸成功，第二十八届乒乓球锦标赛等重大事件，北京电视台都积极进行报道，不仅在国内电视台播放，还把电视片寄往国外，在美、英、日等国新闻机构发行。到 1965 年 8 月，北京电视台已经和世界上 27 个国家的电视机构建立了交流电视片的关系。我国电视台拍摄的科教片《金小蜂与红铃虫》、《对虾》、《水地棉花蹲苗》分别在 1963 年至 1965 年国际电视节上获奖。

60 年代中期，我国的广播电视对社会主义建设事业中涌现出来的先进集体和先进个人给予充分的报道。雷锋、王杰、欧阳海、王进喜、焦裕禄等人的名字，大庆、大寨战天斗地的英雄事迹通过广播传到千家万户。他们的先进事迹和崇高的思想境界对于教育鼓舞全国人民克服困难，战胜自然灾害和建立社会主义的道德风尚起了重要的作用。

这期间，在国际斗争中，对内和对外广播根据上级的有关部署，也播出过一批在国内外有重大影响的文章。60 年代初中苏关系恶化，国际共产主义运动中的争论加剧，苏共领导及受苏共影响的几个社会主义国家发表决议、声明、文章，攻击中国共产党。1963 年 7 月苏共中央发表《公开信》后，苏联的宣传工具都投入反华大合唱，仅三个月内，报刊广播就发表反华内容的文章、资料近二千篇，甚至公然煽动反对中共中央的领导。从此，中苏争论进一步公开化。这年9月至1964年7月，为了反击苏共的全面攻击，中共中央以《人民日报》编辑部和《红旗》杂志编辑部名义相继发表了九篇评论文章（简称"九评"），开展了一场大规模的关于国际共运的公开论战，对苏共及其主要领导人赫鲁晓夫作了深入全面的批判。九篇评论文章和其他文章都在对内对外广播特别是俄语广播中反复、连续播出过，突破了苏联的"新闻封锁"和电波干扰，把中国的声音传向世界。1964年10月，赫鲁晓夫下台。1966年3月，中苏两党关系全面破裂。

50年代末60年代初，我国广播电视对外交流和合作方面有了新的进展，曾先后援助柬埔寨、阿尔巴尼亚、朝鲜、越南和坦桑尼亚等国发展广播事业。中央广播局还多次接待来华采访的日本、法国的电视摄影队，并三次派出代表团参加了阿联（即埃及）举办的电视节。在与"国际广播组织"（1959年改称"国际广播和电视组织"）的交往中，60年代初由于中苏两党、两国关系的恶化，该组织从1966年9月起停止向我方寄送有关资料。至此，我国与该组织联系中断。

随着国家调整方针的实施，我国的经济困难局面开始缓解，从1963年到1965年国民经济得到比较顺利的恢复和发展，我国的广播电视事业也得到新的发展。

1963年以后，随着我国经济形势的好转和地方宣传工作的需要，又恢复了一批广播电台和电视台。1963年年底全国共有广播电台89座。中央电台对内广播共有四套节目（包括对台湾广播一套），每天播音增至59小时。1963年，哈尔滨、长春电视台和西安试验电视台经国务院文教办批准，作为实验台使用。这样，电视台恢复到八座（另有四个办电视教育节目，即太原、南京、武汉、合肥电视试验台撤销后可以协同有关部门举办电教节目），1964年1月武汉电视台恢复，1965年6月哈尔滨、长春、西安三座电视台和太原教育电视台均转为正式电视台。至"文革"前，我国的电视台发展到12座。

1963年以后，全国的有线广播网得到修复和整顿。1963年初，青海省委发出通知，对已撤销的县级广播站立即恢复，对垮掉的广播网路要整顿，对原有的广播设备要及时修复。青海省广播局根据省委通知，积极帮助省内各县恢复县级有线广播站的工作，取得很大成绩。

为了帮助各省、自治区迅速整修广播线路，中央广播局从事业经费中拨出15万元作为补助费。在有线广播的恢复和重建中，浙江余杭县广播站用木模翻转法制造水泥电杆的经验在全国得到推广，使有线广播在线路建设上的质量有了提高。为了搞好有线广播网的建设，1964年至1965年中央广播局多次召开有关会议，交流广播网建设和管理经验。1966年春，全国广播网的全面调整工作已经基本结束，恢复到1962年调整前的规模并有发展，全国有县级广播站二千多座，放大站和公社广播站8435座，广播喇叭872万只，都超过了农村有线广播网历史上最高水平。农村广播网的传输质量和收听效果比过去有了显著的提高。有线广播喇叭普及到77%的人民公社、54%的生产大队和26%的生产队。

同时,调频广播试验已经开始。调频广播具有电声指标高、抗干扰性能强的优点。中央广播局广播科研所早在1958年前后,提出对国内广播要开展调频广播的建议。1963年11月在天津举行调频广播网试验会议。1964年,广播科学研究所开始在河北省进行调频广播中间试验。不久,国家科委为支持山东广播局在泰山顶进行调频广播试验,专门拨给经费15万元,使调频广播在为有线广播站和中波转播台传送节目方面的试验取得成功。60年代末,各省都开始在省内进行调频广播网的建设。

1964年6月,中央广播局参加全国工业新产品展览会展出的产品有五项获奖。其中光电导析像管电视电影设备和635型磁带录音机分别获得一等奖,北京4型磁带和塑料密纹唱片分别获得二等奖,4.5厘米波段波导仪获得三等奖。

随着国民经济形势的好转和文化教育事业的恢复,北京广播学院于1964年恢复正式招生。至"文革"前,该院已先后培养了新闻、无线电和外语各专业大专和本科毕业生2400多人,为我国的广播电视事业增添了一批新生力量。

为了提高全国人民的文化素质,60年代初起步的电视大学在以后的几年中成绩突出,到1965年年底,已经为国家培养了八千多名毕业生和五万多人次的单科结业生,这些人在社会主义建设和科学研究中发挥了重要的作用。

三、努力办好广播,为全中国人民和全世界人民服务
第九次全国广播工作会议

1965年9月5日,按当时人民广播事业历史的计算方法,是中国人民广播事业创建20周年纪念日。[①] 为了纪念人民广播史上的这个有历史意义的节日,毛泽东、刘少奇、周恩来、朱德、林彪、邓小平、彭真、陈毅和陆定一等党和国家领导人应中央广播局的请求分别题词祝贺。(见图6-9、图6-10)

毛泽东的题词是:"努力办好广播,为全中国人民和全世界人民服务。"

刘少奇的题词是:"高举毛泽东思想红旗,把广播工作做好,使全国人民和全世界人民都得到鼓舞。"

周恩来的题词是:"高举毛泽东思想伟大红旗,发扬艰苦奋斗、自力更生的革命精神,为发展人民广播事业而努力。"

朱德的题词是:"联系群众、联系实际,进一步把广播宣传工作做好,为社会主义革命和建设服务,为世界革命服务。"

---

① "文革"以前,中国人民广播事业创建纪念日是以1945年9月5日延安新华广播电台开始播音的日期确定的。1980年12月,中央广播局发出通知,将人民广播事业创建纪念日改为1940年12月30日。

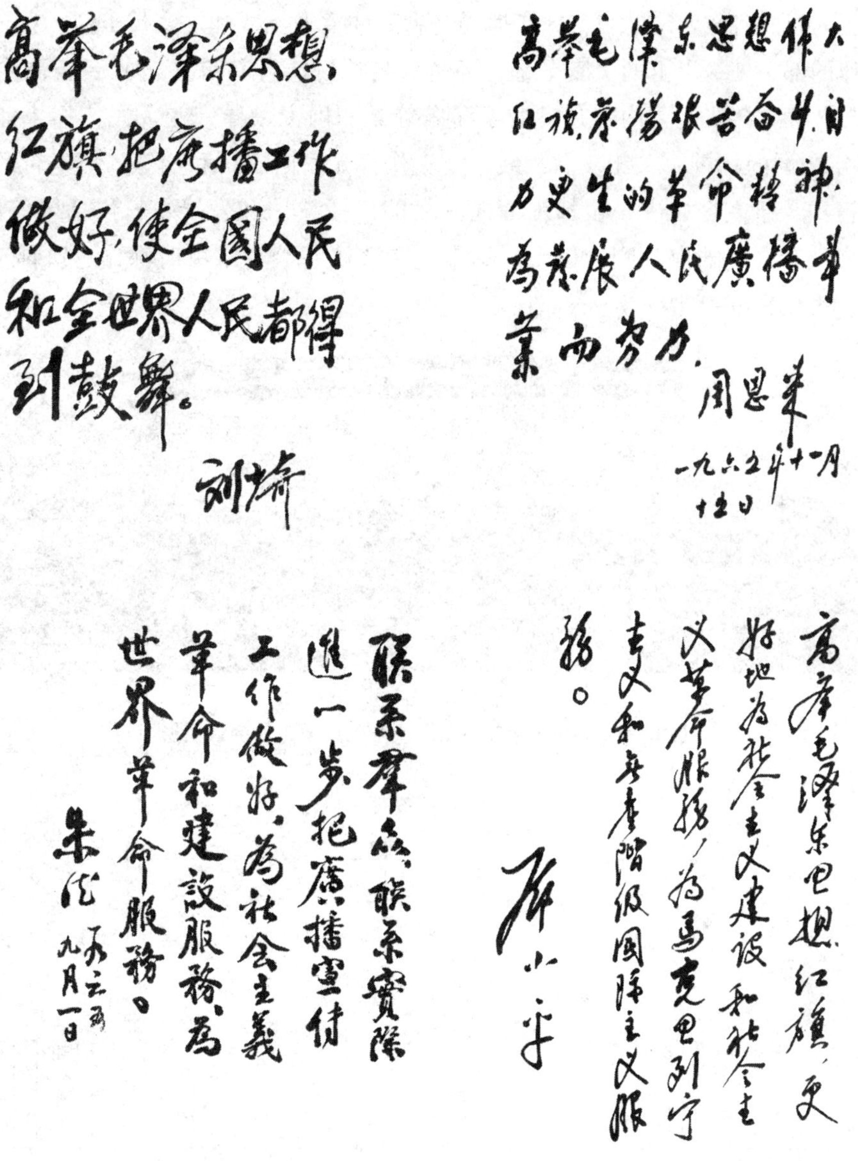

图 6－10　1965 年刘少奇、周恩来、朱德、邓小平为人民广播事业的题词

　　邓小平的题词是："高举毛泽东思想红旗，更好地为社会主义建设和社会主义革命服务，为马克思列宁主义和无产阶级国际主义服务。"

　　9 月 6 日，中央广播局举行人民广播事业创建 20 周年纪念会。中共中央政治局委员、国务院副总理陆定一到会讲话。会后，彭真、陆定一参观了纪念展览。在此之前，周恩来于 8 月 27 日召见丁莱夫等中央广播局领导，就广播系统加强政治工作、中央广播局的基建工作、广播要面向农村和北京广播学院的培训方针等提出了意见。

　　1966 年 3 月 20 日至 4 月 9 日，第九次全国广播工作会议在北京举行。中央广播局负责人以及各省、市、自治区广播局（台）主管政治工作、宣传工作、农村广播网工作的部、处级以上的负责干部，各省、自治区、直辖市（盟）台正副台长共138 人出席。会议主要内容是贯彻毛泽东等党和国家领导人为人民广播事业创建 20 周年题词的精神，关于文教战线一切工作都要面向农村和加强广播电台政治工作的精神，研究今后进一步加强面向农村的广播宣传和发展农村广播网等问题。周恩来、彭真、陆定一到会讲话。丁莱夫在会议开始和结束时都作了讲话。（见图 6 – 11、图 6 – 12）

图 6 – 11　1966 年 4 月第九次全国广播工作会议留影

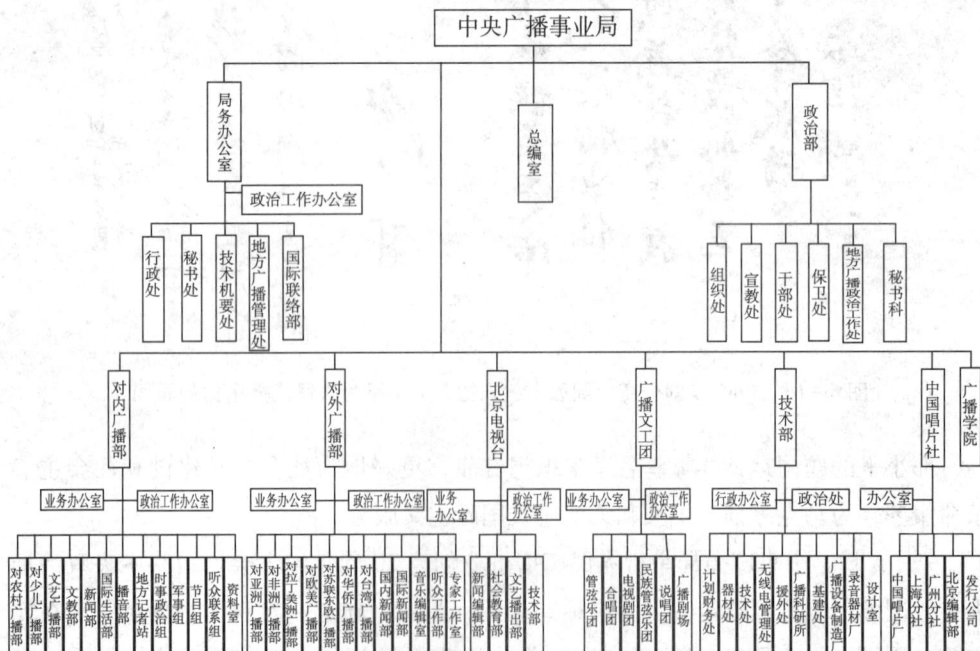

图 6 – 12　1966 年中央广播事业局机构表

中央广播事业局

局务办公室 / 总编室 / 政治部

局务办公室
政治工作办公室
行政处　秘书处　技术机要处　地方广播管理处　国际联络部

政治部
组织处　宣教处　干部处　保卫处　地方广播政治工作处　秘书科

对内广播部　对外广播部　北京电视台　广播文工团　技术部　中国唱片社　广播学院

对内广播部：业务办公室　政治工作办公室
对农村广播部　对少儿广播部　文艺广播部　文教新闻部　国际生活部　地方记者站　播音部　时事政治组　军事组　节目组　听众联系组

对外广播部：业务办公室　政治工作办公室
对亚洲广播部　对拉丁美洲广播部　对欧美广播部　对苏联广播部　对华侨广播部　国内新闻部　国际新闻部　音乐编辑部　听众工作组　资料室

北京电视台：业务办公室
专家工作室　社会教育部　文艺播出部　新闻工作部　技术部

广播文工团：政治工作办公室
管弦乐团　民族管弦乐团　电视剧团　广播剧团　合唱团　说唱团

技术部：业务办公室　政治处
计划财务处　技术处　无线电管理处　广播科研所　援外处　基建处　广播设备制造厂　录音器材厂　设计室

中国唱片社：行政办公室
中国唱片厂　上海分社　广州分社　北京编辑部

广播学院：办公室
发行公司

周恩来在讲话中提出，要在毛主席关于"备战、备荒、为人民"的战略思想指导下，面向全国，面向全世界，努力办好广播，确保电台安全，为全中国人民和全世界人民服务。在此之前，他还多次听取工作汇报并到广播大楼和北京郊区发射台视察，了解广播电台的工作和安全保卫的情况。

会议认为，所有广播电台都是阶级斗争的重要工具，要保证党对电台的绝对领导，再次强调广播电台要实行党委领导制，建立政治工作机构。会议要求必须加强对各级广播电台的安全保卫工作，确保电台的绝对安全。

这次会议明确提出，要在今后的广播宣传工作和一切工作中突出政治。会议认为广播电台内部的阶级斗争、两条道路的斗争相当严重，必须要大抓广播战线的阶级斗争。要认识到政治是统帅、是灵魂，政治工作是广播电视事业和一切工作的生命线，要把政治工作放在一切工作的首位，不要放在从属地位。

办好广播面向农村，为六亿农民服务和积极发展农村广播网是这次会议讨论的重要内容。会议认为突出政治就是用毛泽东思想武装农民。会议提出要办好各类对农村广播、为农民服务的节目，各种节目都要注意突出政治。会议认为，第三次全国广播工作会议提出的发展农村广播网的方针是正确的，还应当继续贯彻执行，并根据工作进展情况加以补充。关于有线广播的发展规划和广播事业的第三个五年计划，会议要求仍按原定计划执行。会议还分析了农村广播网在宣传和事业建设中存在的问题，并提出了解决的意见。

这次会议是在"文化大革命"前夕，"山雨欲来风满楼"的形势下举行的。中共八届十中全会以后，在全党推行的"以阶级斗争为纲"的"左"倾错误指导方针，不可避免地对这次会议有着重大的影响。会议提出的一些"左"的观点和要求，在"文革"中被变本加厉地执行了，而一些正确和比较正确的意见和措施却没有得到积极的贯彻执行。

在我国初步探索建设社会主义道路的最初近十年间，在党和政府的领导下，我国的广播电视事业的发展虽然受到了"左"的指导思想的影响，经历了曲折的道路，但总的来说，取得的成绩是主要的，但同时也有严重的失误和偏差，积累了正反两个方面的经验。具体分析有如下的几个特点：

第一，在社会主义计划经济的体制下，经过近十年的不懈努力，我国已建成初具规模的广播电视事业。对内广播有了较大的发展，对外广播的实力和影响已跃居世界广播大国的前列，电视事业迈开了创业的步伐，广播电视工业和广播电视教育事业也取得了初步的成果。

第二，近十年间的广播电视宣传从其主导方面看，作为团结教育和鼓舞全国人民艰苦奋斗、奋发图强投身社会主义建设的重要舆论工具，作为党和国家进行国际宣传和国际斗争的强有力的武器，工作成绩是重大的，宣传效果是良好的，影响是很大的，受到国内外听众和观众的欢迎和信任。但由于"左"的指导方针的影响，在诸如"大跃进"、"反右倾"、思想文化领域错误批判等的宣传方面，也出现了严重的失误和偏差。作为历史经验教训，值得认真加以总结。1964年中央广播局党委提出的《宣传业务整改提纲（草案）》主要总结了新中成立以来广播电视宣传的工作经验，对提高广播电视宣传质量有着重要的指导意义。

第三，十年间初步建成了一支以编、播技术为主体的几万人的广播电视队伍，广播电视从业人员的文化结构有了明显的改善。

第四，在此期间，先后召开的第五至第九次全国广播工作会议，无论是总结前一阶段的工作经验和成绩，还是制定下一阶段的工作方针，总的来说，是比较正确的，但都不同程度地受到"左"的指导思想特别是"以阶级斗争为纲"方针的严重影响，使广播电视事业的发展和广播电视队伍建设受到不少挫折，广播电视宣传也未能正确地发挥应有的作用和影响。

第 **7** 章

"文化大革命"时期的广播电视事业

1966 年 5 月开始的长达十年之久的"文化大革命"是中华民族的一场浩劫。正如中共中央《关于建国以来党的若干历史问题的决议》指出的:"历史已经判明,'文化大革命'是一场由领导者错误发动,被反革命集团利用,给党、国家和各族人民带来严重灾难的内乱。"① 在这场内乱中,林彪、江青反革命集团控制了广播电视的领导权,利用广播电视宣传为"文化大革命"鸣锣开道,为他们篡党夺权制造舆论,使得广播电视事业遭受挫折,广播电视队伍遭到摧残迫害,在新中国的广播电视史上留下了沉痛的教训。

第一节
"五·一六通知"和林彪、江青集团
控制广播电视领导权

一、贯彻执行"五·一六通知",广播电视系统"文化大革命"的开始

"文化大革命"发动的导火线可以追溯到 1965 年 11 月 10 日姚文元在上海《文汇报》上发表的《评新编历史剧〈海瑞罢官〉》。

京剧《海瑞罢官》是历史学家、当时任北京市副市长的吴晗响应毛泽东关于宣

---

① 中共中央文献研究室:《关于建国以来党的若干历史问题的决议注释本》(修订),人民出版社 1985 年 9 月版,第 30 页。

传海瑞不畏权贵、刚直不阿精神的号召而写的，于 1961 年 1 月在北京上演。60 年代中期，江青、康生竟无中生有地指责《海瑞罢官》同 1959 年的庐山会议有关，同彭德怀的问题有关。在毛泽东的支持下，江青秘密到上海活动，与张春桥共同策划，由姚文元执笔写出了批判《海瑞罢官》的文章。1965 年 12 月 21 日，毛泽东在杭州谈话时更进一步指出："《海瑞罢官》的要害是'罢官'。嘉靖皇帝罢了海瑞的官，1959 年我们罢了彭德怀的官。彭德怀也是'海瑞'。"① 这样一来，对《海瑞罢官》的批判就成为一场严重的政治斗争，并且在全国报刊上迅速形成了批判的高潮；但也有学者、专家发表文章，批驳姚文元的观点。广播中及时播出了批判《海瑞罢官》的有关报道。

在这种形势下，1966 年 2 月，时任中央政治局委员、北京市委第一书记、"文化革命五人小组"组长的彭真召集"文化革命五人小组"会议，② 拟定了《关于当前学术讨论的汇报提纲》（简称《二月提纲》）。提纲的主要倾向是对已经开展的批判运动加以适当约束，把它置于党的领导之下，并限于学术范围之内，不赞成把它变为集中的严重的政治批判。不久，《二月提纲》作为中共中央文件下达全党。

与此同时，江青和林彪勾结，于 2 月间在上海召开了"部队文艺工作座谈会"。后来，经毛泽东三次修改形成的所谓《林彪同志委托江青同志召开的部队文艺工作座谈会纪要》，也于 4 月 10 日以中共中央文件的形式批转全党。《纪要》的炮制者无中生有地捏造出一条所谓的"文艺黑线"，并胡说它从 30 年代一直贯穿到新中国成立以后，号召要"坚决进行一场文化战线上的社会主义大革命，彻底搞掉这条黑线"。这个《纪要》的出笼，标志着林彪和江青勾结，利用"文化大革命"进行反革命活动的开始。

这两个基本指导倾向完全对立的中共中央文件下达以后，中央广播事业局于 3 月下旬先是根据《二月提纲》的精神，提出参加学术批判问题的意见，要求对内广播要很好地宣传这场大辩论的性质和意义（对外广播不作宣传）。在新闻节目里以介绍报纸版面的方式，报道有关学术批判的重要动态和讨论情况。文艺节目则以推荐和介绍优秀文艺节目为主，正面配合斗争。③ 中央人民广播电台据此播出了有关节目。4 月中旬，《纪要》下达后，大批判升温，中央人民广播电台的各类节目中大量播送诸如《解放军报》刊登的《高举毛泽东思想伟大红旗，积极参加社会主义文化大革命》、《千万不要忘记阶级斗争》等社论，《红旗》杂志评论员的有关文章，并点名批判了一些所谓表现"文艺黑线"的影片。5 月上旬，江青主持写作的文章

---

① 转引自席宣、金春明：《"文化大革命"简史》，中共党史出版社 1996 年 7 月版，第 77 页。本章有关"文化大革命"的重大史实均参考本书加以引述。

② 五人小组的组长是彭真，组员有陆定一、康生、周扬和吴冷西。

③《中国广播电视大事记》，北京广播学院出版社 1987 年 7 月版，第 197—198 页。本章引用的有关广播电视宣传方面的史实均据本书，以下不再一一注明。

《向反党反社会主义黑线开火》（署名"高炬"）和姚文元的文章《评"三家村"——〈燕山夜话〉、〈三家村札记〉的反动本质》相继发表后，中央人民广播电台多次播出，点名批判的范围进一步扩大。（见图7-1）

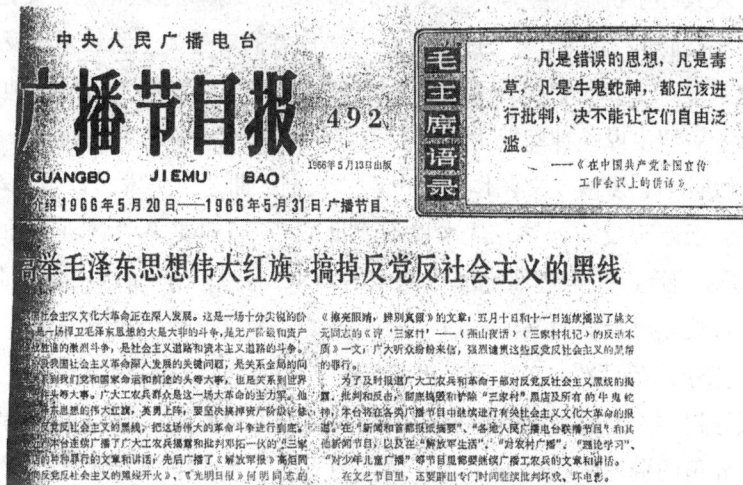

图7-1 1966年5月《广播节目报》报道中央电台
关于"文革"初期的广播宣传

1966年春天，在中国共产党党内高层还发生了所谓的"彭罗陆杨事件"，即在党政军担任高级领导职务的彭真、罗瑞卿、陆定一、杨尚昆分别被批判后，又硬被联系起来定为"反党集团"，其中涉及意识形态领域的有彭真、陆定一两人。彭真当时为中共中央政治局委员、中央书记处常务书记、北京市委第一书记，陆定一当时是中共中央政治局候补委员、中央宣传部部长。他们两人当时又分别是"文化革命五人小组"的组长和成员。1966年3月底，毛泽东在同江青、康生、张春桥等人谈话时说，《二月提纲》混淆阶级界限，不分是非，是错误的，中宣部是阎王殿，要打倒阎王，解放小鬼！中宣部和北京市委包庇坏人，压制左派，不准革命；如果再包庇坏人，中宣部要解散，北京市委要解散，五人小组要解散，并且提出要支持左派，建立队伍，进行"文化大革命"。

1966年5月4日至26日，中共中央政治局扩大会议在北京召开。这次会议的主要议程有两项：一是揭发批判彭、罗、陆、杨"反党集团"；二是讨论通过《中国共产党中央委员会通知》。

5月16日，会议通过了《中国共产党中央委员会通知》（简称《五·一六通知》）。① 这个通知从形式上看，是针对彭真起草的《二月提纲》，实际上则是系统

---

① 《五·一六通知》当时只在党内传达。一年以后，即1967年5月16日起，由中央人民广播电台反复播出，次日《人民日报》公开发表。

地表达了 1957 年以来逐步形成的关于社会主义社会阶级和阶级斗争的错误理论，确定了一系列"左"的方针、政策，从而成为发动"文化大革命"的纲领性文件。《五·一六通知》说，中共中央决定撤销《二月提纲》，撤销原来的"文化革命五人领导小组"及其办事机构，重新设立文化革命小组，① 隶属于政治局常委之下。

《五·一六通知》认为，《二月提纲》的"作者们对于无产阶级左派反击资产阶级反动'权威'的文章，已经发表的，他们极端仇恨，还没有发表的，他们加以扣压。他们对于一切牛鬼蛇神却放手让其出笼，多年来塞满了我们的报纸、广播、刊物、书籍、教科书、讲演、文艺作品、电影、戏剧、曲艺、美术、音乐、舞蹈等等，从不提倡要受无产阶级的领导，从来也不要批准。"通知要求"各级党委立即停止执行"《二月提纲》，并"遵照毛泽东同志的指示，高举无产阶级文化革命的大旗，彻底揭露那批反党反社会主义的所谓'学术权威'的资产阶级反动立场，彻底批判学术界、教育界、新闻界、文艺界、出版界的资产阶级反动思潮，夺取在这些文化领域中的领导权。而要做到这一点，必须同时批判混进党里、政府里、军队里和文化领域的各界里的资产阶级代表人物，清洗这些人，有些则要调动他们的职务。"②上述从"左"的观点出发，极度夸大敌情，对包括报刊、广播在内的文化领域严重脱离实际的错误估计和采取的"左"的方针政策，成为新闻界和广播电视系统开展"文化大革命"的主要依据。

《五·一六通知》通过两天之后，当时任中共中央副主席的林彪在中共中央政治局扩大会议上发表了"五·一八讲话"。这个讲话在点名批判了彭、罗、陆、杨的同时，大念"政变经"，制造中共中央内部有人要搞政变、搞颠覆的谎言。他说，"资产阶级的代表人物，混到我们党内，混到党的领导机关，成为当权派，掌握了国家机器，掌握了政权，掌握了军队，掌握了思想战线司令部。他们联合起来搞颠覆、闹大乱子。""文武配合，抓舆论，又抓枪杆子，他们就能搞反革命政变。"林彪在讲话中声称："他们想杀我们，我们就要镇压他们！"林彪在这次讲话中还竭力鼓吹个人崇拜，颂扬毛主席的个人天才，声称："毛主席的话句句是真理，一句超过我们一万句。""他的话都是我们行动的准则。谁反对他，全党共诛之，全国共讨之。"林彪的这些话传达并经报刊、广播宣传出去以后，在全党、全国产生了极坏的影响。人们没有料到的是，后来搞阴谋政变，甚至企图谋害毛泽东的，恰恰是林彪一伙人。这次政治局扩大会议决定撤销彭、罗、陆、杨在党政军高层的领导职务。

《五·一六通知》通过后，即作为中共中央文件，在党内逐级传达。它的基本精神和主要内容通过报刊、广播迅速传播到全社会，人们预料不到的"文化大革

---

① 5 月 28 日中央文化革命小组（简称中央文革）正式成立，组长为陈伯达，顾问康生，副组长有江青、张春桥等，成员有王力、关锋、戚本禹、姚文元等。后来，由于陈伯达生病等原因，组长职务由江青代理。

② 《五·一六通知》的引文，均根据《人民日报》1967 年 5 月 17 日公布的文本。

命"在全国迅速开展起来。

作为中央重要新闻领导机关的中央广播事业局当时有着双重的任务，一是要部署、安排中央人民广播电台、北京电台（国际广播电台）的对外广播和北京电视台（现中央电视台的前身）对"文化大革命"的广播电视宣传；二是要在机关内部开展"文化大革命"，揭发批判新中国成立以来广播电视系统的所谓"修正主义路线"。

中央人民广播电台和北京电视台分别制定了在"文革"期间宣传工作的安排和措施。5月上旬，中央人民广播电台提出："一定要积极投入当前意识形态领域里的兴无灭资斗争，使广播在突出政治、促进人的思想革命化方面发挥应有的作用和威力。"并决定，从版面介绍、重要文章的摘要或全文播送、综合报道、工农兵言论选播四个方面进行宣传报道。5月中旬，北京电视台安排，在《简明新闻》中播出"文革"消息和重要文章的摘要；拍摄有关"文革"的电视新闻；社教节目举办专栏《高举毛泽东思想伟大红旗，搞掉反党反社会主义的黑线》；还要组织少年儿童开展大批判。

5月31日，经毛泽东批准，陈伯达率领工作组到人民日报社夺权，由他们"掌握报纸的每天版面，同时指导新华社和广播电台的对外新闻"。次日，《人民日报》发表《横扫一切牛鬼蛇神》的社论，按照林彪"五·一八讲话"的调子，号召"把所谓资产阶级的'专家'、'学者'、'权威'、'祖师爷'打得落花流水，使他们威风扫地"。当天早上，中央人民广播电台播出了这篇社论。当天晚上，根据毛泽东批示的精神，又播出了北京大学聂元梓等人写的诬陷北京大学党委和中共北京市委的大字报。① 第二天，又播出了《人民日报》评论员文章《欢呼北大的一张大字报》，诬指北京大学是"反党反社会主义的顽固堡垒"，北大党委是"假共产党"、"修正主义的党"，号召"把他们打倒，把他们的黑帮、黑组织、黑纪律彻底摧毁"。以《欢呼北大的一张大字报》为标志，"文化大革命"的狂潮开始了。广播以其特有的声腔和音量，震撼着神州大地和亿万人民的心，由校园到社会，整个国家开始陷入了动乱。

5月24日，中央广播事业局动员开展"文化大革命"。造反派开始张贴大字报，揭发批判广播电视系统"反革命修正主义"的种种现象。6月9日，陈伯达派工作组到中央广播事业局，在群众大会上宣布，中央广播局存在"反党反社会主义反毛泽东思想的黑线"，存在"资产阶级保皇派"，引发了大规模的批判活动。7月13日，中央广播局局长梅益受到错误批判，后被宣布停职反省。随后，中央广播局一

---

① 5月25日，聂元梓等人贴出的北京大学第一张大字报是根据康生的授意写成的。康生把大字报印件送给毛泽东看。正在外地的毛泽东于6月1日批示："此文可由新华社全文广播，在全国各报刊发表，十分必要。北京大学这个反动堡垒从此可以开始打破。"当天新华社用文字广播发出后，中央人民广播电台随即在晚间的《全国联播》节目中播出，次日又反复播出。

大批中层干部相继被宣布"靠边站"。①

作为广播电视系统唯一的高等院校,北京广播学院的造反派卷入了中央广播局的"文化大革命"运动。7月14日晚上,陈伯达、康生召见中央广播局领导,声言支持北京广播学院学生造反,赞同"一切权力归文化革命委员会"的口号。7月23日、24日、27日,"中央文革小组"的陈伯达、康生、江青、张春桥、王力、姚文元等人先后到北京广播学院"煽风点火",接见少数学生,支持他们"造反",并召开大会,宣布撤销中央广播局派驻广播学院的工作组,成立"临时文化革命委员会"。

从6月起,周恩来多次在有关会议上明确指出,新华社、广播电台、电视台、报社等宣传机关是无产阶级专政的工具,外面的群众不能干扰他们的工作,不能影响传播毛主席的声音。②然而随着斗争的升级,11月2日,广播学院一部分学生冲进广播大楼,砸坏政治部干部处的文件柜,殴打保护档案的干部,造成事端。对此,周恩来打来电话制止;张春桥、姚文元却赶到现场,声言支持。11月11日、13日、15日,张、姚接连到中央广播局接见群众组织的代表。

12月10日和18日,陈伯达、江青、张春桥、姚文元等人又分别接见广播学院和中央广播局的造反派代表,鼓励他们去夺中央广播局和地方广播电台的权。18日,江青对中央广播局的造反派说:"中央文革小组很关心广播电台的无产阶级'文化大革命'运动。最近我们专门派了我们的副组长张春桥和组员姚文元同志到广播电台了解情况。中央文革本来不具体管哪个单位的文化革命运动,但是像广播局这样重要的单位,我们管定了!"在陈伯达、江青等人的煽动下,1966年12月31日,中央广播局造反派进驻总编室,宣布夺权。1967年1月17日,陈伯达、江青等又到中央广播局活动。江青当众宣布中央广播事业局党委第一书记丁莱夫是"敌人"。从此,陈伯达、江青等人借助"中央文革小组"的权力和造反派(后来是军管小组)的声势,完全控制了广播电视大权,特别是中央一级广播电视的大权,这种统治一直持续了十年之久。

中央广播局在"文革"开始后的混乱情况,在各省级广播局台中也都不同程度地发生过。鉴于这种情况,1967年1月11日,中共中央发出《关于广播电台问题的通知》,明确指出,"我们的广播电台是无产阶级专政的重要工具。"地方广播电台应该由当地人民解放军实行军事管制,停止编辑和播出本地节目,只转播中央台的节目,要求"革命群众"立即退出广播电台。1月23日,中共中央发出《关于广播电台问题的补充指示》,允许地方广播电台在军管条件下,除了转播中央人民广

---

① 这是"文化大革命"中特有的一种处罚措施,即领导干部被剥夺职权,不再担负领导工作。
② 参见中共中央文献研究室编《周恩来年谱》(1949—1966,下卷)1966年6月至年底的有关记载,中央文献出版社1997年5月版。

播电台的节目外，可以自编一部分节目。不过，"这些节目必须是反映无产阶级革命造反派的声音，而不得反映走资本主义道路当权派的声音，不得反映资产阶级反动路线的声音。"

1967 年 1 月 5 日，陕西人民广播电台、西安人民广播电台、西安电视台停止自办节目，除陕西台、西安台各自转播中央电台第一套节目之外，其余各套节目都停办。但 1 月 12 日，陕西电台、电视台被造反派夺了权，后办起了每天 20 分钟的"造反新闻"，鼓吹"革命的打砸抢好得很"、"反右倾"等。至 3 月 9 日，西安电视台、陕西电台、西安电台被军管，"造反新闻"方才停播。1 月 9 日，江苏人民广播电台实行军管。1 月 12 日，新疆广播事业局被造反派夺权，开办"造反有理"广播节目，3 月 3 日，新疆电台被军管。1 月 13 日，辽宁广播事业局被夺权，电视台被查封，14 日，实行军事管制。同日，四川人民广播电台被一小伙红卫兵和电台内的群众组织联合夺了权，将台名改为"四川人民革命造反广播电台"，并播出了"造反宣言"，14 日，电台被军管。1 月 14 日清晨，北京人民广播电台和北京广播学院的造反派强行进入广播电台的技术区，播出"夺权声明"——《告首都人民书》。夺权宣言播出后，美联社、法新社、共同社都发布了消息。6 时许，周恩来指示："不许再播夺权宣言"；10 时后，王力却打电话支持夺权，并让夺权者将宣言印成传单在街头散发。1 月 17 日，上海人民广播电台被夺权，并在对内和对台湾广播中播放了"接管声明"。18 日凌晨，上海警备区对电台实行军管；张春桥、姚文元也来到电台，分别接见各派群众组织。1 月 18 日，甘肃电台实行军管。22 日，军管小组撤离，电台又被夺权。2 月 15 日，甘肃电台再一次被军管。全国广播电视系统大同小异，一派混乱。

在"文化大革命"初期，社会上各派造反组织纷纷抢占广播电台，或者私设电台和广播站，用高音喇叭开展宣传战。1967 年 9 月 23 日，中共中央、国务院、中央军委、中央文革小组联合发出《关于取缔私设电台、广播电台、报话机的命令》。

1967 年 12 月 12 日，中央广播事业局军管小组组长刘路明向全局工作人员宣读了中共中央、国务院、中央军委、中央文革小组《关于对广播事业局实行军事管制的决定》，中央广播事业局被军管。以此为标志，广播电视系统无政府主义的混乱状况结束了。此后，相继担任军管小组组长的还有张午、刘建功两人。1968 年 12 月 26 日，解放军毛泽东思想宣传队 135 人、北京工人宣传队 200 人进驻中央广播事业局。① 在地方上，随着各省、自治区、直辖市革命委员会的建立，各地广播电台才陆续恢复播音或者自办节目。1968 年 7 月 1 日，贵阳电视台（今贵州电视台）试验播出，一些地方电视台陆续开办或者重建。

---

① 1971 年 12 月 7 日，驻中央广播局军宣队返回原部队。此前，北京工宣队于 6 月 12 日撤离。

在中央文革小组的控制和煽动下，不仅中央广播局的领导遭到无情的批判和残酷的打击，连带一大批中层干部乃至众多的普通编播技术人员也不能幸免。

1968年9月1日，《人民日报》、《红旗》杂志、《解放军报》以"两报一刊编辑部"的名义发表《把新闻战线的大革命进行到底》一文，这篇文章是陈伯达、姚文元一手策划出笼的。文章无中生有，把新中国成立以来的新闻界诬蔑为"反革命独立王国"；点名批判了思想文化界和新闻界的主要负责人彭真、陆定一、周扬、邓拓、吴冷西、梅益等，说他们是"狐群狗党"、"反革命修正主义分子"；影射攻击刘少奇为"中国的赫鲁晓夫"，特别强调他"代表帝国主义、国民党反动派和地富反坏右的利益，疯狂推行了反革命的资产阶级新闻路线，把叛徒、特务、走资派安插到各个新闻单位中，妄图使新闻事业变成颠覆无产阶级专政、复辟资本主义的工具"。文章的结尾提出："新闻界必须来一个大革命。"这篇文章从根本上否定了新中国成立17年以来新闻战线的成绩，为林彪、江青一伙打击迫害新闻队伍，夺取新闻界的领导权进一步提供了"理论根据"。在此前后，随着"文革"的深入开展，在中央广播局和全国广播电视系统，打击的对象有增无减，批判的手法层出不穷。在"清理阶级队伍"中，许多党政干部和编播技术人员被错误地立案审查，不少人被扣上"走资派"、"反革命修正主义分子"、"历史反革命"、"叛徒"、"特务"等政治帽子，受到残酷迫害，有的致死致残。随后又在所谓"精简下放"中把大批干部、编播人员、技术人员、教师等送到"五七干校"去"劳动锻炼"，接受贫下中农再教育。以中央广播局为例，最多时在干校人员有千人左右，占当时中央广播局职工人数的八分之一左右。广播电视队伍遭受了空前的磨难，给广播电视工作者造成了多方面的严重损失和不良后果。

二、"文化大革命"初期的广播电视宣传

"文革"一开始，林彪、江青等即通过中央文革小组开始控制中央的广播电视大权。在他们的把持下，受极左思潮的影响，广播电视原有的宣传格局被迅速打破，呈现出一派混乱无序的状态。

1. 大幅度调整广播电视节目，政治性宣传急剧增加

"文革"前，广播电台的节目主要为新闻性节目、知识性节目和文艺性节目三大类，此外还有少量的服务性节目，如天气预报、节目预告等。其中文艺性节目大约占总播出时间的三分之二左右。"文革"宣传开始后，政治内容急剧增加，知识性节目大幅度削减，1966年11月，中央电台的《农业科学技术》节目被迫停播，罪名是"知识性即资产阶级性"，"走的是专家路线"，"靠的是反对权威"，"是不问政治的典型"。此前，8月26日，《在祖国各地》节目奉命停播，改播"红卫兵"的文章。28日，《每周一歌》改为《每周一首革命歌曲》；《讲故事》改为《讲革命故事》；《歌曲》改为《革命歌曲》。11月7日，中央电台增办《全世界人民热爱毛

主席，热爱新中国》专题节目，《毛主席语录歌曲》和《毛主席著作选读》专栏。《科学常识》栏目改为《科学和生产》，并取消了主要播出文艺节目的第三套节目。

7 月，中央广播事业局就中央电台对台湾广播中宣传"文化大革命"的问题向中宣部和中央文革小组请示，报告中提出："凡阐述'文化大革命'伟大意义的社论、文章，新华社和北京电台对外广播编发的，对台广播都照用。对台文艺节目要充分反映'文化大革命'成果，增播歌颂党和毛主席的作品及歌颂工农兵英雄人物的作品。戏曲节目，全部播送革命题材的现代戏，传统戏一律停播。'文化大革命'期间，暂不组织民主人士、起义将领写稿。"9 月 1 日，中央电台对台湾广播开办《毛主席语录节目》和《每周一首革命歌曲》节目。

对外广播也照搬照播，反复重播国内的"文革"宣传报道。

到 1966 年年底，政治性宣传一般已经占到一半左右的播出时间。（见图 7－2）1967 年 2 月，中央电台实行新的节目时间表。根据中央文革小组成员王力提出的"节目要反映革命造反派的声音"的要求，政治性节目的时间比例由 48.02% 增加到 72.1%，文艺性节目由 48.33% 降低为 24.2%，增加了《老三篇天天读》、[1]《红卫兵》和《无产阶级文化大革命文章和文件》节目，撤销了《科学和生产》、《讲卫生》、《体育运动》等知识性和专题性的节目。"现在一打开收音机，基本上都能听到无产阶级'文化大革命'的声音"了。

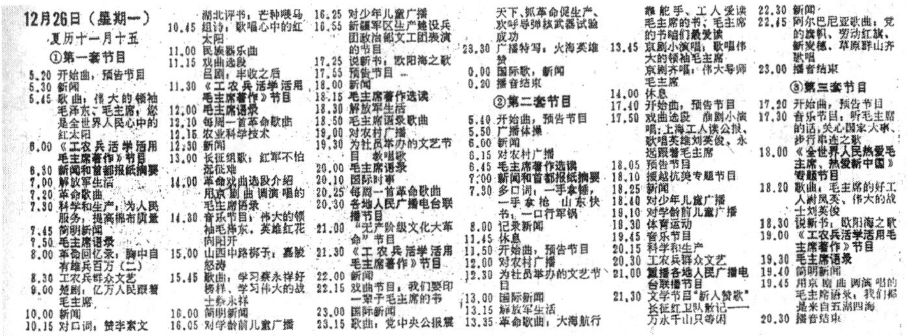

12月26日（星期一）
夏历十一月十五
①第一套节目
5.20 开始曲，预告节目
5.30 新闻
5.45 歌曲：伟大的领袖毛泽东、毛主席，您是全世界人民心中的红太阳
6.00 《工农兵活学活用毛主席著作》节目
6.30 新闻和首都报纸摘要
7.00 解放军生活
7.20 革命歌曲
7.30 科学和生产：为人民服务，提高棉布质量
7.45 简明新闻
7.50 毛主席语录
8.00 革命回忆录：胸中自有雄兵百万（二）
8.30 工农兵群众文艺
9.00 越剧：亿万人民跟着毛主席
10.00 新闻
10.15 对口词：赞李素文
湖北评书：芒种喂马
10.45 组诗：歌唱心中的红太阳
11.00 民族器乐曲
11.15 戏曲选段
吕剧：丰收之后
11.30 《工农兵活学活用毛主席著作》节目
12.00 毛主席语录
12.10 每周一首革命歌曲
12.15 农业科学技术
12.30 新闻
13.00 长征组歌：红军不怕远征难
14.00 革命戏曲选段介绍用京剧曲调演唱的毛主席语录
14.30 音乐节目：伟大的领袖毛泽东，英雄红花向阳开
15.00 山西中路梆子：嘉陵怒涛
15.45 歌曲：学习焦永祥好榜样、学习伟大的战士焦永祥
16.00 简明新闻
16.05 对学龄前儿童广播
16.25 对少年儿童广播
16.55 新疆军区生产建设兵团政治部文工团表演的节目
17.25 说新书：欧阳海之歌
17.55 预告节目
18.00 新闻
18.15 毛主席著作选读
18.30 解放军生活
18.50 毛主席语录歌曲
19.00 对农村广播
19.30 为社员举办的文艺节目 教唱歌
20.00 毛主席语录
20.10 国际时事
20.25 每周一首革命歌曲
20.30 各地人民广播电台联播节目
21.00 "无产阶级文化大革命"节目
21.30 《工农兵活学活用毛主席著作》节目
22.00 新闻
22.15 戏曲节目：我们要印一举手毛主席的书
23.00 国际新闻
23.15 歌曲：党中央公报震天下、抓革命促生产、欢呼导弹核武器试验成功
23.30 广播特写：火海英雄赞
0.00 国际歌，新闻
0.20 播音结束
②第二套节目
5.40 开始曲，预告节目
5.50 广播体操
6.00 新闻
6.15 对农村广播
6.45 毛主席著作选读
7.00 新闻和首都报纸摘要
7.30 多口词：一手拿锤，一手拿枪 山东快书：一口行军锅
8.00 记录新闻
11.45 休息
11.50 开始曲，预告节目
12.00 对农村广播
12.30 为社员举办的文艺节目
13.00 国际新闻
13.15 解放军生活
13.35 革命歌曲：大海航行靠舵手、工人爱读毛主席的书；毛主席的书咱们最爱读
13.45 京剧小演唱：歌唱伟大的领袖毛主席
京剧齐唱：伟大导师毛主席
14.00 休息
17.40 开始曲，预告节目
17.50 戏曲选段 沪剧小演唱：上海工人读公报、歌唱英雄刘英俊、永远跟着毛主席
18.05 预告节目
18.10 援越抗美专题节目
18.25 新闻
18.40 对少年儿童广播
19.10 对学龄前儿童广播
19.30 体育运动
19.45 音乐节目
20.15 科学和生产
20.30 工农兵群众文艺
21.00 重播各地人民广播电台联播节目
21.30 文学节目"新人赞歌"长征红卫队散记——万水千山只等闲
22.30 新闻
22.45 阿尔巴尼亚歌曲：党的旗帜、劳动红旗、新麦穗、草原群山齐歌唱
23.00 播音结束
③第三套节目
17.20 开始曲，预告节目
17.30 音乐节目：听毛主席的话，关心国家大事、步行串连之歌
18.00 《全世界人民热爱毛主席、热爱新中国》专题节目
18.20 歌曲：毛主席的好工人树风范、伟大的战士刘英俊
18.30 说新书：欧阳海之歌
19.00 《工农兵活学活用毛主席著作》节目
19.30 毛主席语录
19.40 简明新闻
19.45 用京剧曲调演唱的毛主席语录：我们都是来自五湖四海
20.30 播音结束

图 7－2 中央电台 1966 年 12 月 26 日的节目预告（原载中央电台《广播节目报》第 513 期，1966 年 12 月 14 日版）

中央台是如此，地方台也不例外。北京人民广播电台在 1968 年到 1969 年间，虽然办有《老三篇天天学》、《革命大批判》等十个名称不同的专题栏目，但稿件大多可以通用，无非是活学活用、大批大斗、读报加转播。"文化大革命"时期，上海人民广播电台的广播节目由五套减为两套，每天广播时间由总共一百多小时减为

① "老三篇"当时指要求人民经常诵读的三篇毛泽东著作《为人民服务》、《愚公移山》和《纪念白求恩》的合称。

33 小时，连续五年之久。正值欣欣向荣的《少儿节目》被"一月风暴"① 摧残，留下了一千多个空白的日日夜夜。连边疆也不例外。1966 年 8 月 10 日，新疆人民广播电台撤销了维语、汉语教学讲座、科学知识等节目，增办《无产阶级文化大革命专题节目》等栏目，后来还自办了《造反有理》、《打倒新沙皇》等节目。1967 年年初，内蒙古人民广播电台的蒙语广播也同汉语广播一样被迫停播，节目频率用来转播中央电台的汉语广播，使广大蒙古族群众耳目闭塞三个多月。直至军管以后，才允许翻译播出中央电台的节目。文艺节目则只有"样板戏"② 和语录歌。总之，全国各地的广播电台如出一辙，小异而大同。

"文化大革命"中的对台湾广播也存在严重的"左"的倾向。"文革"以前的对台宣传方针政策被诬蔑为"反革命修正主义路线"、"右倾投降主义路线"，对台宣传被荒谬地要求"大喊大叫"。福建前线广播电台许多受欢迎的内容被取消，《国民党军家属信箱》、《可爱的家乡》、《光明之路》等有对台特色的节目先后被撤销，改设《毛主席语录》、《毛主席著作选读》、《世界人民无限热爱毛主席》等节目。文艺节目由播出时间的 44％ 压缩到 20％ 左右，两套节目减为一套，以转播中央电台对台湾节目为主。

电视与广播宣传一样受到冲击。1966 年 2 月 26 日，北京电视台直播最后一部电视剧《焦裕禄》后，占据屏幕的除了"文革"宣传，就只剩下革命"样板戏"了。1966 年 10 月至 11 月，"上海革命京剧文工团"来京演出样板戏《智取威虎山》和《海港》。1967 年 5 月以后，在江青的"京剧革命"的鼓动下，广播电视文艺的天地完全被革命"样板戏"所占领，北京电视台每天的文艺节目开始反复播放革命样板戏。

对栏目内容和时间的传统规定早已没有了意义。1966 年 6 月 19 日，中央电台把原来的若干小块文艺节目时间合并，以便用大块时间播出"样板戏"。1967 年 4 月的头一周，中央电台《各地人民广播电台联播节目》只播出了一条国际新闻。6 月份，《新闻和报纸摘要节目》延长时间的有 22 天，其中延长 15 分钟以上的有 12 天。重要文章的宣传广播少则数十次，多则上百次。

"文革"开始后，从 1966 年 8 月 1 日起，中央广播事业局决定取消广播中播音员自报姓名及电视新闻中记者署名的制度，并取消了广播文工团在演播中报告作者、导演、演员、指挥者姓名的惯例。由于广播电视节目经常调整并临时变动，无法进行节目预告，1955 年创刊的中央电台《广播节目报》从 1967 年 1 月起停止出版。

---

① "一月风暴"指 1967 年 1 月在张春桥、姚文元煽动下，上海造反派掀起的造反夺权活动。
② 革命"样板戏"是"文化大革命"开始前后江青扶植的京剧《红灯记》、《智取威虎山》、《沙家浜》、芭蕾舞剧《红色娘子军》等少量实验性革命现代戏剧，是"文化大革命"中仅有的和反复播出的广播电视文艺节目。

在此前后，一些地方台的节目报也先后停刊。

1969 年 12 月，中央广播局举办"确保安全播音学习班"。到 1970 年，广播电视基本实行了录制播出制度，为了避免政治事故，所有节目一般不再直播。

2. 地方广播电台以转播为主，各电视台一度停播

1966 年春天"文化大革命"爆发后，社会上的造反派冲进广播电台，与台内造反派一起夺权，致使广播中播出了类似"夺权宣言"等极左的内容，更加剧了社会的混乱。为此，1966 年 7 月 19 日，中央军委曾发出《关于加强广播电台警卫工作的指示》，要求各军区必须切实加强对所在地区的广播、发射、转播、实验、战备等电台的警卫工作。1967 年 1 月 11 日，中共中央在决定对地方广播电台实行军事管制的同时，又规定地方台"停止编辑和播送本地节目，只转播中央广播电台的节目"。后来在 1 月 23 日的《补充指示》中又规定："在实行军事管制期间，除了转播中央人民广播电台节目外，地方台可以自编一部分节目。"这实际上就使得地方台变成了以转播中央台为主、自办节目为辅的广播电台了。但在"文革"期间，如前所述，中央台的各类节目也作了大幅度调整，广播节目虽说自办，但其内容也大同小异，几乎都是照搬"两报一刊"（即《人民日报》、《解放军报》和《红旗》杂志）上的报道和文章，多数情况下是全文照播，偶有删节，也是小心翼翼，唯恐把中央文革小组加进去的某些提法删去，造成"政治性错误"。听众讽刺"文革"期间中央台的新闻节目是"早上报摘，晚上摘报"。中央广播局实行军管后，军管小组一再提出"宣传毛泽东思想不要怕重复"，"不要受时间框框限制"，"不要只算次数账，不算政治账"。按照军管小组的意见，中央台播出的毛主席语录、文章、中央文件等，都是反复多次重播。中共中央、中央文革小组也多次发出文件反复强调广播电视宣传必须"统一口径"，例如，1968 年 4 月 10 日，姚文元在中央广播局军管小组《请示北京市台的宣传口径》（1966 年 5 月至 1973 年 12 月，北京市台由中央电台代管）的报告上批示："凡广播电台（中央和地方）的宣传，均应以毛主席审定的、《人民日报》公开发表的社论和消息为标准，北京台也不例外。"陈伯达、江青都签署"同意"。1969 年 1 月 19 日，中央文化革命小组发出《关于地方电台应严格掌握宣传内容的通知》，规定：地方电台的宣传口径"应以伟大领袖毛主席亲自审定的，在《人民日报》等中央报刊公开发表的文件、社论、消息、文章为准，凡与中央口径不一致的，凡中央报刊不发表的，电台一律不得广播"。10 月 23 日，中共中央在《关于对外政策的宣传必须统一口径的通知》中规定："对外政策的宣传、新闻、广播、报纸，全国各地都必须按照毛主席历来的指示和中央规定的统一口径，绝对遵守。不许各地同中央口径相抵触，自由乱发乱播。……如发现有同中央口径相抵触的，必须立即纠正，不能丝毫松懈，并向中央作出检讨。"在"文化大革命"的整个进程中，这些规定一直是被忠实执行了的。

1966 年 12 月 31 日，中央广播事业局向中宣部提交《关于停止电视播出的请示报告》，其理由是：革命群众投入"文化大革命"，电视观众人数大减；专业文艺团体早已停止演出，"文革"以前的电影一律停止发行，节目来源缺乏；此外，电视台的群众要求"集中精力搞'文化大革命'"。此前，北京电视台的造反派首先提出，为了"全力投入'文化大革命'"，暂停电视播出。他们认为："北京电视台是旧中宣部、旧文化部和旧北京市委的据点之一，长期以来，电视台深受'三旧'的影响，向观众播出了许多毒草节目，危害极大，遗毒极深"；北京电视台是广播局推行"资产阶级反动路线"的"顽固堡垒"，一直以"抓革命、促生产"来"限制群众，打击革命"；群众忙于生产任务，很少有时间参加运动，如果不从繁重的日常工作中解放出来，就不能广泛投入"文化大革命"；电视节目来源困难，而电视台在北京的影响也不大，其宣传任务可以由报纸和广播来代替。1967 年 1 月 5 日，中央文革小组批准北京电视台暂停播出，"但不是全停，不是永远停"，"遇有重大政治任务还要播出"。

1 月 6 日，北京电视台暂停播出，直到 2 月 4 日又恢复播出，暂定每星期六播出一次。在北京电视台停播前后，为数不多的地方电视台也先后停播。北京电视台恢复播出后，一些电视台后来也陆续恢复了播出。

3. 对毛泽东狂热的个人崇拜充斥声屏

在"文革"初期，林彪、江青等人为了实现个人野心，借毛泽东之名，行造反夺权之实，极力掀起对毛泽东个人崇拜的狂潮。他们制造了大量风行一时的"文革语言"，对毛泽东的吹捧达到了无以复加的地步。广播电视是借助声像进行宣传鼓动的工具，在这方面较之报刊尤有过之。

中央人民广播电台"文革"前全天播音的开始曲是由田汉作词、聂耳作曲的《义勇军进行曲》。从 1966 年 7 月 1 日起，该台全天播音的开始曲和各个节目的开始曲一律改用管弦乐曲《东方红》。于是，全天从早到晚，全国从中央台到地方台，《东方红》的乐曲响彻中国大地。甚至连对外广播的"北京电台"也以《东方红》作为开始曲。中央电台每次节目开始的称呼语也由过去的"各位听众……"改为"无产阶级革命派的战友们！革命的同志们！"接着是"伟大领袖毛主席教导我们……"的套话，每天要播出一段毛主席语录。有的地方台甚至把"现在开始广播"改为"现在开始战斗！"同日，中央电台举办《毛主席语录》节目，每日广播三次，每次 10 分钟，播出一条毛主席语录，以《大海航行靠舵手》为开始曲。9 月 1 日起，连对台湾广播也开办了《毛主席语录》节目。北京电视台则从 1967 年 1 月 1 日起，在节目开始时首先播出毛泽东主席头像和语录。2 月 3 日，担负国际广播的北京电台也增办《毛主席语录》节目，在此前后，中央电台和北京电视台又相继开办了《毛主席著作选读》、《老三篇天天读》、《毛主席语录歌曲》节目，甚至连

《对农村人民公社社员广播》节目也要改称为《工农兵活学活用毛主席著作》节目。毛泽东为人民广播事业的题词也被谱成歌曲，在中央电台的《每周一首革命歌曲》中反复播送。（见图7－3）此外，还有各种名称大同小异的《活学活用毛主席著作》的节目。"三忠于"、"四无限"、"四个伟大"[①]等颂扬毛泽东的语言每天都充斥于声屏之中。凡有毛泽东活动的电视片均反复多次播出。在林彪、江青集团煽动起来的个人崇拜狂潮中，毛泽东被吹捧为脱离人民群众、脱离党的集体、凌驾于全党之上的"伟大的导师"、"伟大的领袖"、"伟大的统

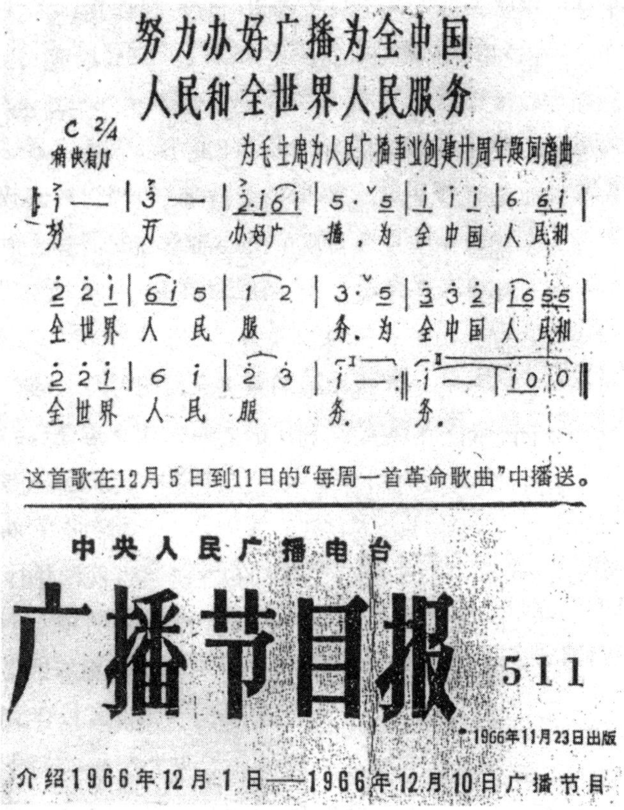

图7－3　为毛泽东为人民广播事业题词谱写的歌曲

帅"、"伟大的舵手"。广播电视选用毛主席语录都要加上"最高指示"的字句，把毛泽东说成是"最最最最敬爱的领袖"，祝福他"万寿无疆，万寿无疆，万寿无疆"，等等。

　　毛泽东本人虽然有时也对报刊、广播、电视中泛滥的个人崇拜宣传表示过不满，也曾有过制止这类宣传的批示和谈话，广播电视中有时也有一些收敛，但在极左思潮横行的年代，出于某种政治斗争的需要，个人崇拜的宣传在"文革"期间几乎没有停止过。

三、林彪集团"占领电台"阴谋的破产和广播电视宣传的调整

　　1966年，林彪在中央政治局扩大会议上的"五·一八讲话"中说："搞政变，有两个东西必须搞。一个是宣传机关，报纸、广播电台、文学、电影、出版，这些是做思想工作的，资产阶级搞颠覆活动也是思想领先，先把人们的思想搞乱。另一

---

　　① "三忠于"是"忠于毛主席"、"忠于毛泽东思想"、"忠于毛主席的革命路线"；"四无限"是对毛泽东"无限热爱"、"无限信仰"、"无限忠诚"、"无限崇拜"；"四个伟大"是指毛泽东是"伟大的导师"、"伟大的领袖"、"伟大的统帅"、"伟大的舵手"。

个是搞军队，抓枪杆子。文武相配合，抓舆论，又抓枪杆子，他们就能搞反革命政变。"在这里，林彪在批判别人的时候，不打自招地暴露出他们一伙篡党夺权的野心和步骤。

"文革"之前，林彪在1959年庐山会议批判彭德怀之后，出任国防部长，并主持中央军委日常工作，逐步掌握了军队的相当大的权力。"文革"初期，林彪集团与江青集团出于实现各自反革命政治野心的需要，借开展"文化大革命"为名，相互勾结利用。林彪通过江青一伙，借广播电视"大树特树"他的权威和地位，为其篡党夺权制造舆论。1969年4月，通过中共九大，林彪、江青集团加强了在中共中央的地位，部分地实现了他们篡党夺权的野心。为了在中央和地方取得更多的权力，两个集团之间在相互勾结利用的同时，相互争夺权力的斗争也日益加剧。

在1970年8月召开的中共九届二中全会上，林彪、江青两个集团的斗争进一步明朗化。毛泽东明确支持江青等人，点名批判林彪集团成员陈伯达，使得林彪妄想当国家主席，用"和平过渡"的办法篡党夺权的阴谋活动遭到失败。会后，毛泽东又采取各种办法限制和削弱林彪集团的势力。在这种形势下，不甘心失败的林彪集团转而准备采取武装政变的方式，妄图用暴力夺取最高领导权。

1970年10月，林彪之子林立果（当时任空军司令部办公室副主任兼作战部副部长）秘密组织空军的某些人员作为武装政变的骨干力量，代号为"联合舰队"。1971年2月，林彪、叶群和林立果密谋后，林立果在上海召集"联合舰队"主要成员秘密制订了代号为《"571工程"纪要》的反革命政变计划。这个《纪要》除了提出"军事上先发制人"，"利用特种手段如轰炸、543（一种导弹代号）、车祸、暗杀、绑架、城市游击小分队"发动武装政变外，还特别提出要在"实施阶段……立即运用一切舆论工具"，"占领电台"，"掌握舆论工具，开展政治攻势，"借以"夺取全国政权"或制造"割据局面"。

在实施反革命政变计划的过程中，林立果看中了广播系统在技术干部和设备方面的优势，把他们的"联合舰队"开进了中央广播局，搜罗无线电器材，用来培训特务人员。

1971年8月中旬至9月12日，毛泽东去南方巡视，在与沿途各地党政军负责人谈话的时候，着重谈了中共九届二中全会上的斗争，明确指出这场斗争并没有结束，并且点名批评了林彪及其同党。当时住在北戴河的林彪、叶群和林立果等人从他们的同伙那里得知毛泽东的谈话内容后，决定对在旅途中的毛泽东采取谋杀行动，进而发动武装政变。同时，林彪等还策划带领亲信骨干南逃广州，并企图届时利用广州的广播电台宣布另立中央。9月12日，林立果得到谋刺不成、毛泽东已离开上海的密报后，指挥"联合舰队"的骨干，仓皇准备飞机，拟订名单，妄图于13日晨会同林彪集团核心成员南逃广州，另立中央，实行割据。林立果私调飞机准备南逃的阴谋暴露后,林彪一伙于 13 日凌晨强行登机起飞外逃,在飞越国界进入蒙古境内后,专机在温都尔汗附近坠毁,林彪、叶群、林立果等人当场死亡。"联合舰队"的其他骨干分子有的畏罪自杀,有的被拘捕,林彪反革命集团的武装政变阴谋彻底破产。

在此后开展揭批林彪反革命集团罪行的运动中,发现涉及广播电视方面的事实还有:叶群办公桌的报纸上有他们写下的"抓电台、炸电台"的字句,暴露了林彪一伙搞政变时企图"抓电台",在控制不住电台的情况下妄图"炸电台"的阴谋。

1969 年中共九大之后,林彪授意他人为自己代笔写了《西江月·重上井冈山》的诗词,在词中极力为毛泽东在《星星之火,可以燎原》一文中对他当年在井冈山斗争时期动摇彷徨的悲观论调所作的批评翻案,吹嘘自己"志壮坚信马列,岂疑星火燎原"。此后,有人为这首署名"育容作词"的词谱了曲。① 1970 年,林彪集团两次派人到中央广播局,为包括这首词在内的十几首歌曲秘密录音。林立果一伙人还借参加中央广播局、四机部、通信兵部、国家电信总局联合召开的电视专业会议为名,长期霸占一批彩电设备,作为他们阴谋活动的工具。1971 年,林彪一伙叛逃前夕,还派人到中央广播局骗走了可作导航用的外国广播电台的频率资料。

1971 年 9 月 13 日傍晚,根据周恩来对宣传工作的部署,中央人民广播电台动员全台编播技术人员进行大清理,凡与林彪有关的节目、稿件和录音带,一概不许播出;凡提及林彪的尊称,凡属林彪的语录、题词,均在清除之列。由于工作量大,许多部、组奋战通宵。

此后,随着揭批林彪反革命集团的深入和对"文革"以来广播电视宣传中泛滥的极左思潮的初步清理,广播电视节目在一段时间内有所改进。从 1971 年 11 月 22 日起,北京电视台取消了每日节目开始前播放的毛主席语录,一些陆续恢复播出或自办节目的地方电视台也效仿北京电视台作了一些改进。

1972 年 1 月 13 日,《人民日报》、中央广播事业局、新华社三单位联合向中央呈递《关于宣传报道中废止不利于党、不利于人民的提法的初步意见》,提出废止"四个伟大"、"三忠于"、"四无限"、"马列主义顶峰"、"一句顶一万句"等不正确提法。经批准后,在各个广播电视节目中积极贯彻执行。3 月 1 日,上海人民广播电台恢复业余外语广播讲座,举办了英语初级班教学,其后又开办了日语班、法语班。在周恩来的支持下,10 月 2 日,北京人民广播电台《英语广播讲座》正式播出。安徽、广州等地也都恢复了外语广播讲座。4 月 1 日,北京电

---

① 据 1991 年 6 月第 2 版《毛泽东选集》第 1 卷《星星之火,可以燎原》题注:1930 年 1 月 5 日,毛泽东写信给林彪,批评了他和其他一些同志的悲观思想。1948 年,林彪向中央提出,希望公开刊行这封信时不要提他的姓名。毛泽东同意了他的意见,在收入此书第 1 版时,将信改题为《星星之火,可以燎原》,并删改了指名批评林彪的字句。又,林彪原名林育容,故署名为"育容作词"。

视台恢复播出被"文革"中断了的《卫生常识》节目。7月25日，改名为《红小兵节目》的少年儿童节目和由《科学常识》改名而来的《科学知识》节目也与观众见面了。5月14日，中央电台在对农村广播中增加了农业科学技术专题内容，并恢复了《科学常识》和《讲卫生》节目。5月17日，北京电视台也恢复了体育专栏。当时的比赛为了突出"友谊第一，比赛第二"，大多不报结果，特别是比赛得分。

一些面向特定对象的节目也有改观。1970年2月27日，中央电视台对台湾广播改变称呼语，将"各位听众"改为"台湾同胞们"；《对国民党军政人员广播》节目的称呼语也相应作了改变。1973年8月，周恩来指示，要向台湾广播强台风警报，并在审阅广播稿时加了一句"祝同胞们晚安"。10月1日，福建电台和福建前线电台同时开办《对台湾海峡地区天气预报》节目。1972年5月，福建人民广播电台恢复了停办五年的《对金门、马祖广播》。

1971年5月1日，中央人民广播电台恢复了1960年年底停播的对少数民族地区的民族语言广播，首先播出了维吾尔语、哈萨克语两种语言节目。1972年5月1日、8月1日和1973年1月1日，又分别开播了蒙古语、朝鲜语和藏语节目，使原有的五种少数民族语言节目均得到恢复。

1975年5月12日，在各行各业的整顿工作中，中央电台调整节目，把《马列著作、毛主席著作选播》、《学习与实践》、《批林批孔专题节目》合并为《学习节目》；把《红小兵》改为《少年儿童节目》；把《红卫兵》和《对上山下乡知识青年广播》合并为《青年节目》。7月1日，上海电视台经过试办两期"回沪探亲知青电视教育讲座"之后，正式开办设有政治理论、工业知识、农业知识、农村机电、医疗卫生和数学等课程的电视教育讲座。全国的广播电视也都经历了这种调整与转变。

从全国来看，"九·一三"事件后，全国开展了"批林整风"运动，周恩来在毛泽东的支持下主持中央党政日常工作，为纠正左倾错误，作了多方面的努力，使各方面的工作有了转机。如"解放"和重新任用了一批遭受林彪、江青集团疯狂打击迫害的老干部，采取各种措施努力扭转国民经济下降的局面，调整了农村人民公社收益的分配，其他如在文化教育、科学技术等部门的工作也有了显著的进展。对于这些，广播电视中都作了不同程度的报道。其中有重大影响的是，1973年3月，中共中央决定重新恢复邓小平的组织生活和国务院副总理的职务；7月18日，北京电视台播出了邓小平副总理会见外宾的新闻片，这是邓小平自"文革"被打倒以来首次出现在电视屏幕上。

在国际报道和涉外宣传方面，广播电视突出地报道了1971年10月我国恢复在联合国的合法席位、1972年2月美国总统尼克松访华、9月日本首相田中角荣访华及中日关系实现正常化等重大新闻事件。

国际关系的改善为恢复“文革”以来中断的广播电视对外合作和交流创造了条件。

1972 年 10 月 14 日，在伊朗召开的“亚洲—太平洋广播联盟”（亚广联）第九届全体会议通过决议：中华人民共和国国家广播组织应享有亚广联正式会员的资格。1973 年 12 月 3 日，中央广播事业局以“中华人民共和国广播电台和电视台”的名义，致电在印尼雅加达召开的亚广联第十届全体会议和亚广联主席，通告中国决定行使亚广联正式会员权利的决定。（见图 7－4）1974 年，中央广播事业局代表团首次参加亚广联会议。1975 年，在亚广联第十二届全体会议上，中国广播电视组织首次当选为亚广联理事，此后多次连选连任。

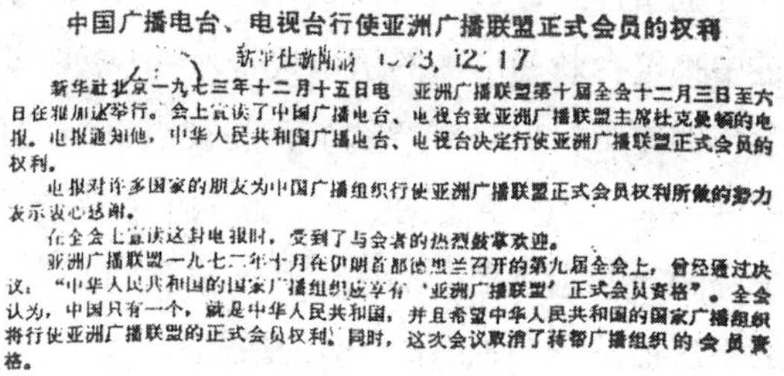

中国广播电台、电视台行使亚洲广播联盟正式会员的权利

新华社新闻稿 1973, 12, 17

新华社北京一九七三年十二月十五日电　亚洲广播联盟第十届全会十二月三日至六日在雅加达举行。会上宣读了中国广播电台、电视台致亚洲广播联盟主席杜克曼顿的电报。电报通知他，中华人民共和国广播电台、电视台决定行使亚洲广播联盟正式会员的权利。

电报对许多国家的朋友为中国广播组织行使亚洲广播联盟正式会员权利所做的努力表示衷心感谢。

在全会上宣读这封电报时，受到了与会者的热烈鼓掌欢迎。

亚洲广播联盟一九七二年十月在伊朗首都德黑兰召开的第九届全会上，曾经通过决议：“中华人民共和国的国家广播组织应享有‘亚洲广播联盟’正式会员资格”。全会认为，中国只有一个，就是中华人民共和国，并且希望中华人民共和国的国家广播组织将行使亚洲广播联盟的正式会员权利。同时，这次会议取消了蒋帮广播组织的会员资格。

图 7－4　1973 年 12 月，中国广播电台、电视台行使亚广联正式会员权利的报道

1974 年 10 月和 1975 年 10 月，中央广播事业局两次派代表出席了国际电信联盟在日内瓦召开的有关会议，维护了我国和第三世界国家在频率资源方面的正当权益。

在此期间，中央广播局仅 1972 年就接待了来自七个国家的九个电视摄影队，这个数字相当于过去 22 年接待外国摄影队数量的总和。1973 年又接待了十个国家的 15 个电视摄影队。他们摄制的电视片绝大多数都比较客观地介绍了我国的情况，有助于外国观众了解中国，其中美国全国广播公司摄制的《故宫》最有代表性。

四、江青集团控制广播电视为其篡党夺权制造舆论

1970 年 11 月中共九届二中全会后，中共中央做出《关于成立中央组织宣传组的决定》。在中央政治局的领导下，设立中央组织宣传组，康生任组长，江青、张春桥、姚文元等为组员。组织宣传组管辖中央组织部、中央党校以及人民日报社、红旗杂志社、新华总社、中央广播事业局、光明日报社、中央编译局等单位的工作。原中央宣传部撤销，所遗事务由该组管理。由于康生在全会后不久称病不出，中央组织宣传大权逐步由江青、张春桥、姚文元掌握，其中姚文元直接控制包括广播电视在内的宣传大权。1973 年中共十大以后，江青、张春桥、姚文元和王洪文在中央政治局内结成“四人帮”。他们一伙出于篡夺党和国家最高领导权力的罪恶目的，极力控制报刊、广播、电视的宣传大权。

1973 年 1 月，中央广播局结束军管，原军管小组组长刘建功①改任局长。1974 年 1 月，北京人民广播电台重新划归北京市委领导，不再由中央广播局代管。同年 9 月，邓岗②任中央广播局代局长（后任局长）。

林彪事件后，1972 年 1 月 19 日，中央广播事业局军管小组向中央送交《关于改进中央电台新闻广播的请示报告》，其中规定："执行中央宣传机关统一领导、分工合作的原则，反对资产阶级新闻观点。新闻广播主要采用新华社和《人民日报》的稿件，《红旗》杂志的文章，新闻节目除选播《人民日报》转载的外，只广播经过中央领导同志批准广播的。其他报刊的文章，除新华社、《人民日报》转发者外，一般不广播。"这种集中统一的措施是为了防止宣传工具落入像林彪、陈伯达之类野心家的手中，但始料不及的是，它们却落入了"四人帮"的手中。

据后来统计，自军管小组进驻到"四人帮"倒台，中央广播事业局上送的 516 份文件请示报告，"四人帮"及林彪集团主批 316 份，占 61%。1974 年召开中央广播局党的核心小组"批林批孔"扩大会议之后，"四人帮"加紧了对中央广播局的控制。其后上送 201 件请示报告，毛泽东圈阅 7 件，周恩来圈阅过 1 件（中央广播局工作原由周恩来直接领导），姚文元主批 148 件，占 73.6%。从这时开始，凡是中央广播局报送中央的《工作简报》、《学习简报》等，事先都要经过姚文元修改，然后才上送中央。"四人帮"完全控制了广播电视大权，并利用它来反对周恩来。例如，1974 年 9 月 30 日，周恩来抱病主持国庆招待会并发表重要讲话，姚文元却借口只是"简短祝酒"，不准中央电台播出讲话录音，电视新闻片也不准用讲话全文。又如，1976 年 2 月，姚文元在审改中央广播局《学习简报》第 1 期清样时，删去了"遵照毛主席的指示，四届人大向全国人民提出了在本世纪内把我国建设成为社会主义现代化强国的宏伟纲领"的字句，只保留"毛主席向全国人民发出关于理论问题的重要指示，全国掀起了学习无产阶级专政理论的高潮"等字句。众所周知，在 1975 年 1 月四届人大一次会议上，周恩来在《政府工作报告》中提出了本

---

① 刘建功（1918—1996），河南西华人。1937 年加入中国共产党，1938 年参加新四军。抗日战争时期，历任政治指挥员、政治教导员等职。解放战争时期，历任团政治处主任、团政治委员等职。新中国成立后，历任师政治部主任、师政治委员、副军长、军政治部主任、军副政治委员、军政治委员、兰州军区政治部主任、副政治委员、顾问等职。其间，1969 年 11 月起，任中央广播事业局军管组组长，1973 年 7 月到 1974 年 9 月任局长兼党的核心小组组长。

② 邓岗（1916—1991），原名高奕鼎。原籍安徽怀宁，生于江苏苏州。毕业于苏州农业专门学校。1938 年参加革命，1939 年 7 月加入中国共产党。1938 年，在安徽省动员委员会第 29 工作团任团员、团长。1940 年奉调担任豫皖苏抗日民主根据地亳北县独立大队政治指导员，同年转入党的新闻战线，先后任《新亳报》主编、《群众导报》和《人民报》编辑主任、中共泗阳县委宣传部长等。1944 年进入新华社工作，任新华社淮北分社通联科长、淮北分社社长兼《拂晓报》社长。1947 年由地方调入中国人民解放军工作，先后担任新华社华东前线分社副社长，新华社第三野战军总分社副社长、社长。1949 年担任南京《新华日报》副社长。1951 年调新华总社工作，曾先后担任社办公室主任、副秘书长、秘书长党组成员，副社长兼党委书记等职务。1974 年 9 月至 1976 年 9 月任中央广播事业局代局长、局长。1977 年调回新华社，任副社长兼副总经理、顾问等职。

世纪内全面实现四个现代化的宏伟目标。

林彪反革命集团覆灭以后,1972年和1973年间,周恩来由于得到毛泽东的支持,全面主持中央日常党政工作。为了纠正"文革"以来的左倾错误,周恩来作了极大的努力,使各方面工作有了转机。但由于江青、张春桥一伙的干扰,加上毛泽东又错误地提出批判"极右"的要求,致使批判极"左"思潮未能坚持下去。1973年8月举行的中共十大,仍继续坚持"文化大革命"的错误路线。其后开展的批林批孔运动中,江青一伙以"批林批孔"为名,指挥御用写作班子梁效、罗思鼎、唐晓文炮制了连篇累牍地批"周公"、批"宰相"、"评法批儒"的文章,影射攻击周恩来。在江青、姚文元的控制下,广播电视中也不厌其烦地播出了这批文章。此外,广播电视中还播出了江青一伙制造的一系列古怪事件,如"马振扶中学事件"、"白卷英雄事件"、"小学生日记事件"、"《三上桃峰》事件"等,使得刚刚趋向稳定的政治局面又遭到严重的破坏。在一系列的所谓"事件"中,与广播电视有关的有两个事件,即"安东尼奥尼事件"和"蜗牛事件"。[①](见图7-5)

图7-5 揭露"安东尼奥尼事件"和"蜗牛事件"的有关文章

1974年1月,批林批孔运动刚开始,"四人帮"便策划召开了一个把矛头对准周恩来的"一·二五"大会。会后,江青、姚文元听了录音带并修改、补录了他们在大会上的插话。江青、姚文元等人指令中央广播事业局复制大会实况录音180套,

---

① 参见宗道一:《"安东尼奥尼事件"和"蜗牛事件"》,载河北《文史精华》2002年第1期。

发送各省、自治区和直辖市，后经中央发现制止，才未扩散。在这次"批林批孔大会"上，江青还说，意大利导演安东尼奥尼拍摄的电视片《中国》是"间谍加汉奸"搞的。在她指使下，1974年1月30日，《人民日报》发表了评论员文章《恶毒的用心　卑劣的手法——安东尼奥尼拍摄的题为〈中国〉的反华影片》，随后，中央电台在《报摘》、《联播》等节目中多次播出，甚至在对少数民族广播、对台湾广播等节目中也摘要或全文播出多次，造成了极坏的影响。

1972年5月至6月，以安东尼奥尼为导演的意大利电视摄影队，经外交部和中央广播局批准来中国采访。他们制作的电视片《中国》先后在意大利、美国等三十多个国家和地区的电视台播放。正如后来中央有关文件中指出的，这部电视片"是有点毛病，它伤害了中国人民的感情，但'四人帮'利用它来反对周总理"。当时，"四人帮"硬把这件事与批林批孔联系在一起，在他们的高压下，中央广播局有关负责人和陪同意大利摄影队的一般干部都被迫作了检查，并受到不应有的处分，直到"四人帮"被打倒后才得以平反。

所谓"蜗牛事件"，发生于1973年12月。当时为引进美国的彩色电视影像生产线，四机部派出赴美国考察专家小组，并接受了美国康宁公司赠送的礼物——玻璃蜗牛。本来这只是一般的礼仪往来，并无政治含义。但江青知道后，跑到四机部大发淫威，无中生有地说："什么礼品?! 这是美帝国主义的挑衅，他们是在侮辱我们是'爬行主义'! 什么生产线，我们不要他的! 我们要自己搞! 那个蜗牛在哪里? 拿出来! 把它退回去! 对美帝国主义的挑衅，我们要坚决回击! 外交部要向美国驻华联络处发照会，提抗议……"并又一次联系到安东尼奥尼的《中国》："让你们大家看看，好好认识什么叫帝国主义!"为此事，四机部领导被迫检讨。周恩来专门召集有关部门开会，责成外交部了解美国送蜗牛有何用意。经多方了解，美国人不吃蜗牛，但他们赞许蜗牛的毅力和耐力，认为是顽强与力量的象征，一般美国人十分喜爱蜗牛礼品，玻璃蜗牛确系康宁公司的圣诞礼品。至此，江青制造的一场轩然大波终于平静下来。但是考察认为适合引进的彩电生产线一事却因江青的干扰而搁置。中国的彩电工业生产为此推迟了几年，付出了更昂贵的代价。

1974年初以来，毛泽东对"四人帮"一伙的胡作非为也曾作过多次批评，表示支持周恩来的工作，特别是1975年初，根据他的提议，邓小平重新担任了中央党政军的关键性领导职务。从1975年2月起，由于周恩来病重，邓小平开始代行总理职责，代周恩来主持国务院会议和呈批主要文件，实际上主持中央党政军的日常工作。在周恩来的支持下，邓小平努力排除各种干扰，从抓铁路开始，整顿领导班子，批判和消除派性，大刀阔斧地对各方面工作进行整顿。此后，广播电视中连续报道了各方面整顿的消息，例如，铁路整顿和运输好转，钢铁工业整顿带动了整个工业的初步好转，电影《创业》上映以及文艺政策的调整等，科技教育部门的整顿也使广大知识分子看到了希望。但整顿工作绝非一帆风顺，其中充满了较量和曲折。"四人帮"为了加紧夺取党和国家最高领导权，把集中攻击的矛头首先指向邓小平，最后，终于引发了"批邓、反击右倾翻案风"。

第二节
"文化大革命"期间广播电视宣传的严重错误及其危害

"文化大革命"期间的广播电视宣传虽然在某些时间和在某些方面有过一些正确或比较正确的宣传报道，但总的看来，由于林彪、江青反革命集团的严密控制，又受"左"倾错误路线的严重干扰，广播电视宣传从根本上背离了马克思列宁主义、毛泽东思想的轨道和党的正确路线和方针，违背了人民群众的根本利益和正当愿望，给社会主义事业带来了严重的危害。这里要区别对待林彪、江青集团利用广播电视制造谣言，进行反革命宣传煽动活动所犯的罪行与普通的广播电视工作者受欺骗、受蒙蔽而造成的"左"的宣传错误。对于林彪、江青一伙的罪行要彻底揭发、批判，并给予应有的法律惩罚；对于普通的广播电视工作者来说，则要总结历史经验，吸取教训，分清大是大非，以利今后改进工作。

概括"文革"十年间广播电视宣传中的严重错误及其危害，主要有以下几个方面：

一、鼓吹"无产阶级专政下继续革命的理论"宣传

在理论宣传方面，广播电视集中地、突出地宣传了"无产阶级专政下继续革命的理论"，积极鼓动开展"文化大革命"。"无产阶级专政下继续革命的理论"是在1967年11月6日由两报一刊编辑部为纪念十月革命50周年而联名发表的文章《沿着十月社会主义革命的道路前进》中正式提出的。这篇文章首次将"无产阶级专政下继续革命的理论"归纳为六个要点，是陈伯达、姚文元主持起草，经毛泽东同意后发表的。"无产阶级专政下继续革命的理论"是毛泽东晚年"左"倾错误论点的总概括。"无产阶级专政下继续革命"一语，有其特定的历史背景所形成的特定含义。它的核心是，在无产阶级取得政权并建立了社会主义制度的条件下，还要进行一个阶级推翻一个阶级的政治大革命。"文化大革命"就是这种"继续革命"的最主要的方式。这一理论的形成有一个过程，在正式形成之前，这一理论的许多内容已经付诸实践了——"文化大革命"就是这一理论的一次大规模的实践活动。但十年内乱的历史已经充分证明，这一理论是完全错误的。在"文革"初期，广播电

台、电视台集中宣传的"千万不要忘记阶级斗争"、"搞掉反党反社会主义的黑线"、"向走资本主义道路的当权派夺权"等等内容，可以说是"无产阶级专政下继续革命的理论"的先声。此后，为了壮声势、造气氛，对涉及"文化大革命"的重头文章均不厌其烦反复播出。1967年2月9日、10日，中央电台先后播出《黑龙江省红色造反者夺权斗争的基本经验》18遍。5月16日开始播出《中共中央一九六六年五月十六日通知》，17日播出30遍，到20日已播出近50遍。

1968年3月，中央广播事业局军管小组提出："宣传毛泽东思想不怕重复"、"不要受时间框框限制"、"不要只算次数账，不算政治账"和"要从边远地区没有报纸的工农群众的角度去考虑问题"等。此后中央电台播出语录、文章、文件，均按照军管小组的部署反复重播。1969年4月，林彪在中共九大作了以"无产阶级专政下继续革命的理论"为核心的政治报告，其中全面肯定了"文革"的所谓成绩和经验，提出了"认真搞好'斗批改'，把上层建筑中的社会主义革命进行到底"等任务。此后对"无产阶级专政下继续革命"的理论宣传再次形成高潮。1970年12月31日，中央电台播出两报一刊1971年元旦社论《沿着毛主席革命路线胜利前进》，当晚播出14遍，第二天元旦播出29遍，1月份天天重播，至31日共播出175遍，创历史最高纪录。

"文革"期间广播电视的理论宣传在内容上是完全错误的。这些宣传把马克思列宁主义的正确理论和社会主义原则当作修正主义或资本主义言论，连篇累牍地加以批判；同时，又把诸如"无产阶级专政下继续革命"的错误理论当作正确理论加以宣扬，结果造成理论上的是非混淆，黑白颠倒，给中国人民带来了极大的思想混乱，从而造成全国长时间的破坏和内乱。

"文革"期间广播电视的理论宣传在形式上也全盘否定了新中国成立初期系统地举办理论讲座，传播马克思列宁主义理论和毛泽东思想的成功经验和做法，而代之以对马列和毛泽东著作中的某些内容绝对化、形式主义、实用主义的宣传和解释，败坏了长期以来形成的党的优良学风，造成了贻害甚广的八股文风。中央电台和许多地方台开办的形形色色的"毛主席著作选读"、"毛主席语录"节目即是最突出的典型例子。从1966年1月1日起，中央电台开办《毛主席语录》节目，每天播出三次（后两次为重播），每次10分钟，播送"语录"一条，共播出六遍（前二遍和后二遍为正常速度，中间二遍为慢速，并读出标点，便于听众抄记。前后各说"语录"出处一次）。8月1日，又开办《工农兵活学活用毛主席著作》节目，同日起，每天《报摘》、《联播》节目开头均加播一条"语录"。9月1日起，对台湾广播也开办《毛主席语录》节目。后来，又增办了《老三篇天天读》节目，每天轮流播送"老三篇"。1967年1月1日起，北京电视台在每天节目开始先播出毛泽东像和"语录"，这样做的结果是，广播电视中每天开播有"语录"，每个节目有"语录"，每条新闻中也有"语录"。当中央电台提出要系统地宣传马克思、列宁和毛泽东的著作时，1974年7月，姚文元却说系统地宣传"容易出问题"，只要"每本书上抓几个问题"，写几篇"短小"的"学习体会文章"就可以了。

二、"以阶级斗争为纲"的政治宣传

在政治宣传方面，广播电视中最突出的问题是以批判"阶级斗争熄灭论"为名，把阶级斗争绝对化和扩大化，从根本上颠倒了敌我关系，把广大人民群众看作是"全面专政"的对象。在林彪、江青一伙的煽动下，无政府主义泛滥，极端民主化横行，造成了"天下大乱"的形势，给社会秩序、劳动生产和人民生活造成了极为严重的后果。

林彪、江青集团把广播电视视为"全面专政的工具"，用以煽动群众起来造反夺权，批斗"走资派"。利用广播电视直接转播批斗活动始于上海。1967年1月6日，就在北京电视台暂停播出的当天，上海电视台在张春桥、姚文元关于"电视宣传可以宽于报纸、大于广播"的指令下，转播了"彻底砸烂中共上海市委大会"，这就是首次"电视斗争大会"。从此，张春桥等人夺了上海电视大权，宣布上海电视台得到了"新生"。这种电视批斗会上海前后开过一百多次，仅1967年就开过51次。在电视批斗会上，造反派对华东局和上海市的党政领导干部横加罪名，恣意凌辱，挂牌子、揪头发、罚跪、架"喷气式"，一时成为各单位揪斗"走资派"的"样板"，连转播上海电视的一些华东城市也深受其害。

在"以阶级斗争为纲"的年代里，广播电视把阶级斗争放在"高于一切、大于一切、先于一切、重于一切"的地位去宣传，鼓吹江青一伙提出的"文攻武卫"等错误口号，煽动打、砸、抢。几年里，广播电视中批斗"走资派"、"抓特务"、"抓叛徒"、"清理阶级队伍"、"揪军内一小撮"、"一斗二批三改"、"抓五·一六分子"等斗争矛头指向群众的口号层出不穷，为林彪、江青集团胡作非为推波助澜，从共和国主席到普通的平民百姓均难逃此劫，造成了冤狱遍于中国的历史大悲剧。据"文革"后不完全统计，全国纠正冤假错案、落实政策涉及的人数达三千万，如果包括受牵连在内的受害者，则有上亿人之多，占全国人口的九分之一。

三、破坏生产建设的经济宣传

在经济宣传方面，广播电视中反复批判所谓"唯生产力论"的结果，造成了经济建设指导思想的混乱，把经济秩序和生产秩序搞乱了。林彪、"四人帮"对经济宣传是没有什么兴趣的，他们把党和国家制定并十多年来行之有效的正确的经济建设方针和政策，科学概括的独特经验以及合理的规章制度全盘加以否定，统统扣上"修正主义"、"管、卡、压"、"物质刺激"、"崇洋媚外"、"利润挂帅"、"复辟资本主义"等罪名，利用他们控制的广播电视工具宣传"革命搞好了，生产自然也就上去了"。周恩来在四届人大一次会议上重提建设四个现代化强国的任务，他们攻击为"资本主义化",是"卫星上天,红旗落地"。邓小平主持中央日常工作期间,对各方面工作进行整顿,使一段时间内全国经济形势好转,"四人帮"却利用广播电视煽动"批邓、反击右倾翻案风",鼓吹工人"不为错误路线生产","不为资产阶级上台做嫁衣裳";在铁路运输中,"宁要社会主义的晚点,也不要资本主义的正点";在农业生产中,"宁长社会主义的草,也不要资本主义的苗",给工农业生产带来了极大的破坏。在"批林批孔"和"反击右倾翻案风"的运动中,"四人帮"制造了"风庆轮事件"、"蜗牛事件"等一系列无中生有的政治事件,大批"洋奴哲学"、"卖国主义",在报纸、广播电视宣传"自力更生"的问题上制造了许多混乱。

"文革"造成的社会动乱,经济宣传中一系列"左"倾错误,使我国的国民经济受到巨大损失。据估计,"文革"十年间,我国国民收入损失达五千亿元之多,相当于1949年至1979年30年间我国国营企业积累的全部家底,从总体上看,到"文革"结束前夕,我国的整个国民经济已濒临崩溃的边缘。

四、文化专制主义统治下的文艺宣传

在文艺宣传方面,广播电视在林彪、江青集团推行的封建法西斯文化专制主义控制下,给20世纪30年代以来乃至新中国成立以来好的或者比较好的各种类型的文艺作品,扣上了"封、资、修"、"大、洋、古"的帽子,统统禁止在广播电视中播出,造成了十年间广播电视园地百花凋零的现象,广大听众观众的文化食粮几乎断绝。

"文革"初期,根据林彪、江青一伙炮制的《林彪同志委托江青同志召开的部队文艺工作座谈会纪要》的要求,中央电台和北京电视台都制定了有关控制文艺节目播出的详细措施。1966年5月上旬,电台规定:

(1)中国革命历史题材的作品,凡是写"错误路线的"一律不播;战争题材的作品,凡是渲染战争残酷恐怖、宣扬和平主义的作品一律不播。

(2)凡是美化阶级敌人、鼓吹阶级调和,美化中间人物和落后人物、丑化工农兵形象,宣扬资产阶级个人主义、人道主义、人性论和其他资产阶级思想感情的作品以及专搞谈情说爱、低级趣味的作品,一律不播。

(3)军事题材包括民兵题材的作品,凡是反映全军大比武、军事冲击政治、宣扬军事观点、单纯技术观点的作品,一律不播。

(4)对于现有传统戏曲,凡是歌颂帝王将相、才子佳人的剧目,无论过去评价如何,一律暂时停播;同时减少传统戏曲的播出数量。中国古典音乐也要清理。

(5)外国文学中,停播19世纪的作品和现代西方批判现实主义的作品;外国音乐中减少古典音乐的播出数量,并进一步清理曲目。

(6)中国现代音乐中要特别注意清除轻歌曼舞及其他言不及义的节目。

（7）长篇小说和评书，凡 1965 年上半年以前录制的，一律暂时控制，留待检查后处理。

在这样的洗劫之下，广播电视文艺园地还能留下什么，可想而知。以中央电台对外国文艺节目的处理为例，可见一斑。对"资产阶级文艺"的批判，外国音乐首当其冲。1966 年 8 月，中央电台重新制定了外国音乐节目方针，提出"面向广大工农兵群众和革命干部、革命知识分子"，播送"反映世界人民热爱毛主席和毛泽东思想"等内容。到 9 月份，外国音乐节目由原来的每周 505 分钟减至 108 分钟，后又减至 60 分钟。7 月至 10 月，中央电台清理外国音乐库存，将 90% 的外国音乐磁带消了磁，将原有 1.8 万个节目消去 1.3 万个。大量世界经典作品被当作"大、洋、古"处理掉了；而留下的 10%，相当大的部分是"革命歌曲"，包括不少短期流行的援越抗美歌曲。1969 年 4 月，中央电台干脆停播外国音乐。

1969 年 8 月，江青、姚文元指责中央新闻纪录电影制片厂摄制的《南京长江大桥》采用了苏联歌曲《列宁山》中的一小段调子作为配乐，给新影厂扣上"投降主义"的帽子，勒令影片停播。江青把民歌诬为"下流小调"、"情郎妹子"，下令将她的批示传达到全国电台。她还说："广播电台的问题不比新影小。我们转发了他们的自我批评后，他们后来又干了，也要发动广播电台广大群众肃清流毒。"江青还在另一份请示报告上批示："外交的统一战线是一回事，文化交流又是一回事。千万不要因为外交关系，靡靡之音在我们的电台上广播！"她要求广播电台"高度警惕"、"慎重对待"。从此，广播电视文艺节目更加冷清。

1966 年 5 月下旬，北京电视台为其"保证电视屏幕上大放鲜花，不播毒草"的目标，提出"注意编选"的"优秀节目"类型，其中包括：

（1）宣传毛泽东思想的、塑造革命斗争中的英雄形象的，为工农兵的、为社会主义服务的好的或较好的节目，特别是"文化大革命"中涌现出来的创社会主义之新、立无产阶级之异的在革命化、民族化、大众化方面有较大成就的优秀节目，其中属样板性的要反复播出。

（2）紧密配合政治、中心任务和重大节目的宣传活动，编选旗帜鲜明、战斗性强、小型多样的文艺作品。

（3）积极扶植工农兵及青年学生的业余文化活动，设立《工农兵业余文艺》专栏，等等。

然而，1969 年 4 月 14 日，北京电视台准备的一组工农兵欢庆中共九大的文艺节目却遭到了陈伯达、江青、张春桥、姚文元的指责。一位解放军战士在舞蹈中袖子卷起一截，江青怒道："干脆裸体算了！"姚文元说："不要以为工农兵的节目就没问题，不是那么回事！"江青大兴问罪之师，追查"这些东西从哪儿来的？"并警告："再管不好，就造你们的反，关你们的门！"陈伯达则下令："宁可没有，也要好的!"中央广播局马上传达"首长指示",召开学习班,认真反省"怎样正确理解工农兵占领广播、电视阵地"和"怎样正确理解文艺为政治服务"的问题。江青等人把中央广播局就这一问题的检查转发全国。在他们的淫威下,许多专业团体不敢演出,在电台、电视台录音、录像的工农兵文艺宣传队被迫离开。林彪集团则下令禁止部队文艺团体到电台、电视台录音、录像。

在陈伯达、江青、姚文元一伙控制下的广播电视文艺中,新中国成立以来录制的、过去保留下来的好的、比较好的文艺节目统统不准播出,用什么来填充保留下来的每周二千多分钟的文艺节目时间呢?当时在歌曲节目方面要求百分之百配合"文革"的现实题材,其中主要有三方面的内容:

一是直接配合"文革"创作的歌曲,如《歌唱十六条》、《誓把文化大革命进行到底》等;

二是为毛泽东诗词和语录配制的歌曲,如《满江红·和郭沫若同志》、《领导我们事业的核心力量是中国共产党》、《要斗私批修》和《为人民广播事业题词》等;

三是少量的革命歌曲,最少时只有八首歌曲可以播出,即《国际歌》、《东方红》、《大海航行靠舵手》、《三大纪律,八项注意》以及四首改词的革命历史歌曲《毕业歌》、《工农一家人》、《抗日战歌》和《大刀进行曲》。当时中央广播局的军代表说,这八首歌可以唱到共产主义。

当时规定,凡是要播出的歌曲,中央电台都要事先报"中央文革"审批。

在戏曲节目中,根据1968年3月中央广播事业局军管小组下达的"要反复广播革命样板戏"的意见,中央电台"样板戏"的播出从此连篇累牍,一发不可收拾。每天三十多段文艺广播时间,按一《红灯(记)》、二《智取(威虎山)》等八个"革命样板戏"① 反复填充,排满为止。到1969年5月26日,中央电台又增加了"革命样板戏"播出的时间,占全天文艺节目播出时间的85%以上。从7月1日起,晚上20点30分到23点的大块时间,用来播放整出"样板戏"。

在"文革"中,中央电台共消去录音节目16414个、25722盘,除去外国音乐,主要便是文学节目,大量留下的节目录音也被封存起来。到1970年,中央电台的文艺节目,除八个"样板戏"外,一度只剩下了《国际歌》、《东方红》等八首曲目。北京电视台可播出的电影只剩下了《地道战》、《地雷战》和《南征北战》三部。而在"文革"中产生的"新生事物",如语录歌、京剧配乐语录等流传不广,生命很短;在"四人帮"党羽炮制的《战地新歌》中,甚至出现"巨轮扬帆亚非拉"的笑料。

---

① 八个"革命样板戏"包括京剧《红灯记》、《智取威虎山》、《沙家浜》、《奇袭白虎团》、《海港》,芭蕾舞剧《白毛女》、《红色娘子军》和交响音乐《沙家浜》。

五、强加于人的对外宣传

"文革"期间的广播电视，在对外宣传方面大搞大国沙文主义，唯我独左，唯我独革，使对外广播的声誉急剧下降。

"文化大革命"的十年，是对外广播事业遭受严重干扰和破坏的十年。对外广播也被当作"无产阶级专政的工具"，把广播对象定位于各国的左派，在广播中把中国宣传为"世界革命的根据地"，北京是"世界革命的中心"，毛泽东是"世界革命人民的导师"，让外国听众也学"语录"，喊"万岁"。广播内容充满了政治说教，不看对象，不分内外，题材狭窄，节目单调。

1966 年 6 月 1 日，国际广播投入"文革"宣传，北京电台各语言组开始全文播发《人民日报》、《红旗》杂志、《解放军报》关于"文化大革命"的长篇大论，并反复重播。除了语言有异，与国内广播并无不同。1966 年 8 月 8 日，中共八届十一中全会通过了《关于无产阶级文化大革命的决定》（即"十六条"），在对外广播中英语播出 33 遍、俄语 32 遍、日语 12 遍。1967 年 2 月 3 日，北京电台开始播出《毛主席语录》节目，并要求各语言组采用慢速广播。

1967 年 2 月 14 日，北京电视台与英国"维斯新闻社"互供电视片的合同期满。由于该公司拒绝停发台湾影片，北京电视台与之断绝了业务来往。此后，《国际新闻》及其他国际信息和知识性节目来源匮乏，一停多年；而中国向许多亚、非、拉国家输出的宣传性电视片，则躺在机场仓库里，长期无人认领。

1967 年 3 月 14 日，新西兰共产党领导人威尔科克斯反映，许多新西兰听众甚至是老听众，已经不听北京广播了，因为很多东西他们听不懂，乏味，很烦人。在中国工作的新西兰专家也提出意见说，北京电台逐条播出毛主席语录和全文播发长社论，新西兰听众无法理解，是浪费时间。两位西班牙语专家则认为，北京电台的宣传内容空洞，千篇一律，不看对象，生搬硬套。

1968 年 4 月 17 日至 24 日，在八天的时间里，北京电台用英语播出《毛主席支持美国黑人抗暴斗争的声明》多达 211 次（中央电台对国内广播 70 次），这在北京电台的播出史上堪称一绝。倾盆大雨式的灌输吓退了、赶走了大多数想要了解中国的普通外国群众。

1970 年是对外广播自 1957 年以来收到来信最少的一年，全年共收到外国听众、华侨、港澳同胞来信不足两万封，只相当于以前来信最多的 1965 年 28 万多封来信的十分之一。（见图 7-6）70 年代中期，美国有一份调查报告指出：北京广播听众在墨西哥名列第八，只有 0.4% 的听众说他们每周收听一次或几次北京电台的广播。北京电台在泰国有 1.4% 的固定听众，而英国广播公司则有 4.1%，"美国之音"

有 3.4% 的听众。①

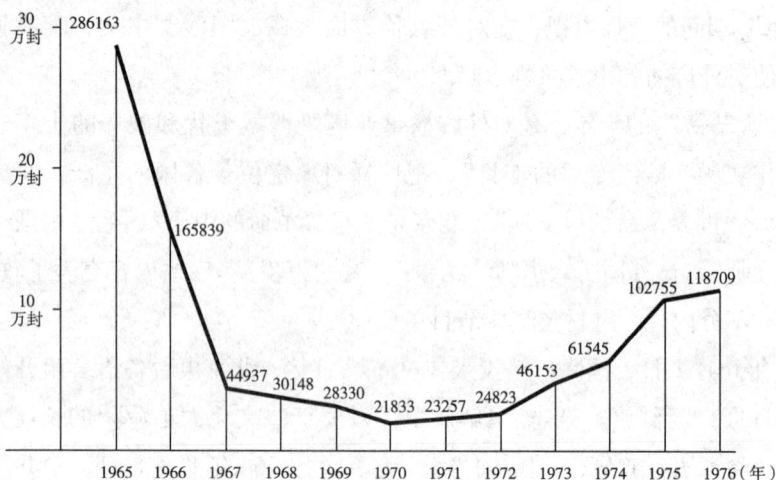

图 7-6　"文革"期间对外广播听众来信示意图

"文革"期间，广播电视的对内外各方面的宣传，总的说来都有三个特点贯穿其中：

1. 自始至终充满了对毛泽东个人崇拜的狂热宣传

广播电视中对毛泽东个人崇拜的宣传始于 60 年代初期，"文革"爆发前后达到新的高潮，通过开办诸如《毛主席语录》、《毛主席著作选读》等节目以及大量充满"语录"加事例的新闻报道，越来越突出毛泽东个人的"伟大"、"英明"。毛泽东的话"句句是真理，一句顶一万句"，毛泽东的"语录"是"最高指示"，人人都要"读毛主席的书，听毛主席的话，做毛主席的好战士"。在广播电视中天天祝毛泽东"万寿无疆"，毛泽东是中国人民的"伟大的导师、伟大的领袖、伟大的统帅、伟大的航手"，毛泽东思想是"世界革命人民的共同财富"、"世界人民革命的灯塔"等话语翻来覆去，连续不断，天天充斥着广播电视节目中。

在林彪、"四人帮"控制下的广播电视在极力污蔑、贬低、攻击毛泽东以外的其他老一辈无产阶级革命家的同时，却把林彪、江青一伙吹捧成"天然接班人"、"光辉的助手"、"坚定的左派"、"理论家"、"文化革命的旗手"、"工人运动领袖"等，为他们一伙篡党夺权制造舆论。

2. 层出不穷地宣传林彪、江青集团虚构编造、以偏概全的所谓"典型报道"

典型报道本来是新闻宣传的常用手段之一，但是"文革"中的所谓"典型"，却大都是林彪、江青一伙为了篡党夺权制造舆论的需要而精心炮制出来的。"文革"

---

① 转引自胡耀亭：《中国国际广播电台的 40 年》，载《中国国际广播史料简编》，中国国际广播出版社 1987 年 8 月版，第 9 页。

期间，广播电视几乎没有独立采访和单独发布消息的权利，人们从广播电视中听到、在电视中看到的形形色色的"典型"，都是转自中央两报一刊的。"文革"以来，林彪、江青一伙炮制的"典型报道"先后有：学习毛泽东著作的"先进集体"和"先进个人"，六厂二校①的"斗批改经验"，"有路线斗争觉悟"的党员、干部、战士，名为"反潮流"、"反回潮"实为鼓吹极左行为的"英雄"，等等。

3. 以"假、大、空"为特征的"帮八股"文风在广播电视中泛滥一时，流毒全国

林彪、江青反革命集团出于篡党夺权制造舆论的需要，不断变换花样，拼凑写作班子，名目繁多的"大批判写作组"从"文革"初期的"高炬"、"何明"、"红尖兵"等，到后来的"梁效"、"罗思鼎"、"唐晓文"等，这些写作班子不停顿地掀起一阵阵大批判的浪潮。他们炮制的连篇累牍、又臭又长的"大批判文章"，形成了贻害无穷的"帮八股"的文风。林彪、"四人帮"一伙的"帮八股"文风以"假、大、空"为基本特征，其表现形式可以概括为：曲解经典、为我所用，弄虚作假、造谣惑众，摆假事实、讲歪道理，乱扣帽子、乱打棍子，借古喻今、影射攻击，片面绝对、形而上学，大话吓人、空话连篇等。每逢有所谓的"大批判文章"出笼，小报、大报争相刊载，广播反复播出，正如当时民间讽刺的那样："小报抄大报，大报抄梁效，广播跟在后面叫。"

第三节
广播电视事业在困境中的发展

一、农村有线广播的急剧发展

"文革"爆发前后，农村有线广播正处于大发展的初期。1966 年，全国有县级广播站 218 座，放大站和公社广播站 8435 座，广播喇叭有 1100 多万只，均达到了农村广播网历史上的最高水平。77% 的人民公社、54% 的生产大队和 26% 的生产队均普及了有线广播。

在"文化大革命"中期，建立了革命委员会的很多省、自治区开始把建设事业列入工作日程，农村广播网曾一度发展迅猛。1968 年，青海省计委一次拨专款 350 万元，重点发展农村有线广播。这笔历年来最多的一次拨款，用于建设有线广播用的专杆专线，以发展农村广播网。1969 年和 1970 年每年又追加投资 70 万元～80 万

---

① 六厂指北京新华印刷厂、北京针织总厂、北京二七机车车辆厂、北京北郊木材厂、南口机车车辆厂和北京化工三厂；二校指北京大学和清华大学。

元，到 1973 年年底，全省已建成县级广播站 47 个，发展农村广播喇叭 30 余万只。1968 年，吉林省革委会发出文件，要求各地把广播站"绝对地掌握在革委会手里"。到 1969 年，全省除哲里木盟外，923 个公社中有 917 个通了广播，98% 的生产大队和 73% 的生产队通了广播，广播喇叭发展到了 93 万只。在边远的云南省，省革委会确认，广播事业经费列入各级预算，决定每年财政补助拨款 100 万元，用于农村广播网的事业建设。仅 1969 年一年，云南省架设的广播线路和入户喇叭就等于过去十多年发展总数的 1.5 倍。比较穷困的陕西省，从 1969 年起，有线广播事业的基本建设资金有了固定来源，1972 年国家投资 270 万元。1976 年统计，陕西省 85% 的人民公社建成了广播放大站。甘肃省 1969 年和 1970 年也分别拨款 245 万元、250 万元，用于农村广播网建设。

1969 年 1 月 13 日，财政部和中央广播事业局联合发出《关于农村广播网经费开支问题的通知》，规定县（市）广播站的日常事业经费列入国家预算，公社广播站的日常事业经费列入地方预算。这是一个对有线广播事业发生深远影响的决策。1970 年，国家在下达国民经济计划时，又把出版毛主席著作、办好报纸、广播列为第一条，从而进一步掀起了办广播的热潮。至 1973 年，全国有线广播网已基本普及。全国 95% 的生产大队和 91.4% 的生产队通了广播，61.5% 的农户有了广播喇叭。在边远地区和少数民族地区还建立了 15.4 万多个小片广播网。全国农村有线广播喇叭已达 9900 万只，比"文革"前的 870 万只增加 10 倍以上。（见图 7-7）

1973 年 9 月，在全国广播事业规划座谈会上，有关部门制定了巩固提高和积极发展农村广播网的方针：继续建设好以县广播站为中心，以公社广播放大站为基础，以专线传输为主的质量高、效能好、适应战备需要的农村广播网。经费要贯彻国家、集体、个人三级

图 7-7 70 年代《人民日报》有关农村有线广播蓬勃发展的报道

负担的原则。在网路建设中，则要贯彻"三为主"的精神，即办有线广播以专线为主，广播专线以钢筋混凝土电杆为主，钢筋混凝土电杆以自己制作为主。根据这个行之有效的建设方针，至 1976 年年底，全国已建成县有线广播站 2503 座，安装有线喇叭 11300 万只。有线广播网路建设的质量较前大有进步。

1974 年，吉林省广播事业局等单位开始研究多功能多通道有线广播技术。一年后研制出一套遥控、遥测和业务通讯装置。

1974 年 5 月，中央广播事业局在浙江余杭县和上海青浦县召开农村有线广播专线建设经验交流会。12 月召开了提倡对公社广播放大站实行县、社双重领导，以社为主管理办法的农村广播网工作座谈会。

1974 年 8 月，《农村有线广播技术标准和技术管理规程（试行）》颁发（1978年颁布正式本）。从此，农村有线广播走向逐步正规和提高质量的阶段。

1974 年 6 月，中央广播事业局在苏州召开城市有线广播座谈会，研究了进一步巩固、提高和发展城市有线广播的问题，不过，在"文化大革命"期间，除了利用高音喇叭相互攻讦或宣传灌输，曾形成有线广播的一度"繁荣"并产生了噪音污染的效果之外，城市有线广播并没有显著的发展。

在有线广播急剧发展的同时，无线广播在技术、建设方面，也取得了一定的进步。在这期间，半导体收音机的产量成倍增长，价格大幅度下降。1974 年半导体收音机产量和销售量，较之 1965 年均增加千倍以上，同期售价下降 60%，有利于广播在边远城区及农村的普及。

无线广播的进步还主要表现在传输手段和传送方法上。1969 年至 1972 年，中央广播事业局会同地方广播局分别在华北、华东等地区进行了中波同步广播的试验，取得了成果，还提出了精密同步的方法。1973 年，在天津召开的全国广播事业规划座谈会上，经过调整，提出了"中波广播采取大、中、小功率相结合，以中、小功率为主，地波覆盖，同步广播"的新技术政策。从此，中国的中波广播网不再主要依靠天波服务，从而停止了大功率中波发射机的发展。

1968 年 8 月，在济南召开的调频广播试验鉴定会肯定了各项成果，虽回避了调频广播音质优美的特点，但强调了调频方法良好的抗干扰性，从而使 1959 年试制成功的调频广播机在"文化大革命"中作为一种传送手段重新得到启用。中央广播事业局决定，建设三条调频节目传送线路，从北京通往安徽省黄山、黑龙江省大青山、陕西省秦岭。这三条调频线路于 70 年代初先后建成。由于它们实际上并不是按照节目传送的技术要求，而是按照调频广播覆盖网的要求设计的，因此，在沿线各台进行接力传送广播节目的同时，华北、东北、西北的广大地区也得到覆盖，从而奠定了中国调频广播网的基础。

中国的短波广播主要用于对外广播，但在"文化大革命"中，对外广播的建设速度减慢，一些新建的台发射质量差，利用率也不高。

二、彩色电视的创办

1966 年 1 月，北京电视台开始启用黑白录像机。"文革"开始后，这项事业未能发展。1968 年 1 月，北京电视台在月坛公园内新建发射台，铁塔高 196 米，发射机功率 10 千瓦，有效发射半径从原先的 25 公里发展为 60~80 公里。

随着北京电视台 1967 年停播一月后的恢复播出，1968 年前后，建立了革命委员会的一些省、自治区开始恢复电视播出，或重兴电视建设。1968 年 7 月 1 日，较早建立了革委会的贵州省建立了贵阳电视台，开始试播。中共九大以后，电视建设普遍受到重视。

1970 年 1 月至 2 月，中央广播局、四机部等单位联合召开全国电视专业会议，决定集中国内主要技术力量研制彩色电视，同时发展黑白电视。以"传送毛主席的光辉形象"为口号的电视会战在全国轰轰烈烈地开展起来了。1969 年中的 17 座电视台到年底发展为 25 座。

1970 年 10 月 1 日，新疆、青海、宁夏、甘肃、广西和福建六个省、自治区新建成电视台或实验电视台，并开始电视广播。至此，全国除西藏自治区外，所有省、自治区都有了电视台。这一年，全国电视台和转播台由 1969 年的 25 座发展到 70 座。位于中枢的北京电视台，节目传送范围也从 1969 年的天津、河北、山西、陕西四个省市扩大到 15 个省市。加以高山调频电视转播台的建设，电视信号基本覆盖了全国省会、自治区首府和大城市。到 1976 年底，全国已有电视台 32 座，1 千瓦以上电视转播台 144 座，各地还建有许多小功率的电视差转站。

全国电视专业会议以后，中央广播事业局在北京、天津、上海、四川等地区组织了彩电制式攻关会战，作了多种彩电制式的研究和比较。然而，由于技术、资金、信息等多方面的欠缺，自创彩电制式久攻不克。

1972 年，美国总统尼克松、日本首相田中角荣相继来访，庞大的电视报道队伍带来了外部世界电视发展的新信息。此时"左"的偏激情绪已有所消减，中国开始向西方打开大门。经中央广播事业局申请并报国务院批准，中国电视以进口方式开始彩色化的进程。

1972 年 10 月，中央广播事业局电视技术考察组一行八人，去法国、瑞士、联邦德国、荷兰和英国考察三个月，走访五国 21 个电视中心、20 个发射台和转播站、10 个广播电视通讯研究中心和实验室，以及 30 个广播电视工商企业。此行主要考察彩色电视制式，并对选购彩电设备作了调查和探讨。这次访问坚定了中国采用 PAL 制式的决心。因为与 D 制黑白电视兼容，故中国彩电制式全称为 PAL – D 制。

由于毛泽东等中国党政领导人十分关心彩电的问世，姚文元等人对彩电的研制也表现得异常迫切。1973 年 2 月 23 日，毛泽东亲自审阅了中央广播局关于北京电视台五一彩电试播准备工作的简报。姚文元在简报上批示："此项工作抓上去了，会有政治上、技术上、军事上多方面的意义"，"如在我们的电视接收机中出现彩色图像，对人民是一个鼓舞"。

1973 年 5 月 1 日，北京电视台正式宣布彩电试播，使用八频道，面向首都观众，每周四次播出，1974 年 5 月后改为每日播出。8 月 1 日，上海电视台开始试播彩色电视。8 月 7 日，北京电视台的彩色电视节目开始通过京津、京沪微波线路向外地传送，每周一次，以后逐步增加。至 1975 年，北京电视台通过微波向外地传送的节目已由黑白、彩色交替播出改为全部彩色播出。1974 年 10 月 1 日，北京电视台对外正式宣布彩色电视播出，天津电视台、成都电视台也开始了彩电试播。

有线电视也有发展。继北京饭店于 1964 年建成第一座电视共用天线系统，1976 年 4 月，北京东方红炼油厂建立了中国第一个有线电视中心，可以同时转播北京地区三套电视节目，自办两套节目。

随着国家邮电通信用微波中继干线的逐步建成，广播电视开始利用这一网络传送广播电视节目。继 1964 年北京、天津两地微波传送电视节目成功，天津成为全国第一个接收北京电视的地区。1968 年 10 月 1 日，太原成为第二个转播北京电视的城市。1970 年 9 月 15 日，北京到西南地区的微波干线开通，10 月 1 日，北京电视节目传到成都；9 月 30 日，建于海拔 1820 米处的黄山电视调频转播台开始向上海、南京、杭州、合肥及庐山传送北京电视台的电视节目；1973 年改由北京至上海的微波干线传送。1970 年 9 月 30 日，北京至广州的微波干线开通。此后，广州可以收看北京当天的电视节目了。当年 10 月 1 日，东北三省联合建成微波线路。从此，北京电视直达沈阳。至此，北京电视台的传送范围，由 1969 年前的天津、河北、山西、陕西四省市扩大到湖北、辽宁、河南、山东、湖南、安徽、浙江、江苏、四川、江西、广东 15 个省市。

1971 年 5 月 1 日，微波路线又增加到上海、广西、贵州、黑龙江、吉林五个省、自治区、直辖市。北京电视台将五一焰火晚会的实况通过微波干线传到 20 个省、自治区、直辖市。

1974 年 10 月 1 日，中央广播事业局首次租用邮电部微波干线，由北京向部分对外广播发射中心传送节目，改变了过去单靠短波传送、效果不佳的状况。此后，微波线路也纳入中央广播传送网，各地记者站还能通过微波与中央电台通话或传递稿件。11 月，京沪、京广、京成渝三条微波干线正式投入使用，沿线地区均可接收北京电视。12 月底，微波干线经成都、昆明、贵阳直达南宁。1976 年年底统计，电视广播的全国人口覆盖率已达 36%。北京电视台的彩色节目通过微波线路，已到达全国除山东、内蒙古、新疆、西藏和中国台湾以外的 25 个省、直辖市、自治区。

三、对外广播语种的增加

在"文革"期间，北京广播电台的对外广播语种由于此前的多年筹备又有 12 种语言节目陆续开办。其中有 1966 年 8 月开办的乌尔都语广播；1968 年 8 月开办的捷克语、波兰语和罗马尼亚语广播；1969 年先后开办的孟加拉语广播和阿尔巴尼亚语广播；1973 年 7 月开办的普什图语广播；1974 年先后开办保加利亚语广播和克丘亚语广播（10 月 1 日开办，1980 年 6 月 14 日停办）；1975 年先后开办的僧伽罗语和尼泊尔语广播；1976 年 6 月 14 日开办的匈牙利语广播。至此，我国对外广播使用的外语达到 39 种。此外，还使用汉语普通话和广州话、厦门话、潮州话和客家话对全球华侨、华人广播。每天累计播音时间达到 138.5 小时，基本上覆盖了世界五大洲的广播地区。

以上广播电视事业在困境中的某些方面的发展，归根到底是广播电视系统广大技术人员和职工在困境中奋斗的结果。如果不是"文革"的干扰和破坏，中国的广播电视事业可能发展得更快些、更好些。在"文革"中由于受"左"的思潮影响，在广播电视事业建设方面也遭到许多损失和破坏。例如，"文革"初期，一度武斗盛行，争抢有线广播成为派性斗争的一个重要方面，最后弄得杆折、线断、喇叭哑。在战备建设方面，片面强调战备发射台的建设要"靠山、分散、进洞"，为了抢进度又实行"边勘测、边设计、边施工"的错误方针，结果建成的不少战备发射台质量差、用不上，造成了人力、物力和财力的巨大浪费和损失。在有线广播事业技术发展上也走过弯路。1970 年 1 月，中国人民解放军总参谋部向全国推广山西省阳高县、长子县在电信线路上开设载波广播的经验，实行电信、广播、警报三网合一。经强行贯彻，农村有线广播网建设遭到干扰。1971 年 3 月 9 日，解放军总参谋部又转发了北京卫戍区关于延庆县试验成功用电灯线传送广播的经验。此后各省、市、自治区军管会用行政命令大力推广，结果"零线广播"没有搞成，反而使有线广播遭到严重破坏。[①] 这些错误决策直到"四人帮"垮台后，才逐步得到纠正。

此外，在广播电视教育方面，"文革"期间也遭到严重破坏。"文革"初期，北京广播学院被江青等人诬蔑为"黑基地"。在"砸烂黑基地"的造反声中，1971 年广播学院被勒令"试行撤销"，在校教职员工到中央广播局五七干校"劳动锻炼"。在此前后，各地的广播电视中专学校也都陆续停办。1973 年，经国务院科教组发文通知恢复北京广播学院。1974 年，广播学院首届工农兵学员入学，到"文革"结束前，又招收了两届学生。但由于"四人帮"的干扰、破坏，教学秩序处于不正常的状态。

---

① 《当代中国的广播电视》（下），北京广播学院出版社 1987 年 7 月版，第 363 页。

第四节
广播电视系统反对林彪、
江青集团和"左"倾错误的斗争

"文革"十年中，广大共产党员和人民群众对"文化大革命"由不理解而怀疑，进而发展为不满、批评和抵制，实质上即是对林彪、江青反革命集团和党内"左"倾错误斗争的反映。这种不满和斗争，从"文革"一开始就存在，一直没有停止过，而且愈演愈烈。这种斗争在广播电视领域的表现，主要有两个方面：一方面是广大听众、观众对林彪、江青一伙控制下的广播电视宣传的强烈不满，他们听在耳里，看在眼里，恨在心里。不少群众忍不住写信给广播电台、电视台，提出了严厉的批评和指责，这种批评和指责可以说是从"文革"开始就有了。例如，1966年6月1日，中央电台播送了北京大学聂元梓等人的大字报以后，北京大学部分学生即不断打电话向中央电台提出质问。[①]

遗憾的是，对林彪、"四人帮"一伙控制下的广播电视宣传批评、指责的来信，当时广播电台只能作"另类"处理，绝大多数未能保存下来。现从保存下来的为数不多的听众来信中摘抄一封，以见一斑。这封信是1972年10月从上海发出的，署名"工农兵"，写给中央人民广播电台。信中说："作为你们——中央人民广播电台，是中华人民共和国的喉舌，无产阶级掌握政权的重要工具，但是你们却没有完全尽到自己的责任，在与资产阶级争夺文艺阵地，在宣传马克思主义、毛泽东思想，宣传社会主义制度，宣传我国工人阶级、贫下中农英勇战斗的光辉形象等等，有好多地方是吃了败仗的。……例如，从1966年到现在，打开收音机就是那么几篇干巴巴的文章和那么几块听惯了的京戏，试问七八年的时间，就今天这个明天那个，翻开（来）覆去就那么几块京戏，怎么能占领无产阶级宣传阵地呢？只有傻瓜才会那样认为，否则就是资产阶级妄图推翻无数阶级的（更加）极其阴险毒辣的手段!!!""七八年的时间，你们就广播七八块京戏，七八年时间，你们就广播几只歌曲（八个），社会主义阵地鬼才知道（什么时间）能够占领呢??"信的末尾警告"四人帮"控制下的广播说："你们这样以正确的面目，从'左'的方面出发，

---

① 1966年6月4日《人民日报》刊登的有关文章中透露，在播出聂元梓等的大字报时，中央电台编辑部曾不断接到打来的质问电话："谁让你们播这张大字报？"又据北京大学校史研究室研究员王效挺、黄文一《康生、曹轶欧与"第一张大字报"》一文称："大字报广播后，许多师生不理解甚至气愤。当晚到23时45分止，仅中央人民广播电台新闻部就接到询问和质问电话59次。"载上海《世纪》2003年1月号。

从右的方面夺取政权，其下场只有像林彪一样自取灭亡。"① 今天看来，尽管这封信带有"文革"时的语言痕迹，但它对"四人帮"控制下的广播电视宣传的尖锐批评，却是一针见血，反映了当时广大听众对广播的极端不满。

广大听众、观众对"四人帮"控制下广播电视的不满情绪，在1976年1月周恩来逝世以后表现得尤为强烈。愤怒的群众撕毁节目表，卖掉电视机，甚至摔掉收音机。党的宣传工具在人民群众中的威信下降到如此程度，可以说是有史以来从未有过的。人民广播在革命战争年代建立起来的崇高信誉，被林彪、"四人帮"一伙破坏殆尽。周恩来逝世以后的一个星期内，中央广播局接到各地电话二千多次，来信二百多封，充分表达了广大听众、观众对周恩来总理的无限怀念，对"四人帮"控制下的广播电视压制、贬低周恩来治丧报道活动的强烈不满。

众所周知，周恩来在世的时候，"四人帮"千方百计地利用种种手段（其中也包括广播电视）诬陷、折磨和迫害他。周恩来逝世后，"四人帮"特别是姚文元利用他手中的权力，连续下达了种种命令，多方刁难，百般破坏广播电视对周恩来治丧活动的宣传报道。对周恩来的逝世，人民群众万分悲痛。"四人帮"却污蔑这种感情是"一股反动思潮"，在姚文元控制下的宣传工具，对周恩来的治丧活动表现得十分冷漠。在讣告播出后的几天里，对人民群众自发的悼念活动，中央电台、北京电视台都没有反映。1976年1月11日，当周恩来的灵车从北京医院缓缓驶向八宝山时，首都百万群众冒着严寒，自动伫立十里长街送别总理，群情悲痛，景况感人。而此时中央电台照旧播放音乐和"样板戏"，激起听众的极大愤慨。北京电视台记者拍摄了以上动人的场面，姚文元却不准在电视中播放。同日，上海电视台记者冲破"四人帮"禁令，分七路拍摄了上海人民沉痛悼念周恩来的活动，制成18分钟的纪录片，却被删为6分钟，并且只准播出一次。

中央广播事业局原来准备播出治丧委员会名单，请示姚文元，姚说："不要播。"电视台播出了配有哀乐的周恩来遗像，姚文元十分恼火，训斥道："像这样重大的安排，应尽早请示汇报。"中央广播局准备让电视台播放三次周恩来的24幅生平照片，姚文元说："不要播。"外国电视机构送来各国人士到中国驻外使馆吊唁的新闻片，北京电视台原打算在《国际新闻》中播出，姚文元批示："不播。"对《向周恩来同志遗体告别》电视片，姚文元下令大删大改。他命令："把哭得厉害的镜头剪掉"，"最好用不哭的。"关于周恩来治丧活动的三条纪录片，北京电视台预告连播三天。播出两天后，姚文元打电话命令停播，他对中央广播局说："现在阶级斗争很复杂，有的单位有人借口悼念周总理，对领导上施加压力。向总理遗体告别的电视片已经播了两天了，就可以了，不要播了。"当他得知预告已经播出，不便

---

① 听众、观众的来信来电内容摘抄自1976年10月以后中央广播局群众批"四人帮"时贴的大字报。下同。

取消时,大发雷霆,斥责中央广播局"干扰了中央的部署"。与此同时,"四人帮"特别是张春桥和姚文元却又在悼念周恩来的活动中虚伪地进行表演,突出宣传他们自己,他们制造各种机会,摄影、拍片、出镜头,并多次对电视形象不合己意表示不满。在向总理遗体告别时,张春桥长时间地与邓颖超握手说话,以制造"总理接班人"的假象;姚文元则深鞠躬90度,表示他的恭敬,他还逼着电视台加上他和邓颖超握手的镜头,说:"不要让外国人猜测,谁跟总理亲,谁跟总理远。"在这个场合,只有江青不屑于做戏,她既不脱帽,也不鞠躬,心怀恨意,来去匆匆。① (见图7-8)

图7-8 《光明日报》1977年1月6日刊登的揭露"四人帮"破坏周总理治丧活动电视报道的文章

对于北京电视台通过卫星传送治丧活动纪录片的要求,姚文元执意不批。还是由于当时尚未下台的邓小平批准,才使这一具有重大新闻价值的事件通过三大洋的通信卫星传遍世界。

对于上述广播电视对周恩来治丧活动的报道,广大群众不满和愤怒的心情,从以下给中央广播局、中央人民广播电台和北京电视台的来信来电中可以看出:

一封观众来信说:"昨天我们怀着极其悲痛和万分思念的心情,希望通过电视向我们最敬爱的周总理遗体告别,但是,看了你们的电视,我们感到非常失望和难以理解。你们为什么不把成千上万的革命群众自发地扶老携幼聚集到护送总理遗体

---

① 关于"四人帮"干扰破坏周恩来治丧活动的情况,参见中央广播事业局批判组撰写的《周总理永远活在中国人民和世界人民心中——愤怒声讨"四人帮"破坏周总理治丧活动电视报道的罪行》,载《光明日报》1977年1月6日。

去八宝山火化的路上，从东交民巷一直到八宝山沿途那么多悲壮的、革命领袖和人民心连心的动人场面表现出来？你们的电视为什么把周总理和广大革命群众隔离开来？你们的阶级感情到哪里去了？你们的群众观点到哪里去了？"

一封外地听众来信说："周总理的逝世，引起了全国人民的巨大悲痛，在悼念周总理的各项活动中，北京人民和全国人民为之痛哭，从《参考消息》上看到一点点北京人民悼念的悲痛场景，虽然只有一点点，但我们已能感到北京人民自发伤痛之情——周总理永远活在我们心中……此情此景，难道你们没有看到吗？难道只有外国人看到吗？为什么你们沉默不言，丝毫也不广播，你们要对全国人民封锁吗？你们对总理还有感情吗？这是为什么？"

1月14日，正当全国人民沉浸在悼念周恩来的悲痛中，关注着第二天的追悼会时，中央电台清晨的《报摘》节目却根据《人民日报》的版面，头条播出了清华大学的经验介绍《大辩论带来大变化》，无中生有地断言："近来，全国人民都在关心清华大学关于教育革命的大辩论。"播出后，听众纷纷打电话质问，称这种宣传是"强奸民意"。一位听众在电话中愤怒地说："今天你们把其他新闻（指的是《大辩论带来大变化》）放在总理唁电之前，对你们的所作所为我们不禁要问：你们对总理是什么感情？你们是中国共产党党员吗？中国人民对总理的逝世反应却要从国外的报纸上去了解，你们不觉得这是莫大的讽刺吗？告诉你们，广大人民群众对总理的热爱、怀念，你们是封锁不住的，压制不下去的！"一位男听众在打电话时火冒三丈直拍桌子，大声质问："你们电台是代表谁的？是什么人掌权？什么心理？你们在许多问题上为什么总是和群众想不到一块儿去？"有的女听众在电话里哭得说不出话来。

这里应当指出的是，中央广播局、中央电台和北京电视台以及全国各地的广播电台、电视台的广大编辑、记者、播音员、工程技术人员等，和全国广大听众、观众的心情是一样的，既悲痛又悲愤，但因受着"宣传纪律"的约束，无法通过广播电视表达出来。

广播电视领域反对"四人帮"斗争的另一个表现就是有少数干部职工在反思十年"文革"中较早地认清了"四人帮"的真实面目，直接地、勇敢地投入到反对"四人帮"的斗争中去。其中有代表性的是中央广播局大修队干部窦守芳和技术人员刘万勇。1975年至1976年间，窦守芳先后给邓小平和其他中央领导写了九封信，信中历数了"四人帮"篡党夺权和祸国殃民的罪行。周恩来逝世后，1976年2月中旬，他看到"四人帮"疯狂反对周恩来，并加紧了篡党夺权的步伐，愤然而起，写了一百多张小字报，在清华大学、王府井、西单、西四等地散发，号召人们起来和阴谋家、野心家作最后的斗争。他在小字报中写道："起来！起来！战斗！战斗！全国人民紧急行动起来，以实际行动向叛徒、野心家、阴谋家张春桥、江青、姚文元之流进行坚决的斗争!""张春桥、江青、姚文元是林彪式的大小舰队,是陈伯达式的政治骗子。他们欲把大批老同志置于死地而篡党夺权。绝不能让他们的罪恶阴谋得逞!"不久,窦守芳遭到逮捕。[①]（见图7-9）

图7-9 《北京日报》1977年8月16日刊登的窦守芳同"四人帮"斗争的通讯

在"四五运动"[②]中,几百万群众相继自发地来到首都天安门广场敬献花圈、花篮,张贴传单,朗诵诗词,发表演说,表达对周恩来的悼念,痛斥"四人帮"的罪恶。中央广播局的青年录音员刘万勇觉得自己有责任把人民的呐喊、战斗的呼唤和深情的怀念记录下来,他从3月下旬起,每天把一台盒式录音机放在随身背着的书包里,穿插在人群中秘密录音。4月4日清明节那天深夜,正在录音的刘万勇被逮捕。[③]（见图7-10）4月5日,中央广播局西小院贴出了怀念周恩来的小字报《献花词》,到天安门广场送花圈、传抄诗词的也大有人在。[④]

在此前后,中央广播局干部林玉兰在1974年批林批孔中公开提出,中央广播局有的问题"需要张春桥、姚文元来澄清"。她坚强不屈地说:"我的矛头指的是张春桥、姚文元,我讲的话是对的。就是宣布开除我的党籍,我还是要讲。"另一名干部李景春在听完了宣布天安门广场"反革命事件"的广播后,写下了"反周总理的江、张、姚（恶狼）决没有好下场,不得好死!""打倒江、张、姚!"等标语。据统计,1966年春天以来,在"四人帮"的淫威下,中央广播局有133人上了黑名单,他们当中许多人遭到了残酷迫害,有的被关押、批斗,有的被开除党籍、公职,直到1978年5月才宣布平反昭雪。

---

① 参见《为捍卫毛主席革命路线而战斗——记共产党员窦守芳同"四人帮"斗争的事迹》,载《北京日报》1977年8月16日。
② "四五运动"是1976年春天,北京市百万市民自发到天安门广场悼念周恩来、声讨"四人帮"的革命行动,集中在4月4日清明节,第二天遭到镇压,当时被定性为"反革命政治事件"。1978年11月16日,《人民日报》报道,经中央批准,中共北京市委宣布,天安门事件完全是革命行动。
③ 王雷、王英斌:《录下时代的强音》,载《丙辰清明纪事》,人民日报出版社1980年1月版,第88—93页。
④ 参见《小字报引起的大风波》,载童怀周编:《丙辰清明见闻录》,工人出版社1979年3月版,第165—168页。

录下时代的强音

王雷　王英斌

清明深夜，大队民警和民兵以突然袭击的动作包围了天安门广场，纪念碑被严密封锁，逮捕正在进行。

一辆小汽车从天安门里开出，越过金水桥，飞速地驶过广场。车内，一个表情严肃的青年望着兵警林立的广场，心里说："再见了，天安门。"

他，就是中央广播事业局的青年技术员刘万勇同志。

三月下旬以来，刘万勇每天都去天安门广场。眼望纪念碑上越放越高的花圈，耳听群众越来越激愤的朗诵，他感到这是战斗的号唤，是人民的心响，是时代的强音——人民热情歌颂周总理，愤怒揭露"四人帮"。他是搞录音工作的，在这历史性大战的前沿阵地上，他觉得义不容辞，应当录下这时代的强音。

四月二日晚，广场上灯光暗淡，花圈似层层银浪，诗词似万花纷纭，一张张巨幅标语横贯其间。在凄凝冷雾中，松枝上抖动着层层造送的小白花。人群象潮水般涌来，在这里汇成润涌的大海。纪念碑基座上，高高矗立着"红心已结胜利果"的四块大诗牌。宜威凛凛，气贯长虹。

望着矗立在夜空中的纪念碑，刘力勇感到视野开阔，热血沸腾。他的书包里带有一台盒式录音机，他迅速接好话筒，情不自禁地记录了广场上的盛况。

· 88 ·

在纪念碑东侧，一个青年正在朗诵，洁白的汉白玉石栏和巨大的花圈映衬着他坚定的面孔。他的身旁围满手持纸笔的群众，不时发出阵阵欢呼。当念到"三人只是一小撮，八亿人民才成众"一句时，人群中爆发出一阵胜利的欢呼。

刘万勇和他的爱人就在这花丛人海中游动，边走，边录下一首又一首火热的诗章，录下一处又一处沸腾的场面，录下一阵又一阵战斗的呼喊……

连续战斗两夜，刘万勇激情不减。他不仅录音，而且在白天将自己录录的实况放给亲友和同志们听，让战士的音响在更多的人们心中回荡。

四月四日，正值他公休，整个下午他都在天安门广场录音。晚上回家要走，爱人对他说："昨天晚上抓了人，广场便衣很多，你昨天已被人发现跟踪，今天就不要去了。"

刘万勇心想：广场上正进行着一场光明与黑暗的激烈战斗，它关系到党和国家的前途和命运，革命是要付出代价的。他毫不犹豫地对爱人说："我一定要去。"说着，拿起书包，直奔天安门。

刘万勇与对当时使用的录音设备

图 7－10　记载刘万勇事迹的文章和他在天安门广场
录音时使用的盒式录音机

1976 年 4 月发生在天安门广场的事件，是全国人民反对"四人帮"斗争的一次集中体现。但当时，中共中央政治局却根据姚文元组织炮制的天安门事件的"现场报道"，把广大群众悼念周恩来的活动定性为"反革命政治事件"，是"妄图扭转当前批邓和反击右倾翻案风的大方向"。4 月 7 日晚，政治局会议通过了毛泽东提出华国锋担任中共中央第一副主席、国务院总理的决议和撤销邓小平党内外一切职务，保留党籍、以观后效的决议。两个决议通过后，当天晚上，中央电台即向全国作了广播，同时播出的还有姚文元组织炮制的《人民日报》记者写的《天安门广场的反革命政治事件》和 4 月 5 日中共北京市委第一书记、北京市革委会主任吴德在天安门广场发表的有线广播讲话（录音）。当晚，中央电台前后播出 5 遍，次日又播出 27 遍。震惊国内外的"四五运动"被错误地镇压下去了。

同年 9 月 9 日，毛泽东逝世。中央电台对国内外广播、北京电视台均作了长时间的、大规模的宣传报道，反映了全国人民沉痛悼念的心情。此后，"四人帮"加紧了夺取党和国家最高领导权的阴谋活动。为了制造舆论，他们伪造了毛泽东的所谓"临终嘱咐"——"按既定方针办"，并通过两报一刊的文章发表出来。姚文元特别强调，中央广播局要把"按既定方针办"贯穿到广播电视节目中去。

1976年10月6日，华国锋、叶剑英、李先念等党和国家领导人代表全党全国人民的意愿，当机立断，采取断然措施，对王洪文、江青、张春桥和姚文元实行了隔离审查；随后，又对"四人帮"在北京和外地的死党采取了同样的措施。同时，派人控制了中央人民广播电台、北京电视台、新华社、人民日报社等新闻宣传机构，并停止了对"按既定方针办"口号的宣传。10月14日，中共中央在内部通报了粉碎"四人帮"的喜讯。从10月21日起，中央电台和国际广播电台、北京电视台相继播出了首都和全国各地军民热烈庆祝粉碎"四人帮"重大胜利的消息。

对于林彪、江青反革命集团控制广播电视犯下的罪行，最高人民法院特别法庭在1981年1月23日的判决书中确认，他们在"一个相当长的时期内……控制了中共中央的组织、宣传部门和国务院的文化、教育、卫生、民族等部门的领导权"，并确认江青、张春桥、姚文元和陈伯达四人均犯有《中华人民共和国刑法》第一〇二条规定的"反革命宣传煽动罪"。[①] 他们的上述罪行和其他罪行一起依法受到严惩。

"文化大革命"时期，在林彪、江青反革命集团的控制下，广播电视事业的发展受到挫折，广播电视宣传给全国人民的思想带来了严重混乱，广播电视队伍遭到残酷迫害，在中国的广播电视历史上留下了极为沉痛的教训。回顾和反思"文革"十年广播电视走过的道路，有以下三点重大的教训值得永志不忘：

第一，广播电视的领导权必须牢牢掌握在党和人民手中，绝不允许被林彪、江青一类野心家、阴谋家篡夺。广播电视作为现代化的传播工具，威力巨大，影响广泛，掌握在什么人手里至关重要。"文革"前17年，广播电视的领导权掌握在党和人民手中，尽管在工作中出现过失误和偏差，但作为党和人民的喉舌，广播电视对社会主义事业发挥的功能是积极的、有成效的。在"文革"中，广播电视的领导权逐步被林彪、江青一类的野心家、阴谋家篡夺，成为他们手中制造封建法西斯统治舆论，煽动推翻无产阶级专政的武器，对党和人民犯下了不可饶恕的罪行。

第二，正确认识广播电视的性质、任务和作用，绝不允许把社会主义的广播电视变成对人民实行"全面专政的工具"。广播电视就其基本职能来说是宣传教育性质的传播工具，但从20世纪50年代中期起，受"左"的指导思想的影响，对广播的性质、任务和作用的认识发生了偏差，先后提出了"广播是阶级斗争的工具"、"广播是无产阶级专政的工具"等等观点；"文革"中，林彪、"四人帮"更进一步把广播电视当作对人民群众实行"全面专政的工具"，用来鼓吹"文化大革命"，煽动阶级斗争，造成了无穷的祸害。

---

① 引自《中华人民共和国最高人民法院特别法庭判决书》，载《人民日报》1981年1月26日。

　　第三，坚持和发扬人民广播的优良传统，绝不允许践踏或败坏优良传统。在革命战争年代和新中国成立初期形成的人民广播的优良传统，诸如自力更生、艰苦奋斗的创业精神，实事求是的宣传路线和作风，联系实际和联系群众的工作方法，准确、鲜明、生动、活泼的文风等，都对发展广播事业、创办电视事业、改进广播电视的宣传发挥了积极的作用。林彪、"四人帮"一伙肆意践踏或败坏人民广播的优良传统，使得传统不传，传统失传，造成社会主义广播电视在广大人民群众中的声誉急剧下降的恶果，丧失了国内外听众和观众的信任。

第 **8** 章

社会主义建设新时期的广播电视事业（上）

1978 年 12 月举行中共十一届三中全会之后，我国进入了社会主义建设的新时期。在邓小平理论的指引下，中国共产党领导全国人民齐心协力开创了改革开放和社会主义建设的新局面。随着"六五"、"七五"、"八五"、"九五"四个五年计划的相继胜利完成，我国的社会主义现代化建设取得了举世瞩目的伟大成就，综合国力得到加强，到 20 世纪末，我国人民生活总体上已达到小康水平。在这二十多年里，我国的广播电视事业得到迅猛发展，成为了世界上为数不多的广播电视大国之一。广播电视宣传坚持"自己走路"方针，"扬独家之优势，汇天下之精华"，各类节目的改革与时俱进、导向正确，精品迭出，成绩斐然，为我国的改革、开放、稳定作出了重要的贡献，积累了许多成功的、丰富的新鲜经验。

第一节
历史性转折期间的广播电视

一、加强对广播电视的领导　真理标准大讨论中的广播电视

1976 年 10 月 6 日 20 时左右，中共中央第一副主席、主持中央日常工作的华国锋，打电话给中共中央对外联络部部长耿飚，要他马上到中南海怀仁堂。耿飚到了

怀仁堂，见在场的除了华国锋、叶剑英外，还有北京卫戍区司令员吴忠和副司令员邱巍高。耿飚被告知，华国锋经与叶剑英、李先念共同研究和反复商量，并征得中央政治局多数同志的同意后，已在这天晚上，由华国锋、叶剑英代表中央政治局，执行党和人民的意志，对江青、张春桥、王洪文、姚文元以及"四人帮"在北京的帮派骨干实行隔离审查，干净利落地粉碎了祸国殃民的"四人帮"。

华国锋和叶剑英向耿飚交代了任务。华国锋说："你和邱巍高到广播电台去，要迅速控制住广播电台和电视台，不能出任何差错，否则后果不堪设想。"华国锋当即写了一纸手令给于耿飚。手令上写着："邓岗同志：为了加强对广播、电视的领导，中央决定，派耿飚、邱巍高同志去，请你们接受他俩的领导，有事直接向他们请示。华国锋十月六日"①（见图8－1）

图8－1 《耿飚回忆录》中有关1976年10月接管中央广播局的章节

近22时，耿飚、邱巍高还有负责守卫广播大楼的北京卫戍区警备一师的副师长王甫等，来到复兴门外广播大楼。当时中央广播局局长邓岗还在办公室，耿飚请他通知广播局领导班子的人到局长办公室来，就说有事要商量。在邓岗打电话召集人的同时，邱巍高等已在电台直播室、机房和制高点加强了岗哨，控制了要害部位，并且向驻广播局的部队作了动员，要战士们提高警惕，防止歹徒闯入。

在中央广播事业局党的核心小组成员会议上，耿飚宣布了华国锋的手令，并要求大家紧跟党中央，把工作做好。他指出，在广播电视宣传上，主要抓住两条：一是有关粉碎"四人帮"的消息不能泄露，二是不要再宣传"按既定方针办"，所有节目中凡是有这句话的都要删掉。23时40分，邓岗召集各部门领导紧急会议，传达中央的指示，对内对外广播各编辑部连夜检查节目。

为了把好宣传关并确保工作正常运转，耿飚把中联部的两位副部长张香山和冯

---

① 转引自耿飚：《一场特殊的战斗》，载《当代中国广播电视回忆录》第2集，中国广播电视出版社1995年1月版。又见《耿飚回忆录》（1949—1992）第八章《春风又绿中华·接过华国锋手令之后》，江苏人民出版社1998年1月版，第292页。

铉等请来。他们的任务主要是审查播出前的录音节目，包括文字节目和歌曲节目，凡其中提到"按既定方针办"的一律删去，还撤换了一些内容不妥的节目。与此同时，中央还派人控制了曾被"四人帮"一伙长期盘踞的人民日报社、新华社、光明日报社等新闻舆论机构，并在把握宣传口径上做了同样的工作。

毛泽东逝世后，"四人帮"加紧了篡夺党和国家最高领导权的活动，在 1976 年 9 月 16 日的两报一刊社论《毛主席永远活在我们心中》里，抛出了他们伪造的"按既定方针办"的毛主席临终嘱咐。所谓"按既定方针办"，就是要"永远遵循毛主席的教导，坚持以阶级斗争为纲，坚持党的基本路线，坚持无产阶级专政下的继续革命"。他们的目的是要争夺毛泽东这面旗帜，表明只有他们才是毛泽东最忠实可靠的接班人。从 9 月 16 日到 30 日，姚文元三次告知中央广播局，要大力宣传"按既定方针办"，强调要把这一点贯穿到各类广播电视节目中去。"四人帮"还公然把矛头指向华国锋和其他主持中央工作的领导人。在粉碎"四人帮"后，坚决不允许在广播电视中再出现"按既定方针办"的提法，是清算"四人帮"控制声屏阵地的罪行，反对他们把广播电视当作"全面专政的工具"的第一个举措。

1976 年 10 月 14 日，中共中央公布了粉碎"四人帮"的消息，举国上下一片欢腾。广播电视系统的广大职工衷心拥护中共中央采取的果断行动，并以无限喜悦的心情，投入庆祝粉碎"四人帮"的宣传报道工作中。受中央委派到广播局来加强领导的耿飚，在中央广播局工作了十天后就离开了。此时中共中央决定成立中央宣传口统一领导宣传舆论阵地，并决定由耿飚负总责。中央广播局的工作则由张香山负责，冯铉和中联部来的其他人员陆续返回中联部。1977 年 1 月 7 日，张香山被任命为中央广播事业局局长。[1] 1977 年 10 月重新建立中央宣传部以后，张香山出任中宣部副部长，仍兼中央广播事业局党组书记、局长。1978 年 5 月至 11 月，调张策[2]任

[1] 张香山（1914—2009），笔名张荺人、时任等，浙江宁波人。日本东京高等师范肄业。1932 年参加革命，任天津左翼作家联盟书记。1934—1936 年为中国日本左联分盟成员。1937 年 10 月参加八路军，1938 年加入中国共产党。抗日战争时期任八路军一二九师政治部敌工部干事、科长、部长。解放战争时期任晋冀鲁豫军区政治部联络部长，北平军事调处执行部中共方面新闻处副处长，中共中央外事组翻译处副处长。新中国成立后，历任中共中央联络部部长王稼祥的政治秘书，副秘书长、秘书长、副部长，中共中央宣传部副部长、世界知识杂志社顾问、外交部顾问等职。1976 年 10 月调中央广播事业局主持工作，1977 年 1 月—1982 年 5 月任局长。全国政协五届、六届常务委员，中国亚洲团结委员会副主任。1982 年 5 月离休。曾任中共中央对外联络部顾问、中日友好 21 世纪委员会中方委员、中日友协副会长等职。著有《日本》《阶级和阶级斗争》《个人和群众在历史上的作用》《为什么要反对个人崇拜》《反对绝对平均主义》等，译著有《现实与典型》《车尔尼雪夫斯基评传》、小说《星》等。

[2] 张策（1911—1999），字临轩，别名王尚毅，陕西高陵人。革命战争年代历任陕甘边区中共特委委员、中央党校白区工作班主任、陕甘省白区工作部部长、中央东北军工作委员会委员、陕西省委委员、嫩江省委常委、兴安省军区副政委、松江省委书记兼哈尔滨市委书记、松江省军区政委、东北人民解放军骑兵纵队政委等职。新中国成立后，历任交通部副部长、党组副书记，国务院副秘书长兼国家编制委员会副主任，出国工人管理局局长，陕西省委书记兼西安市委第一书记。1978 年 5—11 月调任中央广播事业局党组书记。后为中纪委副书记、中顾委委员、第五届全国政协常委，是中共八大代表、十三大特邀代表。著有《我的历史回顾》。

中央广播事业局党组书记，张香山任党组第一副书记兼局长。之后，中央决定张策调离，仍由张香山任党组书记、局长，统一主持局内的业务和揭批"四人帮"的运动。

粉碎"四人帮"后，全国展开了轰轰烈烈的揭批"四人帮"的斗争，以便拨乱反正，逐步克服"文革"十年带来的严重问题，初步实现社会的安定。但是，随着揭批"四人帮"的深入开展，人们越来越感到有必要清理"文革"及此前的"左"倾错误，同时也就涉及到如何看待毛泽东晚年所犯的错误。在这个问题上，当时担任中共中央主席、国务院总理的华国锋在指导思想上仍然继续坚持"左"的错误，肯定"文化大革命"，并且错误地提出了"两个凡是"的方针，使得否定"文革"、清理"左"倾错误的努力遇到了严重的障碍。

1977年2月7日，根据华国锋的意见，中央两报一刊发表了题为《学好文件抓住纲》的社论，把"两个凡是"的方针公之于众，即"凡是毛主席作出的决定，我们都坚决维护；凡是毛主席的指示，我们都始终不渝地遵循"。这个社论的实质，就是要继续维护毛泽东晚年的错误，使拨乱反正的斗争更加艰巨。

1977年四五月间，邓小平在正式出来工作之前就明白无误地指出："两个凡是"的观点是错误的，必须准确、完整地掌握毛泽东思想体系。邓小平这一科学论断得到了党内外普遍的拥护。按照马克思主义的观点，判定某一认识和理论是不是正确，只能拿到实践中检验，实践是检验真理的唯一标准。党内最高领导层在思想理论观点上的重大分歧，在全国引发了一场真理标准的大讨论。1978年5月11日，《光明日报》以特约评论员的名义发表了题为《实践是检验真理的唯一标准》的文章。这篇文章是经过当时中央党校常务副校长胡耀邦审阅修改定稿的。文章尖锐地提出："四人帮"加在人们身上的精神枷锁还远远没有完全粉碎，对"四人帮"设置的禁区要敢于去弄清是非，并且从根本理论上否定"两个凡是"的错误方针。这篇评论员文章引起了极大反响。当天，新华社向全国播发了这篇文章的全文，第二天《人民日报》、《解放军报》等转载此文，以后各地报纸均先后转载，广播电视节目中也对此作了报道。华国锋大为不满，指示《红旗》杂志对这场讨论"不表态"、"不介入"；主管宣传的汪东兴也一再指责《光明日报》的文章，说它的矛头是指向毛泽东思想的。但是，邓小平、叶剑英、陈云、李先念等一批老同志都支持这场讨论。关于真理标准讨论的阻力，不仅来自上面那些坚持"两个凡是"的同志，也来自一部分干部、群众的习惯势力。所以这场讨论对于促进全党同志和全国人民解放思想，端正思想路线，破除"左"倾僵化思想，具有重要的意义。

中央一些新闻单位坚定地引导着这场关系到党和国家的命运和前途的大讨论。中央电台顶住了从上面来的压力，经过几个月的准备，在1978年11月的《学习》节目中，播出了《理论和实践问题——实践是检验真理的唯一标准》讲座（共13

讲）。（见图8－2）这个讲座全面阐述了真理标准问题，反复强调：理论和实践的统一是马克思主义一个最根本的原则；检验真理的标准，只能是社会实践；马克思主义理论在实践过程中，必然要不断增加新的观点、新的结论，抛弃那些不适合新情况的个别旧观点、旧结论。讲座通过实事求是的论证，通俗、明了的说理，对“句句是真理”、“一句顶一万句”和“两个凡是”进行了有很强说服力的批判。像中央电台办的这种系统性的真理标准讲座，在全国还是第一个，有四家出版社出版了这个讲座的广播稿。一些省市级电台、电视台也举办了类似的讲座。安徽电台的《理论和实践》节目，先后推出《学习〈实践论〉》和《学习马克思主义认识论》两个讲座，上海电台举办了《关于真理标准问题》的专题讲座，上海电视台也开设了《实践是检验真理的唯一标准》的电视讲座，深入阐明了实践是检验真理唯一标准的道理，在思想观念上澄清是非，正本清源。

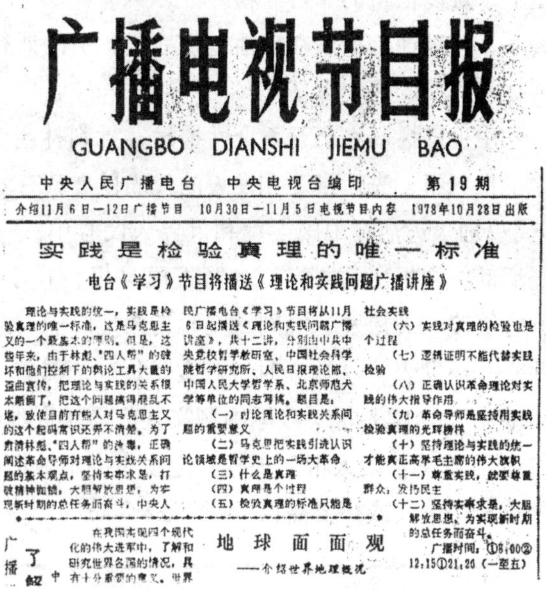

广播电视节目报

GUANGBO DIANSHI JIEMU BAO

中央人民广播电台 中央电视台编印 第19期

介绍11月6日—12日广播节目 10月30日—11月5日电视节目内容 1978年10月28日出版

实践是检验真理的唯一标准

电台《学习》节目将播送《理论和实践问题广播讲座》

理论与实践的统一，实践是检验真理的唯一标准，这是马克思主义的一个最基本的原则。但是，这些年来，由于林彪、“四人帮”的破坏和他们控制下的舆论工具大量的歪曲宣传，把理论与实践的关系根本颠倒了，把这个问题搞得混乱不堪，致使目前有些人对马克思主义的这个起码常识还弄不清楚。为了肃清林彪、“四人帮”的流毒，正确阐述革命导师对理论与实践关系问题的基本观点，坚持实事求是，打破精神枷锁，大胆解放思想，为实现新时期的总任务而奋斗，中央人民广播电台《学习》节目将从11月6日起播送《理论和实践问题广播讲座》，共十二讲，分别由中共中央党校哲学教研室、中国社会科学院哲学研究所、人民日报理论部、中国人民大学哲学系、北京师范大学等单位的同志写稿。题目是：

（一）讨论理论和实践关系问题的重要意义

（二）马克思把实践引进认识论领域是哲学史上的一场大革命

（三）什么是真理

（四）真理是个过程

（五）检验真理的标准只能是社会实践

（六）实践对真理的检验也是个过程

（七）逻辑证明不能代替实践检验

（八）正确认识革命理论对实践的伟大指导作用

（九）革命导师是坚持用实践检验真理的光辉榜样

（十）坚持理论与实践的统一才能真正高举毛主席的伟大旗帜

（十一）尊重实践，就要尊重群众，发扬民主

（十二）坚持实事求是，大胆解放思想，为实现新时期的总任务而奋斗。

广播时间：①6:00②12:15①21:20（一至五）

广播 了解 中

在我国实现四个现代化的伟大进军中，了解和研究世界各国的情况，具有十分重要的意义。世界

地球面面观

——介绍世界地理概况

图8－2　1978年11月中央电台播出《理论和实践问题广播讲座》的预告

真理标准大讨论的深入、普遍地展开，为党和人民在思想上拨乱反正和正本清源指明了方向，这是全党自延安整风运动以来的又一次伟大的思想解放运动。这场大讨论冲破了长期以来“左”倾错误思想的束缚，开始把人们从盛行多年的教条主义和个人崇拜的精神枷锁中解放出来，逐渐端正了马克思主义实事求是的思想路线，有力地推动了包括宣传思想战线在内的各个方面的拨乱反正。

二、拨乱反正，广播电视宣传初步改观

从粉碎“四人帮”到中共十一届三中全会之前的两年多的时间里，全国广播电视系统一方面深入揭批林彪、“四人帮”利用广播电视制造篡党夺权舆论的罪行，清理有关涉及林彪、江青反革命集团的人和事，一方面广泛宣传报道粉碎“四人帮”以后全国面临的形势和任务，努力拨乱反正，使广播电视宣传的面貌有了初步改观。

如本书第七章所述，林彪、“四人帮”一伙在“文化大革命”中控制了广播电视的领导权，特别是中央的广播电视领导权，为他们一伙实现篡党夺权的野心服务，

犯下了难以估量的罪行。粉碎"四人帮"以后，广播电视重新回到党和人民手中，揭发、清理他们一伙在广播电视战线犯下的罪行，应是广播电视系统广大干部和编播技术人员的历史责任。

中央广播局在展开群众性揭发、批判林彪、"四人帮"运动的基础上，专门成立了批判组，先后撰写和发表的代表性文章有《光明日报》1977年1月6日刊登的《周总理永远活在中国人民和世界人民心中——愤怒声讨"四人帮"破坏周总理治丧活动电视报道的罪行》和《人民日报》1月14日刊登的《人民广播的政治方向不容篡改——揭发、批判姚文元妄图把广播、电视变成篡党夺权舆论工具的罪行》。此外，还发表了《选择时机贩卖私货——揭露"四人帮"在全国电视会议上的阴谋活动》、《"四人帮"残酷围剿文艺广播罪责难逃》、《姚文元妄图扼杀体育转播居心何在》和《"四人帮"怎样在电视中突出他们自己》等。以上文章均在中央电台多种节目中全文或摘要播出。（见图8-3）

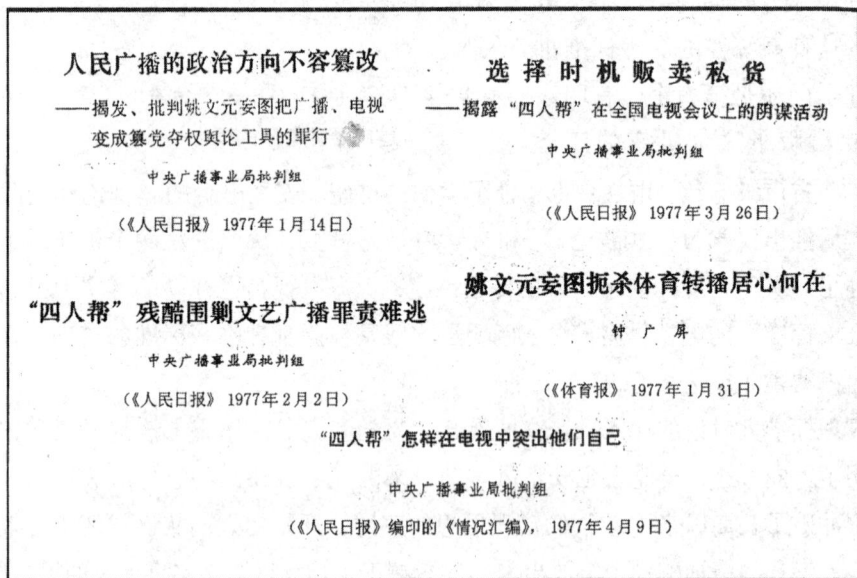

图8-3 1977年《人民日报》、《体育报》等发表的
关于揭发批判"四人帮"的文章

在清理涉及林彪、"四人帮"的人和事中，1979年5月、11月，中央广播局、北京市公安局先后在广播局召开大会，为在天安门事件前后受到迫害的窦守芳、刘万勇等人平反昭雪，对其他因天安门事件受到牵连的人也都作了相应的处理。1977年8月16日《北京日报》刊登通讯，表彰了窦守芳同"四人帮"英勇斗争的事迹。1978年11月为"天安门事件"平反后，中央电台播出了"四五运动"期间天安门广场的实况录音。（见图8-4）

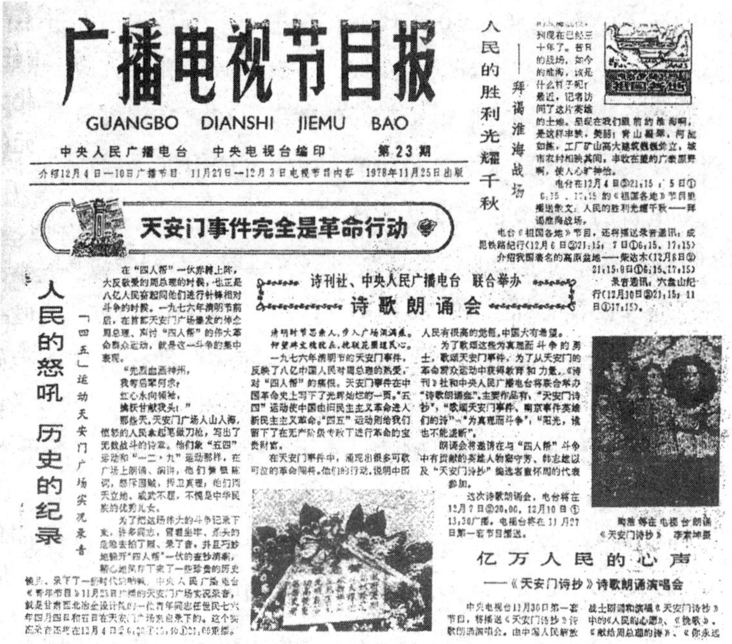

广播电视节目报

GUANGBO DIANSHI JIEMU BAO

中央人民广播电台 中央电视台编印 第23期

介绍12月4日—10日广播节目 11月27日—12月3日电视节目内容 1978年11月25日出版

人民的胜利光耀千秋——拜谒淮海战场

……到现在已经三十年了。昔日的战场，如今的淮海，该是什么样子呢？最近，记者访问了这片英雄的土地。展现在我们眼前的淮海啊，是这样丰饶，美丽：青山翡翠，河流如练，工厂矿山高大建筑巍巍耸立，城市农村相映其间，丰收在望的广袤原野啊，使人心旷神怡。

电台在12月4日②21:15；5日①6:15、17:15的《祖国各地》节目里播送散文：人民的胜利光耀千秋——拜谒淮海战场。

电台《祖国各地》节目，还将播送录音通讯：成昆铁路纪行（12月6日②21:15；7日①6:15、17:15）介绍我国著名的高原盆地——柴达木（12月8日②21:15；9日①6:15、17:15）录音通讯：六盘山纪行（12月10日②21:15；11日①17:15）。

天安门事件完全是革命行动

人民的怒吼 历史的纪录

「四五」运动天安门广场实况录音

在“四人帮”一伙跳梁上蹿，大反敬爱的周总理的时候，也正是八亿人民奋起同他们进行针锋相对斗争的时候。一九七六年清明节前后，在首都天安门广场爆发的悼念周总理、声讨“四人帮”的伟大革命群众运动，就是这一斗争的集中表现。

“先烈血洒神州，
我辈后军何求，
红心永向领袖，
换获甘献我头！”

那些天，天安门广场人山人海，愤怒的人民拿起笔做刀枪，写出了无数战斗的诗篇。他们象“五四”运动和“一二·九”运动那样，在广场上朗诵、演讲，他们悼念总理，怒斥国贼，捍卫真理，他们顶天立地、威武不屈，不愧是中华民族的优秀儿女。

为了把这场伟大的斗争记录下来，许多同志，冒着坐牢、杀头的危险去拍了照、录了音，并且巧妙地躲开“四人帮”一伙的查抄消剿，精心地保存下来了一些珍贵的历史镜头、录下了一些时代的呐喊。中央人民广播电台《青年节目》11月23日广播的天安门广场实况录音，就是甘肃西北冶金设计院的一位青年同志任世民七六年四月四日和五日在天安门广场亲自录下的。这个实况录音还将在12月4日……重播。

诗刊社、中央人民广播电台 联合举办

诗歌朗诵会

清明时节悲亲人，步入广场泪满襟。
仰望碑文魂犹在，挽联花圈道民心。

一九七六年清明节的天安门事件，反映了八亿中国人民对周总理的热爱，对“四人帮”的痛恨。天安门事件在中国革命史上写下了光辉灿烂的一页。“五四”运动使中国由旧民主主义革命进入新民主主义革命。“四五”运动则给我们留下了在无产阶级专政下进行革命的宝贵财富。

在天安门事件中，涌现出很多可歌可泣的革命闯将。他们的行动，说明中国人民有很高的觉悟，中国大有希望。

为了歌颂这些为真理而斗争的勇士，歌颂天安门事件，为了从天安门的革命群众运动中获得教育和力量，《诗刊》社和中央人民广播电台将联合举办“诗歌朗诵会”。主要作品有：“天安门诗抄”，“歌颂天安门事件、南京事件英雄们的诗”、“为真理而斗争”，“阳光，谁也不能遮断”。

朗诵会将邀请在与“四人帮”斗争中有贡献的英雄人物韩守秀、韩志雄以及“天安门诗抄”编选者童怀周的代表参加。

这次诗歌朗诵会，电台将在12月7日②20:00，12月10日①13:30广播。电视台将在11月27日第一套节目播送。

……等在电视台朗诵《天安门诗抄》 李……摄

亿万人民的心声

——《天安门诗抄》诗歌朗诵演唱会

中央电视台11月30日第一套节目，将播送《天安门诗抄》诗歌朗诵演唱会。由中国人民解放……战士朗诵和演唱《天安门诗抄》中的《人民的心愿》、《挽歌》，《献给周总理的诗》、《你永远……

图8-4　1978年11月23日，中央电台播出“四五运动”天安门广场实况录音的报道

为了拨乱反正、正本清源，恢复人民广播事业的光荣传统，中央广播局理论组还先后发表了纪念毛泽东、周恩来等老一辈无产阶级革命家关怀、指导广播电视事业的有关文章。如《红波永奏〈东方红〉》（《人民日报》1977年9月15日）、《红波万里寄深情》（《光明日报》1977年1月12日），等等。

从粉碎“四人帮”到中共十一届三中全会这两年多的时间，广播电视宣传面貌初步改观，主要反映在以下几个方面：

1. 结合揭批“四人帮”的反动理论，力求完整、准确地宣传马克思列宁主义、毛泽东思想的基本原理和基础知识

林彪、“四人帮”利用党内长期存在的“左”的指导思想，以及毛泽东晚年发动和坚持“文化大革命”的错误，肆无忌惮地歪曲、随心所欲地解释马克思列宁主义、毛泽东思想，并且通过他们把持的广播电台和电视台广为传播，为他们篡党夺权大造反革命舆论。在广播电视的新闻和其他节目中，唯心主义和形而上学的内容肆意泛滥，杜撰的“事实”和捏造的谎言俯拾即是，弄得思想理论上真伪难辨，一片混乱，严重损害了广播电视在国内外受众中的声誉。

十年动乱结束后，广播电视宣传的一个首要任务就是要揭露和批判林彪、“四人帮”在思想理论战线上的罪恶行径，而且要恢复党的新闻工作的好传统，讲真话、不讲假话，讲道理、不打棍子，用客观的事实去说服、教育和鼓舞人民，使全党的工作转到真正的马克思列宁主义、毛泽东思想的轨道上来。

中央电台和地方电台20世纪50年代就在理论学习节目中举办讲座，或者单辟时间开设讲座节目，比较系统地对党的路线、方针、政策和重大政治任务，从理论上和实践上作通俗易懂的说明，取得了很好的效果。在"文化大革命"中，讲座节目一概被取消。中央电台曾要求恢复，却遭到姚文元的拒绝，直到"四人帮"被粉碎，中央和地方电台的讲座节目才重见天日。

1977年到1978年，仅中央电台在《学习》节目中，针对被林彪、"四人帮"搞乱了的思想理论是非以及实际工作中提出的新问题，就举办了18个理论讲座，除前述的《理论和实践问题——实践是检验真理的唯一标准》外，还有《谈谈革命和生产的辩证关系》、《社会主义经济问题》、《知识分子问题》等，一共207讲，102万字。这些讲座的内容绝大部分是通过阐述马克思主义的基本原理，着重批判"四人帮"的反革命谬论，讲了一些过去不敢讲的属于"禁区"的问题，有力地配合了当时揭批"四人帮"罪行活动的开展。因为这些理论讲座深受听众欢迎，中央电台《学习》节目的听众来信骤增，1977年的来信数比1976年增加了31.4倍。许多省市、机关、部队和学校翻印了广播稿，一些讲座广播后由出版社出版发行，以满足听众学习的需要。地方电台播出的理论讲座，同样备受欢迎。

2. 打破林彪、"四人帮"的文化专制主义的禁锢，在广播电视中恢复受到听众喜爱的专题和文艺节目，并且开办了一批新的知识教育性节目

1978年3月，全国科学大会在北京召开，邓小平在开幕式上讲话，强调"科学技术是生产力"这个马克思主义观点。这个重要的大会使全国迎来了"科学的春天"，也给中央电台恢复不久的《科学知识》节目注入了活力，带来了勃勃生机。为了充分宣传"科学技术是生产力"，《科学知识》节目邀请我国著名的科学家介绍当代科学技术的新水平和新学科。例如，请钱学森谈系统工程，请王守武谈半导体科学技术，请王葆仁谈高分子，请冯秉铨谈信息科学，请宋健谈现代自动化技术，请严东生谈材料科学。同时，《科学知识》节目还配合科学大会上提出的八种带头学科，在节目中举办了《电子计算机讲座》、《激光和现代化讲座》、《能源知识讲座》、《材料世界漫谈》等系统讲座。

各地方电台也纷纷恢复或新办了科学知识节目，像浙江电台的《科学技术》、陕西电台的《科学知识》，就是在1978年上半年新出台的。地方电台的科普节目，注重从本省、自治区、直辖市的实际出发，服务于当地的经济建设和人民生活。

在这期间，电视科普节目也开始复苏。北京电视台1960年创办的《科学常识》和《医学顾问》专栏节目，在"文化大革命"中也厄运难逃。《科学常识》节目虽在1971年恢复，但因节目数量少，编辑力量薄弱，技术设备落后，步履艰难。在全国科学大会精神的鼓舞下，北京电视台改进了《科学与技术》（即原来的《科学常识》）节目，充分运用电视的特殊手段，把人类已经掌握的科学技术知识以及先进

的科学思想、科学方法，通俗、形象地传播到广大观众中去，取得了良好的社会效益。许多地方电视台也相继充实或开办了科学知识节目。

广播电视文艺节目也逐步丰富起来，初步满足了人民群众文化生活的需要。刚粉碎"四人帮"时，文艺节目在广播电视整个播出时间中占的比重不算太少，广播大约占50%以上，电视大约占50%。问题在于内容过于贫乏、单调。十年动乱中，把古今中外优秀的艺术作品一概称之为"封、资、修"或"才子佳人戏"，打入冷宫，不准在广播电视中出现，当时的文艺节目一度只剩下八首歌曲、八个"样板戏"，文艺宣传处于百花凋零、一片萧条的状态。"四人帮"被打倒后，中央宣传口和文化部一下子还来不及就哪些被禁的艺术作品可以开放做出规定。而广播电视工作者和广大受众都认为节目萧条的局面不能再继续下去，只得采取积极主动的态度，千方百计去争取。例如，中央电台为了在广播中播出小提琴协奏曲《梁山伯与祝英台》，先是征求了上海市委的意见，然后通过文化部、中宣部，最后经中央批准才排上广播节目表。北京电视台在1977年10月18日向中央宣传口递交一份关于审看传统录像剧目的请示报告。审查过关后，《十五贯》等一批剧目陆续在电视中播放。当时要求开放的传统剧目、中外音乐歌曲、电影、相声老段子等非常多，不可能全部送审请示，要由广播电视部门自行审批。到1978年下半年，以中央电台的音乐节目为例，重新播出的曲目数以千计。一些文艺专栏节目，如《星期音乐会》、《音乐厅》、《银幕上的歌声》、《听众点播的音乐节目》、《京剧选段》、《地方戏选段》、《小说连续广播》、《阅读和欣赏》等，相继恢复播出。上述工作是在极其困难的条件下进行的，由于"四人帮"的流毒还没有肃清，在某些节目要不要放开的问题上，不仅广播电视部门内部争论颇多，而且播出以后，一些群众也持有不同看法，意见尖锐、激烈，为此，电台、电视台多次受到指责。

粉碎"四人帮"后，人心大快，群情振奋，欢呼胜利的声音响彻云霄。中央电台、北京电视台多次组织文艺专场演出，演员们尽情歌唱人民的胜利和愤怒声讨"四人帮"的罪行。一些长期受"四人帮"迫害的老演员，重新登上舞台，听众观众倍感亲切，反应热烈。1977年1月，在周恩来逝世一周年之际，中央电台除了播出大量怀念周恩来的节目外，还播出不少揭批"四人帮"罪行的节目，如歌曲《愤怒声讨"四人帮"》、诗歌《欢呼胜利的十月》、报告文学《旌旗十万斩阎罗》、二人转《十月春风传喜讯》、相声《帽子工厂》和《白骨精现形记》等等。北京电视台播出了"纪念伟大的无产阶级革命家、杰出的共产主义战士周恩来总理逝世一周年文艺演唱会"和"诗歌朗诵音乐会"。在演出现场，情景感人，很多演员一边流着热泪一边演唱，表达了他们对周恩来的深切怀念之情。在电视机前，很多观众也禁不住热泪盈眶。1978年2月6日农历除夕，北京电视台举办了春节晚会。这是粉碎"四人帮"后，北京电视台举办的第一次春节晚会。这场晚会气氛活跃，喜气洋洋，与前几年春节的文艺宣传形成鲜明的对比。

这个时期，国际文化交流开始恢复，日本著名交响乐指挥小泽征尔和中央乐团合作演出，中国广播民族乐团出访意大利、联邦德国等国，都及时在广播电视里作了宣传。美国波士顿交响乐团来北京演出，中央电台转播了演出实况。北京电视台1977年11月开办了《外国文艺》节目，向观众介绍外国的优秀文艺作品，包括音乐、舞蹈、文学名著欣赏等，目的是普及文化艺术知识，提高观众艺术欣赏能力。地方电台、电视台的文艺节目，也都恢复并逐渐丰富起来。

3. 对国外广播开始克服内外不分、强加于人的错误做法，加强了针对性

粉碎"四人帮"后，对国外广播部门认真总结了"文化大革命"的历史教训，端正了宣传的指导思想，重申对国外广播的主要任务是介绍中国，为我国的社会主义现代化建设事业和独立自主的和平外交路线服务，为世界和平、加强各国人民之间的友谊以及人类进步服务。另外，彻底否定了对国外广播应面向"坚定的革命左派"的论调，重新确认服务对象是国外广大听众。由于对国外广播严格遵循了"内外有别"和"外外有别"（意即对非洲和对欧洲不同，对亚洲和拉丁美洲不同等）的原则和本身的特点，从节目的内容、风格到形式，都照顾到国外听众的收听动机和心理承受能力，讲究宣传艺术，注重宣传效果，中国的对外广播又逐渐赢得了世界各国听众的欢迎和信赖。

为了适应我国对外广播事业发展的需要，1978年5月1日，担负对国外广播工作的中央广播事业局下属对外广播部，改名为中华人民共和国国际广播电台。在对外广播节目中，沿用"北京广播电台"的呼号。同一天，北京电视台改名为中央电视台，英文缩写为"CCTV"，对外称中华人民共和国中央电视台。（见图8-5）中央人民广播电台、中国国际广播电台和中央电视台简称为"中央三台"。它们作为国家台，共同担负着向国内外进行广播电视宣传的重要任务。

北京电视台将改名为中央电视台
北京电台将改名为中华人民共和国国际广播电台

新华社北京四月二十五日电　为适应我国广播、电视事业发展的需要，自五月一日起，北京电视台将改名为中央电视台。英明领袖华主席已为中央电视台书写了台名。自同日起，我对国外广播的北京电台将改名为中华人民共和国国际广播电台（在对外广播节目中仍用"北京电台"作呼号）。

图8-5　1978年5月1日起，北京电视台改名为中央电视台，
北京电台改名为中华人民共和国国际广播电台
（原载《人民日报》1978年4月28日）

北京电视台易名为中央电视台后，西安、哈尔滨、成都、太原、武汉、兰州、长春等电视台，先后改成以省的名称命名的电视台。1979 年 5 月 16 日，北京市市级电视台——北京电视台开播。

1977 年和 1978 年两年，广播电视部门为拨乱反正作了不少努力，取得了一定成绩。由于当时的党中央没有在指导思想上彻底清理"左"的错误，又受"两个凡是"方针的影响，全国各项工作进展缓慢，出现了两年徘徊的局面。广播电视事业也不例外，宣传工作虽有变化，然而前进的步子迈得不大，许多带有理论性的根本问题还没有突破原来的束缚，宣传上仍留有"文化大革命"的痕迹，对马克思列宁主义、毛泽东思想的宣传仍有断章取义的地方。在中央电台《学习》节目中，宣传过一些错误的理论观点。1977 年 4 月《毛泽东选集》第五卷出版后，中央电台在播出的有关文章中仍然充满了"无产阶级专政下继续革命"的观点。文艺节目也没有完全摆脱"左"的影响，不适当地宣传了个别领导人的个人作用，在反映工农业题材的作品中，出现了一些不科学的提法，甚至有错误的口号。这些现象到中共十一届三中全会后才逐步改变。

第二节
改革开放起步前后的广播电视

一、全国广播事业规划会议的召开和优先发展电视事业方针的确定

1978 年 12 月，中共中央召开了具有伟大历史意义的十一届三中全会。全会坚决地批判了"两个凡是"的错误方针，决定把邓小平提出的"解放思想，开动脑筋，实事求是，团结一致向前看"作为全党工作的指导方针。全会做出了把全党工作的着重点和全国人民的注意力转移到社会主义现代化建设上来的战略决定，这标志着党的马克思列宁主义的思想路线和政治路线的重新确立。

粉碎"四人帮"以后三年多来，特别是党的十一届三中全会之后，广播电视系统发生了根本性的变化，基本上查清了与林彪、"四人帮"有关的人和事，批判了林彪、"四人帮"的罪行，平反了一批冤、假、错案，澄清了一些重大的思想是非、理论是非、路线是非，在一定程度上恢复了实事求是、一切从实际出发的马克思主义的思想路线和人民广播的光荣传统，整顿了各级领导班子，逐步落实了党的干部政策和知识分子政策，基本上形成了安定团结的政治局面。

为了进一步贯彻三中全会的精神，中央广播事业局在 1980 年先后召开了全国广播事业规划会议和第十次全国广播工作会议，两次会议分别总结了新中国成立三十

年来广播电视事业建设和广播电视宣传工作的成就、经验和存在的问题，并且确定了新时期广播电视工作的基本任务和奋斗目标。

广播电视是用现代化技术装备起来的宣传工具，采用先进技术是搞好宣传的基础。没有发射、传输、覆盖作保障，宣传无从谈起。1980年2月25日至3月7日，在北京举行的全国广播事业规划会议上，对新中国成立三十年来我国广播电视事业建设的成就和存在的问题进行了认真的总结，并且提出了新时期广播电视事业建设的方针和任务。这些看法在第十次全国广播工作会议上得到了确认。

据1979年底统计：对国内的无线广播已建成中央和地方各级广播电台99座，发射台和转播台502座，调频台99座。对国外广播已办有38种外国语言节目，以及对华侨、华人广播的普通话和四种方言节目。电视台全国有38座，1千瓦以上的电视发射台和电视转播台238座，小功率（50瓦以下）电视差转台二千多座。全国2300多个县、旗、市都建立了农村有线广播站。事业建设规模的不断扩大，广播电视技术的不断发展，收听、收看工具的不断普及，为广播电台、电视台提供了必要的物质技术基础，使我国广播电视宣传在国内外的影响日益扩大。

但是，由于我国地方大、人口多，广播事业起点低、底子薄，加上林彪、"四人帮"一伙的干扰破坏，广播电视在事业规模、技术设施和覆盖指标等方面都无法满足广大群众的需求。我国电台、电视台的设备，大多是五六十年代的陈旧产品，技术落后，质量差，效率低，故障多。自动化技术在我国广播电视领域的运用才刚刚开始。这种技术状况别说同经济发达国家比，甚至还不如某些发展中国家。广播电视人口覆盖率低，当时，中央和地方电视只能覆盖全国40%多一点的人口。据广东、福建、黑龙江等省反映，当地群众看不到或看不好我们自己的电视，就只好收看苏联和我国香港、台湾地区的电视节目。广播的覆盖率稍高于电视，可仍有相当大一部分地区听不到、听不好广播。在边境、沿海和少数民族地区，外国和我国港澳、台湾地区的广播信号强，压倒了我们电台的声音，政治思想污染严重，危害很大。在国外，有相当多的国家和地区听不到、听不好中国的对外广播。这种状况显然不能适应形势的需要，加快广播电视事业建设的发展刻不容缓。

全国广播事业规划会议认为，广播电视事业面临的基本任务和奋斗目标是：努力办好广播，加速发展电视事业，在20世纪末，要使我国的广播电视在事业规模、技术设施、覆盖指标等方面都具有相当水平，进入世界的先进行列。具体来说，包括以下几个方面：一是以建设卫星广播系统为重点，把加速发展电视事业放在优先地位，通过卫星广播系统的建设，实现电视在全国的覆盖；二是积极发展中波、调频广播网，充分利用卫星广播提供高质量的节目源，实现广播在全国的覆盖；三是加速发展对外广播，实行中、长、短波相结合，以短波为主，对全世界进行覆盖；四是中央广播局和地方广播局利用邮电部微波干线，建设一个广播电视节目传输网；

五是普及收听、收看工具。

由于电视在新闻传播媒介中的地位越来越突出，而我国的电视事业的发展与人民需求又差距较大，因此，全国广播事业规划会议认为，为了实现广播电视宣传业务到20世纪末的奋斗目标，要把加速发展电视放在优先地位。要积极建设电视网、广播网，争取20世纪末基本实现电视广播在全国的覆盖，各族人民能看到、看好中央电视台和省、自治区、直辖市电视台的电视节目，听到、听好中央电台和省、自治区、直辖市电台的广播节目。另外，在大中城市开办调频广播或立体声调频广播。调频广播是国外50年代发展起来的广播方式，发达国家都把它作为广播的主要收听覆盖手段，是对国内广播的发展方向。对国外的广播，要中、长、短波相结合，以短波为主，大功率、强定向，加强对全世界广播的实力。

80年代初，虽然国家财政还有困难，中央还是决定发射广播卫星。卫星广播是现代化的先进技术，建设卫星广播系统，可以有效地、高质量地解决广播电视覆盖全国的问题。中央还把中央电视台彩色电视中心列为"六五"期间的重点工程，各地对发展广播电视事业的投资也有所增加，兴建了不少广播电视发射台和转播台。1982年底与1980年底相比，全国广播电台从106座增加到118座，电视台从38座增加到47座。广播电视的发射台和转播台，这两年也增加了，特别是电视发射台、转播台，从1980年的2469座猛增到5635座。一些省、自治区开始投资建设传送节目的广播电视专用微波线路，到1982年底已达10330公里。各地的农村有线广播基本巩固，有的地方有相当规模的发展。像四川省，1982年由集体和个人筹集资金二千多万元，用来整顿有线广播网络。在这两年里，广播电视的人口覆盖率有了较大幅度的提高。广播人口覆盖率从1980年底的53%提高到1982年底的64.1%；电视人口覆盖率则从45%提高到57.3%。

会后不久，1980年5月4日，国务院批转中央广播局《关于加强地方广播事业管理工作的请示报告》。报告提出，省、市、自治区广播事业局受该省、市、自治区人民政府和中央广播局双重领导，以同级政府领导为主。省、市、自治区广播局的广播宣传工作，受省、市、自治区党委领导和中央广播局指导；广播事业建设受省、市、自治区人民政府和中央广播局双重领导，以同级政府领导为主。

二、第十次全国广播工作会议
总结历史经验，确立新时期广播电视的基本任务和奋斗目标

中共十一届三中全会之后，广播电视系统的广大干部和编播技术人员的思想得到进一步解放，广播电视宣传的面貌发生了根本变化，取得了显著的成绩：

（1）在深入批判林彪、"四人帮"的各种谬论的斗争中，力求完整、准确地宣传马克思列宁主义、毛泽东思想，从思想上、理论上正本清源，拨乱反正，为巩固和发展全国安定团结的政治局面作出了贡献；

（2）逐步恢复了党的实事求是的思想路线，坚持了宣传报道的真实性原则，改进了新闻节目，强调了新闻时效，扩大了报道面，开展了评论工作，恢复了受听众、观众欢迎的知识性、服务性节目；

（3）广播电视以四化建设为中心，把经济宣传放在首位，加强了经济政策和科学技术的宣传；

（4）文艺节目扩大了来源，日益丰富多彩。一批遭到禁锢的古今中外的优秀文艺作品重新和听众、观众见面，新的文艺节目不断涌现。广播剧和电视剧在社会上受到欢迎；

（5）对外广播逐步克服内外不分、强加于人的错误做法，加强了针对性，并且大力改进新闻节目和评论，历史地、全面地介绍中国，宣传质量有了提高。

总之，广播和电视重新获得了听众、观众的信任和欢迎。

为了更好地贯彻十一届三中全会决定和中央在这一时期有关宣传工作的一系列指示精神，1980年10月7日至18日，中央广播局在北京召开了第十次全国广播工作会议。（见图8-6）出席会议的有各省、自治区、直辖市广播事业局的负责人，主管广播电视台宣传的负责人，部分省辖市、州、盟、旗广播局的负责人，福建前线广播电台负责人以及中央广播局有关负责同志，共214人。第九次全国广播工作会议是在1966年三四月间召开的，之后不久就爆发了"文化大革命"。广播电视系统两次全国性工作会议相隔了14年，这个事实本身就表明，第十次全国广播工作会议要研究决定的问题至关重要。

图8-6　1980年10月第十次全国广播工作会议留影

会议期间，张香山局长作了题为《坚持自己走路，发挥广播电视长处，更好地为实现四个现代化服务》的报告，[①] 并在会议结束时讲话。会议还听了中共中央总书记胡耀邦关于加强政治思想工作的讲话录音，中共中央宣传部部长王任重到会讲话。

---

①　本节关于第十次全国广播工作会议的主要内容均引自本报告，载《全国广播工作会议文件选编》。

这次会议的中心议题是宣传工作。关于广播电视事业建设问题，由于前述的全国广播事业规划会议上充分讨论并作了决定，所以没有再列入这次会议的议程。

第十次全国广播工作会议的主要任务，是要总结新中国成立三十年来广播电视宣传工作正反两个方面的经验，明确新时期的基本任务和奋斗目标，加强对广播电视工作的领导，动员从事广播电视工作的全体人员，坚持自己走路，发挥广播电视长处，充分利用广播电视这一现代化的宣传工具，为提高全民族的科学文化水平，实现四个现代化作出更大的贡献。

会议认为，三十年来广播宣传工作取得的成就是很大的，走过的道路是曲折的，总结起来有以下四点主要的经验教训：

1. 正确认识广播电视的性质，正确地宣传党的方针政策，密切联系群众，才能发挥广播电视的巨大宣传作用

新中国成立初期，在宣传恢复国民经济、过渡时期总路线，在实现社会主义改造和完成第一个五年计划期间，我们把广播看作是党领导下的一个宣传工具、教育工具，明确提出广播的三大任务是发布新闻、传达政令，社会教育和文化娱乐。这个期间对广播性质的认识和对广播工具的使用都是正确的，宣传的效果也是好的。1957年以后，在"左"的思潮影响下，提出了"广播是阶级斗争的工具"，片面强调突出宣传阶级斗争。"文化大革命"之前又提出"广播是无产阶级专政的工具"，在客观上助长阶级斗争扩大化。同时，却在比较长的一段时间内没有把生产斗争、科学实验的宣传放在重要位置上。林彪、"四人帮"控制新闻阵地以后，又把广播电视歪曲成"全面专政的工具"，用来批判一切，横扫一切，打倒一切，造成了十分严重的后果。

在阶级社会里，任何舆论工具都是为一定的阶级服务的，具有鲜明的阶级性。我们的广播电视是受党领导的具有无产阶级性质的新闻舆论工具，是对人民群众进行宣传教育的工具。全国解放前夕，毛泽东曾经指出，报纸、通讯社、广播电台都要围绕生产建设这一中心工作并为这一中心工作服务。[①] 但是，这个指导思想长期没有得到贯彻，这是一条沉痛的教训。在目前党的工作着重点已经转移到社会主义现代化建设上来，广播电视的中心任务就是为经济建设服务，为实现四个现代化服务。如果看不到形势和党的任务的这一重大变化，仍然把阶级斗争作为广播电视宣传的主题，实际上是同党的新时期的总路线、总任务背道而驰的。作为党的新闻舆论工具和宣传教育工具的广播电视，要正确宣传党的路线、方针、政策，要密切联系群众，反映人民的愿望和呼声。在党的领导下，无条件地为党和人民利益服务，是我们广播电视宣传的唯一宗旨。

---

① 见《在中国共产党第七届中央委员会第二次全体会议上的报告》，载《毛泽东选集》第四卷，第2版，第1428页。

2. 坚持正确的思想路线是搞好广播电视宣传的关键

从实际出发，调查研究，实事求是，理论联系实际，这是我们党的思想路线，也是我们一切宣传工作，包括广播电视工作的根本指导方针。三十年来的实践证明，如果我们坚持了这条思想路线，我们的广播电视工作就会取得成绩，受到群众的拥护。相反，如果违背了这个根本方针，我们的广播电视工作就会发生错误，就会遭到群众的反对。为了坚持正确的思想路线，办好广播电视，必须严格遵守宣传工作中的三条基本要求，这就是要讲事实、讲真话、讲道理。

3. 充分掌握广播电视的特点，扬长避短，才能提高各种节目的质量，满足人民群众的需要

广播电视和其他宣传工具一样，都是在党的领导下，按照无产阶级的新闻路线、方针、原则办事，这是它们的共性。同时，广播电视又有自身的特点，有鲜明的个性。我们的编辑记者和其他广播电视工作者，要加强学习，充分掌握和利用广播电视的特点，扬其所长，避其所短，创造多种多样的高质量的节目，丰富广大人民群众的精神文化生活。

4. 中央广播与地方广播，无线广播与有线广播，有分有合，互为补充，构成宣传整体，充分发挥广播电视这个现代化宣传工具的作用

全党的工作重点发生了历史性的转变后，广播电视宣传的基本任务是什么呢？会议提出，根据党在新时期的总路线、总任务和国内外形势发展的需要，广播电视宣传的基本任务是："把马列主义、毛泽东思想的普遍真理同实现四个现代化的伟大实践密切结合起来，正确地宣传党的路线、方针、政策，进行政治思想教育，普及科学技术知识，丰富文化生活，提高人们的社会主义觉悟，提高全民族的科学文化水平；在国际问题方面，对国内人民主要是进行爱国主义和国际主义教育，使人民关心国际形势的发展，了解和支持我国的外交政策。对国外的广播，主要是宣传我国政治、经济、科学、文化，特别是在建设四个现代化方面所取得的新成就，宣传我国反对霸权主义，维护世界和平，争取人类进步的对外政策。"会议在这个问题上还有一个更为简洁的表述，即："在党的工作着重点已经转移到社会主义现代化建设上来的新时期，广播电视宣传的中心任务，就是为经济建设服务，为实现四个现代化服务。"

对于广播电视业的发展趋势，第十次全国广播工作会议提出如下看法："当今世界，随着电子科学技术的迅猛发展，各种新闻媒介都有了较大变化，特别是电视在人们生活中占据着越来越大的位置。第二次世界大战前，群众获得消息主要靠报纸，二次大战期间则靠报纸和广播电台，而二战以后，特别是有了广播卫星以后，在一些发达的资本主义国家，电视和广播逐渐成为群众获得新闻的主要来源。这种变化，充分说明了电视、广播拥有着自己广阔的发展前途。"

　　会议根据广播电视的这种发展趋势，规划了广播电视宣传业务的发展远景，制定了明确的奋斗目标："到本世纪末建成完整的、自成体系的广播和电视宣传网，中央台、中央电视台和省、市、自治区广播电台、电视台，分别成为全国和本省、市、自治区的新闻舆论中心之一，成为电化教育、科学普及、文艺欣赏和娱乐的重要阵地；国际广播电台要经过努力提高节目质量，使它成为世界各国人民心目中一支可以信任的舆论力量。"

　　从当时广播电视事业的实际情况看，要在二十年时间里实现上述目标，任务相当艰巨。尤其是广播电视是用电子科学技术武装起来的现代化传播工具，而事业经费和基建投资紧缺、专业技术力量不足等因素，严重制约着我国广播电视事业的发展。在重重困难面前，第十次全国广播工作会议经过充分讨论，提出了到20 世纪末广播电视宣传业务的奋斗目标。这表明了进入新的历史时期的各级广播电视工作者，思想解放，勇于开拓，有信心克服各种困难，完成党和国家赋予的重要使命。

　　1980 年 12 月 30 日，中央广播局发出《关于将人民广播诞生纪念日改为 1940 年 12 月 30 日的通知》。《通知》指出，关于中国人民广播何时诞生问题，经我局多方面调查，确切日期应为 1940 年 12 月 30 日，不是 1945 年 9 月 5 日。现经中央宣传部批准，将人民广播诞生纪念日改为 1940 年 12 月 30 日。① 同年 12 月 29 日，中央广播局举行了中国人民广播事业创建 40 周年座谈会。

　　1981 年 1 月 29 日，中共中央发出《关于当前报刊新闻广播宣传方针的决定》。《决定》强调对报刊、新闻、广播、电视的工作，应该加强集中统一的领导，使它们能够切实坚持党性原则，密切联系群众，发扬实事求是、旗帜鲜明、真实准确、生动活泼的优良作风，为进一步实现经济调整和政治安定作出更大的成绩。

三、坚持"自己走路"的方针，办好各类广播电视节目

　　第十次全国广播工作会议认为，为了争取实现广播电视宣传业务的奋斗目标，各项工作都应确定相应的方针、任务，在宣传工作上则坚持"自己走路"。会议强调，在最近几年中，广播电视要首先和着重解决在宣传上"自己走路"的问题。

　　"自己走路"并不是新提出来的口号，新中国成立之初，当时的新闻总署署长胡乔木就对广播电台提出要求："广播要学会自己走路。"在 1979 年 5 月召开的中央电台记者站负责人会议上，中央电台台长左漠野重新提出"自己走路"的口号，要求全台编辑记者"一定要学会自己走路"。这个宣传业务指导方针在第十次全国广播工作会议上得到确认。张香山在会议上的报告，题目就叫作《坚持自己走路，

---

　　① 关于更改中国人民广播事业创建纪念日的有关情况，请参阅赵玉明：《中国人民广播事业创建纪念日的由来及其意义》，载《中国广播电视年鉴》(1991 年)。

发挥广播电视长处，更好地为实现四个现代化服务》。与中央电台记者会议有所不同的是，这次会议提倡的"自己走路"，不仅指广播，也包括电视。

张香山在会议上的主报告和会议结束时的讲话中对"自己走路"的必要性作了详尽的阐述，并将其内涵概括成七个方面：

（1）根据党的路线、方针、政策和党的指示，根据形势发展的需要，独立自主地确定广播电视每一时期的报道思想，制订报道计划，编采或拍摄广播电视新闻，撰写广播电视评论，对一些重大问题敢于和善于发表意见。

（2）要深入实际，联系群众，扩大新闻的来源，不断研究和反映新情况，解决新问题，包括群众提出的各种实际问题，并在广播电视中开展适当的批评和自我批评。

（3）要加强国际问题的研究，收录外国新闻稿和广播，经过比较、分析、判断，编发消息，以丰富国际新闻的来源，增强国际新闻时效，还要增加国际评论的比重。

（4）精心选择通讯社和报刊的消息、文章加以改编，使之适合于广播电视而有别于文字宣传。

（5）要建设一支能独立工作的编采队伍。中央电台、中央电视台、国际广播电台不但要在各省、自治区、直辖市驻有广播电视记者，而且在世界重要国家的首都，也逐步派驻广播电视记者。各省、自治区、直辖市广播电台、电视台，也要建设自己的记者站和通讯网。

（6）要充分发挥广播文艺、电视文艺的巨大作用，积极发展广播剧、广播小说和电视剧、电视小品。要加强中央台、省台以及各省台之间的协作。要重视依靠社会上的文艺力量，吸引他们参加广播文艺、电视文艺的创作活动。

（7）要逐步地用新的现代化通讯、采访、制作手段装备起来，改变广播电台、电视台编播设备陈旧、技术落后、质量差、效率低、故障多的状况。

从以上这些要求可以看出，所谓"自己走路"，主要有两层意思：一是要自己动手，自力更生，根据党的路线、方针、政策，确定自己的报道思想和报道计划，开展新闻、评论工作；二是要注意发挥自己的特点，稿件的采编和节目录制都应体现出广播电视的特色和风格。

有人担心，提出"自己走路"的口号是否有排外之嫌，这是误解。"自己走路"不是完全不采用兄弟新闻单位的消息和文章，也不是不同报纸、通讯社协作，只是强调不应一味躺在别人身上过日子，做思想懒汉。事实上，广播电视不坚持"自己走路"就不可能发挥自己的独特作用。广播中每天新闻节目的容量，即使新华社当天播发的新闻和专稿全用上，把当天《人民日报》上的新闻性稿件全用上，还是填不满的，翻来覆去地重播，必然使听众厌烦。"自己走路"的目的，就是要使电台、电视台成为党领导下的一个独具特点的、发挥着不同舆论作用的、独立的新闻机关，在新的历史条件下作出新的贡献。

"自己走路"的方针，解放了广播电视工作者的思想，调动了他们的积极性，激发了他们提高广播电视节目的创造力。落实这一方针，标志着广播电视宣传的进一步拨乱反正和改革的起步。从第十次全国广播工作会议到1983年3月第十一次全国广播电视工作会议召开的两年多时间里，广播电视"自己走路"，主要表现在以下几个方面：

1. 电台、电视台自己的以"短"、"快"为特点的新闻明显增多

从1981年起，中央电台《各地人民广播电台联播》节目播出的本台消息，所占比重一直稳定在70%以上；《新闻和报纸摘要》节目中的本台消息，一般情况下占35%左右，遇重大事件报道（如党代会、人代会、党和国家领导人的国事活动、重要纪念日、节日等），则可占到60%或70%以上。各地电台也摆脱了"读报台"、"抄报台"的困境，在本省的联播节目中，均以自采自编的消息为主。中央电台的新闻，除个别政令性、文件性的消息外，重要消息一般500字左右，动态消息300字左右，简讯100字左右。地方电台大体上也是这样。山东电台的全省联播节目，1978年时每条消息平均900字，到1982年降为260字。稿件短了，节目容量扩大，增加了信息量，拓宽了报道面，丰富了节目内容。

贯彻"自己走路"的方针以后，电台新闻节目中那些"最近"、"近来"、"不久前"之类时间概念模糊的字眼大为减少。很多电台的新闻节目，不仅"今天"的新闻日见增多，而且都争取在新闻事件刚刚发生或正在进行时就发消息。1981年1月4日，中央电台早上6点30分《新闻和报纸摘要》节目播出了湖北记者站发来的当天5点30分葛洲坝合龙工程已向江心推进125.4米的消息，晚上21点的《各地人民广播电台联播》节目播出了大江截流合龙成功的录音报道。1981年1月25日上午11点多，最高人民法院特别法庭对林彪、江青反革命集团两案的十名主犯刚宣判完毕，中央电台中午12点的新闻节目就播出了本台记者采写的消息。这样争分夺秒地赶发重大的、群众关心的新闻，中央电台仅在1981年就有几十次。80年代初，中央电台先后播出的关于黑龙江省双城堡火车站野蛮装卸事件、吉林北站扩建工程互相扯皮十年事件等批评性报道，都获得了良好的社会效果。《人民日报》发表社论指出："中央人民广播电台（关于双城堡火车站事件）的报道，给我们一个重要的启示，这就是不能满足于在事情引起领导重视之后，已经解决再去写'严肃处理'的综合报道，也应该同时经过调查，有选择地发表一些尚未引起重视的案件，及时给受害的一方以支持。"①

---

① 见《人民日报》1983年5月13日社论：《勇于负责，敢于斗争——从处理双城堡车站事件中汲取教益》。

十年动乱期间，电视新闻来源少、时效差、篇幅长、重播多，观众不满意。在"自己走路"方针指引下，电视台采取了很多对策。从1981年7月1日起，中央电视台的《新闻联播》节目面貌一新：（1）新闻短了，每条新闻不超过3分钟。《新闻联播》节目播出的新闻条数逐年增加，1980年播出3670条，1981年播出4186条，1982年播出11000条。（2）由于微波干线建设的发展，加强了地方电视台向中央电视台传送国内新闻的时效性。各省上午发生的重大事件，下午可传送到北京，晚上《新闻联播》节目即可播出。（3）中央电视台通过国际通信卫星收录英国维斯新闻社和美英合资的合众独立电视新闻社的国际新闻，同时采用新华社每天专为电视台编写的国际要闻简讯（口播），世界上发生的重要新闻事件，中国电视观众在第二天就能知道。（4）增加了国内口播新闻，按题材与录像的新闻混合编排，丰富了国内新闻的内容。

地方电视台的新闻节目也有新的发展。各省级台办的本省新闻节目，开始每周一次到两次，后来增加到每天一次，播出的新闻数量明显增多。山东电视台1982年新闻播出数量比1980年增加5倍以上。少数民族地区的电视台，开办了用当地民族语言播出的本地新闻节目。内蒙古、西藏、新疆、延边电视台，分别设有蒙古语、藏语、维吾尔语、朝鲜语的新闻节目。一部分省辖市电视台，也办起了本地新闻节目，如《大连新闻》、《无锡新闻》等等。

1982年，中共中央明确规定，从9月1日起，将我国重大新闻由中央电台20点的《各地人民广播电台联播》中发布，提前到在中央电视台19点《新闻联播》中发布。从此，中央电视台也成为一个独立的新闻发布机关。[①] 此后，中央电台从1987年1月1日起将《各地人民广播电台联播》节目提前到18点30分首播，20点重播。

2. 广播评论重新上马，电视评论初现荧屏

评论是新闻单位的旗帜，是完成党的宣传任务的重要手段之一。广播电台、电视台没有自己的评论，就不能成为名副其实的重要舆论阵地，无法更好地发挥社会舆论的导向作用。在"自己走路"中，继"本台消息"比重上升之后，广播恢复了被"四人帮"扼杀的评论，这是势在必行、顺理成章的。

自从左漠野在中央电台记者站负责人会议上重新提出广播要"自己走路"后，中央电台即积极筹备"本台评论"的出台，抽调得力编辑，组建了评论组。评论组成立后不久，1980年9月28日播出的评论《大快人心的审判》，是中央各新闻单位第一篇有关审判林彪、江青反革命集团的评论。10月14日播出的本台评论《绝不允许有"特殊公民"》，抨击了国家机关工作人员中少数搞特权的人，针对性强，内

---

① 见于广华主编：《中央电视台简史》，人民出版社1993年7月版，第51—52页。

容凝练，尖锐泼辣。这篇评论在当年度全国好新闻评选中获奖。这一年，《各地人民广播电台联播》节目和《新闻和报纸摘要》节目共计播出广播评论 132 篇，开创了中央电台评论工作的新局面。1981 年，中央电台的评论中也不乏上乘之作。例如，在 1981 年度全国好新闻评选中获奖的《为了美好的明天，加油干！》，是为配合贯彻五届全国人大四次会议精神而写的，它平易近人，富有感染力和鼓动性。听众来信称赞这是一篇"振奋人心"、"令人鼓舞"的好评论。

地方电台的评论工作同样取得可喜的进展。它们的评论，紧密结合本地实际工作和群众思想上出现的问题，以及社会上带有倾向性的错误思想和各种歪风邪气，言之有物，态度鲜明，起到了很好的引导舆论的作用。上海电台的评论性稿件，形式生动活泼、不拘一格，内容由小见大、深入浅出，形成自己独特的风格，在听众中有较大影响。

国际广播电台也在 1980 年组建了评论队伍。它经常就国际形势的新发展和一些重大国际事件发表评论，表达了中国人民维护世界和平以及发展与各国人民的友好关系的愿望和要求，也反映了中国政府对国际形势和国际事件所持的立场、主张和态度，阐明了中国的外交政策。有一些国际评论，因有较强的针对性和说服力，在国外听众中引起强烈反响，并得到我国有关部门的肯定。国际电台除了有各种语言节目通用的评论外，有些语言部（组）还根据自己的特定对象撰写评论。如当时对东南亚广播的语言节目，常就越南侵略柬埔寨的问题发表言论。

电视里的评论，一种是在新闻节目中就某一新闻事件发表议论，一般说就是在某一条新闻的前面或后面加上简短的评语；另一种是举办评论性专栏，如《电视论坛》、《观察与思考》、《国际瞭望》、《国际纵横》等。《观察与思考》是中央电视台创办的第一个评论性的专栏，这个专栏的宗旨是：通过对具有普遍意义的或群众关心的事件、问题或人物进行调查、介绍、分析和研究，说明某种道理，引起观众思考，以起到影响舆论、推动舆论和引导舆论的作用。

对这段时间的广播电视评论工作，广播电视部门领导给予了充分肯定，同时也从总体上指出了不足之处，主要是评论的水平不高，中央电台的评论还没有成为全国有重大影响的言论中心之一。如何提高评论的质量，创造有广播电视特点的评论形式，需要广播电视工作者加以深入的探讨，付出更大的努力。

3. 主持人节目的出现

80 年代初，广播电视中出现了一种新的节目形式——主持人节目。1981 年元旦，中央电台对台湾广播由徐曼主持的《空中之友》节目率先问世。同年 4 月，广东电台由李一萍主持的《大众信箱》与听众见面。之后，四川、江苏、浙江、黑龙江等省级电台和一些市台也相继办起了主持人节目。中央电视台由沈力主持的《为您服务》节目，虽创办于 1979 年，但一直到 1983 年才成为设有固定主持人的专栏节目。迅速崛起的主持人节目，突破了广播电视节目的固有模式，使受众耳目一新。因此，主持人节目一时间成了广播电视界的热门话题，徐曼、李一萍、沈力等也成为知名度颇高的新闻人物。贯彻"自己走路"方针后崛起的主持人节目，给我国广播电视宣传带来了新的生命力。

80年代出现的主持人节目，基本上分为两种类型：一种是采编播合一，主持人能采访、编稿，也具备播音的条件。在整个节目生产、播出的过程中，主持人处于主导地位，是节目的总体设计人。像广东电台的《大众信箱》节目可以归入这一类。另一种是编辑、记者和播音员合作。编辑、记者按谈话体的要求提供稿件，更好一点是按主持人的口吻和语言习惯写稿，由相对固定的播音员播出。播音员有时也参加少量采编工作，但基本上只是对稿件进行语言加工。中央电台对台湾广播的《空中之友》节目和电台的其他大部分主持人节目，都属于这一类型。

主持人节目问世后，在社会上引起轰动效应，于是各地电台、电视台大有一哄而起的势头。一些专题节目，从稿件到播音明明同以前没有什么变化，也轻率地冠以主持人节目的名称。有些新闻节目播报完毕后，也来一句"是由谁谁谁主持的"。甚至连一般性的广告节目，两位播音员也要申明由他们主持。这种现象波及到文艺演出和各种联欢会、颁奖会，报幕员和司仪也统统改称主持人。虽然存在着不少滥竽充数、名不副实的主持人和主持人节目，但仍没有湮没那些真正的节目主持人和主持人节目的光彩。

主持人节目在80年代初一出现，就在广播电视界形成一股热潮。但是，关于节目主持人和主持人节目的业务研究和理论探讨，却开展得不够广泛和深入，停留在较低的层次上，有碍于这种新的节目形式的不断提高。

4. 远距离教育的发展

以经济建设为中心的历史新时期，更需要大批有科学文化知识的专业人才。在广大农村，农民为了提高生产力，勤劳致富，迫切要求学习和掌握农业科学技术。然而，我国现有的教育条件，包括资金投入、师资力量、学校房舍、教育设备，与尽快地提高全民族的科学文化水平发生了尖锐的矛盾。在这种情况下，广播电视部门凭借自己的优势，运用无线电传播和录像等教学手段，大力发展远距离教育，在1979年和1981年先后创办了中央广播电视大学（以下简称"电大"）和中央农业广播学校，为两个文明建设服务。在这种特殊学校的"课堂"里，一个老师讲课，可以同时教授几万、几十万、几百万学生，人们管它们叫"空中大课堂"、"没有围墙的学校"。根据1983年的统计，电大在册的学员总数大约为45万人，相当于四十多个北京大学或清华大学的在校学生。在中央农业广播学校（后改名为中央农业广播电视学校）第一期学员中，经过严格的全国统一考试，四门主要理论基础课都及格的有8万多人，相当于全国358所农业中等专科学校在校学生的总数，而投资只等于国家培养中专生的十分之一。由于农业广播学校的学生不脱离劳动，教育和生产相结合，学科学用科学，仅三四年工夫，就有一大批学员成为当地的农业技术员，或成为科学种田示范户。

5. 电视剧的复苏和发展

电视剧是电视文艺节目中举足轻重的组成部分。中国的电视剧自诞生以来，1958 年至 1966 年为开创和初步发展阶段，"文化大革命"期间是停顿阶段，十年动乱结束后开始恢复，至 1983 年第十一次全国广播电视工作会议时，已发展到相当繁荣的程度。

1978 年 5 月 22 日，中央电视台播出了粉碎"四人帮"后的第一部电视剧《三亲家》。这一年，中央电视台共播出八部电视剧。经历了十年文化饥渴的广大电视观众，对电视文艺节目的期望值很高，希望通过屏幕丰富精神文化生活，获得艺术享受。一年寥寥几部电视剧，与观众的要求相去甚远。就电视台而言，由于播放电影受到限制，其他文艺节目源一时也难以有较大的开拓，要加强电视文艺节目，只有走自己的路，加速发展电视剧这门年轻的艺术。

1979 年 8 月在北京召开的第一次全国电视节目会议上，中央广播局副局长李连庆提出要大办电视剧。他建议各地电视台凡是有条件的，都来录制电视剧。为了调动积极性，会上决定 1979 年庆祝建国 30 周年时，举办全国电视节目联播。这实际上是组织一场竞赛。以这次会议为契机，中国电视剧发展的速度大大加快。从中央电视台播出的电视剧数量来看：1979 年 18 部，1980 年 103 部，1981 年 117 部，1982 年 235 部（集）。其实，全国各地电视台录制的电视剧，远远超过中央电视台播出的数量。电视剧的生产规模为电影所望尘莫及。以 1981 年为例，全国生产电影 100 部，电视剧已达到 150 部左右，多出二分之一。据这一年的统计，全国拥有电视机一千万台左右，以平均每台电视机有十个观众计算，就有一亿左右的观众。电视剧拥有如此庞大的观众群，更是电影无法比拟的。

这几年，电视剧的题材比较广，有反映农村改革、城市建设、青年生活、民族团结，以及老一辈无产阶级革命家优良作风等的当代题材，也有历史题材。电视剧的品种有单本剧、连续剧、电视小品、儿童剧和神话剧等等。更可喜的是，电视剧的质量日见提高。

从 1980 年开始，每年举办一次全国优秀电视剧评选，1983 年以后定名为"飞天奖"。"飞天奖"是采取领导、专家、群众三结合的办法进行评选的。另外，浙江电视台办的《大众电视》杂志根据读者要求，从 1982 年起，由读者直接投票，评选"大众电视金鹰奖"。根据 1982 年的统计，一批好的电视剧，如：《凡人小事》（中央电视台）、《女友》（河北电视台）、《有一个青年》（中央电视台）、《好好叔叔》（上海电视台）、《故乡》（中央电视台）、《新岸》（丹东电视台、中央电视台)、《蹉跎岁月》(中央电视台)、《武松》(山东电视台)、《周总理的一天》(河南电视台)等,都在评选中得了奖。这些优秀电视剧在思想内容和艺术形式上都有独到之处,受到了中央和地方领导同志以及广大观众的好评。

这几年录制的电视剧,也有一部分平庸之作。有些情节雷同,粗制滥造;有些内容庸俗,格调不高;有些生编硬凑,违反历史;有些揭露"四人帮"的"伤痕"电视剧,调子过于低沉,暴露缺乏分寸,使人丧失信心。还有个别电视剧,内容存在较严重的错误,如中央电视台录制的我国第一部电视连续剧《敌营十八年》,全剧共10集,1981年播出后受到了公众的批评,不少人认为,剧中大肆宣扬"美男计",歪曲了中共地下斗争的真实情况。

为了扩大电视剧来源,中央电视台从1979年开始,从国外购进一些电视剧和影片,组织专门人员译制。第一部电视译制片是1979年4月译制的菲律宾影片《我们的过去》。之后,中央电视台陆续译制了《巧入敌后》、《居里夫人》、《大卫·科波菲尔》、《娜拉》、《大西洋底来的人》、《达尔文》、《老古玩店》、《安娜·卡列尼娜》等外国电视剧,还有《敌后金达莱》、《红与黑》等外国故事片。地方电视台也开展了译制工作,如广东电视台译制了《海蒂》、《血疑》,北京电视台译制了《女奴》。这些译制片丰富了电视文艺节目的内容,促进了中外文化交流,很受电视观众的欢迎。但是,有个别外国电视剧产生了不良的社会效果。如上海电影译制片厂和中央电视台译制组联合译制的美国惊险电视系列剧《加里森敢死队》,一共26集,中央电视台从1980年10月11日起,每周播放一集。这部电视剧在青少年中起了消极影响。中央领导同志和很多观众对《加里森敢死队》提出了严肃的批评意见,中央电视台在播出12集后停播。

电视剧编导、录制和译制中的一些问题,引起了中央广播局领导的重视。1982年3月,全国电视剧座谈会在北京召开,全国34个电视台和中国广播艺术团电视剧团的代表,认真讨论了提高电视剧质量的问题。中央广播局副局长李连庆在会上强调,我们绝不能片面地追求数量,忽视质量,必须用更大的力量提高电视剧的水平,也就是我们常说的"质量第一"。

当时,中央和地方电视台已形成了一支初具规模的电视剧创作和录制队伍。同时,不少电影制片厂也纷纷成立电视剧部,加入了电视剧制作行列。为了推动电视剧的提高和繁荣,1982年7月成立了电视剧艺术委员会。这个委员会是由中央戏剧学院院长、全国剧协副主席金山提议,经中共中央主席胡耀邦批准成立的。1983年10月,中国广播艺术团电视剧团和中央电视台电视剧部、电视剧艺委会的制作部合并,成立了力量雄厚的中国电视剧制作中心。

上述五个方面,是第十一次全国广播电视工作会议前,广播电视部门贯彻"自己走路"方针中一些突出的成绩。严格地说,这些方面所做的事,基本上属于恢复性质，是拨乱反正的继续。当然，像新闻、评论、广播电视教育、电视剧都比过去有很大的发展。在恢复和发展中，也包含着改革的成分。

在此期间，"文革"中被迫停刊的广播节目报陆续恢复，并新创办了一批广播电视节目报。1978年1月，上海《电视周报》率先复刊并改名为《每周广播电视》。6月，中央电台主办的《广播节目报》复刊，改名为《广播电视节目报》，由中央电台和中央电视台联合主办。1981年1月起，该报改组为《广播节目报》和《电视周报》两家。到80年代初，绝大多数省级广播电视报均已创办并出现了一批地市级广播电视报。

第三节
开创广播电视工作新局面
第十一次全国广播电视工作会议

一、广播电视部成立　第十一次全国广播电视工作会议

1982年，国务院所属部委实行机构改革，决定把中央广播事业局改为中华人民共和国广播电视部。1982年5月4日，第五届全国人民代表大会常务委员会第二十三次会议通过《关于国务院部委机构改革实施方案的决议》，宣布撤销中央广播事业局，成立广播电视部。（见图8-7）吴冷西①出任广播电视部第一任部长。广播电视部成立后，各省、自治区、直辖市广播事业局，也陆续改为广播电视厅或广播电视局。

---

① 吴冷西（1918—2002），原名吴仕占，广东新会人。九一八事变之后，他积极参加抗日救亡活动。1937年奔赴延安，进入抗日军政大学学习，加入中华民族解放先锋队。1938年4月加入中国共产党。1938年6月进入延安马列学院，任马列主义研究室研究员。1939年9月调入中共中央宣传部，任编审科科员和党中央机关刊《解放》编辑。1940年调毛主席身边编辑《时事丛书》。1941年9月调中共中央机关报《解放日报》，先后任国际版编辑、主编、国际部主任。1946年负责新华社国际部的工作。1947年任新华社总社编委会秘书并主持总社工作。1948年任新华社总社编辑部主任、编委会委员。1949年2月任新华社总社副总编辑。新中国成立后，1949年10月任新华社总编辑。1951年12月任新华社社长。1957年6月任《人民日报》总编辑兼新华社社长。1964年7月又兼任中共中央宣传部副部长。在"文化大革命"期间，他数度遭受"四人帮"的残酷迫害。1972年恢复在人民日报社的工作。1975年成为毛泽东选集材料组的领导成员，并担任国务院政治研究室的领导成员。粉碎"四人帮"后，1976年10月参加负责筹建毛泽东著作编辑出版委员会的临时领导小组工作，1977年3月任中共中央毛泽东主席著作编辑出版委员会办公室副主任、党委副书记。1980年4月任广东省省委书记，1980年5月至1982年4月兼任中央文献研究室副主任。1982年4月至1985年5月任广播电视部部长、党组书记。他曾任中华全国新闻工作者协会主席团主席和第二、三、四届理事会主席，中国广播电视学会会长。1998年离休后任中华全国新闻工作者协会名誉主席和中国广播电视学会名誉会长。中共第十一届、第十二届中央委员会候补委员，第三、四、五届全国人大常委会委员，全国政协第七、八届常委委员。著作有《忆毛主席》、《十年论战：1956—1966中苏关系回忆录》。

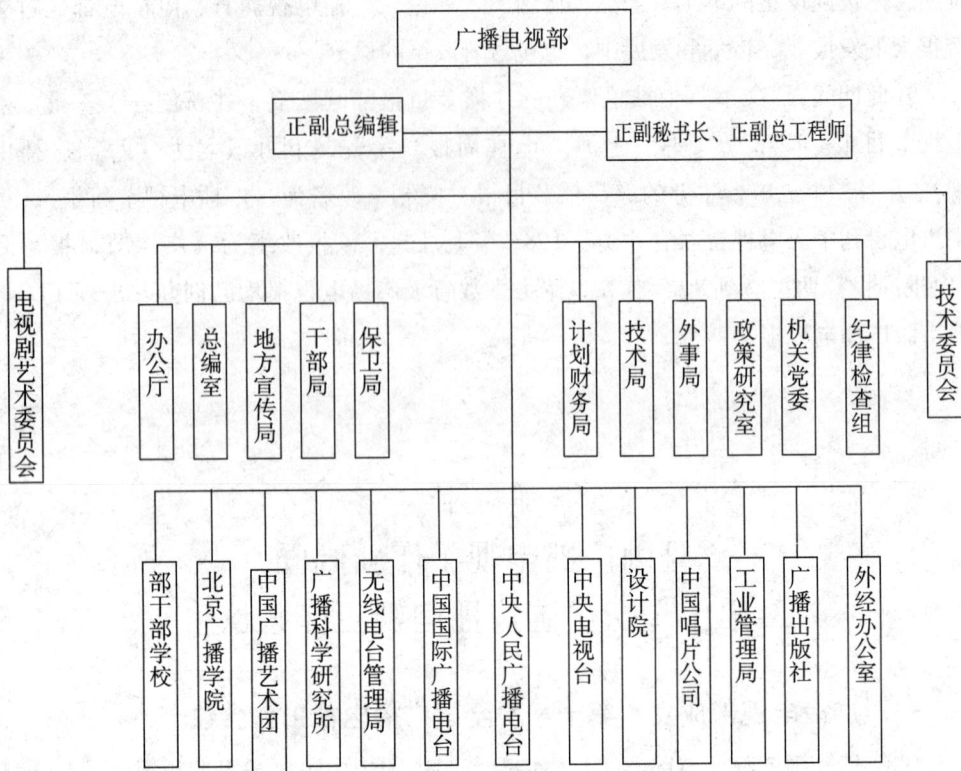

图 8 – 7　1982 年广播电视部机构表

广播电视部的主要任务是，领导中央人民广播电台、中国国际广播电台和中央电视台的对国内外宣传工作；领导中国唱片公司和中国广播电视出版社的图书、杂志、录音录像制品的出版发行，以及中国广播艺术团和中国电视剧制作中心的节目制作；指导全国广播电视宣传工作；管理全国广播电视事业；领导和管理部直属单位的干部工作，加强思想政治工作和业务建设，逐步改善工作条件和生活条件；主办和归口管理广播电视系统的外事工作；归口管理全国录音录像制品的出版和发行工作。

1982 年 9 月召开的中国共产党第十二次全国代表大会，根据邓小平提出的关于建设有中国特色的社会主义的思想，制定了全面开创社会主义现代化建设新局面的正确纲领。十二大以后，城乡经济体制改革迅速在全国范围内全面开展，科技、教育等领域的改革也迈开了大步。在十二大精神指引下，广播电视部门如何设计、部署自己的改革和发展呢？这就是第十一次全国广播电视工作会议的议题。这次会议 1983 年 3 月 31 日至 4 月 10 日在北京举行，（见图 8 – 8）是中央广播事业局改为广播电视部后第一次召开的本系统全国性的工作会议。与机构名称的变更相对应，会议名称也加上了"电视"二字。

中共中央书记处书记邓力群到会讲话。吴冷西部长在会上作了题为《立志改

图 8 - 8　1983 年 4 月第十一次全国广播电视工作会议留影

革，发挥优势，努力开创广播电视新局面》的报告。① 会议总结了第十次全国广播工作会议以来的经验，确定了改革和发展广播电视事业的一系列重大方针、政策。这次会议是广播电视事业发展进程中一次重要的会议，是广播电视事业发展史上的里程碑。

会议认为，第十次全国广播工作会议后，两年多来，广播电视部门在思想政治上拨乱反正，清除"左"倾思想的影响，并且对改革进行了一些探索，在宣传工作和事业建设方面取得了一定的成绩，形势很好。但是，由于改革的起步比较晚，进展也比较慢，广播电视事业同全国形势的发展很不适应，问题很多，困难也很大，广播电视事业必须加快步伐迎头赶上去。怎么才能赶上客观形势的需要？唯一的办法就是抓住有利时机，在现有基础上，坚决地、系统地、有重点地、有计划地进行改革。没有大刀阔斧地搞好改革的胆略，就不可能调整业务方针和业务思想，不可能提高各项工作的质量，不可能整顿和发展编播、技术、行政干部队伍，不可能加速发展广播电视事业。会议提出一个口号："立志改革，在改革中调整，在改革中提高，在改革中整顿，在改革中发展，全面开创广播电视工作的新局面。"

会议研究和确定了广播电视事业的奋斗目标是："到本世纪末，要在我国建成一个具有社会主义中国特色的、中央和地方、无线和有线相结合的、广播和电视、城市和农村、对内和对外并重的广播电视现代化宣传网。这个宣传网，要与我国经济和社会发展相适应，与我国国际地位相称，使我国广播电视事业无论在事业规模和技术水平方面都进入世界先进行列。"这个奋斗目标与第十次全国广播工作会议上制定的到 20 世纪末的奋斗目标相比较就可知道，两者的内容是一致的，只不过这次提出的目标，把我国要建设的宣传网的内涵表述得更明确，并且要求我国的广播电视事业在十多年内"进入世界先进行列"，这就比上一次会议的提法更具有振奋精神的效应。

这次会议不仅制定了长期奋斗目标，还规定了近期规划和实施步骤，体现出一

---

① 有关本次会议的文件报告、讲话，均见《方向与实践——第十一次全国广播电视工作会议文件和典型材料选编》一书，中国广播电视出版社 1984 年 7 月版。

种脚踏实地，从现在做起，一步步地去实现长远目标的求实态度。会议提出，实现到本世纪末广播电视事业的奋斗目标，那就是，最近三五年内，主要是进行改革，在改革中开创新局面，力争宣传、技术、队伍建设和行政管理方面，一年比一年有显著进步。在这一阶段，除了地方偏僻、人口稀少、特别困难的地方以外，要做到县县、乡乡、队队都通广播，户户、人人都能听到广播，大部分县都能看到电视。第二步，在第七个五年计划期间，实现广播卫星上天，使广播电视基本上覆盖全国，使整个广播电视事业有相当大的发展。第三步，本世纪的最后十年，是广播电视事业全面发展时期，逐步做到户户、人人都能看到电视；广播电视无论质量和数量、规模和水平，都将进入世界先进行列。我国的广播电视宣传网在提供新闻信息、文化知识、文艺娱乐和各类服务方面，将成为党和政府的得心应手的有力助手，人民群众喜闻乐见的知心朋友。

会议结束的次日，1983年4月11日，《人民日报》发表社论《努力发挥广播电视的作用》，阐明了本次会议确定的广播电视改革的方针和重大措施。

1983年9月23日，广播电视部党组就第十一次全国广播电视工作会议讨论的几个主要问题，向中央作了书面汇报。一个月之后，1983年10月26日，中共中央批转了广播电视部党组《关于广播电视工作的汇报提纲》，并发了一个通知（即中央〔1983〕37号文件）。中央的通知规定了广播电视的根本性质和任务，以及广播电视的努力方向，对指导广播电视事业的改革和发展意义重大。

通知强调："广播电视是教育、鼓舞全党、全军和全国各族人民建设社会主义物质文明、精神文明的最强大的现代化工具，也是党和政府联系群众的最有效的工具之一。邓小平同志在党的十二届二中全会讲话中指出：'对于思想理论方面"左"的错误观点，仍然需要继续进行批评和纠正。但是，应当明确指出，当前思想战线首先要着重解决的问题，是纠正右的、软弱涣散的倾向。'各级党委都要按照这个精神，加强和改进对广播电视工作的领导。同时，根据需要和可能，适当增加一些人力和财力，发展和办好广播电视事业。"

通知指出："宣传战线的各个部门，都应当按照中央的方针，从不同岗位，在不同业务范围内，用不同方式，为社会主义现代化建设服务。但是，从宣传手段方面来说，广播电视比起其他手段来，更现代化一些，能够更直接、更迅速地同广大群众见面。各级党政部门要学会利用广播电视来宣传政策和开展各项工作，学会使用广播电视来宣传群众和组织群众。凡是需要动员广大群众来做的事，在运用其他各种宣传手段和方式的同时，一般都可以通过广播电视，把党和政府的方针、政策和工作任务，一竿子插到底，直接地同群众见面，以便尽快地把人民群众动员起来。"

通知说："国内外形势的发展，迫切要求广播电视事业有个大的发展，质量有个大的提高。各级广播电视机构要在党委的领导下，认真研究广大听众、观众的意见和要求，充分发挥全体工作人员的积极性，同时依靠社会各方面的广泛支持，坚决而有秩序地改革广播电视工作。一方面要努力提高宣传工作的质量，加强以爱国主义和共产主义思想为中心的思想教育，改进各类节目的内容，并增加节目的数量（包括增加每天的电视节目播出时间）；另一方面要积极改进传播手段，加快技术改造，提高广播电视的技术质量，并采用先进技术，加速全国覆盖，使我国的广播电视事业在本世纪末进入世界的先进行列。"

中共中央的通知不仅确定了广播电视工作的根本性质和根本任务，以及努力的方向，并且强调了广播电视工作的特点和作用，要求各级党委加强和改进对广播电视工作的领导，党政部门要学会利用广播电视。另外，对广播电视系统所有工作人员提出了基本的要求。广播电视部动员和组织全国二十多万广播电视工作者，认真学习中央 37 号文件，贯彻中央对广播电视工作的重要指示，努力建设有中国特色的社会主义广播电视事业。而后几年的实践证明，这个以改革为指导思想的纲领性文件，对调动各级党委、政府和广大广播电视工作者办好广播电视的积极性，促进广播电视部门的全面改革和发展，起到了巨大的作用。

二、以新闻改革为突破口，广播电视宣传改革成效显著

第十一次全国广播电视工作会议强调"宣传工作的改革要以新闻改革为突破口"，"坚持'自己走路'，扬独家之优势，汇天下之精华"的业务方针，会后在中央和地方各级广播电台和电视台的广播电视宣传中得到普遍而又认真地贯彻执行。

广播电视要"扬独家之优势，汇天下之精华"，是广播电视要"自己走路"方针的重要补充和生动形象的阐述。这是吴冷西在 1982 年 10 月，在无锡召开的华东六省一市广播电台第二次新闻节目经验交流会上提出的。① 在第十一次全国广播电视工作会议上，他又作了进一步的分析说明。

1. 对内广播锐意改革，成效显著

中央电台的宣传改革，首先从新闻改革着手。为了保障新闻改革的实行，中央电台在组织上采取了以下两大举措：一是加强驻地方记者的力量。1984 年增建了北京、重庆、大连、香港四个记者站；之后不久，又建立了深圳记者站。从 1987 年起，广播电视部党组决定，地方记者站统一称为"中央人民广播电台、中国国际广播电台驻××记者站"。记者站用新的称谓后，仍受广电部和当地党委的双重领导，以广电部领导为主，委托中央电台统一管理（至 1995 年底，驻地方记者站发展到 36 个，形成了一个遍布全国的广播记者网）。二是在 1984 年 12 月组建了中央电台范围内的广播新闻中心，在体制上实现了对全台新闻宣传业务的统一组织和领导。

---

① 见中央人民广播电台《广播节目报》第 101 期，1982 年 12 月 4 日。

反映在新闻节目中，主要是信息容量扩大，特别是时效性有了提高。

中央电台对 1987 年中共第十三次全国代表大会的报道，可以说是达到了先声夺人的要求。10 月 25 日十三大开幕，中央电台进行了现场广播，在第一套节目直播的同时，第二套节目插播会议开始举行的消息。11 点 40 分开幕式结束，12 点就播出十三大报告的要点，13 点播出开幕的录音新闻。11 月 1 日 11 点 56 分十三大宣布闭幕，四分钟后，听众就从广播中听到闭幕的消息，以及新选出的中央委员和候补中央委员、中顾委和中纪委委员的名单。11 月 2 日 15 点，十三届一中全会举行，中央电台同步播出简讯，15 点 42 分会议通过公报，过了 41 秒钟，中央电台就播出了公报的全文，时效之快在中国广播史上是罕见的。会议期间举行的中外记者招待会、酒会和代表接受记者采访的活动，中央电台都播出了录音剪辑。播出时间一般比电视早半个小时以上，在各种新闻媒介中是最快的。十三大期间，有些地方电台设专人收录中央电台的最新消息。中央电台新闻快，也使地方电台的新闻加强了时效性。

第十一次全国广播电视工作会议以后，电台的各专题节目改变老一套的办节目的思维和方法，发挥广播特点，推行主持人节目的形式，取得了可喜的成果。但是，无论是新闻节目还是专题节目，光在单个节目的改革上做文章，仍然带有局限性，还不能适应党的中心工作转移的要求，以及听众对广播越来越高的要求。所以大致从 1986 年起，中央电台和各地电台的宣传工作，由局部的调整改革开始走向全面调整改革的阶段。

长期以来，中央电台和地方电台在经办节目方面，一般都存在战线太长、人力分散的问题，影响了节目质量的提高。有些节目小而全，各自独立，互相重复；有些节目没有根据形势的发展，重新研究确定方针和任务；有些中央和地方电台都办的同类型的节目没有明确分工，不分层次，彼此雷同。从节目时间表上明显反映出节目布局凌乱，缺乏章法，不便于听众收听。对国内广播宣传的全方位改革，打破了传统的节目设置模式、节目布局、节目编排方式和播音风格，提高了广播的整体水平。

中央电台在 1985 年 11 月提出了缩短战线、精办节目、提高质量、全面调整的改革设想和接近群众、接近生活、接近现实的方针。经过一年的准备，从 1987 年 1 月 1 日起，实行全台节目调整和改革。在加强新闻的同时，按照精办专题、提高质量的要求，撤销或合并了一些缺乏特色，与其他节目内容交叉、重复的节目，以及办起来比较困难又不便发挥优势的节目，《历史故事》等七个节目在新节目表上被抹去。另外，专题节目的时间一般压缩了一半。这样就腾出时间和人力增办了两个综合性的重点节目：融新闻性、知识性、服务性为一体的《午间半小时》和融欣赏性、知识性、新闻性、娱乐性、服务性为一体的《今晚八点半》。这种时代感强、可容性大、内容丰富、格调清新、形式别致、雅俗共赏的节目，受到广大听众的青睐，在广播界风靡一时。各级地方电台也纷纷推出这类节目，如山西电台的《空中大观园》、安徽电台的《空中交流》、湖南电台的《今天好时光》、吉林电台的《多彩的 60 分钟》等。这些综合性的主持人板块节目的出现，使电台专题节目面貌焕然一新，在改革广播宣传的道路上迈出了扎实一步。

在调整节目布局方面，中央电台经过调查研究，根据广播的特点、听众的心理和收听规律，对早、中、晚三段收听率较高时间的节目，采取如下编排方法：早晨（6：00—8：00）以新闻为主，中午（11：30—13：30）以综合性节目为主，晚上（18：00—23：00）以文艺节目为主。从整体上看，形成了以新闻为骨干，以文艺和专题为两翼，以服务性节目为补充的格局。1988 年 7 月，中央电台对新闻节目的布局作进一步调整，第一套节目以新闻为主，基本上做到整点有新闻，次次有更新，时效性强的重要新闻随时插播。四川、浙江、吉林、河南、甘肃、黑龙江等省一级电台，也对节目的总体布局作了较大幅度的调整。在调整中，既注意开发和利用广播早、中、晚听众密集的"黄金时间"，又尊重一般听众的收听习惯和需要，注意节目结构的科学性、合理性。

如果说，上述节目设置和节目布局的调整，展示着对国内广播宣传工作的改革正走向深入的话，那么，经济台、系列台的出现，更说明广播改革的思路在不断拓宽，广播工作者正努力去适应社会主义市场经济发展的大趋势，以及广大听众对广播提出的新的要求。

1986 年 12 月 15 日，在开放最早、商品经济发展迅速的广东，广东电台在原来的省台二台的基础上，开办了我国改革开放后第一座经济广播电台——珠江经济广播电台。次年，上海经济台、辽宁经济台开播。1988 年，郑州、沈阳、重庆经济台先后试播。在此之后几年间，又有一大批省级或市级的经济广播电台诞生。

在管理体制上，各个经济台不完全一样。像郑州经济台，直属市广播电视局领导，在宣传、人事和财务管理上同综合台（人民台）没有直接关系，享有自主权。而上海、重庆、沈阳经济台，虽然在人、财、物方面拥有相对独立的管理权力，但大政方针则由综合台决定，这叫作"台管台"。还有一种是"台中台"，就像珠江经济台、辽宁经济台，只是在播出时用"经济台"的呼号，没有独立的人、财、物权，实际上是综合台的一套节目。

在 80 年代后半期出现一股"经济台热"，这有其历史的必然性。中共十一届三中全会以后，党的工作重点转移到经济建设上来了，广大干部、群众希望通过大众传播媒介，了解更多的经济体制改革和经济建设进展的情况，尤其希望得到那些令人困惑的热点、难点问题的答案，而企业界则更希望广播发挥正确的经济导向作用。这些合理的要求，大综合台的新闻和专题节目是难以给予满足的。就是在这种时代背景下，经济广播电台应运而生。当然，经济台的诞生，同时也是广播事业自身求生存、求发展的需要。这些年电视的发展势头迅猛，给广播带来了巨大的压力；在沿海和边境地区，一些省（自治区）、市台的广播，又受到外台的冲击。经济台的出现，反映了广播工作者立志改革、振兴广播的愿望和决心。

经济广播电台的主要任务是比大综合台更直接、更具体、更集中、更有效地为促进社会生产力的发展和社会主义经济建设服务，为促进改革开放和社会主义市场经济的发展服务，为提高人民群众的生活水平和生活质量服务。它以经济界和广大消费者为服务对象。经济台除了搞好经济宣传报道和经济信息传播外，还适当地进行经济信息的开发、经营活动。经济台的各项宣传活动，坚持为社会主义服务、为人民服务的方向，坚持四项基本原则和无产阶级新闻工作的党性原则。所以，它和大综合台一样，也是党、政府和人民的喉舌，是党和政府联系群众的有效工具之一。有人认为，经济台就是商业台，甚至认为就是广告台，开办经济台的主要目的就是为了赚钱。这种看法否定了经济台是党的宣传工具的社会属性，显然是不合适的。

各经济台继承了人民广播的优良传统，借鉴了海外广播的一些好的做法，普遍采取了由珠江经济台率先实行的大板块、主持人直播、听众参与的传播方式。业内人士把珠江经济台的那种传播方式叫作"珠江模式"。经济台在把握正确办台方向的前提下，大胆改革创新，节目办得活，与社会实际和群众生活贴得紧，受到了热烈的欢迎，收听率大大高于大综合台。珠江经济台的收听率长期保持在50%左右，在覆盖广州市和周围地区的近十个电台中高居首位。原来爱听境外电台的听众，很多人改听珠江经济台的节目了，从而扭转了广东沿海地区空中竞争的态势。1988年，珠江经济台的成立被评为"广东省改革开放十年十件大事之一"；当年这个台还被省人民政府授予"全省模范集体"的光荣称号。

经济台通过办好节目，为经济建设服务，为听众服务，也获得了一定的经济效益。珠江经济台开播一年后，广东电台的广告营业额翻了一番，第二年又翻了一番，以后仍逐年有所增加。多年来，广播一直靠国家拨款过日子，始终为经费不足所困扰。各经济台的建立，使这种状况有了一定的改善。经济台为广播走自我发展的道路提供了成功的经验。

广播具有传播新闻、社会教育、文化娱乐、提供服务等多种功能。过去，人民广播电台凡是具备几个频率的，不同频率大体有一个功能性的分工。经济台的出现，就是这种分工的进一步发展。一般称经济台为专业台，这是就其基本特征而言，是一个有所侧重的综合台。在成立经济专业台的基础上，一些拥有几个频率资源的地方电台，办起了教育台、文艺台、音乐台、儿童台、交通台等专业台，形成了"电台系列"，也称之为系列化布局，系列台的叫法由此产生。1987年3月，天津电台把五个频率分别改为新闻经济台、专题服务台、文艺台、教育台、调频立体声文艺台。同年5月，上海电台办的七套节目，分别以上海人民广播电台新闻教育台、上海人民广播电台经济台、上海人民广播电台文艺台三种呼号播音。随后，广东电台把原来的六套节目，建成由珠江经济台、广东新闻台、音乐台、文艺台、教育台、英语台六个各具特色、各有不同服务对象的专业台组成的系列台。随着经济发展和社会进步，以及人们获取信息的渠道不断增多，听众对广播的需求出现多元化、具体化的趋势，收听广播的选择性更强了。系列台设置的众多节目和栏目，涉及人们经济和文化生活的方方面面，可以适应不同层次、不同爱好的听众的需要，使广播的多种功能得到了充分的发挥。

第十一次全国广播电视工作会议以后，对少数民族广播和对台湾广播也加快了改革的进度。

中央电台的民族广播创建于1950年，1960年停办，1970年后陆续恢复，办有蒙古、藏、维吾尔、哈萨克、朝鲜五种少数民族语言节目。内蒙古、西藏、新疆、广西、宁夏、云南、贵州、青海等省、自治区电台和一些自治州、盟广播台站，也办有本地一种或几种民族语言广播节目。

1983年前，中央电台民族语言广播节目因受一些客观条件的制约，办得不尽如人意。主要是：发布的新闻时间晚；宣传内容考虑对象民族地区的特点不够，针对性不强；一般性的地方新闻和少数民族文艺节目与地方电台交叉重复较多。1984年，中央电台的少数民族语言广播节目进行了改革，本着中央电台和地方电台的民族广播应各有侧重，分工协作，发挥各自优势的指导思想，确定了中央电台民族广播节目的方针，即立足首都，面向对象民族地区，以新闻改革为突破口，集中力量办好新闻性节目。具体说，做到了以下三点：一是加强新闻时效，增加信息量和播出次数。少数民族语言广播的新闻节目，每天由一次增加到两次，时效一般比改革前提早了十多个小时；二是扩大报道面，每次节目中国际新闻的比例不少于三分之一，增加本台消息和评论；三是根据不同对象地区的特点，加强新闻和典型报道的针对性，提高宣传质量。这些改革措施出台后，受到中央有关部门和广大听众的肯定，有关民族地区的电台，都增加了转播中央电台民族语言节目的次数。

各少数民族地区电台的民族语言广播，也都进行了一系列的调整、改革，增加了自采自编稿件的数量，突出了民族特点和地区特点，增强了新闻的时效性，充实了节目的内容，使民族语言广播节目成为当地党政机关做好民族工作得心应手的工具。

过去有一种片面的认识，以为宣传党的民族政策只是面对少数民族同胞。其实，为了巩固我们的民族大家庭，占我国人口绝大多数的汉族人民同样有必要了解党的民族政策，知道和熟悉各兄弟民族。中央电台在1983年创办了第一个用汉语普通话广播的民族专题节目——《民族大家庭》。1987年下半年，这个节目改革成为一个融教育性、知识性、趣味性为一体的节目。《民族大家庭》节目内容丰富，形式活泼，编排灵活，可听性较强，拥有不少听众，对增进各民族之间的相互了解，促进民族大团结，开创民族工作的新局面，提供了一个良好的舆论环境。

在祖国大陆和台湾地区不能通邮、通航、通商，两岸同胞音讯受阻的情况下，大陆电台的对台湾广播始终是海峡两岸同胞沟通联系、加深了解、增强感情的主要渠道。

从 1986 年 7 月起，中央电台对台湾广播作了调整，调整的重点是加强、改进新闻宣传和集中力量精办重点专题节目。1987 年下半年，台湾当局迫于内外压力，允许台湾同胞回大陆探亲。为适应这一历史性的变化，对台湾广播再一次调整节目。新开办的言论性节目《时事漫谈》，紧紧围绕"和平统一，一国两制"的内容，针对台湾同胞的疑虑，充分阐述这一方针的科学性、可行性，并针对分裂祖国的"台独"活动进行揭露、批判。为了更好地向台湾同胞介绍大陆的投资环境等情况，向台胞提供咨询服务，还开办了综合性服务节目《空中服务台》和《经济信息》，在台湾听众中取得了较好的效果。

江苏电台从 1982 年 7 月起，就开办了对台湾广播节目。为了适应对台工作的新形势，进一步发挥沿海对台宣传阵地的作用，广播电视部在 1985 年底批准江苏电台对台湾广播改用"金陵之声广播电台"的呼号，使用短波频率。1986 年 11 月 12 日，是中国民主革命伟大先行者孙中山先生诞生 120 周年，金陵之声广播电台正式开播。金陵之声广播电台面向台湾各界民众，侧重于江苏和华东地区去台同胞，兼顾港澳同胞和东南亚华侨。

中国人民解放军对台湾广播的专门电台——福建前线广播电台，从 1984 年元旦开始，改名为中国人民解放军海峡之声广播电台，呼号为"海峡之声广播电台"。电台改名在台湾和香港引起了反响。台湾听众反映，这个做法"对增进和解有利"。香港报纸认为，"一名之改，隐含着政策的变化，气氛的变化"，"是和平政策指引下的一个举动，进一步体现了和谈诚意"。

1986 年 10 月，厦门电台开办《为金门同胞服务》节目。这个节目于 1990 年 7 月改为对台湾广播。1987 年，上海电台筹办专门对台湾和海外广播的浦江之声广播电台，并于 1988 年元旦正式播音。1988 年 7 月，福州电台开办对马祖广播，1991 年改为对台湾广播。

在以后的几年间，对台湾广播事业又有新的发展。1991 年 11 月在福州创办的华艺广播公司（国内第一家经国家工商管理局注册的广播公司），用五个频率对台湾广播。1993 年元旦，东南广播公司（其前身是福建电台对台湾广播，1972 年中断）作为福建电台的系列台之一，重开对台湾广播。至此，全国已有八家电台办了对台湾广播，充实了对台湾广播宣传的力量。

2. 对国外广播节目面貌一新

与对内广播一样，新闻也是国际广播的骨干。各国听众收听外台广播，主要目的是想更快更多地了解世界上发生了什么重大事情，以及国外对本国政府的行为或某些事件的政治态度。因此，世界各大电台都把加强新闻报道，作为争取听众、提高自己在国际舆论界中的地位的主要手段。而我国国际广播电台的新闻报道，长期以来却是一个薄弱环节，没有自己的信息来源，只靠转发国内通讯社和报刊的新闻过日子。这就不可避免地造成我国对外广播的新闻时效性差、报道面窄等不足，缺乏与世界大台竞争的能力。显然，新闻改革同样是整个国际广播宣传改革的突破口。

为了加强新闻报道，国际电台组建了驻外记者的队伍。自 1980 年在日本东京建立第一个驻外记者站之后，陆续在贝尔格莱德、巴黎、伊斯兰堡、墨西哥城、华盛顿、香港地区、波恩、曼谷、开罗、莫斯科、纽约（驻联合国）、哈拉雷、堪培拉、布宜诺斯艾利斯和布鲁塞尔设立了常驻记者站，到 1988 年底已达到 16 个。国际电台驻外记者积极开展工作，发稿数量逐年增加。1988 年发回新闻 7974 条，专稿 623 篇，总的发稿量比 1986 年增加了一倍。我国派往世界各地的广播记者，人数虽然不多，但对我国对外广播提高国际新闻的时效性、扩大报道面起了很大的作用。以时效为例，1986 年 1 月 28 日，美国航天飞机"挑战者"号升空 72 秒后，出人意料地发生爆炸，七名宇航员全部罹难。国际电台驻美国记者及时发回了英文口播稿，英语部在事发一小时后迅速播出，其他语言部组也陆续播出。中央电视台在当天上午的简明新闻中插播了这一消息，成为除国际电台外第一家向国内报道这一事件的新闻单位。国际电台的驻外记者站不仅同时为中央电台和中央电视台加强国际新闻报道服务，他们发回的新闻和专稿，还常被地方电台、电视台和国内其他新闻单位采用。

国际电台的评论工作，在第十一次全国广播电视工作会议后不断加强，每年撰写的国际评论有四五百篇。对一些重大的国际事件，如 1986 年的美苏首脑会晤、民主柬埔寨提出政治解决柬埔寨问题的八点建议、第八届不结盟国家首脑会议、1987 年美国国会两院少数议员就所谓"西藏人权问题"通过修正案、日本方面对光华寮问题的无理判决、1988 年政治解决阿富汗问题的日内瓦协议等等，国际电台都及时播发评论，如政治解决阿富汗问题的日内瓦协议签字不到 1 小时，国际电台就发表了有关评论，使外国听众了解中国对上述重大国际事件的立场和观点。

80 年代以来，我国的外事活动日益活跃和频繁。国际电台为此建立了一支精干的时政记者队伍，采访我国和世界各国领导人之间的互访等重大外事活动。经中共中央办公厅批准采访党和国家领导人外事活动的中央新闻单位仅五家，国际电台是其中之一。1984 年到 1987 年，国际电台共派出记者 57 人次，随党和国家领导人出访 27 个国家。国际电台的外事记者绝大部分精通外语，熟悉有关国家和地区的情况，独具优势。因此，国际电台采写的时政消息时效快，准确性和针对性强，受到各国外交机构、新闻界和广大听众的重视和欢迎。

国际电台的英语、日语、泰语、朝鲜语、老挝语、波斯语、波兰语和汉语普通话八种语言节目，为了适应对象国近年来出现的"中国热"、"汉语热"，开办了教中国话的汉语讲座节目。由于采用双语言对比教学的方法，效果较好，很受欢迎。英语部的《教中国话》节目的听众遍及五大洲。

国际电台在宣传改革中，除了注重充实节目的内容以外，对节目形式的改进也作了大胆的探索。外语节目的构成，从过去总是新闻、专稿、音乐三大块的生硬、呆板的模式，改为集新闻性、知识性、欣赏性、服务性为一体，并普遍设立节目主持人，改变了传统的播音腔，加强了与听众思想感情的交流，使节目更适应国外听众的收听习惯和心理承受力，具有较强的可听性和吸引力。

另外，国际电台积极运用广播手段，发挥广播宣传的优势。比如，1984 年中华人民共和国成立 35 周年，国际电台用英语在天安门广场现场实况广播群众游行场面，这在我国对外广播史上还是第一次。之后，国际电台又两次和中央电视台合作，对春节晚会进行现场英语直播。在华外国人和旅游者可以通过广播，与中国人同享节日的欢乐。

自从中国实行改革开放以后，来中国工作、经商、学习和旅游的外国人越来越多，中国国际广播电台在 1984 年 1 月 1 日开办了对北京地区的英语广播（上海、天津、广州、沈阳、杭州、西安等地都加以转播），1986 年 10 月 25 日开办了对内的西班牙语广播，1988 年 5 月 1 日和 9 月 1 日又先后增办了对内的法语、德语、日语广播。这些广播节目不仅使在华外国人及时了解我国的内外政策，有助于他们正确认识中国，同时也为中国听众学习外语提供了条件。

在这个阶段，地方电台办的对外广播也有所发展。为了加强对越南的广播宣传，1982 年，经中央批准并由中央投资建成用越南语向越南广播的电台——广西对外广播电台。这个电台于 1983 年 8 月 16 日开始转播中国国际广播电台越南语节目，1984 年 12 月 1 日正式播出自办节目。广西对外广播电台是中国首家对外广播的省级电台。1986 年 10 月 1 日，云南对越南广播的电台——云南对外广播电台也开始播音。此外，云南人民广播电台办的《对国外的藏族同胞广播》节目，作了较大的调整、改革，以加强宣传的针对性和感召力。

我国对外广播的事业建设和技术设备比较落后，美洲、欧洲、非洲等离我国遥远的地区，往往听不到、听不好我们的广播。进入 80 年代，国际形势的发展和我国改革开放方针的实施，使情况有了转机。国际电台在有关部门支持下，与一些国家的电台经过谈判，达成了互转双方对外广播节目或租用对方发射机转播我国对外广播节目的协议，通过互转、租机，明显改善了我国远距离广播的收听效果。据听众、外国电台、我驻外机构反映，外国电台转播我国国际电台的节目，由于功率大，离服务区近，节目信号强而稳定，声音清晰。北美和欧洲地区一直是我国对外宣传的薄弱环节，广播听不到，书报的作用也受到限制，互转和租机合作的开展，使这些地区的广播宣传得到了加强。从听众反映中可以看出，在美国各地都可以收听到我国的广播。

为了扩大中国国际广播电台在世界上的影响，国际广播电台还向外传送或寄送介绍中国的节目，利用对象国家的广播电台播出。其实早在50年代初，我国就与一些社会主义国家电台开展过这方面的合作。"文化大革命"期间这种交流活动中断，直至改革开放始得恢复。国际电台积极主动开展工作，同国外一些电台签订了向它们传送或寄送节目的协议，数量逐年增多。1986年向24个国家和地区的电台寄送、传送节目总共196小时44分钟，而1988年就增加到34个国家和地区的68家电台，寄送、传送节目达一千多个小时；有41家电台定期播出我们提供的节目。

由于我国对外广播的传输条件以及节目的内容和形式有了明显的改善，中国国际广播电台的听众来信一年比一年增多。1988年上升到16.9万多封，比1983年增加了一倍以上，创"文化大革命"以来22年的最高纪录。国际电台的英语、日语、西班牙语、德语广播节目，在国际评比中纷纷获奖或名列前茅。例如，1986年、1987年和1988年，国际电台英语广播节目先后三次获澳大利亚广播与科学研究机构的"培特奖"，1986年被该机构评为"亚洲最佳电台"。国际电台的日语广播，1986年在日本广播杂志组织的听众评选"最受欢迎的对日广播电台"的活动中，获得第二名。1986年初，在西班牙国家电台举办的"最受欢迎的电台"评比中，我国国际电台的西班牙语广播被评为世界第二名（仅次于荷兰电台）、亚洲第一名。同一年，瑞典短波收听协会组织全体会员评选1985年的最佳电台，我国国际电台被评为"十佳电台"之一。

1987年9月11日，是中国人民对外广播事业创办40周年（当时以1947年9月11日作为对外广播开播的日期）。四十年来，中国的对外广播从小到大，已发展到用43种语言对外广播，每天播音142.5小时。国际电台使用的语种和播出时间，仅次于苏联和美国，居世界第三位，广播覆盖亚洲、欧洲、非洲、拉丁美洲、北美洲、大洋洲等世界大部分地区。尽管如此，我国对外广播的实力与世界先进国家比，仍存在着不小的差距。

3. 对内电视宣传在改革中前进

1983年第十一次全国广播电视工作会议，提出了以新闻改革为突破口来推动整个广播电视宣传改革的方针，广大电视工作者认真贯彻会议精神，采取一系列电视新闻改革的措施，对电视新闻的内容和形式进行了大胆而又慎重的改革，加上电视技术的发展，传送手段的改善以及收视工具的增多，致使电视新闻的影响日益扩大，已成为全国和各地最主要的舆论阵地之一。

电视新闻的改革，首先表现在增加新闻节目时间，扩大新闻节目在整个电视节目中的比重上。中央电视台1984年开办了《午间新闻》，1985年开办了《晚间新闻》，1987年开办了《经济新闻》（后改为《经济信息》）。中央电视台第一、二套节目中，每天播出的新闻节目包括重播，至1988年已增加到十次。许多省级电视台也增设了《晚间新闻》。广州、上海、北京等电视台还在早上开办了新闻节目，打破了早上没有电视新闻可看的局面。为了适应对外开放的需要，1986年和1987年，上海电视台和中央电视台先后办起了《英语新闻》节目。

拓宽报道面，增加信息量，是电视新闻改革的另一项措施。每次节目新闻条数的增加，有赖于压缩每条新闻的长度。中央电视台基本上做到，图像新闻除少数要闻外，一般在一分钟左右；不少口播新闻可称为"一句话新闻"，30分钟的《新闻联播》，大体播出35条左右。中央电视台对时政新闻进行了改革，简化一般性会见的报道，减少外事活动所占的篇幅。

压缩新闻长度和控制会议报道，这就为增加经济、科技、文化、体育、社会新闻和批评性新闻，以及国际新闻，腾出了节目空间，使电视新闻节目的内容更加广泛，信息量明显增多。

时效是衡量新闻价值的标准之一，也是电视新闻改革的一个主要的目标。电视具有可以在事情发生的同时，把现场的画面和声音传送到千家万户的特点，这是其他新闻媒体无法比拟的优势。中央电视台对一些重大政治事件和活动，或者是人们关注的体育比赛和文艺演出，都采取现场直播的做法。1985年3月第六届全国人民代表大会第三次会议召开，1987年10月中共第十三次全国代表大会召开，中央电视台均现场直播了开幕式，这在全国人代会和党代会的报道史上尚属首次。

除了现场报道，争分夺秒的时效观念在电视新闻的采录、编辑、传送、播出的各个环节得到了充分的体现，各电视台新闻节目中的当天新闻和刚发生的新闻所占的比例大大提高。1986年8月19日至21日，邓小平在天津视察。21日下午视察结束，邓小平在当晚进餐时，就从屏幕上看到天津电视台播出的《邓小平同志在天津视察》的新闻。邓小平高兴地勉励天津电视台的记者说："你们的效率很高，希望继续努力。"1986年5月3日，台湾华航货机机长王锡爵驾机飞回大陆定居，下午3点在广州白云机场着陆。广东电视台记者立即赶到现场，在飞机旁采访了王锡爵。这是王锡爵飞抵广州后第一次接受大陆记者的采访。广东电视一台和二台中断了正在播出的节目插播这条新闻，在广东新闻界中率先对这一事件作了报道。同时，通过微波干线，把新闻传送到北京，中央电视台在《晚间新闻》中作为头条播出。香港两家中文电视台分别用广东电视台和中央电视台的图像，在晚上10点10分和10点12分报道了王锡爵飞回大陆的新闻。

　　有些新闻在一时无法得到录像带的情况下，电视台为了争取时间，就以口播形式播出，或者采用"飞字幕"的办法。字幕新闻是随着电视技术条件的改善而出现的一种新的电视新闻手段，它把字幕打在屏幕的下方向左移动，可以不中断正常节目播出，使新闻及时传播出去。比如1988年4月七届人大一次会议选举国家领导人的报道，从会议开始到公布选举结果，采取插播新闻和"飞字幕"相结合的做法，对会议进行同步报道，字幕新闻一共发了十几次。选举结果刚公布，屏幕上立即打出新的国家领导人名单。

　　电视新闻的改革，除了增加新闻次数和每次节目的信息量，以及提高新闻时效以外，还注意充分发挥电视宣传的优势，大胆尝试，在某些方面取得了突破性的进展。

　　1986年召开的六届全国人大常委会第十七次会议，讨论了《企业破产法（草案）》。委员们本着对国家、对改革极端负责任的精神，畅所欲言，各抒己见，会场上洋溢着民主、和谐的气氛。在场的电视记者感到，如果把如实拍摄下来的讨论过程在电视中播放出去，有助于消除人民大众对国家立法过程的神秘感，增进人民对立法机关的信任感和自身的民主意识，激发人民参与政治生活的热情。但是，作这样的报道尚无先例，台里也没有把握。记者从三十多盘素材带中，选辑了委员们发言中最精彩的部分，编成节目，先后呈送彭冲副委员长、彭真委员长审看。他们看后认为很好，同意播出。1986年9月26日，中央电视台播出了一个特别节目《六届全国人大常委会第十七次会议采访纪实》。这是新中国成立以来第一次详细报道国家最高权力机关民主立法的讨论过程，播出以后观众反映良好。有的观众来信说，这个节目无论在形式上、内容上都开了新闻报道改革之先河，是迄今为止最为成功、最有影响的一次会议报道。

　　1987年3月，第六届全国人大第五次会议召开。为了加强宣传的针对性，中央电视台提出记者招待会采取录像剪辑播出的设想，这一设想得到部领导和大会宣传组领导的支持。六届大会五次会议期间，中央电视台播出了八次记者招待会的录像剪辑，社会上反映很好。观众来信说，这些节目不仅体现了我国的开放政策，并沟通了高层领导与群众的联系。通过这次实践，不但使电视工作者加深了对电视功能的认识，也使各级领导更加重视电视的作用。中央批准的《关于改进新闻报道若干问题的请示》中，在回顾了六届人大五次会议期间电视播出记者招待会实况录像剪辑的情况后写道："广播电视是同人民群众对话的新闻渠道中最迅速、最广泛、最直接，为广大群众喜闻乐见的现代化工具，具有文字报道不可替代的作用"，"今后应推广这一经验，把利用广播电视同人民群众对话的工作经常化、制度化。"在此后不久，国务院召开常务会议处理大兴安岭地区特大森林火灾问题，中央电视台录像剪辑播出，这在国务院会议报道史上是第一次。

六届人大五次会议的报道经验，在 1987 年召开的中国共产党第十三次全国代表大会的报道中，得到了进一步的充实和发展。十三大期间，播出了 11 次记者招待会的录像，其中尤以十三大新当选的政治局常委为中外记者举行酒会的实况报道最为精彩。常委们手拿酒杯，谈笑风生，回答记者提问，给观众留下了深刻的印象。从 1988 年 4 月七届人大一次会议开始，记者招待会采取现场直播的形式，进一步提高了新闻时效，也更加体现了政治生活的民主化。

在电视新闻改革中，各地电视台另一个已被实践证明行之有效的探索，就是对一些群众普遍关心的问题或者对一些突发性事件采取连续报道、系列报道的办法。1984 年，中央电视台就北京市民乘车难的问题，一连进行了十次报道。1986 年，四川电视台的记者、编辑跟随洛阳长江漂流探险队，从长江源头到长江入海处吴淞口，采访达半年之久。四川电视台播发了 48 条新闻，中央电视台采用了其中的 28 条。1987 年，东北大兴安岭发生特大火灾，从 5 月 11 日到 6 月 9 日的 28 天中，中央电视台的《新闻联播》对火灾情况作了 22 次连续报道。为了配合中共十三大的召开，中央电视台和山西、广东、广西、北京、江苏、黑龙江、上海、陕西、大连、安徽、天津、山东等电视台合作，共同完成《改革在你身边》大型系列新闻报道。中央电视台从 1987 年 9 月 30 日至 10 月 24 日，一共播出 25 集。

全党的工作重点转移到现代化建设上来以后，经济报道在电视宣传中处于重要的地位。1984 年底，中央电视台成立了经济部。次年元旦，一个专门进行经济宣传的专题节目——《经济生活》在荧屏上出现。这个节目一出台，就受到中央领导同志和社会各界的重视。1985 年 3 月 8 日，中共中央书记处书记胡启立电话传达国务院副总理万里的意见："要办一个经济电视台，着重播经济新闻、经济信息、商业行情和广告。"1986 年 3 月，国务院电子振兴办公室给中央写了《关于购买国际卫星转发器开办国内教育电视节目和综合性经济信息节目的请示报告》，李鹏在报告上批示："今年年底，中央电视台开办一套经济信息节目，以适应四化建设的需要。"1986 年 12 月，广播电影电视部根据中央领导同志的指示精神，在青岛召开会议，专门研究和布置了加强经济宣传和中央电视台第二套节目向全国传送的问题。会议决定，中央电视台第二套节目以传播综合经济信息为主要特点，从 1987 年 2 月 1 日起，通过国际通信卫星向全国传送。中央电视台推出了一个每天 40 分钟的《综合经济信息》节目，取代原来的《经济生活》节目。《综合经济信息》的主要任务是，宣传党和政府的经济政策，传播国内外经济信息和商品行情，沟通城乡，以及国内外产供销渠道，当好企业和消费者的参谋，为四化建设服务，为人民服务。这个节目因逐步办出了特色，收视率较高，到 1987 年年底，全国已有 120 家省、市电视台转播这一节目。同时，各省、市电视台也纷纷办起了形式多样的为经济建设服务的专题节目。1988 年 12 月，以湖北电视台第二套节目编辑部为班底组成的江汉经济电视台正式开播，成为全国第一个挂牌的经济电视台。

这一时期电视专题节目改革的另一个主要的特点，就是涌现出一批社教类的大型电视系列片。电视系列片和电视纪录片属于同一类型，但是在表现形式上更注重电视的特点。例如，中央电视台1983年8月播出的25集《话说长江》；1986年7月播出的32集《话说运河》；为纪念中国工农红军长征胜利50周年，在1986年10月播出的10集《长征——生命的歌》；1987年4月播出的20集《唐蕃古道》；为纪念中国人民解放军建军60周年，在1987年七八月间播出的12集《让历史告诉未来》；1987年11月播出的由北京、天津、河北、辽宁、内蒙古、新疆等十个省、自治区、直辖市电视台联合摄制的37集《万里长城》；1988年10月播出的4集《祖国不会忘记》等等。这种大型系列节目题材分量重，容量大，播出持续时间长，创作上刻意求新，取得了良好的社会效果。

电视文艺节目在各电视台的节目总量中占了很大比重。向广大观众提供内容健康、形式新颖的电视文艺节目满足人们娱乐和欣赏的要求，提高群众的文化素养，促进社会主义精神文明建设，是电视的主要功能之一。

改革开放以来，电视文艺节目有了很大发展和提高。它逐步摆脱了对剧院舞台的依赖，也就是改变了播出舞台演出实况录像为主的格局，以自办的具有独特的电视艺术特色的各类文艺栏目，奉献给电视观众。中央电视台在文艺栏目的建设上下了很大力气，加强栏目播出的计划性和规范化，使文艺栏目不仅富有欣赏性、娱乐性，而且具有较高的艺术品位。从1984年到1988年，一批经过精心设计的文艺栏目，如《艺苑之花》、《音乐与舞蹈》、《曲艺与杂技》、《周末文艺》、《戏曲欣赏》、《百花园》、《电视剧场》、《文艺天地》、《旋转舞台》、《花信风》、《短剧与小品》等相继出台，令人耳目一新。地方电视台的文艺节目也在原来的基础上有了长足的进步。这几年，一些地方电视台没有用过多的精力去增加新栏目，而是在已开办的栏目上做文章，苦心经营，使得这些专题文艺栏目内容不断丰富，形式新颖别致，深受广大观众的喜爱。上海电视台的《大舞台》、《大世界》栏目自开办以来，平均收视率一直在全台名列前茅；北京电视台的《大观园》在节目的编排方式上有所创新，增强了节目的可看性；天津电视台根据本地观众的需要，对《曲艺大观园》栏目进行了重点改造，新设了主持人（其中包括邀请相声表演艺术家马三立担任主持人），并且在节目中穿插评论、轶事、典故等内容，使这个栏目增强了欣赏价值，提高了知名度。中央和地方电视台的文艺栏目都注意做到雅俗共赏，寓教于乐，取得了较好的社会效益。同时，由于各文艺栏目分工明确，风格鲜明，制作规范，播出时间固定，有利于观众的选择，也有利于培养电视文艺人才。1986年，天津电视台为了加强文艺宣传，开办了全国第一家电视文艺台。第二年，湖南电视文艺台宣告成立。电视文艺台的出现，标志着我国电视文艺迈上了一个新的台阶。

在电视文艺节目中,最引人注目的、在社会上反响最大的莫过于春节联欢晚会和电视剧。

从1983年起,中央电视台每年都要投入很大的人力和物力,在农历除夕举办一个春节联欢晚会,而且已经形成了传统。春节联欢晚会属于超大型综合文艺晚会,规模大,演出时间长,参加的演职人员多。由于采用现场直播的方式,气氛热烈,符合节日期间受众的观赏心理,得到社会各界的好评。在农历除夕之夜,全家围坐在一起收看电视,成为中国人民欢度佳节必不可少的内容。据统计,历年春节晚会的收视率都在70%以上,海外的不少华侨、华人也是这台晚会的热情观众。

除了春节联欢晚会,中央电视台每逢新年、"五一"、国庆等节假日或重大的活动,也举办大型的综艺晚会。各省级电视台在这种时候也都举办富有地方特色的综合文艺晚会,以满足当地观众的需要。

第十一次全国广播电视工作会议以后,电视剧取得了令人瞩目的成果。电视剧的年产量已大大超过电影,而且电视剧的题材更加广泛,品种日趋丰富,质量有了进一步的提高。中央电视台播出的电视剧,1982年是235部(集),至1988年已增加到1155部(集),增加了将近四倍。有一批优秀的电视剧,像《蹉跎岁月》(中央电视台)、《高山下的花环》(山东电视台)、《四世同堂》(北京电视制片厂)、《红楼梦》(中央电视台、中国电视剧制作中心)、《严凤英》(南京电影制片厂、江苏音像出版社)、《末代皇帝》(中国电视剧制作中心)等,在社会上引起了轰动效应。电视剧已经成为电视节目中一大支柱,占据着举足轻重的位置,成为在人民群众中有着广泛影响的艺术品种。

在我国电视剧的年产量迅猛增长的情况下,人力、设备、财力等方面条件不足的问题日益暴露出来,因而出现了一批平庸之作乃至劣次产品。自1988年起,电视部门开始实行"提高质量,控制数量"的方针,我国电视剧制作走上稳定、健康发展的道路。

4. 对外电视宣传的起步

我国的对海外电视报道和国际交往,是从80年代开始的。中共十一届三中全会以后,中央电视台的国际节目交流工作有了较快的发展,除与英国维斯新闻社继续保持新闻互购关系外,1979年9月,又同美英合营的合众独立新闻社建立了新闻互购关系。这两家新闻社在香港收录中央电视台的《新闻联播》,并选择发行。从1980年起,中央电视台先后同美国的纽约宏声传播事业公司、旧金山华声传播公司、洛杉矶斯扬传播公司、加拿大的世界电视公司、华侨之夜传播公司、多伦多中文电视台、温哥华国泰华语电视台签订了供片合同,向他们提供电视节目,还委托香港东明企业公司复制和出售《中国电视》专题节目录像带。

1983年3月1日,中央电视台参加了亚洲太平洋广播联盟成员国电视台之间通过国际通信卫星进行的新闻交换试验活动。中国与日本、澳大利亚、新西兰、韩国、香港六个国家和地区为 A 区。1984 年 4 月 1 日，中央电视台正式参加了亚广联 A 区每周的定期新闻交换，还通过亚广联与欧洲广播联盟等国际新闻机构的交换关系，将节目传播到欧、美、拉、非的许多国家。

1983 年 8 月，广播电视部在北京召开了第一次全国电视对外宣传工作会议，专门就电视的对海外宣传进行了研讨。会议强调电视宣传要对内对外并举，要加强电视节目的思想性和针对性，不断提高节目质量，全面、生动地向世界人民宣传中国——尤其是改革开放以来中国的发展变化。1984 年 10 月，广播电视部又在宁夏银川召开了第二次全国电视对外宣传工作会议。这次会议重点是总结交流上次会议后各单位在对外宣传中的经验，部署下一阶段的任务，并对各台制作的对外节目进行了评比，有五十多个栏目被评为国际交流的优秀栏目。

在一年多的时间里召开两次同类型的全国性会议，是前所未有的。在这两次会议的影响和推动下，全国电视外宣工作出现了一派大好形势。主要表现在：

第一，地方各级政府更加关心和重视对海外的电视传播工作，在人员编制、经费和设备等方面都给予大力支持，对外宣传机构日臻健全。1984 年，中央电视台率先将国际部改为对外部。各地方电视台也相继建立起对外宣传机构，投入一定的人力、物力，专门负责制作适合对外又各具地方特色的电视节目，直接或通过中央电视台向海外交换、播发。

第二，各台积极抓节目建设。中央电视台对外部成立后的第一个动作就是抓节目质量的提高，先后开办了《焦点》、《中国，中国》、《中心舞台》、《电视剧场》等栏目。1986 年 12 月 30 日，中央电视台第一个面向外国观众的外语栏目——《英语新闻》开播。这些栏目的开办，很快引起中外观众的关注，一些外国驻华使领馆的官员及部分外国观众分别来信祝贺。上海电视台首先于 1986 年创办了《英语新闻》。这一年，该台拍摄了 50 集对外报道的电视片，其中 20 集通过中央电视台输送到十多个国家。1987 年，上海电视台成立了国际部，积极组织电视节目出口。仅1988 年一年，该台出口的各类电视节目就达 330 个小时。同时与四十多个国家和地区的电视界保持经常的业务往来，并举办了日本、南斯拉夫电视节目展播周，组织了"上海——奥地利文化"等电视对话节目，增进了相互了解和友谊。同年，江苏电视台成功地举办了"中国江苏电视艺术节"，联邦德国、加拿大、日本以及香港的电视同行前来参加。山东电视台的对外报道节目已形成了一整套录、产、销体系，向外赠送了《仙境蓬莱》、《黄海明珠》等一批介绍山东自然风光和建设成就的专题片。同时与省外办联合举办了"国际友好城市电视节目展播"活动，并与法国电视三台布列尼塔分台及日本山口放送建立了业务关系。

1990 年，成立不久的国务院新闻办公室召开了全国对外宣传工作会议，强调要加强对外宣传的力量。于是，在1991年7月，中央电视台将第一套节目送上了俄罗斯静止卫星，扩大了节目覆盖面，使电视对外宣传前进了一大步。同时把对外部改为对外中心，加强了领导和制作力量。

随着国内政治形势的稳定和国家关系的好转，我国的对海外电视宣传很快有了新的起色。主要表现为：1989年一度中断的业务关系得到了恢复，同时又发展了一些新的合作者。如中央电视台在与美洲一些华语电视台恢复供片关系的同时，又和美国洛杉矶熊猫电视台、北美卫星电视台等新建了供片关系，并增加了在海外电视台播放英语节目的新项目；在欧洲利用《同一世界频道》的卫星，向西欧十多个国家播出；在美国旧金山，支持彩虹电视台开办英语的中国电视节目，向当地的美国人播出。此外，还及时采制了新闻杂志节目《中国报道》，其中的《今日中国》还制作了英语版和法语版，分别在华盛顿、洛杉矶、芝加哥和法国电视三台向当地观众播出。

地方电视台的对海外电视宣传也有了新的发展，与外台合作办固定栏目、定时在外台播出节目逐渐增多。1991年8月，山西成立了向美国斯科拉（SCOLA）电视台提供节目、报道中国的专业电视台——中国黄河电视台。斯科拉电视台是一家以知识阶层为服务对象的非营业性电视机构，其任务是向各大、中学校和研究、教学单位播放世界各主要国家与地区电视台的电视新闻及专题片。黄河台在斯科拉台设有演播室，开始每周播出一小时节目，共有《中国新闻》、《经济报道》、《科技纵横》、《文化长廊》、《炎黄子孙》等二十多个栏目以及语言教学节目。此后，辽宁、吉林、黑龙江、浙江、山东、广西等电视台，也都借助于黄河台在斯科拉电视台设有定期播出的窗口。黄河台的节目受到了斯科拉台负责人和广大观众的欢迎和赞扬。此外，天津电视台、福建电视台、山东电视台、广东电视台、上海电视台、北京电视台、浙江电视台也分别在美国和日本的电视机构建立了固定的播出窗口。

三、"四级办广播、四级办电视、四级混合覆盖"的方针和广播电视事业的新发展

中共十一届三中全会以后，我国各方面实行了一系列的改革，形势发生了很大变化。其中有些变化与广播电视有关，对广播电视的事业建设提出了新的要求，最突出的有以下三点：

（1）实行计划、财政体制"分灶吃饭"和财政包干后，地方的自主权扩大，机动财力增加，自筹资金发展广播电视事业的积极性提高了。

（2）农村实行了家庭联产承包责任制，农民经济条件有了改善，他们迫切要求听广播、看电视，发展农村的广播，尤其是发展电视，势在必行。

（3）在经济发达地区，中央决定以中心城市带动农村，逐步实行市领导县的体制。这一体制改革激发了中等城市办广播电视的积极性。

为了适应新的形势，促使广播电视事业有个大的发展，让尽可能多的人听到看到、听好看好广播电视节目，第十一次全国广播电视工作会议决定对广播电视的事业方针和技术政策作较大的调整和改革。最为重要的一条，就是实行"四级办广播、四级办电视、四级混合覆盖"的方针。

1983 年以前，我国的广播电视事业建设，虽然没有明确提过只能由中央和省两级办电视，但实际做法是，四级办广播（中央、省、市三级办无线广播，县办有线广播）、两级办电视、分级覆盖。这个方针存在不少弊端，限制了广播电视事业发展的规模和速度。中国地域辽阔，地形复杂，由中央和省两级来实现广播电视覆盖十分困难，特别是资金投入过大，单靠国家财力是远远无法满足需要的。而市、县两级自办电视的愿望很强烈，却又得不到决策部门的支持，控制很严。到 1983 年，全国仅有 24 个市开办了电视台，并自办电视节目。

广播电视部党组广泛听取了意见，经过反复研究，在第十一次全国广播电视工作会议上，提出了四级办广播电视的方针。贯彻这个事业方针，除了中央和省一级办广播电台、电视台以外，凡是具备条件的省辖市（地、州、盟）、县旗都可以根据当地的需要和可能开办广播电台、电视台。市、县广播电台、电视台的任务，主要是转播中央和省的广播电视节目，也可以播出自办节目，共同覆盖各市、县。边远省、自治区的地区一级，如有需要和可能，也可以办广播、办电视，参加四级混合覆盖。对广播电视的事业建设方针作这样的调整、改革，目的是为了调动地方各级政府和社会各方面办广播电视的积极性，充分吸收地方机动财力，加快广播电视的发展步伐。

省辖市、县办电视节目是新事物，很可能会在管理上带来一些新的问题，所以，第十一次全国广播电视工作会议强调：市、县办电视节目必须有步骤、有秩序地进行，不强求一律，更不能一哄而起。市、县办电视台，要根据当地的需要程度和财力、干部、设备、节目来源和节目制作能力等条件，由省一级广播电视厅（局）审核，报广播电视部批准。会议希望市、县党委加强领导，省级厅（局）加强管理，强调严格遵守宣传纪律，防止发生宣传口径上的混乱和差错。

第十一次全国广播电视工作会议在提出"四级办广播、四级办电视、四级混合覆盖"方针的同时，对事业建设其他方面的一些方针、政策也进行了调整。比如，确定了采取广播卫星覆盖全国的方针。长期以来，我国广播电视的传送手段一直比较落后。70 年代初，建成了三条调频节目接力传送线路，向全国传送中央电台的第一套节目。电视节目的传送，主要是依靠高山骨干台。到 70 年代中期和 80 年代初，才开始分别通过国家的微波干线，传送中央电台和中央电视台的节目。但是，这种传送手段仍不能适应需要，要用较快的速度进一步提高广播电视的覆盖率，只有采用广播卫星覆盖的办法。卫星广播是现代化的科学技术手段，它比建设地面传输系统省工、省时又省钱。当时建立一个卫星地面收转站大约需要 5 万元，由受益单位自筹资金来建设是完全可能的。而且用广播卫星覆盖，传送质量高，收听收看的效果好。1980 年举行第十次全国广播工作会议时，就曾研究过采用卫星广播技术的问题。经过几年的酝酿和准备，第十一次全国广播电视工作会议正式做出决策，决定采用卫星转播广播电视节目的先进技术，加快对全国的覆盖。

1984 年 4 月，我国自己研制的第一颗试验通信卫星发射成功，进行了多路传输广播电视节目的试验。这次试验成功，基本上解决了中央电台向全国各省、自治区传送广播节目的问题。原来利用微波线路传送，质量无法保证，像新疆、西藏这些边远地区更不能畅通，还得依靠短波。有了这颗卫星，这些地区转播中央电台节目的声音清晰多了。1988 年 9 月，卫星传输广播节目从 15 路扩容到 30 路，国际电台的节目也上卫星传送。

1985 年 10 月，根据国务院的决定，中央电视台租用国际通信卫星向全国传送第一套节目，使原来靠微波传送到达不了的地方（如山区、边远地区、海岛），可以收看到中央电视台的节目。同时，原来利用差转台看不好电视的地区，也改善了收看质量，可以接收到稳定的图像。

从 1986 年开始，中央电台和中央电视台每天通过卫星向全国传送多套广播节目和两套电视节目，不但有效地提高了节目传送的质量，而且为扩大覆盖率，特别是电视的覆盖率，创造了有利条件。通过卫星转播广播电视节目，是我国广播电视事业建设上的一件大事，是广播电视技术的一大飞跃。

通信卫星上天以后，全国各地的卫星地面接收站发展迅速。到 1988 年，全国的卫星地面接收站总数达到 8233 座，超过原计划两倍。同时，各省、自治区按照第十一次全国广播电视工作会议提出的要求，积极建设本省、自治区内广播电视节目传送专用微波线路，大力发展小功率电视转播台，逐步形成了一个以卫星传送为主，微波、地面收转和差转多种技术手段相结合的高质量、高效率的广播电视节目传输、覆盖网络。

第十一次全国广播电视工作会议制定的另一项重要的技术政策是大力发展调频广播。调频广播也是一种先进的技术手段，有很多优点，不仅音质好，抗干扰性能强，而且在同等功率的情况下，覆盖面积广，节省电台的建设投资。会议要求：中央、省、市、县都要积极开办调频广播；有条件的大城市可以开办立体声调频广播；在农村有线广播架设专线有困难的地区，县调频广播台可以同有线广播结合起来，既满足群众直接收听，又可为乡广播站传送节目。这些政策规定有力地促进了全国调频广播的发展。

第十一次全国广播电视工作会议确定的整顿、提高、发展农村有线广播，以及加强对国外广播的发射功率、加强技术改造和科研工作等技术政策，在会后也都得到了认真的贯彻。

在农村实行经济体制改革初期，对农村有线广播的管理没有及时跟上形势，再加上已有的广播网络，或是年久失修，或是建设时忽视质量，自然损坏严重，使得一些地区通播率和喇叭入户率急剧下降。少数地区甚至杆倒线断，有线广播实际上已不复存在。

农村有线广播出现滑坡的现象，引起广播电视部领导的高度重视，多次提出恢复、整顿、巩固、提高农村有线广播网的问题。1983 年，中共中央发布的 37 号文件指出，农村有线广播是县委、县政府向本县农民进行宣传教育和指导工作、组织生产的有效工具；为了适应当前的新形势，要切实抓好整顿、提高、发展农村有线广播网的工作。文件还对有线广播的宣传工作、事业建设和管理，以及加强县广播电视局的建设等，做出了一系列的规定。

全国县级广播电视局按中央文件的精神，用主要精力抓宣传工作。县级广播台站在转播中央电台和省级电台节目的基础上，下大力气办好自己的新闻性节目、教育性节目和服务性节目以及文艺节目。县级台站的自办节目，最大的特点是联系实际更加紧密，因此，社会效益显著，受到听众的欢迎。

县级广播台站坚决贯彻以宣传为中心的指导思想以后，自办节目的质量上了一个新台阶。从 1984 年起，县级广播台站的节目参加全国优秀广播节目评选活动。县级台站获奖节目比例，大约占获奖节目总数的 19% 以上，这对设备、财力、人员等条件都比较困难的县级台、站来说，是来之不易的。特别值得一提的是四川省金堂县广播电台。该台 1984 年至 1988 年五年播出的节目，有四年在全国评选中获奖。1985 年播出的《和听众朋友谈养蚯蚓种药材问题》，1986 年播出的《凤凰为什么折断了翅膀》，1988 年播出的《话说催粮催款》，均荣获特等奖，反映出农村有线广播在党加强对农村的宣传教育工作中所起的重要作用。

对广播电视事业建设的方针、政策所作的一系列调整、改革，取得了显著的成果。从 1983 年到 1988 年，是我国广播电视事业建设有史以来发展最快的时期。在这一时期，全国广播电台、电视台的数量大幅度增加，平均每年递增 30% 以上。到 1988 年年底，全国广播电台的数量达到 461 座，比 1982 年增长 2.9 倍；电视台的数量达到 442 座，增长近 8 倍。广播电台、电视台以及广播电视发射台、转播台的大量建设，使得全国广播电视人口覆盖率有了较大的提高。1988 年与 1982 年相比，广播人口覆盖率从 64.1% 提高到 70.6%；电视人口覆盖率从 57.3% 提高到 75.4%。到 1988 年，我国广播电视专用微波线路已经达到 40955 公里，微波站 889 座；各地用于接收电视节目的卫星地面站已经达到 8233 座。由于大规模建设省以下广播电视专用微波线路和采用卫星传送广播电视节目，使广播电视信号传输发生了质的变化。在这几年里，调频广播的发展也相当快。调频广播电台从 1982 年的 124 座，发展到

1988 年的 465 座，基本上形成了全国的调频广播网。农村有线广播经过整顿，到 1988 年，全国农村有线广播的通播率保持在 71% 以上，广播喇叭 8000 多万只，入户率稳定在 41% 左右。同时，小功率调频台作为县与乡之间、乡与村之间的有线广播节目的传送手段，也得到了更加广泛的运用。

1987 年底，列为国家重点工程的中央电视台彩电中心大楼，经过四年多的建设基本完成。1988 年 3 月，中央电视台迁入新址办公。彩电中心大楼使用面积 8 万多平方米，拥有大中小演播室二十多个，其中最大的演播室一千平方米，属全国第一。彩电中心的技术装备达到世界一流水平。彩电中心的建成和使用，标志着中央电视台的事业建设进入了一个新的阶段。

在此期间，1986 年 6 月 23 日，国家教委、国家计委和广电部等九部委联合发出《关于利用卫星电视开发教育工作的通知》。根据《通知》要求，同年 7 月 1 日，中国教育电视开始试播，10 月 1 日正式播出，台标为"中国教育电视"，英文缩写为"CETV"。1987 年 10 月 6 日，在庆祝卫星电视教育频道开播一周年之际，中国教育电视台宣布成立。该台为国家教委直属专业广播电视事业单位，主要职能是教育信息、电视节目编辑（含综合专题节目的研制）、技术审查播出、上行发送以及与此相关的国家教委交给的工作任务。

这一时期，一些省级和市级电台、电视台也陆续兴建广播电视中心大楼。这些基础设施的建设，对于各地提高节目制作能力和制作能量，改善播出条件，起了重要作用。

四、广播电视的体制改革和治理整顿　广播电视部改为广播电影电视部

搞好广播电视系统的体制改革，是第十一次广播电视工作会议的主要议题之一。会议认为，实行体制改革必须遵循的一个原则是，使体制与广播电视事业的性质和任务相适应。中央和地方各级广播电视机构，既是新闻宣传机关，又是事业管理机关，中心工作是宣传。根据广播电视部门具有"双重职能"的特点，会议对如何理顺广播电视系统中央和地方的关系问题，以及广播电视机构内部管理体制改革的问题，进行了深入的讨论，做出了明确的规定。

第十一次全国广播电视工作会议经过认真分析研究后认为："各级广播电视机构之间的关系，应实行如下领导体制：省、自治区、市广播电视厅（局）受该省、自治区、市人民政府和广播电视部的双重领导，以同级政府领导为主。同时，省、自治区、市广播电视厅（局）的宣传工作，受省、自治区、市党委领导和广播电视部领导；事业建设受省、自治区、市人民政府和广播电视部的双重领导，以同级政府领导为主。上述原则，也适用于省、自治区、市广播电视厅（局）与省辖市、县广播电视局之间的关系。"

　　根据以往的经验，第十一次全国广播电视工作会议强调指出："管理全国广播电视事业是广播电视部的主要任务之一。"那么，如何来加强管理呢？会议认为，所谓管理，主要是做好服务工作。在指导宣传方面，为了搞好服务，广播电视部将采取适当方式，经常向省、自治区、直辖市广播电视机构传达中央有关宣传工作的指示精神，并且互通宣传信息。广播电视部还要负责组织总结、交流经验，探讨广播电视宣传工作中带有共同性的重大问题，以及改变电视节目的交换和评选优秀节目等工作。服务工作体现在事业建设方面，主要是：拟定或发布关于广播电视事业的方针、政策、法规、条例、制度和标准；组织编制全国广播电视事业建设的发展规划和技术规划，协调中央和地方广播电视事业建设方面的有关事项；管理并审批全国广播电台、电视台和节目传送手段的设置或撤销，并分配频率和规定功率；指导和协调全国广播电视系统的科学研究、工业生产、广播电台和电视台维护、基本建设、计划统计和专用器材设备供应等方面的业务工作。此外，还主管和归口管理广播电视系统外的外事工作，归口管理全国录音录像制品的出版和发行工作。广播电视部的这些管理职责，有些是管到省的，有些是管到市、县的，有些是管到基层的，但主要是管到省一级。地方各级广播电视机构在做好自己宣传工作的同时，也要管理好所辖范围内的广播电视事业。

　　会议在要求加强服务观念的同时，也要求各级广播电视机构加强全局观念；广播电视系统上下要相互支持，相互帮助，相互补充，通力协作；广播电视部的职能机构和直属单位在研究工作和做出决定时，要考虑到全国广播电视系统的利害得失，统筹兼顾，全面安排，有统有分，因地制宜。对地方各级广播电视机构来说，在做好本身工作的同时，要为全局多作贡献。比如，地方各级广播电台和电视台应按照规定转播中央电台和电视台的一定节目，市、县台应转播省台的一定节目。对于规定转播的中央台的节目，除了新疆、西藏因为时差关系，可以录音录像转播以外，各级电台、电视台应准时、完整地转播，保证党和国家的路线、方针、政策和对重大国内外事件的报道，迅速地、直接地使全国人民都能了解。

　　县一级广播电视局是广播电视系统中的基层单位，任务重，工作范围广。它们除了办好本县广播电视节目和管理全县有线广播网路外，还要管理县内的广播电视转播台、调频台等，经销收听收看工具和广播电视器材，承担社会技术服务工作；广播卫星上天以后，还要建立和管理卫星地面收转站。因此，第十一次全国广播电视工作会议强调，县广播电视机构需要加强，不能削弱。会议指出，根据一定标准和条件，县广播站的播出呼号可以逐步改称为"广播电台"。

　　由于地方各级广播电视机构的名称很不统一，会议根据中央有关文件精神，建议省、自治区一级称广播电视厅，中央直辖市以及省辖市（地、州、盟）和县（旗）均称广播电视局。此建议得到了中央的肯定。到1984年年底，全国各省、自治区、直辖市（除台湾地区外）都建立了广播电视厅（局），还建立了2050个地区、省辖市和县一级的广播电视局（处）。

上述理顺各级广播电视机构之间关系的问题，是广播电视系统体制改革的一个方面，另一方面也是广播电视机构内部管理体制的改革。

广播电视是现代化的宣传工具，与其他新闻传媒相比，它的机构有一个明显的特点，就是拥有一个庞大的技术部门，后勤保障的行政工作也非常繁重。强调宣传是广播电视机构的中心工作，决不意味着可以忽视技术工作和行政后勤工作。相反，如果没有后者的支持和配合，中心也就不成其为中心了。那么，在如此复杂的整个广播电视工作运行过程中，如何保证宣传工作始终处于中心地位，如何保证领导的主要力量用在宣传工作上呢？1982年广播电视部成立后，就开始设想为了加强对宣传工作的领导，也为了加强对技术、行政工作的管理，应改革广播电视机构内部的领导体制。经过一段时间的酝酿，在第十一次全国广播电视工作会议上正式决定成立"三位一体"的领导体制。即：广播电视部准备在宣传工作方面实行总编辑负责制，由部长任总编辑，副部长和中央人民广播电台、国际广播电台、中央电视台的台长任副总编辑；在技术工作方面实行总工程师负责制，由总工程师协助部领导处理技术工作，加强技术建设；在行政管理工作方面，实行部长负责制，几位副部长协助部长分管宣传、技术、行政工作，同时设秘书长、副秘书长，协助部领导处理日常工作，使部领导能够集中力量来考虑重大方针政策问题，实现思想政治领导、方针政策领导。同时，会议建议省、自治区、直辖市的广播电视厅（局）可参照部的做法，从各自的实际出发，进行必要的改革。但是，第十一次全国广播电视工作会议后，由于多种原因，"三位一体"的领导体制没有能按原来的构想落实。

1985年6月18日，第六届全国人民代表大会常务委员会第十一次会议决定，任命艾知生为广播电视部部长，① 免去吴冷西的广播电视部部长职务。

1986年1月20日，第六届全国人民代表大会常务委员会第十四次会议审议通过了《关于广播电视部改为广播电影电视部的决定》。对电影和电视事业实行统一领导后，电影局由原属文化部成建制地划归广播电影电视部领导。（见图8-9）广播电影电视部部长仍由艾知生担任。

---

① 艾知生（1928—1997），湖北汉阳人。1948年4月参加革命工作，1948年7月加入中国共产党，1950年清华大学土木工程系毕业后留校工作，任中共清华大学党总支副书记。从1951年至1966年，任中共清华大学委员会副书记，长期主管学校的宣传、理论和学生思想政治教育工作。粉碎"四人帮"以后，重新担任中共清华大学委员会副书记，并兼任清华大学副校长，以后又协助校长主持日常工作。1983年8月，调任国务院副秘书长，负责联系文化、教育、宣传、卫生等部门。1985年6月，任广播电视部部长、部党组书记。1986年1月任广播电影电视部部长、部党组书记。1994年4月，调任中共中央宣传思想工作领导小组副组长。1996年3月，因患重病，应他的请求，中央批准免去了他的领导职务。1997年4月，他被推选为中国广播电视学会会长。他还曾担任中共第十二届中央委员会候补委员和第十三届、十四届中央委员会委员，第八届全国政协常务委员。他关于广播电影电视工作的讲话、报告汇编为《广播影视工作谈》一书。

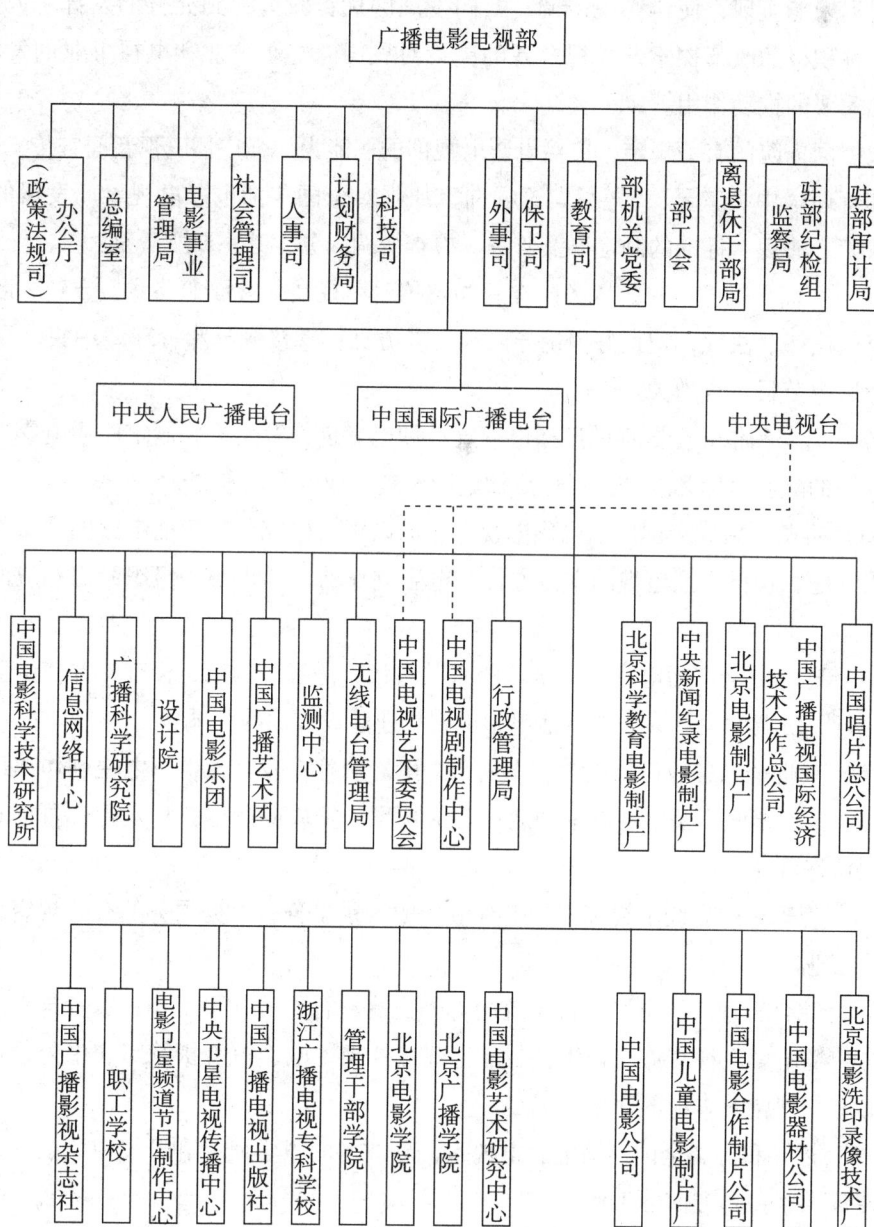

图 8 - 9　1994 年广播电影电视部机构表

　　长期以来，电影和电视事业分别由两个部门管理，电影片、电视片在题材规划、创作生产、播映、对外合拍、进口等方面，存在着一些不协调现象，不仅不能很好地为社会服务，而且造成了人力、财力、物力的浪费。对电影和电视事业实行统一领导和管理，有利于加强电影电视的团结协作和合理分工，减少矛盾和摩擦，并且可以相互取长补短，促进影视事业的共同繁荣和发展。然而由于出现不同意见，原拟定的全国电影系统全部划归广播电影电视部和各省广播电视部门实行统一领导的计划迟迟未能实现，使得影视协调、共同发展的优势没有得到充分的发挥。但是，作为一种积极的改革探索，影视合并的决策对我国的电影事业和电视事业的发展，都起到重要的推动作用。

根据国务院的有关规定，广播电影电视部的职能为加强广播电视新闻宣传工作，领导和管理"中央三台"，把握舆论导向，加强对全国广播电影电视事业发展的规划和政策、法规、标准的制定以及监督、检查协调服务，其主要职责是：

（1）全面贯彻党中央、国务院在新闻宣传、影视文艺方面的路线、方针、政策和国家的法律、法规，把握好舆论导向和文艺方针，直接领导和管理"中央三台"，对广播影视节目审查把关。

（2）组织和指导全国性的广播电视宣传和电影创作及生产，制定广播电影电视事业发展的战略目标和规划，促进广播电影电视事业的发展和繁荣。

（3）协调、指导全国广播电影电视工作的改革，研究分析广播电影电视工作中的重大问题，包括广播电视的宣传方针、电影创作的指导思想，组织制定相应的政策和措施。

（4）建立健全广播电影电视事业的有关政策、法规、制度、标准，并依法监督检查执行。协调中央和地方在广播电影电视事业建设方面的事项。

（5）审批全国各级广播电台、电视台、电影制片厂及其他电影电视制作单位的建立和撤销，指配广播电视频率和规定发射功率。发放或撤销影片发行许可证和电视剧制作许可证。

（6）管理全国有线电视和卫星电视节目的收录事务，根据国务院有关规定，管理音像事业。

（7）综合管理广播电影电视系统的对外交流与合作等外事工作，负责与港澳台地区的广播电影电视交流与合作，制定管理境外来访电影电视摄制组和中外合作拍摄电影、电视剧等事项的政策和规定。

（8）指导和协调全国广播电影电视系统新技术的科学研究和开发应用、广播电视网建设及维护等方面的工作。

（9）研究和推进广播电影电视系统内部管理体制的改革，按照广播电影电视事业发展的需要，有计划、多层次地培养各种专业人才。

1986年10月、1987年11月、1988年10月，广播电影电视部先后召开了三次全国广播电视厅局长会议。

1986年的会议主要内容是学习、贯彻中共十二届六中全会通过的《中共中央关于社会主义精神文明建设指导方针的决议》，并讨论、修改了广电部党组提交讨论的《关于贯彻六中全会决议和当前广播电视工作的几个问题》的文件。

1987年的会议主要议题是传达、贯彻中共十三大会议精神，研究进一步推进广播电视宣传工作的改革问题。会后，广电部提出了《关于继续改进广播电视宣传工作的初步意见》。

1988年9月，在北京召开的中共十三届三中全会提出了治理经济环境、整顿经济秩序、全面深化改革的方针，并确定把1989年、1990年两年改革和建设的重点突出地放到治理经济环境和整顿经济秩序上来，确保在严峻的经济形势下，使经济建设持续、稳定、健康地发展。同年10月，广电部召开的全国广播电视厅局长会议在传达、学习中共十三届三中全会精神的基础上，回顾、总结了近五年来的广播电视工作，讨论、确定了今后一个时期广播电视事业建设的方针和最近两年的主要任务。会后，经中共中央、国务院同意，下发了《会议纪要》。

这次会议着重讨论了广播电视怎样为治理整顿和深化改革服务的问题以及广播电视本身的治理整顿工作。会议提出，广播电视宣传要掌握好宣传基调，正确引导社会舆论，充分发挥教育和鼓舞全国人民的作用；要正确处理好宣传和经营、社会效益和经济效益的关系，真正以宣传为中心，治理舆论环境，整顿宣传工作秩序。

广播电视首要的问题是要掌握好舆论宣传基调。所谓基调就是：对改革的成就作足够的估计，理直气壮地、有说服力地宣传改革带来的巨大变化；引导人们对当前存在的问题作实事求是的具体分析，对改革关键时期的困难要有充分的思想准备；宣传加强党和政府的领导，维护党中央、国务院的权威；团结、鼓励全国人民同心同德，艰苦奋斗，逐步建立社会主义商品经济新秩序。

广播电视要有效地引导社会舆论，除了要掌握好舆论宣传基调以外，还必须依靠宣传工作自身的改革。会议在总结以往经验的基础上，为下一步的改革确定了一条原则："宣传工作的改革必须与国家政治体制改革和民主政治建设的进程相适应，采取积极慎重的方针，有领导、有秩序地逐步进行，既不可落后，也不能超前。改革的方向要坚持，但步骤方法要稳妥，不能轻率。"

根据中共中央办公厅1988年4月30日转发的中央各主要新闻单位《新闻改革座谈会纪要》中指出的新闻改革要点和上述原则，各级广播电视机构继续积极稳妥地推进广播电视宣传工作的改革，努力提高宣传质量，讲究宣传艺术，扩大宣传效果。

广播电视宣传自身如何治理整顿，在1988年全国广播电视厅局长会议上作了比较充分的讨论。

首先，治理舆论环境，必须克服新闻舆论工作中某些认识上的混乱。广播电视是具有多种功能的现代化的新闻舆论工具，但在我国当前的历史条件下，它的第一位功能，仍然是引导舆论，宣传党的路线、方针、政策，宣传改革开放，教育、鼓舞人民群众；仍然是党、政府和人民的喉舌。当时，社会上存在一种否定广播电视喉舌作用的观点，在一些广播电视工作者中也产生了影响。

其次，要正确处理宣传和经营、社会效益和经济效益的关系。第十一次全国广播电视工作会议确定的以宣传为中心的方针，在一部分广播电视机构中还没有得到真正的贯彻落实，有的领导同志很少过问宣传工作，把主要精力用到经营、创收方面去了。

第三，要消除宣传工作秩序混乱的现象。广播电视系统存在着某些不顾宣传纪律、各行其是的状况。比如，有的电视台任意播出内容庸俗、格调低下的进口电视剧；有的台对执行有关转播上级台节目的规定采取敷衍、应付态度，甚至拒不转播。

第四，要改变广播电视队伍政治思想、科学文化和业务素质不适应形势需要的状况，特别要抵制社会上"一切向钱看"等腐败风气对广播电视队伍的侵蚀。

1988年全国广播电视厅局长会议认为，广播电视宣传自身的治理整顿，要抓住上面说的几个问题坚决地加以克服。对其中的第一个问题，艾知生部长在大会发言时作了较充分的阐述，提醒广播电视部门的干部、职工，对资产阶级自由化的思潮和资产阶级新闻观点要保持警惕。

这次会议针对广播电视事业建设方面存在的基础建设薄弱、覆盖率低、难以满足人民群众听广播、看电视的要求以及地区之间、广播和电视之间、增办新台和扩大覆盖面之间发展不平衡等问题，强调要按治理整顿的精神对广播电视事业建设重点作相应的调整。会议认为，明后两年乃至今后一个时期广播电视事业建设的指导思想应确定为：从中国国情和各地实际出发，实事求是，量力而行，注重效益，协调发展。按照上述指导思想，会议确定了今后两年广播电视事业建设的主要任务。这次会议还对第十一次全国广播电视工作会议以来的部分事业建设方针和技术政策作了必要的调整和充实。①

在总结经验的基础上，1988年全国厅局长会议研究确定了近期广播电视事业建设的指导思想和主要任务。1989年、1990年两年乃至今后一个时期，广播电视事业建设的方针是：从中国国情和各地实际情况出发，实事求是，量力而行，注重效益，协调发展。各级广播电视部门要在前几年大发展的基础上，重点抓好巩固提高工作，最大限度地发挥现有电台、电视台的效益，提高质量。要纠正和防止互相攀比，乱铺摊子，不顾当地条件超前发展电视，片面追求自办节目套数的倾向。各地经济发展水平不同，广播电视事业建设要因地制宜，允许有先有后，不搞一刀切。不管哪一类地区，都要把有限的力量用到刀刃上，用得是地方。要在客观条件许可的情况下，发挥主观能动性，防止盲目性，始终把效益和质量放在首位，做到协调发展，稳步增长。调整后的广播电视事业建设方针，无疑是一个切合实际的积极的方针。

按照这个方针，1989年、1990年两年的广播电视事业建设的主要任务是：

---

① 参见《全国广播电视厅局长会议纪要》，载《中国广播电视年鉴》（1989年版），北京广播学院出版社1989年12月版。

（1）加强基础建设，积极稳步地扩大广播电视覆盖率。各级广播电视部门要加强和充实各种技术设施，搞好设备的更新改造，特别要注意增加现有电台、电视台的广播电视发射机，提高发射质量和能力。凡是有条件的地方，要积极发展电视转播台、差转台、卫星地面收转站和调频广播转播台，逐步提高广播电视人口覆盖率。同时，要加强微波线路的建设，提高节目传输质量。

（2）加强农村广播电视建设。随着全国广播电视事业的发展，农村广播网已不再是单纯的有线广播网，而是有线、无线、调频、电视广播的综合网络。农村广播电视网的建设，要逐步适应新的发展形势，加强技术和管理力度，为广大农民服务。农村广播网的建设方针仍然是：建设以县台（站）为中心，以乡镇广播站为基础，广播专线和调频等多种手段结合的、连接村和农民的广播网。县到乡的广播节目传送要因地制宜，综合利用各种技术手段。

（3）加强"老、少、边、穷"地区的广播电视事业建设。发展这些地区的广播电视，对增强民族团结、维护国家统一，以及推动当地的经济、社会发展，具有特殊的意义。各地应给以足够的重视，在经费上加以照顾。

（4）贯彻内外并重的方针，加强对外广播电视事业建设。要增强对外发射能力，扩大同外国电台的合作。租用外国电台的发射机，转播我国的对外广播节目，是提高对外广播收听质量和效果的有效措施，今后应充分利用这个转播渠道。电视的对外宣传也要扩大规模，增加数量，开拓更多的渠道和领域。

（5）采用先进技术，完善传送手段，提高节目制作能力。广播电视传送网和覆盖网的建设要尽可能采用卫星、微波、调频等先进技术手段，并充实完善各种技术指标的测试手段，制定节目的技术标准。要创造条件提高节目制作能力，积极推进节目制作、编播、采访手段的现代化。科研工作要密切配合事业发展，以满足事业建设的需要。

1988年全国广播电视厅局长会议还提出，为了完善"四级办"方针，首先，地方各级广播电视事业建设要保证中央广播电视的覆盖，使中央广播电视与省级广播电视覆盖网同步发展。中央电台、中央电视台要同地方电台、电视台密切合作，集中力量办好第一套节目，使之成为全国人民喜闻乐见、高质量的综合性节目。其次，广播电视网络的发展和建设，必须以中央和省一级为主体。地、市、县发展广播电视事业的重点是，搞好中央和省级广播电视覆盖，转播好中央和省级广播电台、电视台的第一套节目。除了这两点，这次厅局长会议贯彻中央治理整顿的精神，确定：今后一个时期，地区、县级市和县一级一般不再新建电视台，不允许县电视台自办文艺节目。另外，提倡省辖市所在地只办一座电视台，所有城市只建一座电视调频发射塔。

这次厅局长会议后，广播电影电视部党组反复强调，事业建设一定要贯彻注重效益、提高质量、协调发展、稳步增长的指导思想，并提出，把事业建设的重点转到提高广播电视节目覆盖率和提高节目制作能力上来，同时要防止重电视、轻广播，盲目、过热地办电视的倾向，力求广播和电视的事业建设同步、协调地发展。在制定"八五"计划和十年规划时，广播电影电视部提出的措施中也体现了这一思想。由于任务明确，并强调加强管理，广播电视事业建设进入了稳步发展的阶段。

第十一次全国广播电视工作会议确定的用广播卫星覆盖全国的方针，几年来一直在继续贯彻落实。1988年全国广播电视厅局长会议进一步提出，要逐步完善以卫星为主的广播电视节目传输系统。具体要求是，中央电视台和国际广播电台的节目传输，逐步做到以卫星为主，微波为辅；中央人民广播电台的节目传输，逐步做到以卫星为主，微波、短波为辅；省级广播电视节目的传输，主要利用专用微波线路。地广人稀和由于自然条件限制不宜建设微波线路的省、自治区，可以通过卫星传送本省、自治区的广播电视节目。

1988年3月和12月，我国自行研制的两颗通信卫星先后发射成功。星上的天线是国内波束的天线，因此地面接收的效果大为提高，我国48%的地区只需要用口径3%米的天线，其他地区用4.5%米口径的天线，就可以收到质量较好的图像。另外，卫星上的转发器增加到四个，除中央电视台两套节目外，新疆、云南、贵州、西藏、四川等省、自治区的电视节目也可以分时段传送，解决了长期困扰地处边疆和多山的省、自治区的电视覆盖难的问题。

1991年5月，广播节目传送转移到亚洲一号卫星，每天传送中央电台和国际电台的节目达378.5小时。由于采用了卫星和微波相结合的办法，从根本上改善了广播节目传送的质量。

1993年7月16日，中星五号卫星启用。这个卫星上可以用于广播电视的转发器比较多，中央电视台的第一、二、三套节目和新疆、西藏、四川、山东、浙江等省、自治区的电视节目先后使用中星五号卫星传送。云南、贵州两省电视节目租用亚洲一号卫星分时段合用一个转发器传送。

当雄伟壮观、富有时代气息的彩色电视中心大楼和高大耸立的电视发射塔出现在首都北京和其他大中城市的时候，原来不大被人注意的有线电视正悄悄地、非常迅速地发展起来。

我国的有线电视开创于1964年。那年，在北京饭店召开国际会议，中央广播事业局电视服务部设计、安装了我国第一套共用无线电视实验系统。但在以后十多年时间里，由于设备价格昂贵等因素，共用无线电视除在少数宾馆安装外，没有什么发展。

进入80年代后，一些远离城镇的大中型厂矿企业，为了让职工及其家属看到看好中央和地方电视台的节目，丰富群众的文化娱乐生活，同时也是为了加强企业内部的思想政治工作，纷纷安装了共用天线系统。有些条件好的企业，像衢州化学工业公司、北京燕山石油化工公司、辽河油田、湖北十堰第二汽车制造厂等，在共用天线的基础上，建起了企业有线电视台。据不完全统计，到 80 年代末期，全国有一定规模的企业有线电视台已发展到 500 家左右。

同时，行政区域性的有线电视系统也发展很快，广东佛山和韶关、湖北沙市和黄石、贵州都匀、湖南衡阳、浙江金华、山东济宁市中区、上海闵行开发区、北京丰台区等地，相继建立了有线电视台。其中，湖北沙市有线广播电视台是广播电影电视部确定的全国城市发展电缆广播电视的试点工程，也是第一个获得部批准成立的有线广播电视台。

有线电视从 1988 年开始向农村发展，速度之快是人们始料未及的。据广东省的调查，到 8 月底已经有 48 个县办起了有线电视台。这一年，其他省份如四川、辽宁、吉林、山东、福建、湖北、贵州、青海的农村，也开始建设有线电视。农村有线电视的建设，采用音频广播和电视共缆传输的技术，也就是用一根电缆，把原来的有线广播和电视信号同时送到农民家中。

根据规定，有线电视台可以向有线电视终端户收取有线电视建设费、收视维护费。由于实行有偿服务的机制，有线电视台有了稳定的经济收入，解决了宣传和事业经费，并为事业继续发展积累了部分资金。

有线电视的建设，不仅扩大了中央和省级两级电视节目的覆盖面，使观众可以接收到更多的电视频道，并改善了收视效果；同时，在宣传党的方针、政策，稳定局势，发展经济，普及教育和丰富群众文化生活等方面，发挥了积极的作用，因此受到各级党委、政府的重视和广大群众的欢迎。截止 1995 年年底，全国经广播电视行政管理部门同意建立的有线电视台已有 1200 座，有线电视用户达 3000 多万。

为了加强对有线电视的管理，广播电影电视部在 1987 年就起草了一个有线电视管理规定，组织各地讨论修改。1990 年 11 月 2 日，国务院批准了《有线电视管理暂行办法》。艾知生部长在 11 月 16 日签署了广播电影电视部 1990 年第 2 号令，予以发布施行。这标志着我国有线电视事业走上了有章可循、有法可依的轨道。这个权威性的国务院行政法规授权广播电影电视部和各级广播电视行政部门，负责全国和各省、自治区、直辖市有线电视管理工作，以及有线电视事业发展规划。它规定行政区域性的有线电视台、有线电视站，只能由各级广播电视行政主管部门来办；企业和其他单位内部，如确需建立有线电视台站，要按规定报广播电视部门审批。另外对有线电视工程建设的标准、有线电视节目的管理，以及违反《有线电视管理暂行办法》所需承担的法律责任等，也都作了明确的规定。

为了保证《有线电视管理暂行办法》的贯彻执行，广播电影电视部又先后出台了一系列关于有线电视的行政法规和技术规划、体制、标准，如《〈有线电视管理暂行办法〉实施细则》、《有线电视系统技术维护运行管理暂行规定》等，使我国方兴未艾的有线电视事业得以稳步、协调、科学的发展。

1989年、1990年两年，广播电视事业建设在"注重效益、提高质量、协调发展、稳步增长"方针的指导下，取得了良好的效果。到1990年年底，全国广播电台达到635座，比1988年增加174座；电视台达到509座，增加87座；广播发射台、转播台达到1348座，电视转播台、发射台达到24713座，分别增长了21.7%和24.3%。农村有线广播网继续贯彻整顿、提高、发展的方针，1990年全国共有市县广播台站2466个，乡镇广播站和村广播室39.7万多个，广播喇叭8222万只；村的广播通播率和喇叭入户率比1988年有所下降，分别为69.9%和37.3%。到1990年底，全国卫星地面收转站达到19505座，比1988年增加1.36倍。同时，各省、自治区、直辖市的广播电视专用微波线路建设也得到迅速发展，达到45038公里。

这些天上和地上、无线和有线结合，多种技术手段并用的广播电视设施，在全国形成了多层次的比较完善的广播电视节目传送网和覆盖网，使广播和电视人口覆盖率有了进一步的增长，分别由1988年的70.6%和75.4%，提高到1990年的74.7%和79.4%。

五、反对资产阶级自由化　1989年政治风波前后的广播电视

1983年10月26日，中共中央在《关于批转广播电视部党组〈关于广播电视工作的汇报提纲〉的通知》中强调："广播电视战线的每一个工作人员，都要树立高度的政治责任感，严格遵守宣传纪律，建立严格的岗位责任制，坚决杜绝各种政治事故和重大技术差错。"当年11月21日至12月3日，广播电视部在北京召开了全国广播电视宣传会议。会议的主要内容是贯彻中共十二届二中全会的精神和上述《通知》的精神，着重讨论了广播电视宣传如何抵制和清除精神污染的问题，还讨论了以爱国主义、共产主义思想为中心内容的广播宣传教育问题，并制定了选题规划。吴冷西在开幕式上讲话，中央宣传部部长邓力群作了《关于反对和防止精神污染的若干政策界限》的报告。11月30日，吴冷西向六届全国人大常委会第三次会议报告了全国广播电视系统精神污染的一些情况和问题。[①]

1986年9月28日，中共中央召开的第十二届六中全会通过了《关于社会主义精神文明建设指导方针的决议》。1987年1月28日，中共中央发出《关于当前反对资产阶级自由化若干问题的通知》，要求各地党组织充分认识反对资产阶级自由化斗争的重要性和长期性，切实对广大党员进行坚持四项基本原则，全面、正确理解和执行党的十一届三中全会以来的路线、方针、政策的教育，并规定了反对资产阶级自由化的若干政策界限。

---

① 《人民日报》1983年12月2日。

对于上述几年中社会上先后出现错误思潮在一定程度上的泛滥和闹事事件，广播电视宣传都严格按照中央的方针、政策进行了报道，对促进问题的顺利解决和维护国家的安定团结发挥了积极的作用。但是，资产阶级自由化泛滥的情况在广播电视中也有不同程度的反映。其中最突出的事例就是电视专题片《河殇》的播出。6集电视系列专题片《河殇》，是中央电视台在1988年6月播出的（8月间又重播）。《河殇》引证了一些不准确的史实，全面否定中华民族传统文化，否定马列主义、毛泽东思想，否定中国共产党领导和社会主义制度，鼓吹全盘西化。这部有严重政治错误的电视片的播出，在国内外引起了许多观众的不满。

1989年春夏之交，由于资产阶级自由化思潮的泛滥，在北京和一些大城市发生了一场政治动乱。4月26日，《人民日报》发表题为《必须旗帜鲜明地反对动乱》的社论。广播电视及时播出了这篇社论，对抑制少数地方一度出现的动乱起了一定的作用。这期间从4月15日至5月14日的一个月的时间里，中央的广播电视对学生罢课、游行、静坐、示威等未作纯客观的报道，从5月15日起三四天里，中央的广播电视一度严重失控，结果对动乱起了推波助澜的作用。5月19日，中共中央、国务院召开首都党政干部大会，号召紧急动员起来，采取果断的措施，迅速结束动乱，恢复社会正常秩序。5月20日起，在北京市部分地区实行戒严。中央和地方的广播电视及时播出了有关消息。6月3日晚，中共中央、国务院、中央军事委员会命令驻守在首都周围的戒严部队强行开进。6月4日晨，天安门广场清场任务全部完成。6月5日，中共中央、国务院发表《告全体共产党员和全国人民书》，随后，北京和全国各城市的局势逐渐平稳下来并恢复了正常的秩序。在平息动乱的关键时刻，中央和许多地方的广播电视宣传发挥了独特的作用。由于动乱造成交通瘫痪，许多报纸无法及时送到读者手中，中央电台、中央电视台、北京市台等打破常规，增加新闻节目播出的次数和时间，如中央电视台的《新闻联播》平时为半小时，此时则经常延长为一个小时左右。5月20日凌晨1点多，中央电视台播出了前一天深夜中共中央、国务院召开的首都党政干部大会的重要新闻。5月20日，北京市电台、电视台从早新闻开始反复播出了"从5月20日零时起，北京部分地区实行戒严"的命令。6月4日，中央电视台播出了北京平息暴乱的报道和《解放军报》的社论《坚决拥护党中央决策，坚决镇压反革命暴乱》。随后，中央电台、国际电台、中央电视台和北京市电台、电视台陆续播出了戒严部队提供的电视片《暴乱真相》和各台采制的大量新闻、通讯等，同时批驳了"美国之音"的造谣宣传，对广大听众、观众了解北京政治风波的真相，分清是非、恢复正常秩序起到了积极的作用。6月9日，邓小平接见了戒严部队军以上干部并发表重要讲话，随后广播电视及时作了报道。上海、陕西、广西、西藏、云南和吉林等省、自治区、直辖市的广播电台、电视台在动乱期间的报道都能与党中央保持一致，发挥了正确的舆论导向作用，受到了当地党委、政府的肯定和表扬。这期间的广播电视宣传特别是中央的广播电视宣传，正如后来总结的那样："回顾近两个月的广播电视宣传，从总体上看，广播电视传播了党和政府的声音，特别是平息政治风波期间，宣传党和政府的政策，发布党、政府和戒严部队的命令，揭露事实真相，团结和动员广大人民群众迅速平息政治风波等方面，广播电视都发挥了自己的特长，起了积极的作用。"①

6月23日至24日，中共中央举行了十三届四中全会，全会决定撤销赵紫阳的总书记职务，并对中央领导机构成员作了必要的调整，全会选举江泽民为中共中央总书记。会后，中国共产党的第三代领导集体坚决地贯彻党的基本路线，一手抓治理整顿、深化改革，一手抓思想政治工作和党的建设，全国的政治局面迅速趋向稳定，经济形势逐步好转，宣传思想工作出现了新的转机。

1989年8月，广播电影电视部在山东省烟台市召开了全国广播电视宣传工作座谈会，会上传达了中共中央7月发出的《关于加强宣传思想工作的通知》。艾知生在讲话中结合学习中央有关文件，总结了首都动乱期间广播电视宣传的经验教训。

1989年11月，中共中央宣传部举办新闻工作研讨班，江泽民、李瑞环代表党中央分别发表了重要讲话。江泽民在《关于党的新闻工作的几个问题》的讲话中，再次强调了"我们国家的报纸、广播电视等是党、政府和人民的喉舌"的基本观点，并就新闻工作的地位和作用、基本方针、党性问题、"新闻自由"、新闻的真实性以及党对新闻工作的领导等问题，结合动乱期间新闻工作的经验教训作了系统、深刻的阐述。李瑞环在《坚持正面宣传为主的方针》的讲话中，从总结历史经验和当年春夏之交政治风波中的经验教训着手，全面阐述了贯彻正面宣传为主方针的有关问题。他们的讲话还批判了在新闻工作方面一度受资产阶级自由化思潮影响而泛起的资产阶级新闻观点，从而为新时期的新闻宣传工作指明了正确方向。艾知生在研讨班上就广播电视宣传工作在动乱期间的正反两个方面的情况和经验教训作了《严峻的考验，深刻的教训》的发言。

1989年政治风波之后，广播电视坚持以正面宣传为主的方针，以"团结、稳定、鼓劲"为基调，取得了显著的成绩，主要表现在以下几个方面：

1. 突出重点，全力抓好国庆40周年的报道工作

中央三台除了及时报道国庆节的重大时政活动外，中央电台制作播出了深受听众欢迎的长篇录音报道《重唱创业歌》（10集）、农业系列报道《深情的黄土地》（8集）两个大型节目。国际电台举办的"新中国知识竞赛活动"，共收到104个国家和地区的2万多封答卷，创造了近几年来国外听众参赛人数的最高纪

---

① 艾知生：《严峻的考验，深刻的教训》，载《广播影视工作谈》，中国广播电视出版社1997年4月版，第162页。

录。中央电视台的专栏《弹指一挥间》，在亿万观众中激起了强烈的反响。各地的广播电视在国庆宣传中也推出了一批新节目、新栏目，讴歌了新中国成立四十年来的辉煌成就。

2. 集中力量，出色地完成了第十一届亚运会的广播电视报道任务

1990 年 9 月 22 日至 10 月 7 日在北京举行的第十一届亚洲运动会，是中国有史以来举办的最大规模的一次国际性体育盛会。经过几年的充分准备，亚运会的广播电视报道工作实现了亚运会报道的多项突破，创造了中国广播电视转播史上的最佳纪录，仅电视转播直接参加第一线工作的就有中央电视台和 17 个省市电视台以及北京广播学院等三所高校。中央三台除在每天的新闻节目中及时播报亚运会最新消息外，还实现了在 19 个体育场馆进行的 18 个比赛项目全程实况转播，同时还根据不同听众、观众的需要举办了形式多样的专题节目，使亚运会的广播电视影响遍及整个亚洲，并扩展到世界其他地区。

3. 搞好治理整顿、深化改革以及"十年规划"和"八五"计划的开局宣传

中央三台和各地方广播电台、电视台在 80 年代末 90 年代初的经济宣传中，围绕治理整顿、深化改革开展了多种形式的报道，突出宣传了"七五"期间工农业各条战线取得的成就和改革开放的新进展，同时针对经济建设中一度出现的通货膨胀、经济过热、非生产建设失控、流通领域秩序混乱等问题，开办各类专题、讲话、评述节目，为 1991 年年底基本完成治理整顿任务，创造了良好的舆论环境。与此同时，1991 年起，以"十年规划"（1991—2000）和"八五"计划（1991—1995）的开局宣传为第一主题，中央三台和各地方台开始把经济宣传的要点集中在为实现经济和社会发展第二步战略目标上。

1990 年 12 月 30 日是中国人民广播事业创建 50 周年。12 月 28 日，纪念中国人民广播事业暨中央人民广播电台创建 50 周年大会在北京举行。江泽民、邓小平、杨尚昆、李鹏、彭真、邓颖超、李瑞环等分别题词祝贺。李瑞环出席大会并发表讲话，他代表中共中央向创建人民广播事业的老同志、向全国的广播电视工作者表示热烈的祝贺和崇高的敬意，对广播电视事业长期以来取得的巨大成绩给予肯定。李瑞环在讲话中还阐述了广播电视作为党的耳目喉舌具有的鲜明特点和优势，并就进一步把广播电视事业办得更好提出了四点希望：要继续坚持社会主义方向，要努力满足人民群众的精神文化需求，要认真搞好队伍建设，要切实加强对广播电视工作的领导。艾知生在大会上作了题为《继承人民广播的优良传统，发扬延安精神，为建设有中国特色的社会主义广播电视事业而奋斗》的讲话。在大会上相继讲话的还有吴冷西、梅益、温济泽等。会上，向从事广播电视工作满三十年的干部、职工代表颁发了荣誉证书。中央电台还播出评论《庆贺人民广播事业 50 周年向全国人民致意》。

　　1996 年 12 月 3 日是中国人民对外广播事业创建 55 周年、① 1998 年 9 月 2 日是中央电视台正式开播 40 周年，在北京分别举行了纪念活动。

　　1996 年 12 月 3 日前后，国际台在京举行多种活动，纪念中国人民对外广播事业创建 55 周年。江泽民题词："声音传五洲，朋友遍天下。"

　　1998 年 10 月 9 日，中国电视事业暨中央电视台诞生 40 周年大会在北京举行。江泽民题词："更好地发挥电视媒体的作用，为改革开放和社会主义现代化建设服务。"李岚清在大会讲话中对进一步做好电视工作，特别是中央电视台的工作提出希望：要强化大局意识，坚持正确舆论导向；要继续深化改革，发挥中央电视台的优势；要坚持深入实际，改进电视报道风格；要加强对外宣传，努力提高宣传效果；要加强队伍建设，培养更多优秀人才。田聪明等在大会上讲了话，李岚清、丁关根等为在中国电视战线工作四十年的职工代表颁发了荣誉证书。

　　至此，中国广播电视事业的三个重大纪念日正式确定，即中国人民广播事业创建纪念日——1940 年 12 月 30 日；中国人民对外广播事业创建纪念日——1941 年 12 月 3 日；中国电视事业创建纪念日——1958 年 9 月 2 日。（见图 8 - 10）此后，每逢五或十周年，届时举办的有关纪念活动已成为激励和鼓舞广播电视战线广大人员更好地继承广播电视事业优良传统，总结广播电视历史经验，深化广播电视事业改革，献身社会主义广播电视事业的重大举措。

图 8 - 10　《人民日报》有关全国广播电视事业三个重要纪念日的报道

----

　　① 关于中国人民对外广播的开播时间，长期以来一直有争议。20 世纪 80 年代以前把开播时间定为 1950 年 4 月 10 日。80 年代起，又改定为 1947 年 9 月 11 日，并分别于 1982 年、1987 年、1992 年举行过纪念活动。后经国际台组织专人调查并经广电部党组于 1995 年 3 月 15 日批准，中国人民对外广播开播日期确定为 1941 年 12 月 3 日。有关情况请参阅《中国广播电视年鉴》（1996 年版）所载的《调查报告》。

第四节
改革开放新阶段的广播电视
全国广播电影电视工作会议

一、加快广播电视事业建设，调整节目结构，提高广播电视的整体宣传水平

1992年一二月间，邓小平视察南方，发表了一系列重要谈话，从理论上深刻回答了长期困扰和束缚人们思想的许多重大问题。同年10月召开的中国共产党第十四次全国代表大会，确定我国经济体制改革的目标是建立社会主义市场经济体制，强调必须抓住机遇，加快我国经济、社会的发展。从此，我国的改革开放和现代化建设进入了一个新的历史阶段。在改革开放新阶段中，广播电视部门坚持以邓小平建设有中国特色社会主义理论为根本方针，深化改革，拓宽思路，使广播电视宣传工作和事业建设取得了显著的成绩。

“八五”期间，我国加快了广播电视事业的发展步伐，广播电视事业成为我国发展最迅速的行业之一。1995年12月5日，新华社宣布：“我国广播电视受众人口和电视机、收录机、收音机拥有量均居世界前列。”①（见图8－11）全国已形成了比较完整的广播电视节目传送网和覆盖网。已批准建立广播电台1210座，电视台980座，有线电视台1200座；有广播发射台、转播台2334座，电视发射台、转播台37732座，有线广播喇叭8900多万只；收音机和收录机社会拥有量达5亿台（只），电视机社会拥有量达2.5亿台；广播的人口覆盖率达到77.4%，电视的人口覆盖率达到88.3%。广播电视科技工作空前活跃。广播电视教育事业有了较大发展。在广播电视宣传方面，90年代前期，以中央三台为代表的对国内外广播电视宣传的改革又迈

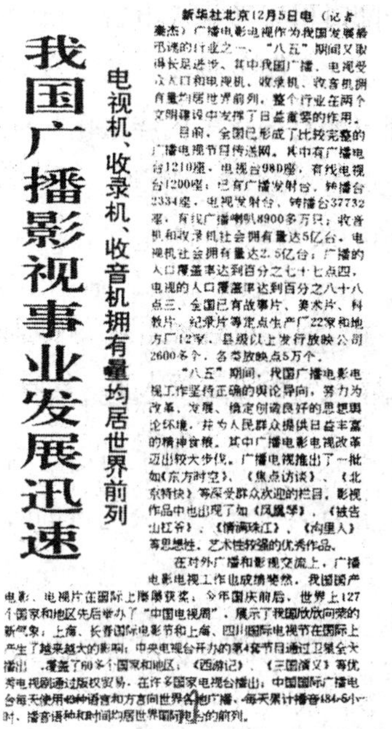

我国广播影视事业发展迅速

电视机、收录机、收音机拥有量均居世界前列

新华社北京12月5日电（记者秦杰）广播电影电视作为我国发展最迅速的行业之一，“八五”期间又取得长足进步，其中我国广播、电视受众人口和电视机、收录机、收音机拥有量均居世界前列，整个行业在两个文明建设中发挥了日益重要的作用。

目前，全国已形成了比较完整的广播电视节目传送网。其中有广播电台1210座，电视台980座，有线电视台1200座；已有广播发射台、转播台2334座，电视发射台、转播台37732座，有线广播喇叭8900多万只；收音机和收录机社会拥有量达5亿台，电视机社会拥有量达2.5亿台；广播的人口覆盖率达到百分之七十七点四，电视的人口覆盖率达到百分之八十八点三。全国已有故事片、美术片、科教片、纪录片等定点生产厂22家和地方厂12家，县级以上发行放映公司2600多个，各类放映点5万个。

“八五”期间，我国广播电影电视工作坚持正确的舆论导向，努力为改革、发展、稳定创造良好的思想舆论环境，并为人民群众提供日益丰富的精神食粮。其中广播电影电视改革迈出较大步伐。广播电视推出了一批如《东方时空》、《焦点访谈》、《北京特快》等深受群众欢迎的栏目，影视作品中也出现了如《凤凰琴》、《被告山杠爷》、《情满珠江》、《离望人》等思想性、艺术性较强的优秀作品。

在对外广播和影视交流上，广播电影电视工作也成绩斐然。我国国产电影、电视片在国际上屡屡获奖；今年国庆前后，世界上127个国家和地区先后举办了“中国电视周”，展示了我国欣欣向荣的新气象；上海、长春国际电影节和上海、四川国际电视节在国际上产生了越来越大的影响；中央电视台开办的第4套节目通过卫星全天播出，覆盖了60多个国家和地区；《西游记》、《三国演义》等优秀电视剧通过版权贸易，在许多国家电视台播出；中国国际广播电台每天使用43种语言和方言向世界各地广播，每天累计播音184.6小时，播音语种和时间均居世界国际电台的前列。

图8－11　1995年12月新华社报道：我国电视机、收录机、收音机拥有量均居世界前列

① 载1995年12月6日《人民日报》。

出了新的步伐。中央和地方的广播电台、电视台相继调整节目结构，提高了广播电视的整体宣传水平。

1. 对内广播继续调整节目结构和布局

1992 年后，中央和地方广播电台在继续抓好新闻改革、提高舆论引导水平的基础上，进一步合理配置广播资源，大力调整节目的结构和布局，全面提高广播节目的质量，增强本身的竞争能力，满足听众各方面的需要。

中央电台经过调查论证和充分准备，在 1992 年一次推出了六个大型综合性板块节目，如经济板块节目《经济生活》、知识和服务性板块节目《科技·知识·生活》、思想教育板块节目《439 播音室》和外国音乐板块节目《海外乐坛》等。它们和原有的《午间半小时》、《法制园地》、《对农村广播》、《今晚八点半》等节目配套，使中央电台在早晨、上午、下午和晚上都有丰富多彩的各类综合节目，节目的构成趋于合理化。这六个大型板块节目的宗旨，都要求做到内容上高层次，格调上高品位，编排上高技巧，主持风格上百花齐放，因此一出台就引起广大听众的关注。

1994 年，中央电台又对第一、二、三套节目进行了全面改造、调整和充实。第一套节目继续完善国家电台的传统形象，调整后的新闻节目次数增加了将近一倍，听众随时可以从中央电台了解最新重要消息；以经济、信息和科技为主体的第二套节目强化了服务功能；第三套立体声文艺广播进行改革后，不但使节目的设置更为合理，而且强化了民族文化的传播。1995 年，中央电台对台湾广播的第五、六套节目也进行了改造、调整，以适应海峡两岸形势的发展。为了加强对珠江三角洲和港澳地区的广播，中央电台在 1994 年 6 月 18 日开办了第七套节目，呼号是"华夏之声"。这套节目的开办，使中央电台的播音时间由原来的 107 个小时增加到 128 个小时，是中央电台历史上每天播音时间的最高纪录。经过两三年的充实、调整和改造，中央电台宣传的整体水平有了提高，赢得了广大听众的肯定，1995 年国内听众来信突破 180 万件，创造了历史最高纪录。按国际通用方法测算，一封听众来信代表三百至五百名听众，中央电台的听众大约已超过 8 亿人。

这个阶段，各地方电台在深化宣传改革中，也大力调整节目的结构和布局，各自形成数量丰富、质量较高、对象性强、分工科学的节目体系。地方电台在优化节目结构和布局时，本着贴近实际、贴近生活、贴近群众的原则，首先考虑的是怎么为本地大多数听众服务好。如河北省是个农业大省，80% 的人口在农村。为了满足农村听众求知、求富、求乐的需要，河北电台在 1988 年就开辟了一个从晚上 8 点开始的 105 分钟的对农村广播区间，设置了《广播书场》、《农村天地》、《乐在戏中》、《农村经济信息》、《农民技校》五个栏目，形成了一个组合式的节目区，方便农民连续收听。1992 年底，河北电台推出新的节目时间表时，进一步面向农村，把《农村天地》办成大型板块主持人节目，深受农村听众的欢迎。内蒙古电台在 1995 年开办了《社会主义市场经济理论论坛》、《企业之声》、《自治区名优食品展播》、《市场信息》、《青年热线》、《女性世界》等一二十个节目，使广播增加了信息量，加快了时效性，活跃了娱乐性，扩大了服务性，增强了可听性。

80 年代以来，各级广播电台经过编播、制作人员的辛勤努力，涌现出一批深受群众欢迎和党政部门好评的名牌节目和栏目。实践证明，一个名牌节目或栏目产生的作用和社会影响，远远胜过几个甚至十几个一般性的节目或栏目。衡量一个电台水平高低、影响大小，很重要的一点就是看它的名牌节目和栏目。名牌节目和栏目多，社会认同率高，这个电台的整体质量就会高出一筹。

中央电台 1987 年创办的新闻类综合节目《午间半小时》，在内容上注意把握时代脉搏，坚持党的实事求是思想路线，接触群众关心的热门话题，不空泛议论，寓教育于谈天说地之中。在反映群众意见和建议的同时，注意宣传党的方针政策，进行正确的舆论引导。《午间半小时》还注意关于普通人的报道，并把凡人小事和大的社会背景联系起来，促使人们对社会进步中出现的问题进行冷静的思考。《新闻纵横》是中央电台 1994 年 10 月 1 日推出的重点节目，它的方针是配合《新闻和报纸摘要》、《各地人民广播电台联播节目》（1995 年 12 月 25 日更名为《全国新闻联播》）对重要新闻事件和社会热点问题进行深度拓展和延伸报道。主要任务是：对重要新闻事件作深入报道和背景分析，揭示来龙去脉、前因后果；对国家的重大方针政策详加阐述，释疑解惑；发表一事一议、短小精悍的言论；对热点问题作连续报道；播发大型、系列、专题性重要报道。《新闻纵横》开播以后，形成自己独特的风格，得到社会普遍的认可。《午间半小时》和《新闻纵横》1995 年在中共中央宣传部主办的中央主要新闻单位十大名专栏（节目）评选中榜上有名，荣获名专栏称号。

上海电台 1992 年 10 月 26 日开办的《市民与社会》节目，是上海地区第一个谈话类直播节目。这个节目旨在架设一座市民之间、市民与社会之间、市民与政府之间相互交流、沟通的"空中桥梁"，而其中的重点是沟通政府和市民群众的联系。为了让政府工作人员及时听到人民群众对各类社会问题的种种看法，让群众透彻地了解有关问题真实、详尽的情况和政府的方针政策、决策依据以及政府面临的困难，光是 1993 年一年，先后有上海市的多位负责人以及五十多位市政府委、办、局和区县的领导干部，到《市民与社会》直播室担任嘉宾主持，同听众平等交流，受到广泛的欢迎和好评。在 1993 年进行的两次收听率调查中，这个节目的收听率都位于上海电台各档专题节目和栏目的前列。

北京电台 1993 年面世的《人生热线》节目，主持人和特邀的著名专家学者就婚恋家庭、心理健康、人际交往、生活烦恼、社会公德等话题，同听众探讨人生哲理，并通过热线电话，开展咨询服务。这个节目被评为北京电台的优秀栏目，海内外二十多家媒体纷纷加以报道。

文艺广播是广播宣传的重要组成部分，播出时间长，节目和栏目多，拥有的听众群也最为庞大。在文艺广播的领域里实施精品战略，多办、办好名牌节目，具有广阔的空间。

中央电台继《今晚八点半》之后，在1992年元月推出了《音乐天地》、《海外乐坛》、《空中大舞台》三大板块文艺节目。1994年10月《音乐天地》和《海外乐坛》合并成两个多小时的大型音乐板块《音乐大世界》。这个期间，几乎所有的省级电台和大部分市台都开办了这类板块式的综合性文艺节目。例如，河南电台的《群众文艺宫》、甘肃电台的《祝你愉快》、云南电台的《艺术宫》、江苏电台的《文艺天地》、福建电台的《空中你和我》、天津电台的《红绿灯》、上海电台的《上海欢乐时空》、湖南电台的《欢乐星期天》、北京电台的《空中百花园》等等。

文艺广播实施精办名牌节目的战略，收到了明显的效果。中央电台的《今晚八点半》开办以来，每年收到听众来信10万多封。在1995年中央电台听众工作部举办的"我最喜爱的中央人民广播电台节目"的听众评选中，《今晚八点半》在十大名牌节目排行中名列第二，仅次于《新闻和报纸摘要》节目。

2. 对外广播的国际新闻和时事报道的新突破

进入90年代以来，国际电台坚持以新闻改革为突破口，侧重搞好国际新闻和国际时事报道，带动对外广播事业全面发展的业务方针，取得了新的进展。

1989年以后，国际电台先后在内罗毕、安卡拉、新德里、日内瓦、拉格斯建立了记者站。到1995年，国际电台驻外记者站已经增加到21个。国务院领导同志朱镕基、钱其琛、李铁映等在审阅国际电台驻外记者站总体规划时，要求1995年、1996两年完成建站30个的计划。驻外记者队伍的扩大，对进一步改善和丰富国际问题报道的内容，提高国际新闻报道的时效，增加自采稿的比重，起到了积极的作用。

1991年1月17日凌晨，海湾战争爆发。国际电台驻华盛顿记者在美国发布进攻消息（北京时间上午8点）11分钟后发回了《美国向伊拉克发起进攻》的报道。中央电台于8点18分、国际电台英语节目于8点25分对北美地区播出这条消息。继驻美国记者站之后，国际电台驻埃及、驻联合国、驻比利时的记者也及时发回了相关的报道，保证了我国对内对外广播在这一重大国际事件报道上的时效性和完整性。

1995年，以色列总理拉宾遇刺身亡，这是当年世界上发生的一起重大突发事件。拉宾是在北京时间11月5日早晨5点10分遇刺的，10分钟后因伤势过重抢救无效身亡。事件发生几分钟后，国际电台驻布鲁塞尔和驻开罗的记者立即发回拉宾遇刺受重伤正在抢救的消息，紧接着又报道拉宾已经身亡。国际电台编辑部编发的《以色列总理拉宾遇刺身亡》的新闻，除国际电台英语和华语节目及时播出外，中央电台 6 点 30 分的《新闻和报纸摘要》节目、中央电视台 7 点的《早间新闻》也及时向全国播出。随后，国际电台驻外记者又陆续发回新消息，编辑部毫不延误地编发了后续新闻报道，如以色列内阁召开紧急会议、佩雷斯出任代总理、阿拉法特强烈谴责暗杀事件和世界各国的反应等。对国际上的突发事件作出如此快速、准确、全面、深入的报道，在过去是不多见的。

这几年，国际电台驻外记者站的发稿量不断增加。1995 年全年发回中文、外文新闻稿 15487 条、专稿 1992 篇，占全台国际报道发稿总量的 80% 左右。国际电台记者发的国际新闻时效快、报道面广、简单扼要，而且有一定深度的分析，受到国内各媒体的重视。1993 年的统计数字表明，全国有 20 家电台、6 家电视台、39 家报纸采用国际电台记者采写的稿件。在各媒体历年评出的世界十大新闻中，由国际电台驻外记者发回的、通过中央三台首发的新闻，每年都占相当的数量。1988 年和 1992 年评出的世界十大新闻中，有 9 条国内首发新闻都是国际电台记者报道的。

为了加强国际新闻报道的深度，国际电台在 1992 年开办了《时事》节目。这个节目的内容包括评论、综述、述评、背景介绍、新闻分析。不少时事报道是记者亲自到事件发生地采写的有分量的第一手材料。例如，1992 年 12 月，以美国为首的多国部队进驻战乱不止的索马里。许多驻索马里的外国机构，包括中国大使馆和新闻机构，因安全原因不得不临时撤离。国际电台驻肯尼亚记者为了报道世人关注的索马里局势，冒着生命危险，到索马里进行了 48 小时的采访，写出了长达两万多字的系列报道，受到广泛好评。除了《时事》节目，国际电台还开办了一些国际时事报道的节目，如 1995 年 4 月开办的《上周国际经济问题》，深入地阐明中国对国际问题的看法和立场。

向外国听众介绍中国，增进各国人民对中国的了解和友谊，是对外广播的主要任务。国际电台在贯彻以新闻改革为突破口的业务方针过程中，对国内新闻时事节目的改革下了很大气力，取得了不少成功经验。

对中国的人大、政协和党代会等重要会议的报道，历来是国内新闻宣传的重头戏。改革开放以来，中国召开上述会议，几乎成了世界瞩目的热点，每次都有几百名甚至上千名中外记者前来采访，成了中外新闻界激烈竞争的舞台。国际电台也不断增强参加重大会议报道的力量。1995 年人大、政协"两会"期间，国际电台派出记者 42 人，报道组自采自编稿件 305 篇（条）。为了提高时效，采取先发快讯、后发详细报道的办法，做到上午开会，中午播出；下午开会，傍晚有节目的语言广播就可以播出。过去对"两会"的报道，往往拘泥于大会文件，稿件篇幅比较长，政治术语、习惯用语太多，外国听众听起来很不习惯。90 年代以后，国际电台改革报道方法，讲究宣传技巧和艺术，根据外国听众的理解水平和所关心的问题，在不影响原意的情况下，把文件的精神实质尽可能通俗易懂地介绍出来，并且适当加进背景和解释性内容。这样报道不仅有对外特点，稿件也缩短了，宣传效果比较好。

对外国听众更深入细致、生动形象地介绍中国，还有赖于各种专题节目。进入90年代，国际电台在宣传上实施精品战略，专题节目更加丰富多彩，1992年全台开办的专题节目增加到四百多个。华语部1994年3月开办的《匆匆十分钟》节目，熔知识性、趣味性、哲理性于一炉，向听众提供新鲜生动的文化快讯。这个节目设了《我爱中华》、《红红信箱》、《点点滴滴》等不少栏目，系统地把中华民族古老悠久的传统文化，结合改革开放形势下的新人新事新面貌，作分门别类的报道。在不到一年的时间里，就收到国内外听众来信二千多封，成为华语部的名牌节目。

改革开放以来，国际电台一直把经济报道放在突出地位。1992年邓小平南巡讲话发表后，进一步加强了经济报道工作。这个时期的经济专稿有反映经济特区发展的特区见闻、中国经济热门话题，以及经济开发区、乡镇企业、长江三峡工程、沿海开放城市、环境保护等等方面的介绍，数量大约占国内专稿的三分之一。除了台发稿中心统一发的专稿外，各语言广播纷纷举办有特色的经济报道专题节目。国际电台举办的知识竞赛活动，实践证明是行之有效的宣传方式，用在经济报道上同样成就卓著。例如，1992年举办的《开放城市》知识竞赛，1992年4月举办的《中国青岛投资与旅游》知识竞赛，同年5月举办的《中国改革开放》知识竞赛，1994年6月举办的《中国三峡工程》知识竞赛，都收到了数以万计、十万计的听众答卷。这种宣传方式对增进国外听众对中国改革开放的了解具有良好的效果，并且有利于推进中国和世界各国的经济技术交流。

国际电台很重视对中西部，尤其是关于边疆少数民族地区的宣传。1993年到1995年，年年派出记者组到辽宁、吉林、黑龙江、西藏、新疆、甘肃、广西、云南、内蒙古等省、自治区采访，发回了大量反映这些地区经济发展、民族团结的报道。

1994年10月下旬，由广播电影电视部召开的首届全国广播对外宣传协作会议在北京举行。广播电影电视部和国务院新闻办公室领导在会议上的报告和两部办转发的《会议纪要》中，明确提出"广播电视并重、内外宣传并举、中央台地方台联合"的指导思想，提出要建立"以国际台为龙头，以各省（区、市）台为依托的广播大外宣网络"。[1] 作为落实《会议纪要》的一个措施，国际电台和全国31个省、自治区、直辖市决定共同开办《中国之窗》节目。这个节目于1995年5月1日在国际电台用华语普通话正式播出，每天一次，每次10分钟，由各地方电台固定轮流供

---

[1] 引自《中国广播电视年鉴》（1995年版），第94页。

稿。每家电台一年有 12 期介绍本地的节目，通过国际电台面向全球播出。广播大外宣格局的建立，是改革开放以来的创举。

从 1993 年到 1995 年连续三年，国家主席江泽民应邀通过国际电台向各国听众、港澳台同胞和海外侨胞发表新年广播讲话。江泽民主席在 1994 年的新年讲话里讲道："中国国际广播电台，几十年来一直在做着向海外听众介绍中国的发展情况，它已经成为一座中外沟通的重要桥梁。希望它在增进中国人民和世界人民的友谊和合作方面发挥更大的作用。"①

3. 对内电视宣传深化改革，进入发展新阶段

1992 年邓小平南巡讲话和中共十四大以后，全国人民解放思想，锐意进取，沿着有中国特色的社会主义道路阔步前进。在这种新的形势下，无论是引导舆论、传达政令，还是交流信息、提供服务，电视新闻都肩负更加重大的使命。中央和地方电视台在坚持正确的舆论导向和正面宣传为主的原则下，围绕着进一步扩大信息量、提高时效性，对新闻节目进行深入的改革，在适应形势发展需要和让观众看得满意这两个方面，都取得了良好的效果。

中央电视台对新闻改革的决心之大、措施之有力尤为引人瞩目。中央电视台在1993 年初制定了新的发展战略，提出要把中央电视台建设成同中国大国地位相称的具有世界先进水平的电视台的奋斗目标。要成为世界一流的电视台，就得有世界一流的节目，作为电视节目主体的新闻节目，更应具有世界一流的水平。为此，中央电视台对新闻节目进行了大幅度、深层次的改革。从 1993 年 3 月 1 日起，第一套节目电视新闻的播出次数由原来每天 4 次增加到 12 次（包括体育新闻）；而且除了《新闻联播》外全部是直播，随着事件的发展，在下一次的新闻节目里不断增添新的内容。1994 年 4 月 1 日，第一套节目的《晚间新闻》从内容到形式全面改版，增加了与人民群众生活密切相关的新闻。同一天，又推出一个专门播送国际新闻的栏目——《世界报道》。这个栏目在 1995 年 9 月 1 日与《晚间新闻》、《体育新闻》合并成为一个板块，叫作《晚间新闻报道》。这一年 4 月 3 日，安排在每天中午 12 点播出的《新闻 30 分》出台，取代了原来的《午间新闻》。《新闻 30 分》讲求时效，题材贴近群众，并且经常采用记者现场报道的形式，吸引了相当多的观众。中央电视台第一套节目的新闻，经过调整、充实，扩大了收视面，提高了新闻的质量和时效，国际新闻首次播出时间一般提前了几个小时。

1992 年至 1995 年，中央电视台增加了五个频道：1992 年 10 月 1 日，第四套国际频道开播；1995 年 1 月 1 日，第五套体育频道正式播出；1995 年 11 月 30 日，第三套文艺频道、第六套电影频道和第七套少儿·军事·科技·农业综合频道试播

① 引自《中国广播电视年鉴》（1994 年版），第 2 页。

（1996 年 1 月 1 日，戏曲·音乐频道在第三套节目中开播，原来的第三套播出的文艺节目改在新开办的第八套节目中播出）。1995 年，中央电视台七个频道全年新闻类节目播出时间达 7903 小时，占全年播出总量的将近 21%。第一套节目的新闻和第二套节目的经济新闻、第四套的《中国新闻》以及第五套的体育新闻等互相配合、互相补充，形成了中央电视台的新闻传播系统。

地方电视台也从当地的需要和各自的具体条件出发，对新闻节目进行调整和改革。例如，辽宁电视台 1995 年新闻播出时间由原来每天 25 分钟增加到 60 分钟，由两个播出时段增加到五个播出时段。同一年，北京电视台在加强《北京新闻》和早、中、晚间新闻节目的同时，新开办了《交通新闻》、《财经新闻》、《教育新闻》、《北京特快》等节目。

这几年，中央和地方电视台在新闻节目和其他节目中，对重要会议、重大事件进行了充分、深入、富有创新意识的宣传报道，取得了很好的效果。以 1995 年为例，这一年是重点宣传任务比较多的一年，除一年一度的人大、政协会议外，还有纪念世界反法西斯战争及抗日战争胜利 50 周年、中国承办联合国第四次世界妇女大会、中共十四届五中全会召开、西藏自治区成立 30 周年、新疆维吾尔自治区成立 40 周年、第四十三届世界乒乓球锦标赛在天津举行等。各电视台集中人力、设备，尽全力搞好以上的宣传报道战役。1995 年 9 月在北京召开的联合国第四次妇女大会，是我国承办的规模最大的一次国际会议，东道主北京市的电视台在大会期间播发了一系列专栏，从不同的角度和侧面报道了这次大会和我国妇女事业的成就，驳斥了西方传媒对我国的诬蔑和攻击。北京电视台对世妇会的宣传报道工作，受到国务院新闻办公室和世妇会中国组委会宣传动员委员会的嘉奖。天津电视台从 1995 年 5 月 1 日至 14 日，对第四十三届世乒赛的开幕式、闭幕式和比赛大部分场次都进行了实况转播，多达 68 场，102 小时，在全国创造了单项赛事电视转播的次数和时间的最高纪录。除了现场转播，从 1994 年第四季度到第四十三届世乒赛结束的八个月里，天津电视台共播出迎世乒赛和赛事活动的消息 1200 多条，各类专题节目累计 300 多小时。天津电视台为世乒赛投入的人力之多，报道的时效之快，都是史无前例的。

电视新闻改革走向深入的一个重要标志，是各级电视台加强或开办新闻评论性节目。1993 年 5 月 1 日，中央电视台推出综合杂志节目《东方时空》，其中的《焦点时刻》栏目，继承原先《观察与思考》的宗旨和风格，以深入报道和分析社会热点、难点问题为特色，受到观众的普遍欢迎。1994 年 4 月 1 日，中央电视台的《焦点访谈》节目首次和观众见面。《焦点访谈》在坚持以正面宣传为主的原则下，对群众关心、领导重视的带有普遍性的问题进行评述，反映群众呼声，正确引导舆论，起到了解疑释惑、化解矛盾和舆论提醒、批评监督的作用。1994 年 6 月 19 日，《焦点访谈》报道了国内棉花市场上棉花掺杂使假的现象，节目名称叫作《沉重的棉花》。国务院对这个问题非常重视，迅速开展了全国范围的棉花市场专项整顿，取得成效后，记者又进行了追踪报道。1995年4月1日，《焦点访谈》为纪念开播一周年，播出一档《在路上》的特别节目，记者从北京到广州一路上采访，看到改革开放给干部群众带来的思想观念上的进步和经济发展的巨大成就，同时也分析当前存在的问题。节目播出后，在社会上获得广泛的好评。1995年12月30日播出的《仓储粮是如何损失的》，引起了中央和地方政府的高度重视，促使了问题的解决。《焦点访谈》中的批评性报道大约占节目总量的四分之一左右，都注意把握分寸，做到既发挥舆论监督作用，又服务于团结、稳定、鼓劲的方针和大局。1995年5月，中宣部组织的中央主要新闻单位十大名专栏（节目）评选揭晓，中央电视台的《焦点访谈》、《东方时空》双双入选，是电视界仅有的获奖栏目。

中央电视台的新闻评论性节目，得到了中央领导同志的关心和指导。《焦点访谈》开播后不久，1994年5月20日，丁关根在中南海召见中央电视台领导和《焦点访谈》节目制作人员，对节目予以充分的肯定，并提出了指导性的意见。1995年9月18日，丁关根又召集《焦点访谈》、《东方时空》和其他媒体同类型栏目的负责人和节目主持人座谈，共同探讨进一步办好"焦点"栏目的问题。

这几年，地方电视台也纷纷办起了新闻评论性节目或栏目，如辽宁电视台的《社会面面观》、上海东方电视台的《东方直播室》、山东电视台的《关注》、河北电视台的《焦点透视》、北京电视台的《今日访谈》，诸如此类，不胜枚举。这些节目和栏目在当地都有较大的影响力和较高的收视率，受到政府的重视和观众的欢迎。

1992年后，各级电视台贯彻邓小平南巡讲话和中共十四大精神，把经济宣传作为中心任务，运用电视这一现代化工具独有的优势，为发展社会生产力，建立社会主义市场经济体制服务。

1992年5月下旬，由中央电视台组织召开的全国经济宣传座谈会在天津召开。会议建议中央电视台开办《经济信息联播》节目，并尽快建立全国电视经济宣传协作网。

天津会议后，中央电视台经过研究，决定在继续办好《经济半小时》栏目（1989年创办）的前提下，加强与全国各省、市电视台的广泛合作，开办《经济信息联播》节目。8月31日，《经济信息联播》在中央电视台第二套节目中正式开播。这个节目的内容主要是传播各类经济技术信息，以沟通产供销渠道，为繁荣社会主义商品经济服务，成为生产者的参谋，经营者的顾问，消费者的知音。《经济信息联播》问世后，受到观众的普遍欢迎，收视率不断上升。1992年10月21日，邓小平的秘书打电话给中央电视台转达他的意见。邓小平称赞："《经济信息联播》专门谈经济，开办得及时。《经济信息联播》时间虽不长，仅有30分钟，但每期的内容丰富，节奏明快，信息量大，对我国经济发展，社会主义市场经济的发育，将会起到积极作用。"①

这几年迅速发展起来的省、市经济电视台，为电视经济宣传提供了宽阔的空间。继1988年湖北建立全国第一个经济电视台后，新疆、内蒙古、湖南、广东、吉林、河南、四川、山东、河北、江苏、甘肃、云南、天津、辽宁、福建等省（自治区、直辖市）以及杭州、成都、济南、深圳、温州、青岛、沈阳等城市先后建立了经济电视台。至1995年年底，全国省、市级的经济电视台有将近30个。

各电视台的经济节目（栏目）、各经济电视台针对各个阶段、各个地方经济形势的发展情况，组织了一系列有声势、有分量、有深度的宣传报道。重庆市是我国西南地区的工业重镇，改革开放后经济有很大发展，但是同沿海地区相比，发展速度仍不够快。原因主要是一些旧观念、老框框还在束缚人们手脚。解放思想、更新观念，成了重庆市进一步发展经济的关键。针对这个问题，重庆电视台从1994年6月底起，推出了一个《解放思想大家谈》节目；重庆电视二台《今日话题》栏目就解放思想这个话题讨论了近一百期，大约七百多分钟。重庆是个国有大中型企业集中的地方，历史的经验证明，企业兴旺，全市经济就兴旺；企业衰落，全市经济就滑坡，因此当地媒体在经济宣传中始终抓住企业不放。重庆电视台在1994年播出了《企业转机建制》的连续报道，重庆电视二台播出了《重庆工业五十强》，系统宣传一批经济效益好的大中型企业深化改革、加快发展的典型经验。1993年，江苏电视台围绕建立社会主义市场经济体制这个目标，开办了《转换机制大家谈》、《效益纵深谈》、《市长谈市场》等栏目，并多次组织有影响的重大报道，引导全省人民坚定信心，以积极的态度克服困难，促进经济又快又好地健康发展。

1992年至1995年，电视文艺工作者坚持为人民服务、为社会主义服务的方向，弘扬主旋律，提倡多样化，电视文艺宣传蓬蓬勃勃，硕果累累。

电视文艺的重要表现形态——电视文艺栏目，这几年不断推陈出新，不断改革发展，力求把最好的精神食粮奉献给观众。中央电视台在1993年建立了一系列高品位、高水准的新栏目。其中《东西南北中》（前身是《百花园》）汇集各地方电视台和社会上文艺节目的精华，内容突出民族特点、地方特色和时代气息，强调思想性和娱乐性；《大剧院》和《音乐桥》是专门播出民族音乐和严肃音乐的阵地；《文艺广角》是大型综合文艺栏目，形式多姿多彩，而且加强了文艺评论。这几年，中央电视台新开办的文艺栏目还有《九州戏苑》、《地方文艺》、《每周一歌》、《中国音乐电视》等。同时，对《综艺大观》、《正大综艺》、《曲艺杂谈》、《旋转舞台》等名牌栏目不断调整改版、花样翻新，一直保持较高的收视率。地方电视台在文艺

① 杨伟光主编：《中央电视台发展史》，北京出版社1998年8月版，第452页。

栏目的创建和改造方面，同样取得了可喜的成效。

中央电视台和地方电视台有一批办得好的栏目，在全国电视文艺"星光奖"（国家级政府奖）的评选中获"优秀栏目奖"。第十届（1995 年度）获此殊荣的栏目较多，有 24 个，其中包括中央电视台的《综艺大观》、《曲苑杂坛》、《东西南北中》、《正大综艺》、《音乐桥》，山西电视台的《五彩世界》，青海电视台的《河湟风》，西藏电视台的《七色风》，山东电视台的《星光 50'》，四川电视台的《综艺大世界》，吉林电视台的《农村俱乐部》，湖北电视台的《欢乐今宵》，浙江电视台的《文化时空》，上海电视台的《共度好时光》，杭州电视台的《明珠欢乐夜》，山东淄博电视台的《齐天乐大传送》等。

以春节联欢晚会为代表的大型文艺晚会继续保持发展的势头。为了满足社会各界不同的欣赏口味，1994 年和 1995 年农历除夕，中央电视台同时播出三台晚会。第一套节目是综艺晚会，第二套节目是戏曲晚会，第三套节目是音乐歌舞晚会。春节晚会的这种格局得到了观众的肯定，从此固定下来。

进入 90 年代，是电视剧成熟和繁荣的时期。全国每年制作的电视剧，基本稳定在 5000～6000 部（集），是世界上生产电视剧最多的国家之一。拿每部（集）50 分钟计算，六千部（集）电视剧相当于三千多部电影。这几年的电视剧不仅数量多，质量普遍有所提高，涌现出一批思想性、艺术性强、收视率高的精品。例如，《中国商人》、《古船·女人和网》、《唐明皇》、《半边楼》、《天梦》、《北京人在纽约》、《大潮汐》、《一个医生的故事》、《情满珠江》、《九·一八大案纪实》、《豫东之战》、《三国演义》、《沟里人》等。从观众不断提高的欣赏品位来衡量，电视剧中平庸之作仍占多数。在 1995 年 3 月初召开的全国电视剧题材规划会议上，各省、自治区、直辖市和中央有关部门的代表取得以下共识：要多出精品，多拍佳作，确保中央电视台、省级电视台在每晚黄金时间播出优秀国产电视剧。

这几年，在电视屏幕上出现了音乐电视（MTV）、电视戏曲艺术片、电视文学（包括电视散文、电视小说、电视报告文学等）、电视专题艺术片、音配画之类新的电视文艺品种。音乐电视是从海外传进来的，必然受西方文化的影响。中央电视台决定对这一节目形式进行改造，走民族化的道路，制作有中国特色的音乐电视来引导青年观众。从 1993 年到 1995 年，连续三年举办中国音乐电视大赛。参赛单位有音像部门、电视台，还有一些文艺团体、社会团体和企事业单位。音乐电视是音乐和电视的有机结合体，它的崛起既繁荣了歌曲创作，又拓宽了电视文艺的范围，丰富了电视文艺的表现手段，是电视文艺的新发展。

中央电视台专对台湾和港澳地区的宣传是从 90 年代初期开始的。此前，福建电视台于 1985 年 7 月开办《海峡同乐晚会》栏目，这是大陆第一个对台综合性电视栏目。此后，该台又陆续制作了一批对台电视专题片，并开办了"台湾籍青年歌手大奖赛"。1986 年 10 月举行的全国广播电视厅局长会议上提出，要进一步加强对台广播电视宣传。会后，上海电视台率先组团访台，拍摄了专题片《台湾纪实》。1990 年第十一届亚运会期间，中央电视台租用卫星线路，把第一套节目送上卫星，使台湾同胞第一次看到大陆的电视节目。

1991 年初，为了适应和推动海峡两岸关系的发展，中共中央对台湾事务办公室、国务院台湾事务办公室做出租用"亚洲一号"卫星的决定。中央电视台第一套节目从 9 月开始，以 NTSC 制式上星播出，覆盖东南亚以及香港、澳门、台湾地区。与此同时，中央电视台成立对台节目编辑部，即第四套节目部。该部的任务是筹备一个以台、港、澳同胞和海外华人、华侨为服务对象的中央电视台第一个国际电视卫星频道。其宣传方针是：高举爱国主义旗帜，坚持爱国统一战线，坚持党的"和平统一"、"一国两制"的指导思想，全面宣传中央对台的方针政策，为实现台湾回归，完成祖国和平统一大业服务。同时还提出，对台播出的电视节目应是集新闻性、知识性、娱乐性、服务性为一体，而以新闻为主的丰富多彩的综合性节目，力求内容丰富，形式活泼，结构灵活，风格亲切质朴。

第四套节目部成立后，进行的一项主要工作就是筹办为台湾同胞服务的栏目，定名为《天涯共此时》。1991 年冬天，第四套节目部组织力量赴山东、福建、广东采访，分别制作了《天涯共此时》山东版、广东版。1992 年初，《天涯共此时》在第一套节目中播出，每周暂定为一期，每期 30 分钟。第一期节目播出后，在台湾立刻产生强烈反响。5 月 29 日《联合报》发表了对创作组的专访，介绍了第一期的主要内容。当时《天涯共此时》主要由《新闻话题》、《神州掠影》、《寻亲》、《寻医问药》等板块组成。

《天涯共此时》开播五年来，受到了海内外观众的欢迎。它是台湾同胞非常喜爱的一个栏目，成为连接海峡两岸骨肉同胞的一座桥梁，也得到了国务院对台办等有关领导部门的表扬，在 1994 年获得全国对台电视宣传节目评比一等奖。五年来《天涯共此时》收到海内外观众来信 23000 多封，播出寻亲信 2300 多封，寻到亲人 31 人。

1992 年 10 月 1 日第四套节目开播时，创办了新闻栏目《中国中央电视台新闻》，每天 22：00 播出，每次 10 分钟，五年来制作播出了许多很有价值的新闻节目。这套节目完全覆盖港澳台地区，台湾和香港的有线台也开始转播这套节目。第四套节目播出的影响较大的有：《1993 年首次大陆记者台湾行》、《中央电视台记者首次在台湾访问张学良》、《海协会海基会汪辜会谈》，以及有关《千岛湖事件》的报道等。

根据中央关于要加强对香港电视报道的精神，1994 年 10 月 17 日，第四套节目又创办了一个新栏目《粤语新闻》，每天 21：30 播出，每次 20 分钟。同时开播粤语专题综艺类节目《乡音》，每天一集，每集 50 分钟。这两个粤语栏目都受到了香港同胞和海外讲粤语华侨的欢迎。

随着形势的变化，第四套节目又重点加强了党和政府关于"一国两制，和平统一"的方针和有关对台政策的宣传，加大了对台宣传力度。1995 年 1 月 30 日，江泽民主席发表了对台八点主张的讲话和李鹏总理对台发表的讲话。对此，第四套节目对两位领导人的重要讲话以及全国各族人民、各民主党派的反映和海内外反响等都进行了及时、充分、全面的报道，在海外产生了广泛和积极的影响。

4. 对外电视宣传的新突破

为了适应对外宣传发展的新形势，1991 年 7 月，中央电视台成立了对外中心。在此前后，中央电视台开始向外国电视台、华人台供片，合作播出中央电视台的节目，加强电视对外宣传力度。其中包括新建了和美国洛杉矶熊猫电视台以及北美卫星电视的供片关系，逐步恢复了和其他华语电视台的供片关系，特别是加强了新闻的提供。中央电视台对外中心还发展了英语节目在国外电视台播放的新项目，开创了对外国主流社会的电视宣传。在欧洲与"同一世界频道"建立了联系，利用它的卫星频道向西欧十多个国家播出；在美国的旧金山，支持彩虹电视台开办英语的中国电视节目，向当地美国人播出。彩虹节目一度在纽约、费城等其他美国城市播出。为了把我国改革开放的真实情况有计划、系统地介绍给国外观众，中央电视台对外中心及时采制了专门对外的新闻杂志节目《中国报道》，以此为核心的《今日中国》英语版在美国华盛顿、纽约、洛杉矶、芝加哥等地每周定时播出；法语版在法国三台定时播出。

1992 年 1 月 1 日，中央电视台把每天一小时的中、英文对外节目，通过国际卫星送到美国，由美国芝加哥新世纪电视台把节目送上美国的 Ku 波段和 C 波段卫星，使整个北美都可以看到当天中国发生的重要新闻，这是中国对外报道工作的又一次飞跃。

1992 年，邓小平南巡讲话发表之后，电视对外宣传开始酝酿新的思路。不久，中央电视台提出，对外宣传工作要上新台阶，要有大发展，必须一手抓"天上"，一手抓"地下"，从而提出了从"天上、地下"两个方面开展对外宣传的发展战略。所谓"天上"，就是通过卫星传送中国电视节目，让中国电视节目覆盖全球，使全世界人民都了解中国；所谓"地下"，就是要建立世界的销售中国电视节目录像磁带的网络，把中国电视节目以磁带形式传送到全世界的各大城市，占领国际录像市场，让全世界亿万个家庭都能买到、看到中国电视节目的录像带。"天上"、"地下"齐头并进，走出了一条中国电视面向世界的发展之路。

1992 年 10 月 1 日，中央电视台第一个国际卫星电视频道，即第四套节目正式创办并对外开播。同一天起，《中国中央电视台新闻》播出第一期。这是中国电视对外报道史上的一件大事，也是电视对外宣传事业一个新的起点。从此，中央电视台对外报道有了自己的频道，电视对外宣传事业有了自己的阵地和舞台，中国电视从此开始大踏步走向世界。

第四套节目通过"亚洲一号"卫星覆盖了亚洲、澳洲、东欧、中东、北非等八十多个国家和地区。它以新闻节目为骨干，集文艺、专题、体育、经济、服务和电视剧为一体，主要精选中央电视台适合对外宣传的新闻、专题和文艺节目。

1993年1月1日，中央电视台通过国际卫星，首次实现每天向北美卫星传送1小时节目，节目主要有《中国纪实》、《中国报道》、《旅行家》等，然后再通过北美卫星覆盖美国、加拿大和加勒比海地区。

1993年1月12日，中国电视节目外销联合体正式成立。8月28日，中央电视台与美国3C集团合作在美国创办了美洲东方卫星电视，每天播出中、英文节目12小时，覆盖美国、加拿大、墨西哥及加勒比海地区，从此打破了有台湾背景的"北美卫视"从70年代开始一统北美的局面。11月，为了进一步集中和加强中央电视台对海外报道的力量，第四套节目部与对外中心合并，成立了中央电视台海外节目中心，这是中央电视台进一步拓展对外报道事业，实现20世纪末中国电视覆盖全球，走向世界战略目标的一个重要决策。从此，对外电视节目制作和编排播出形成合力，整体优势得到进一步发挥。

中央电视台海外中心成立后，进一步调整了第四套节目频道的栏目设置和编排，增加外语节目，加大了新闻和专题节目分量。1994年5月1日，《中国中央电视台新闻》改为《中国新闻》。此后还开办了《粤语新闻》，即《中国新闻》的粤语版。10月1日，中华人民共和国建国45周年，为抓住这个有利时机，营造良好的国际舆论环境，海外中心进行了一场较大的对外宣传战役——在世界各地同时举办"中国电视周"。电视周共有127个国家和地区的150家电视台参加，首次实现了中国电视大规模进入外国主流社会。海外中心制作了以全面介绍中国的专题节目《中国》为代表的22小时的专题、综艺、动画、电视剧等各类节目，分别以中、英、法、德、西班牙、葡萄牙、阿拉伯、塞尔维亚、波斯等十种语言版向外提供和播出，向世界介绍和展示了中国的古老文明和现代风貌。我国台湾TVBS全部播出了电视周的节目。中国电视周节目播出后，在世界各国产生了广泛和强烈的影响，受到了各国人民特别是华人、华侨的高度评价和赞赏，进一步扩大了中国电视在海外的影响。

1995年1月1日，第四套节目开始选播在其他频道中播出的优秀栏目，如《东方时空》、《焦点访谈》、《经济半小时》、《经济信息联播》、《经济广角》、《东西南北中》、《旋转舞台》、《大剧院》、《夕阳红》、《动物世界》等，根据不同国家和地区的时差进行编排，开始实行全天24小时播出。5月，《中国新闻》开始采用现场直播方式，每天滚动播出八次新闻，与国际电视新闻接轨。7月1日，第四套节目对外播出呼号改为"中国中央电视台国际频道"，并启用了新的台标片头。

二、进一步加强和改进广播电视工作　全国广播电影电视工作会议

1994年1月24日至29日，全国宣传思想工作会议在北京召开。江泽民在会上

讲话，阐述了新时期加强宣传思想工作的重要性、宣传思想工作的根本指针和主要任务以及加强和改善党对宣传思想工作的领导等问题。首次明确提出了"我们的宣传思想工作，必须以科学的理论武装人，以正确的舆论引导人，以高尚的精神塑造人，以优秀的作品鼓舞人"的重要思想。与此同时，全国广播电影电视宣传工作会议也于1月24日至31日在北京举行。会议代表聆听了江泽民的上述讲话，艾知生在会议讲话中总结了1993年的广播影视宣传工作，提出了1994年进一步做好广播影视宣传工作的基本思路和主要任务。会后不久，1994年4月，孙家正①接替艾知生任广播电影电视部部长。

1994年中，广播电影电视部党组经过几个月的调查研究，对广播影视工作的现状进行了全面的分析，对到20世纪末广播影视事业发展的指导思想、目标、任务进行了认真的研究，起草了《关于进一步加强和改进广播电影电视工作的报告》（以下简称"报告"），上报中共中央、国务院。

1995年2月9日，江泽民总书记主持召开中央政治局常委会，讨论并原则同意了广播影视部的报告，要求补充、修改后报中共中央，转发各地贯彻执行。1995年2月21日至25日，全国广播电影电视工作会议在北京召开。这是继1983年第十一次全国广播电视工作会议之后召开的又一次重要会议，各省、自治区、直辖市和计划单列市的广播电视厅（局）长、电影制片厂厂长和部机关、部直属单位负责人共180人出席了会议。（见图8-12）李铁映到会与部分代表进行了座谈，并发表了讲话。

图8-12　1995年2月全国广播电影电视工作会议留影

---

① 孙家正（1944—　），江苏泗阳人。1968年南京大学中文系毕业后在江苏省六合县革委会工作。1971年后任江苏省六合县樊集公社人民武装部副部长，六合县革委会办事组副组长，共青团六合县委书记，中共马安公社委员会书记。1978年后任共青团江苏省委副书记、书记。1983年后任江苏省委常委兼秘书长兼中共徐州市委书记。1986年后任中共江苏省委常委、副书记兼宣传部部长。1989年后任江苏省委副书记。1994年5月至1998年4月任广播电影电视部部长、党组书记。1998年至2008年3月任文化部部长。2008年至今任十一届全国政协副主席、党组成员，中国文学艺术界联合会主席。中共第十二、十三、十四届中央候补委员，第十五、十六届中央委员。

这次会议传达、学习了江泽民及中央政治局常委2月9日、2月17日关于广播电影电视工作的讲话以及全国宣传部长会议精神；认真研究了今后一个时期，即2000年以前，我国广播影视工作的指导思想、主要任务、奋斗目标和工作思路。根据政治局常委的指示，进一步征求对“报告”的意见，同时部署了1995年工作。新任部长孙家正作了题为《坚持正确导向，提高节目质量，努力把广播电影电视工作提高到新水平》的工作报告和会议总结。会后，广电部党组向中共中央呈送了补充修改后的“报告”。

同年6月3日，中共中央办公厅、国务院办公厅就转发广播电影电视部党组《关于进一步加强和改进广播电影电视工作的报告》（以下简称《报告》）联合发出通知。（见图8－13）通知强调，在新形势下，广播影视工作要着重在坚持正确舆论导向、提高节目质量、多出精品上下功夫；要坚持党性原则，讲究宣传艺术，不断增强舆论引导的针对性和预见性，努力为改革、发展、稳定提供良好的舆论环境；要重视广播电视的对外宣传，不断拓展宣传渠道和领域，提高宣传效果；各级党委和政府要切实加强对广播电影电视工作的领导，关心支持广播电影电视工作，重视广播电影电视队伍的建设，使广播电影电视事业适应我国改革开放和社会主义精神文明建设的需要，健康地向前发展。

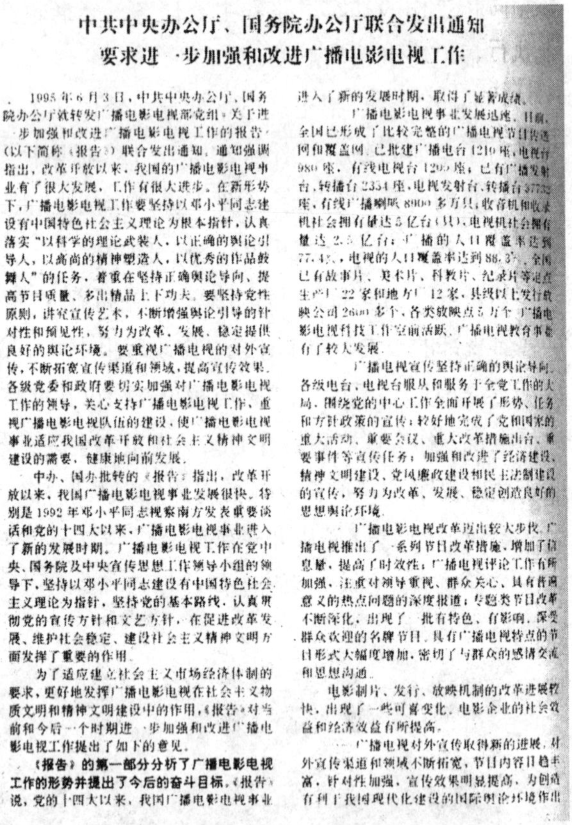
中共中央办公厅、国务院办公厅联合发出通知
要求进一步加强和改进广播电影电视工作

1995年6月3日，中共中央办公厅、国务院办公厅就转发广播电影电视部党组《关于进一步加强和改进广播电影电视工作的报告》（以下简称《报告》）联合发出通知。通知强调指出，改革开放以来，我国的广播电影电视事业有了很大发展，工作有很大进步。在新形势下，广播电影电视工作要坚持以邓小平同志建设有中国特色社会主义理论为根本指针，认真落实“以科学的理论武装人，以正确的舆论引导人，以高尚的精神塑造人，以优秀的作品鼓舞人”的任务，着重在坚持正确舆论导向、提高节目质量、多出精品上下功夫。要坚持党性原则，讲究宣传艺术，不断增强舆论引导的针对性和预见性，努力为改革、发展、稳定提供良好的舆论环境。要重视广播电视的对外宣传，不断拓宽宣传渠道和领域，提高宣传效果。各级党委和政府要切实加强对广播电影电视工作的领导，关心支持广播电影电视工作、重视广播电影电视队伍的建设，使广播电影电视事业适应我国改革开放和社会主义精神文明建设的需要，健康地向前发展。

中办、国办批转的《报告》指出，改革开放以来，我国广播电影电视事业发展很快。特别是1992年邓小平同志视察南方发表重要谈话和党的十四大以来，广播电影电视事业进入了新的发展时期。广播电影电视工作在党中央、国务院及中央宣传思想工作领导小组的领导下，坚持以邓小平同志建设有中国特色社会主义理论为指针，坚持党的基本路线，认真贯彻党的宣传方针和文艺方针，在促进改革发展、维护社会稳定、建设社会主义精神文明方面发挥了重要的作用。

为了适应建立社会主义市场经济体制的要求，更好地发挥广播电影电视在社会主义物质文明和精神文明建设中的作用，《报告》对当前和今后一个时期进一步加强和改进广播电影电视工作提出了如下的意见。

《报告》的第一部分分析了广播电影电视工作的形势并提出了今后的奋斗目标。《报告》说，党的十四大以来，我国广播电影电视事业进入了新的发展时期，取得了显著成绩。

——广播电影电视事业发展迅速。目前，全国已形成了比较完整的广播电视节目传送网和覆盖网。已批建广播电台1210座，电视台980座，有线电视台1200座；已有广播发射台、转播台2354座，电视发射台、转播台37732座，有线广播喇叭8900多万只；收音机和收录机社会拥有量达5亿台（只），电视机社会拥有量达2.5亿台；广播的人口覆盖率达到77.4%，电视的人口覆盖率达到88.3%。全国已有故事片、美术片、科教片、纪录片等定点生产厂22家和地方厂12家，县级以上发行放映公司2600多个，各类放映点5万个。广播电影电视科技工作空前活跃，广播电视教育事业有了较大发展。

——广播电视宣传坚持正确的舆论导向。各级电台、电视台服从和服务于全党工作的大局，围绕党的中心工作全面开展了形势、任务和方针政策的宣传；较好地完成了党和国家的重大活动、重要会议、重大改革措施出台、重要事件等宣传任务；加强和改进了经济建设、精神文明建设、党风廉政建设和民主法制建设的宣传，努力为改革、发展、稳定创造良好的思想舆论环境。

——广播电影电视改革迈出较大步伐。广播电视推出了一系列节目改革措施，增加了信息量，提高了时效性；广播电视评论工作有所加强，注重对领导重视、群众关心、具有普遍意义的热点问题的深度报道；专题类节目改革不断深化，出现了一批有特色、有影响、深受群众欢迎的名牌节目，具有广播电视特点的节目形式大幅度增加，密切了与群众的感情交流和思想沟通。

——电影制片、发行、放映机制的改革进展较快，出现了一些可喜变化，电影企业的社会效益和经济效益有所提高。

——广播电视对外宣传取得新的进展，对外宣传渠道和领域不断拓宽，节目内容日趋丰富，针对性加强，宣传效果明显提高，为创造有利于我国现代化建设的国际舆论环境作出

图8－13　中共中央办公厅、国务院办公厅联合发出批转广播电影电视部党组《报告》的通知（《中国广播电视年鉴》〈1996年版〉首次刊载）

广播电影电视部党组在《报告》中，肯定了1992年以来广播影视工作取得的显著成绩，分析了在新形势下，广播影视工作面临的新的矛盾和问题，突出表现在四个方面：一是广播电视节目和电影的质量还不太高，特别是思想性、艺术性较高的优秀作品少，广播电视节目制作能力不足与播出量大的矛盾突出；二是事业发展不平衡，中央第一套广播电视节目人口覆盖率和农村、老少边穷地区广播电视覆盖

率偏低；三是广播电影电视系统的管理工作相对薄弱；四是随着科技进步和对外开放的扩大，国际广播和卫星电视的争夺日趋激烈，我国广播电影电视面临严峻挑战。

根据1994年初全国宣传思想工作会议确定的方针和总思路，《报告》提出，当前和今后一个时期广播电影电视工作的指导思想和奋斗目标是：以邓小平同志建设有中国特色社会主义理论为指针，坚持党的基本路线，认真落实江泽民总书记提出的"以科学的理论武装人，以正确的舆论引导人，以高尚的精神塑造人，以优秀的作品鼓舞人"的任务，适应建立社会主义市场经济体制的要求，深化广播电影电视各项改革，坚持正确舆论导向，努力提高节目质量，推进事业协调发展，加强系统行业管理，力争到20世纪末，使广播电视节目和电影的质量有更大的改观，全国广播电视节目制作总量在现有基础上翻一番，使广播的人口覆盖率达到85%左右，电视的人口覆盖率达到90%左右，使我国广播电影电视事业进入世界的先进行列。

1996年3月17日，第八届全国人民代表大会第四次会议批准的《中华人民共和国经济和社会发展"九五"计划和2010年远景目标纲要》中，再次明确了广播影视工作的奋斗目标是："把握广播电视的正确舆论导向，不断提高节目制作能力和质量，丰富节目内容。加强广播电视覆盖网建设，2000年在广播和电视人口覆盖率分别达到85%和90%。扩大广播电视的对外宣传。提高电影质量，改善电影发行机制，加强电影市场管理。"① 同年12月27日，经中央批准，广电部宣布中央人民广播电台、中国国际广播电台和中央电视台为副部级事业单位。

1996年至1998年，广电部先后召开了三次全国广播影视厅（局）长会议。

1996年1月26日至29日，全国广播电视（影视）厅（局）长会议在北京举行。会议传达、学习了江泽民与全国宣传部长会议代表座谈时的讲话和全国宣传部长会议的精神，听取和讨论了孙家正部长《把握导向，多出精品，促进广播电影电视工作迈上新台阶》的报告；总结和分析了1995年广播影视工作及面临的新形势，确定了今后五至十年的奋斗目标，部署了1996年的工作。

1997年1月18日至22日，全国广播影视厅（局）长会议在北京举行。会议认真学习了江泽民关于新闻舆论导向和繁荣社会主义文艺的两个讲话，传达了全国宣传部长会议的精神和丁关根的讲话，李铁映到会与代表们进行了座谈。孙家正就1996年的工作和1997年的任务作了题为《把握大局，开拓前进，努力开创广播影视工作的新局面》的总结性讲话。

1998年1月14日至18日，全国广播影视厅（局）长会议暨全国广播电视先进县（市）表彰大会在北京举行。江泽民等中央领导接见了与会人员，同时接见的还有全国宣传部长会议代表及其他有关会议的代表。江泽民在讲话中强调要紧紧围绕

---

① 载1996年3月20日《人民日报》。

党的十五大主题，扎实生动做好宣传思想工作。孙家正在会上作了题为《高举邓小平理论伟大旗帜，努力建设有中国特色社会主义广播影视事业》的工作报告。

在此期间，1996年12月24日，中共中央办公厅、国务院办公厅联合发出《关于加强新闻出版广播电视业管理的通知》。根据《通知》的精神，广电部在1997年1月提出要强化广播电视管理，做好治散治滥工作，按照"控制总量、调整结构、提高质量、增进效益"的原则，重点解决擅自设台建网、重复建台和乱播滥放问题，力争在三年内基本改变散滥状况，促进广播电视事业逐步形成"布局合理、结构优化、效益明显、富有活力的发展格局"。经过两年的大力治理，到1998年年底已取得比较明显的成效。据统计，治理前，1997年底全国有广播电台1363座、电视台923座，此外还有有线电视台715座、企业电视台558座、国家教委批准的教育电视台593座。另省级广电厅、局或当地党委、政府还批准设立了一批广播电视播出机构。所以，全国实际存在的广播电视播出机构总量达到四千多座以上。经过治理，到1998年底，全国地市级以上广播电台有298座、电视台347座、有线电视台217座、县级广播电视台1287座、教育电视台75座，企业电视台全部改为广播电视站。至此，《通知》规定的广播电视台的治理任务基本完成。

三、坚持正确导向，多出精品，提高广播电视节目制作能力和质量

"九五"期间，我国的广播电视事业在治理整顿中持续发展。广播电台、电视台在数量上虽有所减少，但收音机和电视机的社会拥有量以及广播电视的人口覆盖率却有了新的增长。从1995年到2000年，广播、电视的人口覆盖率分别由77.4%、88.3%增长到92.74%、93.65%，覆盖人口达10亿左右。在此期间，中央三台和各级地方广播电视台的宣传坚持正确导向，多出精品，使得广播电视节目的制作能力和质量有了新的提高。

1. 对内广播注重发挥系统优势，实施精品战略

中央电台在全国广播宣传中处于重要地位，只有在注重发展自身优势的同时发挥广播系统的整体优势，才能更好地发挥国家电台的作用，真正成为宣传全国各地区、各民族、各行业的窗口，全面反映我国改革开放的进程与成果。地方电台与中央电台密切合作，中央电台通过采用大量地方电台稿件，既加强了对地方的宣传力度，扩大了地方电台的影响，同时也丰富了中央电台的节目。实践证明，只有中央电台与地方电台实现优势互补，变各家的"小喇叭"为全国的"大喇叭"，充分发挥广播系统的群体优势，才能在竞争中居于主动地位，更好地完成新时期的宣传任务。中央电台在1995年新的一轮节目改革中，把"要有利于加强与地方台的联系和合作，发挥广播系统的整体优势"作为一条重要的指导思想，使与中央电台实行新闻信息计算机联网的地方台年内即增加到七十多家。1999年底，中央电台新闻中心已同全国一百多家地方电台建立了固定的供稿关系，形成了一个"以省台为骨干支

撑，以地市台为补充"的新闻合作网络。

地方电台之间互相合作，发挥系统优势，也取得了新的进展。1996 年 2 月由北京电台牵头的《"新世纪·环渤海"大型系列高层访谈》节目的播出，就是一个成功的实例。这个系列节目是在我国加快改革开放步伐，经济发展的重心由南向北推进的大形势下推出，并由北京、山西、天津、河北、辽宁、山东、内蒙古七家电台联合采制的。整个系列共 7 集，每集一小时，作为主播台的北京电台每天与一个参加台进行现场对话，两地的领导和嘉宾围绕合作发展这一主题，既介绍本地区经济发展战略，也展望携手发展前景，同时就听众关心的问题广泛展开讨论。先后有七个省、自治区、直辖市的主要领导和十多位专家走进这个节目，还有一些听众打进热线电话参与直接对话。

《"新世纪·环渤海"大型系列高层访谈》节目获得成功，有力地说明了这样一个事实：改革开放形势的发展，要求广播从观念、手段、技术等方面不断更新。经济发展的区域化打破了区域内各地方的自我封闭，走上互惠联合、共同发展之路。随之出现的广播电台的区域性合作，也打破了一地一台独自作战的传统宣传方式，在可能的条件下，最大范围地拓展了广播的时间、空间，获得良好的宣传效果。

在实施精品战略过程中，中央电台和许多地方台都取得了新的成果。1996 年，中央电台有 34 篇作品分别获得中国新闻奖、中国广播奖和亚广联广播节目放送基金奖等。《新闻纵横》节目连续第二年在中央宣传部主办的"首都新闻单位新闻专栏节目评选"中被评为名栏目，1997 年的中国广播电视新闻奖的评选中，中央电台和地方电台的 24 个节目获得广播新闻一等奖，25 个节目获得广播社教节目奖一等奖。其中，甘肃电台的《荒漠的曙光——沙产业》就是成功的例证。荒漠化是一个全球关注的问题，我国又是一个荒漠化严重的国家。80 年代中期，以钱学森为代表的一批科学家提出了沙产业的理论，倡导在沙漠地区运用高新技术，建立新型农业——沙产业。甘肃电台记者敏锐地发现了发展沙产业的新闻价值，认识到这对我国西北地区及其他干旱地区改善生态环境具有普遍的指导意义。主题确定后，由台领导牵头组织精兵强将，调动采编、制作、录播等各方面力量，之后又对稿件和节目合成进行了多次修改和完善，使之成为一篇广播佳作，并由此带动全台创优，达到一个新水平。1999 年，中央电台在抓精品工程建设中又创佳绩：全台在国际国内各项评比中有 55 件作品获奖，《新闻纵横》节目再上新台阶，获得全国首届名专栏奖；广播特写《走向正在消逝的冰川》获得第三十六届亚广联"信息节目"奖；2000 年播出的广播新闻、广播社教节目又分别有 132 个、114 个节目获得中国广播电视新闻奖。

"九五"期间，我国在改善少数民族语言广播的收听效果，提高少数民族语言广播的收听率方面取得了新的进展。1996 年至 1997 年，中央电台的藏语、蒙古语、维吾尔语、哈萨克语和朝鲜语的五种少数民族语言广播先后上了卫星。随后，广电部又解决了上述少数民族语言广播在民族地区接收卫星广播的问题，使部分边疆民族地区的收听效果有了明显改进。与此同时，解决北京上空民族语言广播的覆盖问题也提上了日程。长期以来，中央电台的少数民族语言广播在少数民族地区收听效果较好，但在北京却听不到、听不好，经过多方努力，中央电台于 1999 年 8 月 1 日启用调频 101.8 兆赫的频率，全天播出中央电台的少数民族语言节目，从而结束了北京收不到中央电台少数民族语言广播的历史。

经过五十年的发展建设，我国已经形成了从中央到各个民族自治地区的多语种多层次的民族广播体系。据不完全统计，到 1999 年年底，除中央电台以外，全国共有 165 个广播电台、站（含调频广播），办有蒙古、藏、维吾尔、哈萨克、柯尔克孜、朝鲜、苗、壮、彝、布依、侗、瑶、白、哈尼、傣、傈僳、佤、拉祜、水、纳西、景颇、羌、土、锡伯等 24 种少数民族语言节目。新疆、内蒙古、西藏、四川、云南、黑龙江的广播电台都已设置民族语言节目编辑部，有专用频率和发射台，各地举办的少数民族语言广播节目充分发挥当地的优势，时效性强，民族特色浓厚，栏目多，内容丰富，形式多样，深受当地少数民族听众的欢迎。

中央电台的对台港澳地区的广播在 90 年代后期又进行了新的调整。1998 年 6 月，中央电台华夏之声节目部与对台湾广播部正式合并，组成中央电台台港澳广播中心。为适应港澳宣传的新形势，发挥台港澳广播中心的整体优势，1999 年 1 月 1 日，对港澳广播节目再次进行调整：原新闻节目《华夏新闻网》和原对台部的新闻节目合并为《新闻》和《新闻广场》，覆盖台港澳和东南沿海地区。对港澳地区广播的华夏之声节目增加了粤语专题《华粤星空》、军事节目《现代国防》、体育节目《体育天地》、对台湾广播节目《空中之友》、方言节目《闽南话广播》、《客家频道》等。由台港澳广播中心制作的节目为 16.5 小时，其余 4.5 小时转播中央电台第一、二套节目。

自 1994 年 6 月华夏之声节目正式开播以后，为配合香港、澳门回归，先后举办了多次大型宣传活动，并制作了一批较有影响的节目。其中最具代表性的是 1997 年 6 月，华夏之声节目联合中央电台其他几套节目共同举办了"迎香港回归优秀歌曲展播月"活动，并且联合中央电视台、中国国际广播电台举办了一些迎香港回归优秀歌曲电视晚会。

1997 年 6 月 30 日晚，华夏之声制作了香港回归特别节目《华夏欢腾不夜天》。该节目集新闻、文艺、专题于一体，用多种表现手法反映了祖国各地欢庆香港回归的动人场景。节目中开设的听众热线反映强烈。该节目于 6 月 30 日 17 点至 22 点在华夏之声节目中直播，它与其后中央电台播出的《百年长梦今宵圆》紧紧相扣，用声音记录了香港回归之夜那激动人心的场面。当夜，华夏之声节目部编播人员又连夜采制广播特写《北京之夜》，于 7 月 1 日凌晨播出。1999 年 12 月 19 日，中央电台华夏之声节目制作了 3 小时的特别节目《九九梦圆澳门归》。该节目分为六个单元，每半小时一个单元，每个单元一次新闻，每次新闻 5 分钟。《九九梦圆澳门归》在内容上与中央电台第一套大型直播节目《濠江欢歌动九州》相呼应。

对台湾广播在此期间也注意发挥广播系统的整体优势，开展反"台独"、反分裂，揭批李登辉分裂祖国言行的舆论攻势。1996 年，全国八家电台的对台湾广播为配合中央对台舆论斗争的需要，发挥横向联合的优势，在共同开办大型系列报道《中国统一大家谈》基础上，同时合作举办"一国两制知识有奖征答"活动，在一个多月内，收到台湾、海外及祖国大陆各地听众寄来的答卷两万多份，取得了良好的社会效应。与此同时，中央电台、东南广播公司、浦江之声电台、华艺广播公司、厦门电台对台湾广播等，还先后开设听众热线、听众点歌台等能够与台湾听众直接交流的节目渠道，大大增加了对台湾听众的吸引力。在成功举办《中国统一大家谈》活动的基础上，1998 年，八家电台的对台湾广播再度联合，举办"两岸关系大家谈"有奖征文活动，又一次取得了很大的成功。事实证明，对台湾广播横向联合，无论在宣传报道声势还是在宣传报道效果上，都远胜于"单兵作战"。

1997 年，我国恢复对香港行使主权以后，台湾问题的解决更加凸显，而国际国内对台湾问题的关注程度也日趋提升。在这种背景下，对台湾广播一方面开始注重广播节目的传播效果，另一方面也加强了对开辟入岛宣传渠道的研究。1998 年 5 月和 1999 年 8 月，中央电台对台湾广播分别在云南和内蒙古举行台湾听众座谈会，邀请台湾岛内的听众三十多人与会，就现阶段对台湾广播的节目内容和形式进行了深入坦诚的探讨。这是对台湾广播尚无条件到台湾岛内进行听众调查工作的情况下所采取的变通措施，来自台湾岛内的听众在座谈会上所提出的意见和建议，对于如何办好对台湾广播，提高宣传报道效果，具有极为重要的参考价值。例如，关于对台湾广播中各种时段收听情况的评价，以往只能凭借间接的了解主观判断，而由台湾听众直接提供的第一手资讯，最具真实性和可靠性。根据台湾听众的要求和建议，中央电台对台湾广播自 1998 年起，开始组织了一系列入岛宣传报道重大项目，如《台湾问题知多少》有奖征答活动等。

1999 年中，李登辉不顾海峡两岸关系十几年来缓和发展的局面，抛出所谓的"两国论"。在声讨、谴责"两国论"的斗争中，中央电台对台湾广播再一次发挥党的喉舌作用，通过各种宣传报道形式集中揭批，在一个月内播发稿件近百篇。12 月初，全国八家对台湾广播又共同开办《百姓论坛》节目。在揭批李登辉"两国论"、反"台独"、反分裂的舆论斗争中，除专家、学者访谈和撰写评论之外，《百姓论坛》节目以反映民间舆论的方式，给以李登辉为首的台湾当局以更大的压力。节目内容从政治、经济、社会、文化、法律、亲情等各种角度反映祖国大陆、台港澳地区一般民众及海外华人、华侨对海峡两岸关系和祖国和平统一的看法和主张。

1998 年 5 月，中央人民广播电台业务楼投入使用后，为对国内广播注入了新的活力。该业务楼建筑面积近 5 万平方米，主楼 24 层，高 96 米，内有 800 座位的音乐厅、4 个文艺录音室、33 个广播剧效果室和语言录音室，可同时播出广播节目十多套，采编播全部实现了现代化。

2. 对外广播继续开拓前进，跨入世界一流行列

"九五"期间，以中国国际广播电台为代表的我国对外广播继续开拓前进，在重大事件、重大活动的报道上又有新的突破，同时开辟多种渠道，扩大在国内外的影响，到 20 世纪末已成功跨入世界一流行列。

国际台驻外记者站在国外重大事件、重大活动的报道中发挥的作用越来越大。1999 年 3 月下旬开始，以美国为首的北约对南斯拉夫进行了惨无人道的狂轰滥炸，国际台驻南联盟记者王智敏、特派记者郭志家在贝尔格莱德连续奋战七十多个昼夜，采写了大量新闻和报道。5 月 8 日凌晨，他们得悉中国驻南使馆被炸后，立即赶到出事地点，冒着生命危险，不顾导弹袭击，在现场用手机向国内报告了我使馆被炸的详细消息。他们采写的《中国驻南联盟使馆遭北约导弹袭击》获 1999 年中国彩虹奖（政府奖）新闻类一等奖，战地连续报道《战火中的南联盟》（55 篇）获专题类特别奖。因在北约轰炸南联盟的报道中表现出色，两位记者受到中共中央宣传部、国家人事部的表彰，王智敏被授予"优秀新闻工作者"荣誉称号，郭志家荣立一等功。据统计，1998 年全年，国际台驻国（境）外 28 个记者站，共发回中文新闻 14711 条，外文新闻 535 条；中文专稿 2218 篇，外文专稿 65 篇；口播稿 566 篇；内参稿 165 篇。1999 年，29 个驻外记者站共发新闻 11637 条，专稿 2164 篇，调研材料 75 篇。国际台驻外记者发稿已占全台国际报道发稿总量的 80% 左右，并以时效快、报道面广、简明扼要和有一定深度的分析受到国内传媒及国外听众的好评。

驻外记者站的建立和发展，从根本上解决了对外广播的国际新闻来源问题，大大提高了国际新闻的时效，加强了对外广播的针对性，增强了我国国际广播的竞争力。

国际台和部分地方台从 80 年代中期起开办的对国内的外语广播，在"九五"期间又有了新的发展。1996 年 9 月，国际台对内英语、法语、德语、日语、西班牙五种外语每天广播时间共 17.5 小时，其中英语广播为 14 小时。

到 1999 年年底，先后已有上海、天津、南京、广东、山东、陕西、甘肃、江西、浙江、辽宁、大连、潍坊、淄博、承德、合肥、青岛、厦门等二十多个省、市电台转播国际台对内一种或全套外语广播。从 1999 年 3 月 28 日起，国际台启用两个频率，其中之一用于开办全天 18 个小时的单一英语广播，另一个频率用于开办全天 18 小时的英语、西班牙语、阿拉伯语、法语、德语、朝鲜语、日语、俄语和广州

话的多语广播。

对内外语广播的宗旨是为我国的改革开放和四化建设服务。开设的对内外语广播节目内容主要有新闻、时事报道、中国建设、中国文化、汉语讲座、中国旅游、中国文学、国际评论、听众信箱及周末音乐会等。对内英语广播每天播出，在国内各地已拥有大批中外听众，国际台在国内的知名度也有所提高。

1997 年 8 月，中国国际广播电台开始使用卫星传送通过互转和租机形式在国外直接播出的节目，大大提高了广播讯号传输和播出质量。1998 年，国际台又利用泛美卫星向美国新世界电台、法国国际广播电台及马里合作伙伴传送八套对外广播节目。

对北美，从四个方向（南边的法属圭亚那、北边的加拿大、东边的西班牙、东南的马里），通过英语、西班牙语、汉语普通话、广州话，每天用近十个小时进行短波广播。加上当地播出我国寄送、传送节目的无线、有线广播，初步形成了一个多层次的覆盖网。如美国全国电缆卫星公司（C—SPAN）从 1990 年 4 月开始，每天收转加拿大国际台播出的我国对北美的 1 小时英语节目，有订户一百多万。纽约华语广播通过美国和加拿大的八个城市电台，每天播出我传送的 15 分钟广州话中国新闻节目和其他专题节目。该网有 60 万听众。我国每天还向总部设在纽约的中国新闻音乐广播网传送普通话新闻节目 15 分钟，通过洛杉矶、旧金山两家电台播出。

对欧洲，通过瑞士国际台、法国国际台、莫斯科电台，解决了我国对西欧、东欧除俄语外的所有语言的覆盖问题，收听效果较前有比较大的改善，受到广大听众的欢迎和称赞。

在"九五"期间，国际台向外台传送、寄送节目的工作也有新的开展，使我国对外广播逐步深入到一些国家的主流社会。

1997 年，总建筑面积达 5 万多平方米的中国国际广播电台业务大楼正式启用。这座大楼集编播、语言录制、节目传送、通讯、楼宇自控、全台管理于一体，有由计算机控制的全数字音频广播系统，实现了节目制作、播出和传输系统的数字化、现代化和自动化，改变了我国对外广播技术长期落后的局面。同时，为加强对外广播，国家投资对原有的对外广播发射设备进行了大规模的更新改造，并建成十部 500 千瓦的大功率短波发射机及四部 600 千瓦的中波发射机，增强了我国本土广播的发射功率。此外，国际电台各语言节目已送上了亚洲二号和泛美二号、三号、四号卫星。这些措施连同开展与国外电台的互转、租机和传送、寄送节目等项目合作，使我国对外广播的技术实力显著增强，基本上实现了全球覆盖。

到 1999 年，我国对外广播事业无论在实力、规模、节目质量和技术方面都有了质的飞跃，海外听众来信实现了跨越性的增长，2000 年来信达到 688966 封，比 1995 年增加了将近 10 %。（见图 8 - 14）中国国际广播电台在全世界的影响达到了前所未有的高度，成为世界上名副其实的影响较大的国际广播电台之一，标志着我国对外广播已进入世界一流的行列。

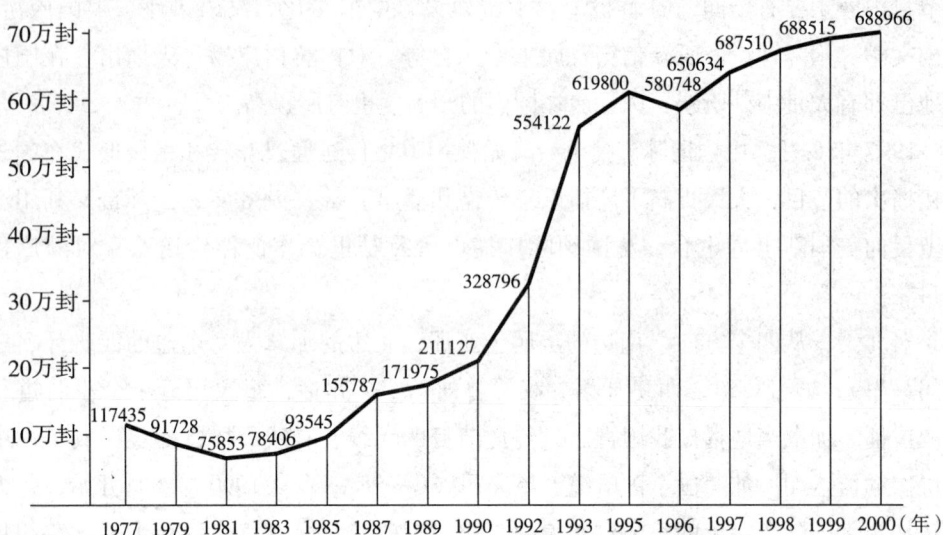

图 8 – 14 改革开放以来国际台收听来信示意图

3. 对内电视改革迈出频道专业化的步伐

对内电视继续坚持改革创新。为满足不同层次、不同需求的观众收看电视的需求，中央和地方电视台及时增设新的播出频道，并且逐步迈出了频道专业化的步伐。以中央电视台为例，从 1992 年到 2000 年已由原来的三套节目增加到九套节目，各套节目经过多次调整，已逐步由只办综合频道向既办综合频道又办专业频道转变，由只办对内频道向既办对内频道又办对外频道转变，在可能的条件下，努力满足观众的需求。中央电视台已办九套节目的频道分布为：第一套新闻·综合频道，第二套经济·生活·服务频道，第三套戏曲·音乐·综艺频道，第四套国际频道，第五套体育频道，第六套电影频道，第七套少儿·军事·科技·农业综合频道，第八套电视剧频道，第九套英语频道。同时，部分地方台也开始调整频道分布，陆续开办了一批专业频道。

中央电视台于 1993 年和 1994 年先后开办的新闻杂志型栏目《东方时空》和新闻评论性节目《焦点访谈》在电视界和社会上引起强烈的反响，成为推动电视改革向纵深发展的新的模式，类似的节目、栏目在地方电视台纷纷出现。

《焦点访谈》的成功得到了中央领导的关心和指导。李鹏、朱镕基、尉健行以及丁关根等都曾与《焦点访谈》的记者、主持人、编辑座谈，对他们的工作给予充分肯定。1998 年 10 月 7 日，中共中央政治局常委、国务院总理朱镕基与《焦点访谈》栏目组工作人员座谈时，送给《焦点访谈》栏目四句话："舆论监督、群众喉舌、政府镜鉴、改革尖兵。"朱镕基说，《焦点访谈》充分发挥了舆论监督的作用，为国家确定改革措施提供了思路；《焦点访谈》作为群众喉舌，通过节目反映了老百姓的呼声，在人民群众中有着极高的权威性；作为政府镜鉴，国家领导人从《焦点访谈》节目中体察到很多细致具体的情况，也真实地了解到党和国家各项政策的贯彻执行情况；《焦点访谈》推动和促进了党的方针政策的执行，充分发挥了改革尖兵的作用。

1996 年 4 月 28 日、5 月 17 日，中央电视台又先后推出新办节目《实话实说》和《新闻调查》。《实话实说》是一种新型的节目样式，它是在演播室内完成的谈话节目。这种节目形式，通过主持人、嘉宾、观众的共同参与和直接对话，在生动活泼的气氛中，展开社会生活或人生体验的某一话题，经过参与者的叙述或讨论，大家各抒己见，增进相互交流和理解。5 月 17 日开播的《新闻调查》，每周播出一期，节目长度为 45 分钟。这是国内最长的深度报道栏目，它以记者调查为主要叙述形式，以具有社会性和新闻性的事件、人物、舆情、言论及话题为调查对象，并致力于从新闻规律和电视规律出发，确立稳健务实的调查理性。这种调查理性的基本特征是：冷静、平视的调查视角；厚重、大气的调查风格；探索、求证的调查样式。《新闻调查》以调查样式的不同，把节目区分为主题性调查、事件性调查、舆情调查和内幕调查四个种类。《新闻调查》以其颇有深度的节目内容和深厚、扎实的记者功力著称，播出后收视率逐步上升，为业内专家和观众所称道。

中央电视台的新闻改革，特别是《东方时空》和《焦点访谈》栏目的成功，在新闻界尤其在广播电视系统引起很大震动，各地电视台纷纷效仿。新闻深度报道、新闻评述性节目、新闻杂志型板块栏目、纪实风格的采访，成为各地电视台和电视新闻从业人员热衷追求的目标，类似的栏目如雨后春笋般地涌现出来。如北京电视台的《北京特快》、《今日话题》，上海电视台的《新闻观察》，上海东方电视台的《东视广角》，江苏电视台的《大写真》，浙江电视台的《黄金时间》，广东电视台的《社会纵横》，河南电视台的《中原焦点》，安徽电视台的《社会之角》，甘肃电视台的《社会博览》、《新闻大观园》，新疆电视台的《今日访谈》，山西电视台的《记者观察》，江西电视台的《社会传真》，南京电视台的《社会大广角》，广州电视台的《城市话题》等。这些栏目的共同特点是：针对当今旧体制向新体制转轨过程中人们关注的热点、焦点问题进行深层次的报道和评论。其内容以正面报道为主，始终把团结、稳定、鼓劲作为基调，把握正确的舆论导向，阐释党和政府的方针政策，评述热点、焦点问题，反映群众的呼声，加强舆论监督的力度。从报道形式看，改变了过去单纯的画面加解说的模式，重视运用现场声音、现场主持、现场采访等纪实风格，除报道新闻事实外，还有新闻背景、问题分析、现象透视、热点追踪、焦点评论、专家访谈等。

在《实话实说》栏目开办前后，全国电视屏幕上推出了八十多个以谈话为主要形式的栏目。如北京电视台的《荧屏连着你和我》、《谁在说》，辽宁电视台的《北方直播室》，湖南电视台的《有话好说》，河北电视台的《大众话题》，重庆电视台的《龙门阵》，上海东方电视台的《东方直播室》等。这些栏目通过现场观众各自观点的叙述和交流，达到一种独特的导向效果。

90 年代晚期的重大事件现场报道，已经不限于一个地点，而可以做到多点异地同时进行；不再是单纯的实况转播，而是除实况外还有现场采访、背景介绍、专家评述等内容；既有记者在事发现场报道，又有演播室的主持人串联、主持、总揽全局。多点直播报道，能最大限度地发挥电视新闻的优势。1997 年初，中央电视台引进了移动卫星地球站，使多点直播成为可能。

1997 年，大范围、长时间直播重大新闻事件较多，被称为中央电视台的新闻直播年，其中代表性的有 3 月直播的日全食、彗星同现苍穹的天文奇观；6 月 30 日至 7 月 3 日直播的香港回归；10 月和 11 月的小浪底和三峡——黄河和长江两大水利工程截流的壮观场面等。

香港回归祖国是 20 世纪末重大的国际政治事件。中央电视台于 1997 年 6 月 30 日 6 时开始至 7 月 3 日 6 时结束，历时 72 小时，向全世界报道了香港回归盛况。其中有香港政权交接仪式、中国人民解放军驻港部队入港、香港特区政府宣誓就职仪式、首都各界庆祝香港回归祖国大会、庆祝香港回归大型文艺晚会《回归颂》等 25 次重大活动的现场直播。此外还有新闻背景，详尽介绍了香港历史；新闻的滚动播出；25 辑庆回归音乐电视，内容丰富，形式新颖。在这次报道活动中，中央电视台动用了 11 辆转播车，21 个卫星转发器和 3 架直升机，在香港建起了 540 平方米的报道中心；同时派记者在全国 8 个重点城市和海外 15 个大城市采访报道。

香港回归直播报道创造了中央电视台重大政治活动报道的许多新纪录：连续播出时间最长，报道规模最大，新闻时效最快，收视率最高，覆盖面最广等。据调查，重要活动的收看人数达到八亿以上。这次成功的报道，海内外观众反响强烈，得到了中央领导的肯定，在中央电视台的历史上写下了光辉的一页。

1997 年 4 月 24 日下午，中央电视台还在莫斯科现场直播报道了中国、俄罗斯、哈萨克斯坦、吉尔吉斯斯坦、塔吉克斯坦五国签署边境裁军协定仪式。这是中央电视台首次在国外对新闻事件进行现场直播。

1999 年的大型现场直播报道最富代表性的是：首都庆祝新中国成立 50 周年游行、阅兵盛况和庆祝澳门回归的重大系列活动。

中央电视台庆祝新中国成立 50 周年的宣传报道规模空前，效果显著。从 10 月 1 日 8：30 到 12：15 进行了 3 小时 45 分钟的现场直播报道，以天安门广场阅兵和群众游行活动为中心，分五个系统、33 个机位完整直播庆典过程，综合运用演播室、专题和记者现场报道等手段，展现共和国 50 年的光荣历史，反映亿万人民的爱国情怀。直播报道气势恢弘，热情激越。

澳门回归祖国也是永载史册的盛事，《澳门回归特别报道》成为中国电视新闻史上的又一件大事。中央电视台第一套节目从 12 月 19 日 9 点至 21 日 9 点，连续 48 小时对澳门回归庆典及相关活动进行全程递进式的直播报道。这次报道以现场直播为主，以背景性和时效性的专题节目和包装节目为辅；新闻实行滚动播出，并随时插播重要新闻；邀请境外嘉宾共同主持。在重大政治事件直播报道中采用外方嘉宾做主持，对中央电视台来说，这是首次。

此外，有少数地方电视台，如上海台、东方台、山东台、广东台、广州台等，也都对本地的重大新闻事件、重大活动进行现场直播报道。

到 1999 年 7 月，所有省、自治区和直辖市电视台的第一套节目都已通过卫星转发全国各地。到 1999 年年底，全国微波站 2502 座、微波线路 83123 公里，卫星地球站 274529 座。一个以卫星传送为主，微波、地面收转和差转相结合的广播电视节目传输网络已逐渐形成。

在 90 年代以前，我国的国际新闻基本上靠外国的电视新闻机构提供。为改变这种完全依赖外国新闻传媒的状况，中央电视台在 90 年代中期，逐步派出记者到世界重大新闻事发现场采访，并由少到多，逐步建立起一批驻外记者站。1998 年 2 月、11 月、12 月，中央电视台三次向伊拉克首都巴格达派出报道组跟踪报道武器核查危机；7 月底派报道组赴柬埔寨报道柬埔寨大选。中央电视台记者数次以第一时间出现在国际热点事件的现场，发回的报道翔实、充分，现场感强，开创了中国电视界对重大国际事件进行远程跟踪实况报道的先河。1999 年 3 月 24 日，以美国为首的北约对南联盟发动了大规模的空袭。中央电视台先后派去六名记者，对战事进行了及时、准确的报道，揭示了战争的内幕和西方大国妄图独霸全球的野心。1999 年 5 月 8 日，北约袭击我驻南使馆，造成我国三名记者牺牲。中央电视台赴南记者用纪实的手法、丰富的画面和现场同期声采访，制作出多条有深度、有分量，感人肺腑、催人泪下的新闻。

中央电视台 1984 年在香港建立记者站。到 2000 年年底，中央电视台先后在美国、比利时、泰国、日本、联合国总部、澳大利亚、埃及、英国、俄罗斯、法国、印度等国家和香港、澳门地区共建立了 13 个记者站，驻外记者共 32 名。

此外，中央电视台还临时派记者到国外采访，除经常报道党和国家领导人的出访活动外，还到南极、北极等地报道我国科学工作者科考活动等。

一些有条件的地方电视台也经常派出记者到国外采访报道。如到与我国建立了友好关系的外国城市采访拍片，随各省市出国访问考察的团体前往报道；也有与外国电视机构建立了互派记者采访报道的关系，定期或不定期到国外采访。

1997 年 3 月 1 日至 23 日，又一重要节目《"3·15"特别行动》连续播出 23

集，每集 30 分钟，共收到观众来信 3600 多封，来电话 10147 个。在计算机互联网上开设的"'3·15'特别行动"网站，访问人数总计 13626 人。自 1997 年 10 月 12 日《"3·15"特别行动》以《经济半小时》周日节目形态固定播出以来，平均每天收到观众来信 30 封左右，电话 60 多个，而计算机互联网上的"CCTV3·15"网站自 1997 年 3 月开通到 1997 年年底正式建立，访问总人数累计达 5 万多人。"'3·15'维护消费者权益晚会"及系列报道已成为中央电视台的名牌节目，到 2000 年，中央电视台共举办十届"3·15"专题晚会。

在丰富多彩的社会教育类节目中，不同类型的对象性节目、服务性节目、专题性节目、电教节目以及大型专题片、系列片等在"九五"期间呈现了多样化的兴旺局面。在少儿电视节目方面，1996 年元旦起，中央电视台开办卫星少儿节目，标志着我国青少年电视节目进入了一个新的阶段。1996 年以来，随着国产大型系列动画片《西游记》的开拍和《大头儿子和小头爸爸》的问世，外国动画片长期独占我国电视屏幕的现象开始得到改变。据统计，1996 年中央电视台国产动画片的播出总量为 15000 分钟，比过去十年播出的动画片总和还要多。1996 年，上海电视台和上海美术电影制片厂合并，实行"影视合流"，为美术片生产注入了新的活力，每年可生产四千分钟美术片，丰富了电视屏幕。1996 年元旦起，包括农业、军事、少儿和科技节目在内的中央电视台第七套节目正式播出，并通过中央电视台卫星电视加扰频道进入全国有线电视系统。

中央电视台和许多地方电视台的体育节目拥有大量的观众，90 年代后期，国内外重大赛事频繁举行，为受观众喜爱的体育节目提供了广阔的表现天地。1996 年，第二十六届奥运会在美国亚特兰大举行，中央电视台的报道团面临着比亚运会上强烈得多的挑战。中央电视台到亚特兰大的人员是 59 人，运动会期间播出奥运节目总时长是创纪录的 602 小时。据日本广播协会（NHK）研究所统计，中央电视台的奥运会播出总量为世界第一。在这届奥运会上，中央电视台还创下了一个连续九昼夜不间断地报道奥运会的纪录。在国际广播电视中心，中央电视台的制作中心的规模和记者水平在亚洲仅排在日本 NHK 之后，在世界电视机构排行榜上进入前十位。

1997 年报道第八届全国运动会时，中国电视界再次联合行动。上海三台作为东道主，邀请中央电视台和北京、天津、广东等 13 家省市电视台共同承担了提供公用信号的电视转播任务。转播赛事项目之全，接近 1996 年奥运会水平，超过了北京亚运会。其中中央电视台的八运会报道，是按照 20 世纪最后一次奥运会悉尼奥运会的报道规模来运作的。比如在第五套体育频道和一套、二套节目中，通过两条卫星通道同时播出两套不同内容的全运会节目；在主要场馆设分演播室和信号单边注入点（每个注入点的视频信号可单方向传入中心演播室，作为一路直播信号），以增加直播信号通路。这次运动会电视报道量之大，超过了历届全运会，公用信号传输之快，达到了国际水准，进入世界先进行列。

不仅中央电视台的体育转播水平有了大幅度的提高，少数地方电视台在这方面也有新的突破。1999 年 10 月 8 日至 16 日，第三十四届世界体操锦标赛在天津举行。天津电视台作为东道主对所有场次的比赛进行了直播，圆满完成了向国外电视机构提供国际公用信号的任务。天津市是第三世界国家城市中第一个承办世界体操锦标赛的城市，天津电视台成为第三世界国家城市中第一个制作世界体操锦标赛电视信号的电视机构，欧广联、日本 NHK、美国的 ESPN 和澳大利亚等世界主要广播电视机构转播了比赛，全球覆盖人口达 25 亿。

除新闻性节目外，对内电视在经济节目、社会教育节目、体育节目和文艺节目等各方面的改革也进展迅速，规模和影响不断扩大，中央和地方台的荧屏呈现出一派繁荣景象。

中央电视台在《经济半小时》和其他栏目中，1996 年至 1997 年先后播出的重点节目有 16 集大型电视系列节目《试点追踪》、12 集系列片《世纪的呼唤——市场经济与职业道德》和 10 集系列片《跨世纪的转变》等。1996 年 4 月 1 日至 16 日，中央电视台推出了 16 集大型电视系列节目《试点追踪》。该节目将镜头对准了我国经济体制改革的中心环节——国有企业改革，以纪实的手法，真实地记录了国企改革的试点城市、试点企业在改革中所面对的种种矛盾，以及他们所做出的不懈努力和探索。由中央电视台《经济半小时》与《经济日报》联合制作的 12 集系列片《世纪的呼唤——市场经济与职业道德》，从 1996 年 10 月 5 日起在中央电视台陆续播出。它以全新的面貌和新颖的制作手法及大信息量吸引了观众。这个节目还在征稿阶段就引起了观众的共鸣，截止到 1997 年 9 月 20 日，中央电视台共收到来自 29 个省、自治区、直辖市的信件一千余封。在如此短的时间里，参与人数之多、涉及面之广，为历年来所罕见。1997 年 9 月，中共十五大前夕，《跨世纪的转变》在中央电视台播出。该片在世纪之交的大背景下，以电视系列片的形式，阐明了在我国国民经济持续、快速、健康发展的新时期，实施经济体制和经济增长方式根本转变的紧迫性、必要性和科学性，并对"两个转变"的现实作用和目标深入浅出地加以阐释。该片是中央电视台 1997 年的大型经济宣传项目，为此，中央电视台与国务院有关部委的领导和专家进行了广泛座谈、协商，共同制定了报道方案，并抽调经验丰富的人员组成了七个摄制组，分赴全国 26 个省深入采访，录制大量翔实生动的素材。同时，对国家体改委、国家经贸委、国家计委、人事部等十几个部委的主要领导和有关省市领导进行了独家采访。节目播出后，受到广泛欢迎，先后收到一千多封观众来信、来电。国家体改委主任李铁映也写信祝贺节目的成功，认为此节目是中央电视台在国家重大经济政策宣传上进行的成功探索，是一部非常好的片子，并建议对国内外发行。

电视文艺节目和电视剧"九五"期间在荧屏上呈现一派繁荣景象。首先表现在电视文艺栏目化上。从 1984 年开始的中央电视台电视文艺栏目化工作，经历十年时间的多次调整，电视文艺已形成了六大类节目的基本格局，即综艺、歌舞、戏曲、戏剧、曲艺、杂技和剧场录像。到 1996 年文艺和戏曲·音乐频道开播之后，中央电视台的文艺栏目已达 47 个，每周播出 300 多小时。1999 年，两个频道又作了调整，第三套节目为综艺频道，第八套改为影视剧频道，使其特色更加突出。在诸多的电视文艺节目中，影响最大的是中央电视台从 1983 年开始到 2000 年已连续举办了 18 届的春节联欢晚会。名目繁多、内容丰富的各类大型文艺竞赛节目在中央台和部分地方台的文艺节目中占有相当大的比重，诸如全国青年歌手电视大奖赛、相声邀请赛、全国青年京剧演员电视大赛、梅兰芳金奖大赛、戏曲小品比赛等等层出不穷，既吸引了广大观众，又推动了文艺创作和演艺事业的发展。1996 年 5 月，中央电视台专门成立的"心连心"艺术团，多年来坚持到革命老区和工矿、农村、部队基层演出并现场录像然后播出，引起了良好的反响。90 年代后期，国产电视剧的年生产量已突破一万集，其中受到广大观众喜爱和获得电视剧"飞天奖"现代题材的佳作有《英雄无悔》、《孔繁森》、《和平年代》、《车间主任》、《人间正道》、《难忘岁月——红旗渠的故事》、《西藏风云》、《中国命运的决战》、《开国领袖毛泽东》、《突出重围》、《大雪无痕》、《女子特警队》以及根据古典文学名著改编的《水浒传》等。

4. 对外电视实现全球覆盖

1995 年 7 月 1 日起，中央电视台第四套对外播出呼号改为"中国中央电视台国际频道"。如何使用国际频道覆盖全球并进而使它的节目落地，从而实现中国电视进入外国主流社会，成为我国对外电视宣传在"九五"期间的重大目标。经过多方努力，1996 年 4 月提前实现全球覆盖，到 1997 年在海外落地取得了突破性进展，基本实现了在亚洲、澳洲、欧洲、非洲、北美和拉丁美洲传送播出。

1996 年 4 月，中央电视台又租用泛美二号、泛美三号、泛美四号三颗卫星上的转发器，使国际频道的节目覆盖全世界 98% 人口的国家和地区。至此，中央电视台提前实现了在 20 世纪末覆盖全球的战略目标。之后，日本、韩国、菲律宾、马来西亚、泰国、越南、缅甸、蒙古等国家的电视台也陆续整套转播中央电视台的国际频道节目。

1996 年 6 月 3 日，中央电视台与美国亚洲商业电视台（ACTV）签订合作协议，当日，该电视台在旧金山地区面向美国主流社会的 64 频道，开始播出中央电视台的英语新闻、专题、综艺类节目，每天播出 1 小时，1997 年 11 月改为每天播出 3 小时。

1996 年 7 月 1 日，中央电视台又与美国映佳传播公司合作，每天播出中央电视台国际频道 1 小时综艺节目。

香港回归的对外报道中，遍布亚洲、欧洲、非洲、美洲、澳洲，共 68 个国家和地区的 125 家电视台，全部或部分转播中央电视台国际频道节目和英语传送频道的节目，约 2170 多小时。收看这两套节目的我国驻外大使馆，从 1996 年的 69 个增加到 115 个。转播国际频道节目的海外电视台，从 1996 年的 14 个增加到 64 个。转播英语传送频道香港回归报道的有 27 个国家和地区的 58 家电视台，实现了英语频道直接进入外国主流社会。

1997 年，美国 CNN、美国国会电视台（C—SPAN）连续转播了英语传送频道播出的《江泽民元旦献词：为创造美好的未来而共同努力》、《邓小平追悼大会》、《八届全国人大五次会议开幕式》、《香港回归》、《中国共产党的十五大》、《长江三峡大坝截流》、《江主席访美》等节目。这两个电视台转播中央电视台节目，对美国观众和西方观众，特别是美国政界了解中国在邓小平逝世之后，中国政策的走向和未来发展起到了积极作用。

1997 年 10 月 8 日，中央电视台国际频道通过美国银河 4 号卫星覆盖北美，北美观众可以使用直径小于一米的天线直接接收中央电视台第四套节目，实现了国际频道节目在北美地区更大范围落地和播出。

香港回归报道中，中央电视台国际频道首次实现了在非洲和欧洲的落地。1997 年 5 月 30 日，南非多选电视台通过泛美 4 号和热鸟 3 号卫星转播中央电视台第四套节目，实现了中央电视台节目通过数字卫星在非洲和欧洲全境地区落地播出。6 月 19 日，希腊 SYNED 在雅典卫星站成功地转播了中央电视台第四套节目。中国在非洲和欧洲的许多驻外使领馆纷纷来电来函，说可以清晰地接收到中国中央电视台卫星节目，对节目质量表示满意。

1997 年，中央电视台国际频道又实现了在拉丁美洲地区的落地播出，填补了中国电视节目在海外落地播出最后一块空白。11 月，首先进入巴西最大的电视网之一，即拥有无线频道、有线频道和 100 个 Ku 波段的卫星直播电视网 TVA，覆盖了巴西全境。12 月 15 日，墨西哥特莱维萨电视台通过其天空卫星电视网（SKY），向全球西班牙语地区播出中国中央电视台国际频道节目。我驻墨西哥使馆来函反映，播出效果很好。

1997 年，国际频道和英语传送频道在实现全球覆盖后，又基本上实现了在亚洲、澳洲、欧洲、非洲、北美洲和拉丁美洲的全球落地播出。

1998 年，中央电视台第四套节目在海外落地工作又取得新进展。年内"CCTV—大富频道"在日本卫星电视网东京地区落地，随后又实现全天 24 小时向日本全境播出。在东欧、美国的落地工作也取得新进展。到 1998 年年底，中央电视台共与 19 个国家和地区的 38 家电视机构签署了正式转播第四套节目的协议，使这套节目直接落地入网或入户的国家和地区达到 119 个。1999 年新中国成立 50 周年前后举办的"中国电视周"在 137 个国家的 190 家电视机构推出，成为中国电视在海外的最大规模的展播活动。2000 年 9 月 25 日，中央电视台第九套节目——英语频道正式开播，每天 24 小时不间断地播出以新闻节目为主的各类节目，对中央电视台节目进入西方主流社会起到了推动作用。

从 1995 年国际频道的开创到中、英文两个频道并举及实现全球覆盖，经历了一个艰苦创业的历程，使中国电视对外宣传从整体上实现了从中国新闻航空寄送，转变为通过自己的国际频道卫星电视直接播出；从租台播出中央电视台节目转变为在国外建台播出；从免费寄送节目转变为建立节目销售网络；从单一语种节目转变为多语种节目；从面向海外华人转变为面向华人和面向外国观众并重。节目制作的精品意识不断增强，节目质量不断提高，制作出了一大批在国外产生重大影响的新闻、专题和文艺节目。在发展过程中，逐步形成了中央电视台国际频道向世界报道的风格，为中国走向世界和让世界了解中国，为配合我国政治、经济、外交活动作出了重要贡献，为在世界上树立社会主义中国的良好形象发挥着对外宣传主渠道的作用。

除中央和地方电视台外，中国国际广播电台利用自身的外语人才和外国专家的优势，也积极开展电视对外宣传活动。1994 年，国际台成立电视中心，并与中央电视台海外中心合作，联合摄制《外国人看中国》等系列片和专题节目，先后在中央电视台播出。

5. 广播电视网络传播的兴起

我国的广播电视网络传播于 90 年代后半期悄然兴起。在中央三台中，中央电视台"国际因特网站"建立于 1996 年，是国内最早成立的提供中文信息服务的著名网站之一。2000 年 12 月 20 日，该站正式命名为"央视国际"网站。中央人民广播电台网站于 1998 年 8 月开通。2000 年 9 月，中央电台网站注册了"中国广播网"、"中央新闻网"和"中广在线"三个站点名称。中国国际广播电台网站于 1998 年 12 月 26 日起正式开通，实现了汉语普通话、广州话、英语、德语和西班牙语五种广播节目文字和声音的在线阅读和收听。2000 年 3 月，该网站被确定为国家五大重点新闻网络之一，同年 6 月，"国际在线"新版网站正式推出。新版网站由中文新闻网、环球华人网、CRI 电视网、英文网、俄文网和日文网等 11 个站点组成，初步形成了一个代表国际台特色的多语种、多媒体信息集群网站。除中央三台外，国家广电总局信息网络中心节目信息部还于 1997 年 12 月开办了"国家广播电影电视总局网站"，并在其中设立了"中国广播影视概况"、"中国影视节目信息网"、"中国有线电视"等栏目。2000 年 2 月 1 日，在上述栏目的基础上正式推出"广电在线"网站。这是一个以影视节目信息服务、有线电视资讯服务、影视娱乐、演职员信息服务为主的兼顾专业与大众的信息服务网站。

在地方台中，广东珠江经济广播电台于 1996 年 12 月 15 日即开通了网上实时广播。上海人民广播电台在 1997 年底开始尝试网上直播。据 2001 年的统计，全国已有 120 多家各级广播电台上网，其中近三分之一的电台开通了网上音频乃至视频直播或点播节目。省级电视台上网的已有二十多家，未上网的省级电视台中，除青海和西藏外，其他台均有部门或栏目上网。全国已知有电视台（含有线台）网站、网络电视及其他视频网站 145 家，设置的栏目有新闻、体育、文艺、生活、科技、法制、广告和节目预告等三十余个。北京、上海东方、黑龙江、湖北等设有栏目七个以上。

中央和地方广播电台、电视台开办的网站都与广播电台、电视台一样，积极配合中央和地方各项重大新闻宣传，充分发挥了网络新媒体的优势，成为广播电视宣传的一支生力军。

四、广播电影电视部改组为国家广播电影电视总局　迈向新世纪的广播电视

1998 年 3 月 10 日，第九届全国人民代表大会第一次全体会议审议通过了《国务院机构改革方案》，为推进政治体制改革迈出了重大步伐。根据《改革方案》和《国务院关于机构设置的通知》，广播电影电视部改组为国家广播电影电视总局（正部级，以下简称国家广电总局），列入国务院直属机构序列，为国务院主管广播电视宣传和广播电影电视事业的直属机构。（见图 8—15）首任局长田聪明。① 2000 年 6 月起，中共中央宣传部副部长徐光春②继任局长。

---

① 田聪明（1943—　），陕西府谷人。1970 年毕业于北京师范大学政教系后留校工作，1972 年调内蒙古巴彦淖尔盟政治部任宣传组干事。1975 年调新华通讯社内蒙古分社任记者，代理办公室主任。1980 年 3 月起任中共内蒙古自治区党委办公厅政研室副主任、研究室主任，1983 年起任自治区党委常委、秘书长、直属机关党委书记、自治区党委副书记等职。1988 年调任西藏自治区党委副书记。1990 年 12 月起任广电部副部长。1993 年 9 月起兼任部编委会副总编辑。1994 年 5 月任广电部党组副书记。1998 年 3 月起任国家广电总局党组书记、局长，后被推选为中国广播电视学会会长，1999 年 5 月起兼任总局编委会总编辑。2000 年 6 月调任新华通讯社社长。2006 年 10 月当选中华全国新闻工作者协会第七届主席。中共十五届中央纪律检查委员会委员、十六届中央委员。

② 徐光春（1944—　），浙江绍兴人。高级记者。1969 年毕业于中国人民大学新闻系。1970 年在部队农场锻炼并担任省军区政治部新闻报道员。1972 年调安徽生产建设兵团任新闻干事、《兵团战士报》记者。1975 年任安徽新闻图片社记者。1979 年新华社安徽分社任记者、组长、党组书记兼副社长，当选中共安徽省委候补委员、安徽新闻摄影研究会会长。1985 年任新华社上海分社党组书记兼社长。1988 年任新华社北京分社党组书记兼社长，为北京市对外宣传小组成员。1991 年任《光明日报》副总编辑、总编辑，同时担任中国新闻摄影学会名誉会长、中国记协常务理事、中国报业协会顾问。1995 年任中共中央宣传部副部长兼机关党委书记，分管新闻宣传工作。1997 年当选为中共第十五次全国代表大会代表，担任中共十五大新闻发言人，并当选中央纪律检查委员会委员。2000 年 6 月任国家广电总局党组书记、局长，中央宣传部副部长，后又被推选为中国广播电视学会会长。2004 年 12 月至 2009 年 11 月任河南省委书记。中共十六届中央委员。著有《哲学与新闻》、《漫谈新闻出版》、《我说新闻》、《新闻纵横谈》等书。

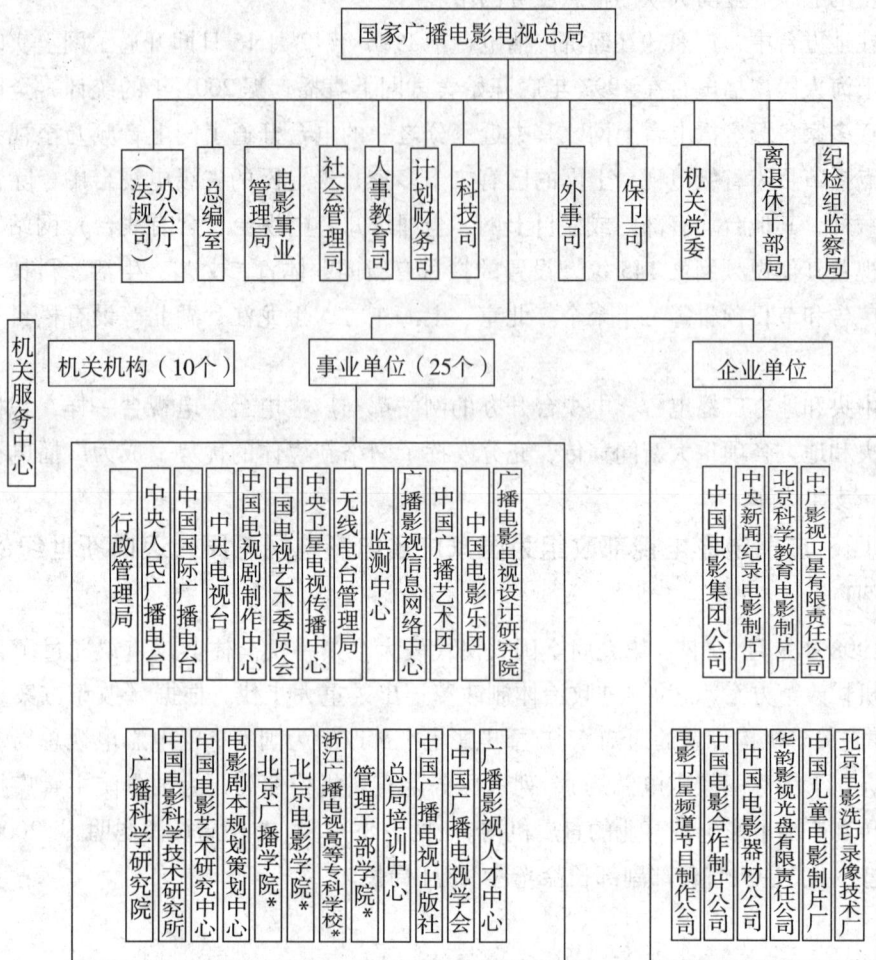

* 2000年根据国务院办公厅有关文件,将总局所属四所大专
院校分别划转教育部和北京市、浙江省、山西省教育部门

图 8 – 15　1999 年国家广电总局机构表

根据国务院的有关规定,国家广电总局的职能调整和主要职责如下:①

1. 职能调整

(1)划出的职能。将原广播电影电视部的广播电视传送网(包括无线和有线电视网)的统筹规划与行业管理、组织制定广播电视传送网络的技术体制与标准的职能,交给信息产业部。

(2)划入的职能。把音像制品和广播电视节目分开,将用于广播电台、电视台播出的广播电视节目的进口管理职能,由新闻出版署交给国家广播电影电视总局。

――――――――

① 据国务院办公厅秘书局、中央机构编制委员会办公室综合司编《中央政府组织机构(1998)》,改革出版社 1998 年 11 月版。

（3）转变的职能。将广播电视节目的交流、交换和交易运营职能，交给直属事业单位。

2. 主要职责

根据以上职能调整，国家广播电影电视总局主要职责是：

（1）研究并拟定广播电视宣传和影视创作的方针政策，把握舆论导向；指导广播电视宣传和广播影视创作并协调其题材规划；指导广播电影电视管理体制改革。

（2）研究并起草广播电影电视事业管理的法律、法规；制定广播电影电视管理规章和事业的发展规划；监督管理广播电视节目、卫星电视节目收录和通过信息网络向公众传播的视听节目；负责用于广播电台、电视台播出的广播电视节目的进口管理并负责内容审核。

（3）审批县级以上（含县级）广播电视播出机构和电影、广播电视节目、电视剧制作单位的建立和撤销；组织审查在广播电视中播出的电影、电视剧及其他节目的内容和质量；发放和吊销电影摄制、公映许可证和电视剧制作、发行许可证。

（4）管理广播电影电视科技工作，制定有关技术政策和标准，指导广播电影电视系统适用高新技术的科学研究和开发应用；研究广播电影电视方面的经济政策。

（5）按照国家的统筹规划、宏观政策和法律法规，对广播电视专用网进行具体规划并管理；制定广播电视专用网的具体政策、规章和技术标准，指导分级建设和开发工作，保证广播电视节目的安全播出；受信息产业部委托，编制广播电视专用频段的规划，指配广播电视频率（频道）和功率等技术参数；参与制定国家信息网络的总体规划。

（6）领导中央人民广播电台、中国国际广播电台和中央电视台（以下简称"中央三台"），对其重大宣传进行协调和检查，统一组织和管理其节目的传输覆盖。

（7）研究制定广播电影电视系统外事工作的有关规定；管理并指导广播电影电视对外和对香港特别行政区及澳门、台湾地区的交流与合作。

（8）承办党中央、国务院交办的其他事项。

1999 年 1 月 23 日至 27 日，全国广播影视厅局长会议在北京举行。会议传达贯彻了江泽民与全国宣传部长会议代表座谈时的讲话和宣传部长会议的精神，总结了1998 年的广播影视工作，研究确定了进一步推进广播影视改革和发展的新工作、新措施、新政策，部署了 1999 年的任务。田聪明在会上作了总结报告。会议强调，全国广播影视工作者要自觉服从服务于全党全国工作的大局，唱响主旋律，掌握主动权，牢牢把握正确的舆论导向，依靠高新技术，调动全系统和社会的积极性，加快实施"全国村村通广播电视"。要把按"九五广播电视技术发展规划"进行的卫星直播接收技术成果首先用于"村村通"，进行扶贫攻坚，依靠这一高新技术首先解决全国一万个左右村庄通广播电视问题，进而带动地方各级政府抓好"村村通"工作，带动农民积极购买收音机、电视机，带动各地广电部门搞好无线、有线等多种方式的传输覆盖，带动广播电视节目质量的逐步提高，推动我国广播电视科学技术的进一步发展。为此搞"村村通"，一要充分依靠高新技术；二要真正实现"村村通"；三要进行扶贫攻坚；四要首先扩大中央广播电视节目的有效覆盖；五要加强管理。他希望各地政府对"村村通"尽力给予支持，尤其要运用市场经济手段，调动群众积极性和社会力量保证这一目标的实现和巩固。

1998年至1999年间，广播电视宣传按照中央的部署唱响主旋律，打好主动仗，取得了新的成绩，为改革开放和现代化建设提供了有力的思想舆论保证。突出表现在以下几个方面：

1. 1998年夏天抗洪抢险的广播电视宣传，充分发挥了电子媒介的巨大作用

1998年6月中旬至9月上旬，长江、嫩江和松花江流域发生历史上罕见的洪涝灾害。广播电视充分报道和再现了沿江亿万军民在中共中央、国务院的领导下，以顽强的精神同洪水殊死搏斗的感人情景，涌现了一批抗洪抢险报道的先进集体和先进个人。在两个多月的时间里，中央三台向抗洪一线共派遣记者540多人，动用了七套次卫星地面站等先进的技术设备，租用了直升机，采用了现场报道、电话采访、现场直播等多种报道形式，共播出新闻5000多条，专题节目570多个（篇），以及十多场大型热线直播和文艺晚会。中央电视台举办、中央三台同时直播了大型赈灾义演《我们万众一心——'98抗洪赈灾募捐演出》文艺晚会，引起了强烈反响，取得了良好的效果。湖北、湖南、江苏、安徽、吉林、黑龙江省和内蒙古等沿江地区的广播电视工作者也纷纷奔赴抗洪抢险一线，充分报道了本地区军民英勇搏击洪水、保护人民生命和国家财产的英雄事迹。这次抗洪抢险活动的报道量是历年来抗洪宣传所没有过的，也超过了此前许多重大活动的报道规模。同年10月，在中央新闻单位抗洪抢险宣传报道表彰大会、国家广电总局抗洪救灾总结表彰大会和上述有关省、自治区广电局召开的表彰大会上，先后有中央三台及部分地方台的一些先进集体和先进个人受到表彰。

2. 1999年庆祝新中国成立50周年和澳门回归两大庆典活动的广播电视宣传

在1999年秋天近两个月的国庆报道中，中央三台共播出新闻12028条、专题7401篇，地方各级电台、电视台也播出了大量新闻和专题节目，特别是对国庆50周年庆祝大会、国庆联欢晚会、国庆招待会、《祖国颂》大型文艺晚会、国庆游园和国庆50周年成就展等六项重大活动，进行了深入细致、声势浩大的宣传。在文艺创作方面，推出了一批向国庆50周年献礼的优秀广播电视文艺作品，其中有电视剧《开国领袖毛泽东》、《中国命运的决战》、《红岩》和《虎踞钟山》等，大型电视文

艺晚会《走进新时代》、《江山如此多娇》和《我们走在大路上》等以及广播剧《千古流芳》、《共和国赤子》、《正气歌》等，都受到了广大观众、听众的欢迎和喜爱。

在澳门回归祖国的宣传中，广播电视按照"庄严、隆重、热烈、欢庆"的要求，在回归倒计时50天、30天掀起了宣传高潮。在12月20日回归之际，中央电视台从19日9时到21日9时进行了48小时的全程报道。中央电台进行了45小时30分的全程播报，国际台用英语、葡萄牙语及汉语普通话、广州话进行了直播。各省上星节目和电台主要频率完整转播了澳门政权交接仪式、澳门特区成立暨特区政府宣誓就职仪式、澳门特区成立庆祝大会、国务院招待会和首都各界庆回归大会等五场重大活动的现场直播。这些节目集中展示了五十年辉煌成就，深入宣传了"和平统一、一国两制"的伟大实践，奏响了祖国颂、社会主义颂、改革开放颂，进一步振奋了民族精神，增强了全国人民对共产主义的信仰、对建设有中国特色社会主义的信念、对中国未来发展的信心、对党和政府的信任。

3. 1999年在同美国袭击我驻南使馆野蛮暴行、同李登辉分裂祖国丑恶行径、同"法轮功"邪教组织的三场大的政治斗争中，广播电视充分发挥了正确的舆论引导作用

对1999年3月起北约军事干涉南联盟和5月8日美国袭击我驻南使馆，广播电视进行了及时报道，先后及时播出了我国政府的严正声明和中共中央政治局常委、国家副主席胡锦涛发表的电视讲话以及全国各地广大群众的抗议活动。广播电视宣传深刻揭露了以美国为首的北约的强权政治和霸权主义嘴脸，充分反映了全世界人民爱好和平、反对霸权的正义呼声，旗帜鲜明地表明了我国政府的严正立场和全国人民的强烈反响，大力宣传了邵云环等三位烈士和我驻南使馆工作人员的英雄事迹，弘扬了爱国主义和民族精神，并将这种爱国热情正确引导到做好本职工作上来。同时，总局立即发出《关于暂停发行放映美国影片的紧急通知》，调整安排放映《瓦尔特保卫萨拉热窝》、《桥》、《较量》、《打击侵略者》等影片，取得良好的社会效果。

7月9日，李登辉公然抛出"两国论"，表明台湾当局在分裂祖国的道路上越走越远。针对李登辉反对祖国统一、鼓吹"两国论"的丑恶行径，中央三台和部分地方台从政治、历史、社会等多方面、多角度组织编发了大量的新闻和专题节目，进行了强有力的批驳，充分表达了党、政府和全国人民反对分裂、维护统一，决不允许台湾独立的严正立场和鲜明态度。

从4月份起，在揭批李洪志及其"法轮功"的斗争中，中央三台和地方各级电台、电视台充分发挥舆论宣传的主渠道作用，迅速、准确地传达中央关于解决"法轮功"问题的通知和决定，通过理论剖析和具体生动的事例，深刻揭露了"法轮

功"邪教本质及其严重危害性，宣传了马克思主义的唯物论、无神论和科学精神。

2000 年前夕，江泽民对宣传思想工作和精神文明建设作了重要批示。[①] 他强调指出，宣传思想工作和精神文明建设，事关建设有中国特色社会主义事业的大局，越是深化改革、扩大开放，越是发展社会主义市场经济，越要重视和加强这方面的工作。这一点要在全党特别是领导干部中经常讲，反复讲。他还要求，全党同志务必始终坚持"两手抓、两手都要硬"的方针，在做好经济工作的同时，切实加强宣传思想工作和精神文明建设。加强和改进新形势下党的思想政治工作，是全党的一件大事，也是宣传思想工作的重中之重。要深入进行邓小平理论和党的基本路线教育，深入进行马克思主义的唯物论、无神论教育和科学精神教育，树立正确的理想信念，树立正确的世界观、人生观、价值观，在全党形成讲学习、讲政治、讲正气的良好氛围，在全社会形成反对迷信愚昧、抵制各种歪理邪说的健康气氛。希望宣传思想战线的同志们，牢牢把握正确舆论导向，适应形势发展的要求，深入研究人们思想活动的新情况、新特点，探索新形势下做好思想政治工作的规律和办法，把工作做得更好。

2000 年 2 月 21 日至 24 日，全国广播影视厅局长会议暨全国广播电视先进县（市）、广播影视系统"双先"表彰大会在北京举行。会议传达学习了江泽民的上述重要批示。田聪明在会上作了《认真学习贯彻江总书记的重要批示，做好世纪之交的广播影视工作》的工作报告和总结讲话。会议总结了 1999 年的工作，分析了当前广播影视工作面临的新形势。会议指出，2000 年是世纪交替之年，也是完成"九五"计划和 20 世纪末重要奋斗目标的一年，广播影视工作要以邓小平理论和党的基本路线为指导，深入贯彻党的十五大和十五届三中全会、四中全会精神，认真学习贯彻江泽民关于加强宣传思想工作和精神文明建设的批示，按照中央提出的"认清形势、明确任务，抓住机遇、开拓进取，坚定信心、团结奋斗"的要求和全国宣传部长会议的部署，紧紧围绕经济建设中心，牢牢把握正确舆论导向，努力提高广播影视创作质量，加快"村村通"为重点的事业建设步伐，加大依法行政、依法管理力度，积极推进广播影视各项改革，以崭新的面貌和优异的成绩迎接新世纪。

2000 年 2 月 24 日，江泽民在广东顺德市考察工作时，第一次完整地提出了"三个代表"重要思想。他说："只要我们党始终成为中国先进社会生产力的发展要求、中国先进文化的前进方向、中国最广大人民的根本利益的忠实代表，我们党就能永远立于不败之地，永远得到全国各族人民的衷心拥护，并带领人民不断前进。""三个代表"重要思想的提出，为迎接新世纪的广播电视指明了前进的方向。同年 8 月 11 日至 14 日，国家广电总局在甘肃省兰州市召开了全国广播影视局长座谈会暨

---

① 载《人民日报》2000 年 1 月 5 日。

"村村通广播电视"现场会。会议着重研究讨论了广播影视2001年至2010年事业发展规划纲要和跨世纪发展的思路，以及在西部大开发中广播电视发展的基本要求。国家广电总局新任局长徐光春在会上作了题为《以"三个代表"为指针，以"三个创新"为动力，加快广播影视事业的改革和发展》的报告。

会议认真分析了当前广播影视工作面临的形势，研究和提出了今后五至十年广播影视工作总的指导思想和基本任务，明确了总的工作目标和要求，提出要以一流的水平、一流的队伍、一流的技术、一流的管理，加快集团化发展，建立起中国广播影视的"航空母舰"和"联合舰队"，成为国内强有力的舆论宣传主力军，成为极其重要的思想文化阵地，不断增强我们在世界舆论中的声音，扩大我们在世界上的影响。

会议指出，加快西部地区广播影视事业发展是实施西部大开发战略的重要内容，广播影视一定要抓住机遇，增强责任感和使命感，很好地贯彻落实。实施"村村通广播电视"是广播影视系统学习、实践江泽民"三个代表"重要思想的具体体现，要进一步提高认识，采取切实有效的措施，抓紧抓好落实。

徐光春在讲话中指出，要实现广播影视事业跨世纪发展的目标，一是必须坚持以江泽民"三个代表"重要思想为指针，善于按照"三个代表"重要思想的要求，研究新情况，形成新认识，解决新问题，探索新途径，开辟新境界。二是必须牢固树立政治意识、大局意识、责任意识，管好、用好、建设好广播影视这一重要的思想文化阵地，广播影视系统每一个方面的工作、每一个工作岗位、每一个工作人员都要有强烈的"阵地意识"。三是必须认真实践江泽民提出的理论创新、体制创新、科技创新的要求，加快改革创新的步伐，努力开创我们事业发展的新局面。四是必须大力加强工作力度。在新的历史条件下，广播影视系统的广大干部群众要积极创新，开拓进取，顽强拼搏，勇攀高峰，通过不懈努力，把一个更强更大、更加富有生机和活力的中国广播影视事业全面推向21世纪。

2000年9月16日，江泽民对加强西藏、新疆等边远省区广播电视工作作了批示，提出要在资金、技术和人员等方面采取切实措施，解决好这些地区广大人民群众听广播、看电视的问题，让党和国家的声音进入千家万户。根据上述指示，国家广电总局在国家计委、财政部、国家电力公司等部门和西藏、新疆、内蒙古、四川、青海、甘肃、云南等七省、自治区地方党委、政府的支持下，从10月开始了我国广播电视历史上空前规模的以加强对西藏、新疆等边远省区广播电视覆盖为主要任务的"西新工程"。

2000年12月30日，是中国人民广播事业创建60周年纪念日。12月29日，中国人民广播事业暨中央人民广播电台创建60周年纪念大会在北京举行。大会宣读了江泽民在25日做出的批示："广播事业是党的新闻事业的重要组成部分。六十年来，中央人民广播电台为宣传党的路线方针政策，弘扬中华民族精神，弘扬爱国主义、集体主义、社会主义思想，激励广大干部群众奋勇前进作出了贡献。希望中央人民广播电台和全国广播系统继续办好广播，让党和国家的声音传入千家万户，让中国的声音传向世界各地。"中共中央政治局常委、国务院副总理李岚清出席大会，中共中央政治局委员、中央书记处书记、中宣部部长丁关根受中共中央委托在大会上讲话。希望广大广播工作者在继承优良传统的基础上，锐意进取、开拓创新，使中国广播事业在新的世纪有一个新的提高、新的发展、新的局面。为了开创中国广播工作的新局面，他提出必须牢牢把握正确舆论导向，必须树立精品意识，努力提高节目质量，必须抓住机遇，深化改革、加快发展，必须按照"三个代表"的要求，切实加强广播宣传队伍建设。徐光春、吴冷西等也在大会上讲了话。会前，中央人民广播电台发表了题为《明确方向，振奋精神，真抓实干，务求实效，全面开创广播工作新局面——深入学习江总书记的重要批示精神》的评论员文章。会后，《人民日报》发表了题为《新世纪新征程——祝贺中国人民广播事业暨中央人民广播电台创建 60 周年》的短评。

在新世纪之交，2000 年 12 月 31 日，江泽民通过中央三台发表了题为《共同创造美好新世纪》的新年贺词。这是江泽民自 1993 年担任国家主席以来第八次发表新年广播电视讲话。

截至 2000 年年底，经过新中国成立以来五十多年的建设，特别是改革开放以来的发展，我国已形成了比较完善、配套的广播电视节目制作、播出、覆盖体系，基本建成由发射台、转播台、卫星上行站、卫星收转站、微波站、监测台（站）和有线传输覆盖网构成的多技术、多层次混合覆盖的现代化的、世界上覆盖人口最多的广播电视网。全国共有广播电台 304 座，电视台 354 座，广播电视台 1272 座，对内对外广播发射台和转播台 740 座，电视发射台和转播台 42228 座，卫星收转站 368553 座，专用微波线路 8 万公里，微波站 2286 座，有线电视光缆、电缆干线 30 多万公里，宽带有线电视用户分配电缆 300 多万公里，广播电视人口综合覆盖率分别为 92.74% 和 93.65%，覆盖人口 10 亿，有线广播电视用户约 8000 万。此外，从 1998 年开始的"村村通广播电视工程"，经过三年的艰苦努力，到 20 世纪末全国通电行政村已基本实现了"村村通广播电视"的任务，消灭了广播电视盲村十多万个，解决了 7000 多万农牧民收听收看广播电视难的问题。2000 年 12 月 27 日，我国首家省级广电集团——湖南广播影视集团挂牌成立，迈开了我国广电集团化的第一步。广播电视事业取得的一系列成就和进步，为 21 世纪更快更好的发展打下了良好的基础。

第 **9** 章

社会主义建设新时期的广播电视事业（下）

第一节
广播电视法制建设

广播电视系统的法制建设正式开始于 20 世纪 80 年代中期，由广播电影电视部具体承担并启动。此前，政府曾制定和颁布了一些管理广播工作的法规性文件，但由于众所周知的原因，至改革开放前，与其他领域一样，法制建设一直是广播电视事业建设的一个薄弱环节，对广播电视各项工作的管理，主要是依据各个时期的方针、政策，通过党组织发布指示、命令等各种行政手段来进行，无法可依、无章可循的现象较为突出。

中国共产党第十一届三中全会在做出全党工作重点转移的重大战略决策的同时，强调了法制建设在有中国特色的社会主义现代化事业中的地位和作用。全会公报指出："为了保障人民民主，必须加强社会主义法制，使民主制度化、法律化，使这种制度和法律具有稳定性、连续性和极大的权威，做到有法可依、有法必依、执法必严、违法必究。"中共十五大更是明确提出了"健全社会主义法制，依法治国，建设社会主义法治国家"的目标。遵照中央的指示和精神，广播电视系统也开始建章立制，各项工作逐步走上了规范化和制度化轨道。

一、广播电视立法工作顺利开展和《广播电视管理条例》的颁布

80 年代以来，在"四级办"政策的推动下，全国广播电视事业发展迅猛。但在发展的过程中，许多新矛盾、新问题也层出不穷，如有的地方有线电视台因管理不

善，致使播出的节目内容混乱；还有的卫星地面站任意播放其接收到的外国节目，在社会上造成不良影响；更有一些广播电视基础设施被人为破坏，严重时甚至威胁到正常的节目播出。类似事件发生后，司法机关在执法办案时却找不到相应的法律依据。由此，广播电视系统日益认识到法制建设的重要性和紧迫性，立法工作被提上了重要议事日程。

作为国务院下属的广播影视主管部门，1986年1月成立的广播电影电视部不仅担负着制定本部门规章的任务，还担负着《广播电视法》和广播电视行政法规的草拟任务。根据国务院部署，1986年1月，广播电影电视部对"七五"期间本部门立法工作的指导思想、目标和具体项目进行了规划；同月成立了法规领导小组，在部政策研究室（后改为政策法规司）下设法规处，组织领导全系统的法制工作。同年4月，广播电影电视部下发了《广播电影电视部关于立法工作的若干规定》（试行），进一步明确了上述各机构法制工作的职责、法规草拟和报批程序。随后部属各有关单位也成立了法规领导小组和法规、规章起草小组，各省、自治区、直辖市广播电视厅（局）有一位负责同志抓法制建设，另有专职或兼职的法制工作人员，从而为广播电视系统法制工作的开展提供了组织保障。

1986年5月，广播电影电视部开始着手制定"七五"（1986—1990）期间的立法工作计划，在广泛征求意见的基础上，于7月拟出了计划初稿。8月，在吉林省通化市召开广播影视法制工作座谈会，集中论证和修改初稿，同年9月上报国务院法制局，继而以"广发政字〔1986〕825号文件"的形式下发到各广播影视机构。计划把广播影视系统的法规分为三个层次：全国人大颁布的法律，国务院颁布的行政法规和广播电影电视部颁布的规章。根据这一计划，"七五"期间，由广播电影电视部拟出草案，上报国务院审议，需经全国人大常委会制定公布的法律有《广播电视法》和《电影法》两件；由广播电影电视部拟出草案，需经国务院制定公布的行政法规有《广播电视设施保护条例》、《有线电视管理暂行规定》、《卫星地面接收设施接收外国卫星传送电视节目管理办法》，以及《电影片、电视片进出口条例》等16件；由广播电影电视部制定颁布的规章有《关于实行电视剧制作许可证制度的暂行规定》、《广播电视广告管理规定》以及《电影审查办法》等25件。

《广播电视法》是同宪法相衔接，代表国家意志，实现党和政府对广播电视全面领导和管理的大法，是广播电视法规体系的核心。为保证这一法律规范的严肃性和科学性，自1986年开始，广播电影电视部就组织专人进行调研，次年拟出了《广播电视法》初稿，之后又多次召开会议，认真研讨和论证，在广泛听取意见的基础上反复修改。至1990年底，已修改出第五稿，拟于1992年初上报国务院。但此后由于广播电影电视部认为制定《广播电视法》的条件还不成熟，如与邮电等部门的工作关系还没有理顺、《新闻法》还没有出台等，因此，可以先从制定具体的行政法规入手。这样，《广播电视法》的出台便自然延期了。

进入90年代，随着有线电视、音像制品、卫星电视接收业务的进一步发展，以及电视剧摄制的部分社会化，广播电视部门面向社会的行业管理任务加重。为此，1990年10月，广播电影电视部党组决定，调整部法规领导小组，成立部行政复议委员会；1995年又成立了部知识产权办公室。与此同时，国务院、广播电影电视部还相继颁布和出台了一系列法规和文件。

在有线电视管理方面，有《有线电视管理暂行办法》（1990）、《有线电视管理规定》（1994）等。

音像制品管理方面有《音像资料管理规定》（1996）等。

卫星广播电视方面，有《卫星电视广播地面接收设施管理规定》（1993）、《卫星传输广播电视节目管理办法》（1997）等。

电视剧方面则有《中外合作制作电视剧（录像片）管理规定》（1995）、《电视剧制作许可证管理规定》（1995）等。

此外，在广播电视的行业技术标准管理、广告管理、保密管理以及综合管理等方面，也相继出台了一些法规性文件，如《广播电视赞助活动和赞助收入管理暂行规定》（1992）、《广播电影电视技术标准管理暂行办法》（1993）、《广播电台、电视台设立审批办法》（1996）、《广播电影电视行政处罚程序暂行规定》（1996）等。

1997年8月11日，由国务院发布的《广播电视管理条例》第一次以行政法规的形式，对我国的广播电视活动进行了全面规范。（见图9-1）《条例》是在1986

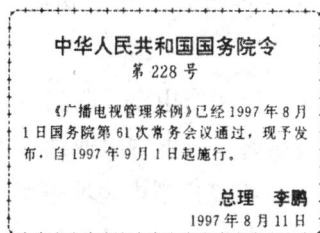

图9-1　1997年8月11日国务院发布《广播电视管理条例》

年起草的《广播电视法（草案）》的基础上重新修改、拟定的。《条例》根据我国国情，对新中国成立以来特别是中共十一届三中全会以来，广播电视系统行之有效的管理经验进行了归纳和总结；肯定了广播电视宣传工作、事业建设和行业管理"三位一体"的具有中国特色的社会主义广播电视体制；规定广播电视必须坚持为人民服务，为社会主义服务的方向；《条例》还对广播电台、电视台的建立，广播电视传输覆盖网的规划、组建、开发和管理，广播电视节目的制作、播放等具体问题，都作了较为详细的规定，是目前广播电视工作中覆盖面最宽、法律效力最高的行业性法规。

《条例》一方面根据广播电视的性质，明确规定广播电台、电视台只能由代表国家和政府的广播电视行政部门开办和管理，并对广播电台、电视台设立的资格条件、审批权限和程序分别进行了严格的规定。同时，为了防止一些单位不顾社会效益、乱播滥放，《条例》建立了制作、播放广播电视节目的审查制度，规定广播电视节目要由广播电台、电视台和经批准设立的广播电视节目制作经营单位制作；禁止制作、播放载有反动、淫秽、迷信或者法律、行政法规规定禁止的其他内容的广播电视节目；设立电视剧制作单位必须取得电视剧制作许可证；用于广播电台、电视台播放的境外广播电视节目，包括影视剧必须经国务院广播电视行政部门或者其授权的机构审查批准；广播电台、电视台对其播放的节目要按照《条例》规定的节目标准进行播前审查，重播重审等。《条例》规定这些措施和制度，目的是为了保证广播电视节目的质量，增加国产优秀节目数量，更好地满足广大群众的精神文化需求，促进社会主义物质文明和精神文明建设。

《条例》还对政府在广播电视事业发展中的地位和作用作了明文规定。在《条例》总则第四条中指出："县级以上人民政府应当将广播电视事业纳入国民经济和社会发展规划，并根据需要和财力逐步增加投入，提高广播电视覆盖率。国家支持农村广播电视事业的发展。国家扶持民族自治地方和边远贫困地区发展广播电视事业。"对于广播电台和电视台建设，《条例》第八条规定："国务院广播电视行政部门负责制定全国广播电台、电视台的设立规划，确定广播电台、电视台的总量、布局和结构"，"中央的广播电台、电视台由国务院广播电视行政部门设立。地方设立广播电台、电视台的，由县、不设区的市以上地方人民政府广播电视行政部门提出申请，本级人民政府审查同意后，逐级上报，经国务院广播电视行政部门审查批准后，方可筹建。中央的教育电视台由国务院教育行政部门设立，报国务院广播电视行政部门审查批准。地方设立教育电视台的，由设区的市、自治州以上地方人民政府教育行政部门提出申请，征得同级广播电视行政部门同意并经本级人民政府审查同意后，逐级上报，经国务院教育行政部门同意后，逐级上报，经国务院教育行政部门审核，由国务院广播电视行政部门审查批准后，方可筹建。"①

《广播电视管理条例》的出台，是我国广播电视事业法制化进程中的一件大事，标志着我国政府对广播电视业的管理已经由过去以人治为特征的经验式、行政化管理方式，向着以法制化、规章化为特征的现代科学管理方式的转变。

1998年，为适应改革开放形势的要求，广播电影电视部改为国家广播电影电视总局。6月，国务院副总理李岚清到国家广电总局视察工作。在听取总局领导的工作汇报后，李岚清强调指出："广播影视要加强立法，目前的《广播电视管理条例》和《电影条例》力度不够，要变成法律，这样就可以依法管理。"此后国家广电总局的法制建设步伐进一步加快，仅2000年制定和颁布的规章就达三十多件。

这期间，各省、自治区、直辖市也结合本地实际，由地方人民代表大会、政府或广播电视部门制定和颁布了一系列地方性的广播电视法规和规章。在出台法规和规章数量较多的吉林、山东、广东、湖北、河南、上海、甘肃、江苏等省和直辖市，有的地方性规章甚至填补了国家有关广播电视立法的空白。

立法工作不仅包括制定新的法律和规章，同时还包括对原有法规的整理、清理，这也是建立和完善广播电视法规体系的基础之一。1986年以来，广播电影电视部法制机构在加快立法工作的同时，开始对新中国成立后至1987年以前颁布的广播电视法规规章和规范性文件进行整理，各省级广播电视厅（局）也进行了这项清理工作。经过系统地梳理和研究，除少数法规属于自行失效和废止外，大部分被认定继续有效。

二、广播电视执法和普法工作成效显著

社会主义法制建设的基本原则是有法可依、有法必依、执法必严、违法必究。这四个方面，"有法可依"当然是第一位的，但当法规逐步健全、"有法可依"具备一定条件时，"执法必严"就成了法制工作的中心环节。

广播电影电视部的前身中央广播事业局及广播电视部，最初并不具备对社会行使行政管理的职能，而基本上是一个系统内部的管理机构。在1986年1月改为广播电影电视部后，广播电影电视行政机关变为广播电影电视法规的执行机关，因此在一定程度上具有了执法职能。广播电影电视部政策法规司设立司法处后，许多省、自治区、直辖市广播电视厅（局）也建立了专门的执法机构和执法队伍，但对于长期习惯于遵照政策和文件办事的广播电视部门来说，熟悉和掌握基本的法律常识，强化执法意识却需要一个过程。经过几年的努力，各级广播电视行政管理机关及其

① 《中国广播电视年鉴》（1998年版），第148页。

工作人员依法行政的意识初步确立，依法办事的自觉性有了明显提高，广播电视行政执法工作取得了一定成果。如前文提到的广播电视设施屡遭破坏问题，自 1987 年 4 月《广播电视设施保护条例》颁布后，广播电视行政管理部门有了执法依据，可以放手大胆地强化对各种广播电视设施的管理工作；司法机关也可以依法对破坏、盗窃等违法犯罪活动进行惩治，使发案率明显减少。在广播电影电视部制定的关于电视剧制作许可证制度、音像制品管理、有线电视管理等方面的法规和规章实施以后，也都发挥了积极作用，制止和约束了某些违法行为。

各级广播电视部门还重视对广播电视法规执行情况的监督检查。监督检查的主要内容有：（1）检查法规是否得到正确贯彻实施，了解执行中存在的问题。对于没有正确贯彻实施的，要督促其贯彻实施。（2）对于法律、行政法规和规章本身不完善的，要通过立法工作予以完善。（3）如出现低层级的规范性文件与高层级规范性文件相抵触的情况，要通过法定程序对低层级文件予以撤销。对照上述几个方面，广播电影电视部在对 1986 年颁布的《关于实行电视剧许可证制度的暂行规定》、《广播电影电视部立法工作若干规定（试行）》的执行情况进行检查时，发现在实施过程中出现了一些新问题，就对原规章加以修改，成了后来的《关于实行电视剧许可证制度的规定》、《广播电影电视立法程序规定》。上海、山东、江苏、宁夏、河南等广播电视厅（局）也都每年组织几次系统内的检查，并依据有关地方性法规和规章对一些违法违章活动及时进行了处理。

法是带有强制性的行为规范，事实上，广播电视部门本身并不具有实施这种强制性手段的功能，而必须同公安、司法、工商、税务、海关等具有国家强制性力量的单位协调配合，实行联合执法，否则各项法规和规章将难以真正落实。从 1988 年起，上海音像管理机关针对原来存在的执法难，特别是处罚难问题，与当地的公安、工商部门建立了联合办公制度，实行三家联合审批、联合管理、联合查处。这种做法大大简化了办案手续，方便了群众，避免了工作中容易出现的矛盾，堵塞了执法过程中的某些漏洞，同时也提高了执法工作的权威性，保证了执法的顺利进行，促进了上海音像事业的健康发展。

在不断加大执法力度的同时，广播电视系统还积极采取各种方式，开展面向系统内外的普法教育和普法宣传。1985 年，全国人大常委会审议通过了《关于在公民中基本普及法律常识的决议》，中共中央、国务院也发出《关于向全体公民基本普及法律常识的五年规划》（即"一五"普法规划）。根据中央的指示和精神，广播电影电视部党组做出了《关于在职工中基本普及法律常识的决定》，并成立普法领导小组，对全系统的普法工作进行指导和管理。同时，制定普法计划，培训普法干部，并配备了相关的文字和音像教材。

在"一五"（1986—1990）普法阶段，广播电影电视部要求全体干部、职工，尤其是领导干部，要通过学习，基本掌握宪法、刑法、民法通则、经济合同法和治安管理处罚条例等法律知识，增强法制观念，提高守法和用法意识，以推动本部门的法制工作，特别是立法工作的顺利开展。在两年多时间里，广播电影电视部有84%的人员通过了普法学习的考核，达到了规定要求，基本完成了普法任务。各地广播电视部门的"一五"普法教育活动也进展顺利，职工考核的合格率达95%以上。其中，广东省广播电视厅曾被中宣部、司法部和广东省委、省政府分别评为全国和省级普法先进集体，四川省广播电视厅则被省委、省政府评为全省普法学习先进单位。

为了巩固"一五"普法成果，促进社会主义法制建设，1990年底和1991年初，中共中央、国务院和全国人大常委会决定，从1991年起到1995年，在全国开展第二个五年普法教育活动。为此，广播电影电视部制定了《关于在广播电影电视系统开展法制宣传教育的第二个五年规划（1991—1995）》，下发到各省、自治区、直辖市、计划单列市广播电视厅（局）和部属单位。文件下发后，围绕广播电视各阶段的中心工作，各级广播电视部门普遍开展了以宪法为核心、以专业法为重点、以社会主义市场经济法律为补充的普法学习活动。其中需要学习的专业法规有《广播电视设施保护条例》、《卫星电视广播地面接收设施管理规定》、《有线电视管理暂行办法》、《关于实行电视剧制作许可证制度的规定》等47个，相关法规有《保守国家秘密法》、《著作权法》、《行政复议条例》、《广告管理条例》、《经济合同法》等20个。1995年，广播电影电视部又专门成立普法领导小组，对全系统普法工作进行领导和管理，同时还开展了普法考核的验收工作，评选出110个普法先进单位，106个普法先进个人。此后各有关部门积极运用多种手段，加强对系统内外的法制教育宣传，都取得了一定成效。

截至2000年，我国广播电视事业的法制建设已取得很大成就，广播电视的法制环境已基本建立，不同层级、不同范畴的法律和规章共同构筑起一个相对完善的广播电视事业法规体系。但相比于其他行业而言，层次高、法律效力等级高的广播电视专门法依旧没有出台，1998年，第九届全国人大一次会议第三次全体会议通过的国务院机构改革方案，使得《广播电视管理条例》的相关规定又面临着修改或重新修订的任务；对广播电视法规的监督和检查工作也还没有完全制度化，有法不依、有章不循、执法不严、违法不究的现象在一定程度上依旧存在。这也就意味着，在"依法治国，建设社会主义法治国家"的道路上，广播电视系统的法制建设和法治工作还亟待进一步加强。

第二节
广播电视产业经营的探索

广播电视业是一项重装备、高消耗的事业，不仅其基础设施建设需要大量的资金投入，而且它的日常运转，包括设备的维护和改造、更新，节目的采录与制作等各个方面，也都必须以强劲财力作后盾，所需经费大大超过其他新闻传媒。改革开放前，我国广播电视事业的经费来源主要是国家财政拨款。进入 70 年代末期后，随着事业规模的迅速扩大，经费开支也大幅度攀升，单纯地依靠国家财政拨款已远远不能满足事业发展的需要，各级广播电视部门普遍面临着经费拮据、入不敷出的困难。为解决这一矛盾，在国家政策和社会各方的支持下，广播电视系统从经营广告开始，渐次扩展到经营节目、技术、影视基地、网络等多种领域，经济效益不断提高。

二十多年来，广播电视界的产业经营探索是逐步推进、日趋深化的，主要经历了三个阶段：

一、广播广告的恢复和电视广告的开办

广播电台经营广告，并不是改革开放以来出现的新事物。新中国成立初，上海、天津、北京等地的私营电台都曾以广告维持生计。在国有国营的人民电台中，除中央电台外，各地人民广播电台也都曾普遍开展了广告业务，有的大中城市甚至还设立了专门的广告台（也有的称为工商台、经济台）。这些国营广播电台的广告收入，在一定程度上弥补了国家财政拨款的不足。但自 50 年代中期以后，由于受"左"的思潮影响，各地人民广播电台的广告节目都相继停办，广播电视事业的经费来源也就只剩政府拨款的单一渠道了。

1979 年 1 月 28 日农历春节，在改革开放的新形势下，上海电视台为解决进口设备经费的燃眉之急，播放了中国大陆的第一条电视商业广告；同年 3 月 5 日，上海人民广播电台也在大陆广播电台中率先恢复了广告业务；4 月，广东电视台开始推出商业广告；11 月，中共中央宣传部发出《关于报刊、广播、电视台刊播外国商品广告的通知》，对大众传媒播发商业广告的行为给予认可。文件下发一个月后，中央电视台同时在第一和第二套节目中推出了商业广告。1980 年 1 月，中央电台开办《广告》节目，随后各地方电台、电视台也纷纷效仿，广告业务迅速在全国大众媒介中推广开来。广告业务的恢复和开办，使长期以来全部费用都依赖国家拨款的广播电视事业有了另一条经费来源渠道，而广播电视广告在宣传商品、引导和扩大

消费、促进生产等方面所发挥的多种作用，也越来越引起企业界的重视。

电台、电视台发布广告，涉及保护消费者权益、维护社会经济秩序等一系列问题，需要相关的管理措施对其加以规范。为此，国务院从 1980 年开始，把建设规范、有序的广告市场作为政府的重要议题，明确把广告管理工作划归工商行政管理总局负责。① 1982 年 2 月，国务院颁布《广告管理暂行条例》，从而为广播电视机构开展广告业务提供了法制保障。

二、广播电视经营管理体制改革的尝试

1983 年，第十一次全国广播电视工作会议在提出"四级办"方针的同时，确定对广播电视经费管理体制进行改革，要求在经费来源上放开搞活，由过去单纯依靠国家财政拨款，改为经费来源渠道多元化，广泛开辟财源，以弥补国家拨款的不足。会议提出了如下几条措施：（1）各级广播电视机构可以成立服务公司或服务部，经销广播电视整机和器材，开展维修服务和技术咨询服务；（2）除经济特别困难的地区外，对农村有线广播实行收取维护费的办法，用群众的钱，为群众服务；（3）扩大社会集资办广播电视。同年 10 月，中共中央批转的广播电视部党组《关于广播电视工作的汇报提纲》中再次强调，要"节约开支，提高经济效益，并开辟财源，以补充国家财政拨款的不足"。

第十一次全国广播电视工作会议后，各级广播电视部门一方面加强了广告经营，另一方面积极开展多种渠道的创收集资活动；同时，中央和地方财政对广播电视事业建设的拨款数额也不断增加。1984 年，全国广播电视财政拨款（包括事业费和基本建设费）为 13.2 亿元，到 1987 年时就已达到 22 亿元。不仅如此，各级财税部门还对广播电视系统实行了减免税收和免征"两金"（"能源交通重点建设资金"和"预算调节基金"）的优惠政策；海关总署也对省以上的广播电台、电视台进口广播电视专用设备免征进口关税。但由于广播电视事业发展的速度快、规模大，再加上物价上涨、通货膨胀等因素，国家拨款和广播电视部门创收集资所得仍不足以使广播电视事业完全摆脱经费不足的困境（缺额一般占 20%～50%），严重制约了事业的进一步发展。

1988 年召开的全国广播电视厅局长会议再次强调，各级广播电视部门必须进一步开源节流，通过各种渠道和方式增加自筹资金，增强自我发展能力。会议根据当时国家正在实行治理整顿、几年之内对广播电视的拨款不可能有较大幅度增长的实际情况，对各级广播电视部门又提出了若干经营创收的新思路。包括把一些广播电视节目投放市场，收回制作成本，增强再生产能力；广播电台、电视台同音像单位密切合作，增加录音录像制品的出版和发行量，积极开展出租业务，占领音像市场；

---

① 当时国家工商行政管理部门称工商行政管理总局，1982 年 7 月改称国家工商行政管理局。

同社会各界合办节目，实行有偿服务；积极、慎重地与国外合拍、协拍电视节目，在坚持政治原则的前提下，多接待一些外国摄影队来我国采访拍片，既有利于开展对外宣传，又可以增加外汇收入。

为贯彻上述要求，各级电台、电视台积极把优秀的节目推向国内外市场。1984年，中央电视台为促进中外电视业务的交流和贸易往来，成立了"中国电视国际服务公司"（即今"中国国际电视总公司"），围绕电视节目开展多方面的经营活动，如电视节目和录像制品的进出口、同国外合拍电视节目、向全国各无线和有线电视台供片，以及与广播电视业务有关的其他业务等，几年下来，业绩不凡。而两年一次交替举行的上海电视节和四川电视节，则是又一个国内外电视节目交易的重要场所——为增进与国内外同行的电视节目交流，1986年12月，由上海市政府外事办公室和上海电视台联合举办了"上海国际友好城市电视节"（第一届上海电视节），邀请16个国家19个友好城市的24家电视台参加，共为电视节提供了电视剧和歌舞片、风光片等各类专题片105部。到1988年第二届上海电视节时，电视节目的成交量已达一千多小时，成交额约一百万美元。上海电视节也因之被称为"亚洲最大的电视节目市场"。[①] 1991年9月，在四川成都举行的第一届"中国四川国际电视节"上，来自14个国家和地区的170多家电视台、电影电视制作公司和音像出版社（公司）参加了这次节目交易会。会上，我国向国外影视机构出售电视片213部，成交额达40余万美元；引进海外影视剧29部620集。[②] 通过这些交易会，不仅使国内电视台尤其是地方电视台向海外输出电视节目的信心大为增强，也使国内电视界同行对海外电视节目市场的需求动态有了大致的了解。

利用系统内的技术优势和人才资源从事广播电视技术经营活动，也是广播电视系统从事多种经营的一个方面。技术经营包括广播电视基础设施的工程设计和技术器材的销售，以及广播电视系统的设备制造和安装等业务。广播电影电视部设计院为跨行业建筑的甲级设计院，也是广播电视系统唯一的设计院，其天线、声学、高塔结构的专业水平居于国内领先地位。从1984年开始，在"事业单位企业化管理"的体制下，该院积极开展了以企业经营机制为模式、以广播电视技术为指导、以专业设计为主体的多种服务性业务，除为本系统设计了一大批大中型广播电视发射塔、彩电中心、电台业务大楼等工程（包括中央电视塔、中央彩色电视中心、国际电台中心大楼、中央电台业务大楼和众多省、市、县的广播电视基础设施）外，还先后为几十个国家设计了广播电台、电视台、发射台、转播台和议会大厦、国际会议中心、体育场馆等工程项目，仅1991年的综合产值就达370万元，年收入291万元；其中包括设计收入276万元，工程承包收入14.6万元。1992年6月，外经贸部下发

① 《中国广播电视年鉴》（1989年版），第81页。
② 《中国广播电视年鉴》（1993年版），第222—223页。

文件，批准广电部设计院为首批拥有对外经营权的设计单位。

自80年代末期起，广播电视界在从事行业内相关业务的经营活动的同时，还积极拓展渠道，纷纷把经营触角伸向跨行业领域。1989年，四川广播电视实业开发公司与美国百事可乐公司签订了《引进百事可乐的一揽子意向性协议》，生产百事可乐饮料。1992年，为保障上海东方明珠广播电视塔建设资金的充足供应，上海广播电视发展公司联合上海电台、上海电视台等单位，共同发起组建了上海东方明珠股份有限公司。公司拥有一系列子公司，经营范围包括广播电视传播服务，广告经营业务，环保、气象、地震、公安、消防、邮电等综合服务设施的租赁，旅游观光，特色餐饮，健康娱乐，商业服务，房地产经营和出租汽车经营等。

由于放开搞活，广开财源，使得各级广播电视部门的自筹资金逐年增多。"1982年，全国广播电视部门的收入只有0.72亿元，1992年达到20.39亿元，增长了28倍还多，相当于当年国家拨款的85.7%。虽然从总体上看，财政拨款仍然是我国广播电视事业经费的主要来源，但在一些经济发达和经济比较活跃的地区，自筹资金在广播电视经费支出中的比重已经超过国家的拨款。如北京、上海、广东、湖南、山东、辽宁、江苏、浙江、四川、湖北、福建等地的收入都已经超过亿元，还出现了一批收入过千万元、百万元的市、县，收入过十万元的乡镇。"①

自筹资金的不断增加，一定程度上弥补了广播电视事业正常经费的不足，提高了广播电视事业自我发展的能力。以1982年至1992年为例，十年期间，广播电视多种经营收入的73%都用在了事业发展上，有的地方甚至高达90%以上，总计金额约有60亿元。利用这笔款项，广播电视系统改造了一批陈旧设备，添置了一批先进的制作播出设备，还增加了对电视剧和大型节目的投入，不仅提高了节目制作能力，也改善了节目播出效果和传输手段。其中，中央电视台依靠自筹资金，于1992年开办了第四套节目，覆盖亚洲、大洋洲、独联体、东欧、北非等六十多个国家和地区，1993年又开始利用卫星向北美传送一小时节目，覆盖美国、加拿大、墨西哥和加勒比海地区；同年8月，中央电视台还同美国3C集团合办了《北美洲东方卫星电视》，每天向美国、加拿大、墨西哥播出12小时节目。

广播电视资金来源的日益多元和经营规模的不断扩大，也对计划经济体制下所建立和完善起来的一整套僵化的经营管理体制提出了加快改革的客观要求。

1987年，上海市广播电视局率先提出了"只有发展产业，才能建设事业"的口号；5月，经中共上海市委批准，上海人民广播电台和上海电视台实行重大体制改革，引入社会化专业化生产模式：广播电台分为"上海人民广播电台新闻教育台"、"上海人民广播电台经济台"和"上海人民广播电台文艺台"；电视台则分为负责新

---

① 《中国广播电视年鉴》（1994年版），第66页。

闻、文艺类节目的"上海电视台一台"和负责经济、体育、社教节目的"上海电视台二台";此外,上海市广播电视局还成立了一个上海电视剧制作中心、一个技术服务中心、一个生活服务中心,这就是著名的"五台三中心体制"。这一举措出台后,各机构之间责、权、利的关系更为明晰,大大加快了上海市广播电视产业化运营的步伐。广东省的改革也颇有特色,1988年1月,广东省广播电视厅提出:"让广东电视台实行企业化管理,让它自我积累、自我壮大。"同年3月,广播电影电视部在就此事向中共中央宣传思想工作领导小组的汇报中指出:"多年来的实践证明,电视台完全依靠国家拨款很难满足事业发展的需要","因此我们同意对电视台实行事业单位内部按企业管理办法管理的体制,通过这种体制,鼓励电视台开拓多种渠道,自筹一部分资金,弥补国家拨款的不足。"① 1989年2月,中共广东省委正式批准广东省广播电视厅实行事业单位、企业化管理的新体制。1991年和1992年,中央电视台、中央电台则在财务制度上先后实行了财务预算包干管理的办法,也取得了良好的社会效益和经济效益。

三、广播电视产业属性的明确和经营管理体制改革的深化

1992年6月,中共中央、国务院下发了《关于加快发展第三产业的决定》。决定明确地把广播电视业列为第三产业,并强调指出,只有使福利型、公益型和事业型的第三产业逐步向经营型转变,实行企业化管理,"做到自主经营,自负盈亏",才能建立起充满活力的第三产业自我发展机制。中央的这一决定对广播电视工作者进一步解放思想,转变观念,对广播电视的事业建设和经营创收,都具有非常重要的意义。大家普遍认识到:在社会主义市场经济条件下,广播电视是党、政府和人民的喉舌,是舆论宣传工具,广播电视工作要始终坚持以宣传为中心,坚持正确的舆论导向;但同时,广播电视事业又是一种产业,本身具有许多得天独厚的优势,如信息、人才、技术等,凭借这些资源优势,各广播电视机构不仅有一定的生产能力,还可以通过自己提供的各种相关服务,获取可观的经济收入,因而具有很大的自我发展潜力;只要把广播电视本身所具有的那部分产业功能发掘出来,就能够有效地解决资金不足问题,走出一条具有中国特色的发展广播电视事业的路子来。

在广播电视诸多创收项目中,广告业务一直是其产业经营的龙头,广告收入也是各电台、电视台补充政府财政拨款不足的最主要"计划外"经济来源。90年代以来,随着广播电视产业属性的明确,各广播电台和电视台更加注重广告业务,纷纷把广告收入的多少作为衡量办台好坏的一条重要标准。以上海电台为例,上海电台在广告业务中一贯重信誉、重优质服务,因而为自己赢得了众多的广告客户,其历

---

① 《中华人民共和国广播电视简史》编辑部编:《改革开放中的广播电视》(1984—1999),中国国际广播出版社2001年11月版,第302页。

年来广告经营的收入在全国省级电台中都名列前茅。1979 年，上海电台的广告收入仅为 27.7 亿元，1993 年则达到了 2163 万元，比 1979 年增长近 77 倍。到 1993 年底，同上海电台建立长期合作关系的广告客户已经超过一千家。其中，除国内工商企业和广告代理公司外，还有日本的三菱公司、松下公司，荷兰的飞利浦公司等许多境外的大客户。1992 年新成立的上海东方广播电台，1993 年广告收入即达 1700 多万元，人均 34 万元，居全国广播界人均广告创收额的第一位。

电视广告的收费虽然明显高于广播，但由于声像并茂，覆盖面广，宣传效果好，仍受到客户的青睐。尤其是在许多上星的电视台，其黄金时段节目中间的插播广告，客户就非常拥挤，竞争也很激烈。为解决这一供需矛盾，杜绝不正之风，给企业和广告公司一个公平、平等的竞争机会，增加广告经营的透明度，真正将电视广告推向市场，中央电视台决定，从 1995 年开始实行公开招标。在 1994 年 11 月举行的广告招标会上，《新闻联播》节目之后、《天气预报》之前的一分钟标版广告和《天气预报》的片头、片尾共 15 个时段全部投"暗标"，每一时段的年广告底价为 1200 万元。结果第一届"标王"被山东孔府宴酒厂以 3009 万元夺得，全部中标金额为 3.6 亿元。次年的"标王"为 6666 万元，招标成交总额则上升到 10.6 亿元。近几年来，由于中央电视台的频道不断增多，节目不断改革、充实，社会影响越来越大，广告的总收入也逐年递增。1993 年，中央台全年的广告收入为 7.6 亿元，1994 年突破了 10 亿元，到 1999 年，全年的广告收入就已达 44.15 亿元。[1] 其他地方台的广告收入也大都呈强劲上升态势，仅上海电视台的广告营业额 1993 年即达 18753 万元，比 1979 年开始经营广告时的 49 万元增长了近 382 倍，居中央电视台之后，位列全国第二。[2]

为加强对广告业的管理，规范广告活动，促进广告业的健康发展，维护社会主义市场经济秩序，1987 年 12 月，国务院正式颁布了《广告管理条例》；随后，国家工商行政管理局发布了《〈广告管理条例〉实施细则》。1993 年 7 月，国家工商行政管理局和国家计划委员会共同制定了《关于加快广告业发展的规划纲要》，明确指出广告业是知识密集、技术密集、人才密集的高新技术产业，并提出了我国广告业的发展战略和重点目标。1995 年 2 月 1 日，《中华人民共和国广告法》开始施行。广播电视系统自身也建立健全了必要的规章制度，如中央电视台制定的《中央电视台广告管理规定》、《广告收费标准及规定》、《广告制作的要求及规定》、《广告指南》等。所有这些法规、规章的陆续颁行，使广播电视部门的广告经营活动日渐被纳入规范化管理的轨道。

但是，90 年代以来，由于新闻媒体的数量剧增，广告市场的竞争也越来越激

---

[1] 参阅杨伟光主编：《中央电视台发展史》第 52 章第 3 节，北京出版社 1998 年 11 月版。
[2] 参阅上海广播电视志编辑委员会编：《上海广播电视志》第 9 编第 1 章，上海社会科学出版社 1999 年 11 月版。

烈。在有些广播电视单位，广告客户不请自来，但在另外一些单位，却整日为寻找广告主而疲于奔命。这种广告市场旱涝不均的状况，成了培育不正之风的天然土壤，有的单位把广告创收指标分配到各编辑部门，搞承包经营，记者、编辑被迫不务正业，拉广告成了他们头等重要的任务。于是，各种各样的"有偿新闻"（变相广告）在广播中和电视上频频出现，引起了群众的非议。对此，1993 年 7 月 31 日，中共中央宣传部、新闻出版署发出了《关于加强新闻职业道德建设，禁止"有偿新闻"的通知》，通知明确指出："新闻与广告必须严格分开，不得以新闻报道的形式为被报道单位做广告。""新闻报道与经营活动必须严格分开。记者、编辑不得从事广告业务，从中牟利。"通知强调：利用采访和报道搞"有偿新闻"，甚至向被采访和报道的单位、个人索要财物，"这种不正之风损害新闻工作者信誉，腐蚀新闻队伍，必须坚决制止"。① 1995 年 5 月 11 日，广播电影电视部下发了《广播电影电视部关于纠正行业不正之风，禁止"有偿新闻"的若干规定》。

广播电视广告收入的不断增加，为制作优秀的节目提供了资金保证，也推动着广播电视管理体制改革的进一步深化。据不完全统计，从 1988 年至 2000 年，全国广播广告营业额由 2323 万元增至 15194 万元，（见图 9 - 2）电视广告营业额由 3397 万元猛增至 1689126 万元。（图 9 - 3）在上海，1992 年，先是上海东方电台和上海

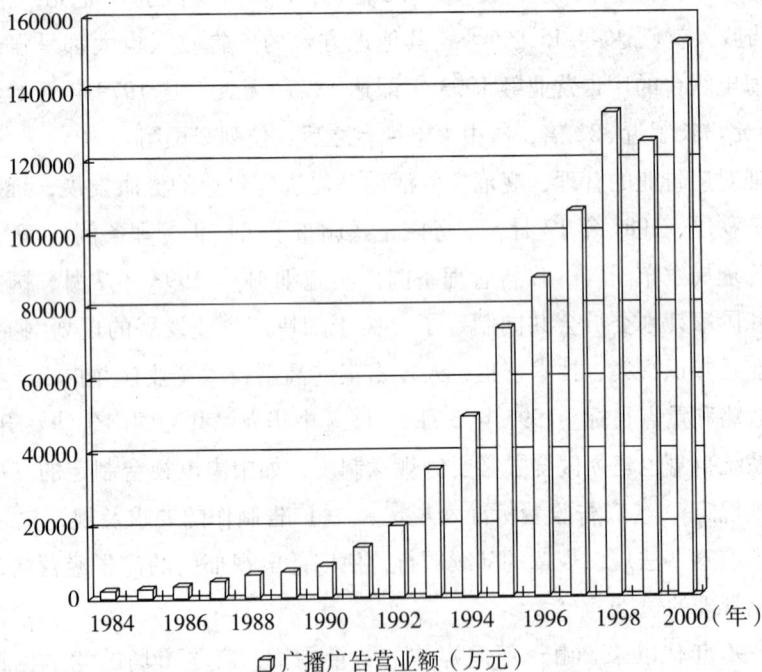

图 9 - 2 1984—2000 年广播广告营业额增长示意图

---

① 《中国广播电视年鉴》（1994 年版），第 12—13 页。

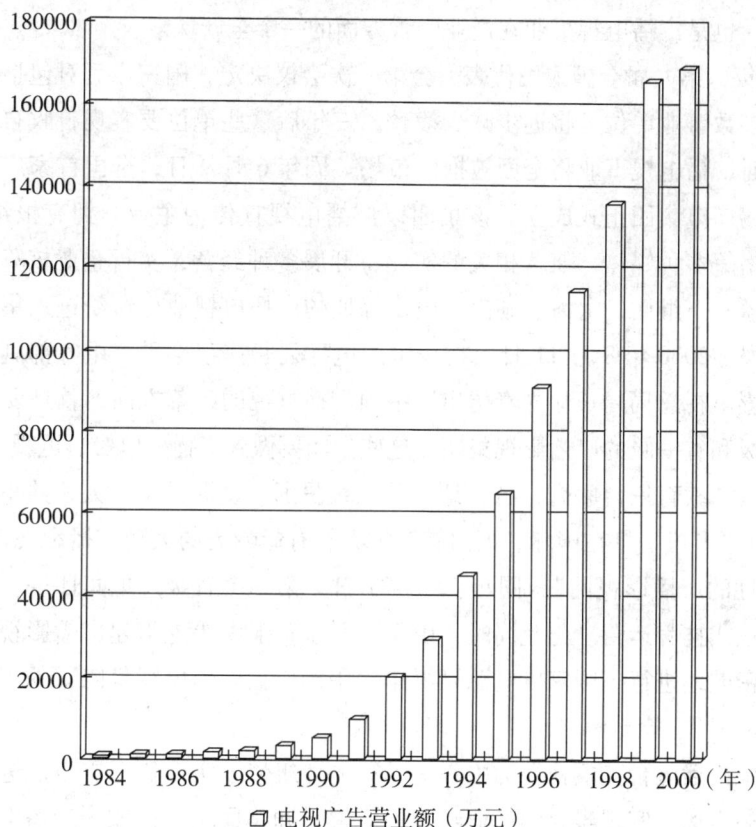

图 9 - 3　1984—2000 年电视广告营业额增长示意图

东方电视台，按照市场经济原则和国际惯例，从内部体制到节目制作、播映等各方
面都进行改革，继而又成立了上海有线电视台，从而与原有的上海人民广播电台和
上海电视台形成全新的五台竞争格局；接着，上海市广电局创建的"上海东方明珠
股份有限公司"在上海证券交易所上市，成为我国首家通过组建股份公司建设文化
项目的广播电视机构，也为广播电视事业的产业化探索提供了一条新思路。在湖南，
为了转换经营机制，拓宽融资渠道，扩大经营规模，更有效地推动湖南广播电视事
业的发展，湖南广播电视发展中心从 1996 年起，积极探索改制上市的道路。1997
年初，湖南省广电厅成立了相当于一家控股公司的"湖南广播电视产业中心"，统
领其下属的湖南广播电视发展中心、潇湘电影制片厂、湖南金蜂音像出版发行总公
司、湖南广视房地产公司、湖南广播电视物资器材供应站、湖南广播电视器材公司、
湖南省唱片发行公司、湖南广播电视报印刷厂等八家企业，是全民所有制实体。
"产业中心"的成立，有利于理顺产业关系，实现规范化和集约化经营，是湖南电
视业进军资本市场所作的必要准备。1998 年 12 月 23 日，经中国证监会批准，湖南
电广实业股份有限公司在深圳证券交易所上网定价发行 5000 万 A 股股票，发行价
格每股 9.18 元，当日申购资金高达 1198 亿元人民币。这是全国广电系统发行的第

一只股票，也是广播电视事业在产业经营方面的一个全新探索。

1998 年，第九届全国人民代表大会第一次会议决定，国家今后对包括广播电视在内的大多数事业单位，将逐步减少拨款，三年后这些单位要实现自收自支。这就意味着届时广播电视事业将全面被推向市场。同年 6 月 9 日，全国首家广播电视集团——无锡广电集团正式成立。该集团以广播电视宣传为主业，拥有报纸、广播、电视、网络等多种媒体，兼营相关的实业，开展多种经营，实行企业核算，自收自支，自负盈亏。继而，上海、湖南、山东等地的广播电视业也纷纷进入集团化运作的探索阶段。2000 年 8 月 11 日，在全国广电厅局长座谈会上，中宣部副部长、国家广播电影电视总局局长徐光春指出，中国广播电视的改革方向，就是要"着手组建中央一级和省一级的广播影视集团。这些集团要做到广播、电影、电视三位一体，有线、无线、教育三台联合，省、地、县三级贯通，资源共享、人才共享、优势互补"，从而"形成一批在国际、国内有竞争力、有影响力的大型广播影视传媒集团"和"全国性的广播影视网"。同年 12 月 27 日，第一个省级广电集团——湖南广播影视集团正式挂牌运营。与此同时，山东、北京、上海等地组建广播影视集团的工作正紧锣密鼓地进行，国家广电总局组建"中国广播电影电视集团"的工作也在考虑之中。

以办好广播电台、电视台为中心，以资本为纽带，实现资产重组，进一步增强实力，开拓市场，实现媒介的产业经营的规模化和集团化，已成为广播电视业发展的大势所趋。

第三节
广播电视教育、社团和研究工作

改革开放以来，我国的广播电视教育蓬勃发展，已形成了多学科、多层次、多规格的广播电视教育网络，培养了大批广播电视专业人才，为我国广播电视事业的迅猛发展作出了贡献。广播电视专业社团创建以后，结合我国广播电视改革的实践，在推动广播电视理论研究、评选优秀节目和推动广播电视学术繁荣和创作繁荣方面做了大量工作。广播电视教育的蓬勃发展和广播电视学术社团的兴起，促进了广播电视研究工作的深入开展。改革开放二十多年来广播电视研究取得的丰硕成果，标志着有中国特色的社会主义广播电视学已趋于成熟。

一、广播电视教育的蓬勃发展

粉碎"四人帮"以后不久，1977 年起，高等学校取消"文革"期间实行的从工农兵中选拔学员保送入学的做法，重新恢复了全国统一高考招生的做法。1978年中共十一届三中全会之后，我国的高等教育事业重新走上了健康发展的道路。在广播系统，1980年召开的第十次全国广播工作会议提出要进一步办好北京广播学院。1983年召开的第十一次全国广播电视工作会议上，广播电视部部长吴冷西在讲话中谈到了广播电视人才的教育和培训时，明确地提出了三个方面的意见和措施：首先要重点办好北京广播学院，并筹办第二所高等广播电视院校；其次，要普遍开办广播电视中等专业学校；第三，要争取有更多的大专院校增设与广播电视业务对口的专业。

在国家教育和广播电视主管领导部门的重视下，70年代末到90年代初，我国的广播电视教育发展迅速呈现了初步兴旺的景象，主要表现在以下几个方面：

第一，作为广播电视教育事业主干高校的北京广播学院，办学规模逐渐增多，师资队伍稳步壮大，学生人数迅速增加。1977年至1992年间招收本科生4749人，大专生113人，总计达4862人。从1979年起，开始招收硕士研究生，（见图9－4）1981年成为首批硕士学位授予单位。至1992年，前后共招收七个专业硕士生383人，另研究生班44人。据1981年至1991年统计，北京广播学院共毕业专科生3131人，其中分配到中央及省级、计划单列市广播电视部门的有1877人，分配到地市以

北京广播学院1979年研究生招生专业简介（订正稿）

招生专业	研究方向	学制	指导教师	外语语种	考试科目	专业基础课、专业课主要参考书目和范围	备注
播音	播音基础理论	三年	齐越	英语或俄语	1、政治 2、外语 3、语文 4、新闻理论 5、播音业务（包括各种文体播音）	1、马恩列斯和毛泽东同志关于新闻工作的主要论述 2、毛泽东：《在延安文艺座谈会上的讲话》 3、周恩来：《在文艺工作座谈会和故事片创作会议上的讲话》 4、艾思奇：《辩证唯物主义历史唯物主义》 5、《播音业务专辑》（吉林省广播事业局编印）	1、需要复试 2、要求：必须掌握普通话发音；有一定语言表达能力；五官端正；发声器官无疾病；无色盲夜盲。
播音	播音发声学	三年	徐恒	同上	同上	1—5项同上 6、文科大学汉语教材语音部分	同上
新闻理论	新闻理论	三年	王珏	同上	1、政治 2、外语 3、语文 4、新闻理论 5、新闻业务	1、马恩列斯关于新闻工作的主要论述 2、《毛泽东选集》第一至五卷中关于新闻工作的论述 3、艾思奇：《辩证唯物主义历史唯物主义》 4、于光远：《政治经济学》	需要复试
中国广播史	人民广播史和旧中国广播史	三年	赵玉明	同上	1、政治 2、外语 3、语文 4、新闻理论 5、中国现代史	1—3项同上 4、胡乔木：《中国共产党三十年》 5、大学文科中共党史教材	需要复试
电视新闻	电视片编辑理论	三年	任远	同上	1、政治 2、外语 3、语文 4、新闻理论 5、摄影业务	1—3项同上 4、关于电影的特殊表现手段的著述 5、电影艺术史和电影通史 6、《新闻纪录电影创作问题》（中央新闻纪录电影制片厂编） 7、论电影编剧导演和演员方面的著述 8、电影摄影、洗印化学方面的著述 9、摄影艺术表现方法方面的著述 10、《电影美学》（贝拉·巴拉兹著）	1、需要复试 2、要求：无矫正视力1.2以上，无色盲、色弱。
电视新闻	电视片编影艺术理论	三年	朱羽君 娇广礼	同上	同上	同上	同上

注：报名日期：1979年4月2日至12日，
报考条件和报考手续按照教育部和各省、市（自治区）研究生招生办公室的有关规定办理。

图9－4　1979年北京广播学院首次招收硕士生专业简介

（《广播电视节目报》第41期）

下单位的 835 人中，通常估计有 70% 左右在广播电视部门工作，两项合计为 2400 多人，占毕业生总数将近 80%。其他毕业生则分配到其他部门和公司、企业谋职，另外有 82 人考取研究生。1984 年起，广播学院开始承担广播电视高等函授教育的任务，先后设立新闻学（原名新闻编采）和广播电视工程两个专业，培养大专学历的在职干部，学员以广播电视系统在职人员为主，兼及其他系统有关人员，在各省、自治区、直辖市设有函授站及分站，到 1992 年共招收 8700 人，已毕业 4991 人。

第二，为适应广播电视事业发展对专业人才的需求，广播电视教育逐步走向多层次的正规培训。广播电影电视部于 1986 年 9 月在浙江杭州开办浙江广播电视专科学校（1994 年更名为浙江广播电视高等专科学校），即计划中的第二所广播电视高等院校，主要担负为地市级广播电视部门培养新闻、艺术人才。同年在北京广播学院建立广播电影电视部培训中心，担负短期培训国内外广播影视人才的任务。此外，广电部又于 80 年代中期办起华北广播电视学校（太原，1991 年 8 月以该校为基础建立了广电部管理干部学院）和郑州广播电视学校两所中等专业学校，主要培养影视动画、录音艺术、摄像和广播电视技术人才，学制为二到三年。1990 年广电部干部司原教育处升格为教育司，下设综合、院校和培训三处，主要职责为管理部属大中专院校，指导本行业的院校工作，负责组织全行业人才的需求预测，参与制定行业的中、长期教育事业发展规划，负责干部出国进修、培训工作，以及大、中专毕业生的分配工作等。此外，还有 17 个省的广电厅（局）办有广播电视中专学校。

第三，综合大学的新闻院系从 80 年代中期起陆续开设广播电视新闻专业，广播电视人才的培养已不再局限于广播电视自身系统之内。1985 年起，中国人民大学、复旦大学、武汉大学、厦门大学等著名综合大学的新闻学院（系）先后开设广播电视新闻专业。90 年代初期，南京大学、四川大学、杭州大学等新闻系的新闻学专业又先后开设广播电视专业方向。一些综合大学的中文系和电影戏剧专门院校依靠自身师资力量的优势，开设了播音主持艺术、影视文化、广播电视编导等专业（或专业方向）。此外，一些著名工科院校的传统的无线电专业也都面向广播电视人才市场，培养相关的专业人才。上述现象的出现，使得广播电视部门的专业人才来源日益趋向多渠道，从而促进了广播电视从业人员素质的提高。

综上所述，到 90 年代初，一个多学科、多层次、多规格的广播电视教育网络已基本形成。

90 年代以来，国家和广播电影电视部采取多种措施加大了对广播电视教育，特别是广播电视高等教育的投入，使广播电视教育进入了蓬勃发展的阶段。

1. 建立教育专项补助金，逐步解决办学经费不足的难题

1994 年 9 月，广播电影电视部作出决定，从 1994 年 7 月 1 日起，建立广播电影电视部教育基金。基金来源是从部属单位的广告总收入中按 1% 的比例提取，专项

用于教育。根据部党组的决定，成立了教育司、计财司、中央电视台、中央人民广播电台负责人为成员的教育基金管理委员会，制定了《教育基金管理办法》和基金项目申请实施程序。1996 年 1 月，广电部决定，教育基金改称教育专项补助金，从广告总收入中提取的比例增加到 1.4%，同时修改了申报程序。从 1994 年起到 1999 年，对部属院校资助总金额达到 2.3 亿元，其中北京广播学院 13180 万元，浙江广播电视高等专科学校 2120 万元，管理干部学院 1720 万元，其资助金额之多，在广播电视教育史上是空前的。教育专项补助金的使用，使广播电视方面的三所高等院校分别建立了一批独具特色的实验室，其中北京广播学院的信号与信息处理、广播电视传输技术达到了部级实验室的水平，图书馆自动化管理系统经过专家组评审达到 A 级一等水平。

2. 组建董事会，争取广电系统内外有关单位支持办学

1994 年 7 月北京广播学院董事会成立，董事会名誉董事长为全国人大常委会副委员长王光英、全国政协副主席马万祺、原广电部部长艾知生，由广电部副部长何栋材任董事长。董事会由广电部有关部门、部分省级广电厅（局）和有关企事业单位组成，首批成员单位 33 个（后又陆续增加至 80 个）。根据董事会的《章程》规定，董事会应对广播学院的办学发挥指导、支持和桥梁作用。各董事单位也采取多种形式，加强同广播学院的联系和合作，积极支持和参与联合办学，并为董事会提供基金。董事会成立期间，中央三台和广播学院签署了关于将 1989 年设立的中央三台奖学（教）金的数额由每年 5 万元提高到 15 万元的协议书。董事会成立两年后，到 1996 年 9 月，即筹集到基金 907 万元，根据《章程》规定，将其中 500 万元投入有关企业，用每年获取的收入来改善广播学院的办学条件。另外，从基金中直接拨出 170 万元用于设立特困生奖（助）学金，补助部分基础课教学费用和图书馆购置专业书刊以及购置实验室照明设备等，以解燃眉之急。据统计，在 90 年代后期，广播学院的各项建设中，总计使用的董事会基金达 993 万元，在当时条件下，为广播学院的发展作出了重要的贡献。

3. 设立部级高校科研立项并开展部级优秀科研成果评奖，提高科研水平和质量

1996 年，广电部对部属高校的科研采取了三项特别措施：一是开展部级科研项目立项评审；二是设立部级优秀科研成果奖；三是对确定为部级以上的科研项目，从教育专项补助金中给予经费资助。上述举措大大调动了高校教师开展科研的积极性。1996 年 10 月，广电部组织了对直属高校社科研究项目的首批立项。经专家评审，北京广播学院 24 项、浙江广播电视高等专科学校 3 项被确立为部级项目，共给予经费资助 93 万元。这一年，北京广播学院共完成科研项目 263 项，其中 7 项获部级奖。1996 年底，广电部组织了首届高校科研优秀成果评奖工作，获奖成果共 32 项。1997 年 9 月，广电部组织了对直属高校自然科学研究项目的首批立项补助金的

资助共260万元。这一年，广播学院共完成科研项目325项，获省部级以上奖励30项。

1998年和1999年，国家广电总局先后组织了对直属高校社会科学、自然科学研究项目的第二批立项。获准立项的有北京广播学院32项，浙江广播电视高等专科学校2项，管理干部学院2项。北京广播学院还获得11项教育部人文社会科学“九五”规划项目，对以上各项，从教育专项补助金中资助经费234万元。

4. 加强学科建设，提高办学层次，获得博士学位授予权

北京广播学院的本科建设始于1959年。80年代初，成为首批硕士学位授予单位后，陆续增设了一批硕士点，到1994年已有新闻学、语言学、现代汉语、通信与电子系统、电磁场与微波技术、戏剧电影文学和国际关系（原为国际共产主义运动）等七个硕士学位授予专业。在此前后，广播学院加强了学科学位建设，1992年，经过调整论证，先行确定了九个院级重点学科，后经广电部批准又确认其中新闻学、语言学（播音）、电磁场与微波技术和通信与电子系统四个学科为部级重点学科。1997年7月，经广电部聘请的专家组审定，又将新闻学、广播电视艺术学、语言学及应用语言学、通信与信息系统和电磁场与微波技术等五个学科列为重点学科，给予重点资助，以强化学科建设工作。

在上述基础上，1998年成为北京广播学院研究生教育大发展的一年。这一年内，北京广播学院又增设了广播电视艺术学、传播学、信号与信息处理和管理科学与工程等四个硕士学位授予专业，总计达到11个硕士点。更为有意义的是，经国务院学位委员会第十六次会议批准，北京广播学院成为新增博士授予单位，新闻学和广播电视艺术学两个专业同时获得博士学位授予权，实现了广播电视系统博士点零的突破，使研究生的教育提到了新的层次。第二年，广播学院开始招收博士生。（见图9－5）

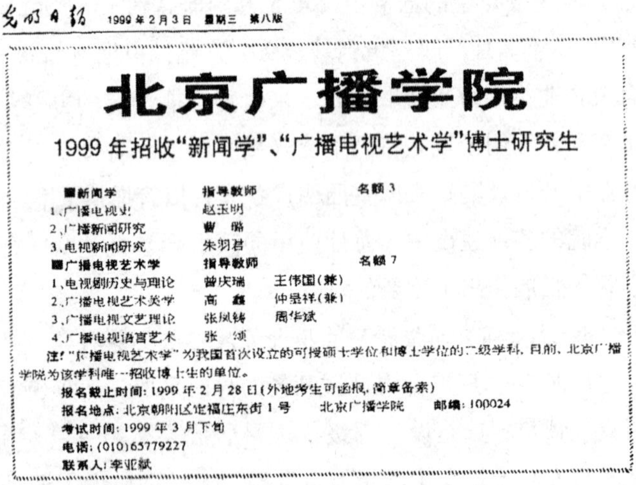
光明日报 1999年2月3日 星期三 第八版

北京广播学院

1999年招收“新闻学”、“广播电视艺术学”博士研究生

■新闻学	指导教师		名额3
1、广播电视史	赵玉明		
2、广播新闻研究	曹璐		
3、电视新闻研究	朱羽君		
■广播电视艺术学	指导教师		名额7
1、电视剧历史与理论	曾庆瑞	王伟国（兼）	
2、广播电视艺术美学	高鑫	仲呈祥（兼）	
3、广播电视文艺理论	张凤铸	周华斌	
4、广播电视语言艺术	张颂		

注：“广播电视艺术学”为我国首次设立的可授硕士学位和博士学位的二级学科，目前，北京广播学院为该学科唯一招收博士生的单位。

报名截止时间：1999年2月28日（外地考生可函报，简章备索）

报名地点：北京朝阳区定福庄东街1号 北京广播学院 邮编：100024

考试时间：1999年3月下旬

电话：(010)65779227

联系人：李亚斌

图9－5 1999年北京广播学院首次招收博士生信息

5. 向“211工程”挺进，把北京广播学院办成特色鲜明的传播大学

1993年7月，国家教委决定设置“211工程”重点建设项目。所谓“211工

程"，即面向 21 世纪，重点建设一百所左右的高等学校（当时全国有普通高校 1100 多所）和一批重点学科的总称。广播电影电视部于 1996 年 7 月、1999 年 4 月，先后两次向国家教委递交了关于将北京广播学院建设为"211 工程"院校的申请。围绕实施"211 工程"这一主题，北京广播学院在深化教育改革、改善办学条件、提高教育质量和科研水平等方面做了一系列切实有效的工作。1998 年 12 月，国家广电总局对前述 1997 年 7 月确定的北京广播学院的五个重点学科批准立项重点建设，并决定从 1999 年起，每年给予一千万元的专项资助。1999 年 6 月，国家广电总局组织专家组对北京广播学院重点建设的三个文科研究基地和两个工科实验室进行评审验收，并正式批复"新闻学与传播学研究基地"、"广播电视艺术学研究基地"、"语言学及应用语言学研究基地"和"信号与信号处理实验室"、"广播电视传输技术实验室"为部级研究基地和实验室。2000 年 9 月，教育部批准北京广播学院的广播电视研究中心为国家级人文社科重点研究基地，这是全国高校中唯一的以研究广播电视为己任的基地，也是全国高校中三个新闻传播学研究基地之一。此外，北京广播学院还拥有由国家语委和原广电部共建的国家普通话水平测试中心。同年，北京广播学院又增列新闻传播学一级学科博士授权点和传播学、语言学及应用语言学、通信与信息系统和电影学四个博士点，增列了两个硕士点，使全院拥有一个一级学科博士学位授权点、六个博士点、13 个硕士点，覆盖了广播电视高等教育的主要学科领域，广播电视研究型高层次人才培养体系趋于完善。重点学科建设带动了北京广播学院的全面发展，综合条件明显改善，办学实力进一步增强。

2000 年，北京广播学院顺利地完成了"211 工程"的"九五"期间建设项目，跻身于全国高校百强之列。全院在校生达到 5500 多人，比 1995 年增加一倍多，函授夜大在读生近七千人，比 1995 年增加将近一倍，教学仪器设备投资达到 1.5 亿元，是 1995 年的 7.5 倍。

在北京广播学院蓬勃发展的同时，浙江广播电视高等专科学校，广电部（国家广电总局）管理干部学院以及全国的广播电视中等教育也都有了新的发展。截至 2000 年，浙江广电高专已增加到七个系，开办了将近二十个专业（或专业方向），在校生达到三千人左右，已输送毕业生近五千人。管理干部学院调整为四个系，开办的专业也由单纯的电视艺术类专业扩展为集影视动画、表演、广告、多媒体和信息网络技术等近二十个专业的广播影视类的管理干部培训院校，在校生规模也扩大到近千人，广播电视中专教育也已初步形成规模，具备一定办学实力，成为广播电视教育体系中的重要类型和教育层次。改革开放二十多年来，20 所学校共培养中专毕业生 2.9 万多人，培训在职干部 4 万多人。

2000 年 2 月，根据国务院《关于进一步调整国务院部门（单位）所属学校管理体制和布局结构的决定》和国务院办公厅转发《教育部等部门关于调整国务院部门

（单位）所属学校管理体制和布局结构实施意见的通知》的精神，将北京广播学院划转教育部管理，浙江广播电视高等专科学校划转浙江省管理，国家广电总局管理干部学院划转山西省管理。从此，广播电视教育的发展开始了一个新的阶段。

二、广播电视社团的建立和发展

适应改革开放发展的需要，80 年代以来我国涉及广播电视方面的社会团体从无到有，形成了相当的规模。截止到 2000 年，广播电视系统内外的有关全国性社团已有二十余家，其中，社会影响较大、开展活动频繁的有中国广播电视学会、中国广播影视报刊协会、中国电视艺术家协会、中国电影电视技术协会、中华广播影视交流协会和中国教育电视协会等。

中国广播电视学会（以下简称"中广学会"）于 1986 年 10 月在北京成立。（见图 9-6）中共中央政治局委员胡乔木出席成立大会，并在讲话中希望学会把广播电视研究工作承担起来。中广学会成立以后，以开展广播电视学术研究，建设发展中国广播电视学为己任，积极为广播电视事业的改革开放服务，为建设有中国特色的广播电视事业服务。首任会长吴冷西，历任会长为艾知生、孙家正、田聪明和徐光春等。中广学会有三十多个专业研究委员会，中央三台、北京广播学院和各省、自治区、直辖市广播电视厅（局）均为中广学会的单位会员。1994 年，中广学会进一步健全了组织机构，明确了

开展广播电视学术研究 建设发展中国广播电视学

中国广播电视学会成立

本报讯 "中国广播电视学会"10 月15日在北京成立。中共中央政治局委员胡乔木参加了"中国广播电视学会"成立大会并讲了话，他希望学会把广播电视研究工作承担起来。

近几年，我国的广播电视事业蓬勃发展。呈现了建国以来前所未有的兴盛局面。全国广播电视系统现已拥有二十八万多人的职工队伍，广播电视宣传日益深入人心，成为人民群众精神文化生活的重要组成部分。广大广播电视工作者迫切希望加强广播电视的学术研究工作，以促进广播事业的改革和发展。

"中国广播电视学会"是全国性的广播电视学术团体。学会将在马列主义、毛泽东思想指导下，贯彻"百花齐放、百家争鸣"的方针，发扬科学精神和创新精神，开展广播电视方面的学术研究，建设和发展中国的广播、电视学。

"中国广播电视学会"成立大会制订了学会章程，选举了学会领导机构。吴冷西担任会长，副会长（以下按姓氏笔划为序）：王枫、左漠野、吴少琦、何光、何大中、邹凡扬、金照、郝平南、徐崇华、谢文清，赵水福任秘书长。

（王锋）

图9-6 1986 年 10 月中国广播电视学会成立的报道
（《中国广播报》1986 年第 44 期，11 月 1 日版）

工作要点，更多地承担起广电部委托的适合于学术团体承担的各项任务，从理论研

究、学术交流、节目评奖、人才培训等多方面开展工作，取得了显著的成果。学会成立十多年来，组织撰写了《中国广播电视学》等著作，创办了《中国广播电视学刊》；从着重抓现实问题研究入手，开展了大型的政策研究、决策研究、改革典型研究，如"不发达地区农村广播电视调查"、"沿海开放地区广播电视事业发展战略研究"和"珠江经济台"典型研讨等活动；主持和参与全国性广播电视节目评奖活动，如中国广播电视新闻奖、中国广播剧奖、中国广播文艺奖和中国播音与主持作品奖等。中广学会从 1988 年起，每两年组织举办一次全国广播电视学术论文评选，从 1990 年起，每四年组织举办一次全国广播电视学术著作评选，截至 2000 年，分别举办过七届和三届，获奖的广播电视论文和著作基本上反映了我国广播电视研究的水平。

中国广播影视报刊协会于 1991 年 12 月在北京成立。该协会是全国广播影视报刊自愿参加的全国性社团，自成立以来，积极组织协调各报刊坚持正确舆论导向，加强团结协作，开展各项相关业务活动，以提高广播影视报刊质量，发挥对广播影视的补充、延伸、引导作用，更好地为广大听众、观众和读者服务。该协会设有四个专业委员会，从 1992 年起组织全国性广播影视报刊优秀稿件评选活动。

中国电视艺术家协会于 1985 年 4 月在北京成立，是中国文学艺术界联合会团体会员之一，各省级电视艺术家协会为其团体会员。该协会致力于发展和繁荣中国电视艺术事业，开展了电视艺术创作和作品研讨、中外电视艺术交流，举办"中国电视金鹰奖"、"百佳电视艺术家"评选等多项活动，主办《当代电视》、《大众电视》刊物，充分发挥了协会"联络、协调、服务"的职能。

中国电影电视技术协会成立于 1982 年 3 月，是中国影视技术工作者自愿组成的非营利性社会团体，是中国科学技术协会的成员。协会成立以后，致力于推动和组织国内外影视技术的交流与合作，对促进我国影视技术的发展和普及以及影视技术人才的培养和成长发挥了积极的作用。协会设有十多个专业委员会，并在一些省、市建有地方影视技术协会。

中华广播影视交流协会成立于 1993 年 4 月，是由广播影视系统各基层单位和广播影视界专业人士自愿组成的非营利性的社团，协会致力于促进广播影视艺术、科学、技术、学术、经济等领域的交流与合作，通过与港、澳、台、侨、海外华人和外国人士的广播影视的交流与合作，为传播中华文明、振兴中华作出了多方面的成绩。

中国教育电视协会于 1994 年 9 月成立。该协会是全国教育电视台和相关教育电视机构组成的社会团体。协会围绕促进教育电视节目的制作、联播以及相互交流和协作，开展教育电视的理论研讨，以及提高教育节目的质量和效益等开展多项活动，取得了良好的成绩。协会设有两个专业委员会。

三、广播电视研究工作和广播电视学学科建设

1980 年召开的第十次全国广播工作会议总结了新中国成立以来广播电视工作的基本经验，1983 年召开的第十一次全国广播电视工作会议提出了立志改革、开创广播电视工作新局面的历史任务。适应总结广播电视基本经验和开创广播电视新局面的需要，广播电视的研究工作也逐步发展起来，从 20 世纪 70 年代末改革开放之初到 90 年代末，广播电视研究的进展主要经历了三个阶段：

1. 恢复起步阶段——从 70 年代末到 1986 年 10 月中国广播电视学会成立之前

当时，广播电视系统正全力从政治上、思想上进行拨乱反正，清除"左"的流毒和影响；同时，按照第十次全国广播工作会议重新提出的"自己走路"的业务方针，着手进行广播电视宣传工作的改革。所有这些工作都要求全面、系统地总结广播电视发展的历史，认真回顾和反思历史的经验和教训，恢复和发扬人民广播的光荣传统，用科学的方法加以深入研究，从中找出规律性的东西，上升到理论的高度，用来指导今后的实践。

1980 年，北京广播学院进行系科调整，原新闻系重新组建为新闻系、播音系、文编系和电视系，并成立了新闻研究所。结合广播电视教学的需要，广播电视的研究开始突破新闻学的框架，向广播电视的纵深领域迈出探索的步伐。此前，1979 年北京广播学院开始招收新闻学专业广播电视方面的硕士研究生，同时创办了《北京广播学院学报》，1981 年，新闻研究所主办的《新闻广播电视研究》创刊。在此前后，由新闻系主持的解放区广播史的调研工作启动，首先对延安（陕北）新华广播电台的创办和变迁的沿革进行了实地考察，随后，又受中央广播局的委托，开展了《中国人民广播回忆录》的征集工作。1982 年 5 月，广电部政策研究室成立。广电部部长吴冷西提出"政策研究室应着重总结历史经验"，"应在总结历史经验的基础上提出重大方针性、政策性的问题，包括业务思想、宣传思想和理论原则"。[①] 此后几年中，该室先后编辑出版了《广播电视工作文件选编》（上、下册）和《方向与实践——第十一次全国广播电视工作会议文件和典型材料选编》等几本书。在此期间，中央三台和部分省级广电厅（局）台陆续成立了研究室（所）。1985 年 10 月起，广电部政策研究室又承担起在广电系统内协调指导各研究单位业务工作的管理职能。

1983 年 3 月，广电部根据中央宣传部关于编辑、出版《当代中国》大型系列丛书通知的精神，成立了《当代中国的广播电视》编委会和编辑部。同年 7 月，广电部政研室和北京广播学院等单位联合在长春召开的第一次中国广播电视史座谈会，标志着《当代中国的广播电视》一书的编纂工作开始启动。

---

① 引自《改革开放中的广播电视 1984—1999》，第 240—241 页。

在 80 年代前期，除北京广播学院外，广电部主办的《中国广播电视》于 1982 年 7 月创刊，中央三台分别编印的本台业务刊物先后问世，少数省级广电厅（局）也开始出版业务刊物。值得注意的是，在此期间已有少量广播电视方面的著作问世，其中有康荫《新闻广播学研究》、裴玉章《荧屏前后》、苑子熙《新闻广播电视学——理论与应用研究》、张颂《播音基础》、杨兆麟和赵玉明《人民大众的号角——延安（陕北）广播史话》以及《中国人民广播回忆录》、《延安（陕北）新华广播电台广播稿选》、《旧中国的上海广播事业》等。

2. 初获成果阶段——从 1986 年 10 月中国广播电视学会成立到 80 年代末期

1986 年 10 月，中国广播电视学会在北京成立。在成立大会上，多位老一辈广播工作者在发言中建议把广播电视的研究从新闻学的框架中分离出来，建立独立的广播电视学（或广播学、电视学）。中广学会的成立使广电系统内长期分散进行的研究工作，开始步入了组织有序的发展阶段。在中广学会的带动和组织下，开始着手编写《中国广播电视学》等一些有代表性的广播电视著作，对推动广播电视学的建立和发展起了积极的作用。80 年代后半期可以说是广播电视研究的第一个收获季节，综合这一阶段的研究成果有如下几个方面：

首先，一批广播电视史学著作率先问世。其中最具代表性的为左漠野主编的《当代中国的广播电视》（上、下册）。该书叙述了 1949—1984 年中国广播电视事业成长的概貌和取得的成就，总结了社会主义初级阶段广播电视事业发展的基本经验。此后，该书编辑部还从全国各省、自治区、直辖市广播电视厅（局）提供的几百万字的资料性文稿中筛选汇编了一套八本《中国广播电视史料选编》。《当代中国的广播电视》的编纂和出版，推动了各地广播电视史调查研究编写工作的开展，同时，又与各地根据上级政府部门部署的编写本地广播电视志的工作交互进行，呈现了一派盛世修史的盛况。《梅益谈广播电视》一书，汇编了他自新中国成立以来撰写的有关广播电视工作的论述、报告、讲话等。中央电台编写的《中央人民广播电台简史》一书，对该台的成长历程及各类节目创办及其方针、任务和作用等分别作了介绍。赵玉明的《中国现代广播简史》首次比较全面、系统地概述了 1923—1949 年中国广播事业发展的历程。汪学起等《第四战线——国民党中央广播电台掇实》，以史话形式勾画了国民党中央台的兴衰变迁。

其次，广播电视基础及应用理论类著作和教材相继出版。北京广播学院新闻系、电视系和播音系组织编写的第一代原创性广播电视教材的问世，既是北京广播学院历年来主要业务课教学成果的总结，也为广播电视研究深入开展奠定了基础。此外，陆续出版的还有刘志筠《电子新闻媒介——广播与电视》、林兴仁《实用广播语体学》、施旗《广播电视语言》等。

受广电部委托，由北京广播学院主持编纂的《中国广播电视年鉴》（1986 年版为首卷，此后，每年一卷）和《广播电视简明辞典》（1989年出版）相继出版，及时汇编了我国广播电视改革的新情况、新进展，概括介绍了广播电视的基本知识，为以后广播电视研究的开展提供了丰富的信息资料。

3. 走向成熟阶段——从90年代初期起到20世纪末

90年代以来，广播电视的研究已逐步走向成熟，表现为一批以中老年为主的具有高中级职称的专兼职的研究队伍已基本形成；广播电视的研究已由分散、个体为主逐步走向有组织、有计划的课题性研究为主；广播电视学术论著的评奖活动已走向制度化、规范化，广播电视研究的丰硕成果已初步构建起有中国特色的广播电视学的框架。

1992年3月，广电部政策法规司和中国广播电视学会在江苏省常州市召开了全国广播电视研究工作会议。召开全国性的专门会议全面讨论广播电视研究工作，这在我国广播电视史上尚属首次。会议的《纪要》强调了"加强广播电视研究工作的迫切性"，要求"必须坚持以马列主义、毛泽东思想为指导，以建立有中国特色的社会主义广播电视理论，发展有中国特色的社会主义广播电视事业为目标"，"应用理论与基础理论、决策研究与业务研究、现状研究与历史研究，要统筹安排、协调发展。在研究任务的落实上，要适当分工。"会议确定了1992年至1995年全国广播电视研究课题115个，其中重点研究课题22个。

在广播电视研究队伍建设方面，经过十几年的努力已基本上形成了由几个方面人员组成的研究队伍，其中有以北京广播学院为代表的包括一批综合大学新闻院系中从事广播电视教学研究的人员（含在读的博士生、硕士生）；有以国家广电总局、中央三台和其他直属单位的有关研究部门为代表的包括一批省级广电局、台专兼职研究人员；有以中国广播电视学会及所属三十多个专业研究委员会为代表的有关广播电视学术团体的专兼职研究人员；还有正在广播电视第一线从事编、采、播、录、导等工作，积累了丰富实践经验，并有研究能力的人员。此外，在全国社会科学研究系统也有不少研究人员致力于广播电视的研究。

从1983年起，我国建立了国家社会科学基金制度。但由于多种原因，在国家社会科学基金项目中广播电视方面的研究项目，多年来一直未能列入。"七五"初期，开始有新闻学方面的课题列入基金项目。"七五"末期，第一个广播电视方面的研究项目——《中国广播电视通史》列入基金项目。1992年起，国家社科基金项目专门组建了新闻学学科规划评审组，负责草拟新闻学方面的课题指南，评审包括新闻学、传播学、广告学、广播电视学、编辑出版学等方面的申请项目等工作。在此前后十年间，列入国家社科基金的广播电视方面的项目总计达到17项。（见图9－7）获准立项的单位有北京广播学院（8项）、中国国际广播电台（2项）、广电部政策法规司（1项）和中央电视台（1项）及其他大学等。90年代起，教育部、广电部

（国家广电总局）和北京市的人文社会科学研究基金中都有一批广播电视方面的研究课题获准立项。2000年9月，北京广播学院广播电视研究中心被教育部批准为国家级人文社科重点研究基地，每年可以申报两项广播电视方面的重点科研项目。上述广播电视方面多种科研立项，对于促进广播电视学科建设和提高广播电视研究水平起了积极的作用。

国家社会科学基金广播电视方面项目一览表
(1990-2000年)

序号 (批准号)	立项时间	项目性质	课题名称	负责人	联系单位	成果形式	预计完成时间
1	1990	一般项目	中国广播电视通史	赵玉明	北京广播学院	专著	1993年
2	1992	一般项目	"一国两制"格局下广播电视的政策研究	白谦诚	广电部政策法规司	研究报告	1993年
3	1992	一般项目	国际卫星直播对我国的影响和对策	曹璐	北京广播学院	总报告	1994年
4 93BXW001	1993	一般项目	电视的跨国传播对民族文化的影响	王纪言	北京广播学院	专著	1996年12月
5 94BXW003	1994	一般项目	我国电视广播社会效益及其改进对策研究	陈培爱	厦门大学新闻传播学	研究报告	1996年6月
6 95BXW001	1995	一般项目	广播电视宣传热点问题研究	曹璐	北京广播学院	论文 研究报告	1997年4月
7 96AXW002	1996	重点项目	西方对华广播的战略、策略、手法和我们的对策	胡耀亭	中国国际广播电台	论文 研究报告	1996年12月
8 96BXW006	1996	一般项目	中国广播电视语音传播研究	张颂	北京广播学院	专著 电脑软件	1999年12月
9 96BXW009	1996	一般项目	社会主义市场经济条件下的有线电视经营管理	吴信训	四川联合大学新闻学院	研究报告	1997年5月
10 96CXW002	1996	青年项目	社会主义市场经济条件下的广播电视(含有线台)管理研究	胡正荣	北京广播学院	论文 研究报告	1997年9月
11 97BXW003	1997	一般项目	电视广播的思想文化导向研究	郭庆光	中国人民大学新闻学院	专著	1999年5月
12 97BXW004	1997	一般项目	广播电视多出精品的机制研究	张舒	北京广播学院	研究报告	1999年7月
13 97CXW001	1997	青年项目	电视娱乐类节目在思想道德与文化建设中的作用研究	蔡夫策	四川联合大学新闻学院	研究报告	1999年4月
14 98BXW004	1998	一般项目	从"焦点访谈"类专题(报道)看舆论监督作用	郭镇之	北京广播学院	研究报告	1999年5月
15 98CXW001	1998	青年项目	电视文化论	陈龙	苏州大学新闻传播学系	专著	2000年7月
16 98EXW001	1998	自筹 经费项目	建设具有中国特色社会主义电视理论	杨伟光	中央电视台	专著	1998年10月
17 99BXW006	1999	一般项目	面临市场经济和信息时代双重挑战的我国广播电视外宣：现状、未来和对策	温晔	中国国际广播电台研究室	论文 研究报告	2001年12月

图9-7　1990—2000年国家社会科学基金广播电视方面项目一览表

概述1990年至2000年间广播电视研究成果有以下几个方面：

在广播电视基础理论研究方面，阎玉主编的《中国广播电视学》和杨伟光主编的《中国电视论纲》的问世，标志着有中国特色的社会主义广播电视理论体系已初步形成。

在广播电视应用理论研究方面，北京广播学院电视系主编的《中国应用电视学》、张颂主编的《中国播音学》、杨伟光主编的《电视新闻分类与界定》和《中国电视专题节目界定》、张君昌的《应用电视新闻学》、陆锡初等《节目主持艺术通论》和曹璐等《卫星电视传播》等相继出版。

在广播电视与其他学科结合研究取得的成果有：周鸿铎《广播电视经济学》、武子芳等《中国广播电视管理学概论》、宋友权《中国广播受众学》、陆地《中国电视产业发展研究》、张凤铸主编《中国电视文艺学》、胡正荣《媒介管理研究——广播电视管理创新体系》和朱月昌《广播电视广告学》等。

在广播电视史志研究方面，艾知生、刘习良主编的《改革开放辉煌成就十四年·广播电影电视卷》，介绍了1979—1992年间中国广播影视事业改革开放的成就和基本经验。艾知生著《广播影视工作谈》收入了他担任广电部部长期间的讲话和文章。中央电视台两度出版了本台台史《中央电视台简史》和《中央电视台发展史》，中央电台也修订再版了《中央人民广播电台简史》。在此期间出版的广播电视史书还有吴少琦主编的《东北人民广播史》（1945.9—1949.9）、郭镇之《中国电视史》、陈飞宝等《台湾电视发展史》、钟艺兵主编《中国电视艺术发展史》、吴素玲《中国电视剧发展史纲》、张振东等主编《香港广播电视发展史》和赵玉明主编并执笔的《中国广播电视通史》（上卷）等。80年代开始编纂的地方广播电视志在90年代陆续问世的有吉林、陕西、山东、新疆、云南、青海、黑龙江、四川、湖南、安徽、辽宁、山西、广东、江西、贵州、上海、广西和江苏等近二十个省级的广播电视志。大批地方广电志的出版，既追述了本地区广播电视发展的历程，又总结了广播电视事业建设和广播电视宣传的经验，对促进广播电视研究的深入开展提供了丰富的第一手资料。此外，中央三台和部分地方台为庆祝本台台庆，相继出版了一批丛书和画册，其中有中央电视台的《电视丛书》、《跨世纪电视丛书》，中国国际广播电台的《国际广播丛书》，中央电台的《中央人民广播电台60年》丛书等。这批丛书是综合性研究的成果，既包括基础和应用理论方面的成果，也包括历史经验和改革开放以来实践经验的总结。

这一时期，在广播电视工具书方面，相继问世的有《中外广播电视百科全书》、《广播电视辞典》和《中国广播电视人物词典》等。与此同时，还翻译介绍了一批外国的广播电视理论和实务性的著作，如《欧美高级广播电视教程》等。90年代以来，结合广播电视改革开放创造的新鲜经验和社会主义市场经济条件下广播电视理论方面亟待探索解决的某些重大问题，还举办了许多次全国性的研讨会，对广播电视基础理论、应用理论、发展战略的研究、广播电视的管理决策以及广播电视史志的编纂工作等方面的问题，展开了广泛的研讨，取得了不少突破性的进展。

改革开放二十多年来，广播电视教育和广播电视研究的蓬勃发展，推动了广播电视出版事业的繁荣。中国广播电视出版社、中国国际广播出版社和北京广播学院出版社承担了上述绝大多数研究成果的出版任务，为推动广播电视事业的改革和发展作出了贡献。

80年代末到90年代，广播电视科学研究取得的多方面成果，已引起了国家有关部门和社科学术界的注意。广播电视学作为一门新兴学科的地位已逐步得到社会上的认同。1992年11月，国家技术监督局颁布的国家标准《学科分类与代码》中，把"广播与电视"列为"新闻学与传播学"学科范围内的二级学科。在"广播与电视"学科内列入了"广播电视史"、"广播电视理论"、"广播电视业务（包括广播电视采访、写作、编辑等）"、"广播电视播音"和"广播电视其他学科"等三级学科。1997年3月出版的全国哲学社会科学规划办公室主编的《哲学社会科学各学科研究状况与发展趋势》中《新闻学》章节论及广播电视研究时称："90 年代以来，广播电视已成为一个独立的学科，研究进展迅速，但由于起步较晚，理论方面还比较薄弱。"2000 年 1 月出版的李铁映主编的《中国人文社会科学前沿》一书中认为，广播电视理论研究也开始进入发展时期，有中国特色的社会主义广播电视理论体系已逐渐形成。与此同时，国家教育主管部门在本科生、研究生的学科、专业目录中已列入了广播电视新闻学、广播电视艺术学等学科、专业。有关学者在回顾 20 世纪中国新闻学与传播学的建立和发展的专著中，已将广播电视学列为独立学科专门加以论述。

在迎接 21 世纪到来之际，中国广播电视学会于 1999 年制定，并由国家广电总局办公厅转发了《1999—2002 年广播电视理论研究规划纲要》。《纲要》提出了广播电视理论研究六个方面的工作，即：（1）把建设有中国特色的社会主义广播电视理论作为重点，加强基础理论研究；（2）把总结业务经验、创优经验、改革发展经验作为重点，深化应用理论研究；（3）关注广播电视改革中的现实问题，重视决策研究；（4）总结广播电视事业发展的历史经验，抓好史学研究；（5）广泛开展学术交流，办好理论园地；（6）注重学术研究人才的培养，推动和加强理论建设。《纲要》的制定和实施，为世纪之交的广播电视研究工作的深入开展和推动广播电视学科的建设将起着积极的促进作用。

第四节
广播电视科技和工业

新中国的广播电视事业是在技术落后、工业不发达的基础上起步的，很多设备和器材最初都只能依靠进口。但随着国家经济的好转，尤其是 80 年代以来各项改革措施的顺利推行，在广播电视科技工业领域，一方面，我国开始广泛学习和引进国外先进技术成果，重视和加强对本民族科技人才的培养；另一方面也积极鼓励和扶植国内创新性的科技开发与工业建设，使得广播电视科技和工业获得了长足发展。

一、广播电视科技的进步

科学技术既是广播电视的传播手段，也是其赖以存在的物质基础。改革开放以来，我国广播电视科技手段不断进步，成为推动事业发展的一支重要力量。

1. 在广播电视节目及其他音像制品的制作手段方面

70 年代末期，随着社会政治和经济环境的改善，各广播电视机构开始有计划地引进一些国内急需的先进设备，从而迅速改变了以往设备陈旧、技术落后的状况，拉近了与世界发达国家的差距。

为提高电视新闻时效，简化和加快电视新闻的采集制作过程，自1978年12月开始，中央电视台《新闻联播》节目开始使用引进的ENG电子采访设备，采制声像合一的新闻，从而改写了以往单靠摄影机拍摄电视新闻的历史。ENG（Electric News Gathering 的缩写）电子新闻采访设备是当时国外的最新科技。各地方台也紧随中央台之后而陆续使用了这一设备，有些较晚成立的电视台甚至没有经过摄影机拍片时代，就直接进入了电子新闻采集时代。1996年，中央电视台又开始运用数字卫星新闻采集（DSNG），之后几乎每一项重大节目的转播都应用了该设备。数字卫星新闻采集手段的运用，不仅扩大了电视新闻报道和现场直播的空间，提高了电视视频和音频的传播质量，而且可以实现多路节目传输，保证制作系统的稳定性和抗干扰性。同年，中央电视台《新闻联播》记者开始配备笔记本电脑。利用这一技术手段，记者在世界各地都可以通过普通电话线路与台内进行网络连接。1997年12月，中央电视台又与全国的各省级电视台初步建设起微机报道网络，有近二百台电脑联网，用微机阅稿的方式取代了传统的电话宣传例会，双方可以通过微机互相交流信息，使新闻传递的速度和数量成倍增加。由新闻制作手段进步所带来的巨大变化，不仅提升了广播电视的知名度，也促进了其他节目栏目的技术改良，现场直播、电话采访、电脑合成等新兴手段的综合运用，使广播电视节目栏目的创意空间不断拓展，内容形式日趋多样，从而极大地丰富了广播电视的声屏与荧屏。

2. 在卫星广播、有线电视、数字传输等传播手段方面

70年代以来，高科技占领传播领域成为世界潮流，有线电视、电视直播卫星、高清晰度电视、多声道立体声伴音电视、各种音像纪录器材以及图文电视等纷纷从实验室步入社会生活。中国在高新技术领域不甘落后，奋起直追，利用自己培养的科技人才不断研发新技术。这些技术、手段的中国生产、中国制造，不仅为事业的进一步发展节约了成本，也增强了中国广播电视事业的国际竞争力。

有线广播电视兴起于70年代末，80年代开始在我国得到蓬勃发展。至1997年底，我国已建成县以上有线电视系统2000多个，专用光缆干线10万公里，电缆干线40多万公里，入户终端6000多万户，到2000年有线电视用户已发展到8000多万户。以有线广播、调频广播、微波站和卫星地面接收站等多种手段组成的广播电视覆盖网以及共缆传输、共同入户的有线广播电视网，扩大了广播电视的覆盖网络，也使广播电视的频道资源日渐增多，从而相应地使媒介的信息含量不断增加。

作为70年代发展起来的现代化技术，卫星传送无疑是科学技术对广播电视传播的又一巨大贡献。它不仅从传播手段上更好地保证了广播电视的报道时效，使重大新闻事件可以做到世界范围的同步报道，而且节目信号稳定，传输质量好，是一种投资少、见效快、收益高的现代传播手段。80年代以前，我国的广播电视节目传送

主要是通过微波线路进行的，在传送质量和建设成本方面，微波线路都明显落后于卫星传播，自身存在着很多不尽如人意的问题。因此，1983 年，第十一次全国广播电视工作会议确定，今后将主要"采用广播卫星覆盖"。

1984 年 4 月，我国发射的第一颗试验通信卫星上天，成功地进行了多路广播电视节目的传输试验，开创了我国广播电视节目传送的新纪元。1985 年 1 月，我国为传送电视节目租用的国际卫星转发器开始启用；10 月，中央电视台开始利用国际通信卫星 5 号 C 波段向全国传送电视节目。1986 年，中央人民广播电台和中央电视台每天分别通过卫星向全国传送多套广播节目和两套电视节目。1988 年，我国自行研制的两颗东二甲实用通讯广播卫星先后发射成功，大大拓展了广播电视传送的范围，改善了节目的传送质量。1990 年，通过卫星向世界各地传送的北京第十一届亚运会实况，反响良好。1994 年，又购买一颗美国卫星，用于广播电视节目的传送。也正是借助于卫星传播，1991 年 9 月 1 日，《新闻联播》走向世界，1996 年 4 月就已覆盖全球。从 1997 年 1 月开始，河南、广东、内蒙古、辽宁、江西、福建等十省、自治区采用数字压缩技术，通过亚洲 2 号卫星传送节目。至 1999 年 7 月，全国所有省、自治区、直辖市的第一套电视节目都已通过亚洲 2 号卫星传送，并大多采用了数字压缩技术。

卫星广播电视的应用，使我国广播电视事业进入一个高速发展的时期，它不仅大大提高了广播电视节目的覆盖，给观众以更多的选择，也迅速改变了国内广播电视业传统的按地域划分的竞争格局，对于促进中央和地方广播电视事业的改革和发展发挥了巨大作用。利用卫星传送，浙江电视台一改从前国际新闻需要重播中央台节目的局面，而独立使用 CNN 的国际新闻，从而为全国电视新闻改革带来了一股清新的风气。山东电视台在节目上星后，首家推出 24 小时的节目播出方式，带动了全国电视的总体改革。湖南电视台开办的综艺节目《快乐大本营》和兼具情感诉求与婚介服务双重功能的《玫瑰之约》节目，在上星播出后，受到国内观众的广泛关注，甚至一度在全国电视界掀起了"湖南卫视热"和"电视红娘"节目热。

在广播方面，1983 年以来，调频广播得到发展，全国增加了 96 座调频广播电台。不少省、自治区采用调频双节目广播技术，利用原有的一部调频发射机同时播出两套节目。之后，新研制的调频立体声广播附加讯道投入使用。短波广播的增多，微波线路的传送，大大提高了广播频道的使用效率，收听率也有了提高。

近年来，数字技术、互联网络迅速崛起，与传统的广播电视传输手段形成既分化又融合的格局，数字化、网络化和信息化技术正迅速进入实用阶段。

二、广播电视工业的发展[①]

广播电视工业是广播电视事业的重要组成部分，主要生产与广播电视事业相关

---

① 本部分系参考《中国广播电视年鉴》（1987 年版、2000 年版）的有关内容写成。

的投资类、消费类产品——投资类是供应各级广播电台、电视台（站）所使用的节目制作、记录、传输、发射和差转等专用设备；消费类是广大人民群众日常使用的唱片、录音带、收音机、收录机、录像机、电视机、摄录机、激光视盘机等产品。新中国成立前，我国广播工业的基础极为薄弱，主要元件都依靠从国外进口。经过五十多年的发展，我国广播电视工业已成为门类比较齐全，具有相当规模和自主配套能力的以出口为主的产业。

新中国成立后，经过二十多年的调整和建设，到 1978 年底，直属中央广播事业局的工厂有四家，即中国唱片厂、广播设备制造厂、广播录音器材厂和磁带厂，另有一个苏州磁记录设备厂在筹建中；有十三个省、直辖市和自治区广播局也都办有广播工业。按照"专用、配套、科研、维修"的八字方针，这些工厂主要生产广播电视天线铁塔、录音磁带、录音机、遥控设备、中波发射机、调频发射机、电视发射机、唱片、唱机、投影电视接收机等产品，为广播电视事业的发展服务。

为加强对广播电视工业的统筹规划和管理，加快广播电视工业的发展，1979 年 1 月 1 日，国家专门成立了广播电视工业总局。1983 年，第十一次全国广播电视工作会议提出了我国广播电视事业发展的奋斗目标，同时还提出了"四级办广播，四级办电视，四级混合覆盖"，大力发展调频立体声广播，开辟分米波电视广播，采取广播卫星覆盖全国等一系列方针。为此由电子工业部牵头，组织了扩大广播电视覆盖设备的研制和攻关项目，以求最大限度地满足广播电视事业发展的需要。

做好广播电视发射设备的研制和生产工作，是顺利实现"四级覆盖"的必要前提。从 1981 年开始，我国广播电视企业就在广播电视脉宽调制（PDM）中、短波广播发射机、调频立体声广播发射机和分米波电视发射机领域进行生产性实验，至 1985 年，均实现了零的突破。1986 年至 1995 年，品种进一步扩展，质量也有了很大提高，逐步具有了生产和制造 PDM 和 PSM 中、短波广播发射机（1 千瓦至 150 千瓦）、调频立体声广播发射机（10 瓦至 10 千瓦）、米波和分米波电视发射机和差转机（1 瓦至 30 千瓦）等系列产品和系统配套的能力，产品的主要性能指标接近或达到了国际水平，及时满足了我国开展分米波电视广播和发展调频立体声广播的需求。在这十年间，各企业共为广播电视事业的发展提供了中、短波广播发射机 1421 部、调频广播发射机 1.3 万多部，电视发射机和差转机 5.2 万多部。国产广播电视发射设备逐步占领了国内的绝大部分市场，并有部分产品出口到国外。仅在 1986 年，广播电影电视部所属企业就为全国广播电视系统提供了自立式电视调频塔 28 座，各种型号调频发射机 129 台，各种型号专用录音机 1576 台，广播专用磁带 18.2 万盘，盒式录音磁带 154.8 万盒，组装录音录像车 121 辆，架设各种铁塔 46 座。90 年代中期以后，广播电视发射设备的研制和生产开始向数字化、网络化方向发展。1996 年，北京广播器材厂成功地试制出数字音频广播发射机。1998 年，经过两年的艰苦攻关，由国家科委组织的数字高清晰度电视功能样机系统顺利完成了开路试验，标志着我国的广播电视发射设备已向数字化迈出了可喜的一步。

随着"四级办"政策的推行，对广播电视节目制作和转播设备的社会需求也日益增加。为了适应这一需要，80年代以来，我国陆续研制出市、县用彩电中心设备、小型彩色摄像机、自动节目播出设备、锁相同步机、切换开关、特技、字幕以及台标、时钟等配套设备。但是相对于发达国家而言，由于国内工业基础薄弱，国家对这些科研成果又缺乏有力的扶持和保护措施，1984年，有关部门颁布规定，进口这些广播电视设备的部门可以免税，致使国外小型的数字化设备大量涌入，市场大部被外商挤占，国内企业处境艰难。在这样极其困难的条件下，北京电视设备厂的工程技术人员坚持与使用部门密切配合，自行设计和生产彩色电视转播车。在1990年召开的第十一届北京亚运会期间，国产转播车经受了考验，得到国内专家和同行的肯定。以后又不断改进提高，逐步替代了进口，源源不断地供应全国各地电视台、有线电视台、文教及公安部门，至今已累计生产彩色电视转播车几百辆。

在有线电视设备生产方面，1982年，国家广播电视工业总局和国家建委联合发出《关于在部分民用建筑中试行安装共用天线电视系统的通知》，这一政策得到社会各界的欢迎，也极大地促进了我国共用天线电视系统的发展。此后，电子工业部组织制定了CATV系统和设备的标准及新产品的定型管理办法，生产企业先后开发生产了VHF和全频道（45MHz~800MHz）共用天线系统的系列产品和设备，年产量从1982年的3万户发展到1990年的250万户。1990年以后，国内有线电视事业进入了建设有线电视台的新阶段。为适应这一变化，我国又相继开发出300MHz、550MHz和750MHz邻频传输系统的前端设备，天线放大器、分配放大器、分配器、分支器和机上变换器系统设备，光发射和光接收机，加、解扰系统，网络管理系统和视频点播系统等。国产设备的性能和主要电器指标达到了国外同类产品水平，基本上满足了我国中、小城市和乡镇建设有线电视台的需求，我国已成为世界有线电视的大国。

相比于有线电视发展的一帆风顺，我国卫星电视的研制和开发却走过了一条从Ku波段起步，改由C波段过滤，再转向Ku波段的曲折道路。目前这类生产企业已基本掌握了C波段和Ku波段的天线、高频头和接收机的设计与生产技术，并具备了一定的生产能力。数字卫星电视接收机也已研制成功并有少量投放市场，但由于国家政策的原因，至今还未能大批量生产。

改革开放以来，随着人民群众生活水平的不断提高，对电视机、收音机、录音机及录像机等消费类产品，尤其是电视机的需求量也日趋增多。为满足这一市场需求，1980年，我国从日本引进了彩色电视机及关键零部件的成套生产设备、仪器和技术，通过消化吸收后逐步加以推广，使彩色电视生产技术有了质的飞跃。1979年我国彩电的年产量尚不足一万台，到1988年就突破了一千万台，1995年年产量则突破二千万台，1998年年产量突破三千万台。在品种上，不仅已经可以生产10～38英寸的各种系列产品，而且有的企业还开发了16∶9宽屏幕彩电、大屏幕投影电视、PDP平板显示彩电、多媒体电视机以及数字高清晰电视机等，为我国彩电向数字化、大屏幕、高清晰度和多媒体方向发展打下了良好的基础。二十年来，我国彩电工业累计投资250亿元，建立了以彩电整机为龙头，以彩管、玻壳及元器件为支撑的较为完整的工业体系，确定了世界彩电生产大国的地位，创立了我国自己的名牌产品，形成了长虹、康佳、TCL、熊猫、海信、乐华等一批年产百万台以上的著名企业。国产彩电不仅在国内市场的占有率已超过了80%，在国际市场上也逐步站稳了脚跟。收音机、收录机、立体声组合音响、激光唱机、立体声家庭影院系统等音响类消费品工业也都有了很大发展。

在这些企业的隶属关系方面，根据中央有关精神，80年代以来，绝大多数原属广播电视系统的企业单位开始从广播电视系统剥离出去。目前，广播电视工业已全部实现了社会化生产和管理，需要参与激烈的市场竞争。各企业为求更好生存，不得不依据市场变化，调整产品定位，提高产品的科技含量和内部质量，以更好地服务于广播电视事业的发展和人民群众的生活需求。

第五节
广播电视的对外交流与合作

改革开放以来，随着我国对外开放领域的不断扩大，广播电视系统的国际交往活动也日趋频繁，无论是在广度还是深度上都比过去有了很大拓展。表现在交往对象上，就是开始由过去的以社会主义国家为主，转变为面向全世界所有友好国家；在交往层次上，由过去以中央级广播电视机构的对外联系为主，转变为中央和地方同步进行；在交往方式上，由过去较为单一的人员互访、节目交换或签署双方合作协定，转变为包括节目买卖、节目互转、合作制片、技术引进等多种方式在内的多渠道、全方位接触等。而这一发展、转化的过程又是与我国对外开放、对内改革的总体进程基本同步的，大致可分为前后两个时期。

一、广播电视对外关系的恢复和发展

我国广播界最早开展的国际交往活动是与外方互换节目。50年代初，中央人民广播电台开始与苏联及其他社会主义国家的广播电台建立起交换广播文艺节目的关系。此后，作为国家整体外交的一个组成部分，广播电视系统认真贯彻国家的外交政策，着眼于事业发展的整体利益，与世界许多国家开展了多种形式的友好合作，如引进国外先进技术、学习国外先进经验，参加国际广播电信组织以及与其他国家进行人员互访和签订广播电视合作协定等。总起来看，以政治联系为主，注重和强调对外交往的政治效果，是改革开放前我国广播电视界对外交往的基本立场，也是这一时期对外关系的基本特色。

70年代末，随着我国传统的政治本位的对外关系逐步向经济本位转化，广播电视界的对外交流工作也进入了一个新的历史时期。

1979年，为了有效地管理和规范各项涉外活动，中央电视台和中国国际广播电台分别组建了专门的外事机构。1980年，中央电视台又成立了电视服务公司，在承办国外广告业务的同时，兼做其他商业性外事工作。1982年12月，广播电视部成立外事局，取代了原来的国际联络部。① 1983年5月，广播电视系统的首届外事工作会议在北京召开。会议在总结过去经验的基础上，认真学习了中共中央批转的中央对外宣传小组《关于对外宣传工作情况和今后工作的意见》，指出广播电视系统外事工作的主要任务，就是以对外宣传为中心，为搞好广播电视对外宣传服务，为广播电视事业的现代化服务。会议制定并颁布的《广播电视系统外事工作归口管理的若干规定（草案）》，确立了广播电视系统外事工作的基本规范。1988年5月召开的第二次全国广播电视外事工作会议又进一步强调指出，广播电视的外事工作要有一个明确目的，就是"紧扣我们的外交政策的贯彻，紧扣我们事业的发展利益"。上述文件和精神成为指导新时期广播电视对外工作的基本方针。

在对外交往方面，改革开放以来，本着相互尊重、平等互利的原则，我国陆续恢复了与一些国家或地区的广播电视机构已中断多年的联系。恢复了同东欧五国广播电视界中断近二十年的交往，同民主德国、匈牙利两国签订了广播电视合作协定；恢复了与"国际广播电视组织"（International Radio and Television Organization 缩写为 OIRT)② 中断近二十年的关系，签署了建立电视新闻交换关系的有关协议；还恢复了同苏联中断二十多年的业务合作关系。一系列对外关系的恢复，不仅扩大了我国的国际影响，也丰富了各广播电视台的信息来源。

这一时期，广播电视外事工作的另一个重要特点是致力于建立和发展新的国际关系，打开新领域，增辟新渠道。

首先是在维持和发展原有对外关系的基础上，主动扩大交往范围，把过去一些

① 国际联络部成立于1955年，其前身为中央广播事业局于1952年成立的国际联络组。
② 国际广播电视组织的前身为"国际广播组织"，是由捷克斯洛伐克发起，以苏联、东欧国家为主体，包括越南、朝鲜和古巴等少数第三世界国家在内的区域性广播电视组织。我国中央广播事业局自1952年起应邀参加了该组织。1963年，因在布加勒斯特召开的第十九次大会和第三十六次理事会议上受到不公正对待，之后我国没有再派代表参加这一组织的会议。1966年9月中旬，国际广播电视组织停止向中国寄送资料、刊物和信件，双方关系就此中断。

没有业务联系的国家或地区发展为新的合作伙伴。80 年代以来，通过接待外国记者、互派代表团或签署合作协议等方式，我国首次同智利、哥伦比亚、津巴布韦、中国香港等国家和地区建立和发展了广播电视合作关系，增进了我国与这些国家（地区）之间的相互了解，也推动了双方广播电视事业的发展。据有关资料统计，仅 1979 年至 1989 年十年间，我国就同五大洲 40 多个国家签订了近 80 个广播电视合作协定、协议或议定书，签订合作协议性文件的总数相当于过去 29 年的 3 倍。①

其次是积极参加广播电视国际组织，参与国际多边活动，扩大我国在国际广播电视传播领域的影响。参与国际多边活动不仅有利于维护国家权益，而且还可以借此加强与国外同行的联系，开展多种业务合作，如交换新闻和其他广播电视节目，联合报道国际性的重大体育比赛，交流技术情报，培训广播电视专业人才等，可以说是一项既需付出又可得益的活动。改革开放以来，我国广播电视系统陆续加入了多个国际组织，并积极参与其中的各项活动，取得了一系列重要成果。

"国际电信联盟"（ITU）是联合国管理电信事务的专门机构，主要"负责世界范围内电信事务的管理和规划，负责电信服务的规划和运行所需信息的协调和传播，以及负责促进并致力于联合国范围内电信及相关基础设施的开发建设"。② 1974 年，中央广播事业局首次参加了这一组织的会议。1977 年 1 月，在国际电信联盟组织召开的卫星广播世界性无线电行政大会上，我国与第三世界国家的代表精诚合作，积极争取，使"国家不分大小，权利平等"成为电信编制和规划的基本原则，从而打破了旧的频率登记和指配秩序，维护了广大发展中国家的权益。

"亚洲—太平洋广播联盟"（简称"亚广联"，ABU）是以第三世界国家的广播电视组织为主体的地区性专业组织。自 1972 年该组织通过决议恢复我国在这一组织的会员权利以来，特别是 1979 年改革开放以来，我国广播电视系统积极参加了亚广联组织的各项活动，每年都派代表参加其各种会议，包括一年两届的新闻研究组会议、新闻协调员会议，一年两届的体育研究组会议以及每年的大会和有关会议。从 1982 年开始，我国电视台又参加了亚广联组织的集体购买重大国际性体育比赛的电视报道权及联合报道工作，使这方面的电视报道费用大大降低。1984 年 1 月，亚广联开办卫星电视新闻交换业务，我国中央电视台也最早参加了这一活动，每天发出两条电视新闻，并收录这一交换网发出的新闻。此举既打开了一条新的外宣渠道，又丰富了国内电视新闻来源，特别是增加了来自第三世界的电视新闻，受到我国电视观众的热烈欢迎。1985 年，我国广播电视机构还首次担任了亚广联第三十八届理事会会议的东道主，参加会议的有来自 13 个国家和地区广播电视组织

① 国家广播电影电视总局外事司编写：《传诵友谊——中国广播电视的对外合作与交流》，中国广播电视出版社 1998 年 8 月版，第 107—108 页。

② 联合国教科文组织编：《世界交流报告》（上），中国华侨出版社 1992 年 2 月版，第 26 页。

· 428 ·

的主要负责人和亚广联秘书处的官员。这次会议的组织工作及高效率赢得了与会代表的一致好评，被认为"中国已完全有能力承办亚广联的全会"。从 1986 年开始，我国又陆续参加了亚广联组织的联合制作电视节目的活动，以及每年一度的技术论文和技术资料的交流活动和各项节目评奖活动，几乎年年获奖。1987 年，我国首次派代表参加了有关亚广联 1988 年奥运会电视报道权谈判组的工作。

此外，80 年代我国参加的国际组织还有亚太广播发展机构（AIBD）、国际声频协会以及国际电影电视工程师协会等。1986 年 10 月至 11 月，应日本情报通信学会之邀，广播电影电视部副部长谢文清参加了其主办的"纪念国际通信年第三次新闻传播研讨会"，并在会上作了《中国广播电视的发展和特点》的重点发言受到与会三百多名代表的热烈欢迎。这是我国电视界主要负责人第一次参加这类研讨会。

再次是借助境外广播电视媒体介绍和宣传我国，加大广播电视对外宣传的力度。改革开放前，由于财力、意识形态等方面存在的诸多问题，我国广播电视的对外传播效果一直不太理想，其中的一个重要原因就是技术问题——由于电台和电视台的发射功率小，在国外又未设转播台，因此我们的对外广播节目在世界不少地方都听不到，直接从本土发射的对外电视更是长期空白，直接影响了国外受众对我国的了解。

改革开放以来，在开展广播电视的国际交往过程中，我国广播电视界大胆探索并成功地运用了多种借助国外媒体介绍和宣传我国的方法：

1. 为国外广播电视机构提供我国拍摄的有关素材或节目

1978 年 2 月，英国广播公司电视二台开始举办"中国周"电视节目，这是外国电视台首次承办类似活动。在这次活动中，共放映了 14 个介绍中国的节目，包括该公司摄影队来华拍摄的《北京动物园》、《中国的农业》，英国作家费里克斯·格林（Felix Green）拍摄的《西藏——世界的屋脊》，荷兰著名电影导演约里斯·伊文思（Joris Ivens）拍摄的《愚公移山》片段以及我国提供的故事片《连心坝》等。通过这一活动，增进了英国人民对我国的了解。1978 年 11 月 12 日至 19 日，联邦德国"西南电台"开始举办"中国周"广播节目。在一周时间内，该电台用三套节目播出了他们派出的记者组两次在我国采访的报道、评论，介绍了我国各方面的发展，同时播出我国为其提供的 900 分钟节目，提高了中国在联邦德国的知名度。1980年 10 月，旅美华侨陈晓莉在美国纽约创办"宏声传播公司"。这是在国外开办的第一个专门播出我国节目的电视台，曾被美国曼哈顿有线电视台评选为播送亚洲节目的最佳有线电视台第二名。该台每周播出一次的"中国之声"和"周末电影"节目，内容均由中央电视台提供。1986 年，云南电视台制作的《北方来的红嘴鸥》被交流到 35 个国家和地区，创全国省级电视台出国片发行范围之最。

2. 中外合拍或联合制作节目

这也是我国广播电视系统自改革开放以来新开辟的一条外宣渠道。比较成功的有 1979 年到 1980 年，中央电视台同日本广播协会联合摄制的《丝绸之路》，这是我国电视界首次与外国联合制作大型的电视节目。节目在日本播出后很受欢迎，收视率高达 20% 以上。之后，我国电视界又与日本联合拍摄了以长江、黄河、长城为题材的大型电视节目。1982 年，我国还与英国和香港的电视影业公司联合制作了 12 集《龙的心》电视系列片；同年和美国儿童电视制作公司合作拍摄了儿童电视剧《大鸟在中国》，该片曾获 1983 年第三十五届美国电视科学院颁发的最佳电视儿童节目奖——艾米奖。1987 年 7 月下旬，天津电视台开始与日本 NHK 电视台合搞《早安天津》系列报道。这是天津电视台建台以来首次同外国电视台合作，利用国际卫星通讯现场直播与放录像相结合的方式，向国外报道天津风貌的一个节目。同年 9 月 18 日，中国国际广播电台英语部与美国 KABC 电台进行了一次联合直播节目，安排在 KABC 电台的《听众话题》时间播出，美国有一百多家电台转播了这次节目。1989 年 5 月 16 日至 20 日，山东电视台与美国 56 频道电视台合作，从济南通过国际卫星向美国华盛顿地区实况转播《山东——中国改革开放的门户》连续节目，这是我国首次向美国实况转播的综合性节目，也是首次进入美国英语公用电视台的节目。

3. 做好来华记者的接待工作

从 1979 年至 1989 年，由于中国实行了改革开放政策，使得国外广播电视记者团或个人来中国的机会大为增加，在短短十年的时间里，仅中央广播电视部门就接待了九百多个外国广播电视记者组，其中电视摄影队占 80% 以上。至"六·四"事件发生前，这些国外记者制作的有关中国的节目中，多数都是较为客观和真实的。如 1987 年 6 月，在我国广播电视部门的协助下，美国全国广播公司（NBC）先后派出 14 批电视摄制组共 190 多人来华采访，足迹遍及全国各地。节目制作完成后，自 1987 年 9 月 25 日开始，连续 8 天从北京和上海通过卫星向美国播发了共约 20 多个小时计 90 多个专题的新闻特辑节目《变化中的中国》，内容包括工、农、商、文教、体育、科技、妇女、卫星、法律、旅游、烹调、宗教、少数民族和人民生活等，在美国国内引起了强烈反响，被印度驻联合国记者詹吉尼亚称为中国对美宣传的"极为成功之举"。

通过互相转播对方节目的方式，扩大我国广播电视的覆盖面，也是借助境外媒体宣传我国的一条新途径。1987 年春季，我国与马里新闻通信部签订了租用对方短波广播发射设备的议定书，租用对方设备向非洲、美洲和欧洲部分地区转播中国国际广播电台的多种外语节目，取得较好效果。1987 年 10 月，我国广播电影电视部与瑞士邮电管理总局签订了《短波广播合作议定书》，根据协议，瑞士方面为我国转播八种对欧洲广播的语言节目，而我方则为瑞士电台转播其对亚洲地区的广播节目，大大改善了双方对外广播的收听效果；同年11月，同西班牙国家电台签订了两国《短波广播合作议定书》，决定自1988年元旦起，开始互相转播对方的对外广播节目。1988年，中日两国协定，日本广播协会每天定时收录我国中央电视台《新闻联播》节目中的国内新闻，加日文字幕后于当天晚上通过直播卫星全文播出。这一时期，我国还先后同法国、加拿大、苏联、巴西等国签订了类似协议书。在这些协议付诸实施后，我国对外广播的收听效果有了很大改善。

为了系统借鉴国外的先进经验，推动我国广播电视事业的发展，广播电视系统在有计划地派遣大批人员外出学习，接受专业培训的同时，还大量引进和吸收西方发达国家的先进技术。自70年代末期开始，中国国际广播电台和中央电视台就派人赴美国密苏里大学新闻学院、法国国家电视台、英国文化委员会、英国维斯新闻社等有关机构，接受系统的新闻教育，学习这些国家的广播电视经验。1984年6月，为了借鉴国外电视广告的经营和运作情况，由广东电视台、上海电视台、中央电视台等单位联合组成的中国电视广告代表团赴日本考察；而为了使更多人员了解到外国先进的广播电视技术和节目制作技巧，广播电视部还多次聘请日本、联邦德国、美国等发达国家的专家来我国进行短期讲学。如1980年，中央广播事业局邀请日本NHK综合技术研究所的远藤幸男研究员来华讲授天线技术；1981年，受"艾伯特基金会"的邀请，联邦德国国际知名的桥梁与预应力钢筋混凝土结构专家莱昂哈特来华就我国北京、武汉钢筋混凝土电视塔的设计与施工等问题进行了专题讲座。

这一时期，我们还改变了一些对外工作的传统做法。1979年12月，针对自费来华访问的外方人员问题，中央广播事业局下发了《关于外国广播电视界自费访华人员收费标准和向地方拨款通知》的文件，正式规定了自费外宾访华的收费标准。在对外援助工作中，也改变了过去那种无偿援助的方式，实行承包制和经济核算制，从而使经济效益得到提高。

二、广播电视对外交流的新局面

1989年6月北京发生政治风波后，一些西方广播电视机构中止了与我国的业务合作关系；但这种局面很快就随国内局势的稳定和好转而有所改变。尤其是90年代以来，随着我国社会主义市场经济体制的建立和对外开放步伐的加快，广播电视系统的外事工作也与时俱进，在很多领域都取得了较好成就，也有一些新的突破。主要表现在：

1. 随着国际交往和合作范围的继续扩大，我国中央电视台、中国国际广播电台的节目已基本实现了全球覆盖

90年代以来，在不断深入的改革推动下，一方面，西方各国普遍看准了我国这

个潜力巨大的影视节目市场，先后派主要负责人来华访问，签署合作协议。利用境外传媒集团急于进入内陆的心理，中央电视台先后与美国新闻集团、时代华纳和香港 TVBS、凤凰卫视等新闻机构签署了战略合作协议，利用节目交换等方式加强海外传播；另一方面，许多过去与我们没有建立合作关系的国家也相继派代表来华考察或签署合作协议，其中尤其是与广大的亚非拉发展中国家的友好合作，使我国的对外联系更为广泛。

在这一中外互动、交流的过程中，各广播电视机构普遍都以前所未有的主动姿态，积极探索和实施"走出去"战略，冲击国际传播的大市场。尤其是中央三台，除继续采用本土发射、租机互转、节目交换、租用当地中波和调频时段、发展环球广播等手段外，还始终坚持把我国广播电视节目的海外落地作为对外合作的必要条件，积极推进我国广播电视节目在海外的有效落地。据统计，截至 2000 年年底，与中央电视台正式签署协议落地中央台节目的已有 27 个国家和地区的 49 家电视机构，中央电视台的节目已基本实现了全球覆盖。

2. 积极配合我国的总体外交，广播电视系统举办的一系列国际多边活动和对外接待工作都取得了较好效果

为树立中国改革开放的大国形象，90 年代以来，我国积极参加并承办了一些有影响的国际性广播电视活动，推动中外广播电视文化、科技的交流和沟通。其中，由北京主办的亚广联第二十六届大会和亚运会对外报道等一系列活动，为我国政府和我国广播电视界赢得了国际声誉。

1989 年 10 月底至 11 月初，按预定议程，广播电影电视部将在北京首次承办亚广联第二十六届大会及有关会议。时值"六·四"政治风波不久，有人以在北京开会将"影响亚广联声誉"为借口而建议取消，更有人试图抵制这次会议。为向世界表明我国改革开放的政策不变，我国广电主管部门向亚广联秘书长及主要负责人说明情况，使会议如期举行。这次大会包括八个不同规模的会议及其他三项有关活动，出席会议的有来自 31 个国家和地区的 48 个会员、13 个国际组织的共计 231 名代表和观察员，其中海外代表 205 名，除亚太地区发展中国家的代表外，还包括美国、英国、联邦德国、荷兰、澳大利亚、新西兰、瑞士等西方国家广播电视台的代表，日本广播协会也派来了以会长岛桂次为首的 17 人的代表团与会。据亚广联秘书处统计，这是亚广联历史上出席人数最多的会议之一。会后一位荷兰代表表示，他毫不犹豫地为会议的组织工作打满分。亚广联秘书长也在发来的感谢信中写道："会议组织工作的规划经验丰富，计划的执行顺利有效，各种安排井然有序，万无一失，天衣无缝。"并说："毋庸置疑，1989 年的全会将作为最成功的一次会议而载入史册。"

1990 年 9 月 22 日至 10 月 7 日，第十一届亚运会在北京召开。在当时云集北

京的四十多个国家和地区的五千多名记者中，专门从境外赶来报道亚运会的广播电视记者就有1102名。针对这一状况，国务委员李铁映在看望广电委联络员时指出："这次亚运会有两个战场，第一个是六千名运动员的竞赛，第二战场是五千名记者进行的新闻仗。这第二战场关系到第一战场的胜利，新闻战线上这一仗打得好坏，其意义决不亚于亚运会，因为亚运会提供了一个机会，让全世界重新深入了解中国共产党、社会主义和中华民族，这是向全世界的一次大介绍。"① 亚运会期间，境外广播电视记者每天都向本国发回大量报道。这些报道除以亚运会战况为主外，还较为客观、真实地反映了北京其他各方面的情况，从而用事实澄清了当时西方传媒对我国的各种歪曲报道，也在一定程度上打破了西方传媒对我国的所谓"制裁"。

亚运会结束后，西方国家申请来华采访的外国广播电视记者人数剧增。1991年，日本广播协会（NHK）派出电视采访组来我国进行了历时70多天，名为《90年代中国的展望》节目的采访和录制工作，共采访了二十多个单位一百多位各界人物，其中包括党和国家领导、省部级领导近20人，并且单独采访了李鹏总理。1993年，为纪念毛泽东诞辰100周年，NHK摄制组又来华制作了《毛泽东和他的时代》（上、下集）。从1994年开始，NHK历时一年半，耗资4亿日元，走遍了大半个中国，采访制作了长达11集的电视专题节目《中国》，内容涉及政治、经济、法律、军事、农村、边贸等方方面面。据我国驻日本使馆反映，这个系列节目在日本收视率较高，反映较好。1992年8月中韩建交后，韩国三家广播电视台也派摄影队来华采访制作了《新东北亚的秩序与韩国的课题》、《中国人与韩国人》、《七百年前的承诺》以及《中国——觉醒的巨人》等节目，在韩国电视台播出，增进了韩国人民对中国的了解。与此同时，欧美许多国家的电视台也纷纷派电视摄影队来华制作节目。如美国全国广播公司"日线"新闻节目摄制组来华专程赴哈尔滨，制作了《731部队细菌工厂》的电视专题节目；美国公共电视台摄影队来华采访制作新闻杂志节目；美国《基督教科学箴言报》电视摄制组来华采访一个月，制作了《今日中国》的报道节目；美国夏威夷KGMB电视台摄制组拍摄了《长城之外——内蒙古纪行》；美国夏威夷KHON电视台为纪念华人在夏威夷定居200周年，以《桥与墙》为题拍摄了反映中美人民交往的节目；哥伦比亚广播公司（CBS）《晚间新闻》著名节目主持人宗毓华来华就中美关系采访了李鹏总理，就美国给予中国最惠国待遇问题在天安门作了现场报道，通过卫星传回美国。这些节目的制作和播出，为彼此的沟通架起了桥梁。

为了尽快与国际接轨，90年代以来，我国广播电视系统还与联合国教科文组

---

① 《传诵友谊——中国广播电视的对外合作与交流》，第496页。

织、联合国儿童基金会等机构建立了广泛的业务联系，参加了十多个有关广播电视国际性组织的活动。1991 年 5 月，由联合国教科文组织支持的"亚太地区影视培训研讨班"在我国举行。1995 年 11 月，应联合国儿童基金会等机构的邀请，我国派代表参加了在曼谷举行的"儿童权益与媒体亚洲高峰会议筹备会"，向与会者介绍了我国政府制定的有关儿童保护的法规，以及我国广播影视在儿童保护方面所做的工作。1997 年，广播电影电视部派副部长田聪明参加了在马来西亚举行的亚太广播发展机构主办的公共服务广播（PSB）会议，介绍了我国广播电视发展现状和相关的法律法规，表明了我国重视亚太地区广播电视事业的态度。1999 年 2 月，国家广播电影电视总局派代表参加在万隆召开的亚太广播发展机构（AIBD）第二届全体会员国大会及特别管理委员会会议，在会议讨论关于修改AIBD 协定、扩大会员及未来发展方向等重要议题时，我国代表坚持会员的资格必须是"来自联合国承认国家的……"这一关键性提法，从而堵住了台湾广播电视机构进入 AIBD 的通路。

3. 随着我国广播电视产业属性的确立和媒介产业运营的日趋成熟，在对外交往过程中，既坚持政治标准，也开始有限度地遵守并运用市场规则

我国广播电视系统自 80 年代中期即开始了产业运营的初步探索。90 年代以来，这一趋势更为明显。为此，广播电视系统及时转变思路，在贯彻"两配合，两服务"——"配合我国总体外交，为外交工作服务；配合我国广播影视的整体工作，为广播影视事业的发展服务"原则的同时，积极拓展国际合作领域，为国内广播电视产业的发展谋求更大空间。

这一时期，广播电影电视部积极参与了世界上一些有影响的广播电视活动，努力把我国的优秀电视节目推向世界。1995 年 4 月，应法国戛纳电视节目交易市场组委会主席的邀请，广播电影电视部副部长刘习良率代表团参加并应邀举办了"中国专题日"活动。这是广播电影电视部领导人首次参加这一活动，也是戛纳电视节目1963 年创办以来第一次为一个国家举办的"专题日"活动。1998 年 4 月初，中央电视台台长杨伟光率团参加法国戛纳电视节期间，成功地举办了"中国电视纵横"活动，扩大了中国电视节目的影响。而在与国外同行进行的广播电视节目交流中，过去那种免费交换的方式大多已经被商业性买卖方式所取代。

除中央级广播电视机构外，许多地方广播电视机构也举办了一些电视节（周）、音乐节、博览会等国际交流活动，既产生了良好的宣传效果，也获得了丰厚的经济回报。继上海每逢双年举办国际电视节、四川每逢单年举办电视节之后，上海电台举办了每年一度的国际广播音乐节，广东电台则举办了两年一度的广播音乐博览会。此外还有广东电视台举办的华语电视周，浙江省举办的西湖电视博览会以及北京电视台举办的国际友好电视周等。1999 年 6 月，在北京举行的"庆祝建国 50 周年电

视节目展示会暨 '99 中国电视节目交易会"上，来自全国各地和港、澳、台地区以及新加坡、韩国、马来西亚等境外电视机构的近四千名代表参加了展示交易会。据不完全统计，本次会议达成八千多小时节目的成交意向，其中外销量近一千小时，交易总额近一亿九千万元。设备成交总额达三千万元。①

4. 在对外交往过程中更加注重学习国外的先进管理经验，引进国外先进科技，以推动我国广播电视事业的整体创新

有针对性地派代表团到国外进行专题考察，争取把外来经验和成果直接应用于我国的广播电视实践中，是 90 年代以来广播电视对外交往的一个主要方面。随着广播电视改革逐步向纵深发展，广播电视的立法工作及广播电视事业的内部经营体制、管理体制改革成为这一时期的工作重点。为借鉴国外有关经验，1996 年 4 月，广播电影电视部副部长同向荣率团访问美国、加拿大时，详细考察了两国的有线电视管理状况，以为我国制定有线电视法规提供参考；同年 10 月，田聪明副部长率团访问德国、埃及，考察了两国广播影视的管理及立法、执法情况。1998 年 5 月，国家广播电影电视总局副局长张海涛率团访问美国、加拿大和英国，考察上述国家有线电视、卫星直播电视、数字地面广播的发展情况和节目传输的技术状况及管理模式等。

90 年代以来，电子传媒飞速发展，卫星电视异军突起，高清晰度电视、数字声频广播、数字压缩技术以及多媒体技术开发等技术层出不穷。为跟踪这些先进技术，及时把握最新科技的进展情况，引领国内科技创新，广播电影电视部有关领导先后率团访问了日本、美国、德国、奥地利、瑞士、法国、澳大利亚和新加坡等许多国家，与他们达成合作意向。1995 年，在何栋材副部长访问法国和德国期间，就高清晰度电视和数字声频广播技术等问题，与德方签署了数字音频广播（DAB）京津先导网设备供货合同，与奥地利西门子公司草签了为中央人民广播电台和国际广播电台新大楼提供数字自动化播出系统的合作意向。此外，我国还多次组织人员或组派技术代表团参加各类国际性科技展览和科技交流活动，考察世界最先进的广播器材设备和技术。这对于推进我国广播电视传输网络体制的改革，加速广播电视事业的发展，都起到了积极的作用。

1978 年 12 月中共十一届三中全会以后的二十多年来，随着我国改革开放的不断深化，广播电视系统经过拨乱反正，恢复了正确的指导思想，走上了持续、稳定、健康的发展道路。在此期间，先后召开了多次全国性的广播电视工作会议，确立了新时期广播电视的基本任务和奋斗目标，制定和实施了广播电视改革开放的一系列

---

① 《中国广播电视年鉴》（2000 年版），第 128 页。

正确的方针和措施，推动了广播电视事业的迅猛发展，开创了广播电视工作的新局面，使我国成为世界上名列前茅的广播电视大国。概括二十多年来广播电视工作发生的根本性变化，有如下三个方面：

第一，广播电视宣传的指导思想和根本任务由"以阶级斗争为纲"转向"以经济建设为中心"。二十多年来的实践表明，广播电视已成为我国改革开放和实现社会主义现代化的强有力的新闻舆论工具和宣传教育工具。

第二，广播电视由传统的计划经济体制下的事业管理模式逐步转向适应社会主义市场经济体制的产业经营管理模式。广播电视作为第三产业在多种经营（主要是广告）、人事管理、节目制作和管理等方面都开始逐步与市场接轨，广播电视集团的组建已初露端倪。

第三，广播电视系统由封闭、半封闭型转向竞争、开放型。广播电台和电视台数量的增多和新兴传播手段的出现，使广大受众可选择的范围加大，导致媒介市场竞争日趋激烈，从而打破了广播电视系统原有的封闭、半封闭状态，在广播电视系统内部、在广播电视媒体和其他媒体之间，乃至与国外的媒体之间出现了在合作中竞争、在竞争中合作的新局面。

第10章

1949 年以来香港、澳门和台湾的广播电视事业

香港、澳门和台湾自古以来就是中国的神圣领土，香港、澳门和台湾的广播电视事业理所当然是中国广播电视事业的组成部分。但是，由于历史的原因，香港、澳门和台湾曾分别长期为英国、葡萄牙和日本殖民者霸占。20 世纪 90 年代末期，根据中英两国协议，中国政府于 1997 年 7 月 1 日对香港恢复行使主权，成立了香港特别行政区；随后，根据中葡两国协议，中国政府又于 1999 年 12 月 20 日对澳门恢复行使主权，成立了澳门特别行政区。遵循"一国两制"的方针，按照"互不隶属、互不干涉"的原则，香港、澳门自行规划和发展自身的广播电视事业，同时多方面开展与内地广播电视界的交流与合作。1945 年 8 月，日本投降后，台湾回归中国。1949 年 10 月中华人民共和国成立后，台湾为国民党当局占据，在祖国大陆与台湾处于长期隔阂的状态下，台湾的广播电视事业自行发展。80 年代后期以来，随着"一国两制"构想的提出和形势的发展，海峡两岸关系有了新的突破，祖国大陆与台湾的广播电视的交流和合作也随之开展起来。

第一节
香港的广播电视事业

一、广播事业的发展

1923年，香港一些业余无线电爱好者自发开展业余实验广播活动，播放一些社会新闻并转播歌剧，每周仅播两天，每天两三小时，颇受欢迎。1928年，香港政府接手经营广播，于6月30日成立香港电台，台号是GOW，当天上午9时用3.55波长正式播出新闻和娱乐节目，这是香港历史上第一座广播电台。开播之初，香港电台只有英文台。1929年2月1日，台号改为ZBW。1934年，香港电台增设中文台（广州话，下同），台号为ZEK。1941年12月，日军占领香港后，该台一度停播。次年初，日军监管的"香岛放送局"开播。1945年9月15日，英国重新管治香港后，香港电台恢复广播。1948年8月，取消ZBW和ZEK呼号，正式命名为"香港广播电台"（Radio Hong Kong，简称RHK）。

从1928年6月30日香港电台成立，到1949年初的二十年中，香港地区只有一家广播电台，市民只能收听香港电台的广播，别无选择。直到英商"丽的呼声（香港）有限公司"开办"丽的呼声"有线广播后，才结束香港电台"一家独占"的局面。

"丽的呼声"1949年3月21日开播，与香港电台的无线发送不同，该台采用有线传输方式，听众需按月交费，才能接通线路收听。正式开播时，只有400用户，7月初，有5000用户，年底增至2万用户。

开播之初，"丽的呼声"设中文（Silver Network）、英文（Blue Network）两台，称"银色中文台"和"蓝色英文台"，每天从早晨7点到午夜12点连续播音，除自制节目外，还转播香港电台的节目。"丽的呼声"十分注重节目质量，尽量满足听众需求，很受听众喜爱，用户数量直线上升，1950年达4.3万，有线广播线路遍布香港地区。

1954年12月8日，"丽的呼声"发生严重火灾，设备损失惨重，经全体员工努力，半小时后在临时播音室恢复广播。1956年7月，"丽的呼声"开办了第二个中文台，称"金色中文台"（Gold Network），专门播出广州话、潮州话、上海话等方言节目。1959年3月，"丽的呼声"用户达6.5万，听众约100万左右，进入全盛时期。

50年代，香港人口剧增，香港当时仅有香港电台和"丽的呼声"有线电台，难以满足市民对广播节目多元化的需要。1957 年，香港五家机构竞投开办无线商业广播电台。10 月，香港商业广播有限公司取得唯一的商业牌照，开始筹办电台。1959 年 8 月 26 日，商业电台正式开播，台址位于九龙荔枝角，发射功率 1 千瓦。开播之初，设有中文、英文节目各一套，中文节目称为"商业一台"，英文节目称为"商业英文台"，每天 7 时至 24 时播音。与香港电台不同，商业电台是一座民营广播电台，以广告收入作为经济来源。

1957 年 5 月，"丽的呼声有限公司"开办了黑白电视，该公司的经营重点转向电视业务。1973 年 4 月，"丽的呼声"有线广播宣布停业，从开播至此，前后共 24 年。

1971 年，英军廓尔喀兵旅从新加坡与马来西亚调驻香港后，人员增多，英军因此在香港筹办了一座广播电台。开播之初，只有尼泊尔语节目，每晚播出 2 小时，后增办了英语节目。英军广播电台是专为驻香港、文莱、尼泊尔的英军和廓尔喀部队服务的，影响不大。

1990 年 5 月，香港政府公开招标开办第二商业广播电台，香港本地及国外十多个财团参加投标。12 月 4 日，港英政府宣布将经营第二商业台的牌照颁发给由香港嘉禾、德宝电影、和记通讯三大财团和美国广播集团组成的"高艺广播有限公司"，由该公司组成的新城电台随即开始筹备。1991 年 7 月，新城电台正式开播，推出三个频道，分别称为"新闻台"、"劲歌台"和"金曲台"。

丽的呼声广播电台

香港商业广播有限公司

英军广播电台

图 10 - 1　香港的广播电台台标

至此，香港四家广播电台（香港电台、商业电台、英军电台、新城电台）并存的格局形成。（见图 10 - 1）这四家广播电台中，香港电台属港英当局的官方电台，由政府拨款经营，英军电台为驻港英军管理，其余两家是民营广播电台。由于英军广播电台影响不大，新城电台开播不久，收听率有待提高，因此多年来，香港的广播实际上是香港电台和商业电台两家争雄，两家各自声称是全港听众最多的广播电台。1993 年 8 月到 9 月间，香港电台联合新城电台通过一家研究机构调查收听率，商业电台则通过另一研究机构进行调查，调查结果仍然是同各自声称的一样，难分高下。

香港的广播技术发展较快，早在 1960 年，香港电台就开始采用超短波调频广播，1976 年 4 月，香港电台首次播出调频立体声节目，成为亚洲第一个采用立体声广播的电台。1981 年，商业电台的两个中文台也开始了调频广播。

1980 年 3 月 1 日，香港电台的英文台首创全天 24 小时广播，其他广播电台大部分都是每天播出 22~24 小时。

在新闻报道方面，由于香港当局的严密控制，70 年代以前，香港的广播电台没有独立发布新闻的权利。香港电台自开播后的很长一段时间，新闻节目靠转播英国广播公司（BBC）的节目，直到 60 年代末，其新闻报道主要还是由港府新闻处提供，由专人负责送稿。商业电台自 1959 年开播之时起，新闻节目也是由港府新闻处提供。1973 年，香港电台正式成立新闻部，自行采制新闻节目。此时，商业电台的新闻节目也改由香港电台提供。直到 1974 年 10 月，商业电台才设立独立的新闻部。

1986 年春节期间，香港电台与中国国际广播电台等合办《向全球华人贺岁》节目，这是香港电台首次与内地电台合办节目。

香港回归前负责广播电视事务的机构是文康广播科，下设广播处、影视及娱乐事务管理处以及 1987 年成立的广播事务管理局。其中广播处只管理官方的香港电台，该处处长也就是香港电台首长，影视及娱乐事务管理处兼广播事务管理局的秘书处。

在四台并存的格局下，各台发展情况如下：

1. 香港电台（简称港台）

1970 年成立公共事务电视部，制作有关公共事务的电视节目，交由两家商业电视台（无线和亚视）播出。1976 年 4 月，香港电台的英文台名加上"电视"一词，改为"RTHK"。（见图 10 - 1）

70 年代中期，香港电台开始分合。1974 年初，港台已开办了四个播出有特定对象、重点各不相同的中英文台。1978 年 2 月，港台与英国广播公司合作设立了第五台，除播放文化戏曲节目外，着重转播英国广播公司部分对外节目。1989 年底，香港电台设立了一个专门播放交通信息的交通电台。不久，原附属第五台的英国广播公司英文对外广播节目单独划出该台。至此，香港电台的七个分台均已设置完成。

80 年代末，这七个分台已发展成为针对不同听众群体、各自具有独特风格的台。
（见图 10 - 2）

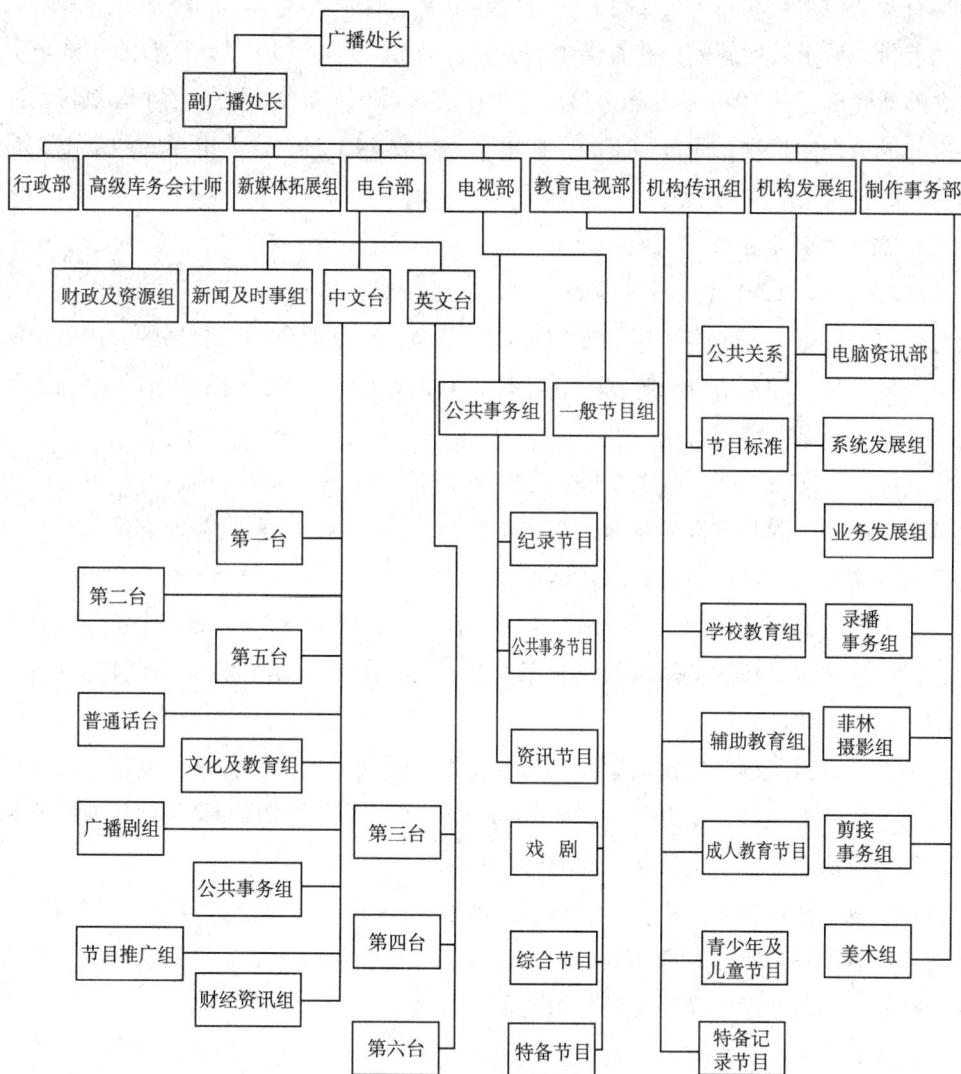

图 10 - 2　香港广播电台机构表（原载《香港电台》〈2001〉介绍）

香港电台是由港英政府出资开办的，开播不久即被港英当局宣布为政府电台。此后，港府邮政局、新闻处、广播处相继主管香港电台。香港电台由香港当局拨款，不播出广告。1986 年 11 月，港府公布的广播事业检讨报告决定，香港电台相对独立，但仍保留公营部门性质。从此，香港电台除继续依靠公帑经营外，还可有限制地接受赞助和捐款。

2. 香港商业广播有限公司（简称商业电台或商台）

商业电台最初设有两个中波电台，一个中文台和一个英文台，中文台节目全部自制，广播剧是当时最重要的节目，所制广播剧常售予其他电台。1963 年 6 月 16 日，为配合业务发展和适应听众需求，商业电台增设了第二中文台。从此，商业电台拥有两个中文台和一个英文台，一直延续至今。商业电台开播后的很长一段时间，新闻节目先后由政府新闻处和香港电台提供。直到 1974 年 10 月，商台才正式成立独立的新闻部。从 1977 年开始，该台两个中文台及一个英文台均每半小时报告新闻一次，成为全港报告新闻最频密的广播电台。1982 年 1 月，商业电台的两个中文台同时开始全天 24 小时播音。

3. 新城广播有限公司（新城电台）

新城电台是 1991 年 7 月开播的新台，开播即推出"新闻台"、"劲歌台"、"金曲台"三个频道。新城台采用"专线节目"策略，宣称大众"广"播的时代已经结束，新城台将突破本地电台既有的节目策略，不是"广"播，而是"窄"播，即每一个台都针对某些特定听众。

新闻台（英文），中波发送，全天 24 小时播音，是当时亚洲唯一 24 小时广播的英语新闻台。内容有世界及本地新闻、财经消息、体育消息及各种资讯，每半小时播放一次新闻。该台还设有听众热线节目。

劲歌台，调频发送，是以广州话为主的音乐台，以 12～25 岁的青少年为听众对象，以电脑选曲，播放最热门的流行歌曲，包括粤语、国语、英文乃至日文歌曲。每小时还播报一次新闻。

金曲台，以英语和广州话播音，调频发送，听众对象为受教育程度较高的成年人和新一代家庭主妇，全日不停播放 30 年代至 50 年代的怀旧歌曲以及 50 年代至 80 年代的流行爵士乐曲、金曲和近期流行歌曲。

新城电台是民营商业电台，开播不到半年时，新城电台通过一家调查机构统计，该台拥有香港三成听众，即与港台和商台鼎足而立。但实际上，目前新城电台在香港影响不大，收听率不及历史较久的港台和商台。

4. 英军电台

英军电台 1971 年筹办，起初只是在晚间提供两小时尼泊尔语节目。1975 年，英军电台开办英语节目，由伦敦制作中心每天提供一小时节目。1984 年，尼泊尔语节目和英语节目分别设台。1986 年后，英语台每天 24 小时连续播音，内容包括新闻、时事评论、体育、问答比赛和听众电话等节目。尼泊尔语台专为廓尔喀部队服务，内容有反映尼泊尔日常生活、音乐、新闻时事等。英军电台还定期通过卫星转播 BBC 的节目。

英军电台专为英军和廓尔喀部队服务，在港影响不大。香港即将回归祖国前夕，英军电台开始减小发射功率，覆盖范围仅限于石岗一带和港岛南区。1997 年 7 月 1 日香港回归后，英军电台停止播音。

二、电视事业的建立和发展

香港的电视事业开始于 1957 年，直到 20 世纪 80 年代末，香港电视一直是亚洲电视台和电视广播有限公司（俗称无线）两大电视机构争雄。

1957 年 5 月，丽的呼声有限公司（该公司于 1949 年开办丽的呼声有线广播）经营的丽的电视台开播，这是香港历史上第一家电视台。该台是有线电视台，采用地下电缆输送黑白电视节目，这种方式持续了十多年。丽的电视台最初只设英文台，1963 年 9 月增开中文台。用户收看节目须按月交费。到 1968 年，丽的电视台有 11 万用户。丽的电视台独家经营香港电视达十年之久。

1967 年 9 月 1 日，电视广播有限公司（简称"无线电视台"）开始试播，11 月 19 日正式开播。无线电视台是由香港利氏家族的利孝和与邵逸夫等香港知名人士联合英美一些财团合股创办的，是香港第一家无线发送的电视台。开办之初是黑白电视，设有翡翠（中文台，广州话）和明珠（英文台）两台，1971 年开办彩色电视。

无线电视的开播无疑对仍然采用黑白有线传输的丽的电视是一个重大挑战，丽的电视不得不改弦更张。1973 年 4 月，丽的电视有限公司在香港注册设立，其最大股东即香港丽的呼声有限公司。同年 12 月，丽的电视获正式经营无线电视广播 15 年的牌照，其中文、英文两台也于 12 月和次年 4 月改为彩色播出。1982 年 9 月，丽的电视股东变化并改名为亚洲电视有限公司，简称"亚视"。

1975 年 9 月 7 日，香港第三家电视台——佳艺电视台开播。佳艺电视台只设一个中文台，这在香港电台、电视台中是仅有的，彩色播映。由于经营不善，佳艺电视台开播后收视率一直不高，终于在激烈的竞争中败阵。1978 年 8 月 22 日，佳艺电视台宣布因经济发生困难而停止营业。从开播至停业，前后不足三年。（见图10 – 3）

与广播不同，香港的电视采取纯私营体制，没有官办电视台。但为了利用电视这一有力媒介，宣传港英当局各项政策措施，1970 年，官办的香港电台成立了电视部，每周制作 12 小时有关公共事务的节目，分中、英文两种，按政府规定，交由两家商营电视台（亚视和无线）在晚上黄金时间无偿播出。香港电台电视部所制节目内容是根据港英当局政策确定的，其目的是提高公民意识和加强港府和民众的沟通，有时事、戏剧、资讯报道与社会服务、综合表演与游戏服务、青少年与儿童节目以及一般教育节目等类型。1976 年，电视部开始制作彩色电视节目。香港电台电视部所制节目受到观众欢迎，有较高收视率。多年来，该台有许多优秀电视节目在国际上获奖。

长期以来，香港的电视业一直由无线和亚视两家统领，进入 90 年代后，这一局面开始打破。

作为商业电视台，广告收入是其存在和发展的基础，而广告又是以收视率为依

亚洲电视有限公司（原）
（亚洲电视台）

电视广播有限公司
（无线电视台）

亚洲电视有限公司（现）
（亚洲电视台）

佳艺电视台

香港有线电视有限公司

香港卫视

凤凰卫视

图 10 − 3　香港的电视台台标

据的。为了争取观众，提高收视率，长期以来，无线和亚视两台在技术上、节目上展开了十分激烈的竞争，而中文频道晚上的黄金时段是两台竞争的重点。为迎合观众口味，这一时段几乎都是安排多集电视剧、大型晚会、综合节目和电影片等娱乐性内容。亚视制作的多集电视连续剧《大侠霍元甲》、《陈真传》、《武则天》、《成吉思汗》等大受欢迎；无线也不示弱，除制作电视连续剧外，更推出大型综艺节目，无线开播的第二天即播出《欢乐今宵》第一期，此节目已连续播放了多年，久盛不衰。此外，一年一度的"香港小姐竞选"、"劲歌金曲大奖赛"、"新秀歌唱大赛"等大型歌舞综合节目规模宏大，深受观众欢迎，成为无线台一年一度的盛事。

时事新闻资讯节目一直是两台竞争的重要领域。1969 年，无线电视首次租用通信卫星直播了美国太阳神飞船登月实况。此后，对于国际上及内地发生的重大事件，两台均通过卫星传播。两台每天早、中、晚都有固定的新闻栏目，尤其是每晚 6 点至 7 点之间，两台安排的新闻节目均有很高收视率。对于世界上的重大体育赛事，如奥运会、世界杯足球赛、亚运会，两台均竞相租用卫星现场直播。

近年来，两台还竞相开拓海外电视市场，朝国际化、多元化发展，纷纷与海外电视台合办节目，并大量外销电视节目。此外，两台经常派摄制组到内地拍摄制作节目，与内地各电视台的合作日趋频繁。两台播放的反映内地生活的节目深受欢迎，如《丝绸之路》、《话说长江》、《中国人》、《大江南北》、《龙的家乡》、《虾球传》等都有很高的收视率。

在无线与亚视两台竞争中，无线电视台实力雄厚，人才济济，一直保持绝对优势，被舆论称为"强台"；亚视则长期处于盈利不佳甚至亏损的状况，被舆论称为"弱台"。从收视率来看，无线与亚视的收视比常年保持在 8：2；从经营状况看，1973 年至 1983 年，亚视亏损 3.5 亿港币，到 1993 年，亚视仍亏损过亿港元，而无线在这一年则盈利 5 亿多港元。无线和亚视两台的收入主要来自广告，而其中香烟广告收入所占比例最大，无线电视台每年香烟广告收入七八千万，占营业额的 6%；亚视为 8%。根据港府广播事务管理局规定，从 1990 年 12 月 1 日，电台、电视台禁止播放香烟广告和禁止烟草公司赞助播出节目。从此，香烟广告绝迹香港各电台、电视台。

香港的电视已相当普及，据港府影视及娱乐管理处的一次调查，99% 的被调查者家中至少拥有一部电视机，28% 的家庭拥有一部录像机，每天看电视的时间是 3.12 小时。绝大多数被调查者希望减少播放恐怖、色情和描写黑社会活动的电视剧。1988 年以来，广播事务管理处下设的投诉委员会每年都要处理数百宗有关电视节目质量的投诉，其中大部分投诉节目中的暴力和色情内容。

香港各电视台发展情况如下：

1. 无线电视（电视广播有限公司，简称"无线"）

无线台创办初期是黑白电视，1971 年改为彩色。无线电视目前的大股东是邵逸夫的邵氏兄弟公司和郭鹤年的嘉里集团。

新闻节目一直是无线电视收视率最高的节目之一。无线电视除及时报道香港本地新闻外，还经常派遣采访队赴香港以外的地区和国家报道重大新闻。对于一些重大新闻事件，如 1969 年美国太阳神飞船登月、1972 年尼克松访华、1984 年中英两国在北京签署收回香港主权联合声明等，无线电视都是现场转播实况。从 1976 年加拿大蒙特利尔奥运会开始转播历次国际体坛盛事，包括奥运会、亚运会、世界杯足球赛等。

制作大型综艺节目是无线电视的强项。1967 年 11 月 20 日，无线电视开播的第二天，《欢乐今宵》开始播出，至今已逾三十年，是无线电视影响最大、收视率最高的综合节目。80 年代后，《欢乐今宵》办成了民间神话传说剧集形式，无线电视还经常举办配合社会活动的大型特别综艺节目，如《星光熠熠劲争辉》、《华东水灾赈灾之夜》、《1994 年华南水灾筹款晚会》等，产生了巨大的社会反响。

无线电视也十分注重电视剧的制作，开播时就制作了电视剧《太平山下》，1968 年制作了第一部连续剧《梦断情无》。无线的电视剧内容广泛，古装时装、武侠奇情、警匪斗争等无所不及，表现形式也丰富多彩，有单本剧、短篇、中篇、长篇剧、实况剧、小品剧、家庭肥皂剧等，品种繁多。

无线电视的英文台（明珠台）节目以国际性制作为主，内容包括"超级名片"、"精装"连续剧、时事评论以及各类不同的音乐、体育及娱乐盛事等。明珠台还经常用英语现场直播世界各地发生的重大新闻事件。从 1978 年起开办至今的《明珠930》，每晚 9：30 播出一部世界著名影片，颇受观众欢迎。近年来，明珠台还通过卫星转播英国的新闻节目以及美国哥伦比亚公司（CBS）的《六十分钟》时事杂志节目。

无线电视近年来积极开拓海外市场，努力扩大其在海外影响，从 1993 年起，无线台通过订租国际通信卫星和电视直播卫星，转播无线电视节目，开办了主要覆盖台湾的无线卫星（TVBS），还通过与海外一些电视机构的合作输出无线电视节目。目前，无线台的节目已供应海外四十多个国家。

2. 亚洲电视台（亚洲电视有限公司，简称"亚视"）

亚洲电视台的前身是英国财团经营的丽的电视台，1957 年开播，是香港第一家电视台，后英国资本退出，澳洲财团与华人财团先后加入。由于英国丽的呼声已不占股份，1982 年 9 月，丽的电视更名为亚洲电视有限公司，简称亚洲电视台。1988年，香港巨商林百欣的林氏家族以及丽新集团和郑裕彤的新世界集团成为亚视的三大股东。

亚洲电视设有本港（中文）和国际（英文）两台。本港台的节目包括戏剧、音乐、妇女、综艺节目、新闻及公共事务节目等。国际台播出的节目大多为国外的影视剧、纪录片、体育、儿童节目以及喜剧、动画片等。每天晚上 9：30 播出的世界经典影片，颇受欢迎。

新闻节目方面，亚视本港台每天播出新闻 6～8 次，其中最主要的是每晚 6 点至6 点 30 分的新闻和晚 10 点的晚间新闻，此外还有对重大新闻事件进行深入报道和评述的栏目《今日看真 D》、《时事纵横》、《时事追击》等。亚视经常派出记者对国际上发生的重大事件进行报道或订购各大通讯社的电讯，它还获得了美国 CNN 每天24 小时的卫星新闻使用权。80 年代以来，亚视对国际上的重大体育赛事均作现场转播，还连续多年独家转播英国足球赛和香港赛马。

亚视早期擅长拍摄电视剧，尤以历史人物为题材的电视连续剧影响较大，如《大侠霍元甲》、《陈真传》、《武则天》、《秦始皇》、《成吉思汗》等。1986 年推出的《秦始皇》摄制工作历时三年，曾远赴西安、北京以及韩国等地取景。该剧集1986 年在纽约国际电影及电视节获银奖。亚视制作的历史题材电视剧还行销东南亚、美国、加拿大和法国。除自制外，亚视还购买一些影视剧在黄金时间播出，如《北京人在纽约》、《包青天》等。

综艺节目也是亚视吸引观众的重要节目之一。从 1976 年起，亚视连续多年举办"亚洲歌唱大赛"，颇有影响。1985 年起，亚视还举办了"亚洲太平洋小姐选举"、"电视先生选举"、"亚洲小姐竞选"，"香港超级模特儿大赛"等活动。此外，亚视还经常配合社会公益活动。

近年来，亚视与海外一些电视台的合作日益加强，曾派出大批摄制组去海外拍摄节目，亚视节目在欧美及东南亚一些国家的华人中有一定影响。

三、回归前后的广播电视事业

1984 年中英发表关于香港的联合声明，香港回归进入倒计时。同时，世界科技日新月异，卫星电视、有线电视异军突起，香港的传统广播电视格局虽然未发生根本变化，但已出现了如下的一些重大变化：

1. 加强对商业广播电视的监管，允许政府出资的电台实行"编辑自主"

回归前夕，港英政府一方面采取措施加强对商业广播电视的监管，另一方面在计划将政府电台——香港电台公司化未果后，准予该台"编辑自主"。

香港对广播电视的管理一是设立必要的机构，二是通过法规进行监管。相对而言，对广播电视的管理严于对报纸杂志的监管，对后者没有专门的政府机构监管。

1989 年 9 月，港英政府将原有的文康广播科升格为文康广播司，首任文康广播司司长是徐淦，第二任为苏耀祖，他曾在 1994 年 7 月访问北京。文康广播司是当时港英政府在广播电视方面的政策司，负责制定有关的政策。它下设影视及娱乐事务处（简称"影视处"）和广播处，即香港电台（简称"港台"）。

1997 年 7 月 1 日，香港特区政府成立时更名为文康广播局，后又改组为资讯科技及广播局，它同样是香港特区政府主管广播电视的政策局。

广播电视的日常监管工作由 1987 年 9 月成立的广播事务管理局（简称"广管局"）负责，它是独立的法定组织。该局由过去的香港总督和现任的行政长官直接委任的 12 名成员组成，其中九名为社会人士，包括行内资深人士、律师、学者、社会知名人士等，另外三名成员是政府有关的高级公务员，主席由非官方人士出任。前两任主席分别是曾任港英时代的立法局首席议员李鹏飞和罗保爵士。从 1997 年 9 月起新一届的主席为梁乃鹏，副主席为时任文康广播局局长周德熙（1997 年 9 月至 1998 年 3 月）。1998 年 4 月，文康广播局改组为资讯科技及广播局，局长邝其志接任副主席，2000 年 7 月尤曾家丽接任该局局长并同时接任副主席。电讯管理局总监和民政事务局副局长亦为"广管局"的当然委员。

"广管局"根据香港的有关法律规管香港持牌的商业电视与广播机构。它的实际工作包括：就申请及续发广播牌照事宜，向行政长官会同行政会议提交建议；拟备和修订为电视及电台广播制定各项标准的业务守则；执行各类广播牌照的规定，并确保持牌机构遵守广播事务的规管制度；处理有关广播的投诉，必要时惩处违规机构。"广管局"下属两个委员会，即投诉委员会及业务守则委员会，执行其主要职务，并透过属下咨询委员会收集市民的意见。投诉委员会负责处理有关广播事务的投诉，并就这些投诉向"广管局"提出建议。该委员会由六名广管局成员及三名非公职增选委员组成。业务守则委员会负责定期检讨各项广播标准，并为新增服务发出业务守则。该委员会由五名"广管局"成员及三名非公职增选委员组成。

"广管局"的工作由资讯科技及广播局下属的影视处协助执行。根据《广播事务管理局条例》的规定，影视处处长是"广管局"的行政主管，而影视处则是"广管局"的秘书处，也是"广管局"的行政机关，由辖下广播事务管理科负责执行广管局的各项职能。此外，影视处也负责检讨和执行与每日广播节目有关的规例，以及透过宣传加深市民对该规例的认识。

电讯管理局为"广管局"提供广播技术方面的意见，并协助制定《业务守则——技术标准》。

为了适应变化的传媒环境，引进更多的竞争，2000年香港特区政府修订了原有的广播电视法规。2000年7月6日，香港特区行政长官董建华签发了香港特别行政区2000年第48号条例《广播条例》，并在政府《宪报》刊登之日（7月7日）起实施。这个条例代替了原来的《电视条例》，其目的是"促使电视市场开放、规管机制放宽、新科技得以汇流，同时更使香港成为机会之都，令广播行业迈进新纪元"。

《广播条例》在规管拥有权和控制权方面做出了重大的更改，最大的改变是重整过去的规管模式，将电视机构重新分类，并且从技术中立的原则，纯粹根据提供服务性质是否收费及针对区域作界定，以包括不同的传送科技。此外，允许中小型媒介机构发展第四类电视服务网络，令广播业不单局限于全港，亦可分区发展。为了配合开放广播市场及减少加入市场障碍的目标，《广播条例》大幅放宽有关拥有权及投资的规例。为使广播机构能够更灵活地包装广告，取消了各类牌照的广告限制（本地免费电视牌照除外，因为免费电视服务在未来一段日子仍然会是最主要的资讯及娱乐来源）。最后，《广播条例》加入了禁止反竞争行为及滥用市场支配优势的条文，以确保电视市场的公平竞争。

新颁布的《广播条例》将电视节目服务分为四类，分别是本地免费电视节目服务、本地收费电视节目服务、非本地电视节目服务以及其他须领牌电视节目服务。

截至2000年底，香港有关广播电视的法规主要有：《广播条例》、《电讯条例》以及相配套的《商业电视业务守则之节目标准》、《收费电视业务守则之节目标准》、《节目服务业务守则之节目标准》、《卫星电视业务守则之节目标准（主要为香港提供服务)》、《卫星电视业务守则之节目及广告标准(主要为香港以外地区提供服务)》、《电台业务守则之节目标准》、《卫星电台业务守则之节目标准》、《商业电视业务守则之广告标准》、《收费电视业务守则之广告标准》、《节目业务服务守则之广告标准》、《卫星电视业务守则之广告标准(主要为香港提供服务)》、《电台业务守则之广告标准》及《卫星电台业务守则之广告标准》。以上这些条例和标准是"广管局"管理并处理投诉的依据。

2. 以内地和亚太为主要对象的卫星电视掀起两次开办浪潮

1990 年 12 月 22 日,李嘉诚的和记黄埔有限公司创办的卫星电视广播(香港)有限公司获港英政府发给的为期 12 年的非专利经营牌照,获准以香港为基地,利用"亚洲卫星"一号向亚洲地区发送电视讯号。牌照规定,该卫星电视服务三年内不得使用广州话播出节目。1991 年 5 月 15 日卫星电视开播,打开了香港乃至亚太地区卫星电视的新局面。李嘉诚的次子李泽楷负责经营。起初该项服务开办五个频道的节目:体育台、音乐台、中文台(普通话)、新闻台(以转播 BBC 的新闻节目为主)、合家欢台,全部 24 小时播出,除中文台外,其余四个台均使用英语播出。1993 年 7 月,和记黄埔有限公司将"卫星电视"的 63.6% 的股份出售给澳大利亚默多克的新闻集团,从而该集团获取了管理权。1995 年底,新闻集团又购得余下的股份 36.4%,从而取得全部股权。截至 2000 年年底,"卫星电视"共办有 40 个频道,包括凤凰卫视的五个,使用八种语言。据称,它目前在亚太地区 53 个国家和地区拥有 3 亿多观众,比较受欢迎的有电影台、体育台、音乐台、娱乐台、新闻台以及纪录片节目台等。

1996 年 3 月 31 日,"卫视中文台"与香港的"今日亚洲"(占 45% 的股份)及香港"华颖国际公司"(占有 10% 的股份)等公司重组为"凤凰卫视中文台"。1997 年 6 月,该台口头获准在珠江三角洲落地,进入有线电视网。之后,"凤凰卫视"除原有的中文台外,又开办了电影台。2000 年 6 月,"凤凰卫视"在香港成功上市,集资 9.3 亿港元。同年 11 月,"凤凰卫视"购入原欧洲卫视的股份,股权重组,成为凤凰卫视欧洲台。随后凤凰卫视又开办了资讯台和北美台。至此,凤凰卫视共办有五个频道。

1994 年 10 月,港英政府又批准无线电视台(TVB)开办区域卫星电视广播,呼号为 TVBS,并与台湾的"年代公司"合资,主要在台湾落地。1998 年 7 月,无线电视台又获准开办"银河电视广播卫星有限公司",现办有 TVB8 和星河两套节目,内容以音乐和娱乐节目为主,以普通话播出,主要市场是亚洲的华人订户。之后,又改为开路卫星电视。

1994 年 11 月,香港《明报》前主席于品海创立香港传讯电视公司(CTN)并获准开办卫星电视,也是以香港为基地的卫星电视公司,提供一条娱乐节目频道及一条新闻频道，名为"中天"和"大地"。由于连年亏损，1997年3月创办人辞职，将其售予台湾的信和集团，1999年，该公司将其总部迁至台湾，在香港留下只有十多人的办事处。

1994年12月1日，由新加坡籍的在港资深电视制作人蔡和平创办的华侨娱乐电视广播公司（简称"华娱卫视"），通过亚洲卫星一号开始试播，1995年3月11日正式播出。该台以娱乐节目为主，"无新闻、无暴力、无色情"，号称"三无"。该台覆盖日本、东南亚及中国大陆、台湾等一些国家和地区，每天大约有两个小时的节目介绍中国的风土人情。1997年10月该台与内地五家公司签订合同，股权重组，共同办台。但时隔一个月，由于内地五家公司的入股违反国家有关规定，占新股东32%股份的"中国亚洲电视艺术中心"首先提出撤股，致使这次交易流产。在此之后的岁月，华娱卫视到处寻求支援，并在1998年10月，获准在珠江三角洲地区落地，经历了近一年的股权重组风波终告结束。但是华娱卫视的困境并未解决，经过多次谈判，2000年6月15日，华娱卫视与美国的时代华纳公司建立"战略性伙伴关系"，经营权易手。

从1990年到1994年，香港出现了第一次开办卫星电视的浪潮，其主要对象是中国内地及亚太地区懂普通话的华人观众。不过，截至2000年底，除凤凰卫视曾一度盈利外，均为亏损经营。

2000年，香港特区政府发布了新的《广播条例》，进一步放宽了在香港开办非本地服务电视的限制，加上内地即将加入世界贸易组织，这一年在香港出现了第二次开办卫星电视的浪潮，它们看准的观众仍然以中国内地为主。8月8日，以内地著名的电视节目主持人杨澜为主席的"阳光卫视"在香港正式启播，该台以播出文化、历史及人物传记等纪录性节目为主。10月1日，台湾"年代公司"与几家合作伙伴合资开办了"东风卫视"。2001年3月28日，以播出电影为主的"美亚卫视"启播。不过，这几家卫星电视公司均被列为"非本地电视节目服务机构"，其服务对象主要是香港以外的地区。

另有李泽楷的"盈科公司"下属的斯达巴克斯（Starbucks）公司于2001年1月取得牌照，并于当年6月启播名为Network of the World（NOW）的新频道。它通过卫星传送未加密的英语节目，供公众免费收看。这项服务属于环球多媒体宽频互动电视服务，开创了结合电讯、电脑及电视科技的先河，不过收视率欠佳，一直酝酿与"电讯盈科互动影院"合并。

此外，香港特区政府于2000年批准"亚太卫星公司"下属的亚太卫星辉煌有限公司经营卫星电视服务。它传送的第一个电视频道HALLMARK始于2000年8月，是英语加密娱乐节目频道，专供中国（香港除外）核许的观众收看。

目前，在香港有大约50万户可以收看卫星电视，但是真正收看卫视节目的观众不多，香港市民更习惯收看传统的地面电视，即收看无线电视台和亚洲电视台。

3. 多频道有线电视开播

1989 年，香港九仓集团以及海外等五家公司取得香港有线电视的牌照，但该公司于 1990 年终止发展计划。1993 年 6 月，香港九仓集团独资成立有线电视公司，并获得为期 12 年在香港经营有线电视，开创了香港多频道收费电视的先河。创办初期办有八个频道：新闻台、英语新闻台、一级台、体育台、儿童台、电影台、音乐台和动向台。1998 年 11 月，该公司更名为香港有线电视公司，开始采用微波传送，之后不断铺设光缆，到 2000 年年底，它铺设的光缆已通达香港 170 万户家庭。有线电视每年制作超过一万小时节目，比本港其他电视台的制作时间的总和还要多；除成功地将新闻、电影及体育节目发展为极具代表性的旗舰频道外，更不断增添不同类型的节目频道，为观众提供更多样化的节目。截至 2000 年年底，有线电视的订户已达 53 万。

根据香港特区政府新的广播电视政策及有关政策指引，1999 年 10 月 15 日前，曾有十家公司提出在香港开办收费电视的申请。根据特区政府有关部门的审定，2000 年 7 月 4 日，特区政府资讯科技及广播局宣布其中五家的申请获得批准，它们是：于品海和成龙合办的香港网络电视有限公司、无线电视公司下属的银河卫星广播有限公司、英资的 YES TELEVISION（HONG KONG）LIMITED、太平洋数码（香港）有限公司（台资）和新闻集团的 HONG KONG DTV（该公司在 2000 年 12 月 1 日又通知政府有关部门决定中止其原有的申请）。同年 12 月 5 日，香港特区政府行政长官董建华同意行政会议批出四个本地收费电视节目服务牌照给上述的四家公司。根据申请，这四家公司在最初三年将总共投资 4.51 亿港元，开办共 135 个收费电视频道。有专家评论称，香港的收费电视市场狭小，加上已有的香港有线电视公司，再加上 1998 年开始运营的"香港电讯互动影院"（2000 年 12 月 1 日更名为电讯盈科互动影院有限公司），收费电视的竞争将异常激烈。

4. 各广播电视台多次调整节目，增加有关内地的内容

整个 90 年代，香港原有的三家广播电台及两家电视台的基本格局未变，主要是随着形势的发展，对原来的节目安排进行调整，增加有关内地的内容。

90 年代前后，香港三家广播电台基本上实现了分台专业化。截至 2000 年年底，政府出资办的香港电台共办有七套节目，它们称作七个台，每周广播 1176 小时。第一台，港台各中文台广播新闻及资讯节目的主要电台，使用调频，全日 24 小时广播，并于网上作实时直播。从 2000 年 4 月开始，所有主要节目的资料均存档一年；第二台，全港听众最多的电台之一，每天由上午 7 时至次日凌晨 2 时，使用调频广播，其余时间与第一台、第五台及普通话台联播。以流行音乐及杂志式节目为主，主要为年轻人而设；第三台，全英语台，使用中波和调频两种手段广播。全天 24 小

时广播本地、邻近地区及国际新闻，并播放专题杂志式节目、专题电话热线、流行音乐及青年节目。同时与教育署联合制作娱乐与资讯并重的青少年傍晚节目《天天学英语》，以鼓励学生多运用英语；第四台，香港唯一的古典音乐台，已开办二十多年，使用调频技术和中英双语进行广播。近年又推出一系列教育及艺术节目；第五台，使用中波和调频播送年长者、教育、文化及迎合少数人士兴趣的节目，如粤剧、地方戏曲及儿童节目；第六台，每天 24 小时以中波转播英国广播公司（BBC）世界台的节目；第七台，称普通话台，于香港回归前夕 1997 年 3 月 31 日启播，为香港唯一全部使用普通话广播的电台，以中波和调频广播 19 小时，其他时段则与第二台联播。它以播放最新财经资讯及歌曲为主，并在社会各个层面推广普通话。

商业电台一台，又称雷霆 881 台，它使用调频 88.1 兆赫广播，全日 24 小时广播的中文台（指广州话），主要以 25 岁以上比较成熟的普通话市民为对象，是全港听众最多的电台之一。节目内容以新闻资讯和时事为主，也播出娱乐节目，注重通俗化和大众化；商业第二台，又称叱咤 903 台，全天 24 小时广播。该台的对象主要是 24 岁以下的学生和年轻人，主要播放由唱片骑师（DJ）主持的本地和外国流行音乐，同时也播出新闻资讯节目，节目以轻松、活泼和富有创意为特点；商业台英文台，又称豁达 864 台，使用英文 24 小时播出，为中波广播，以播放国际流行歌曲为主，收听对象是 25 岁以上、收入较高的商务人员和专业人士及外籍人士等。

新城电台自开办之日起，就办有三套节目，现分别为新城劲歌 997 台、新城精选 104 台、新城采讯台。劲歌台的节目类型主要有由 DJ 主持播放的最新的流行歌曲和由本港艺人主持的听众电话热线、点唱、清谈节目等，同时也播放新闻资讯节目；新城精选 104 台，原为金曲台，使用调频 104 兆赫全日 24 小时播出。原来主要节目内容是各个时代的精选音乐，进入 21 世纪后，改为主要是邀请香港经济界的大班（大公司的重量级人士）谈财经问题。1996 年 6 月，新城电台股权发生变动，改由李嘉诚旗下的黄埔和长江实业全资拥有。

香港的两家无线电视台各办有一套中文（广州话）、一套英文节目。无线每年自制节目 6000 小时，两个频道每年播出 1.5 万个小时的节目，至今有库存节目 4.5 万个小时。亚视每年自制节目 3000 小时。在 1989 年至 2000 年，亚视股权曾多次发生变动，最终陈永祺兄弟拥有亚视股权增至 20.25%。

香港电视节目大致也是分为三类：新闻资讯、戏剧娱乐和儿童及教育节目。

三家电视台对新闻资讯节目均很重视。两家无线电视台的主要新闻节目每天安排在早、中、晚及夜间四次。无线的早间新闻《香港早晨》早 6 点 30 分开始，大约半小时一个单元，滚动播出四次，近 9 点结束。《亚视早间新闻》及《亚洲早晨》也大致如此。中午又有一次主要新闻，亚视的"12 点半新闻报告/天气预报/法律天地/亚视评论"，共播出 35 分钟；无线的"午间新闻"，13 时播出，约半小时。晚上，亚视的"6 点钟新闻/体育快讯/天气报告"，共播出 35 分钟；无线的"6 点半新闻报道及天气报告"紧跟其后。亚视的"夜间新闻"23 时开始播出半小时，无线的"晚间新闻"23 点 45 分播出，长约半小时。这是当天最后一次主要新闻。此外，两台还有多次简明新闻，几乎每小时一次。如遇突发新闻，随时插播。如遇重大事件，如每年特首的施政报告，各台均派出采访组亲临现场进行实况播出。

自 2000 年起，亚视还开办了每日一次的《亚视评论》，开创了香港电视史上的新篇章，颇受重视。亚视每天制作并播出的新闻资讯节目约 7 小时。亚视的国际台和无线的明珠台，虽以英语为主，但新闻节目除每天晚上 7 点 30 分的英语新闻外，近年来增加了《普通话新闻》、《中国新闻》及《中国新闻快讯》等资讯节目。应香港新闻界的要求，自 2000 年起，凡遇国家领导人出访外国，香港的新闻界可派出记者随访，于是自 2000 年以来，香港的三家电视台也增多了有关这方面的新闻报道。它们的报道大都早于中央电视台的《新闻联播》。

香港电台电视部及三家电视台都办有多个新闻资讯节目的栏目，如香港电台电视部制作并在两家无线电视台播出的，以探讨公众关注的问题为题材的《铿锵集》；以讽刺形式针砭时弊的《头条新闻》（曾被港区全国政协常委徐四民批评为"阴阳怪气"，2000 年一度中断，后又恢复）；报道立法会最新动态的《议事论事》；长寿节目《城市论坛》的现场直播时事节目；报道传媒动态的《传媒春秋》以及《警讯》节目等。无线自办的每周一次《新闻透视》和亚视的《六十分钟时事追击》两个栏目类似，均是详细报道一来的重大新闻事件。

此外，每遇重大事件或重大题材，各台均制作专题或特别资讯节目。如 1997 年 7 月 1 日香港回归及特区政府成立，香港四大电子传媒——香港电台、无线电视、亚洲电视及有线电视携手组成"电视转播联盟"，由香港电台做技术统筹，连续超过一百小时向全球播放交接仪式及各项活动的实况讯号。

香港电台制作的《杰出华人系列》，1997 年 7 月首次推出，至今制作了四辑，比较深入地介绍了 18 位世界著名华人的成功业绩，如杨振宁、李嘉诚、何大一、马友友、张艺谋等。亚洲电视自 1999 年连续三年在世界各地采访制作的大型系列资讯节目《录找他乡的故事》，介绍普通华人在世界各地的奋斗史，并连续赢得"电视节目欣赏指数调查"第一名。

电视剧是两家无线电视台争夺观众最为激烈的节目类型，在香港电视剧被称为戏剧类节目。电视剧的播出一般均安排在黄金时段，这是观众最多的时段。在这一时间播出的节目也是广告商投放广告最多的。因此，这一时段播出的电视剧的竞争也最为激烈。亚视由于长期亏损，近年来大量削减了自制电视剧的数量，主要依靠外购。两台在 2000 年更将播出电视剧的时段拉长，从 17 点 30 分到 23 点 30 分连续播出三部电视剧，每周工作日，天天如此。它们共同聘请的国际知名调查公司 AC

尼尔森公司进行的收视率调查，也以电视剧为主要对象。

1985 年，无线电视台首次与广东省电视台联合制作电视剧《铁桥三传奇》，这一年还拍摄了古装电视连续剧《杨家将》。进入 90 年代，该台的电视剧制作进一步发展。同时，无线偶尔引进一些台湾或内地制作的电视剧，比如 1993 年，无线引进台湾电视剧《包青天》，观众达 195 万。1994 年，亚视也引进台湾电视剧《包青天》，两家电视台在同一时间播出同一节目，闹出"双包案"，引起观众的极大不满，双方还为此诉诸公堂。之后，在香港曾一度形成台湾电视剧热。1995 年至 1996 年，亚视购买并播出了一批内地制作的电视连续剧，如《三国演义》、《西游记》、《武则天》和《宰相刘罗锅》等，获得了较高的收视率。同时，该台还花大本钱制作了一批电视连续剧，如《戏王之王》、《精武门》、《千王之王重出江湖》、《再见艳阳天》、《黄飞鸿》等，也较受观众喜爱。这些措施使得亚视的收视率持续上升，据调查数据，亚视和无线广州话频道的收视率由原来的 2：8 变为 3：7。

90 年代后期，无线制作并播出了多部上百集甚至上千集的特长篇电视连续剧，如长达 1228 集的超长剧《真情》及《创世纪》等。该台播出的电视剧绝大部分由本台制作，因财广人旺，人才济济，全台 3600 名员工，其中合约演艺人员七百多位，并设有专门的戏剧制作部门。再加之香港观众的惯性收视，同等水平的电视剧在无线播出，可能收视率高达八成，而在亚视则只有两三成。出于竞争的需要，无线有时也购买内地和台湾制作的优秀电视剧，如《水浒传》。1999 年，亚视购买并播出了内地制作的电视连续剧《雍正王朝》、本港独立制作的《纵横四海》、《少年英雄方世玉》以及台湾同大陆合拍的《还珠格格》、《还珠格格 II》，引发了香港两家电视台再次激烈竞争。

香港电台也曾制作了一批有影响的电视剧，影响较大的当属《狮子山下》。该剧的故事环绕下层人民的生活，描述他们的艰苦创业，播出后大受欢迎。之后又多次推出新的系列，到 1994 年最后一辑《狮子山下》，共制作超过 200 集单元剧，影响深远。其他写实戏剧包括《屋檐下》、《岁月山河》以及《香江岁月》等。

香港广播电视界有一个良好的传统，就是大型综合艺术节目经常与慈善募捐活动相结合。在无线过去 33 年的历史上，它透过其广州话频道——翡翠台，为不同类型的慈善团体筹得善款约 17.6 亿港元。亚视有时也办这类节目，如 1991 年 7 月，亚视举办了"爱心献华东"等大型筹款活动。其中，"演艺界总动员忘我大汇演"历时七个多小时，五百余名内地、港澳台演艺人员同台演出，全港电台、电视台及卫星电视同时联播。

香港两家电视台的综艺节目多种多样，大都在周六或周日晚上举行。2000 年度，香港收视率最高的十大综艺节目均由无线获得，收视率在八成以上。亚视每年也举办一些大型综艺节目，如与中央电视台等合办的中秋节晚会《香江明月夜》，

2000 年开办的《中华演艺人才选拔赛》等。

教育电视节目主要由香港电台的电视部制作，由两家电视台播出，同时供教师在教室里用以辅助教学。儿童电视节目两家电视台均安排在上午 9 时至 12 时及下午 4 时至 6 时之间播出，有动画片，主要是日本生产的节目；另有儿童电视剧及儿童歌曲等。知识性竞赛节目在香港也颇受欢迎。

在香港，两家传统电视台均为商业机构，对它们而言，收视率生命攸关。因此，两家电视台对于收视率调查极为重视，它们共同聘请国际权威调查公司"AC 尼尔森"进行收视率调查。上述引用的收视率的调查数字均为该公司的调查结果。根据该公司的调查，2000 年度香港收视率最高的十大戏剧（电视剧）节目均由无线电视台获得，上述十大节目除一部由内地制作外，其余为无线自制。另外，2000 年度十大特备综艺节目也均由无线获得。亚洲电视台的收视率一般接近二成。前述提到的几次竞争，亚视在较短的时间，曾一度占据上风。

上述这种传统的收视调查客观地显示观众的实际收视行为，已经是商业电视制度不可缺少的一环。但也有业内人士认为：收视率最高的节目不一定是质量最好的。因此，在世界各地均有人在寻找其他方法来量度收视行为。香港电台自 1989 年起，进行"电视节目欣赏指数"调查，目前的调查将电视节目分成三类：时事及公共事务、资讯、娱乐三个类别。2000 年度的调查分四个阶段进行，即每季进行一次，全年累计被访问人数达 9148 名，回应比率介于 62%～67%，调查涉及本地制作的电视节目共 212 个。其中，无线电视占 69 个，亚洲电视 57 个，香港电台 46 个，有线电视 40 个。调查结果，头 20 个最高欣赏指数的节目中，无线电视及香港电台各占 9 个，其余两个则为亚视的节目。至于节目类型，12 个属资讯节目，5 个为时事及公共事务节目，余下的三个则是娱乐节目。全年综合结果显示，时事及公共事务节目的数量虽然较少，但整体表现较佳，全年 41 个节目的平均欣赏指数达 72.2 分。其次，79 个资讯节目欣赏指数亦有 71.5 分。娱乐节目的平均欣赏指数最低，仅 67.8 分。

一如既往，香港电台在四台之中取得全年最高的平均欣赏指数，达 73.6 分。其次是无线，其所得的平均欣赏指数为 70.8 分。亚视所得的全年欣赏指数为 68.3 分，排行第三，而有线电视所得的平均欣赏指数则为 67.3 分。全年整体节目平均欣赏指数为 70.1 分。获得欣赏指数首位的节目是亚视的《寻找他乡的故事 III》，它是关于普通华人在世界各地求生的纪录节目。这项有别于收视率的调查在香港已逐步获得认可，开始由港台发起，两家电视台参加，后有线电视也加入，特别受到了学术界的重视。它们的不少做法是参考了英国广播公司的经验，但又结合了本地的实际，被称为"香港经验"。

另外，香港的三家广播电台分别进行收听率调查。港台也委托尼尔森（中国）

有限公司进行节目收听调查。据该公司 1999 年 10 月至 11 月的调查结果，港台第一台和第二台分别是香港听众最多以及听众为第三位的电台，每周累计听众人数分别为 164.2 万和 138.9 万人。该公司 2000 年电台收听调查显示，当年 10 月至 11 月，港台第二台和第一台分别是香港听众最多以及听众为第三位的电台，每周累积听众人数分别为 160 万人和 128.9 万人。商业电台的听众人数也比较多，并称商台第一台听众最多。不过，事实是商业电台依靠商业广告生存，且有盈余。

5. 香港广播电视界加强与内地同行的交流与合作

中英两国政府关于香港问题的联合声明的签署，使中英两国关系进入了一个新时期，也进一步推动了香港与内地广播电视界的交流与合作，两地对这种交流与合作更加重视，双方的合作领域更加广泛，有业务商谈、考察参观、相互访问、异地采访、联合制作节目、学术研讨、节目推销、技术设备采购等。合作的方式更加丰富，合作的形式也更加完备。

1986 年 8 月 6 日至 18 日，香港无线、亚视及商业电台代表和演员组成的 15 人广播电视参观团到内地访问，万里副总理在乌鲁木齐第三届全国少数民族传统体育运动会期间会见了参观团全体成员。这次参观使代表团成员对内地建设和改革开放政策增加了了解和认识。此前，1986 年农历新年，中国国际广播电台加入了由香港电台、英国曼彻斯特电台"东方地平线"及纽约中华商业电台发起的《全球华人贺岁特辑》联播行列。1987 年，为进一步开展内地与香港广播电视界的交流，内地广播电视代表团一行十人访问香港，成员包括北京、甘肃、云南、广东等广播电视部门的人员。同年，广电部外事局局长周婕和中央电台副台长黄惠群赴港参加无线电视台 20 周年台庆活动。同年 8 月，无线电视台总经理陈庆祥再次访问北京，与中央电视台和国家体委等有关部门商谈 1988 年奥运会和 1990 年亚运会电视转播及有关合作事宜。1987 年春节，香港电台与中国国际电台合办了《向全球华人贺岁》节目；同年中秋节两台又合办了《向全球华人贺中秋》。同年，内地与香港在同一天播出内地制作的电视连续剧《红楼梦》。中央电视台台长王枫等三人为此赴港与亚视商谈并签署有关协议，剧组 17 位主要演职人员也赴港参加首映式。

此外，80 年代末，香港两家电视台与内地电视台联合制作了一些大型综合艺术节目，如 1988 年亚视与江苏电视台联合制作的《江苏、香港星辉传真》。同年，亚视与广东电视台联合制作的《省港缤纷迎夏日》。1989 年农历大年初二，广东电视台与无线联合制作《羊城贺岁万家欢》十周年庆祝活动，并进行了现场直播。同时，亚视还在内地制作了大型系列节目《横穿中国》，反映了陇海、兰新铁路沿线各地改革开放的成绩。同年，该台在其《亚洲早晨》节目中连续七天播出介绍广州人的假日消闲活动、华南特警队专访、著名歌手的表演、气功、五禽操等。在广东制作了《农年风俗搜奇》、《省港凤城闹元宵》等。1988 年，四川电视台向香港输出了《海灯法师》、《中华武术健身系列片》等节目。内地的工程技术人员赴港进行技术交流，参加研讨会，购买亚运会所需设备等。

进入 90 年代，临近香港回归，两地的广播电视交流更加频繁，层次更高，内容更加广泛，不仅有中央广播电视部门，更有全国各地的广播电视部门，来往的人数急剧增加。其中比较重要的有：为香港回归进行准备的考察、介绍香港历史变迁的节目制作、利用香港的优势进行对外宣传、香港回归广播电视转播等，香港方面则进一步加强与内地的合作。1992 年初，广播电影电视部副部长田聪明等一行赴港考察香港的广播电视电影情况。1993 年秋，广电部副部长刘习良率团考察香港的广播电视。1995 年 5 月起，广电部业务交流团先后分三批赴港考察，与香港各电子媒体进行了广泛的交流。

香港官方的广播电视主管官员也开始到内地访问。1994 年 7 月，港英政府文康广播司苏耀祖率代表团一行十人访问内地，并到广电部拜会。这是港英政府文康广播司首次正式拜访内地广电主管部门。1997 年春，利用第四届亚洲电视节目交易会（MIP—ASIA）在香港举行之机会，中央电视台举办大型的"中国电视剧日"研讨会。自香港国际影视展开办起，内地广电主管部门积极组织内地影视单位赴港参加影视活动。

香港回归前夕，内地广播电视台纷纷赴港采访制作介绍香港各方面情况的节目，主要有中央电视台介绍香港历史变迁的大型纪录节目《香港沧桑》、《香港百年》；上海电视台的系列专辑《香港之最》；北京电视台的《话说香港》等剧组。还有电视剧《香港的故事》，也是多次往返香港，仅 1996 年，香港与内地合作拍摄的电视连续剧就有四部：《香江风云》、《再见艳阳天》、《战国传奇》和《喜乐会》。还有多部协拍电视连续剧，如《千王之王重出江湖》、《壹号皇庭》、《刑警侦缉档案》等剧目，而这几部剧都是亚视或无线的重头戏，在港的收视情况很好。早在 1994 年，中央电视台的《东江水》剧组以及浙江电视台 12 集电视系列专题节目《环球看香港》等多个节目摄制组，都前往香港采访。这些节目的播出对内地人了解香港颇有帮助。

同时，两地的广播电视节目交流也成倍增加。仅广东电视台就在 1992 年从香港引进了 250 小时的电视剧，输出到香港的节目也有近百个小时。1993 年香港九仓有线电视台开播，该台主席吴天海率代表团赴京访问，经商定该台每一季度从中央电视台购买不少于 365 小时的节目，自 1996 年 7 月起，该台又在其网络内全频道转播中央电视台第四套节目。1993 年，亚视也与中央电视台达成协议，每天在其国际频道中播出 CCTV - 4 的新闻 25 分钟。亚视还购买播出了中央电视台制作的 12 集电视纪录片《毛泽东》。香港两家电视台仍继续派出多个电视摄制队到内地采访。1994

年华南地区发生严重水灾，亚视、无线两家香港电视台迅速派出记者采访，并举办"赈灾演唱会"，亚视筹款 1700 万港元，无线筹得 2800 万港元赈灾款支援灾区。1994 年 10 月 1 日，香港无线、亚视、九仓有线、香港卫视、香港电台、商业电台、新城电台等七家电子传媒，均对国庆 45 周年文艺晚会作了实况转播或录播，报道规模可谓空前，仅无线、亚视两家电视台收看人数就达 170 多万。1995 年起，九仓有线电视转播广东珠江台的新闻。香港的"华娱卫视台"在 1995 年与内地省级电视台联合举办了几个大型文艺晚会，与山东电视台联合举办了"元旦文娱晚会"，与黑龙江电视台合办了"群星迎亚冬文娱晚会"等。以上这些活动都是"九七效应"的具体体现。

"九七效应"促使两地广播电台的合作也有了长足的发展。

1991 年春节，广东珠江经济广播电台与香港电台在大年初一联合直播两地市民欢度除夕花市之夜。广东电台音乐台与香港电台直播两地市民电话拜年节目。5 月至 9 月，珠江经济台与香港电台合办了大型特别节目《粤港经贸专线》。1992 年，香港电台一台再次与广东电台联合制作 20 集《粤港法律专线》，加强香港市民对内地及两地法律制度的认知。1992 年 7 月 8 日，广东电台与香港电台联合举办的"1992 粤港业余乐曲大赛"在广州友谊剧院举行总决赛。这次大赛历时 49 天，社会影响广泛，成为文艺界乃至粤港两地交流合作的一大盛事。9 月 11 日，两台又联合举办了"星月争辉天河——为广东教育促进会筹款义演演唱会"，将筹得款项全部献给广东教育促进会，用于扶助广东贫困山区的失学儿童。10 月 17 日，两台联合举办的《粤港法律专线》节目开播，共计 20 集，节目内容主要是向香港同胞介绍内地的各种法律、政策，通过电话接受听众咨询，加强两地居民对彼此法律的了解，为日益频繁的交往提供法律服务。

1993 年，香港新城电台与中国国际电台合办音乐节目，新城台每天向国际台提供 2 小时的《欢乐调频》。同年，新城台还与广东佛山电台合作《劲爆开心夜》，每天向珠江三角洲地区播放，深受欢迎。香港电台与广东电台合办粤剧筹款活动等。商业电台与中央人民广播电台合办"叱咤香港乐坛北京群英会"演唱会，与深圳电台联合制作《港深特区直通车》时事资讯节目。

1994 年，香港电台教育部在内地拍摄了《唱谈普通话》、《开放下的新中国》等两个特辑，并连续几年制作，在两家电视台播放。香港商业电台与中央电台、新城台与国际台在音乐节目制作方面互派人员进行交流，取得较好效果。

1995 年，新城电台与国际电台进一步合作。从当年 5 月 1 日起，新城电台采讯台每天播出国际电台提供的《你好香港》三个小时的特别节目，使用普通话、广州话和英语分别制作各一个小时。节目内容主要是向香港听众介绍内地的经济发展、社会进步及文化体育等情况。同年，香港商业电台与中央电台联合举办了《"基本法"知识竞赛》节目。

为使香港回归这一重大事件的广播电视转播成功，中央广播电视部门多次派出有关人员赴港考察场地、采购设备。在 1997 年 6 月下旬，派出三位副部长为首的报道团 478 人赴港进行现场广播电视转播。在此之前的 1996 年秋，刘习良副部长率代表团参加了在香港举行的亚广联大会。

香港回归后，根据"一国两制"、"港人治港"、高度自治的方针，香港与内地广播电视界遵从"互不隶属、互不干涉"的原则，进一步加强合作。

1997 年，两地广播电视工作者在国庆、春节以及"心连心"演出等文艺晚会的合作中进行了有益的尝试。此外，对合拍电视剧也进行了新的探索，双方的节目交易也日趋频繁。1998 年 4 月，港台与珠江经济台、上海东方台合办"三江联播"，每周一次。1998 年，中央电视台与香港无线电视台合作在香港联合制作播出了《相约'98》文艺晚会节目。晚会的录像节目在香港无线电视台和中央电视台播出后受到观众的好评。1999 年，香港无线、亚视、港台及凤凰卫视等广播电视机构派出 18 个电视摄制组赴内地摄制各类节目。比较有影响的有：无线的"'99 华裔小姐选拔"在桂林拍摄，亚视的《今日睇真 D》介绍四川卧龙自然景观，港台的《中国人，中国心》，凤凰卫视的《千禧之旅——从奥林匹克到万里长城》等主题片。亚视还赴广东拍摄电视剧《南海十三郎》，无线赴穗拍摄电视剧《缘分无边界》、《封神榜》等。这一年，中央电视台还与无线国际公司合拍了 30 集的电视剧《碧血剑》，无线与云南电视台联合举办了"昆明世博会综艺晚会"节目，多位香港艺员登台表演，向香港现场直播。2000 年，中央电视台与亚视联合举办了中秋文艺晚会，并在电视台录播。

在"一国两制"方针的指引下，香港与内地广播电视的交流与合作将继续发展。

第二节
澳门的广播电视事业

一、广播事业的发展和电视事业的开办

澳门最早的广播电台于 1933 年 8 月 26 日开播，是一些专业人士作为业余爱好开办的，呼号为"CON—MACAU"，每天 21 点至 23 点用葡萄牙语播送新闻和音乐，后改为隔天广播一次。1937 年停办，1938 年 9 月恢复。1948 年，该台归澳葡当局经营，隶属于新闻旅游处，播出内容只有音乐、粤曲和儿童故事等。1962 年，电台

改由政府的邮电厅负责管理，播出时间不长，节目很简单，主要是天气预报和音乐等。1980年2月15日，澳门政府同葡国电视台签约，将澳门广播电台交其管理。1981年12月31日签约期满后，澳门政府准备成立一个管理传播事业的机构，并计划将澳门电台归入此机构管理。1982年10月，澳督颁布法令，撤销澳门广播电台，成立澳门广播电视有限公司。（见图10-4）从此，澳门广播电台归入澳门广播电视公司，属电台部，称澳门电台。

TELEDIFUSÃO DE MACAU, S.A.R.L.
澳門廣播電視有限公司

MSTV
澳門衛星電視

图10-4　澳门的广播电台、电视台台标

澳门电台分中文（广州话，下同）和葡萄牙文两台。中文台始于1981年6月。从此，中、葡文分别播出。最初，葡萄牙语台用超短波立体声广播，中文台用中波广播。从1985年12月起，中文台也增开了超短波立体声广播。

中文、葡文两台均全天24小时播出，两台节目包括新闻、体育、文化、娱乐、音乐、儿童节目以及文艺剧集等。澳门电台比较重视新闻报道，每小时正点播送新闻一次，每次约3分钟，每天早、午、晚和夜间播送四次详尽新闻，每次20分钟，新闻除自行采制外，还选用路透社、法新社、葡新社和新华社的稿件。专题节目则多为综合性的杂志型节目，由主持人主持，节目内容广泛，谈话和音乐兼而有之。听众可以电话参与，或点播，或与主持人交谈。此外，还有青年节目、儿童故事、体育节目、广播剧、古典音乐以及港台和外国流行歌曲等，这些内容大多设有固定栏目，有特定听众对象，澳门电台还经常举办各类有奖竞赛和有奖问答游戏，吸引听众参与。

私营的澳门绿村商业广播电台创办于1950年，创办人是已故的澳门名流罗保博士。开播之初，只是每天用广州话和葡萄牙语播送音乐节目，后逐渐扩展出多种类型节目。1964年起，该台全部节目改用广州话播出。该台节目有音乐、粤曲、广播剧、儿童故事、谐剧、点唱、赛狗消息等。该台自称"不谈政治"，至今没有自制新闻节目，只在综合节目中由主持人依据报纸，加插一些听众感兴趣的社会新闻。

绿村电台使用两个中波频率发送，其中一个频率的发射功率有10千瓦，可覆盖香港、中山、顺德一带。此外，该台还办有一套调频立体声节目。电台收入来源主要是商业广告，此外，还有教会赞助。

1984年5月13日，澳门广播电视公司经营的澳门电视台正式开播，这是澳门第一家电视台。在此之前，澳门居民一直收看香港电视节目。澳门电视台开播之初，每晚 18 点至 23 点播出，每周播出 40 小时左右。澳门电视台开播后，经营不够景气，长期亏损，1989 年 1 月后，澳门电视台开始接受私人股份，成立董事局来管理。虽然广告收入增加不少，但仍未改变亏损局面。这一年澳门电视台的经营赤字达二千万澳门元。1989 年 7 月，澳门电视台推出一系列改革措施，包括延长播出时间，由上午 7 时半一直到晚上 12 时。其中下午 5 时半至晚上 9 时专门播映中文节目，晚上 9 时以后专播外语节目（葡萄牙语、英语）。新闻报道也受到重视，除本地新闻外，还有海峡两岸新闻、国际新闻以及东南亚各地财经市场消息等。此外，还推出早晨节目、电视连续剧、纪录片精选及周末音乐特辑等。大型节目也纷纷出台，如澳门歌唱比赛、澳门小姐竞选、澳门国际音乐节、电影精选和赛车等。

从 1990 年 10 月起，澳门电视台的中文、葡文节目开始分台播出。中文台占用一个频道，每天播出 10 小时，每周播出 67.5 小时，其中 50% 的节目依靠购买，自制节目比重不大。据 1991 年 10 月公众问卷调查，中文台的收视率为 88%，中文台占总播出量的 24%，有《早晨新闻》、《午间新闻》、《澳视新闻》、《新闻提要》及《晚间新闻》。此外，还有每周新闻综合节目《CNN 环宇传真》、《澳视新闻档案》、《两岸动态》、《咨询奉告》等。葡文台每周播出 40 小时节目，其中 78% 靠购买。据 1991 年 10 月公众问卷调查，葡文台收视率为 62%。

澳门电视台的自制节目主要是新闻、纪录片特辑、座谈会、歌唱比赛和选美活动的现场直播；买入的节目主要是一些电视剧集，片源来自葡萄牙、英国、美国、巴西、新加坡、韩国以及中国内地和港台。澳门电视台用中文播新闻时，配以葡文字幕，播葡文新闻时，配以中文字幕，播放英文电视片时则同时配中文、葡文字幕。澳门电视台于 1989 年增大发射功率，香港以及广东一部分地区可收看到其节目。

澳门广播电视有限公司原为澳葡政府独家经营。1989 年后开始接纳私人股份，之后，其股份由政府和私人两部分组成，政府占 50.5%，私人股东占 49.5%，私人股东来自澳门、香港、日本等地。

二、回归前后的广播电视事业

澳门回归前后，澳门广播电视事业发生了一些重要的变化，特别是 1999 年，被视为澳门广播电视发展史上的转折点。现分述如下：

1. 澳门广播电视公司（简称"澳广视"，葡文缩写 TDM）的股权变更和增办本地节目

1989 年之后，澳广视虽经多次股权重组，但政府和私人所占的股份比例不变，一直是政府控股的股份公司。为了改善长期亏损的状况，澳葡政府曾于 1995 年 5 月宣布增加股本五千万元，其他私人财团亦同时注资。此外，澳葡政府又拨款三千万元用于设备更新等。尽管如此，澳广视仍无法扭转长期亏损的局面。澳门回归前，澳广视私人财团股份由何厚铧、澳门旅游娱乐公司和南光公司持有。回归后股东有

所变更,何厚铧及旅游娱乐公司退出,澳门商人吴福的新韵公司、信诚达公司分别购买了他们原来持有的股份而成为新股东,分别占有15%和19.5%的股份,南光公司仍占15%。尽管如此,由于澳门政府仍控股,在性质上澳广视仍为公营广播电视机构。

澳广视管辖澳门中、葡文电台及中、葡文电视台,并各办有两套节目,共有工作人员四百多位。除按照语种设立新闻、节目部外,其余的技术、制作、档案资料等部门均混合设置。

澳广视电台由开办初期的每天播出2小时发展到24小时全天播出,开设有新闻、资讯、娱乐、教育、少儿、广播剧和文化体育节目,满足不同年龄和不同族群听众的需求。新闻是重点之一,每天早、中、晚和夜间共播出四次,每次20分钟的《详细新闻报道》,逢整点则播出《新闻简报》,主要报道本地新闻,也报道邻近地区、葡萄牙以及重要的国际新闻。除派出本台记者采访外,同时采用新华社、中新社、路透社、法新社和葡新社的消息,中文电台还设有每天两次的普通话新闻和教授普通话的课程。

澳门电台使用两个频段分别以广州话和葡语广播。中文台每天24小时播音,使用调频和中波播出,可覆盖澳门和珠海两地,中山市和香港的部分地区也能收听到。广州话节目以服务本地社群为宗旨。除新闻节目外,比较有影响的节目有,听众可以参与的"时事评论"热线,这个节目围绕听众关心的时事,邀请政府及有关机构的代表与听众对话;还有多姿多彩的资讯综合和专题探讨节目、针对青少年的娱乐和知识性节目以及教育性节目;音乐节目有古典西乐、传统民乐、粤剧、摇滚乐、风行内地和香港的流行歌曲,节目多种多样,有声有色,深受澳门听众喜爱。

澳广视电视台是澳门唯一的地面电视台,1990年,中、葡文两个频道分开,全天24小时播出。中文台以广州话为主,兼有普通话新闻。该台播出的节目种类有:本地新闻、资讯和报道社会活动的《澳视晨彩》、儿童节目、教育节目、体育节目(包括赛马、赛狗、赛车等赛事活动)以及纪录片。周日播放电影以及足球比赛实况等。葡文台主要播送葡萄牙电视剧、纪录片、综艺和体育节目,还有教育节目以及葡萄牙广播电视台提供的各类电视节目,也有部分本台自制节目。1998年,澳广视中文电视台播出4300小时的节目,各类节目的比例为:新闻17.64%,教育节目7.09%,电影电视剧34.61%,纪录片9.89%,体育节目8%,娱乐/音乐节目19.07%,动画片3.84%。

1998年底,澳广视及澳葡政府统计司联合进行了一次收视调查,97%的被访者有收看香港电视的习惯,其中91%的观众只收看澳广视的7点钟新闻。香港的电视节目对澳门电子传媒的冲击很大。面对这种情况,澳广视在加强新闻节目的同时,开始走节目本地化的道路,一大批反映当地民俗风情的纪实性、娱乐性节目应运而生，如《竞健群英》、《生活动感廊》、《澳视晨彩》以及新闻性节目《澳视新闻档案》等，这些节目播出后在澳门观众中的影响逐步加深。同时，足球直播、体育报道、旅游览胜、烹饪饮食等节目也获澳门观众欣赏。从 1997 年起，增加了内地制作的高质量电视连续剧，转播意大利甲级足球联赛和英国超级足球联赛等，同时还面向在澳一万多菲律宾人，每周播出一次菲律宾电视连续剧。

1999 年澳门回归，澳广视的电台、电视台都作了大量的采访报道，并制作了一个长达一年的时事特辑《见证回归》，介绍澳门在回归前后的政治和社会民生变化。在澳门回归日，澳广视的电台、电视台分别使用两种语言，连续 40 个小时全程直播中葡政权交接和各项官方仪式及民间社团的大型庆祝活动，真实地、成功地报道并记录了这一历史性的庆典活动。

在澳门回归前，1998 年至 1999 年，澳门的蔡氏兄弟影业公司和中华海外联谊会、广东有线电视台联合投资，由澳门蔡氏影业公司负责制作，拍摄了 30 集大型电视系列节目《细说澳门》。在海内外介绍澳门的众多影视作品中，它是迄今篇幅最长、最为详细的介绍澳门从古至今方方面面的电视节目，是集知识性、趣味性和可视性为一体的作品，有一定的思想性和艺术性。

2. 开办卫星电视和有线电视

1996 年 1 月，澳门卫星电视有限公司成立，1998 年 1 月 19 日获澳葡政府批准，发给专营牌照。这是一家私营公司，董事会主席是澳门商人吴福。

按照澳葡政府的批准文件，澳门卫视可以开办六个频道，将在投入运营的前五年陆续开办四至六个专业频道，并计划在 15 年中投资二亿元。澳门卫视开播前，已经投资一个亿，还不包括在中山设立的制作中心的费用。

澳门卫视最先开播的是旅游频道，习惯上被称为澳门卫视旅游台，它是全球最早开办的华语卫视旅游台。该台于 1999 年 5 月 18 日试播，同年 12 月 18 日正式播出。它是以新闻资讯、娱乐资讯、旅游资讯及其他社会、经济、文化为主要特色的综合性卫星频道，每天播出 16 个小时。该台开播以来，先后进行了《澳门妈祖开光仪式》、《澳门特首选举》、《澳门回归仪式》等系列报道，策划和开辟了《澳门中国之旅》、《开心 20》、《名城漫游》、《茶馆论风骚》、《跟我探世界》等有一定影响的节目。

澳门卫视旅游台通过鑫诺 1 号卫星传送节目，其信号可以覆盖亚太地区五十多个国家和地区，服务对象以内地、香港、澳门、台湾以及东南亚的越南、泰国、新加坡、印度、马来西亚、菲律宾等华人聚居较多的国家和地区为重点，同时兼顾日本、朝鲜、韩国等与中国文化广有渊源的国家。

澳门卫视其他频道的节目通过亚太 1 号卫星传送，覆盖面包括中国内地、香港、台湾、澳门以及东南亚地区。2000 年，澳门卫视的亚洲台和五星台两个频道都已开播。

澳门卫视亚洲台是内地、澳门及香港三地合资开办，其行政总部及播控中心设在澳门，而制作及网络中心设在北京。节目包括影视剧、综合娱乐、新闻、体育、旅游及休闲、寰宇探秘、财经、教育及儿童节目等。

澳门卫视五星台是在澳门回归一周年时正式开播的，它通过鑫诺 1 号卫星、亚洲 3S 号卫星向数十个国家和地区播出，服务对象主要是城市青年，设有财经、网络、假日和时尚等节目。

澳门在回归祖国之前，多数酒店及居民大厦都安装了各自独立的共用开线系统，接收香港、澳门、广东、深圳、珠海等地的广州话电视节目和中央电视台第一和第四套节目，收视质量普遍不够理想。

1999 年 1 月 20 日，中葡联络小组批准了《澳门有线电视专营合约》，同年 4 月 22 日，澳葡政府同澳门有线电视有限公司签署了有效期为 15 年的专营合约。根据这份合约，授权澳门有线电视公司在合约签署后 15 个月，以专营形式开始向澳门居民提供有线电视服务，并免费提供两个频道给澳广视下属的电台、电视台使用。

澳门有线电视公司由葡萄牙电讯公司、澳门广播电视公司、大西洋银行、吴福集团等共同创办，总投资澳门币 4.5 亿，启动资金为 5000 万元，预计五年内将投资 1.7 亿元用于基础设施建设。

澳门有线电视有限公司由葡萄牙电讯的代表负责项目管理及运营，采用多路微波分配系统（MMDS），目前尚未铺设电缆。

2000 年 7 月，澳门有线电视公司开始运营，并向用户提供收费电视服务，截止 2000 年底，用户近两万。

澳门有线电视公司现阶段以转播形式播送 40 个来自不同国家和地区的电视节目，包括新闻、资讯、经济、教育、体育、娱乐、儿童、时装、音乐、大自然、电影、电视剧等。节目以广州话、普通话、英语为主，也有葡萄牙语、德语及意大利语节目。澳门有线电视转播中央电视台四和九套以及广东、福建、珠海电视台的节目，还转播香港无线电视台、亚洲电视台、凤凰卫视以及美国有线电视新闻（CNN）、英国广播公司世界台（BBC WORLD）、美国全国广播公司财经频道（CNBC）、德国之声、日本广播协会国际频道、法国 5 频道、意大利广播公司国际频道和葡萄牙广播电视国际台的节目。

在澳门，有线电视用户每月交纳基本服务费 168 元和解码器租金 30 元，加密的影视频道、成人频道等另外付费，每个频道收费约七八十元。澳门有线电视目前没有自办节目，所有频道都是以整频道方式外购，同时也不插播自己的广告。

此外，因创办人故去而停播了多年的澳门绿村广播电台于 1999 年 3 月 22 日恢复广播。其总部设在澳门马会大楼，大股东为澳门旅游娱乐公司。该公司占五成以上的股份。节目有时事、音乐、体育、科技、生活、资讯、赛马及直播赛狗等，为延续中葡友好关系及考虑到回归后澳门仍有一定的葡语听众，该台在其每天 24 小时的广播中，仍有 8 小时的葡语节目。该台使用中波频段，发射功率为 10千瓦，除覆盖本地外，还可覆盖珠江三角洲及香港的大部分地区。据称该台是一个地道的澳门人的电台，节目内容以当地人的口味为依据，电台仅有 17 名职工，九成为澳门人。

澳广视电台由于政府拥有一半以上的股份，从性质上应是公营电台，而绿村电台则是澳门纯粹的、唯一的民营台。

3. 加强与内地同行的交流与合作

进入 90 年代以后，澳广视的电台、电视台进一步加强了与内地电台、电视台的业务交流与合作，合作的方式有：举办各地电视周、节目展播、共同制作节目以及人员来往等。

澳广视电视台除覆盖本地外，还可以覆盖周边地区，主要是珠江三角洲地区的一些城镇。澳广视中文电视台注重加强与内地其他省市电视台的合作。通过交换、展播双方的节目，达到文化交流的目的，同时也扩大了澳门电视台的影响。澳广视电视台在回归前后举办的电视展播包括：深圳电视节、北京电视节、中央电视台中国电视节、广州电视节、福建泉州电视节及湖南电视节等，其中，北京、广州在澳门举办的电视节达三四届之多。

1994 年，在澳广视电视台开播十周年之际，内地中央电视台、上海电视台、广东电视台、深圳电视台、珠海电视台、广州电视台、湛江电视台以及香港电视台派代表参加庆祝活动。当年，澳广视与内地的合作又有新的进展。它与中央电视台联合在澳广视电视台举办了中国电视周，在 9 月的一个星期内播出了 14 个小时介绍内地各方面的节目，同时澳广视的葡文台将大部分节目用葡语播出。澳广视还在这一年，同中央电视台和上海电视台签订了节目交换协议。中国广播电视艺术团参加澳门一年一度的澳门音乐节，并连续多年参加。1995 年 3 月，澳广视还组织了一个包括中国内地六家电视台的二十多人的代表团赴葡萄牙访问，成员包括中央电视台、上海、广东、广州、深圳、珠海等地电视台的代表。

1997 年是香港回归祖国的不平凡的一年，澳广视更加强了与内地广播电视界的合作与交流，这一年它大量地采用中央电视台的新闻和广东电视台的专题节目，并对葡萄牙总统访华、香港回归等重大事件进行了重点报道。1998 年夏，澳广视制作播出与内地密切相关的《见证九九》、《众志成城抗洪水》、《澳粤新干线》等节目。

澳广视电台早在 80 年代就同内地电台建立了合作关系，进入 90 年代以来，这种合作更进一步，该台主要的合作伙伴是广东电台、广州电台、佛山电台、珠海电台以及部分国外电台，特别是葡萄牙电台，主要是交换广播节目，以增进相互了解。

第三节
台湾的广播电视事业

一、国民党迁台后广播事业的发展

台湾的广播事业始于日本占领时期的20世纪20年代末，是在日本驻台湾总督府的控制下发展起来的。到台湾光复前夕，台湾共有台北、台中、台南、花莲、嘉义等五家广播电台，均为日本人开办，受台湾总督府的直接控制。1945年日本战败后，南京国民党政府接管了这些广播电台，并入官办的中国广播公司。40年代后期，随着人民解放战争的节节胜利，国民党在大陆的广播电台大都被人民政府接管，只有空军、军中等军方广播电台以及上海的民本、南京的益世等几家民营广播电台相继迁往台湾。1949年12月，到南京政府迁台时，台湾共有五家11座广播电台，总发射功率不到3千瓦，总播音时间约91小时30分。

经过四十年的发展，到1989年底为止，台湾共有32家186座广播电台，发射机391部，总发射率11766千瓦。其中公营广播电台12家（8家属于国民党党政部门，4家属军队主办）130座，发射机327部，发射功率11471千瓦；民营广播电台20家56座，发射机64部，发射功率295千瓦。民营广播电台不仅数量较少，而且发射功率仅占总功率的三十分之一不到。

台湾的广播电台于50年代初期开始采用调频广播。1953年以后，中国广播公司在台湾先后建立了数个调频广播传输系统。1968年7月31日，中国广播公司的台北地区调频广播电台正式播音，标志着台湾广播进入调频时代。该台节目以新闻和音乐为主，成立之后的两年为试办时期，不播送广告。1969年，中国广播公司又先后在台中、高雄、花莲等地建立调频广播电台，形成全省性的调频广播网。除中国广播公司外，军中电台、警察广播电台、教育广播电台、台北国际社区电台也相继开办了调频广播。其中军中电台有七个调频广播电台，分设于七个地区，电波覆盖台湾全省。

50年代中期，台湾开始出现专业性的广播电台。1955年8月开播的台中农民广播电台是较早出现的专业性广播电台。该台每天三次播出以农民为特定对象的农业节目。1971年3月1日，警察广播电台所属的台北交通专业电台正式开播，这是台湾第一座交通专业电台。该台24小时全天播音，除播送音乐和新闻外，还随时播报路况，供交通警察和车辆驾驶人员收听。不久，警察广播电台高雄交通专业电台和中国广播公司台中交通专业电台相继开播。1973年8月1日，中国广播公司在台北设立新闻专业台，这是台湾第一座新闻专业电台。该台 24 小时连续播音，每 15 分钟至 30 分钟播报一次新闻，平均每分钟播出一条新闻，并且有记者主持的新闻性节目以及《股市漫谈》、《音乐广场》和英语新闻穿插播出。到 1976 年，该台已增开台中、台南、高雄、花莲等地广播电台进行联网广播，形成一个规模较大的新闻专业广播网络系统。1975 年 8 月，中国广播公司在台中建立农业专业电台，以农民为特定听众对象，集中播报与农业有关的法令、常识、新闻等节目。该台在播出时间上，充分考虑农民的作息时间，效果良好。

新闻是广播的一大支柱，台湾各广播电台十分注重新闻节目。各台新闻报道形式丰富多样，除定时定点播报新闻外，各台还广泛采用录音访问、电视访问、实况转播、新闻特写等形式报道新闻。新闻性的谈话节目在台湾经久不衰，而且形式富于创新。近年来，台湾各广播电台相继推出大型综合性新闻节目，很受听众欢迎。在新闻来源方面，早期各台多依赖剪报，广播新闻时效落后于报纸。后来各广播电台加强采访阵容，并且订购省内外各大通讯社的新闻电讯稿，拓宽新闻来源，增强时效。1967 年 8 月 1 日，中国广播公司的"第一广播部分"实行全天 24 小时播音，成为台湾第一座全天播音的广播电台。80 年代后，台湾的广播电台大都实行全天 24 小时不间断播音，为广播电台随时播报新闻，增强时效，提供了保证。

早期对于洲际间的新闻信息传播，台湾各广播电台一般通过租用国际电话线路，进行实况转播。这种方式干扰大，杂音多。60 年代后，台湾得到美国的支持，设立地面卫星接收系统，由日本电气株式会社承担工程建设，于 1969 年完成。同年 8 月 24 日，中国广播公司首次租用国际通信卫星，独家转播了在美国举行的中华金龙少年棒球队与美国西区队争夺世界冠军比赛的全部实况，这是台湾的广播电台利用通信卫星传送新闻信息的开端。

1957 年 10 月，中国广播公司一次推出十个"综艺节目"，其他各台纷纷仿效，从此综艺节目开始在台湾广播界盛行。所谓"综艺节目"，亦称"明星制节目"，就是在一个较长的广播时间段内，分为许多小单元，每个小单元包括一项内容。所谓"明星制"，是指节目的主持人以其个人声望、气质、个性来吸引听众。电台为每一位节目主持人配置幕后工作人员，以塑造主持人的个人声望。"综艺节目"的盛行，扩大了广播节目的影响，也提高了广播从业人员的社会地位。经过多年的努力，台湾广播界涌现了一批广播明星，许多广播节目主持人成为社会知名人士，妇孺皆知。

台湾各公营和民营广播电台比较重视利用广播开展"空中教学"。一些电台设有专门机构从事教学节目制作，与中国广播公司合作播出国文、中国历史、中国地理等文史节目。1960 年 3 月，台湾"教育部"创办了专门从事教学的教育广播电台。1966 年 10 月，"教育部"还指定台北"商职"试办空中商业职业实习学校，以广播讲课为主，定期面授为辅，通过考试，承认学历。

截至 1989 年底，台湾有公营广播电台 12 家，包括以中国广播公司为首的八家台湾党政部门开办的广播电台和四家军队系统主办的广播电台。公营广播电台占台湾广播事业的主导地位，其电台数量、发射机部数以及发射功率均远大于民营广播电台。

中国广播公司是台湾最大一家广播机构，1949 年 11 月 16 日在台湾宣告正式成立。首任董事长张道藩，总经理董显光。以后历任董事长有梁寒操、马树礼、潘振球、郭哲、关中，总经理有魏景蒙、黎世芬、蒋孝武、唐盼盼。中国广播公司属国民党官方广播机构，受国民党中央委员会和行政院双重领导。四十年来，中国广播公司在台湾当局的大力支持下，有了很大发展。截至 1989 年底，中国广播公司拥有 45 座广播电台，发射机 121 部，发射总功率达 3286 千瓦，使用 133 个频道全天 24 小时播音。在调频广播发送、专业电台设置、通信卫星运用等方面，中国广播公司均领先于台湾其他广播电台。

中国广播公司的节目可以分为对大陆广播、对海外广播和对台湾省内广播三个方面。

中国广播公司的对大陆广播开始于 1950 年。为了加强对大陆的所谓"心战"宣传，台湾国民党当局决定，运用中国广播公司的一架中波发射机于这年 12 月 18 日正式开始对大陆播音，设置专门节目，使用"中央广播电台"呼号，每天播音六小时。1951 年 8 月 6 日，为了加强宣传力度，台湾国民党中央改造委员会成立"大陆广播组"，专门负责对大陆广播节目编播工作。当时的节目内容除新闻报道外，还设有《每日评论》、《想一想》、《广播通讯》、《综合报道》等栏目。1954 年 5 月 20 日，大陆广播组扩大改组为"大陆广播部"，并启用"中央广播电台"名称。1976 年 12 月，中央广播电台正式恢复独立建制，成为对大陆广播的电台，隶属于台湾国民党中央大陆工作委员会（后直属台湾"国防部总政战部"）。四十年来，由于台湾当局的重视，中央广播电台有了很大发展。目前，该台拥有中、短波大功率发射机 30 部，总发射功率占台湾各公营、民营广播电台总功率的四分之三，使用国语、广州话、客家话、藏语、维语、蒙语等多种方言和民族语言，全天 24 小时播音。中央广播电台分为六个部分：第一广播部分以大陆一般民众为听众对象；第二广播部分的听众对象为大陆中、高级干部和知识分子；第三广播部分以大陆军人为对象，以"光华之声"为台名；第四广播部分专播新闻和音乐；第五广播部分用闽南话、广州话、客家话播出；第六广播部分用蒙语、藏语、维语播出。中央广播电台有 48 个节目，可分为新闻性节目、娱乐性节目和知识性节目三个类型。六个广播部分中，均有整点新闻 15 分钟，新闻性节目达到总播出时间的 30% 以上。娱乐性节目也比较丰富，有中西古典音乐、现代音乐、歌剧、广播剧、地方戏曲、民谣、小说选播等内容。知识性节目充斥着极力诋毁共产主义的内容。

中国广播公司对海外广播开始于 1949 年 10 月 10 日，正式以"自由中国之声"呼号，对海外广播。最初只有国语（即汉语普通话，下同）和英语两种语言。目前增至 15 种，计有国语、广州话、闽南话、潮州话和客家话五种本国语言，以及英、法、西班牙、德、日、韩、泰、印尼、阿拉伯、越南等十多种外国语。1979 年还开办了"亚洲之声"电台，针对东南亚各国和中国大陆，用中、英、泰、印尼四种语言广播。最初，中国广播公司对海外广播只有 50 千瓦短波发射机一部。截至 1989 年已拥有 10 千瓦至 250 千瓦短波发射机 20 部，另有一部 600 千瓦的中波发射机，总发射功率达 3000 千瓦，可同时播出四套节目（"自由中国之声"三套，"亚洲之声"一套）。为改善在欧美地区的播出效果，1982 年 1 月，"自由中国之声"还与美国佛罗里达州的家庭电台合作，由家庭电台转播其节目。不久，由台湾至家庭电台的广播信号又改为通信卫星传送，从而大大改善了信号传输效果。1979 年初，台湾"立法院"通过决议，计划成立一个国际广播电台，届时，对海外广播不再委托中国广播公司办理。台湾"行政院新闻局"亦正积极筹备合并中央广播电台和"自由中国之声"，成立一个新的广播机构。近年来，"自由中国之声"和"亚洲之声"每年共收到海外听众来信 10 万封左右，其中外语听众占 67%，国语听众占 33%。为加强与听众的沟通联系，报道节目动态，"自由中国之声"还发行了中文版、日文版以及英、法、德、西班牙、印尼五种外文合版的《自由中国之声月刊》。"亚洲之声"则有中、英、泰、印尼四种外文合版的《亚洲中国之声月刊》。

中国广播公司对台湾省内广播通过设在台北、台中、台南、嘉义、高雄、花莲、台东、新竹、宜兰、苗栗等地的广播电台进行，设有若干新闻、农业、交通等专业电台以及调频广播电台。50 年代初开始兴办综艺节目，并建立节目主持人制度。当时开办一些综艺节目，如《早晨公园》、《九三俱乐部》、《甜蜜家庭》、《快乐儿童》等，脍炙人口，广受欢迎。中国广播公司对台湾省内广播主要有新闻、音乐、综合、广播剧和广播小说、教育、公共关系等节目类型。从 1988 年起，为了满足不同听众的需要，变"广播"为"窄播"，中国广播公司开始实行"分网"制度，依听众不同分为"新闻网"、"青春网"、"音乐网"、"服务网"、"体育新闻网"、"流行网"等。

除中国广播公司、中央广播电台外，台湾的公营广播电台还有警察、幼狮、教育、台北、复兴、汉声、空军、光华、渔业、高雄市政等。

复兴广播电台为台湾国民党军方主办，1947 年 8 月 1 日开播，是台湾颇具规模的广播机构之一。复兴广播电台以覆盖台湾全省为目的，建台之初，只有台北一个台使用中、短波播音，后增设遍布台湾全省的 29 个分台（其中包括三个调频台），是台湾发展最快的广播电台之一。该台目前拥有发射机 169 部，总功率达 652 千瓦。各电台播出时间每日平均22个多小时。复兴广播电台以"巩固心防，宣扬主义，报道政令，推展空中教育及社会服务"为宗旨，有新闻、教育文化、服务、娱乐等节目类型。

汉声广播电台的前身是"军中播音总队"，1942年成立于重庆，以"军中之声"为呼号播音。1949年迁往台湾，隶属台湾当局"国防部"。除在台北设总台外，还在台中、花莲、高雄等地开办五个播音台。1961年又开办了"国光台"。该台1949年曾在金门建立广播电台和喊话站。1988年6月，"军中播音总队"改名为汉声广播电台。目前，汉声台下辖六个播音台、十个转播台、一个中继站，每天以调频、调幅两个广播网，21个波段，24小时全天播音。汉声广播电台的节目多次获台湾广播电视金钟奖。

警察广播电台隶属台湾省政府警务处，1954年3月1日正式开播。该台节目内容以警政宣传、警察教育、法律常识为主，最初以警察人员为听众对象，后拓展至社会大众。台北设总台，其他地区设若干分台。1971年，警察广播电台开办台北交通专业电台，后又增设高雄、台中交通专业电台。

到1989年底止，台湾共有民营广播电台20家，56座广播电台。主要的民营台有：台北的民本、民声、正声、中华天南，基隆的益世，台中的中声、民天，台南的建国、电声、胜利，高雄的成功等。民营台虽然数量不少，但大多数台发射功率在1千瓦左右，56座广播电台的总发射功率才295千瓦，与公营台相比相差甚远。民营台大多实行全天24小时播音，节目突出娱乐性、服务性，千方百计吸引听众，满足听众需求。民营台经费除少量台湾当局的津贴（以联播节目时间费名义支付）外，绝大多数来源于广告，因此，广告成为各民营广播电台的生存基础。民营台之间，乃至民营台与公营台之间，围绕广告展开激烈竞争，手段层出不穷。竞争促进民营台想方设法改进节目编排，提高节目质量，一些民营台的节目多次获得大小金钟奖等奖励。同时，一味追求收听率和广告收入也带来一些消极后果。

台湾的民营广播电台大都开办于台湾，只有民本、益世、凤鸣几家是从大陆搬迁至台的。其中，民本广播公司前身民本广播电台，1946年9月在上海开播，1949年随国民党政府迁至台湾，1980年7月改为公司建制，分一、二两台，全天24小时播音。益世广播公司的前身为天主教总主教于斌1946年在南京创办的益世广播电台。1949年迁台，1952年3月在基隆恢复播音。该台是台湾唯一的宗教性广播电台，1966年改为公司建制。凤鸣广播公司的前身为1934年在上海开播的凤鸣社广播电台，1949年迁台，1950年12月在高雄开播，1957年8月改为公司建制。

二、电视事业的建立和发展

1961年10月，为迎接电视时代的来临，台湾当局通过了《电视广播电台设置暂行规则》、《黑白电视广播技术标准规范》和《电视广播接收机登记规则》三个法规，确立台湾电视采用NTSC制。此后台湾相继建立了"台视"、"中视"和"华视"三座电视台。

1962 年 2 月 14 日，台湾教育电视实验广播电台开播，这是台湾第一座电视台，是在台湾教育部门有关人士倡议下，由教育资料馆具体筹建的。台址设于台北市植物园内，装置交通大学电子研究所师生自制的 100 瓦发射机，天线架设于教育资料馆楼顶。因发射功率小，覆盖范围仅 10 公里。教育电视实验广播电台最初每月播出 2~3 小时节目，内容包括教学和社会教育两个方面。1963 年 12 月 1 日，改名为"教育电视广播电台"，发射功率扩充到 1 千瓦，也是由交通大学电子研究所师生自行研制的。1964 年改装美国无线电公司制造的 2 千瓦发射机，并将发射台迁至圆山山顶，发射范围增至 50 公里，可覆盖台湾北部地区。在改组扩建为"中华电视台"之前，教育电视广播电台一直发送黑白电视信号。

1961 年 2 月 28 日，台湾省政府委员会议决定，由"省政府新闻处"设立台湾电视广播事业股份有限公司，并成立了"台湾电视事业筹备委员会"，由"省政府"聘派委员若干。经商议，委员会决定寻求国际资金与技术合作，后选定日本四家电器公司——富士、日立、日电、东芝为合作对象，并于 1962 年 2 月签订了合作协议书。1962 年 4 月 28 日，台湾电视事业股份有限公司（简称"台视"，英文缩写 TTV）正式成立。10 月 3 日起，台视开始试播一周，每日下午 6 时起播出 2 小时。10 月 10 日，台视正式开播，每日中午、晚上两次播出。台视是台湾第一家商业电视台。（见图 10-5）开播初期，台视发射功率 5 千瓦，覆盖台湾北部，黑白信号发送，1971 年完成台东中继站，台视覆盖全岛。

台视成立之初，以报道新闻、宣导政令、推广社会教育、发扬中华文化、提供公共服务及高尚娱乐为办台宗旨。与以教学节目为主的教育电视台相比，节目丰富不少，因而深受观众喜爱。

1969 年 9 月 7 日，台视发射了台湾第一个彩电信号，开始不定期试播外国彩色影片。9 月 25 日，台视试播彩色节目成功。到 1972 年，台视成立十周年时，其彩色节目已占总播出节目的 80%。台视开播后七年时间，台湾地区的电视事业可谓其"一台独霸"（虽然已有教育电视台，但其收视范围限于台湾北部地区）。这种局面直到实力强大的"中国电视公司"成立方才结束。

台视开播后一年即有盈余，各方人士见有利可图，纷纷申请开办电视。应各界呼吁，台湾当局决定在台视完成全岛联播网后就开放第二家民营电视台。鉴于申请开办者达数十家之多（其中包括中国广播公司、中国无线电协进会等），无法应允，最后决定：以中国广播公司为中心，结合各民营广播电台及部分有志于电视事业之工商文化界人士，共同集资创办。1967 年 10 月 17 日，由上述三方面代表组成的筹备委员会成立。经筹委会反复商议决定：在新台币一亿元的资本总额中，由中国广播公司投资 50%；各民营广播电台共同投资 28%；工商文化界人士投资 22%。

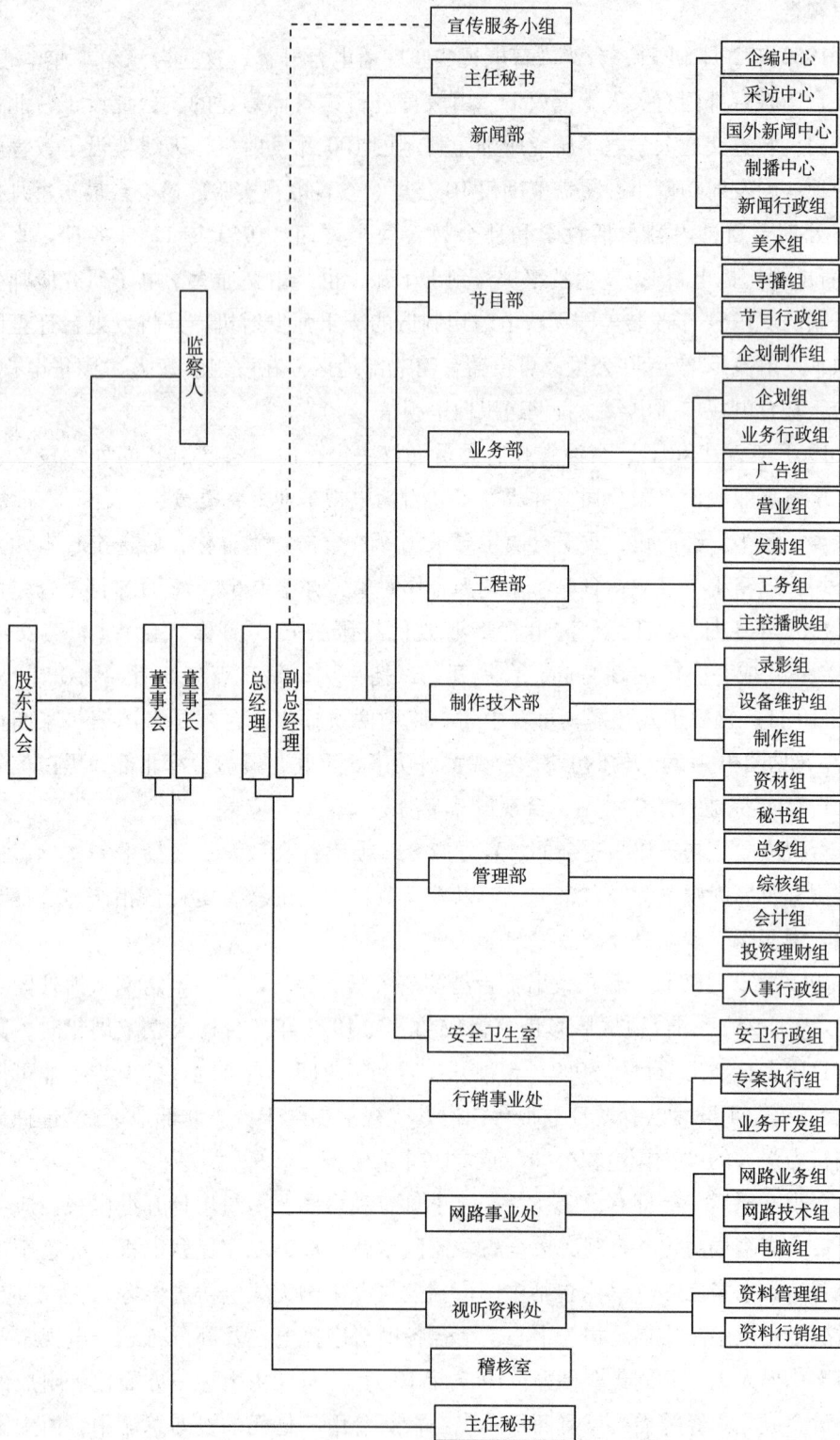

图 10 - 5　台湾电视公司机构表［原载台湾《无线电视年鉴》（2000—2001）］

1968 年 9 月 3 日，中国电视事业股份有限公司（简称"中视"，英文缩写 CTV）在台北市中山堂成立。1969 年 10 月 9 日，中视开始试播，10 月 31 日，正式播出。（见图 10 - 6）1986 年 9 月，中视迁入南港自建的电视大厦。中视一开始即全部播出彩色电视信号，并谋求发展卫星电视转播。1970 年 2 月，中视完成中南部中继站；1974 年 9 月，完成台东中继站；1975 年 3 月，完成全省电视联播网。

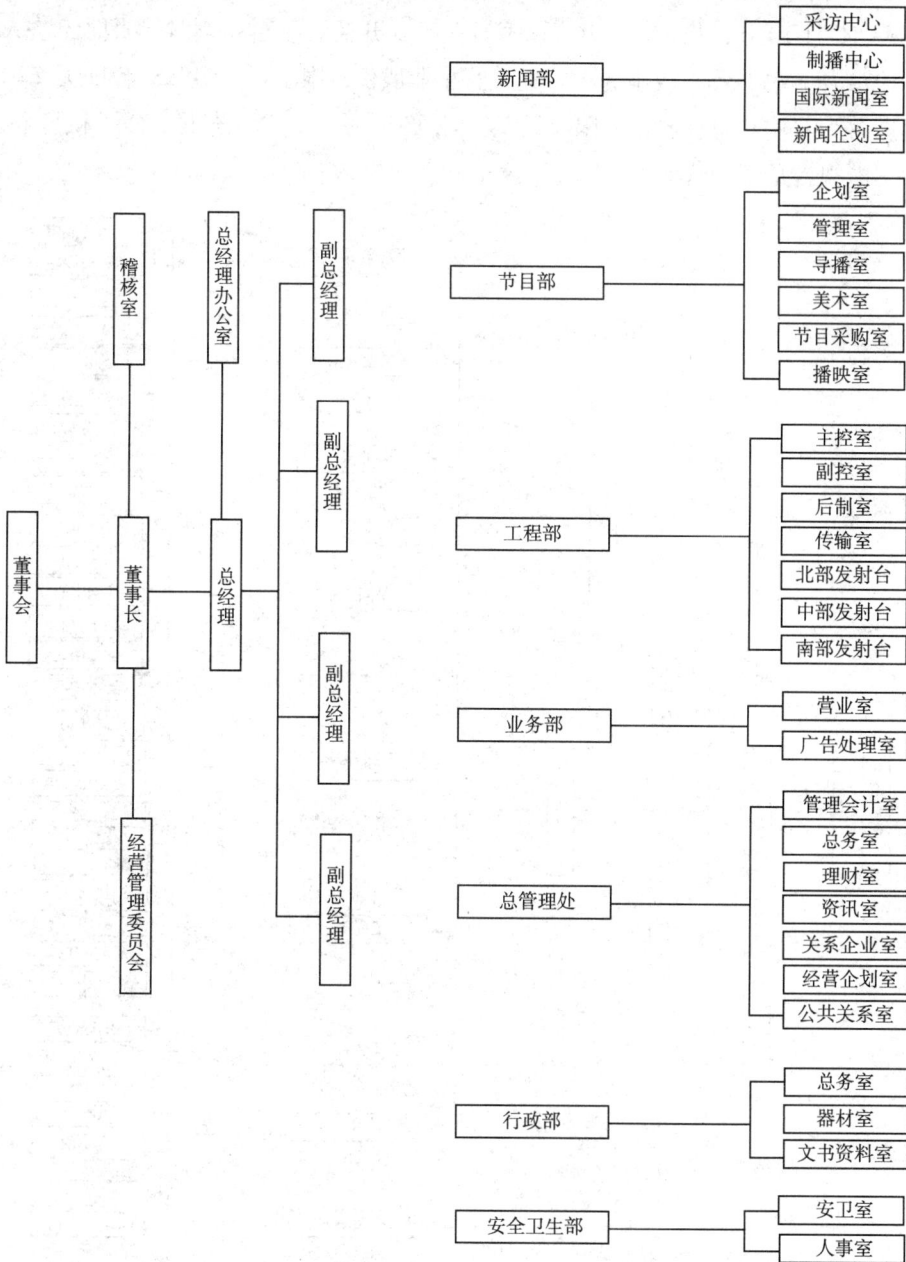

图 10 - 6　台湾中国电视公司机构表〔原载台湾《无线电视年鉴》（2000—2001）〕

当台视和中视相继开播，特别是播出彩色电视节目后，教育电视台深感难以为继。1968年12月，台湾有关当局为加强军中政治教育以及社会教育，经协商决定，双方合作扩展教育电视台，并开始研讨筹备事宜。1969年8月，成立了"筹备指导委员会"，开展筹划工作。9月，拟订完成扩建计划，将教育电视台改组扩建成"中华电视台"。1970年8月，正式成立"中华电视台筹备委员会"，负责各项筹备工作。经过一年多的筹备，财团法人中华电视台（简称"华视"，英文缩写CTS）于1971年10月10日试播成功，10月31日，正式开播。该台初创时，属财团法人组织。1972年1月，华视改组为"华视文化事业股份有限公司"，1988年11月25日，公司更名为"中华电视股份有限公司"，（见图10-7）下属若干子公司和基金会，而中华电视台是其主营项目。

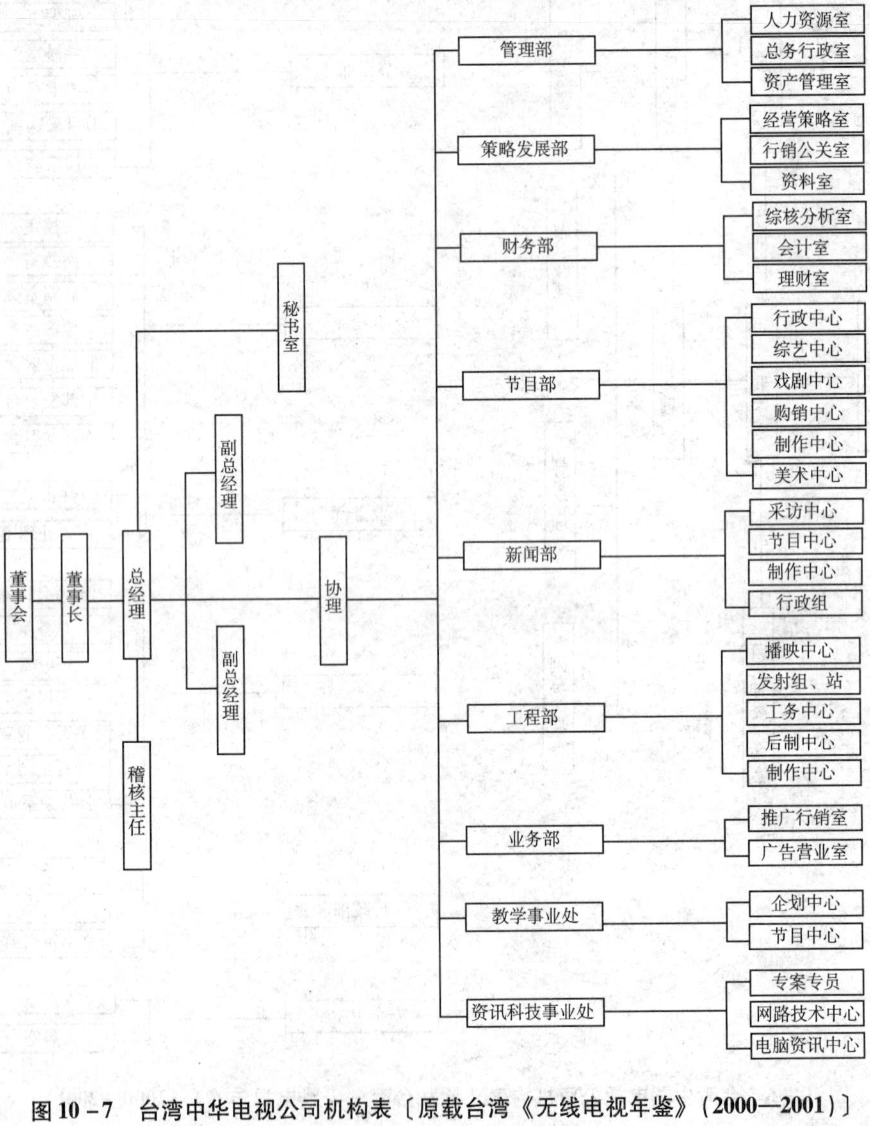

图10-7　台湾中华电视公司机构表〔原载台湾《无线电视年鉴》（2000—2001）〕

华视成立后，台湾电视事业进入台视、中视、华视三台鼎立时期，并一直延续至 1997 年。

1982 年，台湾主管部门设立了一个研究委员会，开始研讨台湾发展有线电视的可行性。可是，台湾当局多年来一直受到非法的"第四台"的纷扰。所谓"第四台"是指利用录像设备播放录像带，经由电缆输入到订户家庭，并收取费用的闭路电视系统。民间习惯称其为台视、中视、华视之外的"第四台"。因"第四台"属于"非法"，其开始时间和数量难以确切统计。据台湾的一般说法，这种电视系统 1976 年开始在基隆市出现，80 年代台湾已有二百多家，订户在十万以上。台湾当局对所谓的"第四台"采取取缔政策，"第四台"一度有所收敛。但 1988 年"报禁"开放后，"第四台"又重整旗鼓，再度活跃起来。同时，台湾当局加紧制定《有线电视法》，发展有线电视事业已提到议事日程上来。此外，台湾许多地方建立了社区共用天线系统。到 1991 年 2 月为止，拥有执照的社区共用天线系统已有 172 家。1988 年 5 月，社区共用天线系统的经营者成立了"共同天线电视设备协会"，目标是将社区共用天线系统发展成有线电视。

台视、中视、华视都采取股份制，而且官股占有很大比重，因此，三台虽都称"民营"，实质并非纯属民营企业，但是，三台完全采用商业电视的经营方式，收入有"播映收入"、"服务收入"、"利息收入"、"杂项收入"四个方面，其中"播映放入"即广告收入占全部收入的 97% 左右，其他三项总计为 3% 左右。因此，广告收入是三台生存发展的基础，三台十分注重广告并以此展开激烈竞争。

台湾经济的发展为广告的兴盛奠定了基础。1950 年，台湾地区全年广告量是新台币 1 亿 6000 多万元，到 1990 年，高达 400 亿元以上。多年来，报纸一直占据榜首，占 45% 上下，电视居第二，在 35% 上下浮动。但是，由于电视媒介仅三家，报纸数则高于电视十倍以上。因此，就单个媒介的广告占有量来说，除少数一二家报纸可与电视抗衡外，其他均不能相提并论。

广告是以收视率为依据的，为提高收视率，吸引大量观众，商业电视往往尽量使其节目大众化、通俗化乃至倾向低俗，其具体表现就是娱乐性节目比例偏高，教育节目、公共服务节目偏少，节目比例失衡。台湾学者 1972 年 4 月 15 日至 21 日对三台一周节目调查显示：（1）娱乐性节目太多，台视占 78.56%，中视占 77.47%，华视占 50.37%。而且在每晚 7 点后的"黄金时间"，各台均为娱乐节目，内容有国语、闽南话电视剧，猜谜，现代舞，流行歌曲等。（2）教育节目不受重视，华视比率最高，占 32.92%，其余两台太少，中视只占 4.97%，台视只占 6.76%。而且三台均以"丙级"或"乙级"时段播出。（3）公共服务节目太少，台视为 4.89%，华视 5.49%，中视为 7.44%。而且有的节目属于广告性质，为广告节目化的典型。

1978 年 1、2 月间的调查结果也大体如此。①

对于台湾电视的商业化倾向，台湾各界忧心忡忡，上至党政要员，下至普通电视观众，均对电视节目的日趋低俗予以严厉批评，并呼吁彻底改革。为扭转局面，台湾一些人士多次建议开办公共电视，负责制作没有广告的社会教育节目，以配合政策与教育的需要。

1990 年 6 月，台湾当局正式成立了"公共电视台筹备委员会"。筹委会的任务有二：一是拟定《公共电视法》，以规定未来的公共电视台的定位、节目政策、经费来源等；二是筹划建立公共电视台。

除了在广告经营上竭力拼争外，新闻报道也成为三台激烈竞争的领地，三台新闻收视率难分上下，亦成鼎足之势。为拓展新闻来源，台湾各电视台纷纷通过通讯卫星收转海外电视新闻。1969 年 8 月，中国广播公司的广播网曾租用国际通信卫星实况转播了在美国举行的一场体育比赛。1969 年底，台湾第一座卫星地面站启用。11 月 19 日，台视、中视第一次租用美国卫星转播了美国阿波罗号登月成功的彩色电视实况。此后，台湾各电视公司竞相耗资订购海外一些电视新闻通讯社的卫星电视节目。80 年代末，台湾各电视台开始向海外输出电视节目，通过通信卫星或航寄，向美、英、日、加、新加坡、马来西亚等国以及香港、澳门地区的电视机构输送台湾电视新闻。

80 年代中期以后，日本相继发射"百合二号 A"、"百合二号 B"、"百合二号"等几颗广播电视直播卫星。这几颗卫星均覆盖台湾，台湾观众利用小型卫星接收天线即可收到日本 NHK 的卫星电视节目。随着世界各大卫星电视公司纷纷涌入亚洲市场，台湾民众看海外直播卫星电视节目套数急增，台湾三大电视公司已受到海外卫星电视节目的冲击。

1969 年，台湾进入彩色电视时代。70 年代上半叶，已通过微波通讯系统实现了全岛的电视覆盖。据 1985 年出版的《世界广播电视手册》统计，台湾地区每千人有 413 部电视机，平均每 2.6 人便拥有一台电视。据 1991 年 2 月统计，台湾家用彩色电视机的拥有率达 99.4%，拥有录像机的家庭为 84.6%。

三、"开放天空"后的广播电视事业

1950 年 1 月，台湾当局借口海峡两岸形势紧张，宣布台湾全省实行戒严，并根据《戒严法》对新闻事业实行军事管制，其中也涉及广播电视事业。1987 年 7 月，迫于岛内外压力，台湾当局宣布解除"戒严令"，开放台湾民众赴大陆探亲。1988 年，当局首先开放台湾民众接收直播卫星信号，主要是日本广播协会的直播卫星电视节目，继而又开放经营者租购卫星转频器、自行上下链，其后进一步开放卫星节目中继业务

---

① 以上调查数据均引自李瞻：《电视》，台湾允晨文化实业股份有限公司 1984 年版。

的转频器经营和地面站经营。1989 年又允许台湾广播电视从业人员赴大陆制作广播电视节目，为海峡两岸广播电视交流逐步消除了障碍。1993 年，迫于民众的压力，又开放广播频率，为台湾广播电视事业的进一步发展带来了契机。特别是"开放天空"政策，使境外卫星电视长驱直入，加上有线电视合法化，星网联手，使台湾广播电视业的竞争如火如荼，传统电视遭受致命冲击。90 年代后期，民视、公视又相继开播，台湾广播电视业步入了名副其实的"战国时代"，呈现出以下特点：

1. 开放频率，广播电台逐年增多

随着报纸开禁，台湾民众要求开放广播频率以开办电台的愿望日益强烈。1993 年，台湾当局决定"分梯次"开放广播频率，以便民众申请开设新的广播电台。2000 年 3 月 26 日，26 家中功率或小功率电台取得频率经营权。同年 6 月，又有六家获准取得广播频率执照权。至 2000 年底，连同原有的电台，台湾共有广播电台176 家。而频率开放以前，台湾仅有 33 家广播电台，这种局面延续了四十多年。现在的台湾可以说是广播电台林立，百台夺斗。

进入 90 年代后，原有的中国广播公司发生了一些变化：主要是它原来受政府委托经办的"自由中国之声"和"亚洲之声"的海外业务，自 1998 年起移交给"财团法人中央广播电台"接管，但中国广播公司仍通过因特网和卫星传送，向全球播送它经营的覆盖全岛的六大广播网节目：调频部分的流行网、宝岛网和音乐网，以及调幅部分的新闻网、乡亲网和信息网。新改建成立的"财团法人中央广播电台"，于 1998 年 1 月 1 日正式改制开播，以"台北国际之声"及"亚洲之声"两个呼号，对大陆与海外播音。

中央广播电台在台湾拥有一套由 9 个发射分台组成的传输系统，装备有 39 部中、短波发射机（15 部中波、24 部短波），55 个中、短波频率（10 个中波、45 个短波频率），发射功率高达 10050 千瓦，覆盖大陆大部分地区以及全球各大洲。它办有五个广播网：综合广播网（国语，即汉语普通话，下同）、新闻广播网（国语）、方言广播网（闽南话、广州话、客家话）及两种边疆语（蒙语和藏语）、外语广播网（英、日、德、法、俄、泰、韩、印尼、越南、西班牙、阿拉伯、缅甸 12 种）和"亚洲之声"广播网（国语、泰语、印尼语）。

自从 1968 年中国广播公司开始调频广播以来，调频广播已成为广播界的主流，随后申请开放的电台多以调频电台为主。新建的电台采用新技术、新观念，清晰的音质、新的节目策略及经营理念，对传统的调幅中波电台一再造成冲击，其他新的媒体也分食着广告市场。90 年代台湾的广播事业处于互为策动，共同研讨永续经营之道的关键时刻。

2. "第四台"合法，有线电视蓬勃发展

1993 年 8 月 11 日，台湾第一部《有线电视法》公布施行，使"共同天线"及

"第四台"纳入管理，由地下非法经营转到地上合法经营，台湾有线电视事业从此走上蓬勃、有序的发展之路。

早在1979年，台湾花莲县丰滨乡的电器行为销售电视机而架起天线传送台视节目，服务范围五百余户，这被认为是台湾首家非正式的"共同天线"。1972年，台湾的基隆市首次出现以电缆线传送录像节目至订户收看的有线台，除转播三家无线电视台的节目外，也播送当地观众喜爱的其他录像节目，相对于三家无线电视台而言，这在当时被称为"第四台"。"共同天线"与"第四台"构成了台湾有线电视的雏形。

1973年4月3日，台湾当局根据《广播电视法》第十一条的规定，发布"电视增力机、变频机及社区共同天线电视设备设立办法"，首先开放业者申设"共同天线"，但对播放录像节目的"第四台"仍暂不开放。

1993年，台湾当局修订《广播电视法》，允许"因教育、宣导等特殊需要"，经专案申请核准者可申设有线电视录影节目播放系统，在当时全台湾共有400家，订户50万左右，观众达200万以上。1993年8月11日，台湾首部《有线电视法》公布施行。三个月后，即11月9日，原有的"共同天线"及"第四台"均被依法纳入管理，两者被统称为"有线电视节目播送系统"（简称"有线播送系统"），同年底注册登记者达六百余家。同时，辅导业者成立了"全国（台）有线播送系统联合会"，该会多次召开自律会。根据《有线电视法》及相关规定，台闽地区划分为51个有线电视经营区，每区准设五家有线播送系统。1996年获准核发筹设许可证者126家，期限为三年，届时未能完成筹设者，将被撤销许可。2000年底，台湾有线电视筹设许可名单共有66家公司。①

台湾地区的有线电视系统带宽由原来的450MHz提升到目前的750MHz，现在大多数获得有线电视系统经营许可的公司正忙于更新设备，铺设线路，它们被要求为订户提供多达一百个基本频道的服务。在台湾，有线电视是与卫星电视相依为命、共同发展的。目前和信公司与卫视公司、东森公司与太电公司、太设公司与卡莱尔公司分别携手组成三大有线电视集团。有线电视在台湾的入户率高达85%，一般可收看60～100个频道的节目。

3. "开放天空"，卫星电视发展迅速

80年代，部分台湾民众安装卫星接收天线收看日本广播协会（NHK）开办的卫星电视节目。90年代后，香港卫星电视（Star TV）向台湾地区传送四套卫星电视节目。随着卫星技术的不断发展及境外卫星电视的增多，台湾的卫星电视如日中天。原来依靠人工跑送录像带的"第四台"及"共同天线"即有线电视播送系统，大都

---

① 台湾"中央社"编辑出版的《2002年世界年鉴》，第344—345页。

改用卫星技术传送节目，这是台湾卫星电视的第一阶段。

"第四台"合法后，节目需求量大幅度增加，同时促进了广播电视节目供应业的发展。这也就是卫星与有线电视结合的新时代，也是卫星电视在台湾发展的第二阶段。在台湾，卫星电视被称为"卫星广播电视节目供应者"，顾名思义，它们的主要目的是为有线电视系统经营者供应节目，直播卫星电视另当别论。截至 2000 年，全台湾共有卫星广播电视节目供应者 51 家公司，经办 82 个频道。

90 年代末，台湾进入直播卫星电视阶段。为规范管理直播卫星电视，1999 年 2 月 3 日公布施行《卫星广播电视法》，有关的施行细则亦于同年 6 月 10 日发布生效。台湾"行政院新闻局"又于同年 7 月成立了第一届卫星广播电视审议委员会，受理卫星广播电视事业供应者与服务经营者的各项申请。截至 2000 年底，直播卫星电视服务经营者有五家获得许可，其中两家为境内，三家为境外。境内的太平洋直播卫星电视公司已在 1999 年 11 月 22 日正式开播，这家公司还在香港获准开办收费有线电视。

针对海外广大侨胞大多数安装了卫星电视接收设备，台湾当局于 2000 年 2 月 9 日签约开办专门为海外侨胞服务的"宏观卫星电视"。鉴于目前的侨胞社会大多数收视大陆的卫星电视节目，长期以来无法解决及时了解台湾的政治经济情况，于是台湾当局开办了"宏观卫视"。"宏观卫视"开办初期，每天播出六个小时的节目，轮播四次，以 24 小时全频道方式向海外各地侨区播出。

4. 相继开办民视、公视

在台湾，自 1962 年台视开播到中视、华视先后开办，三足鼎立的局面一延续了三十多年。在广播频率开放后，民间又不断强烈要求开放无线电视频道。台湾当局主管部门从经营效益、媒体特性等各层面研究后，在 1993 年 12 月 29 日宣布开放一家覆盖全台湾的无线电视台，并在 1994 年 1 月 29 日公告开放申请，经过一年的审议，"民间全民联合无线电视台筹备处"获得第四家无线电视台的筹备许可，该台在 1997 年 6 月 11 日正式开播营运。（见图 10 – 8）自此结束了台湾无线电视三足鼎立的局面。

民视台一成立就宣布其宗旨为"关怀本土、秉持公义、专业理念"。该台不断求精求进，除了设备更新、结合网路外，有线新闻台亦延长即时新闻播出时间。该台在节目制播方面采取多样播报语言，服务不同族群，它还根据不同时段收视族群的需要，规划许多另类的新闻性节目供观众选择。它开办的新闻资讯类栏目达二十多个。

为平衡商业电视台可能造成的负面影响，实践广播电视台公共服务的目的，1998 年 7 月 1 日公共电视台开播。（见图 10 – 9）其实，公共电视台早在 1995 年 11 月即开始试播，其间播出的节目有电影节目、新闻节目、戏剧节目等。公视 2000 年

组织层级	部门	下属单位
	人事部	人力发展
		人事管理
	财务部	财务组
		账务组
		审核组
	行政部	资源管理组
		系统服务组
		总务组
		观众服务中心
	业务部	无限台专户室
		新闻台专户室
		业务企划组
		广告处理室
	节目部	节目宣传组
		企划戏剧组
		综艺活动组
		国际事务组
		汐止制件中心
		美术组
		导播组
	新闻部	采访中心
		制作中心
		节目中心
		国际中心
		南部中心
		行政组
	资讯部	电脑组
		多媒体资料组
	工程部	副控室
		主控播映室
		后期制作组
		工务组
	南部中心	行政组
		业务组
		制作组
		新闻部采访中心
		SNG南部小组
		新闻部南部中心

组织：股东会 — 董事会 — 常务董事会 — 董事长 — 执行常务董事·总经理 — 执行副总经理·副总经理

监察人、稽核、主任秘书、制播总监、企划室、事业开发室

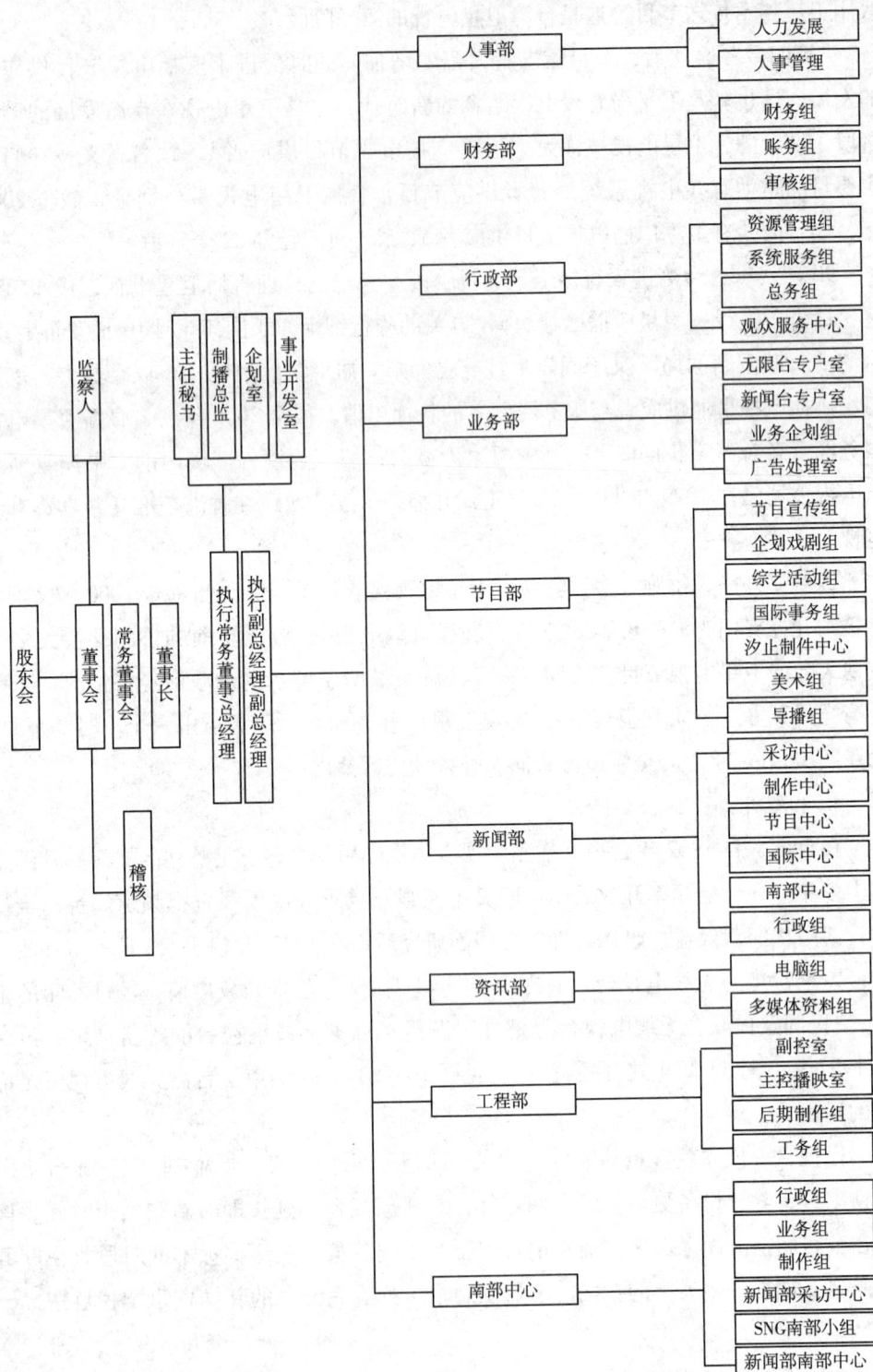

图 10－8　台湾民间全民电视公司机构表〔原载台湾《无线电视年鉴》(2000—2001)〕

度节目比例如下：以节目来源分，自制占 50%，委制 20%，外购 23%，其他 7%；以目标观众分，一般观众 60%，儿童 26%，妇女 0.25%，银发族 5.89%，其他 8%；以节目内容分，文化 30%，教育 38%，新闻时事 20%，特殊服务 12%。据称，在未来，妇女节目将持续列为重点经营，比例逐年增加。此外，弱势族群节目亦为未来重点，比例也自开播以来逐年增加，1999 年为 5%，2000 年为 6%。①

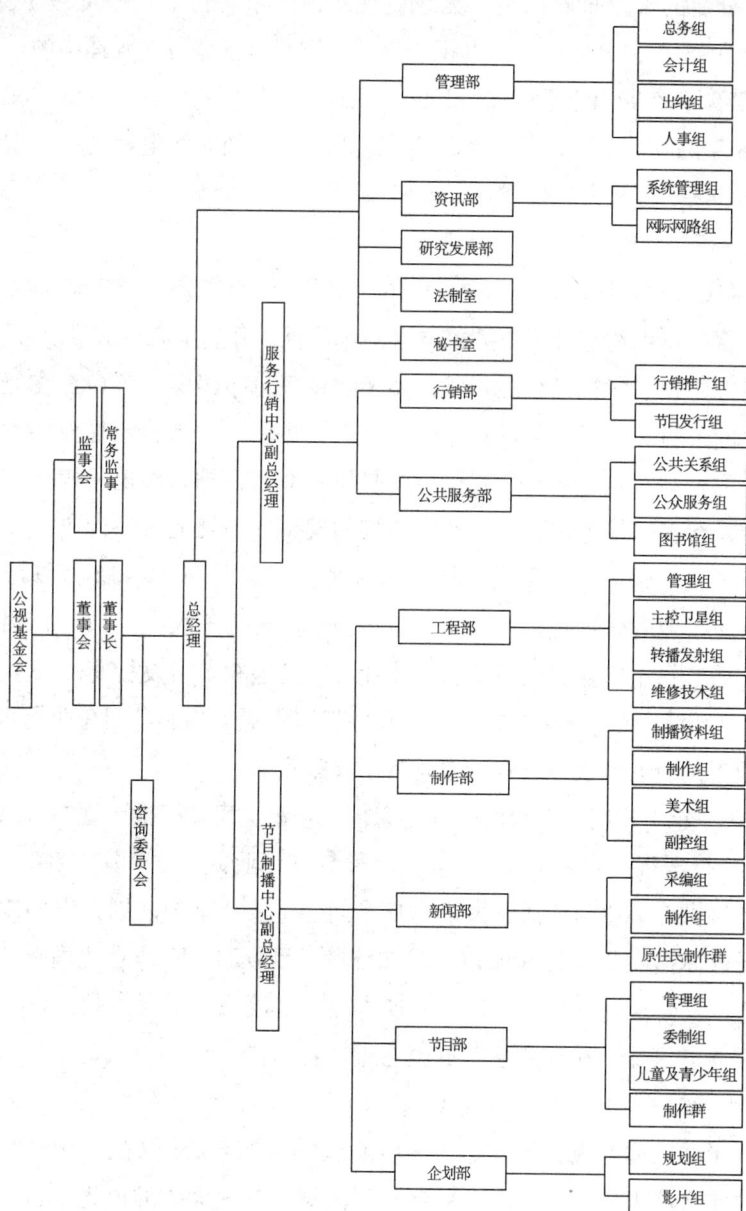

图 10－9　台湾公共电视文化事业基金会机构表〔原载台湾《无线电视年鉴》(2000—2001)〕

---

① 据台湾《无线电视年鉴》(2000—2001 年版)，第 30 页。

公共电视台由依法成立的"财团法人公共电视文化事业基金会"经营管理。经费由主管机关编列预算，同时依法从有线电视播送系统收取的年度经营额的1%拨付"公视基金"使用。公视不得播出广告。

民视、公视先后开播后，打破了台湾无线电视三十多年三足鼎立的局面，从此台湾的无线电视市场形成了五台竞争的态势。加上卫星电视与有线电视的结合，台湾电视观众分流的现象日趋严重，无线电视所占的市场份额大幅度减少。据统计，无线电视台1998年在台湾广播、电视、报纸、有线电视等五大媒体中的广告预算的占有率35.77%，2000年下降为22.06%。无线与有线电视相比，无线电视广告的占有率从1998年的63.52%下降为2000年的42.39%，而有线电视的广告占有率则从1998年的36.48%骤升为2000年的57.61%。①

5. 成本核算，独立节目供应过半

自60年代台视开播以来，台湾的独立电视节目制作公司就应运而生。在此之前，已有电台以特别约定方式为某家电台制作节目，开启了广播节目供应业的先河。继台视之后，中视、华视又相继开播，由于收视率竞争激烈，各台都在努力制作或收购高质量的节目，并降低节目制作成本，更促进了独立节目制作业的发展。据统计，在目前的台湾，独立的节目制作公司制作的节目占据台湾电子媒体节目播出量的一半，这是台湾广播电视界一种非常独特的现象。为规范这一行业，台湾在1978年公布施行了《广播电视节目供应业管理规则》。根据1995年12月修订的《广播电视节目供应事业者管理规则》规定，将供应事业分为三大类：（1）广播电视节目业：包括广播节目制作业、电视节目制作业、广播电视节目发行业；（2）广播电视广告业；（3）录影节目带业：包括录影节目带制作业、录影节目带发行业。《管理规则》对业者的资本额及设备标准等均有明文规定。

截至1997年1月底，在台湾当局主管部门登记立案的广播电视节目供应事业共11621家，广播电视广告业共2509家，录影节目带业共11099家。在目前的台湾，广播电视节目供应事业与广播电视事业具有同等重要的地位。因为它们制作的节目占所有电子媒体播出节目的50%以上。在广播节目方面，除"台北国际社区无线电台"（ICRT）及公营电台自制节目比例较高外，多数民营电台外制节目（即节目供应事业制作的节目）比例亦高达五成至七成左右。

6. 互利双赢，两岸交流成绩斐然

海峡两岸的广播电视交流开始于80年代。起初是大陆电视台从台湾引进电视剧，进而迫使台湾当局开放台湾电视台，首先播放有关大陆的风光节目，继而允许台湾电视制作业赴大陆制作包括电视剧在内的节目。在大陆有关方面的一再施加压

---

① 据台湾《无线电视年鉴》（2000—2001年版），第118页。

力以后，才允许台湾相关机构邀请大陆广播电视从业人员到台湾访问，制作电视节目。直到 1996 年，台湾当局允许台湾三家电视台播出大陆制作的戏剧性节目。

海峡两岸广播电视交流在促进两岸相互了解，消除误解，特别是增进台湾同胞对祖国的认同感方面起到了不可替代的作用。

1987 年 9 月 2 日，为满足台湾同胞赴祖国大陆探亲的需要，台湾三家电视台开始播报大陆主要城市的天气概况。1988 年 9 月 2 日，台湾当局公布了《现阶段电视台播出大陆风光片及奥运会转播尺度的处理原则》。规定指出：大陆风光部分每台每周不得超过两小时；大陆城市气象预报正式准许播出；奥运会可以整场转播台湾与大陆选手的赛程及大陆队争夺冠军的比赛。同年 9 月 12 日，华视开始在每周一至四晚 9 点 30 分至 10 点播出从日本广播协会拍摄的《大黄河》和《丝绸之路》剪辑而成的大陆风光片《锦绣山河》。这是台湾在电视上正式放映的第一部大陆风光片，不过是剪辑外国人在大陆摄制的节目，这是台湾当局开放大陆电视节目的第一步。

第二步是允许台湾电视节目制作人赴大陆摄制的节目在台湾电视台播出。1989 年 6 月，台湾三家电视台同时播放反映大陆风土人情的电视片《八千里路云和月》和《放眼看大陆》，并同时重播《锦绣山河》。《八千里路云和月》是台湾艺人凌峰在当局开放赴大陆摄制节目之前拍摄的，他是冒着风险来大陆拍摄电视节目的第一人。这部节目播出初期，收视率高达 30%，历时五年之久，1994 年 9 月停播。1989 年 11 月 14 日，华视开辟大陆新闻特别报道，台视、中视也在有关栏目中播出部分大陆的报道。

迫于形势压力，1989 年 5 月 18 日，台湾当局颁布了《现阶段电影事业、广播电视事业、广播电视节目供应事业赴大陆地区拍片及制作节目报备作业实施要项》。此后，台湾影视界来大陆拍片急剧增加，掀起了一股"大陆热"。1991 年，除《八千里路云和月》继续在台播出外，中视、华视分别在大陆摄制的多集风光片《蓦然回首——海棠风情》、《万里江山大陆行》也在黄金时段播出。上述三部风光片被列为当年台湾电视文教资讯节目类"金钟奖"提名之首。特别值得一提的是，台湾长乐传播公司在大陆摄制的《万里江山——大陆寻奇》，自 1990 年 8 月 11 日起开始在中视每周六、日晚上播出各一集（半小时），其收视率多年保持在 25% 左右，颇受台湾中上层人士的欢迎，连续三年被评为最受电视观众喜欢的节目第一名，并几次获得文教资讯节目类"金钟奖"。这个节目已经连续制作播出十年，经久不衰，可谓长寿节目之一。

在电视剧制作方面，最突出的当属台湾知名作家琼瑶在湖南电视台的协助下，历时四个多月在大陆各地实景摄制的电视剧《六个梦》的《婉君》、《哑妻》和《三朵花》，这几部戏共 38 集，1990 年 3 月 19 日起在华视播出后，引起极大反响，唤起了许多台湾观众的思乡情感。这部剧集的播出还引发了一场风波，其结果是促使台湾当局做出有利于两岸广播电视交流的决定。当年，华视根据规定向有关当局送审《婉君》第一集，有关部门以剧中大陆小演员的比例超出当局规定为由要求修改，华视及琼瑶一再陈诉理由，加上政界人士也为此呼吁，最后此剧未剪一刀原样播出。

从 1989 年下半年起，台湾每年来大陆摄制电视节目的团组都在二三十个左右，而直到 1992 年 7 月福建电视台摄制组获准赴台拍片，双方的所谓交流基本上是单向的。为实现双向交流，双方从业人员经过了艰苦的努力和多方奔走。福建电视台摄制组一行七人，在台采访了 15 天，走遍了台湾的 21 个县、市，制作了一部反映闽台渊源关系和台湾传统文化的纪实专题节目《台湾行》，先后在福建电视台和中央电视台播出，反映很好。对福建电视台摄制组赴台采访，台湾媒体作了不少报道。1993 年 5 月下旬，中央人民广播电台对台湾广播部主任王汝峰应台湾中国广播公司的邀请，率广播记者团赴台访问。团内的两位记者共发回口头或文字报道 13.5 万字，对台播出后，反响很大。台湾同胞从广播节目中获知主持人徐曼正在台湾访问，纷纷致电问候，登门拜访者络绎不绝，在台湾岛掀起了一股"徐曼热"。两岸广播电视交流从此由基本单向变成双向，这是两岸广播电视交流的第三步。

随着两岸广播电视交流，特别是互赴对方制作节目日益增多，国家广播电视主管部门于 1993 年 12 月在北京主持召开了"海峡两岸广播电视交流研讨会"，大陆的中华广播影视交流协会和台北广播电视商业同业公会双方均派出约二十位代表共同研讨双方交流中的问题和改进建议，以便使这种交流向互利双赢的方向发展。1995 年双方的第二次研讨会在台北举行，大陆方面由中华广播影视交流协会理事长马庆雄为团长。在研讨会上，大陆代表重点讲明大陆各级电视台已经播放了台湾三千部（集）电视剧，而台湾当局仍然不开放大陆制作的电视剧在台播放，这种三千比零的局面不能再继续下去了。这一呼吁得到了台湾电视同行的热烈响应，当年年底，台湾当局决定从 1996 年起修改有关规定，台湾三家电视台可以播放大陆电视剧。此口一开，势如破竹，台湾三家电视台纷纷购买并播放大陆制作的电视剧，如《末代皇帝》、《唐明皇》、《宰相刘罗锅》、《三国演义》以及《渴望》等等。而这些电视剧播出后，收视率屡创新高。由于同族同文，凡是在大陆收视率较高的历史题材的电视剧，在台湾播出的收视率也同样不低。这是两岸广播电视交流迈出的第四步。

自 1992 年 10 月 1 日中央电视台第四套节目开播以来，台湾有线电视台一直转播。自 1993 年 9 月 28 日起，台湾年代公司与香港无线电视台合办的 TVBS 卫星电视台每天转录中央电视台第四套的新闻节目，改编后播出。1995 年 9 月 27 日 19 点 20 分至 25 分，中央电视台第四套的《中国新闻》在 TVBS 的新闻中直播了 5 分钟，这是《中国新闻》首次在该台直播，也是两岸电视界的一次成功合作。TVBS 还曾一度作为中央电视台第四套节目在台湾的落地代理。1997 年 9 月 16 日农历中秋节，台湾电视公司、台湾《中国时报》与上海东方电视台、中央电视台成功举办了《千里共婵娟——中秋夜·两岸情》中秋特别节目，通过卫星双向传送，在上海外滩和台北歌剧院音乐厅广场同时举办，并于当晚 10 时同步在上海东方电视台和台视播出，引起强烈反响。这是两岸电视交流迈出的第五步。

为进一步规范台湾电视从业人员来大陆制作电视节目，沟通海峡两岸人民之间的相互了解，更好地开展对台湾的电视交流，1994 年 1 月 21 日，广播电影电视部、国务院台湾事务办公室联合发布《关于台湾电视从业人员来大陆摄制节目的管理办法》指出："在大陆摄制节目的台湾电视从业人员，受国家法律保护；同时必须遵守国家的法律、法令和有关规定，并严格按照经批准的摄制计划（包括主要内容、有效期、拍摄地点等）进行拍摄。"1996 年 12 月 1 日，国务院台湾事务办公室发布了《关于台湾记者来祖国大陆采访的规定》，其中包括台湾广播电视记者来大陆采访。从此，两岸广播电视交流更加规范，进入常规作业阶段。

香港、澳门及台湾，由于不尽相同的政治、历史背景，广播电视的创办和发展也有各自的轨迹与特色。尽管如此，我们还是可以归纳出它们的一些共同特点：

第一，这三地，虽然香港和澳门已经先后回归祖国，但仍然实行"一国两制"，即它们的社会制度仍然是资本主义，因此，这三地的广播电视从性质上仍然是资本主义制度的广播电视，虽然其中有政府出资经办的电台，如香港电台和政府控股的澳广视，但从性质上仍未发生根本性的变化。它们在办台方针上依然崇尚西方式的"新闻自由"。

第二，从经营方式上，基本上属于恶性竞争，以是否赚取利润为目标，较少考虑社会责任。

第三，由于历史的原因，它们对广播电视的监管早就有一套比较完整的法规和监管机制，并且能够紧跟变化的形势，及时修订有关的法规。

第四，在体制类型方面，这三地既有政府出资办的或控股的广播电视机构，又有民营的商业机构，还有弥补商业广播电视之空缺的公营广播电视台，这样可以满足不同受众的需要。

第五，香港和澳门回归祖国之后，中央政府有关部门严格执行基本法和国家对港澳在传媒方面的方针政策，即港澳的传媒是两个特别行政区自治范围内的事务，相信他们会管好。尽管如此，香港和澳门的广播电视界在回归以后，更进一步加强了与内地同行的业务合作，联合制作节目大大增多，相互购买节目的现象也在不断增加。回归之后的香港、澳门广播电视的发展跨入了一个新的阶段。

下卷结束语

1949 年 10 月 1 日中华人民共和国的成立，标志着旧中国的结束和新中国的诞生，中国的历史从此开始了新的纪元。20 世纪的后半期，是建设新中国的时期。在中国共产党的领导下，在马克思列宁主义、毛泽东思想和邓小平理论的指引下，中国人民通过社会主义改造、建设和改革开放等艰苦卓绝的斗争，经历了艰难曲折的道路，终于使新中国逐步实现了民族的独立、国家的兴盛和人民的共同富裕。以 1978 年 12 月中共十一届三中全会为起点的社会主义建设新时期，全力推行改革开放的新政策，探索出一条建设有中国特色的社会主义新道路，为 21 世纪中叶基本实现现代化，建成伟大的社会主义强国奠定了坚实的基础。

在上述历史环境中迅速发展起来的新中国的广播电视事业有着以下四个特点：

1. 新中国的广播电视事业是由国家主办经营的

在新中国成立前夕，1948 年 11 月 20 日，中共中央在《对新解放城市的原广播电台及其人员的政策的决定》① 中，明确规定了"新中国之广播事业，应归国家经营，禁止私人经营"的原则。根据这一原则及其他有关决定，在新中国成立前后，中国共产党和人民政府全部接管了新解放城市中原国民党党政军及各派系的广播电台，并陆续改建为人民广播电台，停办了外国资本及外国人创办经营的广播电台，对于上海、北京、天津等大中城市的为数不多的私营广播电台则在 50 年代初期相继进行了社会主义改造，至 50 年代中期，中国大陆的广播事业已完全实现了全部由国家经营。50 年代末期，国家又开办了电视事业。在社会主义计划经济的体制下，完全依靠国家财政拨款逐步建立起了新中国的广播电视事业。80 年代改革开放以来，中央和地方各级广播电台、电视台虽然逐步开展以广告为主的多种经营，但广播电视事业由国家主办经营的根本原则并未改变。在计划经济体制向社会主义市场经济体制过渡的转型期，广播电视事业虽然急需调整结构、重组资源、扩大融资，借以谋求更大的发展，但广播电台、电视台作为国有资产，承担着国有资产保值增值的重任，既不吸收境外资本和私人资本，也不允许私人资本和境外资本在中国内地开

---

① 《中国共产党新闻工作文件汇编》（上），新华出版社 1980 年 12 月版，第 194—196 页。

办广播电台和电视台，以确保广播电视事业由国家主办经营。

2. 新中国的广播电视事业是党、政府和人民的喉舌

新中国是中国共产党领导的社会主义国家，从而也就决定了中国的广播电视事业是党、政府和人民喉舌的根本性质。广播电视事业作为现代化的传媒，既有一般的行业属性，又有意识形态的特殊性；既是大众传媒的工具，又是党和政府的重要宣传思想阵地。新中国广播电视事业走过的半个世纪的历程表明，确保党对广播电视事业的领导，把握正确的舆论导向，坚持以正面宣传为主的方针，坚持为人民服务、为社会主义服务的宗旨，是充分发挥广播电视喉舌功能基本经验的概括和总结。

广播电视是具有多种功能的大众传播媒介，但在我国宣传党的纲领、路线、方针和政策，激励和鼓舞全党和全国人民为建设具有中国特色的社会主义伟大国家而奋斗则是广播电视的基本功能。广播电视台所办的各类节目虽然具体功能有所不同，但都要体现出这一基本功能，只有这样才能使党和国家的声音进入千家万户，使中国的声音传向世界各地。

3. 新中国的广播电视事业具有"一国两制"的特点

1949 年 10 月新中国的成立，从根本上改变了旧中国四分五裂的局面，实现了国家空前的统一。但由于历史的原因，台湾、香港和澳门尚未回到祖国的怀抱。90 年代以来，中国政府在"一国两制"基本国策的指引下，经过分别与英国、葡萄牙政府反复谈判，并签订有关协议，从 1997 年 7 月 1 日、1999 年 12 月 20 日起，中国政府先后对香港、澳门恢复实行主权，迈出了实现国家统一的重要步骤。台湾则主要由于台湾当局的错误主张，迄今与祖国大陆处于分离状态。

中国大陆实行社会主义制度，香港、澳门和台湾长期以来实行资本主义制度。香港、澳门回归以后，根据《香港基本法》、《澳门基本法》的规定，在坚持一个中国的前提下，香港、澳门原有的资本主义制度不变。在资本主义社会下产生并发展起来的香港、澳门和台湾的广播电视事业，有着自身的特点和一整套管理体制。为了保证"港人治港"、"澳人治澳"和高度自治的实现，中央人民政府所属的广播电视部门对港澳的广播电视事业不得干预，至于台湾的广播电视事业现仍由台湾当局管辖。在一个国家内，既存在着社会主义的广播电视事业，也存在着资本主义的广播电视事业，这是客观事实。但是两种制度下的广播电视事业是可以互相交流合作的。两岸四地广播电视开展多种形式、不同层次的频繁交流合作活动，对于加深人民之间的互相了解和促进祖国最终完全统一有着积极的意义和作用。

4. 中国正由广播电视大国向广播电视强国迈进

新中国成立之初，作为一个 4 亿人口的泱泱大国，1949 年底全国仅有广播电台 49 座，市县广播站 11 座，收音机 100 万台左右，有线广播喇叭 900 只，广播电台的

全部发射功率不过一百多千瓦。当时尚无电视事业。比起 50 年代之初的世界上广播电视的发达国家，中国只能属于广播小国之列。五十年后，到 2000 年底的统计，中国已有县级以上广播电台 304 座，电视台 354 座，县级广播电视台 1446 座，收音机的社会拥有量超过 5 亿台，电视机的社会拥有量超过 3 亿台，广播电视的人口覆盖率分别达到 92.74%、93.65%，全国拥有的广播电视受众人数在 10 亿以上。广播电视的发射功率有了极大的增长。由于电子工业的急速发展，我国已由新中国成立之初尚不能生产制造收音机的国家一跃而成为世界上彩色电视机年产量第一的国家。总之，就广播电视事业的整体规模和受众人数以及其在社会上所起的重大影响和作用来说，我国已进入了世界为数不多的广播电视大国的行列。但是，广播电视大国不等于广播电视强国。与当今世界上的广播电视强国相比，我国广播电视产业的经济实力尚不够强大，我国尚有不少地区特别是西部地区的众多人口还听不到或听不好、看不到或看不好广播电视，我国对外的广播电视虽然基本上能覆盖全球，但广播电视节目的落地情况还不理想，在和西方的广播电视媒体竞争中，西强我弱的状况尚未根本上改观。

随着 21 世纪的到来，我国已经迈出了从广播电视大国走向广播电视强国的步伐。借鉴世界上广播电视强国的成功经验，广播电视搞好集团化建设是把我国的广播电视事业做大做强，使之成为国内媒体的主力军，达到亚洲一流、世界前列水平的必由之路。广播电视是 21 世纪的朝阳产业，21 世纪的中国也必将谱写广播电视史的新篇章。

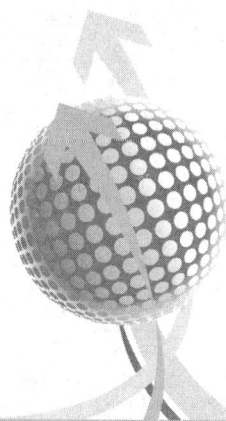

附 录

[附录一] 插图目录

[附录二] 中国广播电视大事记（1923—2000）

1923 年

1 月 23 日　美国人奥斯邦在上海主持建立的"大陆报——中国无线电公司广播电台"开始播音。这是中国境内的第一座广播电台。1 月 26 日，该台曾播出孙中山的《和平统一宣言》。大约三个月后停办。

1924 年

4 月　美商开洛公司广播电台在上海开始播音。该台至 1929 年 10 月结束，是早期在上海的外台中时间最长的。

8 月　北洋政府交通部公布《装用广播无线电接收机暂行规则》。这是中国历史上第一个无线电广播法令。

1925 年

6 月　日本帝国主义在其占领下的台湾伪"总督府"播音室开始试播，不久即终止。1928 年 11 月，伪台湾广播电台在台北开始播音。

8 月 9 日　日本帝国主义在其占领下的大连设立的大连广播电台开始播音。

1926 年

10 月 1 日　哈尔滨广播无线电台开始播音。这是中国人自办的第一座广播电台。在奉系军阀支持下，由无线电专家刘瀚主持建立。1932 年 2 月 5 日日军侵占哈尔滨后，该台停播。

1927 年

3 月 18 日　上海新新公司广播电台开始播音。这是中国人创办的第一座民营广播电台。

5 月　天津广播无线电台开始播音。同年 9 月，北京广播无线电台开始播音。两台皆系东北无线电长途电话监督处所办。

1928 年

8 月 1 日　国民党中央广播电台在南京开始播音，呼号 XKM。1932 年 11 月扩大发射功率，更改呼号为 XGOA。在这之后，国民党当局在一些大中城市开始筹建地方广播电台，其中最早者为同年 10 月开播的浙江省广播电台。

1929 年

5 月 6 日　广东省最早的广播电台——广州市播音台开始播音。该台为广州市政府所建。

12 月 23 日　上海亚美广播电台开始播音。该台由亚美无线电公司苏祖国、苏祖圭创办，初名上海广播电台，是我国历史最长、影响较大的私营广播电台。

12 月　国民党中央广播电台编印的《中央广播无线电台年刊》出版。

1930 年

7 月 1 日　国民党政府交通部公布《装设广播无线电收音机登记暂行办法》，规定凡欲装设广播无线电收音机者，无论是购置还是自行装配，均须向交通部有关机构登记。

1932 年

1 月 22 日　国民党政府交通部公布《限制私营电台暂行办法》修正案，规定设台团体或个人以中华民国国籍及完全华人资产为限，最大发射功率暂定为 50 瓦。

1933 年

9 月 日伪在大连建立"满洲电信电话株式会社"（后迁长春），垄断东北地区的电报、电话、广播事业。日本在占领东北期间先后在各地建立日伪广播电台二十多座。

1934 年

9 月 17 日 国民党中央广播电台主办的《广播周报》创刊。抗战时期一度停刊，战后恢复，1948 年 12 月终刊。

11 月 上海市民营无线电播音业同业公会成立。

1935 年

3 月 9 日 上海市第一座国民党官办广播电台——上海广播电台开始播音。

4 月 25 日 国民党政府交通部发布《通饬各广播电台用国语报告令》。

1936 年

2 月 国民党当局为加强对广播事业的管理和控制，成立中央广播事业指导委员会。该会由中央广播事业管理处、宣传部、交通部、教育部、内政部等部门派人组成。陈果夫为主任委员，吴保丰为副主任委员。

8 月 1 日 西北地区的第一座广播电台——西安广播电台开始播音。同年 12 月，西安事变发生后，张学良、杨虎城将军接管了该台，并先后到该台发表广播讲演。

10 月 28 日 经中央广播事业指导委员会通过，由国民党政府交通部公布《指导全国广播电台播送节目办法》。随后，该会函告各广播电台，自 12 月 15 日起"各电台播音节目改由本会接管审查"。

1937 年

4 月 12 日 国民党政府交通部公布《民营广播电台违背〈指导播送节目办法〉处分简则》和《播音节目内容审查标准》。

6 月 据吴保丰《十年来的中国广播事业》一文，当时国民党地区共有官办民营广播电台 78 座，总发射功率将近 123 千瓦。另据估计，全国有收音机大约 20 万台。

7 月 七七事变后，日本侵略者入侵中国内地，陆续在其占领区建立了一批日伪广播电台。

11 月 23 日 国民党南京中央广播电台停止播音，开始拆迁西移。

1938 年

3 月 10 日 国民党中央广播电台在重庆恢复播音。此后，国民党当局开始注重发展西南、西北地区的广播事业。

1939 年

2 月 6 日 国民党当局在重庆建立的中央短波广播电台开始播音。1940 年 1 月，该台定名为国际广播电台，对北美广播呼号为 XGOX，对欧洲和亚洲广播呼号为 XGOY。

1940 年

春季 中国共产党中央决定设立广播委员会，领导筹建广播电台，由周恩来任主任。周恩来去重庆工作后，由朱德主持筹建工作。

12 月 30 日 中国共产党创办的延安新华广播电台开始播音，呼号 XNCR。1980 年将这一天定为中国人民广播事业创建纪念日。

1941 年

2 月 汪伪政权在南京建立伪"中国广播事业建设协会"。3 月 26 日，该会所属汪伪"中央广播电台"开始播音。为混淆视听，蒙蔽舆论，该台名称、呼号、频率与设在重庆的国民党中央广播电台完全一样。

9 月 27 日 苏联以苏商名义在上海建立的

"苏联呼声"广播电台开始播音。

12月3日 延安新华广播电台开办日语广播。1995年将这一天定为中国人民对外广播开播纪念日。

12月 太平洋战争爆发后，日本侵略军占领上海租界地区，查封了全部民营广播电台。

1943年

春季 延安新华广播电台由于技术原因暂停播音。

1945年

8月中旬 延安新华广播电台在抗日战争胜利声中恢复播音。

8月20日 东北解放区的第一座广播电台——哈尔滨广播电台开始播音。此后，在张家口和东北地区陆续办起一批人民广播电台。东北地区的原日伪广播电台大部分为苏军接管，其中部分广播电台又先后移交中国共产党领导下的人民军队接办。

9月 国民党政府行政院公布《管理收复区报纸通讯社杂志电影广播事业暂行办法》。此后国民党当局陆续接收了一批日伪广播电台。

1946年

1月 中国共产党代表团在重庆召开的政治协商会议上提出的《和平建国纲领草案》中，要求"改组国家宣传机关，使一切国营之报纸、通讯社、广播及戏剧电影事业，为全国人民服务，不为少数人所垄断统制"。

2月4日 国民党政府交通部公布《广播无线电台设置规则》，规定不准外籍机关、人民及非完全华人组织的公司、厂商、学校和团体在中国境内设立广播电台。

3月10日 中共上海地下组织以"上海市文化运动促进会"名义开办的中联广播电台

开始播音。这是中共地下组织在国统区开办的唯一的广播电台。同年8月，该台被国民党当局查封。

5月5日 国民党中央广播电台迁回南京播音。同日，中央广播事业指导委员会及中央广播事业管理处均迁回南京。

7月25日 新华社电讯稿《延安广播电台广泛征求听众意见》首次称延安台成立于1945年9月5日。同年9月5日，延安台举办了纪念建台一周年广播节目。后来又把这一天当作中国人民广播创建纪念日，一直沿用至1979年。1980年，中国人民广播创建纪念日改为1940年12月30日。

9月17日 国民党中央广播事业指导委员会举行第三十次会议。此后该委员会即宣告结束。

9月23日 国民党政府国防部通过《取缔外人在华设立广播电台决议案》。同日，中共中央东北局领导创办的东北新华广播电台在今黑龙江省佳木斯开始播音。

夏天 国民党当局整顿上海民营广播电台，一批民营台被迫停止播音。

10月11日 上海市民营广播电台商业同业公会成立。

1947年

1月6日 国民党当局查封上海"苏联呼声"广播电台。

3月14日 由于国民党军队进犯延安，延安新华广播电台迁至陕北瓦窑堡继续播音。3月21日起改名为陕北新华广播电台。3月30日起在晋冀鲁豫解放区的涉县继续播音。

9月11日 陕北新华广播电台开办英语新闻节目。

9月 据国民党政府行政院新闻局编印的《广播事业》一书，当时国民党地区有广播电台131座，总发射功率406千瓦。另据估计，全国约有收音机100万台左右。

1948 年

1 月 15 日 国民党政府国防部公布《军用广播无线电台设置与管理暂行办法》。

4 月 5 日 国民党政府交通部公布《广播无线电收音机登记规则》。

5 月 23 日 陕北新华广播电台迁移到晋察冀解放区平山县继续播音。

11 月 20 日 中共中央发出《对新解放城市的原广播电台及其人员的政策决定》。该文件确定了新中国广播事业由国家经营的原则。

12 月 29 日 华东解放区的第一座广播电台——华东新华广播电台在山东临朐县境内开始播音。后迁至济南继续播音，1949 年 5 月停止播音。

1949 年

1 月 1 日 刊载陕北新华广播电台广播稿的刊物《新华广播稿》开始出版。

国民党政府交通部根据国际无线电会议决定，中国各无线电台呼号一律将 X 字母开头，改为 B 字母开头，规定从即日起各广播电台的呼号以 BE 两字母开头。

1 月 5 日 西北解放区的第一座广播电台——西北新华广播电台在延安开始播音。

2 月 1 日 陕北新华广播电台自即日起取消播音开始时使用的呼号 XNCR，解放区其他广播电台的英文字母呼号也随之取消。

2 月 13 日 中原新华广播电台在郑州开始播音。同年 5 月停止播音。

2 月 28 日 中共中央发出关于对私营广播电台的处理办法给天津市委的指示。

3 月初 全国各解放区当时共有广播电台 23 座，其中华北 4 座、东北 15 座、华东 3 座、西北 1 座、中原 1 座。

3 月 25 日 陕北新华广播电台迁至北平播音，改名北平新华广播电台。

5 月 6 日 南京解放后，中国人民解放军南京市军管会派代表接管国民党中央广播电台。此前，该台部分设备拆迁台湾。同年 11 月，该台改组为"中国广播公司"。

5 月 27 日 上海人民广播电台开始播音。在此前后，华东地区新解放城市一批人民广播电台陆续开播。

6 月 5 日 中共中央发出关于成立中央广播事业管理处的通知，决定将新华总社语音广播部扩充为中央广播事业管理处，管理并领导全国广播事业，廖承志任处长，李强任副处长。

6 月 13 日 中国人民解放军上海市军事管制委员会公布《上海市私营广播电台暂行管制条例》。此后北京市、广州市军管会也颁布了类似条例。

6 月 20 日 根据中央广播事业管理处的决定，即日起各地方台每晚一律转播北平新华广播电台 20 点 30 分至 21 点 30 分的新闻和评论节目。

6 月 30 日 中央广播事业管理处决定，除作为全国中央台的北平新华广播电台外，其他各地所设广播电台一律统称某地人民广播电台。

7 月 15 日 中央广播事业管理处编印的《广播资料》第一期出版。该刊是人民广播历史上第一份业务刊物，共出版 3 期，同年 10 月后停办。

8 月 10 日 中共中央宣传部和中央广播事业管理处联合发出《关于成立华东广播事业管理处的指示》。

9 月 27 日 北平新华广播电台改称北京新华广播电台。

9 月 29 日 中国人民政治协商会议第一届全体会议通过的《共同纲领》第 49 条规定："发展人民广播事业"。截至 9 月底，全国各地共有人民广播电台 39 座。

10 月 1 日 北京新华广播电台在天安门城楼转播中华人民共和国开国大典实况，全国各地广播电台同时联播。

中华人民共和国中央人民政府成立，中央广播事业管理处改组为广播事业局，属中央人民政府政务院新闻总署领导，首任局长李强。

12月5日 北京新华广播电台定名为中央人民广播电台，简称"中央电台"。

12月16日 李强任广播事业局局长。

1950年

2月27日 新闻总署召开京津新闻工作会议。会议规定，广播电台以发布新闻、社会教育及文化娱乐为主，市台则应着重社会教育。对全国及对国际广播节目应集中于中央人民广播电台。

3月29日—4月26日 全国新闻工作会议在北京召开。会议提出应在全国建立广播收音网，以便使人民广播建立在确实的群众基础上，发挥应有的宣传作用。4月22日，新闻总署发布《关于建立广播收音网的决定》。

4月10日 中央电台对国外广播开始使用"北京广播电台"的呼号播音，对国外的汉语普通话广播仍用"中央人民广播电台"的呼号。从此，对国内和国外的广播开始使用不同的频率。同日，中央电台开办越南、缅甸、泰、印尼和朝鲜五种外语广播，又开办对华侨的广州话、厦门话、潮州话和客家话广播节目。

5月22日 中央电台开办藏语广播节目，此后又陆续开办蒙古语、朝鲜语、维吾尔语和壮语等少数民族语言广播。

年内 华东、华北、中南、西南和西北的人民广播电台相继建立和定名，各对本行政区广播。

1951年

1月16日 中央广播局发出《关于调整全国各地人民广播电台中波频率的通知》。

2月27日 中央广播局发出《关于记录广播内容与时间的规定》。

4月4日 中共中央发出关于着重利用广播和收音网推动工作的指示。

5月1日 中央人民广播电台开办《全国各地人民广播电台联播节目》，后改名为《各地人民广播电台联播节目》。

9月12日 新闻总署、中华全国总工会发出《关于在全国工厂、矿山、企业中建立广播收音网的决定》。

12月28日 国际广播组织宣布我国为正式会员。该组织总部设在捷克斯洛伐克首都布拉格。

1952年

2月18日 新闻总署撤销，中央广播局改属政务院文化教育委员会，宣传业务由中共中央宣传部领导。

9月19日 梅益任中央广播局局长。

12月1—11日 第一次全国广播工作会议在北京举行。

1953年

5月1日 中南人民广播电台撤销，其余东北、西南、西北、华东人民广播电台于1954年也因大行政区撤销而相继停办。

9月 国际广播组织在北京举行有关会议。这是我国广播机构首次承办国际性会议。

年内 根据当时形势需要和广播事业的状况，中央广播局制订广播事业第一个五年计划，采取了先中央台、后地方台，先对国外广播、后对国内广播的重点发展方针。

年度 我国基本完成对上海、北京、重庆等城市的私营广播电台的社会主义改造工作。

1954年

7月16日 中共中央宣传部、组织部发出通知，决定由中央人民广播电台开办对台湾广播节目。同年8月15日，中央电台对台湾广播节目开始播音。

11月8—20日 第二次全国广播工作会议在北京举行。

11月 由于国家机关改组,中央广播局技术行政业务改为国务院第二办公室领导,宣传业务仍由中共中央宣传部领导。

1955年

3月29日 国务院发布《关于在农业、畜牧业、渔业生产合作社重点建立收音站的指示》和《关于边远省份和少数民族地区建立收音站的通知》。

7月11日 中央宣传部转发《广播事业局关于组织地方人民广播电台承担中央人民广播电台集体记者的决定》。

9月12日 国务院发出《关于地方人民广播电台管理办法的规定》。

9月13日 中央宣传部发出《关于各级党委宣传部应加强对广播宣传的领导和监督的通知》。

12月15—22日 第三次全国广播工作会议在北京举行。

1956年

2月3日 中央广播局发出通知,要求注意保存各地重大政治事件的录音资料。

2月6日 国务院发布关于推广普通话的指示,规定全国各地广播电台应该举办普通话讲座。

2月20日 国务院发出《关于农村广播网管理机构和领导关系的通知》,规定中央广播事业局和省、自治区、直辖市都应设立相应的管理机构,负责全国和各级广播网的领导和建设工作;省、自治区、直辖市的广播管理机构属于各级人民委员会,在业务上受中央广播事业局的领导。此后各省、自治区、直辖市先后设立广播管理局或处。

5月28日 中共中央书记处书记刘少奇听取中央广播局负责同志的汇报后,对广播工作发表了重要意见。

7月25日—8月16日 第四次全国广播工作会议在北京举行。

1957年

8月17日 中央广播局组建电视实验台的筹备机构。

10月16日 中共中央批转中央广播局党组《关于广播宣传会议的报告》,要求各地党委加强对广播电台的领导。

1958年

4月7—18日 第五次全国广播工作会议在北京举行。

5月1日 我国第一座电视台——北京电视台(今中央电视台)开始实验性播出,同年9月2日正式播出。

1959年

2月23日—3月3日 第六次全国广播工作会议在北京举行。

9月7日 北京广播学院成立并举行开学典礼。

1960年

3月1—15日 第七次全国广播工作会议在北京举行。

3月8日 北京电视台和北京市教育局合办的北京电视大学开学。

12月 中央电台停办藏语、蒙古语、朝鲜语、维吾尔语和壮语少数民族语言广播节目。

1961年

4月 中央电台和北京电视台在北京转播我国第一次举办的世界性体育比赛——第二十六届世界乒乓球锦标赛。

1962年

7月27日 国务院批转中央广播局关于全国广播事业调整方针和精简工作的报告。

报告提出了"紧缩规模，合理布局，精简人员，提高质量"的方针。年内，调整工作基本完成。

10 月 13 日　丁莱夫任中央广播局党组书记，梅益任副书记、局长。

1963 年

3 月 25 日　国务院发布《关于设置和使用无线电台的管理办法》。

4 月 27 日　中共中央同意中央广播局党组关于建立党委制和政治工作机构的报告。改为党委领导制度后，丁莱夫任党委第一书记，梅益任第二书记兼局长。

1964 年

3 月 10 日　中央广播局党委提出宣传业务整改提纲草案《为进一步提高广播、电视宣传的质量而奋斗》。

4 月 3—21 日　第八次全国广播工作会议在北京举行。

1965 年

2 月 11 日　中共中央宣传部转发中央广播局党委《关于建立地方广播记者站和电视记者站的请示报告》。

12 月 9 日　《人民日报》发表毛泽东、刘少奇、周恩来、朱德等党和国家领导人为人民广播事业的题词。

年内　我对外广播已开办 27 种外语节目和汉语普通话及 4 种汉语方言节目。

1966 年

3 月 20 日—4 月 9 日　第九次全国广播工作会议在北京举行。

下半年　陈伯达、江青、张春桥、姚文元等人多次连续煽动中央广播局和北京广播学院的少数人夺中央广播局和地方电台的权。

1967 年

1 月 6 日　北京电视台经中央文革小组批准，暂时停止播出，一个月后恢复播出。

1 月 11 日　中共中央发出《关于广播电台问题的通知》：地方广播电台实行军事管制，只转播中央人民广播电台的节目。

1 月 23 日　中共中央发出《关于广播电台问题的补充指示》，指出在实行军事管制时期，地方广播电台可以自编一部分节目。

9 月 23 日　中共中央、国务院、中央军委、中央文革小组联合发出《关于取缔私设电台、广播电台、报话机的命令》。

12 月 12 日　中央广播局实行军管，至1973 年 1 月结束。

1969 年

1 月 13 日　财政部和中央广播局联合发出通知，县广播站事业经费列入国家预算，公社广播站日常事业经费列入地方预算。

1970 年

1 月 16 日—2 月 1 日　全国电视专业会议在北京举行。会议确定集中主要技术力量研制彩色电视，并适当发展黑白电视。

1971 年

5 月　中央电台恢复维吾尔语和哈萨克语两种少数民族语言广播。

1972 年

10 月 14 日　亚洲—太平洋广播联盟（简称"亚广联"）第九届全会通过决议：中华人民共和国国家广播组织享有亚广联正式会员资格。1973 年 12 月 3 日，中央广播局以"中华人民共和国广播电台和电视台"的名义致电亚广联第十届全会和亚广联主席，通知我国决定行使亚广联正式会员的权利。

1973 年

1 月 2 日 刘建功任中央广播局局长。

5 月 1 日 北京电视台开始试播彩色电视节目，同年 10 月 1 日转为正式播出。

1974 年

9 月 邓岗任中央广播局代局长。

10 月 中央电台调频广播正式播音。

1976 年

2 月 18 日 邓岗任中央广播局局长。

7 月 5 日 原用"中央人民广播电台"呼号的对东南亚华侨广播的普通话及四种方言节目改用"北京广播电台"呼号。1983 年 4 月 25 日起，对华侨广播的所有节目都改用"北京广播电台"呼号。

7 月 26 日 北京广播电台开办匈牙利语广播。至此我对外广播共使用 38 种外语以及汉语普通话和 4 种汉语方言。

10 月 6 日 粉碎江青反革命集团的当晚，中共中央政治局派耿飚、邱巍高等到中央广播局加强对广播电视工作的领导。一星期后，耿飚离开，张香山负责中央广播局的工作。

10 月 21—27 日 中央电台、北京广播电台和北京电视台连续向国内外报道首都北京和全国各地人民热烈庆祝中共中央粉碎"四人帮"篡党夺权伟大胜利的集会、游行活动。

1977 年

1 月 11 日 张香山任中央广播局局长。

10 月 7—13 日 中央广播局在南京召开卫星广播规划座谈会。会议讨论中国卫星广播计划，提出了我国的广播电视应采用卫星覆盖的建议。

11 月 10 日 中共中央通知：中央广播局属国务院领导，宣传业务由中宣部协助中央指导。

11 月 14 日 中央电台恢复了 1966 年 8 月

1 日取消的播音员报名制度，并于此前通知了地方电台。

1978 年

1 月 1 日 北京电视台恢复播音员出图像报告节目。

2 月 6 日 北京电视台首次举办春节晚会。此后每年春节均举办。

5 月 1 日 对国外广播的北京广播电台改称中华人民共和国国际广播电台，对外广播的呼号仍为"北京广播电台"。北京电视台改名为中央电视台，对外称中华人民共和国中央电视台。

5 月 12 日 中央电台播出《光明日报》特约评论员文章《实践是检验真理的唯一标准》。11 月开始举办《理论和实践问题——实践是检验真理的唯一标准》讲座，共 13 讲。

5 月 31 日 张策任中央广播局党组书记，张香山任党组第一副书记、局长。

6 月 24 日 中央电台和中央电视台合办的《广播电视节目报》正式出版。1981 年 1 月起两台分别编印节目报。

6 月 25 日 中央电视台首次通过卫星转播在阿根廷举行的第十一届世界杯足球赛的实况。

7 月 国家标准局发布《黑白电视广播标准》，这是广播电视系统中第一个由国家规定的统一标准。

11 月 24 日 中央广播局正式颁发《农村有线广播技术标准和技术管理规程》，这是我国农村有线广播第一个技术法规文件。

1979 年

2 月 6 日 由教育部和中央广播局共同举办的中央广播电视大学举行开学典礼。

5 月 16 日 面向北京地区的北京电视台开始播出。至此，全国 29 个省、自治区、直辖市都建立了电视台。

8月18—27日　全国首次电视节目会议在北京举行。主要讨论如何丰富和改进电视节目内容，努力搞好自办节目；举行全国电视节目大联播；加强全国各电视台之间互相协作、经验交流和节目交换等问题。

12月　中央电视台开办广告业务。次年1月，中央电台开办《广告》节目。

1980年

2月25日—3月9日　中央广播局在北京召开全国广播事业规划会议。

5月4日　国务院批转中央广播局《关于加强地方广播事业管理工作的请示报告》。报告提出：省、市、自治区广播事业局受该省、市、自治区人民政府和中央广播局双重领导，以同级政府领导为主。

5月16日　中共中央宣传部同意中央广播局《关于建立和健全中央广播记者站的请示报告》，并转发各省市、自治区党委。

6月16—22日　全国第二次电视节目会议在北京举行。

10月7—18日　第十次全国广播工作会议在北京举行。

11月10日起　中央三台连续一个多月向国内外播出了最高人民法院特别法庭、最高军事法庭开庭审判林彪、江青反革命集团主犯情况的详细报道。

12月23日　经中共中央宣传部批准，中央广播局发出《关于将人民广播诞生日改为1940年12月30日的通知》。

12月29日　中央广播局发出《关于开办中央农业广播学校的通知》。该校于1981年7月开始授课。

1981年

1月1日　中央电视台主办的《电视周报》创刊，1986年起改名为《中国电视报》。

1月3日　中央电台主办的《广播节目报》创刊，1985年起改称《广播之友》，1986年起又改称为《中国广播报》。

1月　中央电台和各省、自治区、直辖市广播电台举办新中国成立以来首次"全国广播展播月"。

4月3—13日　第三次全国电视节目会议在北京举行。会议第一次对中央电视台第一套节目中播出的各类节目进行了评比，共评出优秀节目125个。

5月17日　公安部、中央广播局联合发出通知，要求各级公安、广播部门结合当地实际情况，认真抓好广播、电视技术设施的保护工作，确保广播电台、电视台的安全，并对广播线路的保护作了具体规定。

11月16日　中共中央书记处讨论广播电视工作，指出广播电视是教育、鼓舞全党、全军和全国各族人民建设社会主义物质文明、精神文明的最强大的现代化工具，这就是广播电视工作的根本性质和任务。为了更好地体现这个根本性质，完成这个根本任务，要做好两个方面的努力，一是提高服务质量，二是完善服务手段。

1982年

4月1—5日　首次全国优秀广播剧评奖会议在北京召开。会议由中央电台和中国戏剧家协会联合举办。

5月4日　全国五届人大常委会第二十三次会议通过《关于国务院部委机构改革实施方案的决议》，宣布成立广播电视部，撤销中央广播局，任命吴冷西为部长。

5月11日　广播电视部颁发《广播系统标准制订、修订程序》，编号为GY3—82，自1982年7月1日起施行。

7月13日　广播电视部主办的《中国广播电视》（月刊）创刊号出版。1987年起改称《中国广播影视》。

8月25日　国家标准局发布《彩色电视

广播》国家标准。标准号为 BG3174—82，正式确定我国彩色电视制式采用逐行倒相正交平衡调幅制（PAL/D）方式。这一决定是由广播电视部制定，并在 1981 年已由我国出席国际无线电咨询委员会的代表向国际电讯联盟申报备案。

11 月 5—11 日 广播电视部在北京召开第一次全国电视台台长会议，着重讨论电视新闻改革问题。会议要求在两三年内把《新闻联播》办成自成体系、比较完整、能够准确及时地对国内外重要事件进行形象化报道的节目。

1983 年

3 月 31 日—4 月 10 日 第十一次全国广播电视工作会议在北京举行。

4 月 19 日 第一届全国优秀广播节目评选揭晓。

5 月 26 日—6 月 5 日 广播电视部科学技术委员会成立暨第一次会议在北京举行，会议通过了广播电视技术政策建议书。

8 月 24 日 广播电视部同国家气象局联合发出通知，要求各级广播电台（站）、电视台根据需要与可能，适当增加天气预报广播的次数。

10 月 26 日 中共中央批转广播电视部党组《关于广播电视工作的汇报提纲》，并以〔1983〕37 号文件发出通知，要求各级党委加强和改进对广播、电视工作的领导，根据需要与可能，适当增加一些人力和财力，发展和办好广播电视事业。

11 月 21 日—12 月 3 日 广播电视部在北京召开全国广播电视宣传工作会议。

1984 年

4 月 7—15 日 全国农村广播工作会议在河南洛阳召开。会议确定今后发展农村有线广播的方针是建立"以县广播台（站）为中心，以乡镇广播站为基础，以专线传输为主，并与多种传输手段相结合，联结村村户户的质量高、效能好的农村广播网"。

1985 年

2 月 21 日 广播电视部发出关于《必须把新闻报道与广告严格分开的通知》。

4 月 17 日 国家工商行政管理局、广播电视部、文化部联合发出通知，规定中央和地方报刊、电台、电视台，不得在新闻栏目或其他节目中以新闻的形式刊播或插播广告；节目进行中，不得中断节目播出广告。

6 月 18 日 全国六届人大常委会第十一次会议决定，任命艾知生为广播电视部部长。

9 月 13 日 《人民日报》报道：中共中央、国务院今年向各地赠送的 53 个卫星电视地面接收站，已有 45 个开通，开始转播中央电视台的节目。

10 月 22 日 广播电视部发出通知，要求加强对电视节目的管理，纠正滥播香港和外国电视剧的问题。要求各地严格控制购买港台和外国电视剧，努力提高自制节目的能力和质量，发展国产电视剧。

11 月 11 日 中共中央书记处会议纪要指出，要把端正电影、电视工作的指导思想，特别是创作指导思想摆在第一位。电影、电视要以社会效益为唯一准则，它们的企业经营也要以社会效益为最高准则。

12 月 12—18 日 《中国广播电视年鉴》第一届年会在北京召开。此后，每年召开一届年会。

12 月 30 日 为纪念我国人民广播事业创建 45 周年，中央电台、中央电视台和北京广播学院联合摄制的《人民广播风云录》在中央电视台播出。在此前后还出版了一批反映人民广播艰苦创业的书刊和画册。

1986 年

1 月 20 日 全国六届人大常委会第十四次会议审议国务院提出的《关于提请将广播电视

部改为广播电影电视部》的议案，并决定将广播电视部改为广播电影电视部，任命艾知生为部长。

2 月 1 日 我国成功发射一颗实用通讯广播卫星。

6 月 1 日 广播电影电视部决定，自即日起正式在全国施行电视剧制作许可证制度。

10 月 4—10 日 广播电影电视部召开的全国广播电视厅（局）长会议在北京举行。

10 月 14—18 日 中国广播电视学会成立大会在北京举行，吴冷西当选会长。

11 月 电子工业部、广播电影电视部、商业部、农牧渔业部联合发出通知，要求全国农村开展普及电视工作，以实现中央提出的到本世纪末户户人人都能看到电视的奋斗目标。

12 月 24 日 延安清凉山新闻出版革命纪念馆开馆。展出的第四部分是以延安（陕北）新华广播电台为代表的解放区广播事业艰苦创业的情况。

1987 年

2 月 9—13 日 广播科学研究所和日本放送协会研究所共同利用中央电视台第十五频道成功地进行了世界首次多节目电视（原称静止画面广播）开路技术试验。

5 月 《中国广播电视年鉴》首卷 1986 年版出版。此后每年出版一卷。

8 月 25—29 日 中央电视台、中国电子学会广播电视专业委员会、中国广播电视学会联合在北京举办 1987 年北京国际电视设备展览会。

9 月 11 日 中国国际广播电台开播 40 周年纪念日。在此前后，国际台开展了一系列纪念活动。

11 月 8—12 日 全国广播电视厅（局）长会议在北京举行。

1988 年

7 月 20 日 中国国际广播电台同联合国就新闻节目合作问题在北京签署协议。根据协议，国际台每周一次向东南亚及其他地区转播联合国电台新闻节目。

10 月 4—8 日 全国广播电视厅（局）长会议在北京召开。

11 月 10 日 法国国际广播电台正式转播中国国际广播电台西班牙语、汉语普通话、英语、罗马尼亚语、捷克语、波兰语、保加利亚语、阿尔巴尼亚语、匈牙利语节目，每天 6 小时。同时，我国国际电台也转播法国电台相应时数的节目。

1989 年

8 月 14—16 日 全国广播电视宣传工作座谈会在山东省烟台市举行。

10 月 29 日—11 月 9 日 亚太广播联盟第二十六届大会及有关会议在北京举行。出席会议的有 31 个会员组织、13 个国际组织共计 231 名代表和观察员。这是我国广播电视组织第一次承办亚广联大会。

1990 年

5 月 28 日 经国务院批准，广播电影电视部、公安部和国家安全部联合发布《卫星地面接收设施接收外国电视节目管理办法》。

9 月 22 日—10 月 6 日 在北京举行第十一届亚运会期间，我国广播电视报道的总体规模超过上届汉城亚运会，创造了历届亚运会电视报道规模的最高纪录，质量也达到国际水平。

12 月 28 日 广播电影电视部、中国广播电视学会、中央电台在北京联合举行纪念中国人民广播事业暨中央电台创建 50 周年大会。

12 月 31 日 国家主席杨尚昆对中国国际广播电台海外听众发表新年讲话。这是我国国家主席首次向海外听众发表新年广播讲话。

1991 年

3 月 1 日 中共中央宣传部、文化部、广播电影电视部联合发出《关于当前繁荣文艺创作的意见》的文件。

11 月 6—18 日 中国广播电视学会在天津举行第二届理事会第一次会议。吴冷西连任会长。

12 月 12 日 中国广播电影电视报刊协会举行成立大会。

1992 年

1 月 18—24 日 由中共中央宣传部、广播电影电视部委托重大革命历史题材影视创作领导小组、中宣部文艺局、广播电影电视部电影局、中国电视艺术委员会、中国电影家协会、中国电视艺术家协会联合主办的重大革命历史题材影视创作会议在北京召开。

10 月 19 日 中国国际广播电台更改中文部和英语部对外称呼。中文部对外称：中国国际广播电台华语台，对内称：中国国际广播电台华语部；英语部对外称：中国国际广播电台英语台，对内称：中国国际广播电台英语部。

1993 年

1 月 1 日 中国国际广播电台开始使用 China Radlo International 新呼号。

9 月 3 日 广播电影电视部党组决定成立广播电影电视部编辑委员会。

9 月 3 日 中央电视台台庆 35 周年全球华语电视台交流会在北京召开。

10 月 5 日 国务院发布《卫星电视广播地面接收设施管理规定》。

1994 年

1 月 24—31 日 全国广播影视宣传工作会议在北京召开。

3 月 8 日 广播电影电视部广播科学研究所更名为广播电影电视部广播科学研究院，其

单位性质和原隶属关系不变。广播电影电视部信息资料中心、广播电影电视部标准化规划研究所同时划归广播科学研究院，名称不变。

3 月 23 日 国务院办公厅印发《广播电影电视部职能配置、内设机构和人员编制方案》。方案的主要内容是：广播电影电视部是国务院主管全国广播电影电视宣传和广播电影电视事业的职能部门，既是新闻宣传机关，又是全国广播电影电视事业的管理机关。

4 月 11 日 孙家正任广播电影电视部部长。

9 月 29 日 国家建设重点项目中央广播电视塔隆重举行落成典礼仪式。

1995 年

2 月 9 日 中共中央总书记江泽民主持召开中央政治局常委会议，讨论并原则同意广播电影电视部党组《关于进一步加强和改进广播电影电视工作的报告》。中央领导同志在听取广播电影电视部部长孙家正的汇报时，对广播影视工作发表了重要意见。17 日，江泽民召集丁关根、李铁映等座谈，对广播影视及整个文艺工作发表了重要意见。

2 月 21—25 日 全国广播电影电视工作会议在北京召开。

3 月 15 日 广播电影电视部党组批准，中国人民对外广播纪念日为 1941 年 12 月 3 日。

6 月 3 日 中共中央办公厅、国务院办公厅转发了广播电影电视部党组《关于进一步加强和改进广播电影电视工作的报告》。

6 月 经广播电影电视部批准，中央电台在北京主办的华语广播交流与合作研讨会取得圆满成功。来自美国、澳大利亚、马来西亚以及香港、澳门和台湾的 8 个国家和地区的 14 家华语广播机构出席会议。

12 月 5 日 新华社宣布：我国广播电视受众人口和电视机、收录机、收音机拥有量均居世界前列。

1996 年

1 月 26—29 日 全国广播电视（影视）厅局长会议在北京举行。

3 月 30 日 全国广播电影电视系统先进集体、劳动模范和先进工作者表彰大会在北京召开。

5 月 20—21 日 亚太广播联盟第六十届行政理事会在上海举行。

12 月 3 日 纪念中国人民对外广播事业创建 55 周年招待会在北京举行。此前，举行了研讨会和中国国际广播电台台史展开幕式。

12 月 14 日 中共中央办公厅、国务院办公厅联合发出《关于加强新闻出版广播电视业管理的通知》。

12 月 27 日 广播电影电视部宣布，经中央批准，中央电台、中国国际广播电台和中央电视台为副部级事业单位。

1997 年

1 月 18—22 日 全国广播影视厅局长会议在北京举行。

4 月 8—10 日 中国广播电视学会第三届理事会在北京召开。艾知生任会长。

5 月 27 日 中国国际广播电台完成搬迁，全面实现在新台址播音。

8 月 1 日 国务院发布《广播电视管理条例》，9 月 1 日起施行。

11 月 15 日 中央电台业务楼工程完工。

1998 年

1 月 14—18 日 全国广播影视厅局长会议暨全国广播电视先进县（市）表彰大会在北京召开。

3 月 根据第九届全国人大第一次会议批准的国务院机构改革方案和《国务院关于机构设置的通知》，将广播电影电视部改组为国家广播电影电视总局（正部级），为国务院主管广播电视宣传和广播电影电视事业的直属机构。首任局长田聪明。

4 月 8 日 国家广电总局举行了挂牌仪式。

10 月 9 日 中国电视事业暨中央电视台诞生 40 周年大会在北京举行。

年底 据 1999 年 1 月召开的全国广播影视厅局长会议材料，经过治理整顿，1998 年底有广播电视播出机构 2216 座，其中广播电台 294 座，电视台 343 座，有线广播电视 217 座，县级广播电视台 1287 座，教育电视台 75 座。另据有关材料估计，全国收音机社会拥有量为 5 亿多台，电视机社会拥有量为 3 亿多台。

1999 年

1 月 23—27 日 全国广播影视厅局长会议在北京举行。

9 月 17 日 国务院办公厅转发信息产业部、国家广电总局《关于加强广播电视有线网络建设管理的意见》。

2000 年

2 月 21—24 日 全国广播影视厅局长会议暨全国广播电视先进县（市）、广播影视系统"双先"表彰大会在北京举行。

6 月 中共中央宣传部副部长徐光春任国家广电总局局长。

8 月 11—14 日 全国广播影视厅局长座谈会暨"村村通广播电视"现场会在甘肃省兰州市举行。

9 月 16 日 江泽民对加强西藏、新疆等边远省区广播电视工作做出批示。10 月"西新工程"开始建设。

11 月 5 日 国务院公布《广播电视设施保护条例》。

12 月 27 日 首家省级广电集团——湖南广播影视集团成立。

12 月 29 日 中国人民广播事业暨中央人民广播电台创建 60 周年纪念大会在北京举行。大会宣读了江泽民 25 日的有关批示。

[附录三] 民国时期各类广播电台统计资料

(1923—1949)

一、官办广播电台统计

自 1926 年 10 月，奉系军阀在哈尔滨开办第一座官办广播电台（也是中国人自办的第一座广播电台）以来，北洋政府时期共有四座官办广播电台，除哈尔滨台外，其余分布在沈阳、天津和北京三地。国民党南京政权建立后，自 1928 年 8 月开办中央广播电台以来，先后建立的形形色色的党政军官办广播电台，累计大约在 150 座以上。

据 1937 年 6 月统计，全国有官办广播电台 23 座（其中国民党中央广播事业管理处所属 5 座），分布于南京 2 座、上海 2 座、江苏 3 座、浙江 2 座、江西 1 座、福建 1 座、山东 1 座、北平 1 座、山西 1 座、河南 1 座、湖北 1 座、湖南 1 座、广东 1 座、广西 1 座、四川 2 座、云南 1 座、陕西 1 座。

抗日战争时期，国民党官办广播电台数量减少，据 1944 年 2 月统计，国统区有官办广播电台 16 座（其中中广处所属 11 座），分布于重庆 2 座、四川 1 座、云南 1 座、贵州 1 座、甘肃 1 座、陕西 2 座、西康 1 座、江西 1 座，湖南 2 座，福建 1 座、广东 1 座、广西 1 座，另流动台 1 座。

抗战胜利后，国民党官办广播电台数量增多，据 1946 年 12 月统计，仅中广处所属台即有 39 座，分布于南京 1 座、上海 1 座、江苏 2 座、浙江 1 座、福建 2 座、江西 1 座、山东 2 座、台湾 5 座、北平 1 座、天津 1 座、河北 3 座、山西 3 座、察哈尔 1 座、绥远 2 座、辽宁 2 座、吉林 2 座、河南 1 座、湖北 1 座、湖南 1 座、广东 1 座、云南 1 座、贵州 1 座、重庆 1 座、陕西 1 座、甘肃 1 座，此后，国民党官办广播电台数量逐年有所减少。据 1948 年 11 月统计，中广处所属台尚有 32 座，分布于南京 1 座、上海 1 座、江苏 2 座、浙江 1 座、福建 2 座、江西 1 座、山东 1 座、台湾 7 座、北平 1 座、天津 1 座、河北 1 座、山西 2 座、察哈尔 1 座、绥远 1 座、湖北 1 座、湖南 1 座、广东 1 座、云南 1 座、贵州 1 座、重庆 2 座、陕西 1 座、甘肃 1 座，此外尚有军队台 2 座。

二、民营广播电台统计

自 1927 年 3 月，上海新新公司开办第一座民营广播电台以来，上海一直是中国民营广播电台的大本营，据不完全统计，截至 1949 年 5 月上海解放前，上海累计出现的广播电台在 200 座以上，其中绝大多数为民营台。

据 1937 年 6 月统计，全国有民营台 55 座，其中上海 27 座、江苏 9 座、浙江 6 座、安徽 2 座、江西 1 座、福建 1 座、山东 2 座、天津 4 座、北平 2 座、广东 1 座。抗日战争时期，中国的民营广播电台曾一度绝迹。

抗战胜利后民营台再度繁荣。1946 年 5 月，上海调查当时计有民营台 108 座，其中开播者 57 座，请求复查者 20 座，正在装设者 31 座。另据 1948 年 11 月统计，全国有民营台 44 座，其中上海19座、江苏6座、浙江2座、山东1座、天津3座、北平3座、湖北2座、四川3座、广东5座。

据以上及有关材料估计，民国时期各类民营台累计在300座左右。

三、外国在华广播电台统计

自1923年美国人奥斯邦在中国境内设立第一座广播电台以来，截至1949年中华人民共和国成立之前，除日伪广播电台另计外，美国、英国、法国、日本、德国、意大利、瑞士和苏联等国的商人、驻华机构和军队等先后在中国办起不同类型和性质的广播电台三十余座，其中半数以上集中在上海。现列表如下（未注明地名者均在上海）：

1. 美国：大陆报——中国无线电公司台、新孚洋行台、开洛公司台、美灵登台、华美（西华美）台、奇美台和大美台，共7座。

2. 英国：奇开（劳勃生）台（一说为美商台）、增茂台（北平），共2座。

3. 法国：法人台、雷士台和国泰台，共3座。

4. 日本：新昌洋行台、雷通台、经研台和义昌洋行台（天津），共4座。

5. 德国：德国（欧洲）台，1座。

6. 意大利：中羲（商业）台，1座。

7. 瑞士：良友（两友）台，1座。

8. 苏联：苏联呼声台，1座。

9. 美国军用台：桂林、云南驿（今云南祥云县）、白市驿（重庆）、成都、陆良、羊街、沾益、泸县、天津、青岛、北平和南京，共12座。

另据日伪占领上海期间1940年6月统计材料记载，瑞典、葡萄牙和波兰也曾在上海办有广播电台。

四、日伪广播电台统计

自1925年日本帝国主义在其占领下的大连设立广播电台以来，截至1945年8月日本投降之前，先后在其占领区办起日伪广播电台约60余座，其中伪满境内26座，其余分布在华北、华东及中南各地区。现按现行行政区划将上述日伪广播电台的分布列表如下：

1. 辽宁省：大连台、奉天台（沈阳）、安东台（丹东）、营口台、锦县台、鞍山台、抚顺台、本溪湖台（本溪）和阜新台，共9座。

2. 吉林省：新京台（长春）、吉林台、间岛台（延吉）和通化台，共4座。

3. 黑龙江省：哈尔滨台、齐齐哈尔台、牡丹江台、黑河台、佳木斯台、富锦台、北安台和东安台（密山）和孙吴台，共9座。

4. 北京市：中央台，1座。

5. 天津市：天津台，1座。

6. 河北省：承德台、石门台（石家庄）、唐山台、保定台和北戴河台，共5座。

7. 山西省：太原台、运城台和大同台，共3座。

8. 内蒙古自治区：厚和台（归绥，今呼和浩特）、包头台、海拉尔台、兴安台、扎兰屯台和赤峰台，共6座。

9. 上海市：大上海台、国际台、大东台、东亚台和黄浦台，共5座。

10. 江苏省：中央台（南京）、南京台、苏州台、镇江台和徐州台，共5座。

11. 浙江省：杭州台，1座。

12. 福建省：厦门台，1座。

13. 安徽省：蚌埠台，1座。

14. 山东省：济南台、青岛台和烟台台，共3座。

15. 台湾省：台北台、台中台、台南台、嘉义台和花莲台，共5座。

16. 河南省：开封台，1座。

17. 湖北省：汉口台，1座。

18. 广东省：广州台，1座。

五、解放区广播电台统计

自1940年中国共产党在延安创办解放区第一座广播电台以来，截至1949年9月中华人民共和国成立之前，先后建立人民广播电台46座。现列表如下：

1. 中央台

延安新华广播电台——后改称陕北新华广播电台、北平新华广播电台、北京新华广播电台，今中央人民广播电台

2. 华北解放区（包括原晋察冀、晋冀鲁豫解放区）

△（1）张家口新华广播电台——后改称晋察冀新华广播电台

△（2）邯郸新华广播电台

（3）张家口人民广播电台——原名张家口新华广播电台，1950年改称察哈尔人民广播电台。1952年停办

（4）唐山新华广播电台——今称唐山人民广播电台

（5）天津新华广播电台——今天津人民广播电台

（6）北平新华广播电台——后改称北平人民广播电台、北平新华广播电台第二台、北京新华广播电台第二台、北京市人民广播电台、今北京人民广播电台

（7）太原新华广播电台——后改称太原人民广播电台，今山西人民广播电台

（8）保定人民广播电台——今河北人民广播电台

（9）包头人民广播电台

3. 东北解放区（包括原冀热辽、冀察热辽解放区）

（1）东北新华广播电台——后改称沈阳新华广播电台、沈阳人民广播电台，1950年改称东北人民广播电台，1954年停办

（2）哈尔滨新华广播电台——原名哈尔滨广播电台，今哈尔滨人民广播电台

（3）齐齐哈尔新华广播电台——原名齐齐哈尔广播电台，后改称西满新华广播电台，今齐齐哈尔人民广播电台

（4）牡丹江新华广播电台——原名牡丹江广播电台，今牡丹江人民广播电台

（5）长春新华广播电台——原名长春广播电台，今长春人民广播电台

（6）吉林新华广播电台——原名吉林广播电台，今吉林人民广播电台

（7）延吉新华广播电台——原名通化广播电台，后改称临江新华广播电台、海龙新华广播电台

△（8）通化新华广播电台——原名通化广播电台，后改称临江新华广播电台、海龙新华广播电台

△（9）四平新华广播电台——后改称四平人民广播电台

△（10）沈阳新华广播电台——原名沈阳广播电台，今沈阳人民广播电台

（11）营口新华广播电台——原名营口广播电台，今营口人民广播电台

△（12）本溪新华广播电台——后改称辽东军区新华广播电台

（13）鞍山新华广播电台——原名鞍山广播电台，今鞍山人民广播电台

（14）安东新华广播电台——原名安东市政府广播电台，后称安东人民广播电台，1951年改称辽东人民广播电台，1954年停办

（15）大连新华广播电台——原名大连广播电台、关东广播电台，今大连人民广播电台

（16）抚顺人民广播电台——原名抚顺市人民政府广播电台

（17）锦州新华广播电台——今锦州人民广播电台

（18）承德新华广播电台——后改称冀察热辽新华广播电台、热河人民广播电台，1955年停办

4. 华东解放区

（1）华东新华广播电台——后改称上海人民广播电台第一台、1950年重建华东人民广播电台，1955年停办

（2）济南新华广播电台——原名济南特别市新华广播电台，后改称济南人民广播电台，今山东人民广播电台

（3）徐州新华广播电台——今徐州人民广播电台

（4）青岛人民广播电台

（5）南通新华广播电台——今南通人民广播电台

（6）南京人民广播电台

（7）常州人民广播电台

（8）苏州新华广播电台——今苏州人民广播电台

（9）无锡人民广播电台

（10）浙江新华广播电台——后改称杭州人民广播电台，今浙江人民广播电台

（11）上海人民广播电台

（12）福州人民广播电台——今福建人民广播电台

5. 华中解放区

（1）中原新华广播电台——后改称武汉新华广播电台、武汉人民广播电台，1950年改称中南人民广播电台，1953年停办

（2）汉口人民广播电台

（3）南昌新华广播电台——后改称南昌人民广播电台，今江西人民广播电台

6. 西北解放区

（1）西北新华广播电台——后改称西安新华广播电台、西安人民广播电台，1950年改称西北人民广播电台，1954年停办

（2）兰州人民广播电台——今甘肃人民广播电台

（3）西宁人民广播电台——今青海人民广播电台

（以上总计46座，1949年9月底仍在继续播音的有39座，带△号者7座已停播）

[附录四] 中国广播电视播出机构统计表
（1949—2000）

数字 / 名称 / 年份	广播电台（座）	电视台（座）	市、县广播站（座）
1949 年	49	—	11
1950 年	65	—	68
1951 年	74	—	188
1952 年	72	—	331
1953 年	63	—	501
1954 年	61	—	547
1955 年	58	—	750
1956 年	58	—	1458
1957 年	61	—	1698
1958 年	91	2	2580
1959 年	122	7	2375
1960 年	137	17	2404
1961 年	135	20	2078
1962 年	94	14	2029
1963 年	89	13	2130
1964 年	86	13	2155
1965 年	87	12	2365
1966 年	78	13	2181
1967 年	78	13	2200
1968 年	79	15	2254
1969 年	81	19	2299
1970 年	80	31	2346
1971 年	81	32	2389
1972 年	85	31	2427

（续表）

名称 数字 年 份	广播电台 （座）	电视台 （座）	市、县广播站 （座）
1973 年	86	32	2444
1974 年	88	32	2455
1975 年	88	32	2481
1976 年	89	32	2503
1977 年	90	32	2539
1978 年	93	32	2553
1979 年	99	38	2560
1980 年	106	38	2610
1981 年	114	42	2643
1982 年	118	47	2631
1983 年	122	52	2619
1984 年	167	93	2570
1985 年	213	202	2568
1986 年	278	292	2560
1987 年	386	366	2576
1988 年	461	422	2546
1989 年	531	469	2525
1990 年	635	509	2466
1991 年	724	543	2464
1992 年	812	586	2452
1993 年	987	684	2382
1994 年	1107	766	2342
1995 年	1202	837	2592
1996 年	1244	880	2106
1997 年	1363	923	2055
1998 年	298	347	1304
1999 年	299	352	1562
2000 年	304	354	1446

注：① 本统计未包括香港、澳门、台湾数字

② "—" 表示无资料

③ 自 1998 年起，市、县广播站（座）改为县级广播电视台（座）

[附录五] 中国视听工具统计资料（1949—2000）

年 份	收音机 社会拥有量 （万架）	电视机 社会拥有量 （万架）	广播喇叭 （万只）
1949 年	（100）	—	0.09
1950 年	—	—	0.29
1951 年	—	—	0.69
1952 年	—	—	1.71
1953 年	—	—	3.61
1954 年	—	—	4.98
1955 年	（150）	—	8.78
1956 年	（180）	—	50.67
1957 年	（250）	—	94.12
1958 年	—	（0.05）	304.92
1959 年	（895）	（1.7）	469.09
1960 年	—	—	604
1961 年	—	—	581.12
1962 年	—	—	548.94
1963 年	（700）	（2）	583.33
1964 年	—	—	667.28
1965 年	（800）	（近3）	872.54
1966 年	—	—	1141.93
1967 年	—	—	1252.92
1968 年	—	—	1630.99
1969 年	—	—	2631.65
1970 年	—	—	4811.38
1971 年	—	—	7514.74
1972 年	—	—	9089.59
1973 年	（1800）	（10 多）	9940.62

（续表）

名称 数字 年 份	收音机 社会拥有量 （万架）	电视机 社会拥有量 （万架）	广播喇叭 （万只）
1974 年	—	—	1047.52
1975 年	—	—	10817.52
1976 年	—	—	11324.64
1977 年	—	—	11373.11
1978 年	7546	304	11211.98
1979 年	9185	485	10771.6
1980 年	11910	902	9856.6
1981 年	14933	1562	9145.7
1982 年	18476	2761	8364.9
1983 年	21465	3611	8458
1984 年	22373	4763	8602.9
1985 年	24181	6965	8271.5
1986 年	25390	9214	8304.8
1987 年	26067	11601	8316
1988 年	26197	14344	8206
1989 年	26226	16593	8238
1990 年	25123	18546	8222
1991 年	23399	20671	8604
1992 年	21595	22643	8901
1993 年	20638	25563	8707
1994 年	19365	27847	8151
1995 年	（50000 含录音机）	（25000）	7891
1996 年	—	—	7743
1997 年	—	—	7457
1998 年	（50000）	（30000）	6704
1999 年	—	—	—
2000 年	（50000）	（35000）	—

注：1. 未包括香港、澳门、台湾数字

　　2. "—"表示无资料

　　3. "（ ）"为有关材料估计数字

　　4. 其余为正式统计数字

［附录六］ 参考书刊

△戈公振：《中国报学史》，商务印书馆 1927 年 11 月版。

△《中国国民党中央执行委员会广播无线电台年刊》，1929 年 12 月编印。

△王崇植、恽震：《无线电与中国》，文瑞图书馆 1931 年 9 月版。

△交通部、铁道部交通史编纂委员会：《交通史·电政编》，1936 年 11 月版。

△苏祖国主编：《无线电问答汇刊》（半月刊），上海亚美无线电公司编印，1932 年 1 月创刊，同
   年 12 月停刊，共出 24 期。

△《广播周报》，国民党中央广播事业管理处编印，1934 年 9 月—1948 年 12 月（其间曾两度 停
   刊），共出 312 期。

△汤震龙：《中国广播无线电事业概况》，1941 年 4 月（油印本），北京国家图书馆藏。

△任白涛：《综合新闻学》，商务印书馆 1941 年 7 月版。

△《广播通讯》，国民党中央广播事业管理处编印，1943 年 4 月—1944 年 4 月，共出 10 期。

△《国民党中央广播事业指导委员会、中央广播事业管理处职员录》，1946 年 12 月编印。

△国民党政府行政院新闻局：《广播事业》，1947 年 11 月编印。

△上海市档案馆、北京广播学院、上海市广播电视局合编：《旧中国的上海广播事业》，档案出版
   社、中国广播电视出版社 1985 年 12 月版。

△尔泰、丛林：《哈尔滨电台史话》，哈尔滨市人民政府地方志编纂办公室 1986 年 1 月编印。

△尔泰：《广播史论辑存》，《黑龙江广播》编辑部 1987 年 7 月编印。

△汪学起、是翰生：《第四战线——国民党中央广播电台掇实》，中国文史出版社 1988 年 7 月版。

△伪满《放送年鉴》1939 年版（创刊）、1940 年版，伪满电信电话株式会社 1940 年 4 月、1941
   年 2 月编印。

△新华社语言广播部、北平新华广播电台：《新华广播稿》，1949 年 1 月 1 日—12 月底（其间曾
   一度停刊），在平山时期编印 74 期，迁进北平后编印 255 期。

△中央广播事业管理处：《广播资料》，1949 年 7—10 月，共出 3 期。

△北京广播学院新闻系编选：《中国人民广播回忆录》（共 4 集），中国广播电视出版社 1983—
   1995 年版。

△中央人民广播电台研究室、北京广播学院新闻系：《解放区广播历史资料选编》（1940—1949），
   中国广播电视出版社 1985 年 8 月版。

△北京广播学院新闻系编：《延安（陕北）新华广播电台广播稿选》，中国广播电视出版社 1985
   年 10 月版。

△杨兆麟、赵玉明：《人民大众的号角——延安（陕北）广播史话》，中国广播电视出版社 1986
   年 1 月版，增订本 2000 年 12 月版。

△赵玉明：《中国现代广播简史》，中国广播电视出版社1987年12月第1版、1995年8月第2版、2001年1月修订本。

△苏力：《延安之声——延安（陕北）新华广播电台纪闻》，陕西旅游出版社1990年12月版。

△赵玉明主编：《中国解放区广播史》，中国广播电视出版社1992年5月版。

△吴少琦主编：《东北人民广播史》（1945年8月—1949年9月），辽宁人民出版社1991年7月版。

△周新武主编：《华东人民之声——华东新华广播电台、华东人民广播电台史实》，中国广播电视出版社1994年2月版。

△中国广播电视学会史学研究委员会、北京广播学院新闻传播学院新闻系编选：《延安（陕北）新华广播电台回忆录新编》，中国广播电视出版社2000年12月版。

△曾虚白主编：《中国新闻史》，台湾三民书局1966年4月版。

△新闻工作社辑：《广播收音手册》，三联书店1950年版。

△《每日广播》（日刊），中央人民广播电台编印，1950年1月4日创刊，1953年10月31日终刊。

△《广播通报》（不定期刊），中央广播事业局编印，1950年2月创刊，共出3卷，第1卷共29期，第2卷共12期，第3卷共7期，1952年6月终刊。

△《人民广播》，中央人民广播电台编印，1950年4月创刊，同年11月终刊，共出18期。

△《收音员通讯》，中央人民广播电台编印，1953年起改由中央广播事业局编印，1951年3月创刊，1955年6月停刊，7月起改名为《广播爱好者》。

△《广播爱好者》（月刊），广播爱好者社编辑出版，1955年7月创刊，1956年12月终刊，共出18期。

△《苏联广播工作经验》（平装本），中央广播事业局编印，1954年10月。

△《苏联广播工作经验》（精装本），中央广播事业局编印，1955年5月。

△《广播业务》（月刊），中央广播事业局编印，1955年6月起试刊两期，同年10月创刊，至1958年共出13期，1959年1月改为月刊，至1966年3月终刊，共出100期。《中国广播电视年鉴》2001年版、2002年版刊有该刊全部目录。

△《广播动态》（不定期刊），中央广播事业局地方广播部编印，1956年9月1日创刊，1959年6月5日终刊，7月起并入《广播业务》（月刊），共出289期。

△中央广播事业局研究室编：《广播工作文献集》（1），1959年1月打字油印本。

△中央广播事业局业务研究室：《全国文教群英会广播方面先进经验选集》，1960年8月编印。

△《大跃进广播稿选》（1958—1959），北京广播学院新闻系编印，1960年9月。

△北京广播学院新闻系：《中国广播工作文集》（上、下册），1960年10月编印。

△《广播业务译丛》第1—3辑，中央广播事业局译印，1959年2—7月，《中国广播电视年鉴》2002年版刊有该刊全部目录。

△北京广播学院新闻系：《中国报刊广播文集》（1—6），1980年5月编印。

△《全国广播工作会议文件选编》（第一至十次会议），中央广播事业局办公室1982年3月编印。

△《方向与实践——第十一次全国广播电视工作会议文件和典型材料选编》，中国广播电视出版社1984年7月版。

△ 广播电影电视部政策研究室、《当代中国的广播电视》编辑部编选:《广播电视工作文件选编》(1978—1983)(上、下册),中国广播电视出版社 1988 年 4 月版。

△ 广播电影电视部政策研究室编:《广播电影电视法规规章汇编》(1949—1987),中国广播电视出版社 1988 年 11 月版。

△ 广播电影电视部政策研究室:《回顾·整治·改革——1988 年全国广播电视厅局长会议文件、讲话、发言汇编》,1989 年 10 月编印。

△ 广播电影电视部办公厅档案处、综合处编:《广播影视工作文件选编》(1984—1992)(上、下册),中国广播电视出版社 1994 年 5 月版。

△ 广播电影电视部办公厅(法规司)编:《广播电影电视法规规章汇编》(1988—1993),中国方正出版社 1995 年 4 月版。

△ 国家广电总局办公厅:《广播影视重要文件汇编》(1993—1994)、(1995 年)、(1996 年)、(1997 年)、(1998 年)、(1999 年)、(2000 年),共 7 册,2000 年 6 月、2001 年 6 月编印。

△ 中国广播电视年鉴编辑委员会编:《中国广播电视年鉴》,中国广播电视出版社、北京广播学院出版社、中国广播电视年鉴社出版(1986 年为首卷,已出 1986—2001 年版共 15 卷)。

△ 左漠野主编:《当代中国的广播电视》(上、下册),中国社会科学出版社 1987 年 3 月版。

△《当代中国的广播电视》编辑部选编:《广播电视史料选辑》之一:《中国广播电视大事记》(1923—1985),北京广播学院出版社 1987 年 7 月版。

△《当代中国的广播电视》编辑部选编:《广播电视史料选辑》之二:《中国的广播电台》,北京广播学院出版社 1987 年 9 月版。

△《当代中国的广播电视》编辑部选编:《广播电视史料选辑》之三:《中国的广播节目》,北京广播学院出版社 1987 年 9 月版。

△《当代中国的广播电视》编辑部选编:《广播电视史料选辑》之四:《中国的有线广播》,北京广播学院出版社 1988 年 4 月版。

△《当代中国的广播电视》编辑部选编:《广播电视史料选辑》之五:《中国的电视台》,北京广播学院出版社 1987 年 9 月版。

△《当代中国的广播电视》编辑部选编:《广播电视史料选辑》之六:《中国的广播电视技术》,北京广播学院出版社 1988 年 4 月版。

△《当代中国的广播电视》编辑部选编:《广播电视史料选辑》之七:《中国的唱片出版事业》,北京广播学院出版社 1989 年 3 月版。

△《当代中国的广播电视》编辑部选编:《广播电视史料选辑》之八:《中国广播电视在改革中前进》,北京广播学院出版社 1991 年 1 月版。

△ 中华人民共和国广播电视简史编辑部编:《当代中国广播电影电视大事记》(1984—1995),中国广播电视出版社 1997 年 10 月版。

△ 中华人民共和国史广播电视编辑部编:《当代中国广播电视回忆录》第一集,中国广播电视出版社 1995 年 1 月版。

△ 中华人民共和国史广播电视编辑部编:《当代中国广播电视回忆录》第二集,中国广播电视出版社 1995 年 1 月版。

△ 中华人民共和国史广播电视编辑部编:《当代中国广播电视回忆录》第三集,周恩来与广播电

视专集，中国广播电视出版社 1994 年 12 月版。

△ 艾知生、刘习良主编：《中国改革开放辉煌成就十四年（广播电影电视卷）》，中国经济出版社 1993 年 3 月版。

△ 中华人民共和国广播电视简史编辑部编：《改革开放中的广播电视（1984—1999）》，中国国际 广播出版社 2001 年 11 月版。

△ 广播电影电视部办公厅编：《半个世纪的光辉历程——纪念中国人民广播事业暨中央人民广播 电台创建五十周年大会专辑》，中国广播电视出版社 1991 年 4 月版。

△ 广播电影电视部政策研究室：《半个世纪的历程——纪念中国人民广播事业五十周年（画 册）》，1990 年 12 月编印。

△ 广播电影电视部政策研究室、《当代中国的广播电视》编辑部编：《梅益谈广播电视》，中国广 播电视出版社 1987 年 3 月版。

△ 艾知生：《广播影视工作谈》，中国广播电视出版社 1997 年 4 月版。

△ 中央人民广播电台：《人民广播创建四十五周年纪念（1940—1985）》（画册），1985 年 12 月编印。

△ 中央人民广播电台简史编写组：《中央人民广播电台简史》（1949—1984），中国广播电视出版 社 1987 年 3 月版。

△ 杨波主编：《中央人民广播电台简史》（1949—2000），北京广播学院出版社 2000 年 11 月版。

△ 中央人民广播电台研究室：《中央人民广播电台台史资料汇编》（1949—1984），1985 年 6 月 编印。

△ 中央人民广播电台研究室：《中央人民广播电台台史资料续编》（1984—1987），1990 年 10 月 编印。

△ 中央人民广播电台研究室：《中央人民广播电台台史资料续编》（1988—1994），1995 年 12 月 编印。

△ 杨正泉：《我与广播》，沈阳出版社 1997 年 3 月版。

△ 中央人民广播电台五十年画册编委会编：《中央人民广播电台五十年（1940—1990）》（画册），深圳晶美现代印刷包装有限公司 1990 年制。

△ 中央人民广播电台对台部编：《对台广播回忆录——中央人民广播电台对台湾广播 40 周年》，中国广播电视出版社 1995 年 10 月版。

△ 杨波主编：《全中国都在倾听——中央人民广播电台的故事》，中国广播电视出版社 2000 年 1 月版。

△《中国人民广播事业暨中央人民广播电台 60 周年》（画册），本书编委会 2000 年 12 月编印。

△ 胡耀亭主编：《中国国际广播大事记》（1941—1996），中国国际广播出版社 1996 年 10 月版。

△ 黄达强主编：《中国国际广播回忆录》，中国国际广播出版社 1996 年 10 月版。

△ 中国国际广播电台史志办公室编：《中央领导人和中央文件中关于对外宣传和对外广播的论 述》（内部资料），2000 年 1 月。

△ 中国国际广播电台史志办公室编：《中国对外广播史上的新篇章——改革开放中的中国国际广 播电台》，中国国际广播出版社 2000 年 1 月版。

△ 中国国际广播电台史志办公室编：《中国国际广播电台回忆录》（第二集），中国国际广播出版 社 2000 年 1 月版。

△ 张振华主编：《声音传遍全世界——中国国际广播电台的故事》，中国广播电视出版社 2000 年 1 月版。

△ 中国国际广播电台史志办公室：《中国国际广播电台内部文件资料汇编》（第一集，1941—1978），2000 年 4 月编印。

△ 中国国际广播电台史志办公室编：《中国国际广播电台部门志》（共 4 集，已出第 1—2 集），中国国际广播出版社 2001 年 10 月版。

△ 中国国际广播电台史志编委会编：《中国国际广播电台台志》（上、下册），中国国际广播出版社 2001 年 11 月版。

△《中国国际广播电台纪念中国人民对外广播事业暨中国国际广播电台创建六十周年》（画册）。

△ 中央电视台研究室编：《中央电视台年鉴》（1994 年版为首卷，已出 1994—2001 年版，共 8 卷），分别由人民出版社、中国广播电视出版社出版。

△《中国中央电视台三十年》编辑部编：《中国中央电视台三十年》（1958—1988），中国广播电视出版社 1988 年 8 月版。

△ 中央电视台《当代中国的广播电视》编写组：《中央电视台大事记》（1958—1983），1984 年 5 月编印。

△ 于广华主编：《中央电视台简史》，人民出版社 1993 年 7 月版。

△ 于广华主编：《荧屏岁月记》（中央电视台回忆录），人民出版社 1993 年 7 月版。

△ 中央电视台研究室编：《荧屏金杯录——历届电视节目获奖目录》，人民出版社 1993 年 7 月版。

△ 杨伟光主编：《中央电视台发展史》，北京出版社 1998 年 8 月版。

△ 杨伟光主编：《往事如歌——老电视新闻工作者的足迹》，人民出版社 1997 年 11 月版。

△ 杨伟光、李东生主编：《新闻联播 20 年》，三联书店 1999 年 3 月版。

△ 赵化勇主编：《荧屏连接海内外——中央电视台的故事》，中国广播电视出版社 2000 年 1 月版。

△ 中国广播电视学会史学研究委员会：《中国广播电视企业史》（内部史料），1994 年 5 月编印。

△ 林青主编：《中国少数民族广播电视发展史》，北京广播学院出版社 2000 年 6 月版。

△ 中国广播电视报简史编写组：《中国广播电视报简史》，中国广播电视出版社 1997 年 3 月版。

△ 中国广播电视学刊、中国广播电视学会经济电台研究委员会编：《中国经济电台的脚步》，中国广播电视出版社 1993 年 10 月版。

△ 壮春雨：《中国电视概论》，中国广播电视出版社 1985 年 2 月版。

△ 郭镇之：《中国电视史》，中国人民大学出版社 1991 年 7 月版；修订本，文化艺术出版社 1997 年 12 月版。

△ 乔云霞：《中国广播电视简史》，内蒙古人民出版社 2001 年 12 月版。

△ 艾红红：《中国广播电视史初论》，山东大学出版社 2002 年 10 月版。

△ 白谦诚主编：《主持人 20 年》，兵器工业出版社 2000 年 12 月版。

△ 赵玉明：《中国广播电视史文集》，中国广播电视出版社 1993 年 10 月版。

△ 赵玉明：《中国广播电视史文集》（续集），北京广播学院出版社 2000 年 1 月版。

△ 周新武主编：《华东人民之声——华东新华广播电台、华东人民广播电台史实》，中国广播电视出版社 1994 年 2 月版。

△《吉林省志·新闻事业志·广播电视》，吉林人民出版社 1991 年 10 月版。

△《陕西省志·广播电视志》，中国广播电视出版社 1993 年 5 月版。

△《山东省志·广播电视志》，山东人民出版社 1993 年 12 月版。

△《新疆通志·广播电视志》，新疆人民出版社 1995 年 1 月版。

△《云南省志·广播电视志》，云南人民出版社 1996 年 1 月版。

△《青海省志·广播电视志》，黄山书社 1996 年 1 月版。

△《黑龙江省志·广播电视志》，黑龙江人民出版社 1996 年 6 月版。

△《四川省志·广播电视志》，四川科技出版社 1996 年 7 月版。

△《湖南省志·广播电视志》，湖南人民出版社 1997 年 1 月版。

△《安徽省志·广播电视志》，方志出版社 1997 年 6 月版。

△《辽宁省志·广播电视志》，辽宁科技出版社 1998 年 11 月版。

△《山西通志·广播电视志》，中华书局 1998 年 12 月版。

△《广东省志·广播电视志》，广东人民出版社 1999 年 1 月版。

△《江西省志·广播电视志》，方志出版社 1999 年 5 月版。

△《贵州省志·广播电视志》，贵州人民出版社 1999 年 5 月版。

△《上海广播电视志》，上海社会科学院出版社 1999 年 11 月版。

△《广西通志·广播电视志》，广西人民出版社 2000 年 6 月版。

△ 张振东、李春武主编：《香港广播电视发展史》，中国广播电视出版社 1997 年 3 月版。

△ 香港广播电台：《香港广播六十年》（1928—1988），1988 年编印。

△ 温世光：《中国广播电视发展史》，台湾三民书局 1983 年 1 月版。

△ 陈飞宝、张敦财：《台湾电视发展史》，海风出版社 1994 年 7 月版。

△ 台湾《广播电视年鉴》（1990—1995），1996 年 5 月版。

△ 台湾中广公司：《中广七十年大事记》，1998 年编印。

△ 台湾《无线电视年鉴》（第 12 辑，2000—2001），2002 年 6 月版。

△ 赵玉明、王福顺主编：《中外广播电视百科全书》，中国广播电视出版社 1994 年 10 月版。

△ 赵玉明、王福顺主编：《广播电视辞典》，北京广播学院出版社 1999 年 10 月版。

△ 赵玉明主编：《中国广播电视人物辞典》，北京广播学院出版社 2000 年 12 月版。

[附录七]　名词索引

A

B

T

W

Z

后　记

2000 年 7 月，《中国广播电视通史》（上卷）出版。相距三年之后的今天，《中国广播电视通史》（下卷）的书稿终于交付出版社了。

1990 年，《中国广播电视通史》（以下简称《通史》）作为国家社会科学基金项目立项。这件事在北京广播学院可以说是创造了两个第一：一个是该项目是北京广播学院获得的第一个国家级社科基金项目，当时说起来还颇有几分光彩；另一个第一是，原来预计 1993 年完成的任务，却因种种主客观条件的局限，延迟到今年始告完成，前后历时 13 年，不折不扣地成为了一项"跨世纪工程"。这是作为《通史》主编的我始料不及的，也是十多年来魂牵梦绕深感内疚的一桩心事，但这毕竟是不容回避的事实。这里简略回顾一下《通史》一书的酝酿、写作、修改、补充的过程，对自己应是牢记的教训，对他人可能会有所启示。

1987 年，中国人民大学方汉奇教授开始牵头规划编纂《中国新闻事业通史》。1988 年，该课题被批准成为国家社科基金"七五"重点项目。作为方老师的学生，我有幸被吸收参加一些规划工作，后又被列为该书编委之一，具体任务是分工撰写该书第二卷，即现代新闻史中的广播部分。中央人民广播电台原台长杨兆麟也作为编委，分工撰写第三卷，即当代新闻史中的广播电视部分。由于《中国新闻事业通史》的体例和篇幅所限，广播电视只能是现当代新闻史中的部分内容，且被分列于有关章节之中。当时杨兆麟和我分别担任中国广播电视学会史学研究委员会（以下简称史学会）的正副会长。受《中国新闻事业通史》编写工作的启发，我俩便酝酿通过史学会组织广播电视系统有关同志也着手编写一部中国广播电视通史，并仿效《中国新闻事业通史》，由我作为课题负责人提出了国家社科基金项目的申请。1990 年底，此项申请荣获批准，成为广播电视系统首次立项的国家社科基金项目。1991年春，由史学会主持在南京召开的第二次中国广播电视史志研讨会期间，《中国广播电视通史》编委会成立，我和杨兆麟担任编委会召集人。与会编委讨论了《通史》的编写提纲，并初步确定了编写组成员名单。按照编写组的分工，我执笔撰写《通史》（上卷）的初稿，其他几位同志分别执笔撰写《通史》（下卷）各章的初稿。我作为主编和副主编戚庆莲、哈艳秋负责最后定稿。会后，编写组成员开始收集资料，撰写初稿，其间曾举行过多次小型研讨会。1994年冬，在福州举行的第三次中国广播电视史志研讨会期间，与会编委和有关同志就《通史》下卷，即中华人民共和国时期的广播电视史的初稿交换了意见。第二年起，全书进入修改、补充、审阅阶段。

当《通史》各章的第一次修改稿集中到我手中的时候，已经是90年代中期了。如何把分头执笔写出的体例欠统一、风格也不一致的初稿合成一部基本统一的书稿，成为摆在我面前的一道难题。完成这项任务需要比较集中的时间，但由于当时我还担任北京广播学院的行政领导职务，即使是在寒暑假中也难以做到这一点，所以只能是断断续续地做。1998年春，我摆脱了行政职务后才得以全力以赴地把主要时间和精力集中于《通史》的修改和补充工作。《通史》一书内容原定的起讫时间是1923—1990年，但此时，已接近90年代末期了，为了跟上时代前进的步伐，经与第八、九、十章执笔者商定，将《通史》的下限延至1995年。但当《通史》（上卷）于2000年7月问世，我再重新着手修改、补充《通史》（下卷）时，21世纪的钟声已经敲响了。考虑到《通史》（下卷）出版尚需一定时间，为了再次跟上时代前进的步伐，我又提出把《通史》的下限延至2000年。但此时原第八、九、十章的执笔者由于主客观原因，已难以再继续承担书稿的修改、补充任务。作为主编的我只能一方面自己动手，一方面另邀适合人选加盟。

如今，当《通史》下卷发排之际，聊以自慰的是经过多次修改，两度延长下限的《通史》从时间上说算是完整地反映了20世纪中国广播电视发展的全过程。从这一角度说倒也未尝不是一件好事。

在《通史》一书写作、修改过程中，有几个问题需要在这里作一些说明：

第一，分期问题。任何史书的写作都离不开分期问题。《通史》的分期基本上是按照中共党史、中国革命史和中华人民共和国史的分期模式处理的。关于专业史或行业史如何分期，专业史学者是有不同见解的。在修改书稿的过程中，我也曾考虑过其他能够突出广播电视特点的分期模式，但后来还是放弃了。经过比较，我觉得作为一部通史，其他分期模式显得还不成熟，总体上说还不如目前的分期模式更妥当些。

第二，史料问题。撰写史书离不开历史资料。广播电视史由于自身的特点不同于报刊史，它的史料更多的是二手资料。民国时期广播史料中的广播节目的声音史料几乎没有保存下来，而文字史料则大都散见于相关的书刊、报纸、档案之中，经过加工整理的不多。新中国以来的广播电视史料中的音像资料浩如烟海，难以利用，而文字史料由于档案尚未开放，所能大量引用的也属二手资料，例如《中国广播电视年鉴》、《中国广播电视史料选编》等。《通史》的执笔者基本上凭借上述史料，对 20 世纪中国广播电视发展作了轮廓式的描述，力争不漏重大史实，使读者能够从中基本了解中国广播电视事业从无到有、由小到大的发展历程，了解各个历史时期中广播电视宣传的基本情况及其作用和影响。

第三，评述问题。正确评价《通史》一书中所涉及的历史事件和历史人物，限于执笔者和主编的能力及水平，目前还难以做到。但为了对读者、也是对历史负责，《通史》在每章之后都有一段未标明"小结"的小结，上、下卷的书末也各有一篇结束语。小结和结束语分别对每个历史阶段及民国时期和新中国成立以来（至 2000 年）广播电视发展的特点作了扼要的概括和说明，也算是对广播电视历史发展的简要评述。需要说明的是，这些评述性的见解主要反映主编的观点，正确与否有待读者指正。

《通史》初稿在征求意见过程中，听到不少不同的见解，甚至是尖锐的意见，其中确有真知灼见，值得吸取。但考虑到如若不停地修改下去，《通史》不知要拖到何日才能完成。所以目前的《通史》也只能是一部遗憾之作。在我看来，《通史》只是中国广播电视史研究的一部铺路式的著作，对中国广播电视发展历史的准确、全面地描述和深层次的分析，只能有待后起之秀来承担了。

写到这里，我不禁想起一件事来。在《通史》成书过程中，我有幸拜读了新加坡中国报刊史研究学者、日本龙谷大学卓南生教授的《中国近代报业发展史》一书。卓南生教授严谨认真的治学态度和取得的突破性成绩，使我颇受教益。他在该书附录《新闻传播史研究的"诱惑"与"陷阱"——与中国青年谈治史的苦与乐》中有一段告诫年轻学者的话："我们对报史的研究也要改变看法，不能老是停留在通史和概论研究的阶段。认真地说，宏观的通史和概论的书最不好写，这类的书籍可以请像方汉奇、宁树藩、丁淦林、赵玉明等老一辈的资深教授牵头编写或总结。年轻的学者与其作重复研究，不如花更多气力从事断代史和个案的研究。"① 卓南生教授把我与方汉奇等师辈学者并提，使我甚感不安，但他所说的研究报刊史应从断代史和个案研究开始的话，我认为确是至理。老实讲，这部《通史》写起来之所以十分吃力，应当说对于中国广播电视断代史和个案研究下功夫不够是其中的一个重要原因。回顾主编《通史》十多年来的酸甜苦辣，我在此由衷地期盼，今后有志于从事中国广播电视史研究的中青年学者能在断代史和个案研究取得成果的基础上，

---

① 卓南生：《中国近代报业发展史》，中国社会科学出版社 2002 年 12 月版，第 264 页。

若干年后再编写出一部崭新的《中国广播电视通史》来。

这部《通史》是众多的广播电视教学、研究和实务工作者集体劳动的结晶。在它成书的过程中，得到编委会内外许多广播电视工作者的关注、支持和鼓励，杨兆麟多次审阅书稿；中国国际广播电台崔永昌、中央电视台马超曾为《通史》（下卷）提供了部分资料性文稿，并审阅了部分书稿；台湾李瞻教授也为本书提供了有关资料；北京广播学院资助了本书的出版。北京广播学院出版社社长蔡翔、总编辑闵惠泉考虑到本书上卷已问世三年，现库存已所剩无几，为读者使用方便起见，决定上、下卷合印一册，并重新装帧出版（重印的上卷更正了几处技术性差错，对附录作了一些调整，其余均未改动）。酷暑期间，责任编辑陈友军为本书的出版付出了辛勤的劳动。对此，谨表示衷心的感谢。

由于是分头执笔，虽经主编加工合成，但《通史》在观点的表述、内容的详略、史料的取舍、文字的风格等方面不准确、不规范之处仍在所难免，尚望读者和专家学者批评、指正。

赵玉明
2003 年 8 月于北京

再 版 说 明

本书出版后，蒙广播电视史学教研人员和读者厚爱，第一次印刷本业已告罄。此次再版时，作为主编校改了十几处经读者指出和本人发现的校印差错，并根据出版社的要求更换了封面，特此说明。

赵玉明
2006 年 1 月于北京

新 版 后 记

　　《中国广播电视通史》（上、下卷）自 2004 年 1 月由北京广播学院出版社（今中国传媒大学出版社）初版问世，迄今已近十载，其间曾再版重印多次。此次新版《通史》改由中国广播影视出版社出版。付梓之前，根据读者的指正和各章执笔者对所写各章所做的校阅，对全书发现的技术性差错作了更正，同时增补了插图目录和名词索引，以方便读者检索。

　　新世纪以来，随着对中国广播电视研究的深入开展，在对广播电视史实的挖掘和考证，对广播电视史学观点的评述方面都有新的开拓和进展。在新版《通史》问世之时，也曾考虑适当吸收新成果，以提高《通史》的水平，但鉴于此非一日之功，且书中涉及的某些史实考证和观点评析尚在争鸣之中，难于贸然下笔，故此次新版《通史》总体上仍保持原貌。我在《通史》初版后记中曾说过，这本"《通史》只是中国广播电视史研究的一部铺路式的著作，对中国广播电视发展历史的准确、全面地描述和深层次的分析，只能有待后起之秀来承担了"。"我在此由衷地期盼，今后有志于从事中国广播电视史研究的中青年学者能在断代史和个案研究取得成果的基础上，若干年后再编写出一部崭新的《中国广播电视通史》来。"

　　在此次新版成书过程中，中国传媒大学教授艾红红和她指导的研究生承担了大量事务性的工作，中国广播影视出版社的领导和高级编辑李晓霖同志为新版问世付出了辛勤劳动，在此谨致谢意。

赵玉明

2014 年 6 月于北京

图书在版编目（CIP）数据

中国广播电视通史／赵玉明主编．－新1版．－北
京：中国广播影视出版社，2014.9
ISBN 978－7－5043－7202－4

Ⅰ.①中… Ⅱ.①赵… Ⅲ.①广播事业－新闻事业史
－中国②电视史－中国 Ⅳ.①G229.29

中国版本图书馆 CIP 数据核字（2014）第 160470 号

中国广播电视通史（新一版）
赵玉明　主编

责任编辑	李晓霖	
封面设计	丁　琳	
责任校对	张莲芳　谭　霞	

出版发行　**中国广播影视出版社**
电　　话　010-86093580　010-86093583
社　　址　北京市西城区真武庙二条 9 号
邮　　编　100045
网　　址　www.crtp.com.cn
电子信箱　crtp8@sina.com

经　　销　全国各地新华书店
印　　刷　三河市人民印务有限公司

开　　本　787 毫米×1092 毫米　1/16
字　　数　680(千)字
印　　张　35.75
版　　次　2014 年 9 月第 1 版　2014 年 9 月第 1 次印刷

书　　号　ISBN 978－7－5043－7202－4
定　　价　76.00 元